Carl Bernstein · Marco Politi

Seine Heiligkeit

Carl Bernstein · Marco Politi

Seine Heiligkeit

Johannes Paul II. und die Geheimdiplomatie des Vatikans

Aus dem Amerikanischen übertragen von Christoph Arndt, Klaus Binder, Jeremy Gaines und Hans Jürgen Baron von Koskull

C. Bertelsmann

Die Originalausgabe ist 1996 unter dem Titel
»His Holiness« bei Doubleday,
New York, erschienen.

Umwelthinweis:
Dieses Buch und der Schutzumschlag wurden auf
chlorfrei gebleichtem Papier gedruckt.
Die Einschrumpffolie (zum Schutz vor Verschmutzung)
ist aus umweltschonender und
recyclingfähiger PE-Folie.

1. Auflage

Umschlaggestaltung: Design Team München
Satz: Uhl + Massopust, Aalen
Druck und Bindung: Graphischer Großbetrieb Pößneck
Printed in Germany
ISBN 3-570-12044-9

Für Jim Hart und Thea Stone

CARL BERNSTEIN

Für Roberto

MARCO POLITI

INHALT

PROLOG

Voller Unruhe beobachtete Professor Henryk Jabłoński, der Vorsitzende des polnischen Staatsrats, wie die weiße Maschine der Alitalia zur Landung auf dem Flughafen von Warschau ansetzte. Nicht weit von ihm nahm eine Ehrenformation der polnischen Volksarmee Haltung an. Um ihn herum war das diplomatische Korps vollzählig versammelt; zahlreiche kirchliche und zivile Würdenträger hatten sich eingefunden. »Der große Sohn der Nation«, »das Prestige des Vaterlandes«, »die Einheit aller Polen« – solche und ähnliche Phrasen, ungeordnete Fetzen aus einer Flut offizieller Verlautbarungen, schwirrten ihm durch den Kopf. Die letzte Erklärung war gerade vier Tage alt. Sie war am 29. Mai 1979 zum Abschluß eines Treffens zwischen Edward Gierek, dem Ersten Sekretär der kommunistischen Partei, und Kardinal Stefan Wyszyński, dem Primas der katholischen Kirche von Polen, veröffentlicht worden.

Das Flugzeug setzte auf, und wie beim Einschlag eines Meteors ließ sich kaum vorausberechnen, was die Folgen dieser Landung sein würden. An Bord der Maschine sah Papst Johannes Paul II. ruhelos immer wieder die wichtigsten Passagen seiner ersten Ansprachen durch. Nachdem sein Pilot Giulio Macchi den polnischen Luftraum erreicht hatte, hatte er einen Umweg gemacht – »Ihnen zu Ehren, Heiliger Vater« – und Krakau überflogen. Am 1. Oktober 1978 hatte Karol Wojtyła im Alter von achtundfünfzig Jahren diese Stadt, in der er Kardinalerzbischof gewesen war, verlassen. Er blickte hinunter auf die vertraute Szenerie: den imposanten Hügel Wawel mit dem Schloß und seiner Kathedrale, den weiten Weichselbogen, an dem er einst mit seinem Vater entlanggegangen war, den großen Marktplatz mit dem Sukiennice, dem mittelalterlichen Kaufmannshof, und den ins Land hineinwachsenden Industrievorort Nowa Huta, die neue »Arbeiterstadt«, welche die Kommunisten vergeblich kirchen- und gottlos zu machen versuchten. Er konnte von oben sogar die Straße nach Zakopane und die alte chemische Fabrik Solvay sehen, ein baufälliges Gebäude aus roten Ziegelsteinen. Dort hatte er während der Besetzung Polens durch die Nationalsozialisten als einfacher Arbeiter geschuftet. Die Fabrik verfiel jedes Jahr mehr, genauso wie das politische Regime, das sie enteignet hatte.

»Ich kehre heim, und ich werde die Kirche wiedersehen, aus der ich komme«, hatte er dem italienischen Ministerpräsidenten Giulio Andreotti vor dem Abflug aus Rom gesagt. Darüber hinaus wußte er so wenig wie Henryk Jabłoński, was er von dieser ersten Reise eines Papstes nach Osteuropa zu erwarten hatte. In ungewöhnlich fehlerhaftem Italienisch, woran sich seine innerliche Anspannung erkennen ließ, erklärte er den Journalisten an Bord der Maschine mehrmals, daß diese Reise, was auch immer geschehe, von tiefer Bedeutung sein werde. »Dafür«, sagte er emphatisch, »mußte es ein Polen geben.«

»Ich glaube, alle diese Unterschiede zwischen Kommunisten und Kapitalisten«, so äußerte er sich ein anderes Mal, »betreffen eigentlich nur die Oberfläche. Darunter gibt es die Menschen. Die Menschen sind wirklich, eine Wirklichkeit erster Ordnung für den Sendungsauftrag der Kirche.«

Dann, gedrängt von einem hartnäckig fragenden Journalisten aus Deutschland, wandte er sich den anderen osteuropäischen Ländern unter kommunistischer Herrschaft zu und kam auf die Beschränkungen zu sprechen, denen die kommunistischen Parteien des Ostblocks ihre Bürger in den nächsten Tagen bestimmt aussetzen würden: »Vielleicht werden nur wenige Menschen in diesen Tagen in der Lage sein, nach Polen zu kommen, aber die geistigen Auswirkungen werden sich bemerkbar machen.«

Während des Fluges warf er noch einmal einen Blick auf die Telegramme, die routinemäßig an die Regierungschefs der Länder, die der päpstliche Jet überquerte, abgeschickt worden waren. Sie enthielten einige Winke und Andeutungen: Auf Marschall Titos Jugoslawien, in dem die Arbeit der Kirche kaum behindert wurde, rief der Pontifex »göttlichen Beistand« herab. Als er jedoch Gustav Husaks Tschechoslowakei überflog, wo die Kirche mit einer Reihe von Repressalien fertig werden mußte, beschränkte er sich auf gute Wünsche für ein gedeihliches Wohlergehen.

Aus dem Flugzeug-Cockpit konnte der Pilot schon die Massen auf dem Weg ins Zentrum von Warschau und auch die Menschen sehen, die in dichten Reihen die Straße säumten, auf denen der Papst vom Flughafen in die Stadt fahren würde. »Ich empfinde das wirklich als eine Heimkehr«, sagte der Papst lächelnd zu einem polnischen Journalisten. Und nach einer langen Pause fügte er hinzu: »Ich tue, was in meiner Kraft steht, daß mich meine Gefühle nicht überwältigen.«

Am 2. Juni 1979 um 10.07 Uhr landete das Flugzeug des Papstes in der polnischen Hauptstadt. In diesem Augenblick begannen die Glocken aller Kirchen Polens zu läuten. Von der Ostsee bis zur Hohen Tatra und von Schlesien bis an die Grenze der UdSSR hallte das Land von ihrem Dröhnen wider.

1966 hatte die Führung der polnischen kommunistischen Partei unter dem Druck der Falken im Kreml, in Ostberlin und in Prag Papst Paul VI. die Erlaubnis verweigert, Polen zu besuchen. Jetzt konnte sich die Geschichte revanchieren. Wie ein lächelnder Gott der Vergeltung klopfte Johannes Paul II. an Polens Tür. Er kehrte in sein Land zurück wie ein Eroberer, und er würde – was die kommunistischen Führer zu jener Zeit noch nicht wissen konnten – in Zukunft wiederkommen, wann immer er wollte.

Als der Papst auf dem Flughafen Okęcie niederkniete, um die Landebahn zu küssen, und dann zwei kleine Mädchen umarmte, die ihm große Sträuße aus weißen und roten Nelken (den Farben Polens) und weißen und gelben Lilien (den Farben des Vatikans) überreichten, drang das Geläut der Glocken bis zur Grenze der DDR vor. Es flog hinüber zur Tschechoslowakei, hinüber in die Ukraine und nach Weißrußland und in das katholische Litauen (dessen aus der Zeit vor dem Zweiten Weltkrieg stammende Botschaft beim Heiligen Stuhl immer noch bestand, um zu demonstrieren, daß der Vatikan die Annexion Litauens durch die UdSSR nie anerkannt hatte). In den kommenden Tagen würde Millionen von Menschen die Bedeutung dieses durchdringenden Geläuts immer bewußter werden.

Bereits das Protokoll der ersten Augenblicke des Papstbesuchs bestätigte, daß die Kirche in Polen einen Status innehatte wie in keinem anderen sozialistischen Land. Über tausend Jahre hinweg, in Kriegen und Gemetzeln, Teilungen, Verfolgungen und Eroberungen überdauernd, war der Katholizismus eine Verkörperung der polnischen Nationalität geblieben. Das ärgerte die Führer des Politbüros in Moskau, die einfach nicht einsehen wollten, warum die katholische Kirche in Polen nicht als ein Rädchen in der Staatsmaschinerie fungierte wie die russisch-orthodoxe Kirche in der UdSSR. Dort war sie der Macht der Partei vollständig unterworfen. In Polen *war* sie eine Macht. Präsident Jabłoński begann seine Rede, indem er Wojtyłas Vorgänger Johannes XXIII. und Paul VI. zitierte; er gab seiner Hoffnung Ausdruck, daß der neue Papst ihre Politik der »Koexistenz zwischen den Völkern« fortsetzen würde. In seiner Eigenschaft als Oberhaupt der polnischen Kirche antwortete der alte Primas Wyszyński, der gegen Ende der Stalinära drei Jahre unter Hausarrest gestanden hatte. Mit seiner Rede setzte er das Zeichen für den Beginn einer unmerklichen Verschiebung der Machtverhältnisse, auch wenn er diesen Moment mit kirchlicher Rhetorik umhüllte: »Heiliger Vater, wir legen unsere freudigen Herzen in Ihre Hände, und Ihnen zu Füßen die edle Seele des allezeit gläubigen Polen.«

In ganz Polen schien die rote Fahne des Kommunismus auf wundersame Weise verschwunden zu sein, nur die Banner der Nation und des Heiligen Stuhls waren zu sehen. Am Flughafen intonierte ein katholischer Studentenchor voller Inbrunst die mittelalterliche Hymne »Gaude, Mater Polonia« – »Freue dich, Mutter Polen«.

Während dieser ersten Stunden der Rückkehr des Papstes nach Polen und trotz der gründlichen Analysen von Politikern, Diplomaten, Journalisten und Geheimdienstlern vermochte niemand die Bedeutung dieses Ereignisses wirklich zu ermessen. Aber das wäre sicher auch zuviel verlangt, denn wer könnte schon in den Herzen von Millionen Menschen lesen? Die folgenden neun Tage erlebten die Männer und Frauen und vor allem die jungen Menschen in Polen in einer Art Trance, einer anhaltenden, fast erotischen Erregung: Dies war nicht mehr der Besuch eines Landsmannes, der in einer der großen Weltreligionen das höchste Amt bekleidete, nein, dies war der Besuch eines Kaisers, eines Messias. Hier fand ein überwältigendes Ereignis statt, das niemanden kaltließ.

Unter den vielen Tausenden, die sich entlang der Straße vom Flughafen zur Stadt drängten, um einen Blick auf den Papst zu erhaschen, war auch Zbigniew Bujak. Seit einem Jahr arbeitete er in einer illegalen Gewerkschaftsgruppe, die er mitgegründet hatte. Er wußte eigentlich nicht genau, warum er gekommen war. Er war ein Führer der Opposition und somit gebrandmarkt. Die Polizei saß ihm im Nacken. Kürzlich hatte ihn die Miliz verhaftet und verhört. Die Geheimpolizei führte ein Dossier über ihn. Auch seine Frau und die Frauen seiner Genossen waren verhört worden. »Wir haben mit dem Widerstand begonnen«, dachte er, als er da im Gedränge stand, »aber auf wen können wir zählen?« Er wußte noch nicht, welche Richtung die Opposition gegen den Staat nehmen sollte. Als der Papst in einem weißen Jeep der Armee vorbeifuhr, schwollen die Rufe und Schreie der Massen zu einem ohrenbetäubenden Crescendo an. Bujak sah das Lächeln, mit dem Wojtyła die Menschen segnete und grüßte, die ihrerseits wie im Delirium die tiefe Bewegung reflektierten, die sie dem Gesicht des Papstes ablesen konnten. Und schlagartig wurde Bujak klar, daß »dies auch eine antikommunistische Demonstration war«, und er fühlte sich, als sei eine große Last von ihm genommen. Noch Jahre später erinnerte er sich daran: »Die Angst, die wir verspürten, als wir unseren Kampf gegen das totalitäre System aufnahmen, und unsere Bedenken angesichts der weiteren Entwicklung waren nun verschwunden.« Seine Genossen hatten die gleiche Erfahrung gemacht. »Wir sahen, wie viele von uns dabei waren. Das war sehr wichtig und zerstreute unsere Zweifel.«

Als Johannes Paul II. auf dem Schloßplatz, dem Eingang zur Warschauer Altstadt, angelangt war, hatte es den Anschein, als würden ihn die Spannung, die Gefühle und Erwartungen, die sich in den Schreien und Rufen der Massen, ihrem frenetischen Winken und auf den erregten Gesichtern so deutlich ausdrückten, nun doch überwältigen. Das Pflaster, über das der Wagen mit dem Papst fuhr, war von Blumen gesäumt: von kleinen Gebinden aus höchstens drei oder vier Nelken, die mit einem roten oder weißen Band zusammengebunden und mit etwas Grün ein bißchen fülliger gemacht worden waren. Die Warschauer hatten sie entlang der Route des Papstes durch die Altstadt zur Sankt-Johannes-Kathedrale in zwei sauberen Reihen auf die Straße gelegt. Diese dünnen Blumenreihen waren ein Zeichen der Armut, aber auch der Liebe und der Hoffnung.

Beim Anblick der Kathedrale verlor Wojtyła den letzten Rest seiner mühsam bewahrten Fassung, und die Tränen begannen ihm die Wangen herunterzulaufen. Außer in jenem kurzen Augenblick im Konklave, von dem er zum Papst gewählt worden war, hatte ihn seit dem Tod seines Vaters vor achtunddreißig Jahren keiner mehr weinen gesehen. Er wischte sich die Tränen mit dem Handrücken vom Gesicht.

Manche Menschen um ihn herum brachen in wilde Hochrufe aus, aber es waren auch solche darunter, die nur still auf den Papst blickten; und wie er gaben sie ihren Emotionen in einem unterdrückten Schluchzen Ausdruck. Sogar die strengen Züge des Primas Wyszyński an der Seite des Papstes lösten sich unter dem Druck der Gefühle.

Für die erste Messe, die Karol Wojtyła in Polen als Papst zelebrieren sollte, hatten die Bischöfe mitten auf dem Siegesplatz mit dem Grabmal des Unbekannten Soldaten eine große Bühne bauen lassen. Bislang hatte dieser Ort nur als Schauplatz von Militärparaden, Maiumzügen und anderen Machtdemonstrationen der kommunistischen Partei fungiert. Jetzt führten drei Treppenfluchten zum Altar hinauf, der von einem zwölf Meter hohen Kreuz überragt wurde. Am Vorabend des Papstbesuchs bereits hatten die Bürger Warschaus dieses riesige Kreuz, das nur mit einer einfachen roten Stola geschmückt war, in eine Wallfahrtsstätte verwandelt. Zehntausende waren gekommen, um das Kreuz und das neue Gesicht des großen Platzes zu sehen, den die kommunistischen Machthaber so oft zum Symbol ihrer Macht gemacht hatten und der nun zum Ort religiöser Andacht geworden war. Um den Massenandrang zu begrenzen, hatte die polnische Regierung darauf bestanden, daß an der Messe nur Besitzer von Eintrittskarten teilnehmen durften, die zuvor von den Pfarrämtern ausgegeben worden waren. Wie viele davon verteilt werden sollten, war in mühsamen und zähen Verhandlungen zwischen Kirche und Regierung festgelegt worden.

Als Johannes Paul II. um vier Uhr nachmittags auf dem Platz eintraf, warteten dort dreihunderttausend Menschen, und Zigtausende, denen der Zutritt verwehrt blieb, hatten sich rings um das Stadtzentrum versammelt. Hohe Repräsentanten von Staat oder Partei waren nicht anwesend. Der Erste Sekretär Gierek und die Mitglieder des Politbüros waren in ihre Büros im Haus des Zentralkomitees zurückgefahren und starrten nervös auf die Bilder, die über die Bildschirme flimmerten. Auf ihre Anordnung hin durften die Kameras des staatlichen Fernsehens nur den Papst und seine Umgebung filmen, nicht jedoch die ungeheuren Menschenmassen, die an der größten religiösen Versammlung seit dem Zweiten Weltkrieg in Osteuropa teilnahmen.

Ein Beifallssturm begrüßte den Papst bei seiner Ankunft, dann senkte sich eine tiefe Stille über den Platz. Johannes Paul II., der Kardinal Wyszyński dicht an seiner Seite hatte, hielt zunächst inne, um den halbzerstörten Portikus an seiner Seite des Monuments zu betrachten, auf dem die Orte der bedeutendsten Schlachten der polnischen Geschichte in Bronze verzeichnet waren. Hinter dem Papst ragte das große Kreuz empor, vor ihm stand die Ehrenwache am Grabmal des Unbekannten Soldaten und der Ewigen Flamme – er befand sich im Schnittpunkt der beiden Polen: zwischen Schwert und Kreuz, zwischen Nation und Glauben.

Langsam ging der Papst auf das Grabmal zu. Die Menge erstarrte. Die Fahnen des Vatikans und Polens bewegten sich kaum in der schwachen Brise. Johannes Paul II. beugte leicht sein Knie, während Stefan Wyszyński so hart auf seine Knie fiel, daß die Knochen krachten. Seite an Seite erhoben Papst und Primas Anspruch auf die polnische Geschichte.

Johannes Paul II. verharrte in einem stillen Gebet und küßte dann das Grabmal. Einige Minuten später, nachdem der Dąbrowskimarsch, jene Hymne, die noch immer dann ertönt, wenn es um Polens Streben nach Unabhängigkeit geht, verklungen war, begann die Messe. Dreihunderttausend Menschen hörten gebannt zu, als der Papst in seiner Predigt an den unerfüllten Wunsch von Papst Paul VI., Polen zu besuchen, erinnerte und auf die besondere Bedeutung hinwies, die er darin sah, daß mit ihm ein Sohn Polens auf dem Stuhl Petri Platz genommen hatte. »Haben wir vielleicht nicht das Recht«, fragte er, »zu denken, daß das Polen unserer Tage zu einem Land geworden ist, das eine besondere Verantwortung trägt, Zeugnis abzulegen?«

Er stand aufrecht vor einem Bildnis der Madonna von Tschenstochau, einer Ikone, die den Glauben der Nation symbolisiert wie keine andere. Dann, in hämmerndem Crescendo, sprach er die Worte, vor denen sich die Parteiführer in Warschau und Moskau am meisten fürchteten: »Die Kirche brachte Christus nach Polen, den Schlüssel für das Verständnis der großen und fundamentalen Wirklichkeit, die der Mensch ist ... Christus kann in keinem Teil der Welt, auf keinem Breiten- oder Längengrad der Erde aus der menschlichen Geschichte ausgeschlossen werden. Christus aus der menschlichen Geschichte ausschließen zu wollen, ist eine Sünde wider die Menschheit.«

Erzbischof Agostino Casaroli, der von Johannes Paul II. kurz vor der Reise zum Staatssekretär des Vatikans bestellt worden war und jetzt vor dem Altar saß, registrierte jede Nuance in der Ansprache des Papstes. Mit diesen Worten, so wurde ihm klar, hatte Wojtyła die vom Vatikan in den letzten zwanzig Jahren praktizierte Ostpolitik beiseite gewischt. Johannes XXIII. und Paul VI. hatten alles getan, um die Spannungen zwischen der Kirche und dem kommunistischen Machtblock zu vermindern; sie wollten weitere Repressalien vermeiden, den Bau von mehr Kirchen, die Weihe von mehr Priestern und die Ernennung von mehr Bischöfen ermöglichen. Sie wollten die friedliche Koexistenz.

Aber dort auf dem Warschauer Siegesplatz hatte gerade etwas Neues begonnen: ein Aufbruch zu unbekannten Horizonten. Johannes Paul II. benutzte kein Wort, das eine direkte Konfrontation zwischen Kirche und Staat, zwischen Partei und katholischen Gläubigen hätte auslösen können. Und doch markierte das, was er sagte, den Beginn einer großen Wende für die Kirche – in Polen, in Osteuropa, in der Sowjetunion und in der Welt. Hier erhob die Kirche zum erstenmal Anspruch auf eine neue Rolle, sie forderte nicht mehr nur Raum für sich selbst. Durch den Mund des Papstes verlangte sie die Achtung der Menschenrechte sowie der christlichen Werte, die Achtung jedes Mannes und jeder Frau und der Autonomie des Individuums. Diese Forderungen kamen einem unmittelbaren Angriff auf die Maximen der marxistischen Ideologie gleich, die in den Ländern unter sowjetischem Einfluß mittlerweile zu leeren Hülsen geworden waren.

Das Gedränge auf dem Platz wurde immer größer, als es auch viele, die keine Karten hatten, auf verschiedene Weise schafften, doch noch dorthin zu gelangen. Inzwischen waren vielleicht vierhunderttausend Menschen versammelt, und über ihren Köpfen schwankten riesige Bilder der Gottesmutter und des Papstes. Johannes Paul II. hob seine Stimme: »Jesus Christus wird nie aufhören, wie ein offenes Buch vom Menschen, von seiner Würde und seinen Rechten zu künden, und er öffnet auch das Buch des Wissens von der Würde und den Rechten der Nation. An diesem Tag, auf diesem Siegesplatz, in der Hauptstadt Polens bitten wir mit euch allen im großen eucharistischen Gebet, daß Christus nicht aufhören möge, ein für uns offenes Buch unseres zukünftigen Lebens zu sein. Für unser polnisches Morgen.« Als er sprach, konnte man jene gleichsam elektrisierende Spannung spüren, die alle großen Schauspieler mit ihrem Publikum verbindet. Zehn Minuten ununterbrochener Beifall umbrandete die am Fuß des riesigen Kreuzes zierlich wirkende Gestalt des Papstes.

Auf dem Platz erschollen Gesänge des Triumphes und der Entschlossenheit: »*Christus vincit, Christus regnat, Christus imperat*« – »Christus siegt, Christus regiert, Christus herrscht«. Und dann erklang immer wieder aufs neue: »Wir wollen Gott.«

Auch in den Vereinigten Staaten verfolgten viele Menschen das Geschehen in Polen auf dem Fernsehschirm, unter ihnen Ronald Reagan, der sich damals um die Nominierung zum Präsidentschaftskandidaten der Republikaner bewarb. Reagan saß auf der Veranda seiner Ranch in der Nähe von Santa Barbara, zusammen mit Richard Allen, einem Katholiken, der später sein erster nationaler Sicherheitsberater wurde. Die beiden Männer hatten einen kleinen, tragbaren Fernsehapparat vor sich, sahen die Begeisterung der polnischen Massen, und Reagans Augen füllten sich mit Tränen. Beide waren sie darin einig, mitzuerleben, wie im Körper des Kommunismus eine Metastase zu wuchern begann.

Am nächsten Morgen feierte der Papst vor der Sankt-Anna-Kirche eine Messe für Tausende von Studenten. Ungefähr dreißigtausend hatte man erwartet, doch die Menge schwoll rasch auf zweihunderttausend Menschen an. Wieder war die Atmosphäre elektrisch geladen. Wenn die Studenten versucht hatten, in diesem Ereignis ein Motiv für ihr Handeln zu finden, ein Symbol des Widerstands gegen das kommunistische Regime, dann im Kreuz. Fast alle hatten sie kleine Holzkreuze mitgebracht, nicht breiter als etwa fünfundzwanzig oder dreißig Zentimeter; viele waren aus zwei Holzlatten kunstlos zusammengehämmert worden. Diese Kreuze reckten sie dem Papst entgegen, wie die revolutionären Kommunisten ihre Fäuste hochzustrecken pflegten. Von seinem Stuhl blickte Johannes Paul auf einen Wald von Kreuzen, und er segnete sie.

Nach der Predigt gingen zwei junge Männer und eine junge Frau auf den Papst zu und rezitierten mit lauter Stimme: »Wir treten vor Sie mit dem hocherhobenen Kreuz. In diesem Zeichen werden wir siegen, und Sie stehen unter diesem Symbol.«

In Moskau erhielt die oberste sowjetische Führung durch den KGB alarmierende Nachrichten bereits von diesen ersten Stunden der Papstreise. Die von ihr ausgehenden potentiellen Gefahren waren zuvor in einem Bericht des Rates der UdSSR für religiöse Angelegenheiten für das Politbüro unterschätzt worden. »Die polnischen Genossen halten Johannes Paul II. in kirchlichen Angelegenheiten für reaktionärer und konservativer, im ideologischen Bereich für gefährlicher als seine Vorgänger.« Weiter hieß es: Als Kardinal »tat er sich mit seinen antikommunistischen Ansichten hervor. Er war ein großer Verfechter der Menschenrechte im Geist von Präsident Jimmy Carter und arbeitete mit kirchlichen Dissidenten zusammen.«

In Litauen, so meldete der KGB, hörten Hunderttausende von Gläubigen die Radiosendungen aus Warschau, und die Kirchen seien voll, wenn Messen zu Ehren des Papstes gelesen würden. Viele Menschen aus litauischen Städten nahe der polnischen Grenze waren zu Verwandten gefahren, so konnten sie den Papst im polnischen Fernsehen erleben. Auch in Lettland und Estland sahen Bürger der UdSSR zu – im finnischen Fernsehen.

All das geschah, als die Sowjetführung bereits sehr besorgt über den Aufschwung des islamischen Fundamentalismus in den muslimischen zentralasiatischen Republiken der UdSSR war. Vier Monate nach dem Zusammenbruch des Schahregimes im Iran war Ayatollah Khomeini, ein Führer der Schiiten, als heldenhafter

Eroberer aus dem Exil nach Teheran zurückgekehrt. Für die Kremlführung mußten der Sieg des Ayatollah und die fast gleichzeitige Wahl eines Polen zum Papst einem doppelten Gefahrensignal gleichkommen. Der Aufstieg beider Männer war Auslöser für ein alptraumhaftes Szenario: eine UdSSR, die sich vom Osten wie vom Westen her in einer gewaltigen religiösen Zangenbewegung eingeklemmt sah. Außenminister Andrei Gromyko mahnte seine Kollegen immer wieder, sie sollten das Potential nicht unterschätzen, über das Karol Wojtyła verfüge: Wie Khomeini im Iran vermöge er es in Polen, die Bevölkerung aufzuwiegeln.

Moskaus Vorahnung überschattete jeden Schritt, den die polnischen Kommunisten unternahmen. Als die polnischen Parteiführer am Abend des 2. Juni die Bilanz des ersten Tages zogen, waren sie erleichtert, daß alles ruhig geblieben war. Ohne einen einzigen Zwischenfall hatten sich eine Million oder mehr Polen in und um Warschau versammelt. Aber die Staatsführung konnte sich lediglich in technischem Sinne als Herrin der Situation betrachten. Das katholische Warschau verhielt sich, als sei das kommunistische Regime gar nicht mehr existent. Man sah nur religiöse Symbole in den Straßen, und jeder Bezug auf die polnische Geschichte griff in die vorkommunistische Zeit zurück. Die Gläubigen selbst hatten in den Kolonnen und während der gigantischen Demonstration auf dem Siegesplatz für Ordnung gesorgt: Diesen Dienst hatten Priester und Tausende von Freiwilligen aus den Pfarreien übernommen, die an ihren hellen Pfadfinderkäppis erkennbar waren. Die Miliz hielt sich am Rand des Geschehens, so wie es zwischen Parteisekretär Gierek und Primas Wyszyński vereinbart worden war.

Für Edward Gierek klangen Johannes Pauls II. wiederholte Anrufung Christi, seine Mahnung an die polnischen Massen, Jesus als einen Führer in das »Polen von morgen« zu betrachten, wie als Gebete verbrämte revolutionäre Parolen. (»Möge der Geist Gottes auf uns herabkommen«, schloß der Papst seine Predigt. »Möge er das Gesicht der Erde erneuern.«) Was hätte der Sekretär der Vereinigten Arbeiterpartei Polens diesen Beschwörungen aus dem eigenen ideologischen Arsenal entgegensetzen können? Und wie sollte er andererseits die barschen Fragen beantworten, die vom Kreml und den Hardlinern der Partei in Warschau bereits gestellt wurden? Er hatte nichts in der Hand als die Zusammenfassung der höflich, aber ergebnislos verlaufenen Unterredung mit dem Papst. Im Belvedere-Palast hatte dieser ganz unerwartet Garantien für grundlegende Menschenrechte verlangt. Noch nie waren von kommunistischen Machthabern derartige Konzessionen erwartet worden; daß man diesen Forderungen nachgab, war den Führern des Ostblocks unvorstellbar.

Johannes Paul II. beabsichtigte im Jahr 1979 keineswegs, das kommunistische System zu Fall zu bringen, aber er machte Politik, indem er durch seine Person Druck auf das Regime ausübte, um es zu radikalen Änderungen in der Staatsführung zu veranlassen. Er nahm die kommunistischen Führer beim Wort und untermauerte seine Forderungen vor allem mit ebenjenen Prinzipien von Gleichheit und Gerechtigkeit, die von der Partei, wenn auch nicht in der Praxis, so doch in der Theorie propagiert wurden. Und ebenso grundsätzlich betonte er den Anspruch der Kirche, am gesellschaftlichen Prozeß zur Erreichung dieser allgemeinen Ziele beteiligt zu sein. Und genau dies wirkte, wie sich zeigen sollte, tatsächlich destabilisierend.

An diesem Abend betete Johannes Paul II. am Fenster der Kapelle in der Residenz des Primas den Rosenkranz und teilte seinen Triumph mit Hunderten von Landsleuten, die sich unten im Hof versammelt hatten. Auf Anordnung der Partei bauten derweil Straßenfegertrupps in aller Eile das auf dem Siegesplatz errichtete zwölf Meter hohe Kreuz ab: unter dem Vorwand, am nächsten Tag werde von dieser Stelle aus der Hubschrauber des Papstes starten. Das Kreuz konnte die Partei vom Siegesplatz entfernen lassen, aber sie konnte so gut wie gar nichts tun, um den polnischen Papst aus dem Herzen seines Volkes zu vertreiben.

Die Polenreise des Papstes war eine spektakuläre, allen sichtbare Demonstration seines Einflusses und seiner Entschlossenheit. Fast ebenso spektakulär – in ihren Implikationen zumindest – war ein Treffen zweier Männer, das gleich zu Beginn der Präsidentschaft Reagans in Rom stattfand. Der Mann, der zur verabredeten Stunde in das bescheidene Arbeitszimmer des Papstes gebeten wurde, hatte trotz seines grauen Anzugs etwas von einem Bären und wirkte etwas derangiert; nur wenige Menschen, die ihm irgendwo begegnet wären, hätten seiner ungewohnten Erscheinung wohl einen zweiten Blick geschenkt. Der Besucher war ein gläubiger und glühender Katholik, der fast jeden Tag zur Messe ging, in dessen Haus es unzählige Bildnisse der Heiligen Jungfrau gab und der sogleich mit dem Papst in ein inbrünstiges Gebet versank. William Casey, der Direktor der CIA, war in einer ausgesprochen irdischen Mission zum Vatikan gereist. Er wollte Johannes Paul II. eine Fotografie eines ungewöhnlichen Ereignisses überreichen. Sie war von einem amerikanischen Spionagesatelliten aufgenommen worden, der in einer Höhe von Hunderten von Kilometern die Erde umkreiste.

Der Papst, der am Schreibtisch in seinem privaten Arbeitszimmer saß, betrachtete das Foto lange und eingehend. Was es zeigte, wurde erst allmählich deutlich: zuerst die riesigen Menschenmengen, eigentlich nicht viel mehr als unscheinbare, ununterscheidbare Punkte, dann aber, in ihrer Mitte, ein einzelner weißer Punkt, der, wie der Papst erkannte, er selbst war, wie er 1979 in seiner weißen Soutane auf dem Siegesplatz zu seinen Landsleuten sprach. Dies war die erste einiger Dutzend Satellitenaufnahmen, die er in den kommenden Jahren sehr genau betrachten sollte.

Dieses Foto präsentierte Casey bei einem Treffen, das unter völliger Diskretion stattfand und von dem die Welt erst zehn Jahre später erfahren sollte, und es diente dazu, eine informelle und geheime Allianz zwischen dem Heiligen Stuhl und Präsident Ronald Reagan zu besiegeln, deren Zweck es sein sollte, den umfangreichsten Prozeß politischen Wandels in diesem Jahrhundert zu beschleunigen. Diese beiden Männer trafen sich noch mehrere Male, bevor der Kommunismus zusammenbrach: zuerst im geliebten Heimatland des Papstes, dann in anderen Ländern Osteuropas und schließlich in der Sowjetunion selbst. Aber keine ihrer Begegnungen war so bedeutsam wie die erste.

Im Vatikan wurde während der kommenden Jahre einiges an Maßnahmen unternommen, um den Eindruck zu verwischen, daß die Repräsentanten zweier so unterschiedlicher Mächte eine neue Heilige Allianz geschlossen hätten, tatsächlich aber erhielt der Papst nahezu jede einigermaßen bedeutende Information, über welche die CIA verfügte, nicht nur über Polen, sondern auch über alle anderen Angelegenheiten, die Wojtyła und den Heiligen Stuhl betrafen.

Nicht minder erstaunlich war, daß Casey und der Papst nicht nur über die Ereignisse diskutierten, die in Polen und in Mittelamerika für Unruhe sorgten, wo die Vereinigten Staaten ebenso wie die Kirche sich mit Priestern und politischen Bewegungen auseinanderzusetzen hatten, die sie als promarxistisch betrachteten. Nein, der Direktor der CIA und der Pontifex Maximus führten auch religiöse Gespräche, sie unterhielten sich über sehr persönliche und geistliche Angelegenheiten. Wie Caseys Witwe Sophia viele Jahre später der Öffentlichkeit anvertraute, »baten sie sich gegenseitig darum, für bestimmte Dinge zu beten« – insbesondere im Hinblick auf die Entwicklung in Polen, so ein Sprecher des Papstes. Es gab keine Frage, in welcher der Papst dem CIA-Chef nicht seinen Segen anbot. Und dieser revanchierte sich damit, daß er dem Papst alle Informationen der CIA zugänglich machte – eine Materialfülle, über die nur wenige Menschen in der Welt verfügten.

Seit der amerikanische Satellit den Papst in Polen fotografiert hatte, waren Casey und Reagan fest davon überzeugt, daß es eine potentielle dritte Supermacht auf der Welt gab – den zwanzig Häuserblocks umfassenden Stadtstaat Vatikan – und daß deren absoluter Herr, Papst Johannes Paul II., im Besitz eines bemerkenswerten Arsenals unkonventioneller Waffen war, mit denen sich das Gleichgewicht des Kalten Krieges beeinflussen ließ, zumal dann, wenn die Vereinigten Staaten offen und verdeckt daran mitwirkten. Daß sich der Papst zu dieser Zeit keinen Illusionen über einen Zusammenbruch des Kommunismus hingab und seine Interessen auf vielen Gebieten nicht unbedingt mit denen von Präsident Reagan übereinstimmten, störte diesen und Casey wenig. Sie spürten intuitiv, was der Papst zu bewegen in der Lage sein würde und wie seine Handlungsweise ihren eigenen weltpolitischen Zielen dienen könnte.

»Wie viele Divisionen hat der Papst?« hatte Stalin im Zweiten Weltkrieg abschätzig gefragt. Darauf sollte es nun bald eine Antwort geben, und zwar eine, die das Politbüro der UdSSR mit höchster Verwunderung und großer Unruhe erfüllen würde. Karol Wojtyła war bereits die Quelle geistiger Kraft für »Solidarność«

(»Solidarität«) und auch der stärkste Schutzschirm der Opposition, der ersten nichtkommunistischen Gewerkschaftsbewegung innerhalb des sowjetischen Einflußbereichs. »Solidarność« wurde vom Westen finanziell unterstützt, und Casey hatte dafür gesorgt, daß diese Gelder auch weiter fließen würden. Die höchste Priorität der amerikanischen Außenpolitik, so erklärte er dem Papst, habe jetzt Polen. Reagan und Casey hatten in Washington die Möglichkeit erörtert, »Polen aus dem sowjetischen Machtbereich herauszubrechen«, und zwar mit Hilfe des Heiligen Vaters: »Solidarność« und der Papst galten ihnen als die Hebel, mit denen dies zu bewerkstelligen war.

Nachdem Wojtyła den päpstlichen Thron bestiegen hatte und nach den anschließenden Ereignissen in Polen mußte die strategische Karte des Kalten Krieges neu gezeichnet werden. Jahrzehntelang hatte als Axiom gegolten, daß Moskau und Washington die wesentlichen Koordinaten waren, mit Berlin als der kritischen Achse. Nun aber, wie auf einem Foto im Entwicklerbad, tauchten zwei andere Schlüsselpunkte auf: der Vatikan und Warschau.

Im Kreml hatte Michail Gorbatschow, der Sekretär des Zentralkomitees für Landwirtschaft und jüngstes Mitglied des Politbüros, die Gefahr bereits erkannt, die dem Sozialismus von Rom und Polen her drohte. Ein Jahrzehnt später, als der erste Bericht über die Heilige Allianz zwischen den Vereinigten Staaten und dem Vatikan veröffentlicht wurde, schrieb Gorbatschow: »Man kann sagen, daß alles, was sich in den letzten Jahren in Osteuropa ereignete, ohne die Anstrengungen des Papstes und die enorme, auch politische Rolle, die er in der Welt gespielt hat, unmöglich hätte geschehen können.« Zu der Zeit waren Gorbatschow und Reagan von der Bühne der Weltpolitik bereits wieder abgetreten, nur der alternde Papst hatte noch sein Amt inne und konnte die neue Welt, an deren Entstehung er mitgewirkt hatte, weiter gestalten.

Als Johannes Paul II. an die Spitze der katholischen Kirche gelangte, war man fast überall der Meinung, daß deren Einfluß und Macht in der Welt im Schwinden begriffen waren. Aber Wojtyła sah sich als einen Mann, der vom Schicksal, von Gott dazu ausersehen war, das Gesicht seiner Kirche und der Welt zu verändern. Er war Schauspieler, Dichter, Stückeschreiber und

Philosoph gewesen, und alle diese Aspekte seiner Persönlichkeit flossen in der bedeutendsten Rolle seines Lebens zusammen: in jener des Papstes. Niemand konnte ahnen, mit welchem Geschick er die Rolle eines Politikers auf der weltlichen Bühne spielen würde. Als Papst wurde er zu einer der bemerkenswertesten Gestalten in der zweiten Hälfte des zwanzigsten Jahrhunderts.

Obwohl er eher mystisch veranlagt und ein Einzelgänger ist, zeigte er sich empfänglich für die Energien, die von den vielleicht größten Massenansammlungen ausgingen, denen sich jemals in der Geschichte ein Führer gegenübersah. Seine moralische und lehramtliche Botschaft an die katholischen Gläubigen war fordernd und keineswegs bei allen Mitgliedern seiner Kirche willkommen und auch außerhalb von ihr nicht immer. Doch nahm er weder auf Umfragen und Trendanalysen noch auf die Meinungen seiner Kritiker besondere Rücksicht. Noch heftiger als gegen die Sowjetunion wandte er sich – allerdings mit weit geringerem Erfolg – im Lauf der Jahre gegen den Liberalismus, Hedonimus und Materialismus seiner Zeit. Abtreibung, Verhütung und die moderne Sexualethik lehnt er strikt ab.

Die Wurzeln all dessen, was er als Papst sowohl im Hinblick auf die katholische Dogmatik als auch auf dem Gebiet der geostrategischen Doktrinen fühlte, dachte und bewirkte, muß man in seiner polnischen Heimat suchen. Wie viele seiner Landsleute hatte er sich als Jugendlicher dem polnischen Messianismus verschrieben, der Idee, daß Polen der Christus unter den Nationen sei und eines Tages auferstehen werde, um der gesamten Menschheit den Weg zu weisen.

Ein Jahrzehnt lang war sein Polen ein Brennpunkt des Kalten Krieges und er das Zentrum, um das sich die geschichtlich-politische Entwicklung drehte. Darum erzählen wir nun seine Geschichte.

TEIL EINS

LOLEK

Die Mutter

So wie Wojtyła davon erzählt, muß seine Geburt schmerzlos gewesen sein. Die Mutter habe im Augenblick der Niederkunft die Hebamme gebeten, das Fenster zu öffnen, damit das erste, was ihr Neugeborener zu hören bekäme, der Gesang zu Ehren Marias, der Muttergottes, sei.

Also schob die Hebamme die Fensterläden zur Seite. Plötzlich war das kleine Schlafzimmer von Licht und von den Klängen der Maiandacht für die Muttergottes aus der Marienkirche erfüllt; der Monat Mai ist der Heiligen Jungfrau gewidmet. Das also war das erste, was der zukünftige Papst Johannes Paul II. vernahm: die Lobpreisung Marias aus der Pfarrkirche, die jener einfachen Wohnung gegenüberlag, in der er geboren wurde und deren Besitzer Juden waren, in der galizischen Stadt Wadowice.

Diese Geschichte hat der Papst selbst erzählt, als er in seinem siebzigsten Lebensjahr in den vatikanischen Gärten spazierenging, über den Verlauf seines bemerkenswerten Lebens nachdachte und dieses große Geschenk beschrieb, das seine gequälte Mutter ihm gemacht hatte.

Karol Józef Wojtyła wurde gezeugt, als zwischen dem unabhängigen Polen und Lenins Sowjetrepublik Krieg herrschte. Am 7. Mai 1920, im letzten Monat der Schwangerschaft Emilia Wojtyłas, errangen die polnischen Streitkräfte unter Marschall Józef Piłsudski ihren größten militärischen Sieg über die Rote Armee: die Eroberung der ukrainischen Stadt Kiew. Während die Nachrichten von der Front durch das Land eilten, kümmerte sich Emilia um eine Hebamme und richtete das winzige Schlafzimmer für die Geburt her. Sie war sechsunddreißig Jahre alt, eine körperlich und seelisch zerbrechliche Frau. Sechs Jahre zuvor hatte sie ihre Tochter Olga verloren; ob das Kind tot geboren wurde oder als Säugling starb, ist nicht bekannt. Ihr Mann, damals vierzigjährig und Leutnant in Piłsudskis Armee, war zu alt für den Dienst an der Front. So konnte er während ihrer schwierigen Schwangerschaft auf den dreizehnjährigen Sohn Edmund aufpassen.

Am 18. Mai begannen bei Emilia die Wehen, und am selben Tag kehrte Piłsudski nach dem Ukrainefeldzug im Triumph nach Warschau zurück. Tausende von Polen säumten die Straßen, um den Eroberer von Kiew zu begrüßen, der mit einem blumengeschmückten Sonderzug in den Bahnhof einfuhr. Ehrengarden und Kavalleristen geleiteten die Kutsche des Marschalls zur Kirche des heiligen Alexander, wo eine Siegesmesse zelebriert werden und ein Chor das *»Te Deum«* singen sollte. Anschließend zogen ausgelassene Studenten Piłsudskis Kutsche von der Kirche durch einen großen Torbogen, auf dem »Heil dem Sieger« geschrieben stand, zum Belvedere-Palast. Dies war der Tag, an dem die polnische Nation der Welt verkündete, daß sie ihre frühere Größe zurückerlangt hatte.

Es sollte neunundfünfzig Jahre dauern, bis die Polen wieder solch einen Tag der Freude und Hoffnung erleben konnten, neunundfünfzig Jahre, bis das an jenem 18. Mai in der Provinzstadt Wadowice geborene Kind als Papst Johannes Paul II. im Triumph nach Warschau heimkehrte.

Die Wehen waren schwer für Emilia. Ihrem geschwächten Körper wurde beinahe Unerträgliches abverlangt, doch gab es laut Bekunden der Hebamme keine Komplikationen. Das Kind kam gesund auf die Welt und erhielt den Namen Karol Józef: Karol nach dem Vater und Józef nach Marschall Józef Piłsudski, nach Joseph von Nazareth und nach seinem Onkel. Das Geburtenregister in der Sakristei der Marienkirche zur Immerwährenden Hilfe, dem Zimmer gegenüber, in dem Karol Wojtyła geboren wurde, hält das Ereignis fest: »Natus – 18. V. 1920 – Carolus Josephus Wojtyła, katholisch, männlich, eheliches Kind. Eltern: Wojtyła Carolus – Vater, im Dienst der Armee; Mutter, Kaczorowska, Emilia, Tochter von Feliks und Maria Szolc.«

Emilia war zart und empfindlich, mit leuchtenden dunklen Augen – sinnlich, zärtlich, feminin. Sie begegnete Karol Wojtyła, damals ein junger Unteroffizier in der Armee des Kaisers Franz Joseph, in einer Krakauer Kirche. Beide wollten sie Kerzen für die Heilige Jungfrau anzünden; so erzählte man sich in der Familie. Sie wird sich von genau jenen Charaktermerkmalen angezogen gefühlt haben, die Karols Vorgesetzte in der österreichischen Armee für seine Beurteilung gefunden hatten: Er sei »aufrichtig, moralisch gefestigt, ernsthaft, wohlerzogen, bescheiden, ehrenhaft, verantwortungsvoll, gutherzig und unermüdlich«. Er war darüber hinaus sprachgewandt, ordentlich und sanft, Eigenschaften, die Emilia guttaten. Sie brauchte Ruhe.

Der Tod hatte Emilias Leben seit langem gezeichnet. Vier ihrer acht Geschwister erlebten das dreißigste Lebensjahr nicht; ihre geliebte Schwester Olga starb im Alter von zweiundzwanzig Jahren. Emilias Mutter war neununddreißig oder dreiundvierzig, als sie zu Grabe getragen wurde (die Quellen sind nicht eindeutig), und Emilia damals noch ein – wie man heute sagen würde – blutjunger Teenager. Ihre Familie stammte aus Litauen, geboren wurde sie jedoch 1884 in Schlesien, damals eine Provinz des österreichisch-ungarischen Kaiserreichs westlich von Galizien. Sie war das fünfte Kind eines Sattlers und der Tochter eines Schusters. Als Emilia noch ein Kleinkind war, zogen die Eltern nach Krakau, in das Zentrum des kulturellen und katholischen Lebens und die historische Hauptstadt Polens. In den Erzählungen des Papstes war es seine Mutter, »die das wundervoll religiöse Leben in der Familie Wojtyła prägte«. Eine ruhige und tiefe Frömmigkeit wohnte Emilia inne. Sie war acht Jahre lang, bis zum Tod ihrer Mutter, auf eine Klosterschule gegangen.

1904, direkt nach ihrer Hochzeit, zogen Karol und Emilia Wojtyła nach Wadowice, eine kleine, unbedeutende Stadt an der alten kaiserlichen Landstraße, fünfzig Kilometer südlich von Krakau. Die Stadt war das Verwaltungszentrum der Region, Karol Wojtyła tat Dienst in einer der Schreibstuben des dort stationierten, renommierten Infanterieregiments.

1906 wurde ihr erster Sohn Edmund geboren. Er war ein Juwel, außergewöhnlich klug, hübsch, sportlich, voller Gleichmut und Hilfsbereitschaft. Nach dem Tod ihrer Tochter, um das Jahr 1914 herum, verschlechterte sich Emilias Gesundheitszustand. Doch die Geburt von Karol – einem lebhaften, verspielten und reizenden Kind, das der Mutter wie aus dem Gesicht geschnitten schien – richtete sie innerlich auf, obwohl sie körperlich zunehmend schwächer wurde. Nie beklagte sie sich darüber, daß die Schwangerschaft ihrer Gesundheit geschadet hatte. Im Gegenteil, sie war stolz und freute sich über ihre Söhne: alle ihre Hoffnungen legte sie in die Kinder.

Von Anfang an wollte die Mutter, daß Karol Priester werde, sie erzählte den Nachbarn von ihrem Traum. »Aus meinem Lolek wird einmal ein berühmter Mann«, sagte sie. Sie liebte ihn abgöttisch, als Kleinkind nannte sie ihn »Lolus« (die Koseform von Karol), später dann Lolek. Wenn Edmund in der Schule und ihr Mann, den man nach einer Beförderung in der Stadt als »den Leutnant« kannte, im Dienst waren, badete sie ihren kleinen Sohn in einer Schüssel, las ihm vor, und im Sommer war er bei ihr im Hof, während sie nähte. Sie hatte bereits in Krakau als Näherin gearbeitet und nahm jetzt Kleider, Schals und Damenmäntel zum Flicken und Ändern an, um zum Lebensunterhalt der Familie beizutragen.

Wie seit Jahrhunderten spielte sich das Leben in Wadowice um den Marktplatz vor der Marienkirche ab. Donnerstags bauten die Bauern der umliegenden Dörfer dort ihre Stände auf und verkauften ihre Erzeugnisse: rote Bete, Kartoffeln und Weizen. Wann immer sie konnte, nahm Emilia Karol zum Einkaufen mit. Ihre Kleidung war bescheiden, doch sie hatte eine Vorliebe für Pastellfarben; ihr langes Haar trug sie hochgesteckt, wie es damals Mode war. Sie war alles andere als unansehnlich. Ihr Charme überraschte Freunde und Bekannte stets von neuem.

Manchmal jedoch wurde sie von derart schrecklichen Rückenschmerzen befallen, daß sie nicht einmal zum nahen Marktplatz gehen, auch nicht nähen oder auf Lolek aufpassen konnte. An solchen Tagen verschloß sie die Zimmertür und legte sich ins Bett. Und wenn Edmund von der Schule kam, übernahm sein Vater das Kochen, machte sauber und umsorgte seine Frau. Emilia litt zudem unter Schwindel- und Ohnmachtsanfällen, die der junge Karol manchmal miterlebte. Sie war oft für Tage und Wochen in Krakau, wo noch Verwandte von ihr lebten, und konsultierte Ärzte; hin und wieder nahm sie Karol mit dorthin.

Emilia ertrug ihre Leiden mit Gottvertrauen und einer stoischen

Gelassenheit. »Sogar den Leuten, die sie nicht kannten, fielen ihre Ruhe und ihre Religiosität auf«, sagte ein Nachbar. Ruhe, dieses Wort taucht in den Erzählungen der Menschen immer wieder auf, die sich an Emilia und ihren Mann erinnern. Sie berichten aber ebenfalls davon, daß Emilia sehr melancholisch gestimmt sein konnte, und dann habe sie auch etwas von dem Schmerz über den Verlust ihrer kleinen Tochter erkennen lassen. Etwa Maria Janina Kaczorowa gegenüber, die als junges Mädchen in derselben Straße wohnte. Ihr sagte sie voller Trauer: »Du bist noch so jung, aber für jeden von uns kommt der Augenblick, an dem wir Schicksalsschläge hinnehmen müssen.« Sie gab jedoch nie preis, wie oder wann Olga starb. Und weder Taufschein noch Geburtsurkunde wurden bislang gefunden. Die Schwester ist auch nicht im Familiengrab beigesetzt; und als Karol Wojtyłas Geburtshaus später zu einem Museum umgebaut wurde, erschien ihr Name nicht auf der Plakette, welche die Namen der Eltern und des Bruders nennt.*

Bald brachte Emilia ihrem Lolek bei, wie man sich bekreuzigt, und sie las ihm oft aus der Bibel vor. Im Flur ihrer Wohnung, gleich hinter dem Eingang, befand sich eine Majolikaschale mit Weihwasser, in die Lolek, Edmund, Emilia und Vater Karol regelmäßig, wenn sie gingen oder kamen, ihre Finger tauchten, um das Zeichen des Kreuzes zu machen. Im Wohnzimmer stand ein Betpult. Die Wohnung war zwar klein, doch gemütlich und warm, voller Bücher, Heiligenbilder und Familienfotos. Über dem Kaminsims hing ein Porträt von Leutnant Wojtyła in der Uniform der Piłsudski-Armee, eine stolze Erinnerung daran, daß er seinen Teil dazu beigetragen hatte, die Freiheit Polens wiederzuerlangen. Diese Wohnung im zweiten Obergeschoß war nichts Besonderes, strahlte aber eine gewisse kleinbürgerliche Würde aus. Die Zimmer – eine kleine Küche, eine winzige Schlafkammer und ein Wohn- und Schlafraum – lagen hintereinander. Ein Badezimmer fehlte, in Wadowice gab es allerdings auch noch kein fließendes Wasser. Das Badewasser mußte vom Brunnen auf dem Marktplatz geholt werden. Alle Fenster der Wohnung schauten auf die Sand-

* Die Akten der Militärpfarrkirche in Krakau, in der Emilia und Karol heirateten, gingen während des Zweiten Weltkriegs verloren.

steinfront der Marienkirche, die mit einer Sonnenuhr mit dem gemeißelten Sinnspruch *»Tempus fugit, aeternitas manet«* – »Die Zeit vergeht, die Ewigkeit bleibt« – verziert war. Beim Spielen und Lesen konnte Karol verfolgen, wie der Schatten des Zeigers wanderte.

Die Fortschritte der Söhne erfüllten Emilia mit großer Freude. Edmund – von der Familie »Mundek« genannt – besuchte bereits die Universität und studierte Medizin; Lolek ging in die Grundschule für Knaben, keine fünf Minuten entfernt. In seinem ersten Zeugnis bekam er die Noten »sehr gut« (in Religion, Betragen, Zeichnen, Singen, Spiel und Sport) und »gut« in allen anderen Fächern. Er war ein leidenschaftlicher Fußballspieler, konnte ausgezeichnet lesen, und jeden Morgen vor der Schule besuchte er die Messe. Wenn es Emilias Gesundheit zuließ, lasen sie und Lolek nach der Schule gemeinsam in der Bibel.

Am 13. April 1929, als der achtjährige Karol in der Schule war, mußte Emilia ins Krankenhaus gebracht werden. Als er vom Unterricht nach Hause kam, traf er seine Lehrerin und Nachbarin Zofia Bernhardt im Hof. »Deine Mutter ist gestorben«, sagte sie ohne Vorwarnung. Emilia ist fünfundvierzig Jahre alt geworden. Der Totenschein vermerkte Myocarditis und Nephritis: Herzmuskel- und Nierenentzündung.

Als Seminarist erzählte Karol Wojtyła einem Kommilitonen, seine Mutter sei »die Seele des Hauses« gewesen. Er erinnerte sich daran, wie sie ihn sanft gebadet und zur Messe angezogen hatte, wie sie dafür sorgte, daß er rechtzeitig zur Schule kam. Als er dann aber sein Priesteramt angetreten hatte, schüttete er einem Karmeliterpater aus Wadowice sein Herz aus und berichtete ihm, wie sehr er sich nach Emilia sehnte: »Meine Mutter war eine kranke Frau. Sie mußte hart arbeiten und hatte nicht viel Zeit für mich.« Diese Sätze klingen wie ein Vorwurf, wie eine Entbehrungsklage. In seinem späteren Leben sprach Wojtyła selten von seiner Mutter. Als junger Mann dagegen hat er seinen Freunden gegenüber häufig geäußert, daß er sie um ihre Mütter und um die Wärme beneide, mit der sie die Familien erfüllten.

Einer der engsten Berater des Papstes hat Emilia einmal als seelisch und körperlich »ausgebrannt« bezeichnet: ausgebrannt von den Umständen ihres Lebens und der harten Zeit mit Kriegen und wirtschaftlicher Not, vor allem aber vom Erlebnis des Todes ihrer Tochter. Karol Woityłas Mutter war während seiner Kindheit schwer krank, und wir können nur spekulieren, wie sich das auf ihn ausgewirkt hat. Jedoch fällt aufgrund jener Bemerkung und weil er ansonsten kaum von ihr sprach, die Vorstellung nicht schwer, daß das Leben für den jungen Karol Wojtyła sowohl mit ihr als auch nach ihrem Tod nicht leicht war.

Die Rolle der Frau und insbesondere die Bedeutung der Mutterrolle sollte zu einem der zentralen Themen in Karol Wojtyłas Priesterschaft, in seinen Schriften und dann in ganz hohem Maß in seinem Wirken als Papst werden. Seine Ablehnung der Abtreibung, seine kompromißlose Forderung, das ungeborene Leben zu schützen, sein Glaube an einen »besonderen weiblichen Genius« und die eingeschränkte Funktion der Frau in der Kirche sind Eckpfeiler seines Denkens und seiner Karriere als Papst, und sie drücken etwas über seine Gefühle aus, deren Widersprüchlichkeit aus seiner Mutterbeziehung und den Umständen ihres frühen Todes herrührt.

Jedesmal, wenn Papst Johannes Paul II. Mütter würdigt, die bei der Geburt eines Sohnes oder einer Tochter das Leben verlieren, klingt ein entferntes Echo der Tragödie seines eigenen Lebens an. Am 4. April 1995, er war nun im siebzehnten Jahr Papst, wählte Johannes Paul II. zwei italienische Frauen zur Seligsprechung (die Vorstufe zu einer Heiligsprechung) aus, die er als »Vorbilder christlicher Vollkommenheit« hervorhob. Die eine war Gianna Beretta Molla, eine Kinderärztin, die sich 1962, obwohl sie schwer krebskrank war, dafür entschied, ihr viertes Kind auszutragen und nicht abzutreiben, was ihr möglicherweise das Leben hätte retten können. Elisabetta Mora, die andere Frau, wurde vom Papst ausgezeichnet, weil sie ihrem Mann, der sie mißhandelte und später verließ, dennoch treu blieb. Er pries ihre »absolute Treue gegenüber dem Sakrament der Ehe trotz erheblicher ehelicher Schwierigkeiten«.

An diesem Tag waren einige Menschen im Vatikan, darunter ein enger Freund des Papstes, Kardinal Andrzej Maria Deskus (ihm hat Wojtyła die Geschichte seiner Geburt anvertraut), überzeugt, daß Leben, Mutterschaft und Tod von Emilia Wojtyła eine starke, beispielgebende Kraft im Pontifikat ihres Sohnes darstellten, und – durch ihn – im Leben von Millionen Frauen, wie die beiden sehr ungewöhnlichen Seligsprechungen andeuten.

Der Bruder

Die großen Themen im privaten und päpstlichen Leben von Johannes Paul II. finden sich in seiner Geburt, Kindheit und Jugend: Hingabe, Disziplin, Dramatik, Intellektualität, Zurückgezogenheit, Entbehrungen, Mysterium und Marienglaubigkeit, seine Leidensbereitschaft und das von Leid geprägte Verhältnis zu Frauen, das Verhältnis zum Judentum, die Betonung von Tod und Transfiguration. Und allen voran die Passion für Polen: das triumphierende, das zerrissene, das Polen als Messias der Völker.

Die Totenmesse für Karols Mutter wurde drei Tage nach ihrem Tod in der Marienkirche zelebriert. Am nächsten Tag nahm Leutnant Wojtyła seine verzweifelten Söhne mit auf eine Pilgerreise zum Marienheiligtum in Kalwaria Zebrzydowska. Später sollte Karol Wojtyła in kritischen Momenten seines Lebens und dem der Kirche immer wieder nach Kalwaria kommen, Polens irdischem Jerusalem, wo die Muttergottes, die Heilige Jungfrau, die Engelsmadonna, Polens Königin jedes Jahr stirbt und zum Himmel emporsteigt. Dort, am Fuß der Beskiden zwischen Wadowice und Krakau, geleiten an Mariä Himmelfahrt Zehntausende von Pilgern in einer Atmosphäre religiöser Begeisterung die Jungfrau zu ihrem Grab. Lobeshymnen singend und betend, halten sie die ganze Nacht über Totenwache und feiern am nächsten Tag den Sieg Marias über den Tod und ihren Eingang ins Himmelreich. Generationen von Wojtyłas haben jedes Jahr zu Mariä Himmelfahrt Pilgergruppen nach Kalwaria geführt, dabei hatten ihre Stimmen, mit denen sie die Kirchenlieder anstimmten, der Familie einiges Ansehen in der Gegend ringsum eingetragen.

Kalwaria, Synonym für Reue und Erlösung, ist nach Tschenstochau der heiligste Ort Polens. Im Frühling wird es zum Schauplatz der Mysterien um das Martyrium Jesu und im August für Tod und Himmelfahrt der Jungfrau. Reuige Sünder, die nach Reinheit streben, schleppen in Identifikation mit den Leiden Christi die Last schwerer Steine mit sich und geißeln sich mit Peitschen.

Inmitten der Menge der Gläubigen, die sich langsam von Kapelle zu Kapelle bewegte (vierzig sind es, verstreut in den Wäldern und Feldern), hat Karol schon als ganz kleines Kind am großen Leichenzug zu Ehren der Madonna teilgenommen. Er hat die Madonna auf ihrem Katafalk betrachtet: eine Holzstatue mit aristokratischen Zügen, die Augen im Todesschlaf geschlossen, so wurde sie von stolzen Bergsteigern in ihren traditionellen Trachten auf den Schultern getragen. Er hat die weinenden Apostel gesehen. Er hat in die Gebete und Lieder eingestimmt und erlebt, wie die Menge mit diesen Ereignissen verschmolz und sich, ihre Lieben, ihr Schicksal und das der Nation der mütterlichen Umarmung der Heiligen Jungfrau anvertraute. Am Abend der Trauer ist er im Zug der reumütigen Gläubigen mitgelaufen, die Wege bergauf zu den Hügeln, die Kerzen und Fackeln erhoben, ein Strom brennenden Glaubens. Am nächsten Tag hat er die aus der Freude geborenen Klänge der Chöre und Musikgruppen, die Salutschüsse der Kanonen in sich aufgenommen und dem Defilee der verschiedenen Trachten, der blumengeschmückten Kreuze und der in ihren weißen Kleidern wie Bräute geschmückten Mädchen zugesehen. Er hat sich den zwanzig-, dreißig-, fünfzigtausend Gläubigen angeschlossen, die der Heiligen Jungfrau, die nun triumphierend auf ihrem himmlischen Thron saß, folgten.

Und nun knieten die drei männlichen Angehörigen der Familie Wojtyła vor dem Hauptaltar der Basilika in Kalwaria Zebrzydowska, die 1658 von Bernhardinermönchen auf dem Kalvarienberg erbaut worden war, und flehten die heilige Mutter an, Emilia zu sich ins Paradies aufzunehmen. In Trauer um seine Mutter betete Karol vor dem großen Bildnis, auf dem die Madonna ihren Kopf zum Kind neigt und das Kind seine Nase zärtlich an die Wange seiner Mutter drückt. Ihre Arme umfassen den Knaben. *»Totus Tuus«* – »Ich bin ganz Dein« – wird Wojtyła ein halbes Jahrhundert später auf sein päpstliches Wappen schreiben.

Der Tod seiner Mutter nahm Karol die Fröhlichkeit. Seiner Lehrerin Zofia Bernhardt entging dieser Wandel in seinem Wesen nicht. Zuvor sei er ein offener, anscheinend glücklicher und selbstsicherer junger Mensch gewesen – »ein geborener Anführer«. Nun habe er sich in sich zurückgezogen, Zuflucht in Büchern und im Gebet gesucht. Ein Klassenkamerad, Jan Kuś, erlebte ihn oft als deprimiert, andere Schulfreunde berichteten, daß ihn eine gewisse Melancholie umgab. Wurde er nach seiner Mutter gefragt, so sagte er nur, Gott habe sie zu sich gerufen. Doch seine Lehrerin bemerkte auch, daß sich an seiner außergewöhnlichen Freundlichkeit und Hilfsbereitschaft, an seinen überragenden schulischen Begabungen nichts änderte.

Leutnant Wojtyła, der 1927 mit einer äußerst bescheidenen Rente in Pension ging, versuchte schon, als Emilias Gesundheitszustand sich verschlechterte, seinen beiden Söhnen sowohl Vater als auch Mutter zu sein. Nachdem Edmund mit dem Studium begonnen hatte, widmete er seine meiste Zeit dem Haushalt und Karol.

Mit elf Jahren kam Lolek auf das Wadowicer Jungengymnasium. Im selben Jahr wurde er auch Ministrant, und kurz danach übertrug ihm der örtliche Priester, Pater Edward Zacher, die Aufsicht über die anderen Meßdiener. An manchen Tagen ministrierte er in zwei oder sogar drei Messen. Zwischen Karol und Pater Kazimierz Figlewicz, seinem Religionslehrer, entwickelte sich eine enge Beziehung. Dieser sah im Verhalten des Jungen »den Schatten frühen Leides«, erkannte aber auch das fast grenzenlose Talent und die Klugheit des Jungen.

Die einzige Quelle tiefer und anhaltender Freude in Karols Leben war sein Bruder Edmund – Mundek genannt –, den er vergötterte. Der dreizehn Jahre ältere Bruder, damals bereits Medizinstudent an der Krakauer Universität, war ein robuster, kräftiger junger Mann mit blauen Augen, blondem Haar und athletischem Aussehen. Er war klug und extrovertiert, besaß gute Manieren, war sehr sportlich, ein guter Bridge- und Schachspieler, ein guter Tennisspieler und ein Fußballstar. Wenn er in den Ferien nach Hause kam, unterwies er die Jungen in Wadowice in den Feinheiten des Fußballspiels. Die Liebe zu seinem kleinen Bruder schien grenzenlos. Im Sommer sah man die beiden in den Straßen der Stadt mit einem Ball dribbeln; ein andermal trug er Lolek auf seinen Schultern durch die Felder am Fluß Skawa. Er nahm Lolek mit auf lange Bergwanderungen, beide liebten die Natur und die Bewegung im Freien; Edmund brachte dem Bruder auch das Skifahren bei. Für Lolek war Mundek ein Schutzwall vor der Depression.

1930 nahm der Vater Karol zur Studienabschlußfeier des Bruders mit nach Krakau. Es war eine anregende Reise für Karol, der voller Ehrfurcht durch den Hofgang des ehrwürdigen Collegium Majus ging, das im vierzehnten Jahrhundert vom Königshaus der Jagellonen gegründet worden war. Stolz schaute er zu, wie sein Bruder von den Professoren in prächtigen akademischen Talaren mit besonderen Ehren ausgezeichnet wurde: *»Magna cum laude«* lautete das Urteil der Professoren, das von seinen Kommilitonen mit lautem Applaus aufgenommen wurde. Für Leutnant Wojtyła bedeutete Edmunds Promotion auch, daß die Familie endlich ein finanzielles Fundament bekam. Edmunds Doktortitel verhieß eine bessere, sorgenfreiere Zukunft, ohne die Nöte, an die sie mit Leutnant Wojtyłas kleiner Pension gewöhnt waren.

Edmund begann seine medizinische Laufbahn in der Krakauer Kinderklinik und arbeitete dann in einem Krankenhaus im schlesischen Bielsko, in der Heimat der Familie seiner Mutter. So oft wie möglich besuchte ihn Karol und gab den Patienten kleine szenische Vorstellungen, bei denen er rezitierte und vorlas. Loleks Aufgeschlossenheit und sein Optimismus schienen dann zurückzukehren, wenn er mit seinem Bruder allein zusammen war; das waren die glücklichsten Stunden seiner Kindheit.

Darum konnte es keinen grausameren Schlag geben als die Nachricht, die ihn am 5. Dezember 1932 aus heiterem Himmel erreichte: Der Bruder war im Krankenhaus an Scharlach gestorben. Er hatte sich bei einer Patientin angesteckt, deren Leben er verzweifelt zu retten versucht hatte. Wie die Mutter war auch Karols Bruder allein gestorben, ohne einen Kuß oder eine Umarmung derer, die ihn liebten. An jenem Nachmittag fand Helena Szczepańska, eine Nachbarin, die dem Vater manchmal bei der Hausarbeit half, Lolek allein und verwirrt vor dem Hoftor der Wohnung stehen. »Einer spontanen Regung folgend, nahm ich ihn in die Arme«, erinnerte sie sich. »Armer Lolek, du hast deinen Bruder verloren«, habe sie gemurmelt. Mit einem ernsten Gesicht habe Karol aufgeschaut und dann mit einer Bestimmtheit gesagt, welche die Frau sprachlos machte: »Es war Gottes Wille.« Dann zog er sich wieder in sein Schweigen zurück.

Karol erlebte und erfaßte Edmunds Tod, anders als den seiner Mutter, in seinem ganzen Ausmaß. In einem der seltenen Augenblicke, in denen er sich gegenüber anderen öffnete, wird Papst

Johannes Paul II. dem französischen Schriftsteller André Frossard erzählen: »Der Tod meines Bruders war wahrscheinlich schlimmer für mich als der meiner Mutter – wegen der besonderen tragischen Umstände und weil ich erwachsener war.«

Was sie über Edmunds Tod erfuhren, steigerte ihren Schmerz noch. Während einer Scharlachepidemie hatte Edmund die Nacht am Krankenbett einer jungen Patientin verbracht, der er sich besonders verpflichtet fühlte. Daß er sie nicht zu retten vermochte, war schlimm genug, aber er bemerkte bald, daß auch er sich infiziert hatte. Er war mit roten Flecken übersät, hatte schreckliche Kopfschmerzen, das Fieber stieg über vierzig, und er litt unter Brechreiz und Angina-Attacken. Die letzten vier Tage seines Lebens waren Agonie und Verzweiflung. Immer wieder fragte er Dr. Brücken, den Oberarzt, der seinem sterbenden Assistenten Trost zu spenden versuchte: »Warum ich? Warum *jetzt*?«

Die Vorstellung von der Hand Gottes, die gibt und nimmt, von seiner unbegreiflichen Weisheit, die Vorstellung von der Stunde des Gerichts, die für jeden kommt – dies alles prägte sich nun tief in Karols Bewußtsein ein. Seit dieser Zeit beschäftigen ihn vor allem die Passagen der Bibel, die apokalyptisch von den letzten vier Dingen berichten: vom Tod, vom Jüngsten Gericht, von Himmel und Hölle.

Mit seinem Vater neben Mundeks Sarg auf dem Friedhof von Bielsko stehend, hörte er die Grabrede Dr. Brückens: »Deine schwächer werdenden Augen suchten in uns einen Ausweg. Ich sehe noch dein schmerzverzerrtes Gesicht. Ich höre noch deine bitter klagenden Worte.« Unauslöschlich waren die Erinnerungen Karols sowohl an seines Bruders quälende Fragen als auch – in gleicher Deutlichkeit – an jede Einzelheit der so überaus glücklichen Stunden, die er mit Mundek verbracht hatte.

Viele Jahrzehnte später schenkte ein italienischer Journalist Papst Johannes Paul II. ein kleines Buch, das dem Bruder gewidmet war. Auf dem Umschlag war ein Bild von Mundek. Langsam führte er das Bild an die Lippen und küßte es. In einer Schreibtischschublade seines Arbeitszimmers im Vatikan hütet der Pontifex Maximus einen geliebten Schatz: das Stethoskop des Bruders, das ihm die Ärzte des Krankenhauses in Bielsko überreicht hatten.

Der Vater

In dem Jahr, in dem Edmund starb, wurden Leutnant Wojtyłas Haare weiß. Er war jetzt fünfzig, Witwer, hatte seinen Erstgeborenen und seine Tochter verloren und war dennoch entschlossen, dem verbliebenen Sohn alle Pflege, Liebe und Familiendisziplin mitzugeben, die er aufbringen konnte.

Morgens bereitete er das Frühstück, am Abend kochte er das Essen. Mittags aßen Vater und Sohn im Restaurant von Frau Banas ein paar Häuser weiter. Der Tag des jungen Karol war genau eingeteilt: um sechs Uhr aufstehen, Frühstück, Messe in der Pfarrkirche, Schule von acht Uhr morgens bis zwei Uhr nachmittags, zwei Stunden Spielzeit, noch einmal in die Kirche zur Abendmesse, Hausaufgaben, Abendessen und ein Spaziergang mit dem Vater. Karol fiel es nicht schwer, diese strenge Routine zu akzeptieren. »Der Vater, der sich selbst soviel abverlangte«, wird er sagen, nachdem er Papst geworden war, »mußte von seinem Sohn nichts verlangen.«

Sie spielten zusammen, sie beteten zusammen. Das berichtet Karols Schulkamerad Zbigniew Siłkowski. Als Junge war er häufig zu Besuch in der kleinen Wohnung in der Rynekstraße 2. An manchen Tagen traf er den Vater beim Wäschewaschen oder Strümpfestopfen an. Einmal jedoch hörte er lautes Getöse durch die Eingangstür dringen, Schreie und Trampeln wie bei einem Rennen, dann einen »Tor!«-Schrei. Als er die Tür öffnete, sah er Vater und Sohn im fast leeren Zimmer, die Möbel waren an die Wand gerückt. Schwitzend und mit roten Köpfen spielten sie Fußball mit einem Ball aus Lumpen.

Jedesmal wenn Karol ministrierte, kam sein Vater zur Messe. Von ihm lernte Karol, seine tiefen religiösen Gefühle auszuleben, ohne sie zur Schau zu stellen. Die Schulkameraden, die in der Kirche um göttlichen Beistand für ihre Prüfungen flehten, sahen die Wojtyłas oft nebeneinander vor dem Altar des Heiligen Herzen knien, ins Gebet versunken.

Antoni Bohdanowicz, ein Klassenkamerad, der mit Karol in der Küche regelmäßig lernte, wunderte sich immer, warum Karol, wenn er mit seinen Hausaufgaben fertig war, für kurze Zeit im Nebenzimmer verschwand. Bis er schließlich einmal durch den

Türspalt schaute und sah, wie Karol dort auf einem Schemel kniend betete.

Eine Postkarte aus dieser Zeit zeigt Wadowice als kleines Städtchen in den Hügeln am Fuß der Beskiden, wo der mit starker Strömung aus den Bergen kommende Fluß Skawa auf das weite Tal trifft. Man sieht den hohen, die Stadt beherrschenden Turm der Marienkirche mit Turmuhr und Kuppel. Es ist eine pittoreske Ansicht, mit grasendem Pferd und Weizenfeld am anderen Ufer des Flusses sowie einer Frau und einem Kind, die verträumt die Aussicht genießen. Die Wirklichkeit der Stadt (und das Leben der Wojtyłas dort) präsentierte sich weniger idyllisch.

Mit rund siebentausend Einwohnern war Wadowice für die umliegenden Bauerndörfer so etwas wie die regionale Hauptstadt. Hier gab es ein wenig Industrie: eine Fabrik, in der Metallteile hergestellt wurden, ein dampfbetriebenes Sägewerk und eine einfache Produktionsstätte, wo in offenen Gruben Knochen mittels Schwefelsäure zu Kunstdünger verarbeitet wurden. Es gab zwei Waffelfabriken, von denen eine *oplatki* buk, jene ungeweihten Hostien, die in polnischen Familien an Heiligabend gegessen werden.

Selbst ein bescheidenes kulturelles Leben gab es in Wadowice. Seine Dynamik, wenn auch provinzieller Natur, hob sich deutlich von der Eintönigkeit des armen ländlichen Galizien ab. Handwerker und Arbeiter, Bauern und Geschäftsleute, Priester und Intellektuelle sowie Offiziere und Soldaten der örtlichen Garnison lebten auf engem Raum zusammen. Die Stadt besaß drei öffentliche Bibliotheken, ein Kino, ein Theater und einen Sportverein (*Sokół* – Falke). In ihm hatten polnische Patrioten während der österreichischen Herrschaftszeit Körper und Geist trainiert, nach der Unabhängigkeit diente das Vereinsheim weiterhin als soziales und kulturelles Zentrum. Das bekannte, 1866 gegründete Knabengymnasium schickte viele seiner Schüler auf die altehrwürdige Jagellonen-Universität von Krakau. Im Curriculum dieses Gymnasiums setzten sich Elemente der alten humanistischen Tradition fort, es war klassisch und militant polnisch zugleich. Es gab auch zwei private Gymnasien in der Stadt, eines wurde von Ordensbrüdern der Paulaner, das andere von Karmelitern verwaltet. Viele Schüler aus diesen beiden kirchlichen Schulen wurden später

Geistliche. Als ehemaligem Beamten stand Leutnant Wojtyła eine fünfzigprozentige Ermäßigung des Schulgeldes für öffentliche Gymnasien zu. Dies und seine Überzeugung, daß sein Sohn nicht zum Priesteramt gedrängt werden sollte, bestimmten wohl die Schulwahl für Karol.

In dessen Klasse waren zweiunddreißig Schüler – Söhne von einfachen Arbeitern, Bauern, Offizieren sowie der höheren Berufsstände –, die über Klassen- und religiöse Schranken hinweg schnell Freundschaften schlossen. Er hatte mehrere jüdische Klassenkameraden. Zu seinen engsten Freunden und Nachbarn gehörten Jerzy (»Jurek«) Kluger, der Sohn des Vorstehers der jüdischen Gemeinde von Wadowice, und Regina (»Ginka«) Beer, ein jüdisches Mädchen, das Karol sehr ins Herz schließen sollte. In Wadowice lebten ungefähr tausendfünfhundert Juden, mehr als zwanzig Prozent der Bevölkerung; die meisten von ihnen waren Handwerker und kleine Geschäftsleute, doch gehörten etliche auch gehobeneren Berufsständen an. Wie Litauen im Norden war auch Galizien eines der großen Zentren jüdischer Kultur in Osteuropa, und die sehr lebendige jüdische Gemeinde von Wadowice nahm eine rasche Entwicklung, nachdem seit 1819 den Juden gesetzmäßige Freizügigkeit in städtischen Gebieten zugestanden worden war.

Seit 1830 gab es in Wadowice ständig einen Rabbiner, es wurde eine Synagoge gebaut und bald auch ein Friedhof für die jüdische Gemeinde angelegt; ein weiteres Gebetshaus entstand. Karol wuchs in einem Umfeld auf, in dem Katholiken und Juden relativ frei und ungezwungen miteinander verkehrten. Er kannte auch orthodoxe Juden, die ihre Haarlocken und den schwarzen Kaftan trugen, alltäglichen Umgang und Freundschaften hatte er allerdings nur mit »liberalen« Juden, die eine Integration der jüdischen Gemeinde in die polnische Gesellschaft anstrebten.

Der jüdische Vermieter der Wojtyłas, Chaim Bałamuth, betrieb im Erdgeschoß des Hauses einen Glaswarenladen. Er war ein erfolgreicher moderner Geschäftsmann, einer der ersten, die in der Stadt Motorräder verkauften. Seit der Zeit des Apostels Petrus hat kein römischer Pontifex seine Kindheit in solch engem Kontakt mit der jüdischen Lebenswelt verbracht. Als Erzbischof wird Wojtyła auch der Diözese vorsitzen, zu der Oświęcim – Auschwitz – gehört. Er kannte die großen israelitischen Feste, die Feiern konnte er vom Balkon der elterlichen Wohnung aus verfolgen. Im Hof sah er die Hütten, die Ginka Beers Familie zum Laubhüttenfest aufgebaut hatte, und zu Chanukkah den siebenarmigen Leuchter in ihrem Fenster. Sein Vater hatte der Familie Beer sogar seinen Balkon als Standort für eine Laubhütte angeboten.

Samstags konnte Karol sehen, wie jüdische Soldaten unter Führung eines Feldwebels in Formation zum Gebet in der Synagoge marschierten. Man hatte ihnen das Recht eingeräumt, am Sabbat die Kasernen in der Stadt verlassen zu dürfen. Im Gegenzug taten sie dann am Sonntag Dienst. Als Karol Gymnasiast war, kam ein neuer Rekrut zum Zwölften Infanterieregiment von Wadowice, Moishe Savitski, ein einundzwanzigjähriger junger Mann mit einer wunderbaren Stimme. Sofort verpflichtete ihn Rechtsanwalt Kluger, der Vorsteher der jüdischen Gemeinde, als Kantor für die Synagoge; und am Jom-Kippur-Fest nahm der Vater Karol mit in den Tempel, um dort das von Savitski gesungene *Kol Nidrai* zu hören. Eine ganze Anzahl Nichtjuden war aus dem gleichen Grund in die Synagoge gekommen. Gleichermaßen bewegt und doch etwas eingeschüchtert hörte Karol den ernsten, zu Herzen gehenden Gesängen zu, mit denen das Volk Israel seine Sünden bekennt und sich dem Herrn anvertraut.

Eine sehr enge Freundschaft verband Karol mit Jurek Kluger. Seit ihrem elften Lebensjahr gingen sie in dieselbe Klasse des Gymnasiums. Jureks Großmutter mochte Karol sehr gern, der gelegentlich zum Spielen und auf eine Tasse Tee mit Obst oder Kuchen zu Besuch kam. Und Jurek wurde von seiner Großmutter angestachelt, dem Beispiel seines Klassenkameraden nachzueifern: »Karol hat solch gute Manieren, er ist ein so guter und fleißiger Schüler. Könntest du nicht ein bißchen so sein wie er?«

Rechtsanwalt Kluger hatte ein großes, dreistöckiges Haus am Marktplatz, Ecke Zatorskastraße, ein Büro auf der gegenüberliegenden Seite und eine gutgehende Praxis. Sowohl bei seinen Glaubensgenossen als auch bei den meisten einflußreichen Bürgern Wadowices genoß er höchstes Ansehen. Kluger pflegte keinen persönlichen Umgang mit Leutnant Wojtyła, aber es war ihm sehr recht, daß Karol, einer der besten Schüler des Gymnasiums, seinen Sohn regelmäßig besuchte.

Karol und Jurek waren exzellente Fußballer. Sie spielten mit ihren Kameraden auf einem Wiesenstück unten am Fluß, zwischen der Bahnlinie und der Brücke über die Landstraße. Einmal mußte Jurek die Kirche betreten, um Karol zu einem Spiel abzuholen; und als eine Frau sich darüber wunderte, den Sohn des jüdischen Gemeindevorstehers neben dem Altar zu sehen, bemerkte der junge Wojtyła: »Sind wir nicht alle Gottes Kinder?«

Karol war Torhüter, und die Kameraden gaben ihm den Spitznamen »Martyna«, nach einem berühmten Fußballer, obwohl sein jüdischer Freund Poldek Goldberger als bester Torwart der Schule galt. Manchmal trat eine Mannschaft aus Christenknaben gegen eine jüdische Jungenmannschaft an, aber das hatte mit religiösen oder sonstigen Feindseligkeiten nichts zu tun; und wenn Goldberger an einem Spiel nicht teilnehmen konnte, vertrat ihn Wojtyła im Tor der jüdischen Jungen.

Dieses friedliche Bild von Wojtyłas Verhältnis zu den Juden in seiner Stadt entsprach jedoch kaum der allgemeinen Wirklichkeit in Polen. Dessen jüdische Bevölkerung zählte vor dem Krieg etwa drei Millionen, von denen gerade dreißigtausend die Besetzung durch das nationalsozialistische Deutschland und den Holocaust überlebten. Aber auch in Polen war der Antisemitismus tief und weit verbreitet, Wadowice mit seinem bäuerlichen Umland mag da, verglichen mit den meisten anderen Städten, eine Ausnahme gewesen sein. Im Jahr 1936, um die Zeit also, in der Karol im Tor der jüdischen Fußballmannschaft stand, schrieb Kardinal August Hlond, der katholische Primas und Führer der polnischen Landeskirche, in einem Hirtenbrief:

> Es wird ein jüdisches Problem geben, solange die Juden hier sind. ... Es ist eine Tatsache, daß die Juden die katholische Kirche bekämpfen, auf Freidenkertum beharren und die Speerspitze der Gottlosigkeit, des Bolschewismus und der Subversion bilden. ... Es ist eine Tatsache, daß die Juden betrügen, Zinsen eintreiben und Zuhälter sind. Es ist eine Tatsache, daß der religiöse und moralische Einfluß der jüdischen Jugend auf die Polen negativ ist.

Und noch nach dem Krieg fanden Hunderte von jüdischen Polen, die 1945/46 aus den Konzentrationslagern zurückkamen, bei Pogromen den Tod, so wie die fünfundvierzig Juden, die in Kielce ermordet wurden.

Nach dem Tod seines Bruders war Karol zunächst in Trauer und Mutlosigkeit versunken, doch entwickelte er im Laufe der Jahre ein geselliges und selbstbewußtes Auftreten. Bücher bildeten den Teil jenes Schutzwalls, hinter dem sich sein inneres, nachdenkliches, ja gequältes Ich verbarg. Er ließ sich von der Sprache und der Literatur seines Heimatlandes faszinieren, verschlang die Romane von Sienkiewicz: *Mit Feuer und Schwert*, *Sturmflut* und *Quo vadis*, aus denen er lange Abschnitte auswendig aufsagen konnte. Besonders gerne las er Gedichte. Allen voran die Lyrik von Adam Mickiewicz, dem romantischen Künder der polnischen Unabhängigkeit, jenem Ideal, von dem die Söhne und Töchter eines geteilten Landes während des ganzen neunzehnten Jahrhunderts geträumt hatten.

Karol unternahm, vorzugsweise an schönen Herbsttagen, mit seinen Klassenkameraden lange Wanderungen in die Beskiden. Karol liebte diese Berge, in die ihn Mundek zuerst geführt hatte. Die Einsamkeit dort blieb ein Teil von ihm und brachte ihm inneren Frieden.

Was der junge Wojtyła überhaupt nicht mochte, waren die Raufereien unter Jungen. Keiner hat je gesehen, daß er mit einem anderen Jungen in eine handgreifliche Auseinandersetzung geriet. »Er ist kein Feigling, er hat einfach mit niemandem Streit.« So formulierte es Jerzy Kluger. Er war etwas neidisch auf Karols Fähigkeit, die Sympathien sogar flüchtiger Bekannter zu gewinnen. Karol konnte nicht nur gut Fußball spielen, sondern auch lateinisch sprechen und Homer zitieren, andererseits über Witze lachen und am Lagerfeuer im Wald interessante Geschichten erzählen; und so war er für alle ein begehrter Kumpel. Nur ein Problem hatten seine Mitschüler mit ihm: Er ließ niemanden abschreiben. Sein Wunsch zu helfen stieß an dem moralischen Gebot, den Lehrer nicht zu hintergehen, auf eine Grenze. Einmal gab er nach und ließ einen Mitschüler eine Algebra-Aufgabe abschreiben. Aber er bekam einen roten Kopf und wurde so verlegen, daß er in der Folgezeit auf solche Hilfeleistungen verzichtete.

Gegen Ende seines ersten Jahres auf dem Gymnasium war es den Lehrern und Mitschülern klar, daß Karol eine besondere Stellung einnahm, und zwar, wie es ein Lehrer ausdrückte, durch »seine große Selbstbeherrschung, sein Talent und seine Vielseitigkeit«. Er war ein hervorragender Schüler, warmherzig, seinen Freunden ebenso treu wie seinen Prinzipien, extrovertiert und doch tief nachdenklich – all dies verriet den Einfluß seines Vaters.

Würde man nur nach den dokumentierten Fakten urteilen, dann wäre Karol Wojtyła, der Vater, ein Mann ohne größere Ambitionen gewesen, der im Alter von siebenundvierzig Jahren nach einer ereignislosen Laufbahn als Verwalter militärischer Akten in Pension ging, zufrieden mit der kleinen Rente, die seine Familie kaum ernähren konnte. Doch die Berichte derjenigen, die ihn kannten – darunter auch die Erzählungen seines Sohnes –, ergeben ein genaueres Bild: Karol Wojtyła war ein strenger, aber liebevoller Vater, ein frommer und gebildeter Mann, der gerne las, sich in Geschichte auskannte und der Sport trieb. Mit Interesse nahm er Anteil am Schicksal seines Landes, seiner Kirche und des katholischen Lebens.

Als Sohn eines Schneiders war ihm seine Herkunft von Vorteil, denn er konnte aus alten Armeeuniformen Kleidungsstücke für Karol schneidern. Auch wenn er »aus einfachen Verhältnissen« stammte, »in Verhalten und Sprache war er ein richtiger Gentleman«, befand Jerzy Kluger. Am wichtigsten war vielleicht, daß er trotz seiner tiefen Religiosität frei von Bigotterie war.

Die Familie des Leutnants stammte aus Galizien, dort, wo die Wojtyłas jahrhundertelang als Bauern gelebt hatten, wuchs er auf. Als er sich zum Dienst in der Armee verpflichtete, bedeutete dieser Schritt für ihn den Ausbruch aus der Enge des Dorflebens. Eine Laufbahn in der Militärverwaltung kam seinem Bedürfnis nach Ordnung, Disziplin und Würde entgegen. In Krakau und Wadowice, wo er während seiner ganzen Dienstzeit stationiert war, konnte er seinen Lesehunger und seine kulturellen Interessen befriedigen. Das Soldatenleben selbst interessierte ihn nicht, doch sein Sold reichte aus, um Emilia heiraten und eine Familie gründen zu können. Nach Edmunds Geburt beantragte er die Versetzung in den zivilen Dienst, aber mit Ausbruch des Ersten Weltkriegs war das nicht mehr möglich.

In den Augen vieler, besonders der Nachbarskinder, wirkte der Leutnant wie ein alter, etwas exzentrischer Rentner, vom Glück verlassen und von schwacher Gesundheit. Er verfügte jedoch über eine große Charakterstärke, und er wußte, was er Gott schuldig war; in diesem Sinn gestaltete er auch Loleks Erziehung. Er pflegte so wenige soziale Kontakte, daß ihn zahlreiche Menschen in Wadowice nicht nur für schweigsam, sondern für regelrecht einsiedlerisch hielten. Die einzigen Freuden, die er sich nach Emilias Tod noch gönnte, waren Spaziergänge am Skawaufer, gelegentliches Schwimmen im Fluß während des Sommers und seine tägliche Zeitungslektüre.

Wenn er mit seinem Sohn allein war, legte er seine Introvertiertheit ab. Abends führten Vater und Sohn oft lange Gespräche, nicht selten über die Geschichte Polens. Er brachte seinem Sohn Deutsch bei, eigens zu diesem Zweck stellte er ein polnisch-deutsches Wörterbuch zusammen. So war der junge Karol in der Lage, Kants *Kritik der reinen Vernunft* im Original zu lesen, eine Leistung, mit der er seine Klassenkameraden verblüffte. Während der Zeit auf dem Gymnasium fungierte der Leutnant als eine Art Tutor für seinen Sohn, sowohl in schulischen als auch in ethischen Angelegenheiten. Ihr Haushalt war, wie Karols Freund Zbigniew Siłkowski bemerkte, »eine Gemeinde aus zwei Menschen«.

Doch die Einsamkeit ließ sich nicht verhehlen. Weihnachten und Ostern wanderten Vater und Sohn manchmal eine Stunde über Feldwege nach Biała Leszczyny, um Stefania zu besuchen, die Halbschwester des älteren Wojtyła. Und gelegentlich kam diese für die Feiertage nach Wadowice und mit ihr der Anschein eines normalen Familienlebens. Am Heiligabend teilten sie *oplatki*, und zu Ostern türmten sich die in der Kirche geweihten Eier auf dem Tisch. Aber solche Familienfeiern waren selten.

Der Leutnant hatte nichts gegen Vergnügungen, und so gingen er und Lolek oft gemeinsam ins Kino, ein Zeitvertreib, der den Sohn besonders reizte. Einmal, auf dem Heimweg, nachdem die beiden Wojtyłas eine leichte polnische Komödie gesehen hatten, hörte man Karol mit seiner kräftigen Stimme das Titellied singen: »Barbara, Barbara / ich allein bin für dich da / Barbara, Barbara / alle Jungs blinzeln dir zu / denn keine ist wie du.«

Im Alter von vierzehn Jahren entdeckte Karol Wojtyła das Theater. Und es traf ihn wie ein Blitz: als ob er plötzlich seine Bestimmung gefunden hätte. »Sein Leben nahm eine andere Richtung«, erinnerte sich der Schulkamerad Antoni Bohdanowicz. »Jetzt widmete Lolek jede freie Minute der Bühne.«

Er war auch in die Pubertät gekommen und machte einen körperlichen Wandel durch. War er vorher laut Bekunden seines Religionslehrers »etwas rundlich«, so wurde er jetzt schlanker. Im Bereich der Wangenknochen wirkte sein Gesicht etwas voller; der Blick seiner tiefblauen Augen war fast durchdringend geworden. Er hatte sich zu einem äußerst attraktiven jungen Mann entwickelt – was den Schülerinnen des Mädchengymnasiums nicht entging.

Schon als Junge war er vom Theater begeistert, doch erst jetzt begann er, Stücke zu lesen, und erlebte, von seinen Lehrern ermutigt, das erregende Gefühl, an den Schulaufführungen als Hauptdarsteller mitzuwirken. Diese Begegnung mit der Welt der Kunst, eine Erweiterung seines Horizonts, schien endlich die letzten Reste vom Schleier der Schwermütigkeit von ihm zu nehmen. Im Wohnzimmer von Zbigniew Siłkowski, dem Sohn des Bahnhofvorstehers, beteiligte sich Karol an Lesungen dramatischer Texte; dort fanden Kammermusiknachmittage und Gedichtrezitationen statt. Und indem er die Werke der großen Dichter des neunzehnten Jahrhunderts, Mickiewicz und Słowacki, deklamierte, fand der zukünftige Papst den Weg ins Reich des Wortes.

Insbesondere Adam Mickiewicz, der romantische Barde, brachte in Karol Saiten zum Klingen, deren Echo man noch im melodischen Tonfall seiner päpstlichen Reden vernehmen kann. Mickiewicz war ein slawischer Kosmopolit, dessen Werk von Freiheitsliebe und der Begeisterung für die natürliche Schönheit seines Heimatlandes überströmt. Er stand zwischen den Kulturen, hin und her gerissen zwischen dem polnischen Litauen, seinem Geburtsland, und Rußland, wo er auf Befehl des Zaren ins Gefängnis gesperrt wurde; zwischen Frankreich, seinem späteren Exil, und der Türkei, der zweiten Zufluchtsstätte, wo er starb; zwischen Polen und der wärmeren Welt Italiens, wo er vergeblich versuchte, Papst Pius IX. zu bewegen, sich für die polnischen

Aufständischen und ihren Kampf gegen die Russen einzusetzen. Der Dichter Mickiewicz litt an der Gleichgültigkeit Gottes angesichts des Leides der Menschen, in seinem Denken kündigten sich Ideen eines christlichen Sozialismus an. Er war ein Prophet, der nicht nur Polen, sondern die ganze Welt neuen Geschicken entgegenführen wollte, eine Stimme, die sprachmächtig den polnischen Messianismus* zum Ausdruck brachte. All diese Themen prägten sich dauerhaft in die Gedankenwelt Wojtyłas ein.

Mickiewicz war ein Verfechter universeller Menschenrechte; 1848 erklärte er in seinem *Manifest für eine zukünftige Slawische Verfassung*, daß »alle Bürger gleiche Rechte haben – auch die Israeliten«. Und als Theoretiker des Theaters hegte er die Überzeugung, daß eine erneuerte slawische Dramatik die griechische Tragödie mit den mittelalterlichen Mysterienspielen, das Natürliche mit dem Übernatürlichen verbinden könne. Das war die romantisierende Höhenluft des neunzehnten Jahrhunderts, die Karol und seine Bühnenfreunde atmeten, als sie sich in Mickiewiczs visionäre Weltanschauung vertieften.

Am Gymnasium stellte ein auf polnische Literatur spezialisierter Lehrer eine Truppe junger Schauspieler zusammen. Die erste Aufführung der Gruppe, eine Collage aus romantischer Dichtung und Volksliedern, fand im Park von Wadowice statt. Karol avancierte rasch zum Star.

An solchen Aufführungen nahmen auch Schülerinnen des Mädchengymnasiums teil. Auf diese Weise mischten sich bei den Proben, Konzerten und Diskussionen zum erstenmal die eher getrennten Welten der Jungen und Mädchen. Hier knüpfte der heranwachsende Karol erste Freundschaften mit dem anderen Geschlecht. Zwei der Mädchen hatte er besonders ins Herz geschlossen: Halina Królikiewicz, die Tochter des Direktors des Knabengymnasiums, und die zwei Jahre ältere Ginka Beer.

Ginka, eine sehr begabte Rezitatorin, wurde so etwas wie seine Beraterin in Sachen Drama und vielleicht auch eine Art Ersatz für eine ältere Schwester. Jerzy Kluger, Karols Klassenkamerad, hat

* Diesen hat der Nobelpreisträger Czesław Miłosz, ein Freund des Papstes, wie folgt definiert: »Durch seine Leiden sollte Polen die anderen Nationen erlösen, und die Mission der polnischen Pilger bestand darin, den materialistischen westlichen Ländern eine neue, geistig veränderte Welt zu verkünden.«

Ginka als wunderschön in Erinnerung: »Ein schlankes jüdisches Mädchen mit leuchtenden dunklen Augen und pechschwarzen Haaren, eine hervorragende Schauspielerin.« Karol begleitete sie regelmäßig zu den Proben und dachte sich stets etwas Neues aus, das er ihr zu Gefallen tun konnte (so etwa wachste er ihre Ski) und was ihn ihr nahe sein ließ.

Auch Halina Królikiewicz war eine sehr schöne junge Frau und eine exzellente Schauspielerin (was sie ein Leben lang bleiben sollte). Voneinander angezogen und gleichzeitig miteinander konkurrierend, waren Karol und sie die besten jungen Schauspieler in Wadowice und die Stars der kleinen Theatergruppe. Niemandem blieb verborgen, wie sehr Karol an ihr hing. Sie fand, daß der Bursche mit dem vollen, dunkelblonden (immer ungekämmten) Haar »anders war als die anderen... ein großgewachsener hübscher Junge mit einer sehr schönen Stimme und ausgezeichneter Artikulation«.

Halina erinnerte sich, daß sich ihre Freundschaft zunehmend intensivierte, so sehr, daß sie – sicherlich unbewußt – zur erotischen Anziehung wurde, der sie jedoch nie nachgaben. Aus dem Blickwinkel einer hypersexualisierten Gesellschaft wie der unseren kann man ihr Verhältnis wahrscheinlich nur schwer verstehen: diese subtile, zurückhaltende, reine und unausgesprochen erotische Bindung zwischen zwei Jugendlichen in der polnischen Provinz der dreißiger Jahre, erzogen in einem streng katholischen Klima.

Nach seiner Wahl zum Papst senkte sich ein undurchsichtiger Schleier über Wojtyłas privates Leben. Angesichts der oft rüden Neugier der Medien schlossen auch Freunde und Bekannte die Reihen. Nur ganz wenige sprechen über Halinas und Wojtyłas langjährige Beziehung, so zum Beispiel Jerzy Bober, der die beiden ein paar Jahre später auf der Universität kennenlernte. Er hatte keinen Zweifel daran, daß zwischen den beiden mehr als ihre künstlerischen Ambitionen im Spiel war: »Viele geheimnisvolle Fäden waren in das Geflecht aus emotionaler Anziehung, Jugendflirt und großer Zuneigung eingesponnen.«

Innerhalb kurzer Zeit avancierte Karol zum anerkannten Leiter und Bühnenbildner der Theatergruppe. Sein Gedächtnis war legendär. Zwei Tage vor der Premiere von Juliusz Słowackis

Balladyna stieg der Schauspieler aus, der den Kostryn spielen sollte. Als die Gruppe darüber in Panik geriet, meldete sich Karol und bot mit ruhiger Stimme an, sowohl den Kostryn als auch den Protagonisten Kirkor zu spielen (was möglich war, weil Kostryn erst nach Kirkors Tod auftritt).

Sie fragten ihn, wie er denn die Rolle in so kurzer Zeit einstudieren wolle. »Ich habe sie schon während der Proben gelernt«, war seine beiläufige Antwort. Knapp achtundvierzig Stunden später wurde *Balladyna* aufgeführt, und Karol spielte beide Rollen mit Bravour.

Bei vielen Stücken, die sie im Gymnasium aufführten, übernahm Karol Wojtyła Regie. Häufig waren es Stücke mit patriotischen Themen, und die Produktionen der Schülertruppe stießen auf große Nachfrage in den Versammlungsstätten der ganzen Stadt. Sie spielten im Klubheim des *Sokol* und im Gemeindehaus der Marienkirche. Die Gruppe war bald als richtige Repertoiretruppe anerkannt und ging auf Tournee durch die benachbarten Dörfer Kęty, Andrychów, Kalwaria Zebrzydowska.

Die Besetzung war immer die gleiche; nur die Stücke wechselten. Karol spielte praktisch alle Hauptrollen: darunter den König in Wyspiańskis *Sigismund Augustus*, Haimon in Sophokles' *Antigone*, Johannes in einer Adaption der biblischen Offenbarung des Johannes, den leichtfertigen Gustaw in Fredros *Mädchenschwüre*. Als weiblicher Gegenpart agierte jeweils Halina Królikiewicz. Auf einem Foto sieht man beide: sie weißgeschminkt, strahlend, in einem aufwendigen weißen Kostümkleid, daneben der elegante Karol-Gustaw mit einem kleinen falschen Schnurrbart.

Als die berühmte polnische Schauspielerin Kazimiera Rychter nach Wadowice kam, wurde sie von den bühnenbegeisterten Jugendlichen gebeten, einen Rezitationswettbewerb zu jurieren. Der Abend wurde zu einem Duell zwischen Karol und Halina, der schließlichen Siegerin. Karols Interpretation bekam den zweiten Preis, hinterließ aber einen tiefen Eindruck beim Publikum: Als Stoff hatte sich dieser Fünfzehnjährige in seiner blauen Schuluniform, der leicht nach vorne gelehnt vortrug, *Promethidion* ausgewählt, ein Gedicht von Cyprian Norwid, dem Dichterphilosophen des neunzehnten Jahrhunderts mit einem schwerverständlichen Stil und einer komplexen Syntax.

Promethidion handelt von der Arbeit, die den Weg zur Erlösung bereitet, wenn sie mit Liebe getan wird, und beschwört die Kunst, als »Fahne auf dem Turm menschlicher Arbeit« zu flattern. Es ist ein langes und schwieriges Gedicht, und die Zuhörer waren von der »modernen, sicheren und starken« Vortragsweise Karols begeistert. Halina Królikiewicz hat davon gesprochen, daß lyrische Rührseligkeit Karol fremd gewesen sei; sie erinnerte sich, wie sehr sie seinen Stil, seine Fähigkeit, in den Text einzudringen, bewunderte. Seine Ausdruckskraft sei »ohne Überhebung und Übertreibungen« ausgekommen. Norwid hat dann auch Karols Laufbahn als Bischof und Papst sehr stark beeinflußt: *Laborem Exercens*, die Enzyklika Johannes Pauls II. über Exerzitien und Arbeit, enthält eine Reihe von Ideen aus *Promethidion*. Zu den Gedichten Norwids, die Wojtyła kannte, gehörte auch jenes, das entstanden war, nachdem um 1860 berittene Kosaken eine antirussische Demonstration in Warschau aufgelöst und dabei die Juden in der Menge mit außergewöhnlicher Brutalität mißhandelt hatten. In seinem Gedicht beschreibt Norwid das »unschätzbare Erbe«, über das Polen mit zwei großen alten Kulturen verfüge: der polnischen und der jüdischen.

Es waren glückliche Jahre für Karol. Die Nachbarn hörten ihn oft fröhlich singen, wenn er auf dem Weg zur Probe durchs Treppenhaus eilte. Unzählige Stunden verbrachte er im Kreis seiner Gruppe. So festigten sich Freundschaften, die ein Leben lang hielten. Mit fünfzehn wurde er Vorsitzender der Marienbruderschaft, einer Organisation, die sich der Verehrung der Gottesmutter widmete, und ein Jahr später wiedergewählt. Er übernahm zudem den Vorsitz bei den Abstinenzlern, die sich gegen Alkohol- und Nikotinkonsum von Jugendlichen wandten. Er widmete sich dieser Aufgabe mit dem gebotenen Ernst, doch ohne Fanatismus. So kreiste einmal, als die Klasse im Winter mit dem Zug von einem Ausflug zurückfuhr, eine Flasche Weinbrand unter den Jungen. Der Lehrer, der die Gruppe betreute, nahm den ersten Schluck, dann kamen die anderen an die Reihe. Jan Kuś bemerkte zufrieden, daß sein Klassenkamerad Karol dieses Angebot nicht ablehnte.

Wojtyła war auch ein begeisterter Tänzer. Zweimal im Monat hatte das Gymnasium einen Saal für Tanzstunden gemietet. Dies war noch ein Relikt der k.u.k. Monarachie, einer Epoche klassischer Kultur und gesitteter Manieren mit dem Ziel, im Unterricht einen gesunden Geist in einem gesunden Körper heranzubilden. Die Tanzstunden begannen im vorletzten Schuljahr, wenn die Schüler siebzehn waren. Bei dieser Gelegenheit trafen sie sich mit den gleichaltrigen Schülerinnen des nahe gelegenen Mädchengymnasiums. Den Unterricht gab eine Frau, die den jungen Leuten geduldig die ersten Schritte beibrachte, während einer der Lehrer die Klavierbegleitung übernahm. Das Ganze spielte sich in einer extrem formellen Atmosphäre ab: Die Jungen saßen entlang einer Wand des großen Raumes, die Mädchen ihnen auf der anderen Seite gegenüber. Einige Mütter fungierten als Anstandsdamen.

Wojtyła lernte mit großem Enthusiasmus, wie man eine Dame um einen Tanz bittet, während des Tanzens führt, danach zu ihrem Platz geleitet und sich abschließend mit einer Verbeugung für den Tanz bedankt. Karol war Mädchen gegenüber überhaupt nicht schüchtern. Er zeigte auch später als Papst im Umgang mit Frauen nie diese Unsicherheit, die so viele Priester nicht verbergen können, die in der repressiven Atmosphäre der Seminare vor dem Zweiten Vatikanischen Konzil erzogen worden sind.

Unbeschwert tanzte Karol Polonaise, Mazurka, Walzer und Tango (die ruhigere europäische, nicht die feurige argentinische Variante). Während der »Saison« (vom 1. Januar bis zur Fastenzeit) gingen die Jungen und Mädchen in das Vereinshaus des *Sokol*, wo man zu Klavier- und Akkordeonbegleitung tanzte. Zusammen mit Poldek Goldberger, dem besten Klavierspieler der Klasse, machten sie sich und den anderen manchmal einen Spaß und komponierten Schlager, patriotische Lieder und sogar ein paar romantische Tangos.

An den *pryvatkas* nahm Karol jedoch nicht teil. Zu solchen privaten Veranstaltungen trafen sich einige Jungen und Mädchen in einer Wohnung, um dort zu trinken, Musik zu hören und zu flirten. Diese Treffen seien Zeitverschwendung, hat er Halina Królikiewicz erklärt, und schließlich gaben es seine Freunde auf, ihn zu überreden, doch mitzukommen.

Gegen Ende seiner Schulzeit lernte er einen Intellektuellen kennen, der sein Leben tiefgreifend beeinflussen sollten. Mieczysław Kotlarczyk war Professor für polnische Literatur, ganz dem

Theater verschrieben und ständig mit Inszenierungen und Bühnenbildern beschäftigt. 1931 hatte er in Wadowice ein Laientheater gegründet. Er war Mitherausgeber von Kulturzeitschriften wie *Die Stimme der Nation* und *Die Schmiede*, sprach im Rundfunk, kannte den berühmten Direktor des Krakauer Nationaltheaters, Juliusz Osterwa, und hielt sich über die aktuellen Inszenierungen in Deutschland auf dem laufenden.

Kotlarczyk war ein Sprachgelehrter, ein Kenner vor allem der mystischen, magischen Strömungen der Sprache. Er sprach vom Lebendigen Wort: Durch die Sprache, erklärte er seinen Schülern, müsse der Rhythmus eines Bühnenwerks zum Mittelpunkt jeder Aufführung werden; Kostüme und Bühnenbild dagegen seien auf ein Minimum zu beschränken.

In Kotlarczyks Wohnung verbrachte Karol viele Stunden mit Diskussionen über die Funktion des Theaters und die Bedeutung der Sprache im polnischen Leben. Als Kardinal stellte Wojtyła später die bedeutende Rolle Kotlarczyks heraus; er sei der Pionier einer äußerst eigenwilligen Art dramatischer Dichtung, des »Ausdrucks tiefer polnischer und christlicher Traditionen der Kunst, die uns durch unsere Literatur vermittelt wurden«. Kotlarczyk wurde nicht nur Karols Lehrer, sondern auch vielleicht sein einziger wirklich intimer Gesprächspartner, dem er Gedanken über sein Leben und über die Geschicke Polens anvertraute. Kotlarczyk war neunzehn Jahre älter als Karol, er war gleichsam ein älterer Bruder, ein Ersatz für Edmund.

In jenen Jahren bezweifelten die Freunde von der Theatergruppe nicht im geringsten, daß Karol entweder Schauspieler oder ein Intellektueller werden würde, daß er später selbstverständlich heiratete und Kinder hätte. Nichts in seinem Leben deutete in eine andere Richtung.

Am 6. Mai 1938 kam Adam Sapieha, der Erzbischof von Krakau, nach Wadowice, um die feierliche Firmung der Schüler vor dem Schulabschluß zu zelebrieren. Dies war ein großes Ereignis für die Stadt. Während die Garnisonskapelle spielte, empfingen der Bürgermeister sowie die Amts- und Würdenträger den Erzbischof auf dem Marktplatz. Der aus einer galizischen Adelsfamilie stammende Fürstmetropolit Adam Stefan Sapieha war eine wichtige Persönlichkeit im neuen Polen und auch über dessen Grenzen hinaus bekannt. Papst Pius X. hatte ihn sogar für ein paar Jahre nach Rom in den Vatikan berufen. Er war ein Mann von tiefster Gläubigkeit, ein hochbegabter Administrator und eine Art geistlicher Talentsucher.

Sapieha war nicht sehr groß, doch seine Adlernase, seine aristokratischen Züge und seine bemerkenswerte Energie trugen zu seiner starken Ausstrahlung bei. Karol hatte die Aufgabe, ihn im Namen der Schüler willkommen zu heißen, und begrüßte den Erzbischof mit einer in fließendem Latein gehaltenen Ansprache. Sapieha betrachtete das ausdrucksvolle Gesicht des Schülers, das von einem Schopf widerspenstiger Haare eingerahmt wurde. Sein Verhalten war entschieden und nachdenklich zugleich. Seine Augen verrieten Empfindsamkeit und Ernsthaftigkeit. An Karols Religionslehrer Pater Edward Zacher gewandt, fragte der Erzbischof: »Was macht er nach dem Abitur? – Wird er ins Seminar gehen?«

Karol bat um Erlaubnis, selbst antworten zu dürfen. »Ich werde polnische Literatur und Philologie studieren.«

»Wie schade«, entgegnete der Erzbischof.

Jeden zweiten Freitag im Monat – einem Tag spezieller Andacht in der Kirche – ging Karol Wojtyła zur Beichte und zur Kommunion. Das tat er seit Beginn seiner Gymnasiastenzeit. Nie versäumte er diese Begegnung mit dem Leib Christi. Und jeden Morgen vor der Schule besuchte er die Pfarrkirche; wenn er nicht ministrierte, blieb er doch zum Gebet. Nach dem Unterricht ging er wieder in die Kirche. Er betete nach den Mahlzeiten und beim Hausaufgabenmachen, vor dem Schlafengehen und während der Andachten der Marienbruderschaft.

Seine Freunde gewöhnten sich mit der Zeit an seine religösen Gewohnheiten und an seine Gebete, die er regelmäßig, fast mit klösterlicher Disziplin verrichtete. Alle um ihn herum spürten, daß in seiner Frömmigkeit nichts Angeberisches lag. »Jeder sah, daß er anders war, daß er vieles anders machte«, erinnerte sich Jan Kuś. Es war nicht bloß das litaneihafte endlose Sprechen von Gebeten, er suchte die allmähliche Abwendung vom Alltag, den allmählichen Eintritt in einen Zustand, in dem sich seine Gedanken auflösten – die Versenkung in Gott.

Freunde, die beobachteten, wie er sich ins Gebet vertiefte, verließen die Kirche mit unterschiedlichen Eindrücken. Einige sagten, sein Gesicht habe dabei »etwas Schönes, etwas Wunderbares« ausgedrückt. Andere wollten gesehen haben, wie Wojtyłas Gesicht aschfahl wurde und merkwürdig fleischlos wirkte. Einem Mädchen aus seiner Theatergruppe erschien er für einen kurzen Moment gar häßlich und furchteinflößend. Jeder dieser Eindrücke war richtig. Beten heißt für Wojtyła, vom Schmerz zur Gelassenheit, von der Konzentration zum Gehenlassen verschiedene Stadien zu durchlaufen. Als Papst wird er erklären, daß das Gebet dialogisch beginne und einen Punkt erreiche, an dem nur noch Gott handele: »Wir beginnen unter dem Eindruck, daß es unsere Initiative ist, doch ist es immer Gottes Initiative in uns.«

In den Augen seiner Freunde verlieh ihm dieses meditative, kontemplative Verhalten etwas Mysteriöses. Seine Mitschüler auf dem Gymnasium sprachen von einer Art »Heiligkeit«, die ihn umgebe. Niemand wagte es in seiner Anwesenheit, schlüpfrige Geschichten zu erzählen oder gar zu fluchen oder blasphemisch zu werden. Einmal schnappten sich einige seiner Klassenkameraden einen Schüler, der sich Karol von hinten genähert und ihm einen Fluch ins Ohr geschrien hatte, zerrten ihn zur Toilette und verabreichten ihm eine Tracht Prügel. Als er im Sommer zu den vorgeschriebenen paramilitärischen Übungen eingezogen wurde, sollen sich seine Kameraden nicht getraut haben, die üblichen groben Soldatenlieder zu singen. Solche Anekdoten mögen wie Legenden erscheinen, aber seine moralischen Ansprüche und seine ruhige und gelassene Art hinterließen ganz sicher eine einschüchternde Wirkung bei den Menschen seiner Umgebung.

Pater Józef Prus, der Rektor des Karmelitergymnasiums, sah ihn oft in der Klosterkirche, einem neoromanischen roten Backsteinbau auf einem kleinen baumbestandenen Hügel hinter dem Marktplatz. Der Hauptaltar zeigt den heiligen Joseph mit dem Jesuskind, das die Lilie der Reinheit in der Hand hält; links davon hängt ein Madonnenbild im italienischen Stil. Hier saß Wojtyła in stundenlangen Gebeten. Er zog diesen Ort der Pfarrkirche in der Nähe seiner Wohnung vor, weil dort mehr Menschen hinkamen.

Pater Prus beobachtete diesen Jungen, der immer wieder in die leere Kirche kam und eine scheinbare Ewigkeit in stiller Meditation verbrachte. Ganz allmählich kam er mit ihm ins Gespäch und gewann den Eindruck, daß dieser seltsame junge Mann, in dem sich der Ehrgeiz, Schauspieler zu werden, mit einem kontemplativen Wesen verband, der neuromantische Dichtungen deklamierte und der mit siebzehn – wie er Prus später anvertrauen wird – schon *Das Kapital* von Karl Marx im Original gelesen hatte, nach geistlicher Anleitung suchte. Der Karmeliterpriester sollte schließlich sein geistlicher Vater werden und ihm die ersten Bücher über den heiligen Johannes vom Kreuz, der zu einer der starken theologischen Kräfte in Wojtyłas Leben werden würde, geben.

Wojtyła fühlte sich sehr zum Mönchsleben der karmelitischen Barfüßer hingezogen, die ihre Tage, fern vom eitlen Treiben der Welt, in Schweigen und Buße und in der Konzentration auf Gott verbrachten. In den vierziger Jahren versuchte er zweimal, in den Orden einzutreten. Selbst nachdem er erkannt hatte, daß sein Platz im öffentlich wirkenden Klerus war, verlor er nie die Sehnsucht nach dem klösterlichen Leben. Als Erzbischof von Krakau besuchte er oft eine hölzerne Eremitenhütte im Garten der Albertinischen Nonnen. Als Papst, als er schon über siebzig war, ließ er eine Gruppe Karmeliterinnen einen kleinen Konvent im Vatikan eröffnen.

Unter dem Einfluß der karmelitischen Mystik wurde seine Hingabe an ein christliches Leben noch strikter, zu einer Zeit, als seine Klassenkameraden ihre ersten amourösen Abenteuer erlebten. Halina Królikiewicz berichtete, daß sie ihn nie mit einer jungen Frau ausgehen sah, obwohl er mit seinem Charme alle Möglichkeiten dazu gehabt hätte.

Während seiner Jugendjahre war ihm die Beziehung zu Ginka Beer aus der Nachbarschaft eine Quelle tiefer Gefühle. So war er eines Tages im Sommer 1938 sehr aufgeregt, als Ginka an der Wohnungstür »zu einem Besuch« erschien. Obwohl sie sich sehr nahestanden und sich praktisch jeden Tag im Hausflur, im Treppenhaus oder draußen sahen, hatte sie nie die Wohnung der Wojtyłas betreten. Als sein Vater das Mädchen hereinbat, spürte Karol sofort, daß etwas Außergewöhnliches passiert sein mußte. Er stand nicht einmal auf, als sie eintrat.

Ginka erzählte, daß ihr Vater, der Direktor einer Bank in Wadowice, sich entschlossen hatte, mit seiner Familie nach Palästina auszuwandern. Er fürchte, Polen sei für Juden nicht mehr sicher; es sei an der Zeit zu gehen. Tatsächlich hatten antisemitische Jugendliche in Wadowice den Boykott jüdischer Geschäfte und Firmen angezettelt, sie schlugen die Fensterscheiben jüdischer Geschäfte ein. Ihr Vater hatte versucht, auch andere Juden zum Gehen zu bewegen, aber niemand wollte auf ihn hören.

Leutnant Wojtyła versuchte, das Mädchen zum Bleiben zu überreden. »Nicht alle Polen sind Antisemiten. Ich bin keiner, wie du weißt!« betonte er immer wieder. »Ich sprach ganz offen mit ihm und sagte, daß nur wenige Polen so seien wie er«, erinnerte sie sich fast vierzig Jahre später. »Er war völlig durcheinander. Und Lolek war noch aufgeregter als sein Vater. Er sagte kein Wort, aber sein Gesicht wurde ganz rot. Ich sagte ihm Lebewohl, so freundlich, wie ich konnte, aber er war so bewegt, daß er kein Wort herausbrachte. So drückte ich dem Vater die Hand und ging.«

Später versuchte auch Karol, Ginka zum Bleiben zu überreden – vergeblich. Wieder hatte Karol einen geliebten Menschen verloren. Jahrzehnte später, als sich Wojtyłas Klassenkameraden und ehemalige Nachbarn im Vatikan trafen, sagte Jerzy Kluger zum Papst: »Ginka ist ebenfalls hier.«

»Wo?« wollte der Papst wissen und verließ sofort die Gruppe, mit der er sich unterhielt, um sie zu sehen. »Er stellte alle möglichen Fragen, nach meinen Eltern, meiner Schwester«, erinnerte sich die inzwischen betagte Ginka Beer-Reisenfeld. »Er war wirklich sehr freundlich.« Ihre Mutter war in Auschwitz gestorben, ihr Vater in der Sowjetunion ums Leben gekommen. Das erzählte sie dem Papst. »Er schaute mich nur an, und seine Augen waren voller Mitgefühl«, berichtete sie. »Er nahm meine beiden Hände, und er segnete mich und betete fast zwei Minuten lang, meine Hände in den seinen haltend.«

Als Jugendlicher hatte sich Karol für voreheliche Enthaltsamkeit entschieden, und er war entschlossen, diesem Vorsatz treu zu bleiben, obwohl seine engsten Freunde, so etwa Kluger, damals ihre ersten sexuellen Erlebnisse hatten. Nicht, daß Gelegenheiten dazu für die Schüler des Gymnasiums leicht zu finden waren, denn es widersprach den Normen der Zeit, und Schulleiter und Lehrer waren sehr streng. Jeder Schüler, der im Park hinter dem Karmeliterkloster auf dem abgelegenen Weg, der als *Aleja Miłósci* (Liebesallee) bekannt war, beim Spaziergang allein mit einem Mädchen erwischt wurde, riskierte schärfste Bestrafung. Aber keine noch so restriktive Vorschrift hat je Liebesaffären verhindert, und so kamen die Schüler oft bei Ausflügen in die umliegenden Dörfer zu ihren ersten sexuellen Erfahrungen.

Wie können wir wissen, ob Karol Wojtyła nie sexueller Versuchung nachgab? Er selbst bestand mit seiner päpstlichen Autorität darauf. In den neunziger Jahren, als er erfuhr, daß einer seiner Biographen, der Karmeliterpriester Pater Władysław Kluz, die Beichte als das Mittel beschrieb, mit dem der junge Wojtyła Gottes Gnade *wieder*gewann, wurde Papst Johannes Paul II. sehr ärgerlich und schrieb dem Autor: »Wiedergewinnen würde bedeuten, daß ich durch eine schwere Sünde die Gnade Gottes verloren hätte. Woher wollen Sie wissen, daß ich in meiner Jugend schwere Sünden begangen habe? Das ist niemals geschehen. Können Sie sich nicht vorstellen, Pater, daß ein junger Mann leben kann, ohne sich schwer zu versündigen?«

Mystiker und Nationalsozialisten

Nach Karols Abitur packten er und sein Vater ihre wenigen Habseligkeiten zusammen. Nichts mehr konnte Leutnant Wojtyła in Wadowice halten. Im August 1938 zog er mit seinem Sohn nach Krakau, wo dieser, wie Edmund zuvor, an der Jagellonen-Universität eingeschrieben war. Gemeinsam mieteten Vater und Sohn eine winzige Kellerwohnung in der Tynieckastraße, direkt an der Weichsel. Diese Behausung war so klein und düster, daß die alte Wohnung in Wadowice im Vergleich dazu freundlich und geräumig erschien.

Karol gewöhnte sich rasch an sein umfangreiches studentisches Arbeitspensum – Etymologie und Phonetik der polnischen Sprache, polnische Literatur des Mittelalters, polnisches Drama des achtzehnten Jahrhunderts und zeitgenössische Lyrik hatte er belegt – und packte das Studium mit jenem Eifer und Selbstvertrauen an, die für ihn charakteristisch sind. Allerdings hatte er zunächst Schwierigkeiten, sich in das gesellschaftliche Leben einer großen Universität und des weltoffenen Krakau hineinzufinden. Er war still und konzentriert und trug weiterhin die Hosen aus grobem Drillich und schlecht geflickte Schuhe, die noch aus seiner Gymnasialzeit stammten. In der vornehmen Atmosphäre Krakaus machte er damit eine ganz andere Figur als in Wadowice.

Abends arbeitete Karol, betete und diskutierte mit seinen Freunden. An Festen und Einladungen lag ihm nichts, er trank nicht und mied auch die Studentenkneipen Krakaus. Er schloß sich einem geselligen Zirkel angehender, selbstbewußter Dramatiker und Dichter an. Eine Empfehlung seines neuen Freundes Juliusz Kydriński öffnete ihm das Haus der weltgewandten Familie Szkocki, wo man des Abends über die Literatur der Romantik plauderte oder den Klaviersonaten lauschte, die der Herr des Hauses, ein bekannter Musikwissenschaftler, so meisterhaft spielte. Karol wurde ein häufiger Gast und nannte Frau Szkocka* »Großmutter«.

Aber diese Idylle sollte nicht lange währen.

Die Deutschen waren in der Tschechoslowakei einmarschiert, und an der Universität herrschte Einigkeit darüber, daß der Krieg unmittelbar bevorstand. Deutschfeindliche Studentendemonstrationen waren an der Tagesordung (ebenso wie antisemitische Kundgebungen). Einige Studenten erhängten eine Puppe, die Hitler darstellen sollte. Wojtyła war zwar ein Gegner der Nationalsozialisten, vermied jedoch das Thema Widerstand nach Möglichkeit. Krystyna Zbijewska, eine Kommilitonin, meinte, mit seinen Anschauungen, einer Mischung aus sozialistischen Ideen und christlichem Humanismus, habe er durchaus einen gewissen Radikalismus vertreten. Häufig habe er über die Kluft zwischen Armen und Reichen gesprochen, die er als unmoralisch anprangerte – eine Thematik, die zu jener Zeit nur wenige Studenten in seinem Umkreis beschäftigte. Deren Themen seien das Theater und die Seminare gewesen. »Vielleicht verstanden wir uns darum so gut ... weil wir uns beide nur auf unser Studium konzentrierten«, sagte Zbijewska viele Jahre später.

* In der polnischen Sprache enden weibliche Namen auf *a*.

Als die ersten Bomben auf Krakau fielen, befand sich Wojtyła in der alten Kathedrale der polnischen Könige. Es war der 1. September 1939. Wie an jedem ersten Freitag im Monat war er zur Kirche gegangen, um zu beichten und die Kommunion zu empfangen. Plötzlich nahmen Piloten der deutschen Luftwaffe die Kasernen in der Warszawskastraße unter Beschuß. Die Stadt hallte wider von Bombenexplosionen und Sirenengeheul. Die Krakauer Bürger rannten verzweifelt zu ihren Häusern und suchten Zuflucht in den Kellern.

Auf dem Wawel, dem Hügel mit der Kathedrale und dem königlichen Schloß, fand Wojtyła sich allein in der verlassenen Kirche, zusammen mit einem Priester, den er kannte und dem er vertraute. Pater Kazimierz Figlewicz, sein alter Religionslehrer aus Wadowice, der Karol die erste Beichte abgenommen und in das Amt des Meßdieners eingeführt hatte, war bei ihm. Während draußen der Angriff der Nationalsozialisten über die Stadt hereinbrach, forderte Pater Figlewicz ihn erneut auf, bei der Messe zu ministrieren. »Wir müssen die Messe lesen, trotz allem. Beten wir zu Gott, daß Polen verschont bleibe.«

Wojtyła gehorchte. Der Hauptaltar aus schwarzem Marmor, auf dem der schwere Silbersarkophag des Märtyrers Stanislaus ruht, des Bischofs des alten Krakau und eines der Schutzheiligen Polens, ragt empor wie ein Felsen. Über dem Sarkophag breitet sich ein goldener Baldachin aus, der von vergoldeten Säulen gestützt wird. Die Kathedrale war eine prächtig geschmückte Zufluchtsstätte, und die Sarkophage des Stanislaus und der polnischen Könige legten Zeugnisse ab von der Widerstandskraft des polnischen Volkes und seiner Fähigkeit, sämtliche Schicksalsschläge zu überleben. *»Kyrie eleison, Christe eleison«* – »Herr, erbarme dich, Christus erbarme dich«, rezitierte der junge Universitätsstudent, der vor dem Altar des gekreuzigten Christus kniete, während die bemalten Glasfenster unter dem Druck der Bombenexplosionen bebten.

So drängte sich die Geschichte, für die sich Wojtyła nie recht interessieren wollte, gewaltsam in sein Leben. Der Junge, der einst aus dem Geschichtsklub seines Gymnasiums ausgetreten war, um sich mit Lyrikern und Schriftstellern zu beschäftigen, der politische Diskussionen mied und zum Spanischen Bürgerkrieg, jener

Generalprobe für den Zweiten Weltkrieg, eine vorsichtig ambivalente Haltung einnahm – einerseits stand er auf der Seite der Franco-freundlichen Bischöfe und damit gegen die Republik, andererseits war er entsetzt über die Vernichtungsgewalt, die Hitlers Luftwaffe in Guernica demonstrierte –, er befand sich nun, als junger Mann, buchstäblich im Kreuzfeuer der Geschichte.

Nun, als die Deutschen sich Polen zu ihrem nächsten Angriffsziel gewählt hatten, mußte sich das Leben dieses vorbildlichen Studenten ändern. Alle persönlichen Pläne wurden aufgeschoben. Bis zu diesem Zeitpunkt, so schrieb er seinem Freund Kotlarczyk, »bestand das Leben für uns aus den Abenden in der Długastraße, die wir mit gepflegten Unterhaltungen bis Mitternacht oder noch länger zubrachten, doch jetzt...« Jetzt wurden sie von den elementarsten moralischen und praktischen Fragen bedrängt.

Nach der Messe lief Wojtyła zunächst zur Wohnung seines Vaters, dann half er seinem Freund Juliusz Kydryński, einen Karren mit den Habseligkeiten seiner Familie zum Stadtrand von Krakau zu ziehen. Unterwegs wurden sie von einem neuen Luftangriff überrascht und suchten Schutz im Torbogen eines Hauses, wo Wojtyła ein stummes Gebet sprach und wartete, bis die deutschen Sturzkampfbomber wieder abzogen.

Die deutschen Truppen marschierten auf die Stadt zu. Wojtyła glaubte, es sei das beste, wenn er und sein Vater Krakau verließen. Also eilte er zurück zur gemeinsamen Wohnung. Und zu Fuß verließen sie Krakau, gerade einen Koffer hatten sie bei sich. Der alte Leutnant Wojtyła humpelte erschöpft inmitten des Flüchtlingsstroms, der nach Osten zog. Eine Zugfahrt wäre zu gefährlich gewesen. Die Straßen, obwohl auch sie immer wieder von deutschen Flugzeugen bombardiert wurden, waren der einzige Fluchtweg. Ein Lastwagenfahrer nahm die Wojtyłas ein kurzes Stück mit, doch schon bald mußten sie wieder zu Fuß weiter. Auf dem Höhenzug von Tarnobrzeg, etwa hundertneunzig Kilometer östlich von Krakau, gab der Vater auf. Inzwischen hatte sich die Nachricht verbreitet, daß ein Einmarsch der Russen im Osten Polens unmittelbar bevorstand. Die Wojtyłas beschlossen, nach Krakau zurückzukehren.

Der Zusammenbruch Polens erfolgte plötzlich und erschrekkend. Am 6. September hatten die Deutschen Krakau besetzt. Am

17. September überquerten sowjetische Truppen die Grenze im Osten, und die polnische Regierung flüchtete nach Rumänien. Am 27. September kapitulierte Warschau. Am 29. hielt der Erzbischof Sapieha das letzte Pontifikalamt in der Kathedrale auf dem Wawel ab (die Nationalsozialisten hatten jede weitere Messe verboten). Am 1. November annektierten die Deutschen Danzig sowie große Teile West- und Südpolens (wozu auch Wadowice gehörte). Der Rest des Landes – mit Ausnahme des von den Sowjets okkupierten Ostteils – wurde in ein sogenanntes deutsches Generalgouvernement Polen mit der Hauptstadt Krakau umgewandelt. Auf dem Wawel wehte die Hakenkreuzflagge.

Für Karol Wojtyła begann ein neuer Lebensabschnitt, der Alltag im besetzten Polen: für ein Brot Schlange zu stehen, die Anstrengungen, ein bißchen Zucker aufzutreiben, komplizierte Tauschaktionen, um etwas Kohle für den Winter zu ergattern. Doch abgesehen von solchen Entbehrungen verlief das Leben in den ersten Wochen noch immer in halbwegs normalen Bahnen. Am 2. November 1939 schrieb sich Karol für das zweite Studienjahr an der Universität ein. Man traf sich weiterhin im Haus seines Feundes Juliusz Kydryński zur gemeinsamen Lektüre polnischer Literatur.

Mieczyslaw Kotlarczyk, Karols Theaterlehrer, den er »Bruder« nannte, war durch die Teilung des Landes gezwungen, in Wadowice zu bleiben. Sie schrieben einander häufig. Wojtyła versuchte immer noch, den unvorhersehbaren und unbegreiflichen Zusammenbruch des unabhängigen Polen zu verstehen: »Ich erkannte nicht, wie es wirklich um das Land bestellt war«, gestand er Kotlarczyk in einem der ersten Briefe. »In uns lebte die Idee eines Polen fort, die aus der Generation der Romantik stammte. Doch dieses Polen lebte nicht der Wahrheit entsprechend. Die Bauern wurden wegen ihrer berechtigten Forderung nach politischen Rechten geprügelt und eingesperrt, weil sie die Stunde ihres Schicksals nahen fühlten, weil sie im Recht waren. Doch die Nation wurde getäuscht und belogen, und ihre Söhne waren, wie in den Zeiten der Teilung, über die ganze Welt verstreut. Warum? Damit sie nicht in den Gefängnissen ihres Vaterlandes verrotteten.«

Wojtyła begriff, daß der Zusammenbruch Polens nicht nur auf

den Einmarsch der Deutschen zurückzuführen war, sondern auch auf das autoritäre Verhalten und die Selbstherrlichkeit des polnischen Regimes. Das freie Polen hatte nur knapp zwanzig Jahre bestanden. »Haben wir wirklich die Befreiung des Landes erreicht?« fragte er am 2. November 1939, einen Tag nach der offiziellen Bekanntgabe der neuen Teilung seines Landes. (Fast genau fünfzig Jahre später stellte er im Anschluß an den Zusammenbruch des Kommunismus in Polen die gleiche eindringliche Frage.)

Einstweilen fand Karol Wojtyła die Antwort auf diese Widersprüche in einem vagen christlich-romantischen Ideal: »Ich glaube, unsere Befreiung liegt allein in Christus. Vor mir sehe ich ein Polen nach dem Vorbild Athens – nur vollkommener als Athen, dank der grenzenlosen Unerschöpflichkeit des christlichen Glaubens«, schrieb er an Kotlarczyk. Die ideale Gesellschaft war jene, von der die Sänger und Propheten erzählt hatten. Letzten Endes mußte Polen scheitern, weil es, wie Israel nach der Eroberung durch den König von Babylon, »das messianische Ideal, sein eigenes Ideal, nicht erkennen konnte, das es zwar hochhielt wie ein leuchtendes Stück Glut, aber nie verwirklichte«.

Am 26. Oktober verpflichteten die Nationalsozialisten alle erwachsenen Polen (und alle Juden, die älter als zwölf Jahre waren) zur Zwangsarbeit. Am 6. November stellte man den Professoren der Jagellonen-Universität eine Falle. Wie Wojtyła von Kommilitonen erfuhr, wurden die Mitglieder der Fakultät vor die deutschen Behörden zitiert, wo über ihr akademisches Lehrprogramm befunden werden sollte. Hundertachtundsechzig Professoren folgten dem Befehl und wurden umgehend ins Konzentrationslager Sachsenhausen-Oranienburg deportiert. Aufgrund internationaler Proteste und Interventionen durch die Diktatoren dreier katholischer Länder – Mussolini in Italien, Franco in Spanien und Horthy in Ungarn – wurden ungefähr hundertzwanzig von ihnen wieder freigelassen. Unter denen, die umkamen, war ein Professor, den man aus einem Schlauch mit eiskaltem Wasser bespritzte und so lange in der schneidenden Kälte stehenließ, bis er erfror.

Der erste Winter der Besatzung konfrontierte die Polen unausweichlich mit der Frage des Widerstands gegen die deutschen Besatzer. Das Dritte Reich hatte bereits damit begonnen, seine

Pläne für die kulturelle Vernichtung Polens in die Tat umzusetzen. Sämtliche Gymnasien, Universitäten und Theater wurden geschlossen. Der Kirche war es verboten, die Feiertage der polnischen Heiligen zu begehen. Die Nationalsozialisten verachteten die Polen als Untermenschen, und dies wollte man sie fühlen lassen.

In diesen ersten Monaten der nationalen Demütigung, Anfang 1940, begegnete Wojtyła einem seltsamen Menschen, einem wahrhaftigen Seelenverzauberer.

Auf den ersten Blick hatte Jan Tyranowski nichts Einnehmendes. Er wirkte unbeholfen: dünn, etwas gebeugt, mit zurückgekämmtem, leicht ergrautem Haar. Er hatte eine hohe Stimme, beinahe wie die eines Mädchens. Er wohnte im selben Stadtviertel wie Karol. Seine Nachbarn wußten jedoch nur wenig über ihn. Einige hielten ihn für verrückt. Er arbeitete als Schneider und lebte allein. Niemand wußte, ob er jemals verheiratet gewesen war. Es hieß, er sei früher Patient in einem psychiatrischen Krankenhaus gewesen.

Er hatte in einer Einzimmerwohnung in der Róžanastraße 11 seine Werkstatt, wo er Anzüge und Herrenmäntel anfertigte oder änderte. Die meiste Zeit verbrachte er jedoch damit, junge Männer für eine geheime religiöse Gesellschaft anzuwerben. Er beobachtete sie, wenn sie in der benachbarten Sankt-Stanisław-Kostka-Kirche zum Gottesdienst gingen. Er sah ihnen beim Beten zu und achtete darauf, wie häufig sie in die Kirche kamen.

Auch Wojtyła wurde einer solchen heimlichen Prüfung durch Tyranowski unterzogen, der ihn ebenfalls im Auge behielt, als er zu einem von den Salesierpatern abgehaltenen Exerzitium ging, und ihm zu den Bibellesungen folgte, die ein Professor der Universität nachmittags abhielt. Eines Tages schließlich näherte er sich Karol und flüsterte: »Darf ich kurz mit Ihnen sprechen, mein Herr?«

In jenem Winter wurde auch der siebzehnjährige Mieczyslaw Maliński, der später enge Freundschaft mit Wojtyła schließen sollte, an der Kirchentür auf die gleiche höfliche, aber eindringliche Weise angesprochen: »Ich beobachte Sie schon eine geraume Zeit. Sie gehen fast jeden Tag zur Messe. Ich würde Sie gerne einladen, sich dem Lebendigen Rosenkranz anzuschließen.«

Der Lebendige Rosenkranz war ein streng geheimer Kreis, da die Nationalsozialisten, die bereits begonnen hatten, die Arbeit der Priesterseminare zu behindern und die Kirche auch auf anderem Gebiet einzuschränken, eine solche Vereinigung religiöser Aktivisten niemals geduldet hätten. Der Lebendige Rosenkranz setzte da ein, wo das Gebet des Rosenkranzes normalerweise endet: Die fünfzehn Mysterien des Rosenkranzes sollten in fünfzehn jungen Männern verkörpert werden, die geschworen hatten, in ihrem Leben dem Gebot Christi: »Liebe Gott wie deinen Nächsten«, Tag für Tag und in jeder Hinsicht Folge zu leisten. Tyranowski prüfte jeden der Auserwählten persönlich und verabredete sich einzeln mit ihnen, um bei den Deutschen keinen Verdacht zu wecken.

Wie die anderen traf Tyranowski auch Wojtyła einmal in der Woche in seiner düsteren Schneiderwerkstatt, die im zweiten Stock am Ende eines schmalen Korridors lag. Drei Nähmaschinen waren unter einem unbeschreiblichen Berg von Büchern begraben. Der Meister, so nannte man ihn, empfahl seinen Schützlingen Bücher über religiöse Fragen, regte sie zur Lektüre der zeitgenössischen theologischen Handbücher an und unterwies sie im Denken der großen Mystiker wie des heiligen Johannes vom Kreuz und der heiligen Theresia von Ávila, mit denen sich Wojtyła bereits beschäftigt hatte. Unter Tyranowskis Anleitung vertiefte er sich noch mehr in mystische Übungen und Traditionen.

Für Wojtyła gerieten die Zusammenkünfte in der Różanastraße zu einer Art Pilgerreise zu einer Quelle des geistigen Lebens, die für ihn zu einer immer größeren inneren Notwendigkeit wurde. Immer häufiger sah man ihn zusammen mit Tyranowski langsam an der Weichsel, an jenem Ufer entlang, das dem Wawel-Schloß gegenüberlag, spazierengehen. Tyranowski verstand es, einen Charakter zu formen. Wojtyła hatte in ihm einen geduldigen Führer gefunden – sanft, aber unnachgiebig. Er machte sich daran, seinen Tag bis ins kleinste Detail zu regeln, und sein ganzer Tagesablauf wurde bestimmt durch die Anweisungen des Meisters, dessen Motto lautete: »Nutze jeden Augenblick.« Er studierte heimlich weiter und arbeitete als Kellner in einem Restaurant, das dem Bruder seiner Mutter gehörte. Diese Tätigkeiten führte er nun nach einem genauen Plan durch – das galt auch für sein religiöses Leben: für die geistlichen Übungen, die Bibellektüre, das Studium religiöser Texte, das Gebet, die Meditation und den Besuch der Messe. All dies war Fortsetzung und Intensivierung des Reglements, das ihm sein Vater auferlegt hatte. Die Maxime, daß »jeder Augenblick« zu nutzen sei, sollte zum vielleicht prägendsten Merkmal in Wojtyłas Leben und Wirken werden.

Tyranowski verlangte von seinen Schülern eine sorgfältige Tagebuchführung als Nachweis dafür, daß sie ihren Pflichten nachkamen. Ihre Notizbücher enthielten neben jedem Stichwort – von der Heiligen Schrift über den Mittagsschlaf bis zum Abendgebet – eine leere Spalte, in der ein Kreuz eingetragen werden konnte, wenn sie ihren Anweisungen Folge geleistet hatten. Jedesmal wenn Wojtyła zu seinen wöchentlichen Treffen mit dem Meister ging, mußte er seine Notizen noch einmal durchlesen und über seine Aktivitäten berichten.

Viele der Eigenschaften, die Wojtyła in seinem späteren Leben – als Professor, als Bischof und als Papst – an den Tag legte, scheinen sich in der Begegnung mit Tyranowski entwickelt zu haben. (Selbst heute, im hohen Alter und trotz seiner Gebrechlichkeit, zeigt er eine unermüdliche Willenskraft, eine Unabhängigkeit von äußeren Umständen und einen unstillbaren Arbeitshunger, der selbst den eifrigsten seiner Mitarbeiter im Vatikan höchste Leistungen abverlangt.)

Tyranowski, so sagte ein Zeitgenosse, »wußte, wie man Menschen überzeugt und an sich bindet«. Er hat stets sehr ruhig gesprochen, niemals streng oder anmaßend. So erinnerte sich auch Franciszek Konieczny: »Wenn er auf einen Mann zugehen und ihn für seine Sache gewinnen wollte, so tat Tyranowski dies nicht gewaltsam und stürmisch, sondern mit der Kraft seiner Überzeugung. Es war ihm sehr viel an jedem einzelnen gelegen.« Er habe sich die persönlichen Probleme seiner Schüler zu Herzen genommen. So sollte sich später auch Bischof Wojtyła seinen Priestern gegenüber verhalten. Bischöfe und Priester sollten seiner Vorstellung nach eine Art lebendiger Gemeinschaft bilden – eine Erweiterung der »Zweiergemeinschaft«, die Karol mit seinem Vater erfahren hatte.

Nachdem er zum Papst gewählt geworden war, bezeichnete

Wojtyła Tyranowski als »einen jener unbekannten Heiligen, die auf dem Grunde des Lebens verborgen sind, wie ein wunderbares Licht in einer Tiefe, in der die Nacht regiert«. Tyranowski habe ihm »die Offenbarung eines Universums« geschenkt, sagte Johannes Paul II.: »In seinen Worten, seiner Geistigkeit und im Vorbild eines Lebens, das nur Gott allein dient, führte er mich in eine ganz neue, mir bis dahin völlig unbekannte Welt. Ich sah die Schönheit der Seele, die durch die Kraft der Gnade erschlossen wird.«

Etwas von dieser neuen Welt fand er in den Schriften des heiligen Johannes vom Kreuz, des leidenschaftlichen spanischen Mönchs, dessen Schriften von nun an wie ein Leuchtfeuer über die Jahrhunderte hinweg zum jungen Wojtyła herüberstrahlten. Dieser Karmelitermönch, ein Dichter und Mystiker, lehrte in seinen Gedichten und Kommentaren einen Weg, der nur über unermüdliche Kontemplation und eine strenge, beinahe gewaltsame Askese, das Aufgeben jedweder menschlicher und weltlicher Bindungen, aller alltäglichen Gefühle und Affekte und auch der materiellen Dinge zu Gott führte. Er sprach davon, daß die Menschen durch konsequente Selbstverleugnung eine Leere in ihrem Selbst schaffen müßten, eine Leere, in die, sofern sie vollkommen sei, Gott mit seiner Erhabenheit und Schönheit Einlaß finden könne.

Man hat diese asketische Praxis als »Weg der Negation« bezeichnet. Es ist ein Weg, der durch Zeiten völliger Verzweiflung und Blindheit führt – der heilige Johannes umschrieb diese Phasen als die »Nacht der Sinne« und die »dunkle Nacht der Seele« –; am Ende dieser Reise jedoch wird die unmittelbare und unzerstörbare Erkenntnis Gottes verheißen.

Im Jahr seiner Begegnung mit Tyranowski begann Wojtyła wie ein Besessener zu schreiben: drei Theaterstücke gleichzeitig – *David, Hiob* und *Jeremias*. Darin fanden all die Gedanken Ausdruck, die im Kopf des jungen Mannes brodelten, der das Theater noch immer, in der dunklen Nacht der polnischen Seele, mit einer »Kirche« verglich, »in welcher der Geist der Nation aufs neue erblühen wird«. In den Dramen finden sich zahlreiche Hinweise auf die Lage Polens. Das Mysterium des Opfers und die Erkenntnis der moralischen Dekadenz Israels/Polens verschmelzen in diesen Stücken mit Monologen über den Wert des Leidens und der Sehnsucht nach einer neuen nationalen Befreiung. Israel/Polen, so warnte Wojtyła, müsse in dieser Zeit der Wirren nicht nur mit dem Schwert, sondern vor allem durch eine geistige Erneuerung verteidigt werden.

Das Theater sollte zu einer Waffe werden und mithelfen, die polnische Heimat und Kultur angesichts der brachialen Unterwerfung durch die Nationalsozialisten zu verteidigen. Und im Sinne dieses vom Glauben inspirierten Widerstands begann Wojtyła mit einer Gruppe, die sich »Studio 39« nannte, heimlich Theaterstücke aufzuführen.

Inzwischen verschärften die Nationalsozialisten den Druck auf das besetzte Polen. Jeder, der keine ordnungsgemäße, von den deutschen Behörden bescheinigte Tätigkeit nachweisen konnte, lief Gefahr, nach Deutschland deportiert zu werden. Im Oktober 1940 fand Wojtyła Arbeit in der nun von den Deutschen betriebenen Chemiefabrik Solvay vor Krakau. Das verhalf ihm zu jener Bescheinigung, die von der Zwangsarbeit im Reich befreite. Ebenso erhielt er – die Solvay-Werke arbeiteten für die Rüstungsindustrie – einen Passierschein für die Nacht, Lohn und erhöhte Lebensmittelrationen. Kurz gesagt: Dieser Arbeitsplatz, der ihm durch Beziehungen vermittelt worden war, verschaffte ihm Schutz vor der Willkür der Besatzer.

Über Wojtyłas Arbeit als Steinhauer im Solvay-Steinbruch Zakrzówek und später als Fabrikarbeiter im Solvay-Werk in Borek Fałęcki gibt es zahlreiche Legenden. Entstanden sind sie durch den Personenkult in der römisch-katholischen Kirche vor allem nach der Wahl Johannes Pauls II. So war vom »Arbeiterpapst« die Rede, und Medien sowie die allgemeine, durch seine Reisen um die ganze Welt gesteigerte Popularität des Papstes haben diese Legendenbildung noch verstärkt. *»Papa obrero«*, riefen die Arbeiter Lateinamerikas von Mexiko bis Brasilien jedesmal, wenn Johannes Paul II. die von den Gewerkschaften organisierten, verarmten Massen begrüßte. Und in Italien, als der Papst zum erstenmal die Stahlwerke von Terni besuchte, setzten ihm die Arbeiter einen Schutzhelm auf, als »gehöre er zu ihnen«.

In Wahrheit mußte Wojtyła im Steinbruch nur einige Monate lang schuften, danach gab man ihm eine leichtere Tätigkeit. Er mußte auch – im Gegensatz zur Legendenbildung um ihn – keine

Zwangsarbeit leisten, es gab keine mit Peitschen bewaffneten nationalsozialistischen Aufseher (wie man hier und da nach seiner Wahl lesen konnte). 1940 war das Solvay-Werk für viele Studenten der Jagellonen-Universität ein sicherer Hafen. Edward Görlich, ein Arbeitskollege Wojtyłas, bestätigt, daß der Direktor von Solvay, ein Deutscher namens Pöhl, »die Gestapo bestochen hat, angesichts der vielen jungen polnischen Intellektuellen im Solvay-Werk ein Auge zuzudrücken«. Wojtyła hätte auch eine Stelle im Büro bekommen können, doch fühlte er sich als unauffälliger, einfacher Arbeiter sicherer.

Tatsache ist jedoch, daß seine Erfahrungen im Steinbruch und in der Fabrik, ebenso wie sein früherer Kontakt zu Juden in Wadowice (von denen viele bald in Auschwitz sterben sollten) Johannes Paul II. auf eine Weise prägten wie keinen römischen Papst vor ihm. In den Jahren bei Solvay gewann er jene unmittelbare Einsicht in die Lebensbedingungen der Arbeiter, die ihm bei seinem weiteren Kampf gegen das kommunistische Regime Polens zugute kommen sollte und ihn zu Überlegungen über die Entfremdung und Ausbeutung der Arbeiterschaft veranlaßte, die man von einem Papst eigentlich nicht erwarten würde. Gelegentlich findet Johannes Paul II. auch nichts dabei, marxistische Termini zu gebrauchen, denn er ist überzeugt, daß es Christenpflicht sei, das von ihm durchaus als problematisch erkannte Verhältnis der Arbeiter zum Produkt ihrer Arbeit auf christliche Weise zu gestalten.

1982, während einer seiner Afrikareisen, sprach Johannes Paul II. von der »großen Gnade meines Lebens, daß ich Gelegenheit hatte, in einem Steinbruch und in einer Fabrik zu arbeiten. Die Erfahrung des Arbeitslebens mit all seinen positiven Seiten und auch mit seinem Elend einerseits und auf einer anderen Ebene das Grauen der Deportation meiner polnischen Landsleute in die Todeslager haben meine Existenz zutiefst geprägt.«

Der Steinbruch in Zakrzówek, in dem Wojtyła im Herbst 1940 zu arbeiten begann, war eine Schlucht mit über zwanzig Meter hohen Felswänden. Dahinter erhoben sich bewaldete Hügel, die einen Ausblick auf die Kirchtürme Krakaus boten. Für die Arbeiter im Steinbruch war die Welt jedoch auf jenen kleinen Ausschnitt zusammengeschrumpft, den die hochragenden, oben mit einem Drahtzaun bewehrten Steinwände vom Himmel freigaben.

Wojtyła sah, wie ärmlich gekleidete Männer, halb bewußtlos vor Erschöpfung, Dynamitsprengsätze zündeten, das Gestein zertrümmerten und die Brocken zu den Schienen der kleinen Feldbahn schleppten, mit der sie zur weiteren Verarbeitung im Werk transportiert wurden. In den ersten Tagen nach seinem Arbeitsbeginn hatte er die Aufgabe, die Eisenbahnschienen zu kontrollieren. Danach gab man ihm eine Spitzhacke und befahl ihm, damit große Steinblöcke kleinzuhauen. Für den jungen Intellektuellen war die körperliche Arbeit wie ein gewaltsamer Schock. Acht Stunden täglich war er Temperaturen von sechs Grad unter dem Gefrierpunkt ausgesetzt. Die anderen Arbeiter nannten ihn »den Studenten« und sahen zu, wie er, mit einer unförmigen Jacke aus blauem Tuch, einer blauen Hose und einer schweißgetränkten Mütze mit einem ausgefransten Band bekleidet, lernte, der Kälte zu trotzen. An den Füßen trug er Holzschuhe, und seine ganze »Uniform« war mit Gesteinsstaub und Öl beschmiert.

Die Frühschicht dauerte von sechs Uhr morgens bis zwei Uhr nachmittags, die Spätschicht von zwei Uhr nachmittags bis zehn Uhr abends und die Nachtschicht von zehn Uhr abends bis sechs Uhr früh. Jede Woche wurden die Schichten gewechselt. Wojtyła, der nur die Welt von Angestellten, Bauern und Intellektuellen kannte, erfuhr nach und nach, wie die Menschen infolge schwerer, mechanisch verrichteter Arbeit verrohen, und er lernte die Armut ungelernter Arbeiter kennen. Mit ihnen teilte er aber auch die bescheidene Freude, sich ein paar Minuten wegzustehlen und in einer beheizten Hütte Ersatzkaffee zu trinken.

Tyranowski hatte ihm erklärt, daß jeder seinen Charakter nach dem Vorbild Christi formen müsse, und Wojtyła betrachtete sein Arbeiterdasein als die Prüfung eines Christen. Nach übereinstimmenden Aussagen von Zeitzeugen klagte er nur äußerst selten darüber, daß ihn die Hände, die die Arbeit mit der Spitzhacke nicht gewöhnt waren, unerträglich schmerzten. Er arbeitete schweigsam, gewissenhaft und methodisch. Er hörte viel zu, sagte aber nur selten etwas in dieser für ihn so neuen Lage. Eines Tages war er Zeuge, wie ein Kamerad starb, dem bei der Arbeit mit der Steinsäge ein Gesteinsbrocken die Schläfe durchschlug. Er empfand den Schmerz und die Wut der anderen Arbeiter, das Leid der um ihren Mann trauernden Frau, sah das verwirrte Gesicht seines

Kindes. »Sie hoben den Toten auf«, schrieb er in das Notizbuch für seine Gedichte. »Schweigend marschierten sie vorüber. Erschöpfung und das Gefühl der Ungerechtigkeit sprachen aus dieser Szene.«

Durch die Arbeit im Steinbruch und die Entbehrungen des Krieges veränderte sich Wojtyła körperlich. Sein Gesicht wurde dünn und knochig. Er lief gebückt, als müsse sein Körper unter der Last der Armut zusammenbrechen. Die Lebensmittelrationen während des Kriegs waren dürftig, es gab vor allem Kartoffelsuppe oder Hafergrütze. Wenn die Kantine der Solvay-Werke eine Sonderration Pferdefleisch bekommen konnte, wurde es zu einer Art Gulasch verarbeitet, und die Arbeiter machten ein wahres Festessen daraus. Als Ergänzung des täglichen Speisezettels gab es eine Scheibe Brot. Wojtyła war privilegiert: Hin und wieder schnitten ihm die Frauen in der Küche eine dickere Scheibe Brot ab, weil er in dem Ruf stand, ein wohlerzogener, bescheidener, kluger und gläubiger junger Mann zu sein.

In Solvay tauschte Wojtyła seine monatlichen Wodka-Coupons gegen Fleisch, Schmalz und andere Nahrungsmittel vom Schwarzmarkt, oder er verwendete die Zuteilungsscheine, um Kleidung zu kaufen. Er hatte einen Vater zu versorgen, der zu Hause in der Tynieckastraße wartete und langsam seinen Lebensmut verlor.

Schon bald begann man über den jungen Wojtyła zu reden. Eines Tages fiel einigen Leuten auf, daß er blaß und frierend zur Arbeit kam, weil er unterwegs einem armen Mann seine Jacke geschenkt hatte. Józef Dudek, ein Arbeitskollege, berichtete, wie Wojtyła die anderen Arbeiter überzeugte, einen Kollegen nicht zu hart zu bestrafen, der sich als »Volksdeutscher« den Nationalsozialisten angeschlossen hatte, um sich eine bessere Behandlung zu sichern. Selbst am Arbeitsplatz behielt Wojtyła seine Gewohnheit bei, vor und nach den Mahlzeiten zu beten und sich zu bekreuzigen.

In der Kantine wurde er von Irka Dąbrowska, der achtzehn Jahre alten Tochter eines leitenden Solvay-Angestellten und Küchenhelferin, hartnäckig umworben. Sie hatte Józef Krasuski, einen Arbeitskollegen Wojtyłas, gebeten: »Bitte sprechen Sie mit Lolek, er ist ein so hübscher und netter Mann.« Irka wollte unbedingt, daß Karol zu ihrer Geburtstagsfeier kam, und Krasuski hatte ihn gedrängt, die Einladung anzunehmen: »Lolek, sei nicht albern. Jeder hat Hunger. Geh hin, dort bekommst du ein gutes Essen.«

Aus Höflichkeit gab Wojtyła schließlich nach, doch kam er in Arbeitsuniform und Holzschuhen. »Dies ist mein einziger sauberer Anzug«, erklärte er, »für besondere Gelegenheiten.« Als Irka, ein sehr großes, schlankes Mädchen, wissen wollte, was der junge Mann wirklich von ihr dachte, versteckte Krasuski sie im Kleiderschrank und lotste Wojtyła unter dem Vorwand der Einladung zu einer Tasse Tee in sein Zimmer.

»Magst du sie?« fragte Krasuski ihn.

»Sie ist sehr nett. Sie hat nur einen Fehler.«

»Und welchen?«

»Man müßte sie unten ein bißchen abschneiden können, damit sie nicht so groß wäre, und ein bißchen rundlicher könnte sie ebenfalls sein.«

Am 18. Februar 1941 ging Wojtyła zum Steinbruch, um die Frühschicht anzutreten. Es herrschte eisige Kälte. Sein Vater, der einige Wochen nach Weihnachten schwer krank geworden war, lag zu Hause im Bett, unfähig, sich selbst zu versorgen. Nach der Arbeit suchte Wojtyła zunächst eine Apotheke auf, um Medizin zu besorgen, dann machte er sich auf den Weg zu den Kydrińsiks, wo die Mutter von Juliusz' bereits ein Mittagessen für Karols Vater gekocht hatte. Frau Kydrińska hatte den Essensbehälter schon vorbereitet, und Maria, Juliusz' Schwester, wollte mitkommen und helfen.

Nachdem sie die Kellerwohnung betreten hatten, wandte sich Maria zum Herd, um das Essen zu wärmen. Karol ging ins andere Zimmer, doch im nächsten Augenblick kam er schluchzend wieder heraus. Sein Vater war tot.

Fassungslos und mit tränenüberströmtem Gesicht umarmte er Maria und rief aus: »Ich war nicht dabei, als meine Mutter starb; ich war nicht dabei, als mein Bruder starb; und ich war nicht dabei, als mein Vater starb.« Jedesmal habe Gott ihm ein Leid zugefügt, ohne ihm zugleich Gelegenheit zu geben, die letzten Augenblicke mit den Sterbenden gemeinsam zu verbringen.

Nach der Letzten Ölung hielt Wojtyła zusammen mit seinem Freund Juliusz, der herbeigeeilt war, die ganze Nacht Totenwache bei seinem Vater. »Karol betete ein wenig, dann sprachen wir über das Leben und den Tod. Ich werde jene Nacht nie vergessen. Ich glaube, sie gab Karols Leben eine entscheidende Wende.«

Während der Totenwache wird Wojtyła über sein Schicksal und seine Berufung nachgedacht haben. Zeitzeugen bestätigten, daß der Tod seines Vaters ihn in eine tiefe Krise stürzte. Die große Ruhe und Heiterkeit jenes scheinbar so unbedeutenden Mannes hatten Karols Leben erhellt. Und dieser wichtigsten Quelle von seelischer Wärme und Unterstützung sah sich Karol nun beraubt. Niemand aus seiner engeren Familie war noch am Leben. »In diesen Tagen muß ich oft an meine Eltern und an Mundek denken«, schrieb Johannes Paul II. am elften Tag seines Pontifikats an seinen Cousin. Später erzählte er dem Schriftsteller André Frossard: »Mit zwanzig Jahren hatte ich bereits alle Menschen verloren, die ich liebte, sogar auch die, die ich geliebt haben könnte – nämlich meine ältere Schwester, die, wie sie mir erzählt haben, sechs Jahre vor meiner Geburt gestorben war.«

Der Tod des Vaters trieb ihn noch tiefer in seine mystischen und philosophischen Reflexionen. Bei den Kydrińskis, wo er sechs Monate lang wohnte und er die Hausherrin »Mama« nannte, sah man Wojtyła häufig, wie er, auf dem Boden liegend und die Arme zum Kreuz ausgestreckt, ins Gebet versunken war.

Bei den Kydrińskis war auch Maria Irmina Woltersdorf, die Verlobte seines Freundes Wojciech Żukrowski, untergekommen. Aus Furcht vor der Deportation hatte sich die junge Frau von einem medizinischen »Forschungsinstitut«, das von Deutschen geleitet wurde, anwerben lassen.« Żukrowski erzählte Wojtyła, daß die Deutschen »junge Mädchen einstellen, um Läuse zu züchten. Sie befestigen kleine Behälter an den Oberschenkeln der Mädchen, und die Läuse trinken das Blut.« Zweck der Forschung sei es, Impfstoffe herzustellen und, so betonte Żukrowski, »polnische Mädchen gehen dorthin, um den Läusen Blut zu geben«. Dafür bekämen sie die dreifache Lebensmittelration. Ohne Zweifel wurde es immer notweniger, den Kampf gegen die Nationalsozialisten aufzunehmen. Żukrowski zumindest war davon überzeugt.

Als er mit Karol eines Nachmittags auf einer Bank am Weichselufer saß, fuhr ein mit Kohlen beladener Kahn flußabwärts. »Heute nacht stehlen wir Kohlen«, vertraute Żukrowski dem Freund an. Żukrowski gehörte einer Gruppe von Widerstandskämpfern an, und seine Wohnung diente als Versteck für Soldaten der Alliierten, die aus einem der Kriegsgefangenenlager der Deutschen entfliehen konnten.

»Wie wollt ihr vorgehen?« fragte Wojtyła.

»Ich habe einen Revolver.«

»Aber sie haben viel mehr Waffen, Panzer und Flugzeuge.«

»Das macht nichts«, beharrte Żukrowski.

»Das Gebet ist die einzige wirkungsvolle Waffe.«

Das war Karols Überzeugung, an der er während der langen Besatzungsjahre festhielt. Gebet und Vertrauen auf Gott galten ihm als die einzigen Mittel im Kampf gegen das Böse und die Gewalt.

Anfang 1941 wurde ihm aufgrund einer Empfehlung seines ehemaligen Französischprofessors von der Leitung der Solvay-Werke eine andere Aufgabe zugewiesen. Er mußte nun – nach drei Monaten – keine Steine mehr hauen, sondern sollte fortan als Assistent des Sprengmeisters im Steinbruch protokollieren, welche Mengen von Dynamit für die Sprengung der Felsen benötigt wurden.

Żukrowski, dessen Arbeit darin bestand, die Zündschnüre zu befestigen, nutzte seine Stellung aus, um Sprengstoff für den Widerstand zu stehlen. Zu keinem Zeitpunkt jedoch weihte er Karol in seine Aktivitäten ein. Sein Freund hatte begriffen, daß Wojtyła für subversive Aktivitäten nicht in Frage kam.

Seine gewaltlose Haltung änderte Wojtyła nicht einmal dann, als die Deutschen am 23. Mai 1941 die Salesierpater seiner Pfarrkirche Sankt Stanislaus Kotska verhafteten und in ein Konzentrationslager abtransportieren ließen. Ein Novize und zwölf Salesierpriester, darunter auch der Superior, Pater Jan Świerc, kamen im Lager ums Leben. Als daraufhin einige Partisanen zu den jungen Männern des Lebendigen Rosenkranzes Kontakt aufnahmen, gelang es Wojtyła dennoch, die meisten seiner Glaubensbrüder davon abzuhalten, sich der Untergrundbewegung anzuschließen.

Der Lebendige Rosenkranz war größer geworden. Tyranowski

hatte die ersten fünfzehn Jünger zu Führern von neuen Gruppen ernannt, die ebenfalls fünfzehn Mitglieder zählten. Er riet ihnen, sich bereit zu halten und für eine Zukunft zu rüsten, in der Polen wieder frei und bereit sei, das Ideal einer an christlichen Prinzipien ausgerichteten Gesellschaft zu verwirklichen.

Als die Nationalsozialisten auch seinen engen Freund Juliusz Kydriński nach Auschwitz verschleppten (wo er einige Monate später freigelassen wurde), tröstete Wojtyła dessen Mutter und stand ihr bei. Seine Haltung jedoch blieb unverändert: Nur das Gebet könne helfen. Selbst als die Deutschen seinen Freund Tadeusz Kwiatkowski, den Leiter einer literarischen Untergrund-Zeitschrift, verhafteten, erklärte Wojtyła Żukrowski: »Denke daran: Wir haben die Pflicht, Gott zu bitten, er möge ihnen die Kraft geben, all dies zu ertragen.« Wojtyła glaubte an das Gebet: Nur die ihm innewohnende Macht könne den Lauf der Ereignisse bestimmen oder verändern.

Für seine engsten Freunde war die Festnahme des Seminaristen Szczęsny Zachuta besonders schmerzlich. Mit ihm zusammen hatte Wojtyła die Treffen des Lebendigen Rosenkranzes besucht. Zachuta gehörte einer Widerstandsbewegung an und hatte Juden geholfen, die um Taufurkunden baten, um sich damit vor der Deportation zu schützen. Die Deutschen erfuhren von seinen Aktivitäten und erschossen ihn. Nicht einmal dies brachte Wojtyła von seiner Überzeugung ab, daß Widerstand einzig im Vertrauen auf Gott beruhe.

Er war jedoch stets bereit, anderen zu helfen. Wann immer es darum ging, für die Familie eines von den Nationalsozialisten Verhafteten Geld zu spenden oder Bestechungsbeträge zu sammeln, um damit jemanden freizukaufen, trug Wojtyła seinen Teil dazu bei. Obwohl er mit der Schriftstellerin Zofia Kossak-Szczucka, einem Mitglied von Żegota, einer Untergrundorganisation zur Unterstützung von Juden, gut bekannt war, beschränkte er sich auf finanzielle Spenden für humanitäre Gemeinschaften. Nie nahm er an direkten Aktionen des Widerstands gegen die Deutschen oder zur Rettung von Juden teil. Dem polnischen Juden Marek Halter, der ihn Jahrzehnte später fragte, ob er geholfen hatte, Juden zu retten, antwortete Johannes Paul II.: »Ich kann nicht für mich in Anspruch nehmen, was ich nicht getan habe.«

In den Wohnungen seiner Freunde verfolgte Wojtyła manchmal auf einer Landkarte den Verlauf der Fronten, doch im allgemeinen diskutierte er nicht sehr ausgiebig über politische Fragen. Als die Deutschen im Juni 1941 ihren Überfall auf die Sowjetunion starteten, war seine erste Reaktion: »Nun, unter diesen Umständen hat der Kommunismus keine Chance, keine Möglichkeit, sich weiter auszudehnen.« Als der Vormarsch von Reichswehr und Nationalsozialisten an der russischen Front ins Stocken geriet, erinnerten er und Żukrowski sich an das alte polnische Sprichwort: »Wenn der schwarze Adler [Preußens] nach Osten zieht, wird er mit lahmen Flügeln zurückkehren.« Tatsächlich war Wojtyła viel mehr an der Situation der Kirche in der UdSSR interessiert als an den Kriegsereignissen dort. Er vertrat damals schon die Überzeugung, daß das russische Volk den Weg zum christlichen Glauben wiederfinden müsse. Zu Żukrowski sagte er: »Rußland hat Gott herausgefordert. Doch dieser Kampf gegen Gott erzeugt gleichzeitig Hunger nach Gott.«

Auch im tragischen Jahr 1941 setzte Wojtyła das Schreiben und die Theaterarbeit fort. Im August gelang es seinem großen Vorbild Mieczysław Kotlarczyk, dessen Theorie des Lebendigen Wortes Karol einst inspiriert hatte, seine Familie von Wadowice nach Krakau zu bringen, wo sie in der Zweizimmerwohnung Wojtyłas Unterschlupf fand. So konnten die beiden Freunde ihre Gespräche über die Möglichkeiten des Theaters fortführen. Damals wurde das Rhapsodische Theater geboren, das den polnischen Geist vor der Auslöschung durch die Deutschen retten sollte.

Das Lebendige Wort, der Lebendige Rosenkranz – auf diesen beiden parallel verlaufenden Spuren intensivierte Wojtyła seine innere Suche. Beide Vorstellungswelten nährten seine Neigung zum Mystizismus. Dem Lebendigen Rosenkranz ging es um die Vervollkommnung der Seele, um sie Gott näher zu bringen, das Lebendige Wort suchte die Perfektonierung schauspielerischer Artikulation, um den großen Fragen des Lebens einen klareren Ausdruck zu verleihen.

Kotlarczyk wollte ein Theater schaffen, »in dem die Menschen, anstatt eine Vorstellung nur zu besuchen, wirklich zuhören – ein Theater der inneren Tiefe«. Der Schauspieler, so lernte Wojtyła, müsse dem Vers folgen, anstatt ihn mit Pathos zu ersticken. Sein Ziel könne nur sein, den dargestellten Charakter unauslöschlich ins Bewußtsein der Zuschauer zu versenken.

Diese während der schrecklichen Kriegsjahre in Polen formulierten Gedanken sollten später Eingang in das bemerkenswerte, sorgfältig inszenierte religiöse Schauspiel finden, mit dem Papst Johannes Paul II., allein vor dem riesigen Kreuz auf der Bühne sitzend, Hunderttausende, ja Millionen von Menschen in Bann ziehen würde.

In Krakau galt die Arbeit des Rhapsodischen Theaters als wichtiger Teil des geistigen Widerstands gegen die Nationalsozialisten. Außerdem stand Kotlarczyk in Verbindung mit Unia, einer geheimen katholischen Bewegung. Zweimal in der Woche, mittwochs und samstags, wurden in den »Katakomben«, der Kellerbehausung, in der Wojtyła und Kotlarczyk wohnten, Proben abgehalten. Auf ihrem Weg dorthin sahen die jungen Schauspieler an Mauern oder Laternenpfählen die Listen mit Namen gesuchter oder bereits erschossener Personen. »Auf diesen Listen standen auch die Namen unserer Freunde«, erinnerte sich ein Mitglied der Gruppe. Jede Zusammenkunft war überschattet von der Angst vor einer Durchsuchung oder einer Verhaftung. Neben Karol Wojtyła gehörten zu dieser Gruppe Krystyna Debowska, Halina Królikiewicz, Danuta Michałowska und der Bühnenbildner Devi Tuszyński, ein Jude. »Diese Mittwoche und Samstage waren trotz des Terrors und der Verhaftungen unvergeßlich«, erinnerte sich Kotlarczyk nach dem Krieg. »Die Proben der Werke der größten polnischen Dichter und Schriftsteller gingen weiter, oft in einer dunklen, kalten Küche und manchmal nur im Schein von einer oder zwei Kerzen. Aber wir glaubten fest an unser Durchhaltevermögen. Wir waren sicher, die Grenze zur Freiheit zu überschreiten.« Die Aufführungen fanden in Privathäusern vor höchstens zehn bis fünfzehn Zuschauern statt. Eines Tages dröhnte, mitten in einer Vorstellung, aus den Lautsprechern von der Straße eine Mitteilung des deutschen Wehrmachtskommandos. Wojtyła sprach seine Zeilen ruhig und unbeirrt weiter, im Wettstreit mit der blechernen Stimme der Besatzungsmacht. Schauspieler und Zuschauer spürten, daß auch diese kulturelle Opposition gefährlich war, daß sie bereits aufgrund solcher Aktivitäten deportiert werden könnten. Dennoch brachte das Rhapsodische Theater zwischen 1941 und 1945 zweiundzwanzig Aufführungen zustande. Eine Bemerkung von Halina Królikiewicz vermittelt einen Eindruck von der angespannten Atmosphäre bei den Vortragsabenden: »Es klingt paradox: Für mich waren diese Jahre etwas Wunderbares. Ich hatte keine Angst; ich war glücklich über das, was ich tat: Wir hatten das Gefühl, daß wir, während die anderen bei der Heimatarmee [den Partisanen] kämpften, mit Worten kämpften.«

Die erste Aufführung des Rhapsodischen Theaters im November 1941 war ein mystisch-spirituelles Drama des romantischen Dichters Słowacki. Wojtyła tat sich in der Rolle Bolesławs des Mutigen hervor, des Königs, der die Ermordung von Bischof Stanislaus befiehlt. Dieser wurde später heiliggesprochen und war jene Persönlichkeit aus der Geschichte Polens, mit der sich Johannes Paul II. am meisten identifizierte. Seine Darstellungsweise offenbarte die Qualen seiner inneren Suche in jenen Jahren. Halina Królikiewicz erschien es damals, als ob »Wojtyłas Spiel mit jeder Aufführung asketischer, elementarer wurde«. Danuta Michałowska erinnerte sich, daß Wojtyłas Spiel »voller Spannung war, daß er keine einzige Betonung, keine einzige Pause ungenutzt ließ, mit der er die Empfindungen der Zuschauer steigern konnte«. Juliusz Osterwa glaubte damals, daß in Wojtyła »ein großer Schauspieler geboren worden« sei. Und wie alle anderen war Kotlarczyk davon überzeugt, daß dessen Zukunft einzig in einer Schauspielerkarriere liege.

Im Herbst 1942 jedoch begab sich Karol Wojtyła nach einer langen Unterredung mit seinem Beichtvater Pater Figlewicz zur Residenz von Erzbischof Sapieha und eröffnete diesem: »Ich möchte Priester werden.« Mit seiner Entscheidung überraschte er die Freunde. Bevor er diesen Schritt unternahm, war er in Czerna im Kloster der Karmeliter gewesen in der Hoffnung, sich diesem Orden anschließen zu können. Doch das Kloster war von den Deutschen geschlossen worden, und der Abt Pater Alfons konnte ihm nur raten, bis zu seiner Wiedereröffnung auszuharren.

Wojtyła bat Kotlarczyk, den Leiter des Rhapsodischen Theaters, ihm keine weiteren Rollen mehr zu übertragen. Von nun an werde er sich nur noch dem Lebendigen Gott widmen, und das einzige Drama, das er aufführen wolle, sei das Opfer Christi.

»Herr Mieczysław Kotlarczyk«, sagte er später, »dachte, meine Berufung seien Sprache und Theater. Der Herr Jesus jedoch glaubte, sie liege im Priesteramt, und irgendwie einigten wir uns darauf.« Tadeusz Kudliński, in dessen Haus die Theatergruppe »Studio 39« zusammenkam, redete eine ganze Nacht lang auf ihn ein und versuchte ihn davon abzubringen, seine Schauspielerkarriere aufzugeben. Auch Kotlarczyk wollte ihm diese Entscheidung ausreden und zitierte das Matthäus-Gleichnis von dem Mann, der sein Licht unter den Scheffel stellt. Er erinnerte ihn an die Worte des Dichters Norwid, der das Evangelium mit den Worten paraphrasierte: »Das Licht ist nicht dazu da, unter den Scheffel gestellt zu werden.« Doch sämtliche Argumente halfen nichts.

Obwohl auch er überrascht war, schien Juliusz Kydriński Karol besser verstanden zu haben als die anderen. In einem Brief faßte er den Charakter seines Freundes zusammen: »Karol Wojtyła war wie wir. Und zugleich war er ganz anders, denn er war erwählt.«

Der Mentor

Adam Sapieha, der Fürstmetropolit von Krakau, war Patrizier, Patriot und Politiker.* Er war stolz auf seine aristokratische Herkunft und erinnerte sich mit Freude an seine Kindheit, in der er leicht und ganz selbstverständlich fechten und reiten lernte. Sein Vater und sein Großvater hatten sich an Aufständen gegen den Zaren beteiligt. Als Hitlers Wehrmacht in die Stadt einmarschierte, war er zweiundsiebzig Jahre alt, aber er blieb entschlossen auf seinem Posten. Er folgte nicht dem Beispiel des polnischen Primas August Hlond, der mit der polnischen Regierung ins Ausland geflohen war, sondern übernahm die Leitung eines zivilen Hilfskomitees und wurde zu einem Licht, das den Menschen Krakaus in ihrer Not leuchtete.

Seine Beziehungen zur Besatzungsmacht blieben kalt und distanziert. Nur einmal traf er mit dem Generalgouverneur Hans

* Sein Rang geht auf das Mittelalter zurück, als viele Metropoliten-Bischöfe zusätzlich einen Adelstitel führten.

Frank zusammen. Dem NS-Statthalter, der einen gemeinsamen Kreuzzug gegen den Bolschewismus vorschlug, erteilte er eine eindeutige Absage. Sapieha war nicht gewillt, unter dem Hakenkreuz zu kämpfen.

Bereits in den ersten Tagen der Besatzungszeit gründete der Erzbischof ein Seminar im Untergrund, damit der polnischen Kirche der Priesternachwuchs nicht fehlte. Denn auf Befehl der Nationalsozialisten konnten nur jene Seminaristen, die bereits 1939 registriert waren, ihre Ausbildung fortsetzen. Sapiehas Strategie war von einer pragmatischen Weitsicht geleitet. Er ahnte, daß die Liste der toten Kleriker und der Angehörigen religiöser Orden im Verlauf des Kriegs sehr lang werden würde: Insgesamt sollten in Polen während Krieg und Besatzung 1932 Priester und Kleriker, 850 Mönche und 189 Nonnen ihr Leben verlieren.

Sapieha stand mit mehreren Gruppen des Widerstands in Verbindung, mit der polnischen Exilregierung, die mittlerweile nach London umgezogen war, und mit dem Vatikan. Persönlich half er Juden, indem er Taufurkunden ausstellte, die sie vor den Razzien der Besatzer schützen sollten, unterstützte die geheimen kulturellen Initiativen der Unia und organisierte Verstecke für entflohene KZ-Häftlinge, 1944 auch für die Kämpfer des Warschauer Aufstands. Fünf seiner nahen Verwandten wurden in der Zeit des Krieges ermordet.

Als sich Wojtyła im Oktober 1942 Sapiehas geheimen Seminaristen anschloß, fand er ein bis ins kleinste Detail organisiertes System vor. Jedem Studenten war ein Professor zugeteilt, der ihn persönlich unterwies. Der Unterricht wurde in Klostergebäuden, Kirchen und Privathäusern abgehalten. Die Studenten wurden verpflichtet, ihr Studium vor Bekannten geheimzuhalten und nach außen hin weltlichen Aktivitäten nachzugehen. Wojtyła arbeitete weiterhin in den Solvay-Werken und blieb in seiner Wohnung. Sapieha richtete sein besonderes Augenmerk auf ihn und lud ihn ein, in der Kapelle des erzbischöflichen Palais bei der Messe zu ministrieren. Nach der Frühmesse frühstückten die beiden Männer häufig miteinander. Sapieha mochte den abgemagerten, nachdenklichen jungen Mann, und Wojtyła sah in dem Erzbischof, nach Kotlarczyk und Tyranowski, seinen dritten Mentor.

In den Solvay-Werken mußte Wojtyła mitunter Wasser schleppen, das mit Kalk versetzt war. Zwei Eimer dieses Gemischs, mit dem das Wasser der Brennöfen weicher gemacht werden sollte, hingen an einem jochartigen Geschirr, das er auf den Schultern trug; ein Eimer wog dreißig Kilogramm.

»Warum sind Sie hierhergekommen?« fragte ihn Franciszek Pokuta, ein Arbeiter.

»Um nicht nach Deutschland deportiert zu werden«, erwiderte Wojtyła freimütig.

Oft trafen ihn seine Arbeitskollegen an, wie er hinter den Rohren saß oder auf einem Tank im Kesselraum hockte und las oder betete. Er zog die Nachtschicht vor, da es nachts in der Fabrik mehr Ruhe und Gelegenheit zum Alleinsein gab. Władisław Cieluch, ein Arbeitskollege, sah ihn häufig gegen Mitternacht auf dem Boden knien. Wenn ein Kollege kam, erinnerte sich Cieluch, »steckte er sein Buch rasch weg und tat so, als arbeitete er«.

Einige nannten ihn spöttisch »den kleinen Priester« und bewarfen ihn, wenn er betete, mit Werg oder anderen Abfällen. Er ließ sich jedoch nicht aus der Ruhe bringen. Er las in seinem Brevier und einem Buch, das einen großen Einfluß auf sein Denken erlangen sollte: *Abhandlung über die vollkommene Hingabe zur Allerheiligsten Jungfrau* von Grignion de Montfort. Schwieriger zu lesen war das dicke Handbuch der Philosophie, das ihm sein Studienleiter Pater Kazimierz Klosaka zum Studium gegeben hatte: *Natürliche Theologie* von Pater Kazimierz Wais, der an der Universität Lemberg lehrte. Dieses Werk erschien ihm undurchdringlich wie eine Wand aus Granit. »Ich sitze neben dem Kessel und versuche, etwas zu verstehen«, erzählte er seinem Freund Maliński. »Ich habe sogar schon deswegen geweint.« Zwei Monate lang mühte er sich mit dem Buch ab, bis er sagen konnte: »Am Ende erschloß es mir eine ganz neue Welt. Es eröffnete mir eine neue Sicht der Wirklichkeit und machte mich auf Fragen aufmerksam, mit denen ich mich bis dahin gar nicht befaßt hatte.«

So wurde der Philosoph und Papst im Gewirr der Rohre und zwischen den Kesseln des Solvay-Werks geboren. Jeden Tag unternahm er einen langen Spaziergang zum Grab seines Vater, nachts warf er sich oft auf den feuchten Boden seines Zimmers und betete stundenlang.

Am 29. Februar 1944 kam Wojtyła erneut, und nicht zum letztenmal, mit dem Tod in ganz enge Berührung. Kurz nach drei Uhr nachmittags – er war nach einer Doppelschicht in der Fabrik, wo er die ganze Nacht und die Frühschicht durchgearbeitet hatte, auf dem Weg nach Hause – wurde er von einem deutschen Lastwagen angefahren. Sein Kopf prallte hart gegen die Seite des Lastwagens, und er wurde zu Boden geschleudert und blieb bewußtlos liegen. Der Fahrer hielt nicht an, verlangsamte nicht einmal sein Tempo. Eine Passantin namens Józefa Florek eilte herbei, um ihm Erste Hilfe zu leisten, doch auf den ersten Blick erschien ihr der junge Mann in Arbeitskleidern und Holzschuhen bereits tot. Ein vorübergehender deutscher Beamter blieb stehen und stellte fest, daß Wojtyła trotz seines blutüberströmten Kopfes noch am Leben war. Weil er Mitleid mit dem jungen Mann hatte, winkte der Beamte einen Lastwagen herbei und befahl dem Fahrer, den Verletzten ins Krankenhaus zu bringen, wo die Ärzte eine Gehirnerschütterung und schwere Kopfverletzungen diagnostizierten.

Franciszek Konieczny, ein Mitseminarist, der ihn im Krankenhaus besuchte, fand Wojtyła im Zimmer liegen, den Kopf zum Fenster gewandt, durch das er auf das Karmeliterkloster blicken konnte. »Wolltest du nicht in den Karmeliterorden eintreten?« scherzte Konieczny. »Siehst du, nun bist du ihm schon ganz nahe.« Nach dreizehn Tagen wurde er aus dem Krankenhaus entlassen und verbrachte den Rest seiner Rekonvaleszenz im Haus der Familie Szkocki. Dann nahm er die Arbeit in der Fabrik wieder auf.

Am 6. August 1944, dem »Schwarzen Sonntag«, an dem Hitlers Truppen den Aufstand im Warschauer Ghetto in Blut ertränkten, unternahmen die Deutschen auch in Krakau eine riesige »Säuberungsaktion«. Vom Aufstand in der Hauptstadt, der am 1. August begonnen hatte, waren die Besatzer überrascht worden. Auf Hitlers Befehl sollte nun jeglicher organisierter Widerstand der Polen zerschlagen werden. Sowjetische Truppen waren auf dem Vormarsch und näherten sich der Weichsel bei Krakau. SS- und Gestapo-Angehörige durchkämmten die Straßen der Stadt. Die Erinnerung an das Grauen jenes Tages blieb lebendig. »Die Deutschen waren überzeugt, daß es in Krakau zu einem Aufstand kommen würde, um die Russen zu unterstützen. Deshalb verhafteten sie alle Männer, in jedem einzelnen Haus«, erinnerte sich Maliński, ebenfalls ein Student des geheimen Seminars. Über achttausend Männer und Jungen wurden in Gewahrsam genommen, viele in Gefängnisse und Konzentrationslager gebracht. Maliński entging dieser Verhaftungswelle nur, weil er mit fünfzehn Jungen aus seiner Gruppe des Lebendigen Rosenkranzes draußen vor der Stadt Fußball spielte. »Wir warteten auf Wojtyła und seine Gruppe, aber sie kamen nicht.«

Wojtyła war in seiner Wohnung in der Tynieckastraße, als er das Gebrüll und Getrampel deutscher Soldaten hörte. Er begann in seinem kleinen Zimmer zu beten: zuerst auf Knien, dann ausgestreckt auf dem Boden. Auch die Kotlarczyks waren in der Kellerwohnung, wie gelähmt vor Angst. Über ihren Köpfen hörten sie die Soldaten die Treppe hinaufstürmen, doch in der Eile übersahen sie die Tür zur Kellerwohnung. Noch lange nachdem die Deutschen das Haus wieder verlassen hatten und die unmittelbare Gefahr vorüber war, verharrten Wojtyła und die Kotlarczyks regungslos – es erschien ihnen wie eine Ewigkeit.

Fürstmetropolit Sapieha beschloß, die Seminaristen von diesem Zeitpunkt an im erzbischöflichen Palais zu versammeln. Am nächsten Tag, einem Montag, sandte er Priester aus, die jeden einzelnen benachrichtigen sollten. »Die Stadt war verlassen«, erinnerte sich ein Augenzeuge. Die Einwohner hatten sich in ihre Häuser und Schlupfwinkel zurückgezogen. Vom Dębniki-Viertel auf der anderen Seite des Flusses aus machte sich Wojtyła vorsichtig auf den Weg. Frau Szkocka ging ihm voraus und hielt an den Kreuzungen Ausschau nach deutschen Patrouillen. Pater Mikolaj Kuczkowski, ein Mann aus Wadowice, folgte ihnen.

Schließlich gelangten sie zur Franciszkańskastraße. Dort sah er einen deutschen Posten, der die nahe gelegenen Lagerhäuser der Polizei bewachte. Der Mann mußte ihn sehen, wenn er die Straße überquerte und auf den Palast zuging. Glücklicherweise schenkte ihm der Posten keine Beachtung, und er konnte durch den im sechzehnten Jahrhundert errichteten Torbogen in den Palast des Erzbischofs gelangen. Ganze zwei Notizbücher trug bei sich.

Sapieha versammelte die sieben jungen Männer des geheimen Seminars und drei weitere Seminaristen, die ihre Ausbildung vor dem Krieg begonnen hatten, in der Kapelle. »Ich bin euer Rektor«, sagte der Fürsterzbischof. »Wir werden uns der göttlichen Vorsehung anvertrauen. Uns wird kein Leid geschehen.« Die Seminaristen erhielten alte Soutanen, die entweder zu groß, zu lang oder zu eng waren. Doch jeder fand sich mit dem ab, was er bekam, auch Mieczysław Maliński, dessen Soutane stark nach Tabak roch. Später stattete Sapieha seine Seminaristen mit falschen Papieren aus. Er sorgte dafür, daß Wojtyłas Name von der Arbeiterliste der Solvay-Werke gestrichen wurde, um Nachforschungen der Gestapo zu vermeiden.

Der Erzbischof rechnete mit einem zügigen Vormarsch der Russen und der baldigen Befreiung der Stadt. In wenigen Wochen, so sagte er seinen Schützlingen, würden die Sowjets in Krakau einmarschieren. Er irrte sich. Auf Stalins Befehl hin stoppte die Rote Armee ihren Vorstoß am San. Vermutlich kam es ihm gelegen, daß die Deutschen jene polnischen Einheiten, die für die Exilregierung in London kämpften, noch vernichteten. (Auf diese Weise sicherte er seiner eigenen Gefolgschaft den Sieg im Nachkriegspolen.) Wojtyła und seine Brüder mußten sich an das monatelange Versteck im Palast des Erzbischofs gewöhnen. Im Fall einer Durchsuchung sollten sie sagen, sie seien Priester. Die Fenster waren verdunkelt, und es galt das strikte Verbot, die Vorhänge zu öffnen. Nur bei einem Nachmittagsspaziergang im Hof konnten sie ein wenig frische Luft schnappen. Die einzige Abwechslung bot das Volleyballspiel.

Sapieha kam jeden Tag, um an den Diskussionen über akademische und praktische Fragen teilzunehmen. Es gab keine Spannungen, keine Gruppenbildung, wie sie unter normalen Umständen zu erwarten gewesen wären. Wojtyła bewahrte die Erinnerung an die kleine Gemeinschaft in der Franciszkańskastraße als ein Beispiel für das Leben in einer brüderlichen Gemeinschaft tief in seinem Herzen, und Sapieha sollte sein Vorbild für die Ausübung des Bischofsamts bleiben. Kazimierz Suder, ein Seminarist jener Zeit, bemerkte: »Sapieha war über alles informiert, was im Land vorging. Er kannte und löste unsere Probleme ... Er war sehr freundlich zu den Priestern und Novizen, interessierte sich dafür, wie sie lebten, studierten, und bemühte sich sehr, den angehenden Priestern die bestmögliche Vorbereitung für ihr Amt mit auf den

Weg zu geben.« Nun trug Wojtyła den Talar des Klerikers, das Gewand, das sich seine Mutter für ihn gewünscht hatte, seit sie ihn das erstemal in ihren Armen hielt. Er lebte in engem Kontakt zu einem Mann der Tat und der Frömmigkeit, einem Mann, der die Welt kannte und wußte, welche Kraft sich aus den langen Stunden, die man mit Beten verbringt, schöpfen läßt. »Er erweckte mich zum Priesteramt«, sagte Wojtyła zwanzig Jahre später, als er die Kathedrale auf dem Wawel betrat und die Insignien des Erzbischofs von Krakau trug.

Als Wojtyła dem Erzbischof eingestand, daß er noch immer dem Karmeliterorden beitreten wollte, war der Fürstmetropolit dagegen. An seiner eigenen Person führte er Wojtyła vor Augen, daß eine innige, mystische Beziehung zu Gott nicht nur jenen vorbehalten ist, die sich in den Mauern eines Klosters einschließen.

Am 13. November 1944 wurde Wojtyła die Tonsur geschnitten, er unterzog sich dem aus dem Mittelalter stammenden Ritual des Haareschneidens, das die Unterwerfung gegenüber dem Herrn symbolisert.

Zu Beginn des neuen Jahres brach der Widerstand der Deutschen gegen die Alliierten zusammen. An der Ostfront startete die Rote Armee am 13. Januar 1945 eine großangelegte Offensive. Man befürchtete, daß die Deutschen Krakau in eine letzte Verteidigungslinie, in eine »Festung« verwandeln würden, was mit Sicherheit die Zerstörung der Stadt bedeutet hätte. Am 17. Januar tauchten zum erstenmal sowjetische Flugzeuge am Himmel über Krakau auf. Die Einwohner Krakaus, die in ihren Häusern Zuflucht gesucht hatten, wußten nicht, ob die Deutschen in Krakau sich dem Angriff entgegenstellen und die Stadt in ein weiteres Stück »verbrannter Erde« verwandeln würden. Dann aber konnten sie von ihren Fenstern aus verfolgen, wie Lastwagenkolonnen Richtung Deutschland abzogen, beladen mit den letzten Resten geplünderten polnischen Besitzes, hauptsächlich mit Kunstwerken.

Sapieha schickte seine Seminaristen in den Keller, und dort begannen sie die Stunden des Wartens bis zur Ankunft der Roten Armee mit einem Gebet, während um den Wawel Maschinengewehre ratterten. Am Ende wurde Krakau gerettet. Einige russische Bomben fielen, ein paar Brücken wurden zerstört, doch das polnische Florenz, wie Krakau genannt wurde, blieb weitgehend unversehrt. Die Befreier kamen in der Nacht, durchstreiften die Stadt auf der Suche nach Deutschen und verlangten Einlaß in den Palast des Erzbischofs. Die anschließende Begegnung liest sich wie eine Textpassage bei Gogol: »Wer wohnt hier?« fragten die Offiziere, beide im Rang eines Majors, die vor dem Tor standen. »Der Metropolit«, antwortete der Chauffeur des Erzbischofs. Die beiden Offiziere durchsuchten den Keller, fanden die Seminaristen und die Nonnen, die sich in ihr Schicksal gefügt hatten, und begrüßten sie mit großen Worten: »Ihr seid nun befreit.« Und: »Die polnische Regierung folgt uns unmittelbar.« Dann erfolgte die wichtigste Frage: »Habt ihr Wodka?« Der Chauffeur des Erzbischofs zog eine Flasche hervor. Der erste Offizier nahm einen Schluck – und einen zweiten. Die Flasche war halb leer, als der zweite Offizier eingriff. »Genug«, befahl er, »jetzt trinke ich, und du redest.«

Die gefürchteten russischen Befreier sahen nicht halb so schrecklich aus, wie es sich die Seminaristen vorgestellt hatten. Sie waren zerlumpt, müde, manchmal grob, doch nicht sonderlich aggressiv. Kleine Episoden blieben im Gedächtnis der Priesteranwärter haften; der junge Soldat, der ein Fahrrad gefunden hatte und damit ausgelassen wie ein Kind durch die Straßen fuhr; Soldaten, die in wilder Raserei in die Luft schossen; andere, die mit kindlicher Habgier nach Uhren oder Alkohol suchten.

In Wojtyłas Erinnerung war dieser Augenblick immer mit dem russischen Soldaten verbunden, der ihn nach Gott und der Religion fragte: »Der Soldat klopfte ans Tor des Seminargebäudes, das zu jener Zeit halb zerstört war. Ich fragte ihn, was er wolle, und als er bat, eintreten zu dürfen, verbrachte ich ein paar Stunden mit ihm.«

Der Soldat war als Kind mit zur Kirche genommen worden. In der Schule und bei der Arbeit hatte er immer wieder gehört, ein Gott existiere nicht. »›Aber trotzdem habe ich immer gewußt, daß es einen Gott gibt.‹ – Das wiederholte er ständig und sagte dann: ›Jetzt möchte ich mehr über ihn erfahren.‹« Wojtyła hielt dieses ungewöhnliche Gespräch in seinem Notizbuch fest und fügte als Kommentar hinzu: »Während unserer langen Unterhaltung erfuhr ich viel darüber, wie Gott selbst unter durchweg negativen

Bedingungen seinen Weg ins Bewußtsein der Menschen zu finden vermag.«

Nach Kriegsende kehrte Wojtyła an die wiedereröffnete Universität von Krakau zurück, wo man ihn zum Vizepräsidenten der Studentenvertretung wählte und er sein Theologiestudium mit dem dritten und vierten Studienjahr fortsetzte. Von April 1945 bis August 1946 arbeitete er auch als Hilfsdozent. Mit seinen Noten zählte er wie immer zu den Besten seines Semesters. Die Bilanz der sechsundzwanzig Examina, die er ablegte, weist in neunzehn Fächern »hervorragend«, in sechs »sehr gut« und »gut« nur in einem Fach, Psychologie, auf. Weiterhin neckten ihn seine Kommilitonen freundschaftlich wegen seiner untadeligen Frömmigkeit. »Karol Wojtyła, zukünftiger Heiliger« stand auf einer Karte zu lesen, die er eines Abends an seine Tür geheftet fand.

Seine Kollegen und Freunde diskutierten wie alle in Polen über die Zukunft ihrer Heimat. Nach Jalta stand fest, daß die Einbeziehung Polens in den sowjetischen Machtbereich früher oder später den Verlust wirklicher Unabhängigkeit bedeuten würde. Wojtyła beteiligte sich nicht aktiv an diesbezüglichen Diskussionen. Er hatte gewiß nichts übrig für russenfreundliche Polen, besonders, wenn es sich dabei um Kleriker handelte. Man sollte aber nie vergessen, daß sie »Polen, Christen, Menschen« waren – das erschien ihm, wie er auf seinen Spaziergängen mit Maliński betonte, wichtiger als alles andere.

Als er erfuhr, daß das Karmeliternoviziat von Czerna seine Pforten wieder geöffnet hatte, bewarb er sich erneut um die Aufnahme ins Kloster. Pater Alfons war von den Deutschen ermordet worden, und als neuer Leiter des Noviziats amtierte Pater Leonard Kowalówka, ein Freund Wojtyłas. Er erklärte jedoch, für die Aufnahme in den Orden sei die Erlaubnis des Erzbischofs erforderlich, die dieser entschieden verweigerte. Hartnäckig unternahm Wojtyła 1948 einen erneuten Versuch. Wieder lehnte Sapieha ab. »Ich habe wohl hundertmal den verschiedensten Kandidaten meine Zustimmung zum Eintritt in ein Kloster gegeben«, erklärte der Fürstmetropolit, »und nur zweimal habe ich sie versagt. Das eine Mal im Fall von Pater Koslowski, der ebenfalls aus Wadowice stammt. Und dies ist das zweite Mal, daß ich nein sage«. Als nun der Provinzial des Ordens insistierte, deutete Sapieha an, daß er ganz andere Pläne mit Wojtyła habe. »Jetzt, wo der Krieg zu Ende ist, haben wir nur wenige Priester, und Wojtyła wird in der Diözese dringend gebraucht.« Er fügte hinzu: »Und später wird er von der ganzen Kirche gebraucht werden.«

Am 1. November 1946, Allerheiligen, weihte der Erzbischof Wojtyła persönlich in der Kapelle des erzbischöflichen Palais zum Priester, sechs Monate früher als die anderen Seminaristen. Am nächsten Tag, Allerseelen, las Pater Karol Wojtyła in der Kathedrale auf dem Wawel seine erste Messe. Sein früherer Lehrer Pater Kazimierz Figlewicz geleitete den neuen Priester als älterer Mitbruder durch die Feier und wirkte beruhigend auf ihn ein, als er zum erstenmal unmittelbar die gewaltige Kraft erfuhr, wie durch seine Vermittlung Brot und Wein in den Leib und das Blut Christi verwandelt wurden.

Der Kreis war geschlossen. Von Pater Figlewicz war Wojtyła als Ministrant unterwiesen worden. Ihm hatte er am Tag, als die Deutschen Polen überfielen und Krakau bombardierten, bei der Messe ministriert. Im befreiten Polen, in derselben Kathedrale, welche die Sarkophage der polnischen Könige und Nationalhelden beherbergt, wurde Karol Wojtyła zum Priester geweiht. Während des Gottesdienstes betete er für die Seelen seiner toten Familienangehörigen.

Am 3. November las er eine Messe in der Salesierkirche seines alten Dębniki-Viertels und einen Tag später die feierliche Inauguralmesse in der Kathedrale auf dem Wawel. Seine früheren Arbeitskollegen aus Solvay überreichten ihm eine Soutane, und alle Schauspielerkollegen aus dem Rhapsodischen Theater waren bei diesem feierlichen Anlaß zugegen. Sie lauschten Wojtyła, der nun ein viel größeres Mysterium inszenierte und das Wort des Lebendigen Gottes verkündete.

»Fecit mihi magna« (»Er hat große Dinge für mich vollbracht«, Lukas 1,49), schrieb Wojtyła auf die Karte, die er bei einem kleinen Empfang an seine Freunde verteilte. Dann fuhr er nach Wadowice, um in der Pfarrkirche seiner Kindheit die Messe zu zelebrieren. Am 11. November hielt er die erste Taufe: für die gemeinsame Tochter seines alten Freundes Tadeusz Kwiatkowski und seiner alten Theaterkollegin Halina Królikiewicz.

TEIL ZWEI

PRIESTER WOJTYŁA

Liebe

Die Konsolidierung der stalinistischen Herrschaft in Ost- und Mitteleuropa schritt mit brutalem Tempo voran. Dennoch machte Polen einen anderen Wandlungsprozeß durch als seine sozialistischen Nachbarn. Stalin hatte gesagt, wer den Kommunismus nach Polen bringen wolle, der könne genausogut eine Kuh satteln, und die Verhältnisse dort gaben ihm recht.

Was sich die kommunistischen Parteien, die in Europa an die Macht gelangt waren, als erstes vornahmen, war die Eindämmung des Einflusses der katholischen Kirche. In Jugoslawien wurde der Bischof von Zagreb zu sechzehn Jahren Zwangsarbeit verurteilt. Die Anklage lautete, er habe im Krieg mit den Faschisten kollaboriert. 1948, einen Tag nach Weihnachten, wurde Kardinal József Mindszenty, der Primas von Ungarn, aufgrund einer fingierten Anklage wegen Verrats verhaftet und zu einer lebenslänglichen Gefängnisstrafe verurteilt. Im selben Winter wurde Erzbischof Josef Beran in der Tschechoslowakei zu vierzehn Jahren Haft verurteilt. In Ungarn und in der Tschechoslowakei füllten sich die Gefängnisse mit Tausenden von Mönchen, Priestern und Nonnen.

In Polen jedoch verlief dieser Prozeß sowohl in religiöser als auch in wirtschaftlicher Hinsicht weniger rigide ab – und auch weniger erfolgreich. Über Jahrhunderte hinweg, während Kriegen und Teilungen, hatten sich die polnische Kultur und das Volk unauflöslich mit der Kirche verbunden. Sie verkörperte eine Kraft, die den Kommunisten einen gewisssen Respekt abnötigte. Stets hatte sich die Kirche gegenüber Eindringlingen von außen und Ungläubigen im Land standfest gezeigt. Von allen Ländern des Ostblocks zählte Polen mit fünfundneunzig Prozent seiner Gesamtbevölkerung die meisten Katholiken.

Zwar war der Handlungsspielraum der polnischen Kirche eng begrenzt, jedoch als Institution blieb sie unangetastet, und da so die Möglichkeit bestand, den Glauben zu praktizieren, wurde die Kirche rasch zur gedämpften Stimme der Opposition. Die Anzahl der polnischen Priester und Nonnen, die ins Gefängnis gesteckt wurden, fiel wesentlich geringer aus als in den Nachbarländern. Zwischen dem Staat und den Gläubigen gab es noch so etwas wie einen Dialog, der, wie spröde und heikel er auch sein mochte, nie völlig verstummte. Auch im Hinblick auf die Inszenierung von Schauprozessen und die massenhafte Liquidierung von »Abweichlern« jeder Art war der stalinistische Terror in Polen nicht annähernd so brutal wie anderswo hinter dem Eisernen Vorhang. Die Kollektivierung der Landwirtschaft wurde nur halbherzig betrieben, und viele Bauern bekamen anfangs vom Regime sogar ein Stück Land zugeteilt.

Wojtyła zeigte zu Beginn seiner pastoralen Tätigkeit kein sonderliches Interesse für die politische Situation in seiner Heimat. Im Gegenteil – erst in einer für ihn charakteristisch langsamen Weise schien die Unterdrückung der Bürgerrechte durch die Kommunisten in Polen oder sonstwo Gegenstand seiner Aufmerksamkeit zu werden.

Erzbischof Sapieha wählte für seinen jungen Protegé die ländliche Pfarrei Niegowić aus; dort sollte er seine ersten Erfahrungen als Priester sammeln, Kinder taufen und die Beichte abnehmen, Trauungen und Beerdigungen abhalten, sich um die Kranken und Alten kümmern, die Messe lesen und die Nöte und Sorgen des einfachen Lebens mit seinen ländlichen Pfarrkindern teilen, die seit Jahrhunderten die Hauptklientel des polnischen Klerus waren.

Niegowić, dem der achtundzwanzigjährige Wojtyła im Juli 1948 zugeteilt wurde, war eine abgelegene, primitive Ortschaft im ländlichen Galizien, knapp fünfzig Kilometer von Krakau entfernt. Es hatte zweihundert Einwohner, eine Kirche aus Holz und dicht aneinandergedrängte Häuser; Elektrizität, fließendes Wasser und Kanalisation gab es dort nicht. Dieses Dorf betrat Wojtyła in einer fadenscheinigen Soutane und mit unförmigen Schuhen – ein dünner, bebrillter Priester, der sein bißchen Hab und Gut in einem schäbigen Koffer auf der Schulter trug und sich von dem sieben Kilometer entfernten Bahnhof auf der ungepflasterten Straße mühsam voranschleppte.

Die Unterkunft, die ihm und dem anderen jungen Kuraten, der dem Pfarrer von Niegowić assistierte, überlassen wurde, war recht bescheiden, aber geräumiger als seine früheren Wohnungen in Krakau. Das baufällige Pfarrhaus hatte zwei Räume für jeden und einen kleinen Küchengarten dahinter. Die Mahlzeiten waren nahrhaft und gut. Vor der kommunistischen Agrarreform verfügte die Pfarrei von Niegowić über knapp fünfzig Hektar Land, hundertzwanzig Kühe, zwei Pferdegespanne und eine große Menge Geflügel. Es arbeiteten dort ein Koch, ein Hilfskoch, ein Diener, ein Kuhhirte und ein Mädchen für Besorgungen.

Wojtyłas Tag war lang und anstrengend: Er stand um fünf Uhr morgens auf und zelebrierte die Messe, dann fuhr er (meistens ein Buch lesend) auf einem Pferdewagen durch die Pfarrei, um Religionsunterricht zu geben, in abgelegenen Weilern Messen abzuhalten und den Einheimischen andere Dienste zu erweisen. Maria Trzaska, die heute noch in Niegowić lebt, erinnert sich, wie der junge Kaplan ihrem Bruder half, Gräben zu ziehen und Weizen zu dreschen. Dies geschah wie in biblischen Zeiten mit einem Dreschflegel aus zwei zusammengebundenen Holzstücken.

Es war ein gesundes Leben. Die Leute aus der Pfarrei sahen ihren Kaplan oft auf einsamen Spaziergängen in den Gärten hinter der Kirche, hin und wieder mit einem angespannten, fast schmerzlichen Gesichtsausdruck. Manchmal betete er beim Gehen. Wenn er einen ruhigen Platz fand, verweilte er, um zu meditieren. Für wenig Geld stellte er den jungen Stanisław Wyporek an, den Sohn eines Bauern, der ihm mit zwei Fingern die Arbeit über den Glauben in den Schriften des heiligen Johannes vom Kreuz abtippte. Stanisław verstand kein Wort von dem, was er schrieb: Das Manuskript war in Latein verfaßt. In der Zwischenzeit versuchte er aber, allerdings ohne viel Erfolg, dem künftigen Papst das Radfahren beizubringen. »Er sagte immer, mit seinem Gleichgewicht sei etwas nicht in Ordnung.«

Während der sieben Monate, die er in Niegowić verbrachte, machte Wojtyła durch die Art und Weise auf sich aufmerksam, in der er sich den jungen Leuten widmete. Er organisierte Theateraufführungen und half ihnen beim Lernen und in der Ausbildung, er nahm sie mit auf Fahrten nach Krakau, wanderte mit ihnen in den Wäldern oder spielte mit ihnen auf den Wiesen Volleyball oder Fußball, und der Priester und seine Schar junger Leute nahmen sich bei der Hand, neigten sich vor und zurück und sangen Volkslieder, anschließend sprachen sie gemeinsam Gebete. So etwas war ungewöhnlich für einen Kleriker der vierziger Jahre, und den vorgesetzten Dienststellen blieb es wohl nicht verborgen.

In diesem abgelegenen Dorf machte Wojtyła auch seine erste Bekanntschaft mit dem stalinistischen Machtapparat. Die Geheimpolizei wollte den Katholischen Verband Junger Männer auflösen und durch eine Sektion der Sozialistischen Jugend ersetzen. Das begann damit, daß man ein Mitglied von Kaplan Wojtyłas Kreis dazu brachte, Informationen über diesen zu liefern; andere versuchten es mit Bestechung. Stanisław Wyporek, der Sekretär mit dem Zweifingersuchsystem, war einer von denen, die Besuch von einem Geheimdienstler bekamen und aufgefordert wurden, Informationen über die jungen Katholiken zu beschaffen, aber er verweigerte die Mitarbeit. Eines Abends holte die Polizei Wyporek mit dem Auto ab und brachte ihn ins Nachbardorf, wo er geschlagen und beschuldigt wurde, einer geheimen Gruppe anzugehören. Am nächsten Morgen kam der Junge vor Schmerz gekrümmt und total verstört nach Niegowić zurück.

Wojtyła traf ihn auf der Straße, beruhigte und tröstete ihn. »Mach dir keine Sorgen, Stanisław, die werden sich selbst kaputtmachen«, sagte er. Später erklärte er anderen Mitgliedern der Gruppe: »Der Sozialismus steht nicht gegen die Lehren der Kirche, aber die Methoden der Kommunisten tun es. Es ist der Kommunismus, der dem Volk materialistische Vorstellungen aufzwingt und es quält.« Seine soziale Einstellung hatte sich seit dem Brief, den er kurz vor der NS-Besatzungszeit an seinen Freund Kotlarczyk geschrieben hatte, nicht geändert. Als Stanisław Wyporek Wojtyła Jahre später in dessen Krakauer Wohnung besuchte, fand er im Bücherregal die Werke von Marx, Lenin und Stalin. »Sind Sie dabei, sich eine andere Ideologie zuzulegen?« fragte er im Spaß. »Stanisław«, antwortete Wojtyła, »wenn du den Feind verstehen willst, mußt du wissen, was er geschrieben hat.« Solche offen politischen Kommentare des jungen Priesters Wojtyła waren höchst selten.

Er riet seinem jungen Sekretär, der Geheimpolizei wahrheitsgemäß zu sagen, was die Jungen in der Pfarrei taten und vorhatten. Es gebe nichts zu verbergen. Wojtyłas Pädagogik nahm Gestalt an: »Er sagte uns nie, wir sollten Widerstand leisten«, berichtet Wyporek. »Das Schlechte sollte durch das Gute überwunden werden. Wir sollten ein gutes Beispiel geben und unsere Demut zeigen.«

Im März 1949 berief Erzbischof Sapieha Wojtyła nach Krakau zurück und versetzte ihn an die Universitätspfarrei Sankt Florian. Auch nahezu ein halbes Jahrhundert später war Johannes Paul II. noch davon überzeugt, daß die wichtigste Erfahrung, die er zu Beginn seiner Tätigkeit als Seelsorger gemacht hatte, die Entdekkung der *fundamentalen Bedeutung der Jugend* war. »Sie ist eine Zeit im Leben, die nach der Vorsehung jedem Menschen zuteil wird und die ihm als Verantwortung gegeben ist«, erklärte er. »In dieser Zeit sucht er, wie der junge Mann im Evangelium, Antworten auf grundlegende Fragen; er sucht nicht nur nach der Bedeutung des Lebens, sondern auch nach konkreten Wegen, sein Leben zu leben. ... Er wünscht, seine eigene Person zu sein.« Der Priester müsse die Eigenart jedes Mädchens und jedes Jungen zu einem klaren Ausdruck bringen: »Er muß diesen fundamentalen Aspekt der Jugend lieben.«

Dies tat Wojtyła.

Karol Tarnowski, der in jener Zeit studierte, erinnerte sich an die besondere Art, mit der Wojtyła die Beichte abnahm. Manchmal dauerte sie bis zu einer Stunde. »Er konnte zuhören, und er war bereit, alle unsere Fragen zu beantworten. Zeit bedeutete ihm nichts.« Obwohl andere warteten, daß der Beichtstuhl frei würde, fühlte sich der Siebzehnjährige nicht unter Druck, sondern völlig frei im Zusammensein mit dem Priester, von dessen nachdenklichem Gesicht er hinter dem Gitter hin und wieder einen flüchtigen Eindruck erhaschte. Wojtyłas Stimmlage war normal; er flüsterte nicht, sondern sprach eher so, als meditiere er laut.

Seinem Freund Maliński aus dem Seminar sagte er:

> Was die Beichte anbetrifft, ... so darf man sich nicht verhalten wie ein Specht – der eine klopft von der einen Seite, und

> der andere antwortet von der anderen. Man kann die Dinge nicht mit sanften Worten erledigen. Man muß einen Dialog aufbauen und ihn aus innerstem Herzen führen. Die Beichte ist die Krönung unserer apostolischen Arbeit... Die Frage ist, ob wir die apostolischen Werte bewahren können. Ohne ein tiefes inneres Leben wird ein Priester sich unmerklich in einen Angestellten verwandeln, und sein Apostolat wird zu einer Pfarreiroutine werden, und er wird nur noch die alltäglichen Dinge tun.

Der alte Erzbischof Sapieha hatte intuitiv begriffen, daß Sankt Florian genau der richtige Ort für Wojtyła war. Hier konnte er seine ungewöhnlich guten Kontakte zu jungen Menschen noch erweitern, neue seelsorgerische Methoden entwickeln und zugleich in Kontakt mit dem pulsierenden kulturellen und intellektuellen Leben in Krakau bleiben und daraus Anregungen beziehen. Außerdem war es ihm hier möglich, seinen literarischen und philosophischen Interessen nachzugehen.

Als Wojtyła anfing, mit den jungen Studenten und Studentinnen von Sankt Florian Wanderungen in die Berge oder an die Seen zu unternehmen, tat er dies in der Absicht, eine neue Art der Unterweisung zu erproben. Die Ausflüge waren nicht nur als gesunder Zeitvertreib gedacht. Die Natur war ein Weg, sich Gott zu nähern, die Seele durch Meditation anzurühren, an das Wesen des Menschen und des Göttlichen heranzukommen und beides zusammenzubringen.

Die »Jungen und Mädchen« – auf diese Weise redete er sie an –, die mit ihm gingen, hegten eine besondere Zuneigung für ihn und mochten seine unübliche Pädagogik. Später gaben sie ihrer Gruppe einen etwas wichtigtuerischen Namen: das Wojtyła-*Srodowisko* (Milieu), er aber bevorzugte einen anderen Ausdruck: *paczka* (die Bande).

Die Morgenmesse im Freien war Teil von Wojtyłas Konzept. Die Gruppe begann ihren Tag damit, daß sie auf einem umgedrehten Kajak oder einem Steinhaufen einen Altar herrichtete, auf dem das Meßopfer gefeiert wurde. Danach brachen sie das Zeltlager ab und wanderten in einer langen Reihe durch die Berge oder überquerten in ihren Kajaks einen See. Wojtyła ging immer an der Spitze, gekleidet, wie es sich gerade ergab, oft mit Polohemd und kurzen Hosen, so daß er von der Polizei als Priester nicht erkannt wurde: Klerikern war es verboten, Jugendgruppen außerhalb der Kirche zu leiten. Die jungen Männer und Frauen nannten ihn *wujek* (Onkel), teils aus Zuneigung, teils um bei Fremden keinen Verdacht zu erwecken. Mehrmals tauchten Milizionäre (Polizisten) auf und untersuchten den Lagerplatz, kurz nachdem die Gruppe aufgebrochen war, aber sie bemerkten keinen Priester unter den sich entfernenden Wanderern. Während dieser Exkursionen wählte Wojtyła meistens einen Jungen oder ein Mädchen aus, um mit ihm den Tag in stundenlangen Einzelgesprächen zu verbringen. Jeden Abend aß er mit einer anderen Zeltgemeinschaft. Die junge Leute öffneten sich ihm und diskutierten mit ihm auch die Probleme ihres Liebeslebens. Viele von ihnen waren verlobt, doch unverheiratete Männer und Frauen schliefen in verschiedenen Zelten.

Die Thematik über Sexualität, Liebe und Ehe wurde für Karol Wojtyła zur Basis der seelsorgerischen Arbeit mit jungen Menschen. Fünfzehn Jahre vor der Neubewertung der ehelichen Beziehungen durch das Zweite Vatikanische Konzil entwickelte Wojtyła für sich die Vorstellung, daß die Ehe eine echte *Berufung* sei, wie das Priestertum. Daß er sich mit den praktischen und sexuellen Problemen in Beziehungen tatsächlich auseinandersetzte und nicht bloß auf Normen verwies, die das kirchliche Dogma bereithält, zog die jungen Menschen an. Seine Einstellung war höchst unkonventionell. Der junge Kaplan zeigte keine Verlegenheit, wenn es darum ging, über sexuelle Beziehungen zu sprechen. Sexualität, glaubte er, erlange – über die Fortpflanzung hinaus – eine höhere Intensität und eine besondere Bedeutung für die *Liebe*, wenn das Paar monogam lebt, durch die Ehe für das Leben verbunden.

Die Ratschläge, die er Männern erteilte, lauteten anders als jene für Frauen. »Die moralische Frage, welche die Beziehungen zu Frauen betrifft«, erinnerte sich Karol Tarnowski, der wie andere aus dem »Milieu« Rat und Hilfe bei Wojtyła suchte, »war etwas Primäres für ihn. Er wollte uns helfen zu verstehen, daß wir am Schöpfungsakt teilhaben, wenn wir einem Kind das Leben schenken.«

Wojtyła war, wie sich ein Mitglied der Gruppe ausdrückte, »weniger intellektuell, wenn er mit Mädchen zu tun hatte«. Frauen suchte er zu vermitteln, daß sie über eine ganz besondere Gabe verfügten: über die Fähigkeit, Männer zu formen. »Möchtest du ihn erziehen?« fragte er Maria Bożek, eine junge Studentin, die ihm erzählt hatte, daß sie mit einem bestimmten jungen Mann nicht zusammensein wolle. Wojtyła dagegen hatte das Gefühl, dieser Mann sei für das Mädchen genau richtig, und so blieb er hartnäckig. »Möchtest du einen Mann aus ihm machen?« insistierte er.

»Ja«, antwortete Maria nicht sehr zuversichtlich. Doch dann heiratete sie Karol Tarnowski, den jungen Mann, von dem Wojtyła angenommen hatte, er sei nicht der geeignete für sie.

Wojtyła sei »väterlich und sehr liebevoll« gewesen, sagte sie Jahre später, »und außerordentlich geduldig«. Auch nachdem er Weihbischof geworden war, suchte sie weiterhin seinen Rat, und er lud sie in seine Residenz ein, damit sie mit ihm ihre familiären Probleme besprechen oder einfach nur still neben ihm sitzen konnte, wenn sie vom Kummer überwältigt wurde.

Wojtyła vertrat die Ansicht, daß Zeit und Geduld die wesentlichen Elemente in jeder sich entwickelnden Beziehung zwischen Mann und Frau seien. Er saß mit seinem »Schiffsjungen« oder »Schiffsmädchen« (wie er seinen jeweiligen Tagespartner beim Bootfahren nannte) im Kajak, paddelte und legte seine Auffassung dar, daß ein Mann und eine Frau »lernen sollten, eine geraume Zeit zusammenzusein, bevor sie in eine intimere Beziehung eintreten. Sie sollten lernen, miteinander umzugehen, sich in Geduld zu üben, sich gegenseitig aufzurichten und zu verstehen.« Da die Sexualität nur innerhalb einer unauflöslichen ehelichen Verbindung eine Bedeutung haben könne, müsse man unbedingt lernen, die negativen Eigenschaften seines Partners zu akzeptieren, damit die Ehe halte.

»Unter der Oberfläche der Liebe«, so fuhr er meistens fort, »tobt ein Wirbelstrom, der sich schnell und aufbrausend bewegt und dauernd verändert. Dieser Strom ist manchmal von so überwältigender Wirkung, daß er Männer und Frauen hinwegspült. Liebe ist kein Abenteuer, sie kann nicht nur ein einziger Augenblick sein. Sie umfaßt den ganzen Menschen.« Die Ewigkeit menschlichen Daseins, sagte Wojtyła zu seinen Studenten, basiere auf der Liebe.

Er war nicht der Meinung, daß sexuelle Wünsche und Gefühle unterdrückt werden müßten, sondern daß sie in Richtung einer Einheit zu lenken seien, welche die Würde beider Partner garantiere. »Sexuelle Beziehungen außerhalb der Ehe«, schrieb er später, »schaden objektiv immer der Frau, auch wenn sie ihnen zustimmt oder sie positiv wünscht.« Das gleiche gelte für Männer, meinte er, aber er sah eher die Frauen als Opfer männlicher Mißachtung. Er bemühte sich, Männern zu zeigen, wie wichtig Zärtlichkeit für sie sei: Ohne sie neige »ein Mann dazu, eine Frau den Forderungen seines Körpers und seines Geistes zu unterwerfen«.

Zur Stärkung der Selbstdisziplin empfahl Wojtyła verlobten Paaren, sich nicht andauernd zu sehen, sondern sich vielmehr in Abständen von zwei oder drei Tagen zu treffen. Doch mit diesem Vorschlag hatte er nicht viel Erfolg – in der Regel waren es die Frauen, die sich dagegenstellten.

Auf diese Weise wurden die Wanderungen und Kanufahrten zu Eheschulungen und Beratungen. Viel von den Gesprächen und Überlegungen, die sich auf diesen Ausflügen ergaben, tauchten in *Der Laden des Goldschmieds*, einem Stück, das Wojtyła über die Sorgen und Nöte verheirateter Paare schrieb, und in dem bemerkenswerten Traktat *Liebe und Verantwortung* auf, die beide 1960 veröffentlicht wurden, als er bereits Weihbischof war.

Liebe und Verantwortung sorgte in kirchlichen Kreisen für einiges Aufsehen, denn es war völlig ungewöhnlich, daß ein Bischof sich in einem gedruckten Werk zu solchen Themen äußert. Aber Wojtyła schrieb über die sexuelle Erregung, über Ehefrauen, die unbefriedigt bleiben und Orgasmen vortäuschen, und darüber, wie wichtig es sei, daß die Männer darauf achteten, daß auch ihre Partnerinnen einen Höhepunkt erreichen. Selbst sein Eintreten für »die Gleichheit von Mann und Frau in der Ehe« wirkte zu dieser Zeit schockierend.

In den Jahren seiner Professur an der Universität waren seine Studenten so eingenommen von diesem ungewöhnlichen Priester, daß sich viele, wie seine ehemalige Schülerin Zofia Zdybicka berichtete, fragten, ob er nicht doch schon verlobt oder gar verheiratet gewesen sei. In Wirklichkeit hatte er etliche seiner Informationen aus dem Beichtstuhl.

Selbst wenn Wojtyła in *Liebe und Verantwortung* außer seinen eigenen philosophischen Schriften nur wenige Quellen zitiert, so gibt der Text doch seine ausführliche Beschäftigung mit der menschlichen Sexualität und auch mit Anatomie und Physiologie wieder. Häufig erwähnt er Auffassungen von »Sexologen« und die »Lehren der Sexualwissenschaft«. Er besaß nicht nur die Kühnheit, ohne unmittelbare Erfahrung eine Theorie der sexuellen Beziehung zu entwickeln, sondern er versuchte auch sein ganzes Leben lang immer wieder das Phänomen der Liebe zu ergründen, von der die Sexualität ein so wesentlicher Teil ist: das Wunder der Liebe zwischen Mann und Frau, die Liebe zu den Mitmenschen oder der Eltern zu ihren Kindern, Liebe als die Basis von sozialen Werten und schließlich Liebe als Christi Vermächtnis an seine Jünger. Seine Kühnheit – ein im Übermaß vorhandener Charakterzug – beruhte vor allem auf seiner Bereitschaft, in einer Zeit, da eine solche Ausdrucksweise für einen Priester als gewagt galt, offen und gefühlvoll über das zu sprechen, was seinen Geist beschäftigte.

Das war der Stoff, in den die jungen Männer und Frauen des Wojtyła-»Milieus« während ihrer Kajak-Tutorien eingeführt wurden. Selbst als Papst hat Wojtyła die Verbindung zu diesen fünfzig oder sechzig Männern und Frauen, von denen viele inzwischen Großväter und Großmütter geworden sind, aufrechterhalten. Keiner von ihnen ist geschieden.

Später diskutierte einer von seinen Protegés – Tarnowski, der Maria Bożek heiratete – mit seinem Mentor, der inzwischen als Papst im Vatikan residierte, darüber, ob der Bann, den die Kirche über die Verhütungsmittel verhängte, für ein katholisches Paar, das seine Pflicht getan und Kinder in die Welt gesetzt hat, nicht unhaltbar sei. Der alte Papst, der als junger Mann soviel seiner Zeit darauf verwandt hatte, eine seiner Meinung nach menschliche Theorie der katholischen Ehe zu entwickeln, riet Tarnowski, sich nach einem anderen Beichtvater umzusehen, und sagte dann: »Ich kann nicht ändern, was ich mein ganzes Leben lang gelehrt habe.«

Lublin

Im Oktober 1954 schloß die polnische Regierung die katholische Fakultät der Jagellonen-Universität, an der Karol Wojtyła Vorlesungen zur christlichen Ethik hielt. Die Katholische Universität von Lublin (KUL), an der er im selben Monat eintraf, um Ethik und Philosophie zu unterrichten, hatte eine einzigartige Bedeutung: Sie war in dem riesigen Gebiet, das von Stalins Erben und von Mao Zedong beherrscht wurde, die einzige Universität der katholischen Kirche. Kardinalprimas Stefan Wyszyński hatte seinen juristischen Grad an dieser Universität erworben, und von 1946 bis 1948, als die Kommunisten ihre Macht festigten, reorganisierte er als Bischof von Lublin die KUL, ein ehemaliges Kloster, das die Deutschen zu einer Kaserne umfunktioniert hatten.

An der Universität von Lublin pflegte Wojtyła einen künstlerischen Stil. Er trug eine fesche purpurfarbene Baskenmütze, eine Hornbrille und eine schwarze Soutane, die zwar sauber, aber von der langen Zeit, die er mit Knien verbrachte, etwas durchgescheuert war. Wie in seinen eigenen Universitätsjahren kamen die Verhältnisse auch nun einem sorgenfreien studentischen Leben nicht entgegen. Das politische und religiöse Klima in Polen hatte sich empfindlich verschlechtert: Kurz zuvor waren der Rektor der Universität und neun Priester seiner Fakultät verhaftet worden. Auch Erzbischof Eugeniusz Baziak, der Nachfolger des verstorbenen Sapieha, saß im Gefängnis und ebenso Wojtyłas Freund, der Pfarrer von Sankt Florian. Ein Priester, der den Lebendigen Rosenkranz der Frauen und den Katholischen Verband Junger Männer in Krakau leitete, war mit zwei Laienmitarbeitern zum Tode verurteilt worden (ihre Strafen wurden später in lebenslängliche Haft umgewandelt). Im September 1953 wurde Kardinal Wyszyński selbst verhaftet: Er hatte sich der neuen politischen Verfassung energisch widersetzt, mit der das sozialistische Regime den Staat noch mehr nach seinen Vorstellungen prägte und durch die viele der Kirche bis dahin zugestandenen Rechte abgeschafft wurden. Sogar das Krakauer Wochenblatt *Tygodnik Powszechny*, das seit 1949 Wojtyłas Gedichte veröffentlicht hatte, mußte sein Erscheinen einstellen, weil die Redaktion einen Nachruf auf Stalin, der am 5. März 1953 gestorben war, abgelehnt hatte.

Wojtyła schloß sich bald einem kleinen Kreis von Professoren an, die sich mit Pater Jerzy Kalinowski, dem Dekan der philosophischen Fakultät, zu geheimen Versammlungen trafen, um über ihr Verhältnis zu Universität, Nation und Kirche zu diskutieren. Sie wurden zu intellektuellen Verschwörern und suchten nach subtilen Wegen, um den Kommunismus spirituell und philosophisch zu unterminieren.

»Die katholische Hierarchie war der Auffassung, daß die Aufgabe einer katholischen Universität darin bestehe, den Katholizismus in einer feindlichen kommunistischen Welt zu verteidigen«, sagte der Historiker Stefan Świeżawski, ein Mitglied dieses Kreises. »Im Gegensatz dazu dachten wir, daß unsere Aufgabe vor allem darin bestehe, gute wissenschaftliche Arbeit zu leisten... Die Aufgabe, die Rolle der Philosophie im kommunistischen System zu stärken, die Dialektik zwischen der christlichen Philosophie und dem kommunistischen System zu schärfen, kam an zweiter Stelle.«

Karol Tarnowski erinnerte sich, wie ihnen Wojtyła damals auseinandersetzte, daß die marxistische Ethik die Wirklichkeit des Menschen mißachte. Die Marxisten, habe der junge Philosoph und Priester gesagt, betrachteten »den Menschen als etwas, das im Kommunismus geschaffen werden wird, geschaffen werden soll und geschaffen werden muß – aber da ist kein Platz für den individuellen Menschen. Denn das Wesen des Menschen ist in jedem Menschen konkretisiert.«

Für Wojtyła war der christliche Zugang zum Leben und zur Gesellschaft höchst realistisch, den marxistischen dagegen hielt er für überzogen und »rein idealistisch«, weil es dem Marxismus nicht um den konkreten Menschen, sondern nur um »die Idee des Menschen« gehe. Als Wojtyła viele Jahre später als Papst zum erstenmal nach Polen zurückkam, schlug er dieses Thema wieder an. Die Auseinandersetzung mit dem Kommunismus bedeute nicht, »diesen zu bekämpfen«, erklärte er in Lublin, »sondern sich der positiven Aufgabe zu widmen, das christliche Leben zu vertiefen«.

Wojtyłas Haltung sei darauf ausgerichtet gewesen, sagte Świeżawski, »jeden Augenblick zu nutzen, um eine klare Orientierung zu gewinnen, sein Wissen zu vergrößern und sich auf positive

Arbeit zu konzentrieren, anstatt seine Zeit mit politischen Dingen und Konflikten zu vergeuden«.

Diese Position behielt Wojtyła selbst während der historischen Ereignisse von 1956 bei, als die Arbeiterrebellion in der Industriestadt Posen, die zum Signal für den Volksaufstand in Ungarn wurde, die kommunistische Welt erschütterte. Im Juni trafen Zehntausende von unbewaffneten polnischen Demonstranten, die Lohnerhöhungen forderten, bei ihrem Marsch zum Freiheitsplatz von Posen auf eine Phalanx von Sicherheitskräften, die zum Angriff übergingen: Dreiundfünfzig Menschen wurden getötet und mehr als zweihundert verletzt. Nach den heftigen Auseinandersetzungen, die auf das Massaker in Posen folgten, kam der reformistische Flügel der kommunistischen Partei an die Macht, der von Władysław Gomułka – einem Antistalinisten, der die vergangenen acht Jahre unter Hausarrest gestanden hatte – angeführt wurde. Viele politische Gefangene, darunter auch Kardinal Wyszyński, wurden freigelassen. Gomułka kündigte triumphierend an, daß die polnischen Kommunisten »ihren Platz an der Spitze des Demokratisierungsprozesses einnehmen« würden. In Moskau jedoch erklärte der Generalsekretär der KPdSU, Nikita Chruschtschow, die Handlungsweise der neuen polnischen Regierung bedrohe »das gesamte sozialistische Lager«, und Truppen des von der UdSSR geführten Warschauer Pakts wurden in Richtung auf die Hauptstadt in Bewegung gesetzt. Gomułka warnte Chruschtschow, daß die Polen zum Kampf bereit seien; tatsächlich hinderten polnische Streitkräfte hundert Kilometer westlich der Hauptstadt eine bewaffnete Kolonne am Vormarsch. Am 20. Oktober um zwei Uhr morgens lenkte Chruschtschow ein. (Es gibt keine Hinweise darauf, daß Wojtyła jemals öffentlich oder privat auf diese Ereignisse zu sprechen kam.)

In Ungarn allerdings gab Chruschtschow nicht nach, und sowjetische Truppen und Panzer schlugen die ungarische Revolution nieder; viele Menschen starben. Kardinal Mindszenty, der von seinen Mitbürgern aus dem Budapester Gefängnis befreit worden war, floh in die amerikanische Botschaft, als die Rote Armee in die Hauptstadt Ungarns einrückte. Er blieb dort fünfzehn Jahre – »frei«, aber unter Hausarrest. Wojtyła meinte wiederholt, daß Mindszenty nicht bei den Amerikanern um Asyl bitten, sondern bei seiner Gemeinde hätte bleiben sollen. Seine Vorbilder waren die Kardinäle Sapieha und Wyszyński, die in den Augenblicken der Gefahr selbst angesichts des Risikos körperlicher Torturen ihren Posten nicht verlassen hatten.

Vierundzwanzig Jahre später waren die Männer des Kreml besorgt, daß Karol Wojtyła vom Vatikan nach Polen zurückkommen könnte, um bei seiner Herde zu sein und sich einer sowjetischen Invasion mit dem Einfluß seiner Person entgegenzustellen.

Ein Brief aus Rom

Kardinal Stefan Wyszyński, der Primas von Polen, schaute flüchtig auf den braungebrannten jungen Priester, dessen athletische Kraft auch die Soutane nicht verdeckte. Er wußte, wie alt dieser Priester war, nämlich achtunddreißig, aber sonst wußte er wenig von ihm; nur noch, daß dieser die Ferien an den Masurischen Seen, wo er sich mit einer Gruppe von jungen Leuten in einer Einkehr befand, unterbrochen hatte. Per Telegramm vom 4. Juli 1958 war er aufgefordert worden, sich umgehend in der Residenz des Primas in der Warschauer Miodowastraße einzufinden.

Seit zehn Jahren war Wyszyński der höchste Würdenträger und eine Symbolfigur für die katholische Kirche in Polen. In seiner ebenso schlauen wie sturen Art, Verhandlungen mit den kommunistischen Behörden zu führen, hatte er die Tradition kirchlicher Unabhängigkeit in geschickter diplomatischer Manier verteidigt. 1948 war er im Alter von erst siebenundvierzig Jahren jüngster Primas in der Geschichte Polens geworden.

1950 hatte Wyszyński den damaligen Papst Pius XII. verärgert, als er ein Abkommen mit der kommunistischen Regierung unterzeichnete, das deren höchste Autorität in weltlichen Fragen anerkannte, der Kirche dagegen nur eingeschränkte Rechte auf geistlichem Gebiet einräumte. »Das Episkopat wird sich nach der polnischen Staatsräson richten«, hieß es in der Vereinbarung; der Papst hingegen sei die zuständige und höchste kirchliche Autorität in Fragen des Glaubens, der Moral und der kirchlichen Rechtsprechung. Faktisch wurde dies von der Regierung so aufgefaßt, daß ihr bei der Einsetzung von Bischöfen ein Vetorecht zustehe.

Nachdem der Primas das Abkommen mit der Regierung unterzeichnet hatte, erklärte er seine Gründe: »Das Martyrium ist eine Gnade und eine Ehre, aber in Abwägung der gegenwärtigen großen Notlage und der Aufforderung, mit denen das katholische Polen konfrontiert ist, erachte ich das Martyrium nur als eine letzte Zuflucht. Ich will meine Priester am Altar, auf der Kanzel und im Beichtstuhl – nicht im Gefängnis.«

Dennoch hatte er mehr als drei Jahre, von 1953 bis Winter 1956, in einem Kloster unter Hausarrest gestanden, weil er immer wieder auf die Rechte der Kirche verwies und gegen die Einschränkungen der Arbeit des Klerus protestierte.

»Sind Sie Prälat oder Kanoniker?« fragte er nun Wojtyła in seiner befehlsgewohnten Höflichkeit.

»Weder das eine noch das andere, Eminenz. Ich bin Priester und außerdem Assistent an der Katholischen Universität Lublin.«

Der Kardinal nahm mit seiner knochigen Hand das Papier von seinem Schreibtisch und schaute wieder auf den Priester, der schweigend, ohne eine Spur von Nervosität, wartete. »Hier ist ein interessanter Brief vom Heiligen Vater. Hören Sie bitte zu: Auf Bitten von Erzbischof Baziak ernenne ich Karol Wojtyła zum Weihbischof von Krakau. Bitte geben Sie Ihre Einwilligung zu dieser Ernennung.«

Der Primas hielt inne, um Wojtyłas Reaktion zu beobachten. An diesem Abend beschrieb Wyszyński die Szene in seinem privaten Tagebuch, das er seit Jahren regelmäßig führte. In einer derartigen Situation könnte ein durch das apostolische Amt eingeschüchterter Kandidat stammeln: »Ich muß erst mit meinem geistlichen Beistand über diese Entscheidung sprechen.« Worauf die Entgegnung des Primas nur hätte lauten können: »Wenn Sie ein reifer Mann sind, sollten Sie wissen, was Sie zu tun haben.«

Andere hätten vielleicht versucht, Zeit zu gewinnen, und gesagt: »Ich muß Jesus im Gebet um Rat bitten.« Worauf der Primas auf die Tür deuten könnte: »Gleich dort ist eine Kapelle. Beten Sie. Aber bitte, nehmen Sie sich nicht mehr als fünfzehn Minuten, denn ich habe nicht mehr Zeit und Jesus auch nicht.«

Als Wyszyński den Priester Wojtyła fragte, ob dieser die Ernennung annehme, antwortete dieser ohne zu zögern: »Wo muß ich unterschreiben?«

Dieser 8. Juli blieb dem Primas im Gedächtnis: Zum erstenmal war er bei der Ernennung eines polnischen Bischofs übergangen worden. Wegen der Schwierigkeiten, die die Behörden der Kirche bei ihren Amtsgeschäften machten, hatte Pius XII. Wyszyński das außerordentliche Privileg gewährt, eine Liste mit Namen zusammenzustellen, die er für das Bischofsamt vorschlug und deren Nennung vom Papst formell bestätigt wurde. Wenn Wyszyński jemand berufen wollte, sandte er eine geheime Nachricht nach Rom, und sobald er vom Papst ein verschlüsseltes Zeichen erhielt, vollzog er die Ernennung. Karol Wojtyłas Name fehlte auf Wyszyńskis Liste.

Wojtyła hatte immer einen personifizierten Schutzengel, der ihn führte und im richtigen Moment vorantrieb: erst Erzbischof Sapieha, jetzt dessen Nachfolger Eugeniusz Baziak. Später übernahm diese Rolle Paul VI. und schließlich in dem Konklave, das ihn zum Papst wählte, Kardinal Franz König.

Eine halbe Stunde nach dem »Gespräch« im Palais des Primas traf ein Priester im Kloster der Grauen Ursulininnen (der Name verweist auf die graue Tracht der Schwestern) am jenseitigen Weichselufer ein. Er fragte die Nonne, die ihm die Tür öffnete, nach der Kapelle und trat ein, ohne ein weiteres Wort zu sagen: Er eilte mit schnellen Schritten auf den Altar zu und kniete in der ersten Bankreihe nieder.

Eine Stunde verstrich und dann noch eine. Schwestern kamen und gingen schweigend. Zur Zeit des Abendessens machte das Gerücht die Runde, der schweigende Priester sei Professor Wojtyła, und die Nonnen entschlossen sich, ihn zum Essen einzuladen. Aber der Priester wollte seinen Platz nicht verlassen. Die Oberin ging in die Kapelle, um nachzuschauen, und fand Wojtyła unverwandt in Andacht versunken, mit seinem Hut in der Hand. An diesem Abend aß er nichts. Als die Nonnen sich schlafen legten, befand er sich immer noch in der Kapelle. Er betete acht Stunden lang.

Am 28. September 1958 wurde Karol Wojtyła in der Krakauer Kathedrale auf dem Wawel zum Bischof geweiht. Am 9. Oktober starb Papst Pius XII. im Alter von zweiundachtzig Jahren, und am 28. Oktober 1958 wählten die Kardinäle den siebenundsiebzigjährigen Angelo Giuseppe Roncalli zum Papst, der den Namen Johannes XXIII. annahm. Nur knapp drei Monate später berief das neue Kirchenoberhaupt ein ökumenisches Konzil ein. Einer der 2594 Einladungsbriefe, die an alle Bischöfe in der ganzen Welt geschickt wurden, ging an den jungen Karol Wojtyła.

Das Konzil

Das Zweite Vatikanische Konzil – das Zweite Vatikanum – war eine Revolution.

Als Institution neigt die katholische Kirche stets dazu, die Elemente der Kontinuität zu betonen, so als sei in ihr Schicksal seit der Zeit Christi ein evolutionäres Muster eingeschrieben. Daher überrascht es nicht, daß man beim genauen Lesen der Dokumente des Zweiten Vatikanums auf deutliche Kompromisse zwischen Traditionalisten und Befürwortern von Neuerungen stößt: Die römisch-katholische Kirche hat es immer verstanden, die originellsten Impulse aufzunehmen, indem sie diese mit den ältesten Traditionen verband.

Aber von Millionen Zeitgenossen, Katholiken sowie Nichtkatholiken, wurde das Konzil zu Recht als revolutionär betrachtet, als radikaler Bruch mit der Vergangenheit. Auf dem Zweiten Vatikanum wurde der Absolutismus der Kurie – der päpstlichen Bürokratie mit ihren Kongregationen, Gerichten und Offizien, die jahrhundertelang die Regeln des katholischen Lebens diktiert und bekräftigt hatte – beschnitten und der extreme römische Zentralismus der kirchlichen Macht gelockert. Das Konzil Johannes' XXIII. schien die katholische Gemeinschaft der Welt zu öffnen.

Eine Reihe von Entwicklungen bestätigte den Katholiken, daß mit der Vorstellung von Kirche, die seit dem antiprotestantischen Konzil von Trient (1545 – 1563) weitervererbt wurde, gebrochen werden sollte. Das Zweite Vatikanum brachte die Reform der Liturgie, den Gebrauch der Landessprache bei der Messe, die Bekräftigung der Gewissensfreiheit, die Annäherung an die protestantischen und orthodoxen Kirchen, die Öffnung zu anderen Religionen, den Dialog mit den Nichtgläubigen, die Ächtung des Antisemitismus und vor allem die Darstellung der Kirche als einer nicht mehr statischen Institution, sondern als Volk Gottes, das auf seinem Weg durch die Geschichte ist, ein neues Israel auf der Pilgerschaft.

Fast vier Jahre dauerten die Vorbereitungen für das Zweite Vatikanische Konzil, bis dann im Oktober 1962 die 2381 Bischöfe, Ordensoberen und Kardinäle – die »Konzilväter« – zusammengerufen wurden. Es ist recht aufschlußreich, noch einmal das siebenseitige Memorandum zu lesen, mit dem Karol Wojtyła den Fragebogen beantwortete, der den Bischöfen vor dem Konzil aus Rom zugeschickt worden war. Seine Erwartungen an das Zweite Vatikanum waren bescheiden, und das zentrale Anliegen, für das er seine Kollegen in der Kirchenführung zu gewinnen suchte, hatten wenig mit dem zu tun, was die meisten anderen Teilnehmer beschäftigte. Seiner Meinung nach sollte der Zweck des Konzils sein, eine klare Aussage zur Bedeutung der Transzendenz des menschlichen Geistes* (wie sie von Thomas von Aquin definiert wurde) und gegen den wachsenden Materialismus der modernen Zeit zu treffen. Erst unter seinem Pontifikat sollte dieses – gleichermaßen philosophische wie theologische – Konzept so machtvoll den Kurs der Kirche bestimmen.

Im Hinblick auf die wesentliche Einheit aller Christen in der Kirche, dem Ideal, das Johannes XXIII. so sehr am Herzen lag, hielt Wojtyła an der Bekräftigung der traditionellen, auch von Pius XII. verkündeten Lehre von der Kirche als dem mystischen Leib Christi fest: Es könne nur einen Leib geben, folglich nur eine einzige Kirche Christi, so daß die Einheit mit den anderen christlichen Kirchen abhängig sei von der Treue zu Rom. Auf andere Fragen antwortete der junge Bischof, daß Laien seiner Auffassung nach in der Kirche eine größere Rolle spielen sollten. Zu den Themen, die er diskutiert haben wollte, gehörten die Bedeutung des Zölibats, der pastorale Nutzen von Sport und Theater, der ökumenische Dialog sowie die Reform des Breviers und der Liturgie.

Aus Anlaß des Konzils hat Wojtyła Polen zum erstenmal seit vierzehn Jahren verlassen. Einige Monate zuvor war Erzbischof Baziak, sein Vorgesetzter und Gönner, gestorben; Wojtyła

* In der katholischen Theologie bezieht sich der Terminus »menschlicher Geist« auf den gesamten Menschen – also Körper, Verstand und Seele.

wurde nun, am 15. Juni 1962, im Alter von zweiundvierzig Jahren Kapitularvikar: übergangsweises Oberhaupt der Diozöse Krakau. Außerdem wurde er von der polnischen Bischofskonferenz zum Leiter des nationalen Seelsorgamts für die »schöpferische Intelligenz« ernannt – in Anerkennung seiner Verbindungen zur Welt der Kultur.

In der Gesamtkirche war er freilich eine unbekannte Größe; und als ein Namenloser betrat er am 11. Oktober den Petersdom zur Eröffnung des Konzils. Entlang den Seiten des riesigen Mittelschiffs waren Tribünen mit zehn ansteigenden Sitzreihen aufgebaut. Um Wojtyła herum rauschte ein Wald von weißen Mitren, deren lange Reihen hier und da von den bauchigen Kopfbedekkungen der Patriarchen aus den östlichen orthodoxen Kirchen unterbrochen wurden. In einem abgetrennten Bereich saßen hundertundein »Beobachter« von anderen christlichen Bekenntnissen, eine absolute Neuerung, und mehrere hundert Theologen und andere »Experten«, die das Konzil bei seinen Beratungen unterstützen sollten.

Wojtyła, mit seiner nagelneuen Bischofsmütze auf dem Haupt, brauchte nicht weit zu gehen, denn laut Protokoll waren den Neulingen unter den Bischöfen die Plätze am Eingang des Domes zugewiesen worden. Von seinem Sitz aus hatte er einen Überblick über die Konzilsväter und konnte sehen, wie sie sich auf eine Reise ins Unbekannte vorbereiteten. »Was das Konzil betrifft«, hatte Papst Johannes XXIII. am Vorabend der Eröffnung bemerkt, »sind wir alle Novizen. Gewiß wird der Heilige Geist anwesend sein, wenn sich die Bischöfe versammeln, und wir werden sehen, was geschieht.«

Der alte Papst hatte das Konzil mit dem Ruf nach *aggiornamento*, »Erneuerung«, einberufen; er wollte mit dem Konzil die Kirche auf die Höhe der modernen Zeit bringen. Wojtyła war berührt von der Größe dieses Augenblicks. Es war ein geschichtlicher Augenblick, und er konnte als katholischer Bischof in Rom daran teilhaben. Etwas Vergleichbares wird ein Amerikaner, der 1776 am Zweiten Kontinentalen Kongreß teilnahm, oder ein Franzose gefühlt haben, als 1789 die erste Sitzung der Generalsstände eröffnet wurde. »Ich mache mich auf diesen Weg in tiefer Bewegung, mit einem großen Zittern in meinem Herzen«, hatte

Wojtyła gesagt, als er sich von den Gläubigen in Krakau verabschiedete.

Der Petersdom hallte wider vom Gesang des »*Veni Creator*«, und Wojtyła sah den feierlichen Einzug Papst Johannes' XXIII., der in der päpstlichen Sänfte und begleitet von den Trägern der *flabella*, der Zeremonialfächer, hereingetragen wurde. Im Gegensatz zu jenem Personenkreis in der kirchlichen Hierarchie, den der Papst »Propheten des Untergangs« nannte – zum großen Teil seine eigene Kurie –, hatte er Vertrauen in ein Konzil der Erneuerung. Der Papst hatte diese größte Versammlung von Kirchenältesten in der Geschichte des Katholizismus einberufen: Bischöfe aus hunderteinundvierzig Ländern waren nach Rom gekommen, mehr als dreimal so viele wie beim Ersten Vatikanischen Konzil vor neunzig Jahren. Damals war nicht ein einziger afrikanischer Bischof in Rom gewesen. Jetzt nahmen mehr als hundert schwarze Würdenträger teil. Die Europäer stellten ein knappes Drittel der Konzilsväter, und den Italienern saßen die französisch-, deutsch- und englischsprachigen Bischöfe im Nacken. Zum erstenmal waren jeweils ein Kardinal aus Japan, aus China, aus Indien und aus Afrika dabei.

Gemessen an der Art und Weise, wie Wojtyła über das Leben der Kirche dachte und wie er das Konzil erlebte, muß dieses auch eine persönliche Revolution für ihn gewesen sein. Er kam aus einer bischöflichen Kultur, in der die Regeln der Geheimhaltung und der Solidarität des Episkopats in voller Geltung waren. Die polnische Bischofskonferenz traf sich alle zwei Monate hinter verschlossenen Türen. Nicht die leiseste Meinungsverschiedenheit drang nach außen. Angesichts des unablässigen Drucks von seiten eines atheistischen Staates bildeten die Bischöfe eine Front strikter Einmütigkeit. Über ihnen allen regierte der Primas Wyszyński wie ein Monarch.

Etwas anderes hatte kein polnischer Bischof kennengelernt. Doch auf seinem Platz im Petersdom wurde Wojtyła nun Zeuge heftiger Streitereien, von Kampfabstimmungen konträrer Blöcke, von verbalen Duellen, triumphierendem Beifall und Protestgemurmel, sarkastischen Seitenhieben und Wutausbrüchen – einer kirchlichen Version der parlamentarischen Demokratie, zu der Petitionen, Lobbys und taktische Manöver der konziliaren »Parteien«, der Mitglieder der Kurie und sogar des Papstes gehörten.

Wojtyła war ziemlich erschüttert, als es zu der denkwürdigen Revolte der Konzilsväter kam, die gleich zu Beginn mit überwältigender Mehrheit entschieden, alle zweiundsiebzig Schemata, die ganz auf die Bewahrung des Alten ausgerichtete Agenda der Kurie, aufzuheben. Dies konnte bedeuten, daß vier Jahre Vorbereitungsarbeit umsonst waren. Statt dessen sollte mit der Diskussion der umfassendsten Veränderungen begonnen werden. Wojtyła lauschte wie gebannt den harten Attacken, die Joseph Frings, der Kardinal von Köln, gegen das inquisitorische heilige Offizium – die Kongregation der Kurie, die für die Bekämpfung der Häresien und daher auch der verderblichen Lehren des Modernismus verantwortlich ist – vortrug, und der wütenden Erwiderung des Präfekten des heiligen Offiziums und seines Großinquisitors, des Kardinals Alfredo Ottaviani. Er hörte, wie sich die Traditionalisten auf den Artikel 222 des kanonischen Rechts beriefen, der besagt, daß es das Vorrecht des Papstes ist, die Tagesordnung des Konzils zu bestimmen, während die Reformer – mit Unterstützung des Kirchenoberhaupts – das Recht beanspruchten, im Namen der Konzilsfreiheit eine vorgeschriebene Tagesordnung abzulehnen.

Die vorbereiteten Schemata wurden schließlich abgelehnt, weil sie die alte Vorstellung von der Kirche als einer Monarchie wiedergaben, in der alle Macht in den Händen des Papstes konzentriert war und in der die Glaubensvermittlung auf dogmatische und deduktive Weise praktiziert wurde. Die Kirche sah sich im Besitz der Wahrheit, und jede praktische Lebensentscheidung galt insofern nur als eine Anwendung des unfehlbaren Prinzips, das die Hierarchie verkündete. Papst Johannes XXIII. spornte das Konzil an, einen neuen Anlauf zu nehmen, anzuerkennen, daß die Ära »christlicher Staaten« oder der »Christenheit« – einer Gesellschaft, die vollständig nach christlichem Gedankengut geformt ist – vorüber sei.

In Polen hatte Wojtyła Angriffe auf die Hierarchie erlebt, die von den atheistischen Behörden erfolgten, von »Feinden der Kirche« also. Jetzt in Rom kamen die härtesten Kritiken aus der Kirche selbst. Er fühlte sich nicht wohl mit dieser Form der Debatte. »Er war keiner, der die Kirche kritisierte«, erinnerte sich Karol Tarnowski, ein Mitglied des Krakauer »Milieus«. Vor Beginn des Konzils hatten einige der jungen Leute, denen Wojtyła in Polen am nächsten stand, zu einer harten Beurteilung der Hierarchie gefunden. Sie empfanden es als Befreiung, wenn sie die Vergangenheit der Kirche kritisieren konnten, doch Wojtyła war gar nicht glücklich darüber. »Ich habe sehr gut in Erinnerung«, betonte Tarnowski, »daß er meine – oder sonst jemandes – kritische Haltung der Kirche gegenüber nicht billigte.« Wojtyła hatte sogar recht spannungsreiche Auseinandersetzungen mit einigen Redakteuren von *Tygodnik Powszechny*, die eine reformerische Interpretation von Papst Johannes' XXIII. *aggiornamento* befürworteten.

Dies war – und ist – ein wesentlicher Zug von Wojtyłas Verhalten. Er ist immer bereit zuzuhören, aber Zuhören ist nicht das gleiche wie wirkliche Toleranz. Letztlich erlaubt die besondere philosophische Betrachtungsweise von Karol Wojtyła keinen wahren und offenen Konflikt zwischen gegensätzlichen Wahrheiten. Für ihn ist die Sache einfach. Andersdenkende sind wie Kinder liebevoll bei der Hand zu nehmen und auf den Pfad der »Wahrheit« zu geleiten, die sie schließlich wahrnehmen werden. Selbst in der »Bande«, bemerkte Tarnowski, »regte er keine wirklich intellektuellen, also kritischen Diskussionen an«. Daher verwundert es nicht, wenn sich Wojtyłas Temperament mit dem parlamentarischen Klima des Konzils überhaupt nicht vertrug. Später, als Papst, wird er zu verhindern suchen, daß die alle drei Jahre stattfindenden Treffen der Bischöfe in Rom (die Synoden) den gleichen unabhängigen Weg einschlügen, den die Konzilsväter gewählt hatten.

Doch die Sitzungen des Konzils waren eine gute Schule für Wojtyła. Er schaute, hörte zu, lernte, und oft stimmte er den Beschlüssen zu, auch wenn ihm die Art, wie diese zustande gekommen waren, ungewohnt und fremd vorkam.

Überhaupt nicht vertraut war der junge Kapitularvikar von Krakau damit, daß die Presse und die öffentliche Meinung sich in die kirchlichen Angelegenheiten einmischten. In Rom stand früher oder später alles in den Zeitungen – Treffen hinter verschlossenen Türen, geheime Besprechungen, angeblich vertrauliche Übereinkünfte. Für einen Bischof aus Polen war das unvorstellbar. Wojtyła mißtraute dem Einfluß der Medien auf die internen Debatten der Kirche (und nachdem er Papst geworden war, erteilte sein Staatssekretär eine Order, wonach Beamte der Kurie ohne besondere Erlaubnis keine Interviews geben durften).

Auch mit der führenden Rolle der Theologen in den Debatten des Konzils konnte Wojtyła sich nicht anfreunden. In einem gewissen Sinn war die Revolution des Zweiten Vatikanums ihr Werk – das Werk von Männern der »französischen Schule« wie Yves Congar, Henri de Lubac, Jean Daniélou und der »deutschen Schule« wie Karl Rahner, Hans Küng, Bernhard Häring und Hans Urs von Balthasar. Die Theologen, nicht die Bischöfe, bereiteten das Terrain für die Erneuerung der Liturgie, für die Ökumene, für das vorurteilsfreie Bibelstudium und eine neue Ära im Bereich der Ekklesiologie. Das katholische Polen, das vom Eisernen Vorhang abgeriegelt war, hatte zu diesen Entwicklungen wenig beizutragen.

Während Wojtyłas Pontifikat wurden einige dieser großen Konzilstheologen an den Rand gedrängt oder sogar ihres Lehramtes enthoben, während andere, deren Auffassungen der Papst mehr Sympathie entgegenbrachte, zu Kardinälen ernannt wurden. Mit solchen Mitteln wurde die Autorität der Bischöfe eifersüchtig gewahrt, denn als Johannes Paul II. blieb Wojtyła sehr mißtrauisch gegenüber dem prägenden Einfluß der Theologen. In seinen Augen sollten diese Männer untergeordnete Helfer sein oder einfach nur Werkzeuge im Dienst des bischöflichen und päpstlichen Lehramts.

Nachdem Karol Wojtyła Papst Johannes Paul II. geworden war, konnten manche, die über ihn schrieben, der Versuchung nicht widerstehen und übertrieben seinen Einfluß auf das Konzil. Es gibt jedoch keinen Hinweis darauf, daß er auf dem Zweiten Vatikanum eine bedeutende Rolle gespielt hat, auch wenn er sich in dessen Fortgang als ein höchst aktiver Teilnehmer hervortat und seine gedankenvollen Redebeiträge ihm unter seinen Kollegen Aufmerksamkeit und Respekt eintrugen. Nur als *Gaudium et Spes* (»Freude und Hoffnung«), die Pastoralkonstitution zur Stellung der Kirche in der modernen Welt, durchgepaukt wurde, gehörte er direkt zum Kreis derjenigen, die Entscheidungen vorbereiteten – allerdings auf der Verliererseite.

Seine Zeitgenossen sahen in ihm keinen Kirchenmann, der einmal eine Führungsposition einnehmen würde. Als Wojtyła mit Kardinal Wyszyński und zehn anderen polnischen Bischöfen in Rom eintraf, war er durch einen Bericht der einflußreichen französischen Zeitschrift *Informations Catholiques Internationales*, in dem die polnische Kirche als ziemlich rückständige Institution geschildert wurde, eingeführt worden. Im großen und ganzen verfolgten die polnischen Bischöfe die rasanten Veränderungen, die das Konzil beschloß, eher als Randfiguren; sie waren nicht mit großen Reformplänen nach Rom gekommen.

Was der französische Artikel zum Ausdruck brachte, war ein so weitverbreitetes Gefühl, daß Wyszyński sich veranlaßt sah, den Mangel an Verständnis, der seiner Delegation entgegengebracht wurde, mit heftigen Worten anzuprangern: »Unsere Bischöfe sind beschuldigt worden, reaktionär zu sein, als ob sie den Wunsch hätten, an Rechten aus der Feudalzeit festzuhalten. Es geht aber nicht um Feudalismus oder Privilegien, sondern um das Lebensrecht der Kirche.«

Die Energien für den Reformprozeß kamen aus dem Westen, aus Frankreich und der Bundesrepublik Deutschland, und wurden ergänzt durch Anstöße aus Belgien, Holland, der Schweiz, Italien und den Vereinigten Staaten. Als Johannes XXIII. vor dem Konzil daranging, einen umfassenden Plan zur Erneuerung der Kirche auszuarbeiten, und Hilfe benötigte, wandte er sich an den belgischen Kardinal Leo Suenens, und die ersten richtungweisenden Reden über die Sendung der Kirche in der modernen Welt wurden von Suenens selbst und vom Mailänder Kardinal Giovanni Battista Montini, dem späteren Papst Paul VI., gehalten.

Auch wenn Polen nicht als eine führende Kraft auf dem Konzil betrachtet wurde, genoß Wyszyński doch wegen seines Kampfes gegen den Kommunismus ein enormes Prestige. Außerdem ergriff der Primas bei bestimmten zentralen Fragen – wie der Freiheit der Religion und der Stärkung der Bischofskonferenzen – Partei für die Reformer. Auch wurden seine Ansichten zu sozialen Fragen fast einhellig als ziemlich fortschrittlich betrachtet, da er sich kritisch zum marxistischen *und* zum kapitalistischen Materialismus äußerte – was (wieder einmal) zeigte, daß hinsichtlich der Kirche die Wahrheit durch die oberflächliche Unterscheidung zwischen »Konservativen« und »Liberalen« oder zwischen ideologischen Mehrheiten und Minderheiten für gewöhnlich entstellt wird. Die Grenzen sind fließend und überschneiden sich, je nachdem, um welche Fragen es sich handelt.

Die Abstimmungen zeigten eine nach der anderen klar und eindeutig, daß eine überwältigende Mehrheit der Bischöfe für eine grundlegende Erneuerung und für die Beendigung der erstickenden Macht der Kurie eintrat. Wojtyła schloß sich den Bischöfen an, welche die Kirche reformieren wollten. Jahre später beschrieb er, wie er dieses Ereignis wahrgenommen hat: »Das Zweite Vatikanische Konzil war nichts weniger als eine *Magna Charta*, die dazu diente, die Kirche zur Verkündigung des Evangeliums in der Welt von heute zu befähigen.«

Die Sitzungen des Konzils fanden von 1962 bis 1965 jeweils zwischen Oktober und Dezember statt. Als Papst Johannes XXIII. am 3. Juni 1963 starb, wurde Paul VI. zu seinem Nachfolger gewählt und setzte das konziliare Vermächtnis fort, nachdem er die Fragen der Geburtenkontrolle und des Zölibats von der Tagesordnung genommen hatte. Schließlich erließ das Konzil vier Konstitutionen, neun Dekrete und drei Deklarationen.

Ein Dokument des Zweiten Vatikanums, das neue Grundlagen schuf, war *Lumen Gentium* (»Das Licht der Völker«), die dogmatische Konstitution der Kirche, die ihrem Wesen, ihrer Struktur und ihrem Sendungsauftrag gewidmet war. Das Hauptziel, das die Reformer mit *Lumen Gentium* verfolgten, bestand darin, die Kirche als eine Gemeinschaft zu beschreiben und nicht mehr als eine primär rechtlich verfaßte und monarchisch strukturierte Gesellschaft.

Auf dieser Linie bewegte sich Wojtyła, wenn er betonte, daß die Gemeinschaft die Grundlage für den Aufbau der Kirche bilde, da »jeder Christ auf besondere, einzigartige und unersetzliche Weise an dem Sendungsauftrag mitwirkt, den die Kirche von Christus empfangen hat«. Diese wesentliche horizontale Dimension der Kirche werde sich mit der anderen, vertikalen Dimension – den Priestern und Bischöfen –, die im Opfer und im Mysterium Christi tief verwurzelt sei, zwar überschneiden, sie aber keinesfalls null und nichtig machen.

Lumen Gentium löste heftige Debatten aus, als die Reformer erreichten, daß die Stellung der Bischöfe, deren Macht über die Politik der Kirche nach dem Ersten Vatikanum fast auf den Nullpunkt gesunken war, neu bewertet wurde: Das Erste Vatikanische Konzil (1869/70) hatte das Dogma der päpstlichen Unfehlbarkeit erlassen und die Bischöfe mehr oder weniger zu Funktionären des Papstes degradiert, zu Erfüllungsgehilfen in der Art napoleonischer Präfekte. Im Gegensatz dazu erhob sie das Zweite Vatikanische Konzil zu Nachfolgern der Apostel, ja zu »Stellvertretern Christi«.

Die Reformer beriefen sich, um für einen kollegialen Konsens hinsichtlich der kirchlichen Macht zu werben, auf das Beispiel der Gemeinschaft der um Petrus versammelten Apostel und schlugen vor, daß eine internationale Versammlung von Bischöfen den Papst bei der Leitung der universalen Kirche unterstützen sollte. Bislang vermochte niemand Hinweise dafür zu erbringen, daß Wojtyła in dem heftigen Streit, der um dieses Thema entbrannte, Position bezogen hätte. In den Berichten, die er über das Konzil an die in Polen gebliebenen Bischöfe und die Gläubigen in Krakau sandte oder die er den jungen Priestern am Polnischen Institut in Rom gab, wo er wohnte, erwähnte er mit keiner Silbe die dramatischen Konflikte, die während der Verhandlungen immer wieder ausbrachen.

Paul VI. löste das Problem der Machtaufteilung durch ein Zugeständnis: Zunächst schlug er den Vorsitzenden der Versammlung vor, die Frage von einem besonderen Komitee prüfen zu lassen. Dann und ohne es so weit kommen zu lassen, daß dieses Komitee gebildet wurde, führte er ein neues Gremium ein: die Synode der Bischöfe, die keine exekutive, sondern nur beratende Funktion hat und alle drei Jahre in Rom tagen sollte. Zugleich unterzog er die Kurie einer teilweisen Reform, indem er ihren verschiedenen Abteilungen residierende Bischöfe (also Bischöfe, die ihr Amt in einem bestehenden Bistum ausübten) zuwies, die mit den Angelegenheiten der Kurie zu tun hatten und zugleich weiterhin ihre Heimatdiözesen leiteten. Dies alles war erheblich weniger als das, was den Reformern vorschwebte. Was sie durchsetzen wollten, war ein bischöfliches Gremium, das die Kurie *kontrollieren* und die Kirche zusammen mit dem Papst leiten sollte.

Für Wojtyła erwies sich die ganze Episode als eine Lektion in der Kunst des Regierens. Obwohl er und Paul VI. von ganz unterschiedlichem Temperament waren, wurde dieser zu einem weiteren geistlichen Vater für Wojtyła, quasi ein lebendes Vorbild dafür, wie ein Papst seinen Weg durch die einflußreichen Gruppen innerhalb der Kirche finden und seine Oberherrschaft zum rechten Zeitpunkt auch behaupten kann.

Umsichtig erwog Paul VI., was zu tun war, um die Minderheit von Traditionalisten zu beruhigen und die Reformmehrheit zu ermutigen. In den Bereichen der Macht und der Lehre, die er für essentiell hielt, fällte er jedoch eigene Entscheidungen. In einem Fall, als es darum ging, die polnischen Bischöfe friedlich zu stimmen, setzte er eine Definition Marias als Mutter der Kirche durch, obwohl die für die Lehre zuständige Konzilskommission diesen Vorschlag ausdrücklich abgelehnt hatte. Die Kommission befürchtete, daß eine »Überschätzung« der Rolle Marias den Graben zwischen Protestanten und Katholiken weiter vertiefen würde. Und nach der Debatte über *Lumen Gentium* schickte Paul VI. dem Text eine »einführende und erklärende Bemerkung« voraus, welche die höchste unteilbare Macht des Papstes unterstrich und hervorhob, daß die Versammlung der Bischöfe keine Funktion hat, wenn sie ohne den Papst handelt.

Auf seinem Platz im Petersdom machte Wojtyła Notizen zu den Debatten. Er markierte die rechte obere Ecke jeder Seite (das tut er immer noch) mit einem Kreuz und den Buchstaben AMDG: *ad majorem Dei gloriam* (»zur größeren Ehre Gottes«). Daß er miterleben konnte, wie sich die weltumspannende Herde bei dieser außergewöhnlichen Gelegenheit um ihren Hirten versammelte, nahm ihn völlig in Anspruch. Hin und wieder füllte er die leeren Seiten auch mit Entwürfen für Gedichte. Von den ersten Sitzungen an schloß er Freundschaft mit den afrikanischen Bischöfen, zu denen er sich unwiderstehlich hingezogen fühlte, obwohl er spürte, wie fremd ihre Kultur seiner eigenen war. Doch schienen die schwarzen Würdenträger von einem frischen, lebendigen und physischen Glauben beseelt zu sein und inspirierten ihn zu einem der Gedichte, die während des Konzils entstanden. Später als Papst bemühte er sich besonders um die Kirche in Afrika, das er als den Kontinent der Hoffnung für den Katholizismus betrachtet.

In Rom führte ihn ein alter Freund, Monsignore* Andrzej Maria Deskur, mit dem er gemeinsam das Seminar von Erzbischof Sapieha besucht hatte, bei den Schlüsselpersönlichkeiten der Kurie ein. An dem großen runden Tisch in Deskurs Eßzimmer, von dem aus man auf die Apsis des Petersdomes schaute, machte Wojtyła seine ersten wichtigen Bekanntschaften außerhalb Polens. Deskur verfügte über gute Verbindungen zu den Monsignori und Kardinälen der Kurie und zu ausländischen Bischöfen.

»Jeden Montag fragte ich ihn, wen er treffen wollte, und Karol gab mir eine Liste«, erinnerte sich Deskur. Manchmal saßen an dem Tisch auch der polnisch-amerikanische Bischof John Krol und der Rektor des Polnischen Kollegs, Bischof Władysław Rubin, einer der Sekretäre der Vorbereitungskommission für das Konzil, die beide Kardinäle wurden und später wesentliche Bedeutung für Wojtyła erlangten.

Die Polen waren auf dem Konzil die wichtigste Delegation aus der kommunistischen Welt, daher hatten sie eine gewisse Autorität bei Fragen, welche die Kirche hinter dem Eisernen Vorhang betrafen. Einmal in der Woche trafen sich die polnischen Bischöfe unter dem Vorsitz von Wyszyński, um ein gemeinsames Vorgehen bei jeder für sie wesentlichen Initiative genau abzusprechen. Wie immer behandelte die Delegation die konziliaren Fragen aus der Sichtweise von Gläubigen, deren Religion durch das kommunistische Regime bedroht war. Die polnischen Bischöfe gerieten jedesmal in Aufregung, wenn es zu kritischen Angriffen auf die Tradition der Kirche kam, weil sie nichts mehr fürchteten, als daß damit den Kommunisten in die Hände gespielt werde. Wyszyński äußerte immer wieder sein Anliegen, daß alles, was sich auf dem Konzil abspiele, der Vorbereitung und Durchführung der für 1966 geplanten Jahrtausendfeier des Christentums in Polen dienlich sein müsse. In einem erneuten Bekenntnis der polnischen Nation zu ihren katholischen Wurzeln sah er den besten Weg, die Macht der Kirche in ihrem Kampf mit den Behörden zu stärken.

Schon nach kurzer Zeit fungierte Wojtyła als Sprecher der

* Der Titel »Monsignore« ist Bischöfen und – vor allem im Vatikan – besonders bedeutenden Kirchenoffiziellen, etwa Büroleitern, vorbehalten.

polnischen Delegation, und er verhandelte oft in ihrem Namen mit den französichen und deutschen Bischöfen; nach Wyszyński war er der polnische Bischof, der die meiste Aufmerksamkeit beanspruchte. Sieben Redebeiträge von Wojtyła auf der Vollversammlung sind in den Konzilsunterlagen dokumentiert und dreizehn schriftliche Stellungnahmen. Bischof Karol Wojtyła war dabei, sich einen Namen zu machen.

Der einzige, der sich anfangs weigerte, Wojtyłas Einfluß zur Kenntnis zu nehmen, war der Primas von Polen. Nach dem Tod von Erzbischof Baziak im Jahre 1962 mußte Kardinal Wyszyński das Problem lösen, dessen ständigen Nachfolger, den Erzbischof von Krakau, zu ernennen. Verfahrensmäßig war er verpflichtet, der polnischen Regierung eine (mit der Zustimmung des Papstes versehene) Liste mit den Namen von drei Kandidaten vorzulegen und zu warten, bis man in Warschau grünes Licht gab. Karol Wojtyłas Name war nicht unter den dreien auf der Liste, die dann insgesamt und ohne Umschweife von der Regierung abgelehnt wurde. Wyszyński setzte Wojtyłas Namen auch nicht auf die zweite Liste mit drei Kandidaten, die beim Regime ebenfalls auf Zurückweisung stießen.

Zwischen diesen Priestern, beide mit einem starken Willen versehen, gab es immer eine Art Barriere, sie wurden nie richtig warm miteinander. In den ersten Jahren ihrer Bekanntschaft reichte jenes Unbehagen bei Wyszyński bis hin zu einem gewissen Mißtrauen Wojtyła gegenüber. Emotional und auch von ihrem Temperament her waren sie sich fremd. Wyszyński war Soziologe und Wojtyła Philosoph. Wyszyński entstammte der Arbeiterklasse und Wojtyła der unteren Mittelklasse. Ersterer hatte als Kaplan für die Partisanen aktiv am Widerstand teilgenommen; letzterer hatte dabei bestenfalls eine Rolle als Randfigur gespielt. Der Primas fühlte sich bei den Massen wohler, während Wojtyła intellektuelle Kreise bevorzugte.

Die beiden Männer lebten in verschiedenen Welten. Sogar mit der Realität des kommunistischen Polen gingen sie auf ganz unterschiedliche Weise um. Der Primas war ein echter Politiker, während der Bischof ein Mann abstrakter Prinzipien zu sein schien, weit jenseits aller politischen Prozesse.

Es bleibt die Tatsache, daß Wyszyński mindestens sechs Kandidaten für besser geeignet hielt, den erzbischöflichen Stuhl in Krakau zu besetzen, als Wojtyła, obwohl dieser dort bereits als Interim das Amt des Erzbischofs versah. Es war wohl gerade dieses Widerstreben Wyszyńskis, das Wojtyła schließlich nützte. Die Kommunisten suchten nach einem Kandidaten, der ihnen dabei dienen sollte, die Machtstellung Wyszyńskis zu schwächen. So kamen sie auf die Idee, daß Wojtyła, der sich in allen Fragen der Politik immer sehr zurückhaltend gezeigt hatte und mehr an intellektuellen Problemen interessiert schien, der richtige Mann für den Posten war.

Der Priester Andrzej Bardecki, der für religiöse Fragen zuständige Redakteur von *Tygodnik Powszechny*, erinnerte sich, daß Zenon Kliszko, damals der mächtige zweite Mann des kommunistischen Regimes, verlauten ließ, er hoffe, Wyszyński werde Wojtyła für das Amt des Erzbischofs vorschlagen. »Wyszyński hat schon sechs Kandidaten als Nachfolger für Baziak in Krakau benannt, und keiner wurde von mir akzeptiert«, habe sich Kliszko gebrüstet. Er war der Meinung, Wojtyła sei offener und bereitwilliger, den Dialog aufzunehmen, als die von Wyszyński Vorgeschlagenen. Die Genossen waren fasziniert von Wojtyłas intellektuellen Qualitäten. Bardecki bemerkte später: »Sowohl der Primas als auch Kliszko irrten sich. Was sich Kliszko mit Wojtyła als Gewinn versprach, betrachtete Wyszyński als Nachteil. Die Kommunisten glaubten, sie hätten mit Wojtyła leichtes Spiel, und Wyszyński fürchtete, dies könnte sich bewahrheiten.«

Schließlich beugte sich der Primas dem Druck einer Delegation hochrangiger Kleriker der Erzdiözese, des Domkapitels. Bardecki vermochte sich lebhaft zu erinnern, mit welcher Genugtuung die kommunistische Partei die Nachricht aufnahm, daß Wojtyła als Erzbischof nominiert war.*

Am 30. Dezember 1963 wurde Wojtyła Erzbischof von Krakau; am 8. März 1964 hielt er festlichen Einzug in die Kathedrale

* Zu der Zeit saß ein geistlicher Regimekritiker, der Benediktinerabt Piotr Rostworowski, in Danzig im Gefängnis. Eines Abends nach dem Gefangenenappell betrat der Gefängniskommandant die Zelle des Abts und verkündete: »Wir haben sehr gute Nachrichten. Wojtyła ist zum Erzbischof von Krakau ernannt worden.« Als der Kommandant drei Monate später wieder in die Zelle des Abts kam, beklagte er sich: »Dieser Kerl Wojtyła hat uns betrogen!«

auf dem Wawel. Für diese Gelegenheit hatte er ein Ornat gewählt, dessen Symbolik die anwesenden Gläubigen in Staunen und Bewunderung versetzte: Er hatte ein Meßgewand angelegt, das die Königin Anna Jagello den Erzbischöfen von Krakau gestiftet hatte, und darüber ein Pallium, ein Geschenk der Königin Hedwig; beide liturgischen Kleidungsstücke waren im Mittelalter angefertigt worden. Die Mitra stammte von Bischof Andrzej Lipski aus dem siebzehnten Jahrhundert, und der Krummstab ging auf die Zeit von König Jan Sobieski zurück, der die Türken in der Schlacht von Wien im Jahre 1683 besiegte. Der Bischofsring stammte von Bischof Mauritius, dem vierten Nachfolger des heiligen Stanislaus, der im Jahr 1118 starb.

Wojtyłas glänzender Ornat repräsentierte also fast tausend Jahre polnische Geschichte. Damit brachte er nicht nur die Achtung vor der Tradition zum Ausdruck, es war auch ein Hinweis, mit dem er die Gläubigen und die »Ungläubigen«, die über das gegenwärtige Polen herrschten, daran erinnerte, daß die polnische Kirche die Nation verkörpert und daß der Katholizismus aus der polnischen Geschichte nicht wegzudenken ist.

Jetzt wurde er in der gotischen Kathedrale, in der er die Detonationen der ersten deutschen Bomben auf Krakau hörte, zu einem der Nachfolger des heiligen Stanislaus, jenes mittelalterlichen Bischofs, der von seinem König ermordet worden war wie Thomas Becket in England. Mit der Feier des Meßopfers am Grab des Bischofs und Märtyrers demonstrierte Wojtyła seine Bereitschaft, wie Stanislaus sein Blut für die Sache des Glaubens zu opfern.

Erzbischof

Durch seine Ernennung zum Erzbischof von Krakau erlangte Wojtyła noch mehr Profil, und als die Diskussionen des Zweiten Vatikanums sich mit dem Thema Freiheit des Gewissens und der Religion zuwandten, gewannen seine Reden an Autorität. *Dignitatis Humanae* (»Von der menschlichen Würde«), die Deklaration über die religiöse Freiheit, wurde von den Traditionalisten heftig bekämpft. Sie hielten am *Syllabus der Irrtümer* von Pius IX.

(1864) fest, der viele Strömungen der neueren Theologie als »verderblichen Modernismus« verurteilt hatte. Für sie war der Begriff Religionsfreiheit völlig unannehmbar. Kardinal Ottaviani, der Präfekt des heiligen Offiziums, vertrat die Ansicht, daß es unmöglich sei, dem Irrtum irgendwelche »Rechte« einzuräumen, und daß eine falsche Lehre nicht zur gleichen sublimen Höhe erhoben werden dürfe wie die immerwährende Wahrheit der Kirche. (Die meisten Mitglieder der Kurie kannten den Witz über Ottaviani, der einen Taxifahrer bat, ihn »zum Konzil« zu fahren, woraufhin dieser fragte: »Sie meinen, nach Trient?«) Der Kardinal ordnete jede nichtkatholische Lehre ganz selbstverständlich unter der Kategorie »Irrtum« ein.

Dagegen bestand der reformerische Flügel des Konzils darauf, zwischen einem *Irrtum* und der *Person, die sich im Irrtum befindet*, zu unterscheiden. Johannes XXIII. hatte sich dieser Differenzierung hinsichtlich des Marxismus und seiner Anhänger bedient und damit den Dialog mit Vertretern kommunistischer Regimes gerechtfertigt: Der Irrtum bleibt ein Irrtum, aber die sich irrende Person sollte mit Achtung behandelt werden.

Für die katholischen Bischöfe der westlichen Länder war die Proklamation der Gewissensfreiheit eine wesentliche Vorbedingung für die Eröffnung jedes wirklichen Dialogs mit anderen christlichen Kirchen. Im Westen gehörten zur Religionsfreiheit ganz selbstverständlich die Neutralität des Staates und die Anerkennung anderer religiöser Bekenntnisse. Die Bischöfe des Ostens dagegen sahen Religionsfreiheit als ein Prinzip an, das dem atheistischen Staat abgerungen werden mußte – und als eine Grundbedingung der Menschenrechte.

Wojtyła errichtete mit seinen Reden eine Brücke zwischen beiden Denkweisen. Er erteilte der Position der Indifferenz, wonach alle Lehren als gleich zu bewerten sind, ebenso eine Absage, wie der den Entwurf von *Dignitatis Humanae* gegen die Vorwürfe der Traditionalisten verteidigte. Er bestand darauf, daß der Text beides enthalte, eine Konzession und eine Forderung: Wenn die katholische Kirche dort, wo ihre Stellung stark ist, bereit sei, die Religionsfreiheit anzuerkennen, dann könne sie auch von Regierungen, welche die Rechte der Gläubigen beschneiden wollten, die Freiheit der Religionsausübung verlangen.

Wojtyła war der festen Überzeugung, daß es eine personalistische Ethik nicht erlaube, jemandem eine Idee aufzuzwingen. Er blieb bei dieser Linie, als das Konzil die Probleme des Atheismus diskutierte – eine Frage, welche die Konzilsväter im Grunde während des ganzen Zweiten Vatikanums beschäftigte. »Es ist nicht die Aufgabe der Kirche«, erklärte Wojtyła in einer Rede vom 21. Oktober 1964, »die Nichtgläubigen zu belehren. Wir sind auf der Suche zusammen mit unseren Mitmenschen. ... Laßt uns nicht moralisieren oder den Eindruck erwecken, daß wir über das Monopol auf die Wahrheit verfügten.« Er wollte nicht, daß die Kirche als autoritäre Institution betrachtet wurde. Vielmehr vertrat er die Auffassung, daß man, anstatt die Wahrheit zu diktieren, von der heuristischen Methode Gebrauch machen solle, »gerade so, wie wenn man einem Schüler gestattet, die Wahrheit selbst herauszufinden«.

Wenn auf dem Konzil das aktuelle *Verhältnis zum Atheismus* zur Debatte stand, dann war stets der Dialog mit den Marxisten gemeint. In seiner Enzyklika *Pacem in Terris* (»Den Frieden auf Erden«) von 1963 hatte Johannes XXIII. ein neues Prinzip eingeführt: Ideologien, sagte er dort, seien unveränderbar, aber die geschichtlichen Bewegungen, die von ihnen inspiriert würden, unterlägen dem Wandel, und in jedem Fall müsse man versuchen, zwischen dem ideologischen Irrtum und seinen Anhängern zu unterscheiden. Das Gute sei in *allen* Menschen zu suchen, die guten Willens sind. Den polnischen Bischöfen erschien der Dialog mit Marxisten (im Gegensatz zu Verhandlungen) nicht sehr sinnvoll. Wojtyła hielt sich an diese Linie. Er hatte in seinem Gepäck für das Konzil vieles aus den langen abendlichen Diskussionen mit seinen Freunden unter den Lubliner Professoren. »Wir versuchten, den Dialog mit dem Marxismus zu vermeiden«, sagt Professor Śieżawski, »weil wir der Meinung waren, daß er ein politischer Weg war, der zu nichts führte. Es gab keine Möglichkeit, eine offene und ehrliche Diskussion mit jener Seite zu führen, welche die ganze Macht innehatte. Dadurch waren wir in einer anderen Position als die westlichen katholischen Intellektuellen.«

Diese hielten Wojtyła und seine Freunde für naiv und ignorant, ja geradezu für dumm, wenn es um die wirklichen Verhältnisse im Osten ging. Er änderte seine Position auch später nicht;

und auch als Papst versuchte er nicht zu verstehen, was der Marxismus in der westlichen Welt bedeutete.

Auf dem Konzil hob er noch mal die Menschen, nicht irgendwelche Bewegungen in den Mittelpunkt. Atheismus, sagte er am 28. September 1965 in einer weiteren Rede zu diesem Thema, sollte in erster Linie als ein innerer Zustand des Menschen betrachtet sowie soziologisch und psychologisch untersucht werden. »Der Atheist ist von seiner äußersten Einsamkeit überzeugt, denn er denkt, daß Gott nicht existiert. Daher wünscht er sich, durch die Existenz des Kollektivs Unsterblichkeit zu erlangen. Und so müssen wir fragen, ob der Kollektivismus den Atheismus nach sich zieht, oder ob es sich nicht vielmehr umgekehrt verhält.« Auf jeden Fall sah er darin den Grund für die Schwierigkeiten im Dialog mit den Marxisten.

Wojtyła glaubte nicht, daß die klassische antikommunistische Rhetorik – auf die viele Kardinäle und Bischöfe zurückgriffen – von Nutzen sei. Wieder sind uns Świeżawskis Erinnerungen hilfreich: »Wir haben den Marxismus nie angegriffen; das war nicht der Punkt. Wir wollten mit diesen Dingen nichts zu tun haben.« Als eine Gruppe von Bischöfen das Konzil aufforderte, in die Konstitution über die Kirche in der modernen Welt (*Gaudium et Spes*) die ausdrückliche Verdammung des Kommunismus aufzunehmen, wandte sich Wojtyła gegen den Antrag, den er für kontraproduktiv hielt.

Gaudium et Spes ist eine der tragenden Säulen des Zweiten Vatikanums und der »konziliaren Revolution«. Mit diesem Dokument erklärt die Kirche, daß sie *innerhalb* der Weltgeschichte lebt und handelt und daß sie in ihren Beziehungen zur Gesellschaft nicht nur gibt, sondern auch empfängt; und sie betont, die Autonomie der bürgerlichen Gesellschaft zu achten. Die Kirche gab damit ihren Wunsch zu erkennen, sich zur Welt weiter zu öffnen, als sie es bis dahin getan hatte.

Die einleitenden Worte des Dokuments, die ihm den Namen geben, haben einen poetischen Elan, der die damalige reformfreudige Atmosphäre einfängt. Sie lauten in etwa folgendermaßen: »Die Freuden und Hoffnungen, die Sorgen und Ängste der heutigen Menschen, insbesondere der Armen und Leidenden, sind auch die Freuden und Hoffnungen, die Sorgen und Ängste der Jünger

Christi. Es gibt nichts Menschliches, was in ihren Herzen keinen Widerhall finden würde. Ihre Gemeinschaft besteht aus Menschen, die sich in Christus versammelt haben und vom Heiligen Geist auf dem Weg zum Reich des Vaters geführt werden; sie haben eine Botschaft des Heils empfangen, die einem jeden verkündet werden soll. Die Gemeinschaft der Christen sieht sich daher in einer wirklichen und engen Solidarität mit dem Menschengeschlecht und seiner Geschichte.«

Es ist bemerkenswert, daß im ganzen Absatz das Wort »Kirche« fehlt. Der »Berufung des Menschen« wird der Vorrang eingeräumt. Erst nachdem die Kirche der Gesellschaft ein Ohr geliehen und die »Zeichen der Zeit« zu lesen versucht hat, wird (in Absatz vier) das Problem des kirchlichen Sendungsauftrags in der heutigen Welt angesprochen.

Von Anfang an waren Wojtyła und die polnischen Bischöfe dagegen, eine derartige Position zu beziehen, und sie wurden zu regelrechten Protagonisten in der Debatte über das Dokument. Schon im Mai 1964 hatte Wojtyła dem Vorsitz des Konzils einen im Namen der polnischen Bischöfe verfaßten Text präsentiert, mit dem sie erklärten, die Beziehung der Kirche zur modernen Welt solle auf der Grundlage ihrer (aus der Gegenreformation datierenden) Konzeption als einer vollkommenen Gemeinschaft erläutert werden, die von Christus gegründet wurde und über der Geschichte steht. Ein Blick auf die Endfassung von *Gaudium et Spes* zeigt den Abgrund, der zwischen dem Denken der Polen und dem des Reformflügels klafft, der in diesem Fall von französischen Bischöfen und Theologen angeführt wurde.

Für Wojtyła war damals und ist heute die Kirche der einzige Hüter der Wahrheit Gottes, und obwohl der Papst in seiner Philosophie die Würde des Menschen und dessen Gewissensfreiheit hoch einschätzt, verlangt er doch von jedem, den kirchlichen Vorschriften zu folgen, um die Wahrheit zu erlangen. Namens der polnischen Bischöfe hatte Wojtyła sich schon am 21. Oktober 1964 mit einer Rede an das Konzil gewandt und eine grundlegende Konzeption dessen, was dann in *Gaudium et Spes* niedergelegt wurde, angegriffen: den Dialog mit der Welt. »Die Situationen«, sagte er, »in denen sich die Kirche in den einzelnen Ländern der Welt befindet, sind verschieden und gegensätzlich. In einigen

Ländern kann die Kirche die Wahrheit in Freiheit lehren. In anderen jedoch ist sie daran gehindert und wird verfolgt. Es ist nicht möglich, zur gleichen Zeit zu allen Völkern zu sprechen, zu Katholiken und Nichtkatholiken, Gläubigen und Nichtgläubigen. Es ist nicht möglich, zu denen zu sprechen, die sich außerhalb der Kirche befinden oder die sie bekämpfen und nicht an Gott glauben, indem man dieselbe Sprache benutzt, mit der man zu den Gläubigen spricht.«

Ein wirklicher Dialog könne nicht stattfinden, »es sei denn, wir gehen von der Überlegung aus, daß die Kirche zwar ein Teil der Welt ist, zugleich aber über ihr steht«. Während seiner Rede konnte er sich einer bissigen Bemerkung nicht enthalten: Gerade diejenigen, die einen Dialog führen wollten, endeten oft im Monolog.

Besonders besorgt war Wojtyła über die Aussage, daß die Kirche nicht einfach nur die Welt lehren, sondern auch von ihr lernen solle. War damit nicht die Gefahr gegeben, im Hinblick auf den spezifischen kirchlichen Sendungsauftrag Verwirrung zu stiften?

Wojtyła und die polnischen Bischöfe äußerten nicht als einzige massive Kritik. Auch die deutschen Bischöfe, sonst eigentlich eher eine treibende Kraft des reformerischen Flügels, bezogen eine ablehnende Haltung zum Entwurf, weil sie ihn zu optimistisch fanden, zu sehr inspiriert durch das Vertrauen in den technischen Fortschritt und zuwenig achtsam gegenüber der Realität der Sünde und der Bedeutung des Kreuzes.

Am 14. November 1965 wurde der abschließende Entwurf vorgelegt und am 6. Dezember mit 2333 gegen 251 Stimmen angenommen. Diese Anzahl von Neinstimmen war die höchste, die es bei der Schlußabstimmung über einen Konzilstext jemals gegeben hatte, und stand somit in scharfem Gegensatz zu der ansonsten üblichen nahezu vollständigen Einmütigkeit bei solchen Ritualen. Paul VI. schlug sich entschlossen auf die Seite der Optimisten. Als er das Konzil am 8. Dezember 1965 beendete, rief er voller Enthusiasmus aus: »Niemand in der Welt ist ein Fremder, niemand ist ausgeschlossen, niemand außer Reichweite.«

In den Debatten über *Gaudium et Spes* entwickelten sich starke Bande zwischen Wojtyła und den deutschen Bischöfen. Sie wurden noch verstärkt durch einen Brief, den die polnischen Bischöfe im November an ihre deutschen Amtsbrüder schickten und in dem sie zu gegenseitiger Vergebung und Versöhnung zwischen den beiden Völkern aufriefen. Der Schlußappell des Dokuments – »*Wir vergeben und bitten um Vergebung*« – sorgte umgehend für eine heftige Reaktion der kommunistischen Regierung und stieß bei vielen, auch bei nichtkommunistischen Polen, auf Verständnislosigkeit. Wofür sollte man nach dem Grauen der NS-Besatzung und den Öfen von Auschwitz um Vergebung bitten? Die kommunistische Partei rief zum öffentlichen Protest auf. Zu den Unterzeichnern eines Protestschreibens, das im offiziellen Parteiorgan abgedruckt wurde, zählten auch die einstigen Arbeiter von Solvay.

In Wojtyłas Sicht war der Versöhnungsbrief ein vorausschauender Akt. Der deutsche Episkopat wurde darauf vorbereitet, die westlichen Nachkriegsgrenzen Polens, die Oder-Neiße-Linie*, anzuerkennen, und Wojtyła rückte im Namen der Ablehnung des Nationalismus und einer mit vereinten Kräften zu führenden Verteidigung der europäischen Werte gegen den Kommunismus näher an seine deutschen Mitbrüder heran. Die deutschen Kardinäle gehörten später zu jenem Bündnis, das ihn zum Papst wählte.

Nach der Zeit des Konzils galt Karol Wojtyła als ein Mann, der wegen seiner philosophischen Bildung, seines pastoralen Engagements und seiner Fähigkeit zum Zuhören geschätzt wurde. Er hatte in der Konzilsaula durch seine Persönlichkeit und seine Prinzipien, die jeder Etikettierung trotzten, Aufmerksamkeit erregt. Er war der Tradition verbunden und trat zugleich mutig für die Erneuerung der Kirche ein. Er war positiv eingestellt, sehr flexibel und dennoch überzeugt von der Macht der Sünde über die menschliche Geschichte und Gesellschaft. Er zog die Autorität der Kirche nie in Zweifel, aber er hütete sich auch vor offensichtlicher klerikaler Engstirnigkeit. Sein Hauptbemühen galt dem konkreten Menschen und dessen Heil.

Am 30. November 1964 hatte er seine erste Privataudienz bei Papst Paul VI., der die Reden des neuen Erzbischofs genau ver-

* Nach dem Zweiten Weltkrieg wurde die Westgrenze Polens auf ehemals deutsches Gebiet verlegt, da es östliche Teile seines Territoriums an die UdSSR abtreten mußte.

folgt hatte. Paul VI. sah in Wojtyła die führende Persönlichkeit unter den polnischen Bischöfen; er schien ihm im Gegensatz zu Wyszyński durchaus fähig zu sein, den konziliaren Geist der Erneuerung in die polnische Kirche zu tragen. Als Wyszyński am 13. Dezember 1965 mit den polnischen Bischöfen vom Papst zu einer Abschiedsaudienz empfangen wurde, beging der Primas den großen Fehler, für die Einführung der Reformen, die das Konzil beschlossen hatte, in Polen Bedingungen zu stellen: »Wir sind uns im klaren darüber, daß es angesichts unserer Situation schwer, aber ist nicht unmöglich sein wird, die Entscheidungen des Konzils in die Tat umzusetzen. Daher bitten wir den Heiligen Vater um einen Gefallen: völliges Vertrauen in die Bischöfe und die Kirche unseres Landes.«

Paul VI. war ein eher zurückhaltender und stiller Mann, aber auch überempfindlich. Angesichts dieser Taktlosigkeit und dieses Mangels an Respekt hörte er mit eisigem Erstaunen zu, als Wyszyński fortfuhr: »Unsere Bitte mag anmaßend erscheinen, aber es ist schwierig, unsere Situation aus der Ferne zu beurteilen.«

Von diesem Augenblick an war Wojtyła die Nummer eins des Vatikans in Polen. Wyszyński gegenüber beschränkte sich der Papst darauf, seiner Erwartung Ausdruck zu geben, daß die Entscheidungen des Konzils wie überall sonst, so auch in Polen, in die Tat umgesetzt würden – »mit Energie und Bereitschaft«. Erzbischof Wojtyła dagegen überreichte er einen Stein aus der ersten Basilika, die Kaiser Konstantin auf dem Vatikan hatte errichten lassen, für die Grundsteinlegung einer Kirche, deren Bau Wojtyła in Nowa Huta nahe bei Krakau plante.

Erneuert und gestärkt kehrte Erzbischof Wojtyła nach Krakau zurück. Er betrachtete das Konzil als ein Ereignis von grundsätzlicher Bedeutung sowohl für sich selbst als auch für die Kirche, als einen starken Impuls für die Verkündigung des Evangeliums und als einen Ansporn für die Kirche, die Menschen menschlicher zu machen.

In den Schriften jedoch, die nach dem Konzil entstanden, konzentrierte sich Wojtyła fast ausschließlich auf die Texte des Zweiten Vatikanums und auf die Wirkung des Konzils auf die Bischöfe – »als hätte es nicht bei fast jedem in der Kirche Erwartungen ausgelöst«, wie Peter Hebblethwaite, der Biograph von

Johannes XXIII. und Paul VI. (und häufig ein Kritiker Wojtyłas), schrieb.

Halina Bortnowska, eine polnische Theologin und persönliche Freundin Wojtyłas, die eine Überarbeitung von *Quellen der Erneuerung*, seines Buches von 1972, herausgab, fühlte sich veranlaßt, in ihrer Einführung zu bemerken, daß der Band »keinen Appell zu nachkonziliaren Diskussionen enthält. Man hat das Gefühl einer großen Abstraktheit und Entferntheit von der Welt der Menschen, die Führung für ihr Leben suchen.«

Was die Entwicklungen nach dem Konzil anging, so ließ der Erzbischof keinen Zweifel daran, daß die Kirche auf ihrer Reise durch die Zeit noch einige Kurskorrekturen zu vollziehen hätte.

Ein Kardinal auf eigenen Wegen

Kardinal Wyszyński mußte seine Einstellung zu Wojtyła überdenken. Als die 1966 stattfindenden Feiern zu Ehren der tausendjährigen polnischen Kirche ihren Höhepunkt erreichten, dämmerte dem Primas die Erkenntnis, daß ihm in dem Erzbischof von Krakau ein vertrauenswürdiger und loyaler Verbündeter im Kampf gegen den Kommunismus zur Seite stand.

Polen war wirklich eine besondere Provinz der Christenheit. Nach dem Konzil blickten die Bischöfe der Welt in die Zukunft und versuchten, Reformen durchzuführen; in Polen jedoch blickten die Männer der Kirche in die Vergangenheit. Das Land hatte, ganz unabhängig von Kardinal Wyszyńskis Widerstreben gegen eine Politik der Reformen, einigen Grund, sich so zu verhalten. »Während der Schlacht baut man eine Armee nicht um«, war das Credo des Primas. Die glorreiche Vergangenheit diente dazu, die kommunistischen Machthaber daran zu erinnern, daß es zu allen Zeiten die Kirche war, welche die Einheit der Nation repräsentierte, selbst und gerade dann, wenn der polnische Staat aufgehört hatte zu existieren. Indem sich die polnische Kirche mehr auf den tausendsten Jahrestag als auf das Konzil konzentrierte, heiligte sie die Tradition. Zunächst siegten die »Wurzeln« über den »Wandel«.

Im Zentrum der Tausendjahrfeier stand die emotionale Mobilisierung von Zigmillionen Katholiken für die »Königin Polens«, die Schwarze Madonna von Tschenstochau. Eine Kopie des berühmten Bildes der Jungfrau, das von Pius XII. gesegnet worden war, wurde auf eine Pilgerreise geschickt, die sie in jede der elftausend Pfarreien in den siebenundzwanzig Diözesen Polens führen sollte. Dies war eine Volksabstimmung für den Glauben, die in einem Land hinter dem Eisernen Vorhang ihresgleichen suchte. Das Bild wanderte von Kirche zu Kirche und wurde mit großem Aufwand und großer Euphorie von endlosen Delegationen der Pfarreimitglieder empfangen. Millionen andere machten sich auf zum Heiligtum von Tschenstochau, wo das originale Bildnis aufbewahrt wurde.

Dieser Aufruhr der Gefühle um ein Heiligenbild, das seit dem siebzehnten Jahrhundert den Triumph der Kirche über den souveränen Staat symbolisierte, alarmierte das kommunistische Regime. Parteichef Władysław Gomułka, einst ein Reformer, war inzwischen eine ebenso verknöcherte Führungsfigur des kommunistischen Ostens geworden wie alle anderen Parteichefs auch und hatte seine liberalen Anwandlungen längst dem Willen geopfert, an der Macht zu bleiben. Es kam zu leidigen und lächerlichen Vorfällen, als die Regierung daranging, der Kirche einen Strich durch die Rechnung zu machen. Sie organisierte Konkurrenzveranstaltungen wie Fußballspiele und legte sie aus durchsichtigen Motiven genau auf die Zeiten, zu denen die Zeremonien zu Ehren der Schwarzen Madonna stattfinden sollten. Man versuchte, die Reise des Bildnisses von einer Stadt oder Pfarrei zur anderen zu blockieren. Schließlich ordnete die Regierung in Schlesien an, das Bildnis sei zum Kloster der Paulaner in Tschenstochau zurückzuschicken.

Aber es war unmöglich, eine solche Welle von Gefühlen dadurch zu unterdrücken, daß man das Bildnis den Blicken der Polen entzog. Ihnen diente die Pilgerschaft der Madonna als Mittel, um ihre Sehnsucht nach Unabhängigkeit zum Ausdruck zu bringen. Aus Protest fanden die Messen zur Tausendjahrfeier vor leeren Bilderrahmen statt, die im ganzen Land auf die Altäre gestellt wurden. Erzbischof Wojtyła führte den Vorsitz bei dreiundfünfzig Messen zur Tausendjahrfeier, und am 3. Mai 1966 zelebrierte er im Namen von Paul VI., dem die Einreise nach Polen verweigert worden war, ein Pontifikalamt in Tschenstochau.

Die Regierung mußte im Lauf der Jahre einsehen, daß der

Erzbischof von Krakau kein willfähriges Instrument in ihren Händen war. Im Juli 1965 hatte Zenon Kliszko, die rechte Hand Gomułkas, ein inoffizielles Treffen mit dem Erzbischof im Schloß auf dem Wawel arrangiert, bei dem, wie es hieß, der Stand der Beziehungen zwischen Staat und Kirche erörtert werden sollte. Kurz nach dem Tod von Erzbischof Baziak hatten die Krakauer Behörden das Seminargebäude der Diözese für ihre eigene Benutzung beschlagnahmt. Daraufhin war der junge Weihbischof persönlich zum Gebietssekretär der Polnischen Vereinigten Arbeiterpartei, Lucjan Motyka, gegangen, um zu protestieren. Auf diesen Vorfall, in dem Wojtyła unabhängig von Wyszyński gehandelt hatte, baute Kliszko seine Hoffnung, vielleicht doch ein besonderes Verhältnis zum Erzbischof zu entwickeln.

Einen solchen Schritt hatte bis dahin noch niemand unternommen. Kein polnischer Bischof hatte jemals seinen Fuß in einen Raum der kommunistischen Partei gesetzt. Motyka zeigte sich kompromißbereit: Das Krakauer Lehrerkolleg sollte in der vierten Etage des Gebäudes untergebracht werden, während die anderen Stockwerke den Seminaristen weiterhin zur Verfügung standen.

Kliszkos Hoffnung, mit Wojtyła eine Basis gegenseitigen Vertrauens zu schaffen, blieb aber Wunschdenken. Nach einer einstündigen Diskussion im Büro des Erzbischofs verabschiedete er sich enttäuscht. Gomułka wurde informiert, daß sich Wojtyła strikt an die Linie des Primas gehalten habe. Davon erfuhr Wyszyński durch seine privaten Kanäle, und er vergaß es nie.

Aber die Machthaber glaubten weiterhin, daß Wojtyła mit dem Kommunismus mehr sympathisiere als Wyszyński, den sie als den »Standartenträger der antikommunistischen Front« betrachteten. Diese Beschreibung ist in einem vertraulichen Bericht der polnischen Geheimpolizei von 1967 enthalten, in dem auch folgendes steht:

> Mit Sicherheit kann festgestellt werden, daß er [Wojtyła] einer der wenigen Intellektuellen im polnischen Episkopat ist. Anders als Wyszyński gelingt es ihm, die traditionelle Volksfrömmigkeit mit dem intellektuellen Katholizismus geschickt zu vereinbaren. Beides weiß er zu schätzen ... Bis

> zum gegenwärtigen Zeitpunkt hat er sich nicht offen an einer gegen den Staat gerichteten politischen Aktivität beteiligt. Politik scheint nicht seine Sache zu sein; er ist ein Intellektueller reinsten Wassers. ... Es mangelt ihm an Organisationstalent und Führungsqualitäten, und darin liegt seine Schwäche in der Rivalität mit Wyszyński.

In diesem Dossier der Polizei wird dann eine Strategie entworfen, um die beiden Kirchenoberhäupter gegeneinander auszuspielen. Man ging davon aus, daß »das von Wojtyła vorgeschlagene Modell des Katholizismus und der Koexistenz mit den sozialistischen Ländern ... der künftigen Linie des Vatikans entspricht«:

> Wir müssen die Beziehungen zwischen den beiden Kardinälen genau beobachten und eine elastische Politik verfolgen, die den sich ändernden Umständen angepaßt ist ... Wir müssen diplomatische Kanäle nutzen, um herauszufinden, wen der Vatikan unterstützen wird und ob Wojtyła Chancen hat, das Oberhaupt des polnischen Episkopats zu werden. Wir dürfen das Erzbistum nicht zu hart anfassen – obwohl gelegentlich »administrative Maßnahmen« erforderlich sind –, um das Mißtrauen gegen Wojtyła bei Gruppierungen im In- und Ausland, die ihm nicht gewogen sind, zu zerstreuen. ... Wir müssen Wojtyłas Interesse an den die polnische Kirche insgesamt betreffenden Problemen fördern und ihn bei Schwierigkeiten in seinem Erzbistum unterstützen. Daher sollten wir Treffen auf hoher Ebene – beispielsweise mit Ministerpräsident Cyrankiewicz und mit Kliszko – in die Wege leiten und allgemeine Fragen zur Diskussion stellen ... Und wir müssen fortfahren, Wyszyński bei jeder Gelegenheit zu demonstrieren, daß wir an einer Zusammenarbeit mit ihm nicht interessiert sind. Dabei sollten wir aber vermeiden, Wojtyła zu zwingen, sich mit Wyszyński zu solidarisieren.

»Wojtyła bewies eine heroische Loyalität zu Wyszyński«, erinnert sich der Priester Andrzej Bardecki aus Krakau, und dies trotz des diktatorischen Stils des Primas. Während einer Unterredung in Rom hörte Wojtyła einmal, daß keiner der italienischen Kardinäle Ski fahren könne. »Das ist merkwürdig«, entgegnete er, »in Polen sind vierzig Prozent aller Kardinäle Skifahrer.« Man wies ihn darauf hin, daß es nur zwei polnische Kardinäle gebe. »In Polen zählt Wyszyński sechzig Prozent«, gab Wojtyła zurück, ohne mit der Wimper zu zucken.

Die individuelle Art und Weise, in der Wojtyła und Wyszyński mit den Kommunisten umgingen, war geprägt durch ihren Altersunterschied. Für Wyszyński hatte die Frage, ob es eine polnische Kirche oder Nation wirklich geben könne, wenig Akademisches; für Wojtyła war die Frage wichtiger, was für ein Polen es geben würde und wie die Kirche und das Recht auf freie Religionsausübung in Polen gedeihen könnten.

Ungeachtet ihrer persönlichen Differenzen sah Wojtyła, daß er gar nicht anders konnte, als mit Wyszyński gemeinsame Sache zu machen; letztlich teilte er die Ansicht des Primas, daß die Kirche unter kommunistischer Herrschaft nur überleben könne, wenn ihre Einheit unerschütterlich sei. Als die Kommunisten dem Primas 1967 die Ausreiseerlaubnis nach Rom verweigerten, wo er an der Synode der Bischöfe teilnehmen wollte, blieb auch Wojtyła aus Solidarität in Polen und verzichtete auf seine Teilnahme an dem Treffen.

Sexualität und die *papabili*

In der Kirchengeschichte läßt sich selten exakt begründen, warum ein bestimmter Kardinal zum Papst gewählt wurde. Ausnahmen bestätigen die Regel. Aber ein aufmerksamer Beobachter kann die Gründe zurückverfolgen, die den Kandidaten in das Rampenlicht der *papabili* (der für die Wahl zum Papst in Frage kommenden Kardinäle) rückten.

Kardinal Andrzej Deskur, ein Mann mit einer profunden Kenntnis der Kurie, glaubt, daß jeder Papst auf geheimnisvollen Wegen seinen Nachfolger selbst bestimmt. Pius XII., behauptet Deskur, habe Johannes XXIII. empfohlen, indem er ihn zum Patriarchen von Venedig ernannte, also auf einen der prestigereichsten Posten im lateinischen Westen berief. Der kränkelnde Johannes XXIII.

ließ keinen Zweifel daran, daß er Giovanni Battista Montini, den Kardinal von Mailand, für den geeigneten Mann hielt, das Werk zu vollenden, das er mit dem Zweiten Vatikanum begonnen hatte.

Paul VI. seinerseits bekundete seine Vorliebe für zwei Männer: für Albino Luciani, den Patriarchen von Venedig, und für Karol Wojtyła, den Erzbischof von Krakau. Luciani machte er während eines Besuchs in Venedig vor einer begeisterten Menschenmenge seine päpstliche Stola zum Geschenk. Wojtyła bedachte er mit besonderer Aufmerksamkeit, was nach dem Konzil in der engeren Umgebung des Papstes bald registriert wurde.

1967 machte Paul VI. Wojtyła zum Kardinal. Der Brief mit der Ernennung wird in Wojtyłas Geburtshaus in Wadowice in einem der kleinen Räume aufbewahrt, von denen man die Pfarrkirche und die Sonnenuhr sehen kann, deren Motto »Die Zeit vergeht, die Ewigkeit bleibt« den Rhythmus seiner Jugend bestimmt hat. Karol Wojtyła war siebenundvierzig Jahre alt – der zweitjüngste unter den lebenden Kardinälen –, als er im Petersdom die rote Kappe aus der Hand des Papstes empfing. »Ich weiß, daß ich mich beweisen muß, wenn ich den Weg meiner neuen Berufung gehe, und ich muß meinen Wert aufs neue zeigen«, sagte er in seiner charakteristischen Art, Demut und einen untergründigen Stolz ineinanderfließen zu lassen.

Daraufhin intensivierten sich die Zusammenarbeit und die Zuneigung zwischen Paul VI. und dem Erzbischof von Krakau. Wojtyła wurde in vier vatikanische Kongregationen berufen: Klerus, katholische Erziehung, Liturgie und orientalische Kirchen. Der Papst ernannte ihn außerdem zum Berater des Laienkonzils.

Und dann, als es um die epochemachende päpstliche Enzyklika *Humanae Vitae* (»Über das menschliche Leben«) ging, kam es zu einer besonders engen Zusammenarbeit zwischen den beiden Männern. Wenn es jemals einen Moment gegeben hat, in dem die katholische Kirche unentschieden war, ob sie eine neue Einstellung zur Verhütung und zur künstlichen Geburtenkontrolle, die unter dem besonderen Bann der kirchlichen Lehre stand, einnehmen sollte, dann war es dieser. Nach siebenjähriger Arbeit legte die von Paul VI. eingesetzte Kommission am 18. Juni 1966 einen Mehrheitsbericht vor, der feststellte, die Opposition der Kirche gegen die Verhütung sei »mit vernünftigen Argumenten nicht zu halten« – und keine Stelle in der Bibel spreche gegen die Praxis der Geburtenkontrolle. Wojtyła war Mitglied dieser Kommission und hatte heftig gegen jede Veränderung der kirchlichen Lehre in der Frage der Geburtenkontrolle argumentiert. Bei der Abstimmung allerdings war er nicht anwesend.

In *Liebe und Verantwortung* hatte Wojtyła seine Ansicht zur Verhütung bereits niedergelegt. Der Gebrauch von Verhütungsmitteln setze die Würde des ehelichen Aktes und der Frau herab, weil diese damit zu einem bloßen Objekt für das Vergnügen des Mannes gemacht würde. Ein Jahr vor der Abstimmung der Kommission hatte Wojtyła begonnen, ein Papier über die Verhütung auszuarbeiten, das auf seinen eigenen lange vertretenen Ansichten und den Ergebnissen einer von ihm eingesetzten Studienkommission von Laien und Klerikern aus Krakau basierte. Diese Materialien, die vier Monate Vorbereitungsarbeit beanspruchten, wurden direkt an den Papst geschickt.

Paul VI. hatte Verständnis für die Katholiken, die Familienplanung betreiben wollten. Aber die Empfehlungen, die seine Kommission aussprach, gefielen ihm gar nicht. Er wollte nicht der Papst sein, der die Kirche in der Frage der Sexualität auf neue Wege brachte, von denen man nicht wissen konnte, wohin sie führten. Der Druck auf Paul VI. war enorm: Da waren die Laien, die mehrheitlich für die Lockerung des kirchlichen Banns eintraten; da waren die Kardinäle Ottaviani und Wojtyła, die beide ausführliche theologische Begründungen für die Beibehaltung des Verbots geliefert hatten; und da war die Mehrheit seiner eigenen, von Kardinal Julius Döpfner aus München geleiteten Kommission. Döpfner hatte eine Arbeitsgruppe einberufen, die eine Stellungnahme vorlegte, welche eine Liberalisierung der kirchlichen Regeln dringend empfahl.

Es waren Wojtyłas Argumente und Begründungen, die entscheidend dazu beitrugen, daß der Papst sich schließlich dafür aussprach, was ihm sein Herz schon immer geraten hatte: daß das Verbot der künstlichen Verhütung aufrechterhalten werden müsse. Nachdem er Wojtyłas Eingaben studiert hatte, traf er seine Entscheidung und ließ bis Mitte Juli *Humanae Vitae* ausarbeiten. Als Wojtyła die Enzyklika las, bemerkte er mit Genugtuung: »Wir haben dem Papst geholfen.« Nach Meinung Pater Bardeckis, Wojtyłas Kollegen von *Tygodnik Powszechny*, lassen sich sechzig Prozent des Textes von *Humanae Vitae* auf die Arbeit der Krakauer Kommission und auf Wojtyłas eigenes Papier zurückführen. So wurde die Sexualphilosophie von Wojtyła und seiner Herde polnischer Katholiken zur Regel für die universale Kirche.

Humanae Vitae rief in der katholischen Welt einen Sturm des Protests hervor. Wojtyła, der höchst zufrieden war, verteidigte die Enzyklika in der Öffentlichkeit sehr engagiert. Um sie in katholischen Familien seines Bistums zu verbreiten, gründete er spezielle »Ehegruppen«, die es unternahmen, den Vorschriften der Enzyklika und der, wie er es nannte, von ihr zum Ausdruck gebrachten »unveränderlichen, von der Kirche immer verkündeten Wahrheit« zu folgen.

Diese Episode verband Paul VI. noch enger mit Kardinal Wojtyła, den er regelmäßig zu privaten Audienzen empfing. Allein in den zwei Jahren zwischen 1973 und 1975 betrat der Erzbischof von Krakau das Arbeitszimmer des Papstes elfmal zu Privataudienzen. 1976 dann beehrte Paul VI. Wojtyła mit einer außerordentlichen Einladung: Er bat ihn, im Vatikan die Fastenexerzitien für die Mitglieder der Kurie und den päpstlichen Haushalt zu leiten. Im selben Jahr setzte die *New York Times* den Kardinal auf die Liste der zehn am häufigsten genannten Kandidaten für die Nachfolge Pauls VI.

In eine schwarze Soutane mit zinnoberroten Knöpfen gekleidet, trat der Prediger aus der kleinen Tür zur Sakristei, machte eine würdevolle Kniebeuge, stand langsam auf und wandte sich mit einem Kopfnicken zu einer unsichtbaren Gestalt rechts vom Altar. Dann drehte er sich mit dem Rücken zu dem großen marmornen Hochaltar und verbeugte sich vor seinem Auditorium mit den roten und purpurnen Kappen. Neben dem Altar stand ein kleiner Tisch mit einem Mikrofon. Der Kardinal setzte sich und begann seine Predigt: »Möge mir Gott die Gnade gewähren, zu sprechen, wie ich es wünsche, und Gedanken zum Ausdruck zu bringen, die der guten Dinge würdig sind, die mir gegeben wurden, denn Er ist der Führer zur Weisheit.«

Vor ihm saßen die führenden Männer der katholischen Kirche –

der innere Kreis der kurialen Macht, wie ein Laie vielleicht gesagt hätte. Für den Mann am Mikrofon waren diese etwa hundert Männer die engsten und ergebensten Mitarbeiter des Papstes, darunter der Staatssekretär Kardinal Jean Villot, ein distanzierter, aristokratischer Franzose; Monsignore Sostituto Giovanni Benelli, die mächtige Nummer zwei im Staatssekretariat; der Jugoslawe Franjo Seper, Präfekt der Kongregation für die Glaubenslehre (früher heiliges Offizium); der Amerikaner John Joseph Wright, Präfekt der Kongregation für den Klerus; der willensstarke Sebastiano Baggio, Präfekt der Kongregation für die Bischöfe; Kardinal Bernardin Gatin aus Benin, der Vorsitzende des päpstlichen Rates für Gerechtigkeit und Frieden; und Sergio Pignedoli, der Vorsitzende des Sekretariats für die Nichtchristen.

Einen Moment lang fiel der Blick des Predigers auf die schmale und lebendige Figur von Monsignore Agostino Casaroli, päpstlicher Außenminister und Sekretär des Rates für öffentliche Angelegenheiten. Seine Aufgabe war es, den Dialog mit den kommunistischen Ländern zu fördern, als Diplomat setzte er sich unermüdlich dafür ein, daß die Kirchen in Osteuropa nicht so sehr einen *modus vivendi*, sondern, wie er ironisch zu sagen pflegte, einen *modus non moriendi* (eine Art, nicht zu sterben) fanden. Die Italiener hatten ihm den Spitznamen »Lagostina« gegeben, nach dem Markennamen eines Dampfkochtopfs, der mit den höchsten Temperaturen arbeitet.

Wie jedes Jahr in der ersten Fastenwoche war die Mathildenkapelle des Vatikans voll besetzt. In der quadratischen Halle bei der zweiten Loggia, dem Stockwerk, das normalerweise für die offiziellen Papstaudienzen bestimmt ist, versammelten sich nun Präfekten, Sekretäre und Untersekretäre der heiligen Kongregationen zu den Exerzitien.

»In den kommenden Tagen werden wir auf besondere Weise von den Gebeten der Kirche von Polen begleitet sein. Ich überbringe Ihnen ihren Ausdruck der tiefsten Gemeinsamkeit im Glauben, in der Hoffnung und in der Liebe«, fuhr Wojtyła fort. »Dies ist wie ein unsichtbares Fundament, kraft dessen wir allezeit mit dem Nachfolger des heiligen Petrus verbunden sind.«

Er sprach mit fester, klarer Stimme, bemüht, seinem Italienisch eine möglichst genaue Intonation zu verleihen. Wenn er unter einer Spannung stand, dann ließ er sie sich nicht anmerken. Wojtyła hatte nicht viel Zeit zur Vorbereitung gehabt. Er war völlig überrascht von der päpstlichen Einladung, die normalerweise an einen renommierten Theologen erging. In aller Eile hatte er sich in ein von Nonnen geleitetes Erholungsheim in der Hohen Tatra begeben, wo er in entspannteren Situationen gern lange, einsame Spaziergänge unternahm. Diesmal hatte er sich in seinem Zimmer eingeschlossen, um zu schreiben, und gebeten, ihn auf keinen Fall zu stören. Er hatte seine Mahlzeiten in dem Zimmer eingenommen und es nur verlassen, um in die Kapelle oder ins Bad zu gehen.

Die Mitglieder der Kurie beobachteten Wojtyła mit großer Aufmerksamkeit. Es war eines der wenigen Male, daß der Papst ein Mitglied des Kardinalskollegiums ausgesucht hatte, um die Fastenexerzitien abzuhalten. Man wußte, daß er bei vielen Leuten im Vatikan beliebt war, aber von keinem der Anwesenden außer vielleicht Erzbischof Deskur ließ sich sagen, daß er ihn gut kannte. Obwohl er immer bereit war zu einem Gespräch, blieb der polnische Kardinal doch so etwas wie ein verschlossenes Buch. Trotz seiner großen Gelehrsamkeit, seiner Erfahrungen beim Theater und der nur allzu vielen Schrecknisse der Geschichte, die er schon miterlebt hatte, sprach er wenig über sich selbst. Einige in der Kapelle wußten, daß er in jungen Jahren Mutter, Bruder und Vater verloren hatte, aber er erwähnte dies nie, nicht einmal an Allerheiligen, wenn die Katholiken die Gräber ihrer Angehörigen besuchen. Obwohl es ihm leichtfiel, Kontakte herzustellen und das Interesse anderer Menschen zu wecken, hatte er nichts von der leichten und lockeren Wesensart, die man bei Bischöfen hin und wieder findet. Im persönlichen Austausch vermittelte er Wärme und Anteilnahme, aber ihm fehlte der freundliche, joviale Ton; er war sehr begierig zu hören, was Leute zu sagen hatten, und blieb doch ein Einzelgänger. Er hatte viele Bekannte und einige wenige Freunde, aber – mit Ausnahme seines persönlichen Sekretärs – keinen wirklichen Vertrauten.

Es war bekannt, daß er eine charismatische Macht über junge Leute hatte. Er konnte sowohl die Herzen von einfachen Menschen erreichen als auch die von Gebildeten. Einige waren regelrecht begeistert von persönlichen Begegnungen und sprachen von seiner außerordentlichen Fähigkeit, seinem Gegenüber in die Augen zu blicken. Ganz und gar nicht typisch für einen Mann der Kirche war die Art, in der er mit Frauen umging: entspannt, freundlich und ohne eine Spur von Verlegenheit oder unangemessener Vertraulichkeit. Andere bemerkten aber auch eine gewisse defensive Haltung bei ihm, wenn er herausgefordert wurde, eine Neigung, seine Gesprächspartner zu einem bestimmten Moment des Gesprächs auf einen Punkt im theologischen oder ideologischen Spektrum festzunageln und von da an nicht mehr mit ihrer Person und ihren individuellen Überzeugungen zu reden, sondern mit dem Etikett, das er ihnen verpaßt hatte. Manchmal schien es so, als ginge er von vornherein auf Leute zu, von denen er annahm, daß sie seinem Charme erliegen würden, und umginge ohne zu zögern jene, von denen er dies nicht erwartete.

Viele, die ihm begegneten, waren von der extremen Einfachheit seiner Art und seiner bescheidenen Lebensweise überrascht. Er besaß praktisch nichts außer seinen Büchern und kirchlichen Gewändern, ein paar Familienerinnerungen, Skier (die er im Bischofspalais aufbewahrte) und Wanderkleidung. Man hätte ihn demütig nennen können, wenn er nicht immer wieder einen starken Stolz und ein hochentwickeltes Selbstwertgefühl gezeigt hätte.

Im Vatikan war Wojtyła nicht nur als Philosoph bekannt, sondern auch als sehr sprachbegabter Mensch. Seinen polnischen Akzent konnte er zwar manchmal nicht verbergen, aber der Erzbischof von Krakau wechselte leicht zwischen verschiedenen europäischen Sprachen: Deutsch, Russisch, Französisch, Englisch, Italienisch, Spanisch – eine Sprachbegabung, die er durch eine wachsende Neigung zum Reisen pflegte. Er war im Heiligen Land gewesen, in Nordamerika, Australien, Neuguinea und in einer großen Zahl europäischer Länder – auf Kongressen, auf Besuchsreisen zu polnischen Gemeinden im Ausland. Mit seinen Reisen folgte er einem inneren Antrieb, den niemand richtig erklären konnte.

Er reiste aber nicht nur mit dem Körper, sondern auch mit der Seele. Seine Fähigkeit zur Meditation war unerschöpflich. Er hatte ein Buch über die eheliche Liebe und die Bedeutung des Geschlechtsaktes geschrieben; er war der Autor eines Buches über die grundlegenden Prinzipien des Zweiten Vatikanischen Konzils und eines langen anthropologischen Essays mit dem Titel *Die handelnde Person.*

Es waren keine leichtverständlichen Werke, vor allem das letzte nicht, das die Krakauer Priester scherzhaft als eine Bußübung für Seelen im Fegefeuer bezeichneten. Besonderen Gefallen fanden viele Bischöfe und Kardinäle der Kurie an seiner Fähigkeit, die kulturellen und ideologischen Strömungen begreiflich zu machen, welche die Gesellschaft und die Kirche in der westlichen Welt erschütterten. Der Erzbischof von Krakau war kein furchtsamer Verteidiger des Establishments; er machte nicht den Eindruck, als würde er an der Vergangenheit im Geiste der Reaktion hängen. Aber er ließ sich auch nicht von der progressiv linken Welle davontragen, die über einige kirchliche Kreise hereingebrochen war und in der viele Kurienkardinäle den gefährlichen Sog der Säkularisation und des Marxismus erblickten.

Für die Ohren der kurialen Fürsten, die voller Sorge beobachteten, wie in aller Welt fremde, sich zur Kirche völlig gegensätzlich verhaltende Kräfte zu triumphieren schienen, schlug Wojtyła genau den richtigen Ton an. Die siebziger Jahre brachten nicht den geistlichen Frühling, für den Johannes XXIII. gebetet hatte, sondern Unruhe und Aufregung. Im Vatikan schlug die Nachricht wie eine Bombe ein, daß 1974 in Italien das bereits verabschiedete Gesetz zur Neuregelung der Ehescheidung in einem Referendum bestätigt wurde. Diese Niederlage des katholischen Traditionalismus traf die Kurie völlig unvorbereitet und machte deutlich, wie schwach ausgebildet das Realitätsverständnis der kirchlichen Hierarchie war.

Ein Jahr später mehrten sich die alarmierenden Zeichen. Denn 1975 errang die Kommunistische Partei Italiens einen erdrutschartigen Sieg bei den Kommunalwahlen. In Portugal kam durch die sogenannte »Nelkenrevolution« eine sozialistisch ausgerichtete Regierung an die Macht. Auch in Griechenland siegte eine linke sozialistische Partei bei der Parlamentswahl. Die Vereinigten Staaten verloren den Krieg in Vietnam gegen das marxistische Regime in Hanoi, das von der Sowjetunion und der Volksrepublik China unterstützt wurde. In Afrika waren die ehemaligen portugiesischen Kolonien Angola und Mosambik dabei, einen marxistischen Weg einzuschlagen, während sich in Lateinamerika die neue Theologie der Befreiung auf Kosten der etablierten Kirche vom Klassenkampf inspirieren ließ.

Wojtyła vertrat eine ureigene Position, die diesen Kirchenfürsten ein Gefühl der Sicherheit vermittelte und einen anscheinend originellen Ausweg aus der Krise zeigte, von der Gesellschaft und Kirche heimgesucht worden waren. Einerseits, so predigte Wojtyła, müßten beide, das gesellschaftliche und das politische System, den Individuen Autonomie gewähren, andererseits aber sollten auch höhere Interessen und Normen der Gemeinschaft Anerkennung finden, denen sich der individuelle Wille unterzuordnen hätte.

Je länger der Kardinal in der Mathildenkapelle sprach, desto flüssiger wurde sein Italienisch. Er fühlte die Gegenwart Pauls VI., obwohl sich der Papst abgeschieden in dem kleinen Vorraum rechts neben dem Altar befand. Paul litt an Prostatakrebs und kasteite seinen Körper zusätzlich dadurch, daß er unter seinen Gewändern ein Haarhemd mit Eisenspitzen trug, die ihn peinigten. Wojtyła trug auch etwas unter seinem Hemd: ein Skapulier der Karmeliter, das ihn ständig an seine mystische Hingabe an Gott erinnerte.

»In diesen Wochen werden in der polnischen Kirche zahlreiche Exerzitien abgehalten«, fuhr er fort, »nicht nur als Fasteneinkehren der Pfarreien, sondern auch Exerzitien, die ausschließlich für junge Menschen gedacht sind. Die jungen Leute haben zu erkennen gegeben, daß sie dies wollen und brauchen. Immer öfter überschreitet die Zahl derer, die an diesen Einkehren teilnehmen wollen, unsere eher bescheidenen organisatorischen Möglichkeiten. So auch in diesem Jahr in meiner Diözese bei den Schülern der letzten Oberschulklasse: Wir hatten nur zweitausend Plätze, doch die Zahl der Anfragen war weit höher.«

Eine Welle tröstlicher Gefühle bewegte die Männer in Karmesin und Violett. Im Westen entfernten sich die jungen Menschen immer weiter von der Kirche. Selbst unter Schülern und Studenten, die treue Katholiken blieben, stieß man auf wütende Kritik am kirchlichen System. Einigen Bischöfen und Kardinälen der Kurie erschien die polnische Kirche wie eine glückliche Insel in einer aufgewühlten See, trotz ihrer Bedrohung durch den atheistischen Staat. In Polen waren die Kirchen berstend voll und die

Seminare überlaufen von Anwärtern für das Priesteramt. Die polnischen Diözesen schickten Missionare in alle Welt, und die jungen Leute nannten sich stolz Katholiken, auch wenn sie sich damit nur der marxistisch-leninistischen Ideologie widersetzen und gegenüber dem Führungsanspruch Moskaus ihre polnische Identität demonstrieren wollten.

Im Verlauf der Geschichte (so mag in der Kapelle mehr als einer der Männer des Papstes gedacht haben) war Polen ein Bollwerk der Christenheit: gegen die orthodoxen Schismatiker ebenso wie gegen den türkischen Teufel. Könnte dieses Land nicht auch Bollwerk gegen den neuen Satan, den Moskauer Kommunismus und seine internationalen Ableger, sein?

In der Kurie war Bewunderung für die Kardinäle Wyszyński und Wojtyła weit verbreitet, aber man nahm auch wahr, daß wesentliche Unterschiede zwischen den beiden bestanden. Wojtyła war weder ein Vertreter des traditionellen Antikommunismus der Kirche noch, wie Wyszyński, Repräsentant eines Antikommunismus, der sich permanent bemühte, mit dem feindlichen Staat heikle Kompromisse auszuhandeln. Es schien fast, als lebte der Erzbischof von Krakau in einer Dimension der Transzendenz. Seine Auseinandersetzung mit dem Kommunismus fand nicht im Kontext eines besonderen religiösen Bekenntnisses oder ideologischen Themas statt, sondern im Kontext der Menschenrechte, so klar und einfach war das. Jerzy Turowicz, der Herausgeber des katholischen Wochenblattes von Krakau, traf ins Schwarze, als er Wojtyła folgendermaßen charakterisierte: »Es ist kein Linker, er ist kein Rechter, und er ist auch kein Nationalist.«

An entscheidenden Stellen wußte der polnische Kardinal durchaus auch die Macht der Symbole geschickt zu nutzen. So hatte er seit Beginn seiner Amtszeit als Bischof versucht, eine Baugenehmigung für eine seit langem zugesagte Kirche in Nowa Huta, dem neuen Industrieviertel, das die Kommunisten am Rand von Krakau als eine sozialistische Modellstadt errichten ließen, zu erhalten. Einen Heiligabend nach dem anderen feierte er die Mitternachtsmesse im Freien, im Schnee und bei Temperaturen unter dem Gefrierpunkt: genau dort, wo die Kirche hätte stehen können, wenn das Regime nicht von seinem Versprechen, den Bau zu genehmigen, abgerückt wäre. Einmal, während der Auferstehungsmesse am Ostersonntag, rief er zwischen den riesigen Betonwohnblocks von Nowa Huta: »Wie oft haben Menschen seit jenen Tagen den Tod Christi beschlossen... Wie oft haben sie den Tod Gottes verkündet und gesagt: Es gibt keinen Gott. Aber sie haben nicht bedacht, daß der Mensch und sein Denken bedeutungslos würden, wenn sie recht hätten.«

In seinem Vorraum konnte der blasse und kranke Papst hören, wie der Prediger seine Stimme hob, als er zum Schluß seiner Ansprache ansetzte. Der Papst war dem polnischen Kardinal besonders dankbar für die organisatorische Energie, mit der er Priester und Laien dazu brachte, die Lektionen des Konzils zu lernen, und für den Realismus, den er einer unangemessen optimistischen Sicht des Zweiten Vatikanums entgegensetzte. Seine Initiative, eine Diözesansynode in Krakau einzuberufen, um die Lehren des Konzils in die Tat umzusetzen, war bemerkenswert: 1971 hatte er den Anfang gemacht, und inzwischen gab es dreihundert Arbeitsgruppen, in denen elftausend Menschen mit einer Begeisterung mitarbeiteten, wie man sie in den Ländern des christlichen Westens kaum antreffen würde.

Paul VI. fühlte sich zu Wojtyła aus vielen Gründen und auf allen Ebenen hingezogen. Die Resolutheit des Kardinals war ein Gegengewicht zum zögerlichen Charakter des Papstes; seine herzliche Loyalität schuf einen Ausgleich für die scharfe Kritik von Gläubigen und Theologen, die den Papst (besonders in der Frage der Geburtenkontrolle) mit ihrer abweichenden Meinung konfrontiert hatten. Wojtyłas Meditationen über die Macht der Liebe – der Klang seiner Stimme füllte inzwischen die kleine Mathildenkapelle – trafen sich mit den Reflexionen eines Papstes, der von einer Zivilisation der Liebe träumte.

Als Wojtyła hervorhob, daß der Mensch um so mehr Liebe zu geben vermag, je mehr er auf Selbstliebe verzichtet und seine eigenen Belange zurückstellt, rührte er an eine tiefe Saite in Paul VI. Der Papst, der unter den Mitgliedern seiner Kurie als eine verschlossene und reservierte Persönlichkeit galt, fühlte in sich ein immenses Bedürfnis nach Freude und Liebe. Ein deutscher Maler, der ihn porträtiert hatte, sagte einmal, Paul VI. sei wie eine Auster, deren Perle mit Ausnahme ganz außergewöhnlicher Umstände stets verborgen bliebe.

Man sollte immer danach trachten, mehr Liebe zu geben als zu empfangen, sagte der Prediger. Für den Mann auf dem päpstlichen Thron waren dies köstliche Worte.

Die Exerzitien im Vatikan dauerten eine Woche. Jeden Tag waren drei Predigten zu halten: für Karol Wojtyła eine einzigartige Gelegenheit, den Kurienkardinälen seine Vision der Kirche zu unterbreiten. Paul VI. hatte ihm vorgeschlagen, in italienisch zu predigen, nicht in Latein, und es zeigte sich, daß sein Rat psychologisch klug war. Weil er sich in ihrer Alltagssprache an die Kardinäle wandte, konnte der Erzbischof von Krakau sie leichter den Pfad seiner Ideen entlangführen. Christus, das Evangelium, die Kirche seien Zeichen des Widerspruchs in der modernen Welt, sagte er. Allzuoft sei die moderne Gesellschaft bestrebt, das Evangelium entsprechend den Verzerrungen und Ablenkungen des Konsumismus zurechtzumodeln oder, anderswo, die Kirche einfach zu unterdrücken. Die größere Gefahr ginge von den Systemen aus, die frei und tolerant erschienen, die christlichen Werte jedoch durch Materialismus und Hedonismus untergrüben. Auch dies sei eine Art Verfolgungsprogramm, eines, das man dem liberalen Individualismus zu verdanken habe.

Als Kardinal Wojtyła am Morgen des 13. März zum letztenmal in der Mathildenkapelle sprach, blickte Monsignore Andrzej Deskur mit Genugtuung auf den »Wunderknaben« aus Krakau, dessen Karriere innerhalb des Vatikans er unermüdlich unterstützte. Nun hatte Wojtyła den Olymp der katholischen Kirche erklommen. Sein Aufstieg war schrittweise vor sich gegangen und bemerkenswert ungehindert verlaufen. Dazu hatte Wojtyłas Mitgliedschaft im Rat der Bischofssynode beträchtlich beigetragen, jenes Gremiums, dem die Vorbereitungsarbeiten für die alle drei Jahre stattfindenden Versammlungen der Bischöfe oblagen. Als er 1971 zum erstenmal in den Rat gewählt wurde, nahm er die dritte Stelle unter den europäischen Kandidaten ein, und 1974 rückte er auf den zweiten Platz. Auch drei Jahre später wurde er wiedergewählt, diesmal allerdings mit weniger Stimmen – vielleicht ein Zeichen, daß einige Bischöfe seinen Vormarsch an die Spitze der kirchlichen Hierarchie etwas bremsen wollten.

Kardinal-Staatssekretär Jean Villot folgte Wojtyłas Fastenpredigten mit besonderem Interesse. Als einem aufmerksamen Beobachter der menschlichen Natur war Villot die Anziehungskraft nicht entgangen, die der Erzbischof von Krakau selbst auf solche mit allen Wassern gewaschenen Männer wie die Häupter der Kurie ausübte. Es gab einen Aspekt seiner Persönlichkeit, der sich nicht auf den ersten Blick offenbarte, der aber, zusammen mit seinem mystischen Elan, den harten, verborgenen Kern repräsentierte, der ihn hielt: sein eiserner Wille und sein grenzenloser Glaube an diesen Willen. »Durch seinen Willen ist der Mensch der Herr seiner Handlungen«, hatte Wojtyła in einem seiner Essays formuliert und hinzugefügt, daß Selbstbeherrschung die deutlichste Veranschaulichung des Wertes einer Person sei.

Wer sich nicht durch sein Lächeln einfangen ließ, sondern ihm gerade in die Augen sah, wußte das.

Das polnische Vermächtnis

In seinem Herzen hatte Kardinal Wyszyński Wojtyła schon zum künftigen Primas von Polen bestimmt. Er sprach darüber mit seinem Adjutanten und Vertrauten Romuald Kukułowicz, dem er 1974 erklärte: »Ich möchte die polnische Kirche gern so stark wie möglich machen, bevor ich abtrete.«

Weit mehr als der Primas verstand es Wojtyła, die nachfolgende, junge Generation von Gläubigen zu erreichen – die Generation nach Jalta, Polens Zukunft. Mit der kommunistischen Partei war eine regelrechte Schlacht um die Seelen der jungen Menschen im Gange. Wojtyła verstand deren Probleme: niedriger Lebensstandard, eintönige Arbeit in Fabriken und Büros, die Öde der riesigen Wohnkomplexe, ihr Bedürfnis nach persönlicher Entfaltung sowie Freiheit und – nicht zuletzt – ihr Verlangen nach einem Materialismus und Hedonismus, das im großen und ganzen vom kommunistischen System unterdrückt und von der Kirche gleichermaßen mißbilligt wurde.

Seit dem Konzil hatte Wyszyński mitverfolgt, wie Wojtyła zu einem Spieler auf der politischen Bühne heranreifte. »Er wollte mit Politik ganz offensichtlich nichts zu tun haben«, erinnerte sich Jacek Woźniakowski, ein führender Sprecher der katholischen

Gruppe Znak* in Krakau. »Er glaubte, sich nur um kirchliche Angelegenheiten kümmern zu müssen; politische Fragen sollten nach seiner Meinung Laien oder Kardinal Wyszyński überlassen bleiben.« Wojtyła sagte immer wieder: »Politik interessiert mich nicht besonders.« Seine Freunde, darob der Verzweiflung nahe, mußten ihn wiederholt drängen, von diesem Standpunkt wenigstens etwas abzurücken, denn es sei für den Erzbischof von Krakau unmöglich, das Politische zu meiden.

Seit 1968 war Polen in eine Reihe von Krisen geraten – Konflikte sowohl im Innern als auch mit seinem sowjetischen Nachbarn, aus denen sich niemand, auch Wojtyła nicht, heraushalten konnte. Die Einflußnahme der Partei auf die polnische Gesellschaft war zu keiner Zeit gesichert, nun aber verlor sie ihre Wirksamkeit vollends. Im Frühjahr 1968 gingen Studenten auf die Straße und skandierten antisowjetische Parolen, nachdem – auf Geheiß des sowjetischen Botschafters – in Warschau die Aufführung eines patriotischen (und antirussischen) Stückes aus dem neunzehnten Jahrhundert, *Der Abend der Vorfahren* von Adam Mickiewicz, abgesetzt worden war. Wojtyła kannte und bewunderte es seit seiner Zeit in der Schauspielertruppe. Die demonstrierenden Studenten wurden verprügelt und inhaftiert. Gleichzeitig wollte man die Juden – gerade dreißigtausend lebten noch in Polen, nachdem es vor dem Krieg drei Millionen gewesen waren – für die Unruhen verantwortlich machen, und das Innenministerium inszenierte eine hysterische antisemitische Kampagne. Fast alle Juden in Regierungs- und Parteiämtern sowie in den Lehrberufen wurden entlassen, und die meisten verließen das Land.

Wojtyłas Reaktion bestand darin, die Studenten öffentlich zu

* *Żnak* (polnisch: »Zeichen«) war der Name einer Gemeinschaft katholischer Intellektueller aus dem Umfeld des Znak-Verlags, der ein Monatsjournal (ebenfalls mit dem Titel *Znak*) und das katholische Wochenmagazin *Tygodnik Powszechny* herausgab. Nach dem Krieg verfaßte Wojtyła unter seinem Pseudonym Andrzej Jawień Artikel und Gedichte für *Tygodnik*. Später erschienen viele seiner Beiträge unter seinem richtigen Namen. Zwischen 1956 und 1976 bemühte sich eine Anzahl Znak-Intellektueller mit Erlaubnis der Kirche um einen Sitz im polnischen Parlament. Dort waren sie nach ihrer Wahl als Minderheitsfraktion die Stimme des Katholizismus. Znak-Mitglieder gründeten auch den *Klub Inteligencji Katolickiej* (KIK: »Klub Katholischer Intellektueller«).

verteidigen, und, als eine weitere Geste, den jüdischen Philosophen Roman Ingarden, seinen früheren Professor an der Jagellonen-Universität, zu einem Vortrag in der Krakauer Erzdiözese einzuladen.

Erst recht wurden die antisowjetischen Gefühle angeheizt, als im August dieses Jahres polnische Truppen mit anderen Streitkräften des Warschauer Pakts an der Invasion der Tschechoslowakei und der Niederschlagung des Prager Reformfrühlings teilnahmen. Achtzehn Monate später, als die Regierung während der Adventszeit die Lebensmittelpreise erhöhte, nahmen die Ereignisse in Polen eine entscheidende Wendung. In diesem »blutigen Dezember« von 1970 gingen polnische Arbeiter auf die Straße und forderten bessere Arbeitsbedingungen, höhere Löhne und die Rücknahme der Preissteigerung. In Danzig und anderen Ostseestädten wie auch in Łódź schossen Panzer auf die Arbeiter, und Hunderte von ihnen wurden getötet. Wojtyła war tief erschüttert angesichts der fürchterlichen Szenerie, wie Polen auf Polen schossen, aber er blieb fest auf Wyszyńskis Kurs. Zugleich und bei aller politischen Vorsicht stand er jedoch entschlossen auf der Seite des Volkes. »Wenn Menschen verletzt sind und leiden«, sagte er in seiner Krakauer Weihnachtspredigt, »dann kommt die Kirche ihnen ohne jeden politischen Hintergedanken zu Hilfe, allein aus christlicher Liebe und Solidarität.« Silvester schien er jedoch den Rubikon zu direkter politischer Stellungnahme überschritten zu haben: Offen klagte er »das Recht auf Nahrung« ein und »das Recht auf Freiheit ... eine Atmosphäre echter, ungehinderter Freiheit ... ohne Bedrohung, eine Atmosphäre der inneren Freiheit, der Freiheit von der Furcht, die mich befallen mag, wenn ich dies tue oder dorthin gehe«.

Elf Tage zuvor hatte die Führung der kommunistischen Partei Gomułka durch Edward Gierek ersetzt, den Parteichef von Schlesien, der während der NS-Besatzungszeit in belgischen und französischen Kohlebergwerken zur Zwangsarbeit verpflichtet war. Mit seinen Erfahrungen im Westen profilierte sich der frühere Ingenieur als ein neuer Typ des Wirtschaftsmanagers – er war ein Technokrat, nicht nur wieder ein weiterer kommunistischer Apparatschik. Er bemühte sich um eine Kurskorrektur, strebte bessere Beziehungen zum Westen an, wollte die polnische Industrie mit Krediten aus den Vereinigten Staaten und Westeuropa modernisieren und suchte auch entschlossen den Frieden mit dem Vatikan, was sich unter anderem durch eine Reihe von Genehmigungen zu Kirchenneubauten äußerte.

Paradoxerweise trugen Giereks westlicher Horizont und seine vergleichsweise liberale Einstellung dazu bei, daß sich die Wirtschaftskrise des Landes verschärfte, denn seine exzessiven Kreditaufnahmen stürzten Polen in Schulden. Als sich immer deutlicher abzeichnete, daß die kommunistische Partei nicht in der Lage sein würde, ihre hegemoniale Macht über die Gesellschaft aufrechtzuerhalten, verstand es Wojtyła, sich diese Tatsache zum Vorteil der Kirche zunutze zu machen. Er »bombardierte« die Behörden mit Eingaben und Gesuchen für neue Seminare, Kirchen und öffentliche Prozessionen. Er protestierte gegen den Versuch der Regierung, den Katechismusunterricht für Kinder zu untersagen, und verlangte die Einhaltung des 1950 zwischen Kirche und Staat getroffenen Abkommens, in dem die Befreiung der Seminaristen vom Wehrdienst festgeschrieben war. Er setzte sich für das Recht der Christen ein, ihren Glauben ohne diskriminierende Folgen zu praktizieren. Als der Staat die Druckkostenzuschüsse für die Diözesen und *Znak*, das Krakauer katholische Monatsjournal, kürzte – ein Akt der Zensur gegen die katholische Presse –, protestierte er laut und vernehmlich. Von der Kanzlei und durch seine Beiträge für *Tygodnik Powszechny* – Artikel, Reden, Predigten, Gedichte und Essays – definierte er seine Positionen, die sorgfältig ausgearbeitet, sehr grundsätzlich und ohne jede leere Rhetorik gehalten waren und immer seine aufs Individuum bezogene, christliche Philosophie zur Grundlage hatten.

Er begann, eng mit den militanten Mitgliedern von Odrodzenie (»Wiedergeburt«) zusammenzuarbeiten. Diese zur Förderung einer Renaissance des Katholizismus in Polen während der zwanziger Jahre gegründete Gruppe war die einzige geheim operierende Organisation, die von Kardinal Wyszyński unterstützt wurde. Im Krieg hatte sie sich an konspirativen Aktivitäten beteiligt, auch danach operierte sie im Untergrund mit dem Ziel, eine katholische Laienelite heranzuziehen. Ihre Mitglieder konnten nach Auffassung Wyszyńskis für die Ziele der kirchlichen Hierarchie arbeiten, wenn es dem Klerus selbst ratsamer schien, hinter den Kulissen zu bleiben. In jedem polnischen Bistum agierten kleine Gruppen von Odrodzenie.

Wojtyła wurde regelmäßig zu den Treffen im Heiligtum der Schwarzen Madonna in Tschenstochau eingeladen, wo sich die Mitglieder als Pilger tarnten. Er sprach dort über religiöse und gesellschaftliche Probleme. An den organisatorischen Zusammenkünften, welche die Koordinatoren von Odrodzenie in regelmäßigen Abständen in der Warschauer Residenz des Primas abhielten, nahm er jedoch nicht teil.

Die siebziger Jahre brachten einen radikalen Wandel in Wojtyłas Vorgehen. Obwohl er von Natur aus kein »*zoon politikon*« war (kein »politisches Lebewesen«, wie Jerzy Turowicz, der Herausgeber von *Tygodnik Powszechny*, sich ausdrückte), betrieb er Politik »als Intellektueller, als Philosoph und Theologe und natürlich als ein großer polnischer Patriot. Er war für Freiheit und Demokratie, für die Präsenz der Kirche im öffentlichen Leben und daher natürlich strikt antikommunistisch.«

»Nachdem er beschlossen hatte, sich nun doch auf die Politik einzulassen«, sagte Woźniakowski, »war ich verblüfft, wie schnell er lernte, wie rasch er Informationen aufnahm und sie seiner Art zu denken anpaßte und wie er, zumal wenn er einer langen politischen Diskussion gefolgt war, die Dinge auf eine äußerst pointierte Weise zusammenfaßte.«

Während der Treffen mit seinen Freunden von Znak im erzbischöflichen Palais in Krakau schien Wojtyła oft sehr abwesend zu sein. Während die Gruppe über die Kirche und das Regime, über Religion und das gesellschaftliche Leben diskutierte, saß er an seinem Schreibtisch und las Akten oder schrieb Briefe. Doch dann gab er fast mühelos eine Stellungnahme ab, wobei er sich genau auf die zentralen Punkte der Diskussion bezog.

Als Woźniakowski erkannte, wie leicht Wojtyła politische Verantwortung übernahm, hatte er eine Eingebung: »Als sich dieses unerwartete Talent bei ihm zeigte, dachte ich zum erstenmal, daß er vielleicht Papst werden würde, freilich irgendwann in ferner Zukunft.«

Wojtyłas Begegnungen mit Intellektuellen wurden zu einem festen Bestandteil seiner Art, die Diözese Krakau zu leiten. Er lud nicht nur die Herausgeber von *Tygodnik Powszechny* in seine

Residenz ein, sondern auch Historiker, Mathematiker, Philosophen, Naturwissenschaftler, Schriftsteller, Schauspieler und Musiker. Er befragte sie über Polen und die Welt draußen. Er brach mit der Tradition der kirchlichen Bürokratie, indem seine Bürotür für die Priester seiner Diözese – buchstäblich – immer offen war, und er verwendete große Sorgfalt auf seine seelsorgerischen Besuche in den Pfarreien. Er sprach mit den Menschen – und mit Gott.

Józef Mucha, sein Chauffeur in diesen Jahren, erinnerte sich mit großer Bewunderung an den übervollen Tagesplan des Erzbischofs. »Und halb fünf bereits war er in der Kapelle der Residenz. Etwa um sieben ging er zur Franziskanerkirche auf der Straßenseite gegenüber, wo er lange betete. Um acht kam er zurück, um zu frühstücken. Danach betrat er wieder die Kapelle, schloß die Tür und arbeitete, betete und las bis um elf.«

Auf der linken Seite der Kapelle, in der Nähe des Altars, hatte er sich einen Sitz mit einer Kniebank und einem Tischchen aus dunklem Holz machen lassen. Auf diese Art war er in der Lage, gleichzeitig zu schreiben und zu beten. Er konnte auch aus einem Fenster in den Garten und den Hof sehen, wo er als geheimer Seminarist spazierengegangen war, oder er konnte Inspiration beim Tabernakel suchen.

»Nach elf Uhr«, fuhr Mucha fort, »empfing der Erzbischof in seinem Arbeitszimmer jeden, der ihn sprechen wollte.« Mittagessen – die Hauptmahlzeit des Tages – gab es um halb zwei, und danach setzte sich Wojtyla für einen kurzen Schlaf von zehn Minuten in seinen Sessel im Schlafzimmer. »Wenn sein Mittagsschlaf eine Viertelstunde dauerte, sprang er auf und rief: ›Meine Güte, ich habe fünf Minuten verschlafen.‹«

Im Bischofspalais behielt Wojtyła den spartanischen Stil bei, mit dem er sich am wohlsten fühlte. Sein Arbeitszimmer und sein Schlafzimmer waren relativ groß, aber sehr einfach möbliert. Der Belag auf seinem Schreibtisch blätterte ab, und über sein flaches Bett war eine abgenutzte Tagesdecke gebreitet. An der Wand hingen eine Renaissance-Madonna und eine polnische Winterlandschaft. Auf einem Nachttisch lag sein Rosenkranz. Er besaß sieben Soutanen – vier rote, drei schwarze – und drei Paar schwarze Schuhe.

Die Nachmittage nutzte er häufig zu Besuchen in den 329 Pfarreien des Erzbistums. Die Abende verbrachte er zumeist im Kreis seiner Freunde von Znak und *Tygodnik Powszechny*, mit denen er über die Probleme der Kirche in Polen diskutierte. Gelegentlich trank er ein Glas Wein oder ein Bier mit ihnen.

Selbst wenn er im Auto fuhr, arbeitete er. Mucha hatte ihm einen Bücherständer aus Holz mit einer Lampe gebaut, so daß Wojtyła auch bei Dunkelheit lesen konnte. »Wenn er mit dem Auto reiste«, berichtete sein Chauffeur, »hatte er vier Koffer bei sich, zwei davon waren voller Bücher.«

Was sich Karol Wojtyła selten gestattete, war Zeitungslektüre (das gilt heute noch); auch die Nachrichten im Fernsehen oder im Radio interessierten ihn nicht sonderlich. Alle zwei Wochen kam Pater Bardecki, der Redakteur des religiösen Teils von *Tygodnik*, in das Arbeitszimmer Wojtyłas und gab diesem eine Zusammenfassung der Nachrichten aus den stark zensierten Zeitungen und dem staatlichen Fernsehen. In der Ära der Massenmedien wollte Wojtyła mit diesem so wesentlichen Aspekt des zeitgenössischen Lebens nicht direkt etwas zu tun haben, auch wenn er die Medienmacht gewiß nicht weniger geschickt zu nutzen versteht als andere historische Gestalten.

Im Juni 1976 kam es in Polen zu einem neuen Ausbruch der Wut und des Hasses auf das kommunistische Regime. In Radom, Ursus und anderen städtischen Zentren gab es blutige Zusammenstöße zwischen Arbeitern und der Polizei, nachdem die Preise für Nahrungsmittel wiederum erhöht worden waren. Es war die gleiche Situation, die zum Sturz von Gomułka geführt hatte.

Als ein Generalstreik ausgerufen wurde, ergab sich eine neue Ebene des Konflikts zwischen Staat und Kirche. Der Primas und Wojtyła stellten sich hinter die Klagen und Forderungen der Arbeiter, aber sie drängten diese auch, die Arbeit wiederaufzunehmen, konnten andererseits die Regierung davon abbringen, gegen die Streikenden Anklage zu erheben oder sie auf andere Weise zu bestrafen.

»Wir können es uns nicht leisten, verantwortungslos zu handeln«, erklärte Kardinal Wojtyła in seiner Silvesterpredigt von 1976. Aber selbst wenn der Erzbischof von Krakau die Realität von Jalta – die russische Vorherrschaft in Osteuropa – anerkannte, so hieß das für ihn nicht, daß die Polen ihr Nationalgefühl aufgeben sollten. »Das vergangene Jahr hat gezeigt, daß wir den Kampf um die grundlegenden Wahrheiten unserer Existenz als Nation und Staat aufnehmen mußten. Wir mußten immer wiederholen, daß der Staat für die Nation da ist und nicht umgekehrt. Nach so vielen Kämpfen, so vielen Kriegen an verschiedenen Fronten, nach soviel Leid verdient diese Nation ihre Freiheit und Unabhängigkeit.«

Im November 1976 nutzte eine Gruppe von Intellektuellen, darunter die Dissidenten und ehemaligen Marxisten Jacek Kuroń und Adam Michnik, den günstigen Augenblick, der sich mit dem Streik bot, um ein »Komitee zur Verteidigung der Arbeiter« zu bilden, das unter seinen Initialen KOR bekannt wurde. Viele seiner Führer waren Linke, die jetzt aber mehr der Kirche zuneigten. Die katholischen Intellektuellenklubs (KIK), deren Kaplan Wojtyła war, traten offener für die Wahrung der Bürgerrechte ein. Der Erzbischof unterstützte auch die Gründung von »fliegenden Universitäten« – Seminaren im Untergrund, in denen Politik und Ökonomie gelehrt wurden, um der offiziellen Propaganda entgegenzutreten – und erteilte die Erlaubnis, die Krakauer Kirchen und Klöster für den Unterricht zu nutzen.

Nach dem Juni 1976 entdeckte Wojtyła eine neue verwundbare Stelle des Systems, eine wirkliche Öffnung, die es der Kirche und dem Volk möglich machte, sich grundlegende Rechte und Freiheiten zu gewinnen, welche die Kommunisten bis dahin unnachgiebig unterdrückt hatten. Von 1976 bis 1978 hielt Wojtyła einen Predigtzyklus, der eine Bewegung des geistlichen Widerstands auslöste. Wenn man diese Texte liest, fühlt man sich in gewisser Weise an die großen Predigten erinnert, die ein Jahrzehnt zuvor Martin Luther King in der Zeit von Amerikas tiefer moralischer und politischer Krise hielt. Er kritisierte immer direkter den Mißbrauch der moralischen Autorität, den die Regierung durch die Art, wie sie Arbeiter, Dissidenten, Intellektuelle, Studenten und Gläubige behandelte, betrieb. Es war unvermeidlich, daß er auf das Beispiel des heiligen Stanislaus zu sprechen kam:

> Sankt Stanislaus ist der Patron der moralischen und gesellschaftlichen Ordnung im Land geworden... Er wagt es, selbst dem König zu sagen, daß dieser verpflichtet sei, die Gesetze Gottes zu achten. Die uralte Verehrung des heiligen Stanislaus ist in der Tat ein Bekenntnis zu der Wahrheit, daß das moralische Gesetz die Grundlage der gesellschaftlichen Ordnung bildet. Er war auch der Verteidiger der Freiheit, die ein unveräußerliches Recht jedes Menschen ist, daher ist die Verletzung dieser Freiheit durch den Staat zugleich eine Verletzung der moralischen und gesellschaftlichen Ordnung.

Immer wieder griff Wojtyła die Pressezensur an (auch seine Predigten ließ das Regime oft aus den katholischen Zeitschriften entfernen) und erklärte, es sei das Recht aller Bürger, ihre Meinung zu äußern. »Wir wollen, daß ein Klima der Wahrheit zum Kern unseres gesellschaftlichen Lebens wird«, sagte er in einer anderen Predigt des Jahres 1976. »Wir wollen, daß in den Zeitungen, im Radio und im Fernsehen ein wahrheitsgetreues Bild von uns erscheint. Wir wollen keine erfundenen Wahrheiten und keine manipulierte öffentliche Meinung. ... Wir wollen keine Autorität, die sich auf Polizeiknüppel stützt.«

»Wir hören manchmal, daß gesagt wird, es müsse ein zweites Polen geben [gemeint waren Giereks wirtschaftliche Reformen]«, erklärte Wojtyła in seiner Weihnachtsansprache von 1977. »Aber es gibt nur ein Polen, und ein mögliches zweites, wenn es denn ein Polen sein soll, muß aus dem ersten erwachsen. Es darf kein Element unseres nationalen und kulturellen Erbes verleugnen.«

Die leidenschaftlichsten, ausführlichsten und am sorgfältigsten durchdachten Erklärungen zu den Menschenrechten gab Wojtyła vor vielen Tausenden junger Menschen ab, die sich bei den Fronleichnamsprozessionen von 1977 und 1978 auf dem Wawel drängten, zum Teil auch, um einem Führer der studentischen Opposition, von dem sie glaubten, daß er von den Kommunisten ermordet worden sei, Achtung und Anerkennung zu bezeugen. (Das Regime behauptete, der Tod sei ein Unfall gewesen.) Zu den 1977 versammelten jungen Menschen sagte der Kardinal:

> Menschenrechte können nicht in der Form von Konzessionen eingeräumt werden. Der Mensch ist mit ihnen geboren und sucht sie im Laufe seines Lebens zu verwirklichen. Und wenn sie nicht verwirklicht oder erfahren werden, dann lehnt er sich auf. Es kann nicht anders sein, denn er ist Mensch. Sein Sinn für Ehre erwartet dies von ihm.

Als Wojtyła sprach, überflog eine Militärmaschine die Menge, um mit ihrem Lärm die Worte des Kardinals zu übertönen. Die Leute lachten voller Verachtung, klatschten Beifall und brachen spontan in Hochrufe aus, als er emporblickend den »ungeladenen Gast« grüßte. Nachdem der Düsenjäger verschwunden war, faßte er zusammen:

> Es ist unmöglich, diese Probleme mit repressiven Mitteln zu lösen. Auch die Polizei und die Gefängnisse sind keine Antwort. Sie erhöhen lediglich den Preis, den sie letztlich zu zahlen haben ... Es gibt nur einen Weg zum Frieden und zur nationalen Einheit, und das ist die uneingeschränkte Achtung der Menschenrechte und der Rechte der polnischen Bürger.

Er lobte die Studenten – »die reife und unabhängige Jugend« – für die Friedlichkeit ihrer Proteste während des Frühjahrs. »Sie haben gezeigt, daß Sie fähig sind, über grundlegende Fragen wie soziale Gerechtigkeit und Frieden, die Menschenrechte und die Rechte der Nation nachzudenken.« Er schloß, indem er sich an den gekreuzigten Christus wandte: »Ich bitte den Herrn Jesus Christus um Vergebung, daß ich – wenigstens scheinbar – nicht von Ihm geredet habe. Aber eben nur scheinbar. Ich habe so gesprochen, daß wir alle verstehen mögen, daß Er, der in diesem Sakrament lebt, unser menschliches Leben lebt.«

So konnte Kardinal Wyszyński sicher sein, daß sein Amt in gute Hände übergehen würde. Wojtyła sollte Primas der Polen werden. In diesem Sinne hatte sich Wyszyński seinem Adjutanten und Vertrauten Kukulowicz gegenüber klar und unmißverständlich geäußert.

Am 26. August 1978 versammelte sich das Kardinalskollegium, darunter auch Wojtyła, zum Konklave im Vatikan, um den Nachfolger Pauls VI. zu wählen. Die Wahl fiel auf den sechsundsechzigjährigen Albino Luciani, den Patriarchen von Venedig. Er war beliebt wegen seines Lächelns und seiner offenkundig menschlichen Art. Er nahm den Namen Johannes Paul I. an, der von seinen beiden unmittelbaren Vorgängern abgeleitet war. Die nichtitalienischen Kardinäle begrüßten die Entscheidung für einen Mann, der nicht zum Apparat der Kurie gehörte. Alles schien geregelt für die kommenden Jahre, möglicherweise für den Rest des Jahrhunderts.

Madame Tymieniecka

Im Jahr 1974 betrat eine lebhafte, kosmopolitische polnische Aristokratin das Büro des Kardinals, weil sie überzeugt war, in ihm einen verwandten philosophischen Geist gefunden zu haben. Sie hieß Anna-Teresa Tymieniecka, und die nächsten vier Jahre führten die beiden einen einzigartigen philosophischen Dialog, der eine überarbeitete englischsprachige Fassung von *Die handelnde Person* (»The Acting Person«), Wojtyłas bedeutendstem Werk, zum Ergebnis hatte.

Später, nachdem er zum Papst gewählt worden war, suchten Journalisten überall nach Frauen und Spuren von Frauen, die vielleicht Karol Wojtyłas Geliebte, Ehefrau oder Gefährtin gewesen sein könnten. Sie fanden keine, weil sie nicht existierten.

Dabei übersahen sie die höchst bedeutende Rolle, die Dr. Anna-Teresa Tymieniecka in Wojtyłas Leben gespielt hat: ihren Einfluß auf seine Philosophie und damit auf sein Pontifikat. Sie erkannten nicht die Tatsache, daß sie dazu beitrug, ihn prominent und zum *papabile* zu machen.

Bis dahin waren alle maßgeblichen Gestalten im Erwachsenenleben von Karol Wojtyła Männer gewesen. Frau Tymienieckas Zusammenarbeit mit dem Kardinal – die Wochen, die sie mit Schreiben, philosophischen Diskussionen, Spaziergängen und der Arbeit am Text von *Die handelnde Person* verbrachten – und auch, daß sie ihn in Kreise europäischer sowie, was noch wichtiger war, amerikanischer Philosophen und interessierter Leser einführte, waren prägende Erfahrungen für den Krakauer Kardinal.

Die Geschichte ihrer bemerkenswerten Zusammenarbeit ist in ihrer Korrespondenz dokumentiert, von der mehr als neunzig Teile in der Universitätsbibliothek von Harvard unter Verschluß liegen; ferner in (unwidersprochenen) Berichten von Frau Tymieniecka, die sie den Autoren dieses Buches schriftlich und in Gesprächen gab, und durch das persönliche Zeugnis ihres Freundes Dr. George Hunston Williams, Professor an der Harvard Divinity School und Autor von *The Mind of John Paul II. Origins of His Thought and Action* (1981).

Dr. Williams ist ein protestantischer Geistlicher, der als offizieller Beobachter am Zweiten Vatikanischen Konzil teilnahm und sich dort mit Bischof Wojtyła anfreundete. In seinem Buch verweist er kurz auf den Beitrag von Anna-Teresa Tymieniecka zur englischsprachigen Ausgabe von *Die handelnde Person*, geht aber nicht auf die persönliche Beziehung, die sich zwischen ihr und Wojtyła entwickelte, und den Umfang ihrer Zusammenarbeit ein. Trotzdem sagt er, wie auch andere, daß der Vatikan höchst unglücklich über sein Buch war und es in katholischen Kreisen schlechtzumachen suchte, nur weil darin die Zusammenarbeit dieser Frau mit dem Kardinal zum Ausdruck gebracht wird. Ansonsten fand das Buch weithin lobende Anerkennung.

Die beiden wichtigsten Gründe für die negative Reaktion des Vatikans waren Dr. Williams und Dr. Tymieniecka zufolge: Erstens war dem Vatikan die Vorstellung unangenehm, daß eine Wojtyła persönlich bekannte Frau das Denken und Schreiben des künftigen Papstes beeinflußt haben soll; zweitens das Projekt selbst, an dem die beiden gemeinsam arbeiteten, nämlich die umfassende Neubearbeitung des polnischen Originals von *Osoba i Czyn* (wörtlich: »Person und Handlung«), in der die Phänomenologie auf Kosten des kanonischen Thomismus (der Lehren Thomas von Aquins, auf denen die katholische Philosophie jahrhundertelang basierte) zur Geltung kam.

In einer handschriftlichen, im Buch reproduzierten Einleitung formulierte Kardinal Wojtyła 1977 überschwenglich den Dank, den er Mme. Tymieniecka schulde; und ein Jahr zuvor hatte er ihr die Weltrechte für die völlig neue englischsprachige Version übertragen, die er zur einzig »definitiven« und autorisierten Ausgabe erklärte. Er verfügte, daß alle künftigen Auflagen des Buches nach dieser und nicht nach der ursprünglichen polnischen Ausgabe übersetzt werden sollten.

Nachdem Wojtyła Papst geworden war, drängte jedoch eine päpstliche Kommission, die den Stellenwert des plötzlich bedeutsamen literarischen Werks von Karol Wojtyła beurteilen sollte, den neuen Papst, die gemeinsam mit Frau Tymieniecka verfaßte Arbeit zurückzuziehen, sich die Rechte zurückgeben zu lassen und die ursprüngliche polnische Fassung wieder als den authentischen Text einzusetzen. Vertreter des Vatikans versuchten – ohne Erfolg –, die Veröffentlichung und den Vertrieb des Buches zu verhindern.

Johannes Paul II. stellte die Empfehlungen und die Taten der Kommission nicht in Frage, und es folgte eine Periode der Entfremdung zwischen dem Papst und Anna-Teresa Tymieniecka – obwohl ihr der neue Papst weiterhin regelmäßig schrieb (fast jeden Monat, wie sie sagt) und nicht ganz so oft auch an Mitglieder ihrer Familie. Inzwischen ließ sie durch Rechtsanwälte prüfen, ob sie den Pontifex Maximus der römisch-katholischen Kirche wegen Verletzung des Urheberrechts verklagen sollte. Sie stellte eine bis ins einzelne gehende Dokumentation über ihre gemeinsame Tätigkeit sowie ihre Korrespondenz zusammen und übergab sie verschiedenen Personen und Institutionen zur sicheren Verwahrung und einer eventuellen Veröffentlichung nach ihrem Tod. Gegen den Wunsch des Vatikans bestand sie hartnäckig darauf, daß die gemeinsame Arbeit 1979 veröffentlicht wurde. Sie blieb die bis heute lieferbare englische Standardausgabe. Als das Buch veröffentlicht wurde, startete der Vatikan in der katholischen Presse eine Kampagne, mit der Frau Tymienieckas Anteil an diesem Buch bestritten und der Eindruck erweckt werden sollte, daß sie sich Wojtyłas Argumentationen für eine übermäßig phänomenologische Interpretation seiner Ideen gegen dessen Willen angeeignet hätte.

Das öffentliche Schweigen des Papstes in diesem Streit bezeichnet Frau Tymieniecka als persönlichen »Verrat«, dennoch haben sie und der Papst sich inzwischen wieder versöhnt. In der Umgebung des Papstes besteht kein Zweifel an der Authentizität ihrer

Zusammenarbeit und des philosophischen Gehalts des Buches in der vorliegenden Form.*

»Er war ein unvergleichlicher Gesprächspartner für philosophische Fragen«, sagt Frau Tymieniecka, die inzwischen Anfang Siebzig ist. »Wir hatten eine philosophische Partnerschaft. Das hat er auch selbst gesagt; ob er es jedoch wirklich so meinte, ist eine andere Frage. Er hat es jedenfalls sehr lebhaft zum Ausdruck gebracht.«

In einem Brief vom 8. Februar 1979 erinnerte Papst Johannes Paul II. an ihre Beziehung: »In dieser Hinsicht habe ich mich in beträchtlichem Maße auf Ihre Kompetenz, Ihre Erfahrung oder – wie ich auf jeden Fall glaube – Ihre Intuition verlassen. Wehren Sie sich nicht dagegen, denn Intuition (und nicht bloß Bildung) ist Ihre enorme Stärke, gerade im Philosophischen.«

* Dr. Joaquín Navarro-Valls, der Sprecher des Papstes, räumt ein, daß sich die Kommission in ihrer Behandlung der Angelegenheit »übervorsichtig« verhalten habe. Er ist sogar voll des Lobes für die Arbeit: »Das Buch ist mehr Phänomenologie als Thomismus, aber das macht gerade seine Schönheit aus«, sagt er. »Unter philosophischen und literarischen Gesichtspunkten ist es eine hervorragende Analyse. ... Ich glaube, es ist das letzte wirklich gute Buch, das über die Phänomenologie geschrieben wurde.« Die übermäßige Vorsicht der Kommission erklärt er folgendermaßen: »Stellen Sie sich vor, da ist ein neuer Papst mit einer ansehnlichen Menge literarischer und philosophischer Arbeiten, und er ist kein Italiener. Die meisten Leute kennen das Werk Wojtyłas nicht, und da fühlte sie [die Kommission] sich veranlaßt, sich schützend vor das Bild des Papstes zu stellen. ... Es hätte zu großen Verwirrungen führen können, die Situation war so neu, [daß man sich sagte,] wir sollten uns darum kümmern, wie das interpretiert werden kann.«

Inzwischen geriet die Kommission auch unter Druck einiger polnischer Akademiker, die behaupten, daß die englische Übersetzung, die von Frau Tymieniecka und Wojtyła in ihrer gemeinsamen Ausgabe benutzt wurde, fehlerhaft gewesen sei.

Dagegen lobt Dr. Rocco Buttiglione, ein Schützling von Wojtyła und Autor eines Buches über die Philosophie des Papstes, die Arbeit Frau Tymienieckas und nennt sie Wojtyłas »Partnerin in einem philosophischen Dialog« in *Die handelnde Person.* »Ich bin der Meinung, daß zwischen Frau Tymieniecka und dem Heiligen Vater ein sehr positiver Dialog stattgefunden hat... Der Dialog mit Frau Tymieniecka half dem Heiligen Vater, einige Aspekte seiner Gedanken zu entwickeln... Ich würde sagen, daß Frau Tymieniecka Wojtyła auf die Idee brachte und darin bestärkte, seinen Gedankengang in einer ausgeprägten phänomenologischen Begrifflichkeit zu fassen und einigen Begriffen, die er der thomistischen Metaphysik entnommen hatte, eine phänomenologische Form zu verleihen. So mag sie Wojtyłas Absicht gefördert haben, einen engeren Kontakt zwischen der Phänomenologie und dem Thomismus herzustellen.«

Sie behauptet – und Dr. Williams wie viele andere, die sich mit Wojtyłas Amtsführung als Papst eingehender befaßt haben, teilen diese Sichtweise –, daß eine direkte Verbindung zwischen *Die handelnde Person*, vor allem in der englischen Fassung, sowie den Enzykliken, Verlautbarungen und der Philosophie von Papst Johannes Paul II. besteht. »Ihr gemeinsames Werk war äußerst wichtig«, meint Williams, »und danach benahmen sich der Vatikan und der Papst ziemlich schlecht, als sie versuchten, das Wissen um ihre Zusammenarbeit zu unterdrücken.«

Im Hinblick auf die Enzyklika *Veritatis Splendor* (»Der Glanz der Wahrheit«), vielleicht das Meisterwerk des Papstes, sagt Dr. Williams: »Sie ist Teil der Beziehung. Er [Wojtyła] kann, auch als Papst, nicht verstanden werden ohne diese Enzyklika; was er getan hat, konnte er nicht tun ohne diese Beziehung [zu Frau Tymieniecka]. Sie läßt sich aus seiner Biographie und seinem intellektuellen Werdegang nicht streichen.«

Der ursprüngliche polnische Text von *Osoba i Czyn*, der formal von niemand anderem als Bischof Karol Wojtyła herausgegeben wurde, ist – im Vergleich zu der Fassung, die in ihrer Zusammenarbeit entstand – eine erheblich weniger entwickelte, ungenaue und (in vieler Hinsicht) fast undurchdringlich dichte Arbeit.

Der Freund und philosophische Schützling des Papstes, Tadeusz Styczeń, schrieb im Dezember 1978 in *Tygodnik Powszechny*, daß dank »der Bemühung von Frau Professor Teresa Tymieniecka... dieses Werk... keine Übersetzung im üblichen Sinne ist, denn es ist bereichert worden durch neue Überlegungen des Autors, es enthält eine Reihe von neuen Untersuchungen und ist präziser... Daher können wir von einem neuen Buch sprechen, das seinerseits eine Übersetzung ins Polnische wert wäre.«

Dr. Tymieniecka behauptet nicht, daß die philosophische Argumentation der englischen Ausgabe mehr von ihr stamme als von Wojtyła. Sie und andere Experten machen nur geltend, daß ihre Arbeit Wojtyła befähigt habe, seine Ideen durch das, was sie als die Entwicklung seines »philosophischen Stils« beschrieb, zu artikulieren und zu verfeinern. Kardinal Wojtyła selbst schrieb in seinem Vorwort zur englischsprachigen Ausgabe, daß Dr. Tymieniecka für die »Reife« des Buches und »seine endgültige Form« verantwortlich sei.

Im wesentlichen fungierte sie als Mitarbeiterin und Herausgeberin. Bis sie im Leben des Kardinals auftauchte, war sie von der philosophischen Welt ignoriert, wenn nicht abgelehnt worden.

»Wissen Sie, die katholischen Philosophen in Polen halten nicht viel von diesem Buch«, habe ihr der Kardinal bei ihrer ersten Begegnung gesagt. »Er war sehr entmutigt, was das Buch anbetraf. Er war enttäuscht über die Resonanz – und er war etwas mutlos geworden im Hinblick auf seine Philosophie.«

Aber vielleicht ebenso wichtig wie der Inhalt der englischsprachigen Ausgabe ist die Geschichte der Zusammenarbeit selbst. Der Kardinal und seine philosophische Gesprächspartnerin verbrachten zahllose Stunden miteinander, dadurch wurde im Lauf der Zeit Anna-Teresa Tymieniecka – die Frau eines berühmten Harvardprofessors, der zu Präsident Richard Nixons Wirtschaftsberatern gehörte – zu einer der wenigen Personen, die außerhalb des engen kirchlichen Kreises seines polnischen Milieus Wesen und Charakter Karol Wojtyłas kennenlernten.

Über einen Zeitraum von vier Jahren hinweg arbeiteten sie gemeinsam an einem Manuskript: in Krakau, in Rom, in Vermont, in der Schweiz und in Neapel; sie führten einen regelmäßigen Dialog und unterhielten eine Korrespondenz, die sich ihrem Bericht zufolge zum größten Teil um philosophische Fragen drehte. Bei wenigstens zwei Gelegenheiten, erzählt sie, seien sie ernsthaft in Streit geraten – allerdings sagt sie nicht, worüber. Sie hätten »einen philosophischen Dialog zwischen zwei unabhängigen Geistern« geführt, meint Dr. Williams.

Anna-Teresa Tymieniecka machte Wojtyła als Philosophen und Denker bekannt. Sie half ihm, seine erste ausgedehnte Reise in die Vereinigten Staaten vorzubereiten. Sie arrangierte eine Einladung nach Harvard, wo er seinen ersten Vortrag in Amerika hielt. Mit Hilfe des Apostolischen Delegaten in den Vereinigten Staaten organisierte sie Redeauftritte für ihn in Washington; sie erreichte es, daß er zum Tee bei Präsident Gerald Ford eingeladen wurde (was der Kardinal aus Termingründen absagen mußte), und sie überschüttete die Medien mit Presseerklärungen, die den Besuch des berühmten polnischen Kardinals in Amerika ankündigten, eines, wie in Europa zu hören war, mutmaßlichen Kandidaten für das Amt des Papstes.

Im Sommer 1976 hielten sich Wojtyła und sein Privatsekretär, der Priester Stanisław Dziwisz, im Landhaus von Frau Tymieniecka in Vermont auf. Der Kardinal feierte jeden Morgen auf einem Picknicktisch hinter dem Haus die Messe; er lieh sich die Shorts ihres Mannes aus, die er über seiner Badehose trug, wenn sie in dem Teich eines Nachbarn zum Schwimmen gingen, und sie machten lange Spaziergänge (gewöhnlich in Begleitung von Dziwisz), auf denen sie über Philosophie und die Arbeit sprachen, in die sie beide so vertieft waren.

Vier Jahre lang widmete sie sich völlig dem gemeinsamen Projekt; sie besuchte den Kardinal sechsmal im Jahr in Krakau und in Rom, arbeitete mit ihm und seinem Sekretär und kehrte dann in ihren Wohnort in Neuengland zurück, um sich mit dem Manuskript allein weiterzubeschäftigen.

In dieser Zeit ihrer Zusammenarbeit wurden viele der philosophischen Reflexionen und Papiere des Kardinals – die vorher nur in Polen veröffentlicht worden waren – ins Englische übersetzt und in den *Analecta Husserliana*, dem Publikationsorgan der Internationalen Husserl- und Phänomenologischen Forschungsgesellschaft, deren Vorsitzende Dr. Tymieniecka war, veröffentlicht. Er hielt auch Vorträge auf etlichen philosophischen Kongressen in Europa, ebenfalls auf Vermittlung von Frau Tymieniecka.

Auf die Frage, ob sich bei ihr nicht eine romantische Neigung zum Kardinalerzbischof entwickelt hätte – wie einseitig diese auch gewesen sein mag –, antwortete Anna-Teresa Tymieniecka, eine Katholikin: »Nein, ich habe mich ganz bestimmt nicht in den Kardinal verliebt. Wie hätte ich mich in einen Geistlichen mittleren Alters verlieben sollen? Ganz davon abgesehen, daß ich eine verheiratete Frau bin.«

Doch Dr. Williams, der mit ihr Hunderte von Stunden im Gespräch verbracht hat und dem sie auch einige Briefe anvertraute, sowohl eigene als auch solche des Papstes, bezweifelt nicht, daß sich eine solche Neigung entwickelt hatte. »Ja, natürlich, das gab es sicher. Der Eros ist in gewissem Sinne die Grundlage der Philosophie. Man muß lieben. Sie ist ein leidenschaftlicher Mensch, und ihre Leidenschaft für Wojtyła war katholisch, das heißt, sie stieß an seinem Kirchenamt auf ihre Grenzen, die sich daraus ergeben, und am Verständnis, das sie dafür aufbrachte. Aber innerhalb dieser Grenzen hat sie natürlich tiefe Gefühle für ihn empfunden.«

Dr. Williams, der Wojtyła und Frau Tymieniecka gemeinsam erlebte und mit ihr über solche Situationen sprach, kommt zu dem Ergebnis: »Ich glaube nicht, daß er merkt, was in ihr vorgeht, wenn sie in seiner Nähe ist... Ein Magnet zieht Eisenspäne an. Aber er weiß das nicht.«

Dr. Tymieniecka, eine kleine, elfenhafte blonde Frau, ist der Ansicht, Wojtyła sei in sexuellen Dingen naiv, und sie meint damit sein Verhalten ebenso wie seine Schrift *Liebe und Verantwortung*. In ihrer Beziehung sei der Kardinal »die Bescheidenheit selbst« gewesen. »Er ist ein Mann, der ein sehr hohes Maß an Selbstbeherrschung besitzt und der diese schöne, harmonische Persönlichkeit entwickelt hat.« Und sie fügt hinzu:

> Wer so [wie er es getan hat] über Liebe und Sexualität schreibt, der kann eigentlich nicht viel davon verstehen. Ich war tatsächlich völlig verblüfft, als ich *Liebe und Verantwortung* las. Ich dachte, anscheinend weiß er überhaupt nicht, wovon er redet. Wie kann er über solche Dinge schreiben? Die Antwort ist, daß er überhaupt keine Erfahrungen dieser Art hat. *Liebe und Verantwortung* behandelt aber nicht nur Fragen der Sexualität. Es hat viel mit *Die handelnde Person* zu tun.
>
> In sexuellen Dingen ist er unschuldig, sonst überhaupt nicht. Als Kardinal in einem kommunistischen Land mußte er äußerst schlau sein. Da gibt es keine Naivität. Er ist ein sehr kluger Mensch, der genau weiß, was er tut.

Gefragt, ob es in ihrer Beziehung zum Papst auch eine sexuelle Komponente oder Attraktion gab, antwortet Frau Tymieniecka: »Ich will ganz offen über diese sehr persönlichen Dinge sprechen. Und ich sage Ihnen, daß ich an Sexualität nicht interessiert bin. So ist das. Ich bin eine altmodische polnische Dame, die meint, daß dies kein Gegenstand für ein Gespräch ist.«

Anna-Teresa Tymieniecka wurde auf einem Gut in Masuren geboren und besuchte die Jagellonen-Universität in Krakau, wo sie 1945 und 1946 bei Roman Ingarden studierte: jenem Phänomenologen, dessen Werk zu ebendieser Zeit auch Wojtyła beeinflußte. Dr. Williams zufolge stand Frau Tymieniecka in enger Verbindung zu Ingardens Familie.

Sie verließ Krakau 1946, noch im selben Jahr, in dem die kommunistische Regierung begann, die großen Güter des alten polnischen Adels zu enteignen und aufzuteilen. Sie zog nach Paris und Fribourg/Schweiz. 1951 legte sie an der Sorbonne ihre Magisterprüfung ab, und 1952 promovierte sie in Fribourg, wo sie bei Professor Ignacy Bochenski sechs Jahre lang an ihrer Dissertation gearbeitet hatte.

Dieser, eine Autorität in marxistischer Philosophie, war ein polnischer Priester, den Erzbischof Sapieha ironischerweise ausgewählt hatte, um Papst Pius XII. einen Brief mit der Bitte zu überbringen, die Polen bei ihrem Widerstand gegen die Nationalsozialisten zu unterstützen. Ein Brief, der auf taube Ohren traf.

Die Geschichte der Beziehung zwischen Karol Wojtyła und Anna-Teresa Tymieniecka beginnt 1972, als diese, damals Mitte Vierzig, ein Exemplar von *Osoba i Czyn* erwarb, das der Krakauer Erzbischof 1967 veröffentlicht hatte. »Zu dieser Zeit war mir der Autor völlig unbekannt«, schreibt Frau Tymieniecka, und weiter:

> Ein erster flüchtiger Blick in diese Arbeit zeigte mir, daß sie in einer gewissen Nähe zu meinem eigenen phänomenologischen Werk stand, wie man aus [Tymienieckas Arbeit] *Eros und Logos* (erschienen 1962) entnehmen kann. In meinem Buch habe ich die These aufgestellt und begründet, daß das Handeln dem Denken vorausgeht und daß darin der *Schlüssel für ein Verständnis des Menschen* zu finden ist – im Gegensatz zur im phänomenologischen Denken vorherrschenden Betonung des kognitiven Charakters der Intentionalität und seines Vorrangs ...
>
> Ich war höchst erstaunt und nicht wenig aufgeregt, als ich entdeckte, daß es da einen anderen Philosophen gab, der an einem so ähnlichen Punkt wie ich angelangt war. Mein Interesse an diesem Buch war daher verständlich ... hier endlich war ein verwandter Geist.

In den Jahren 1972 und 1973 erzählte sie ihren Studenten immer wieder von einem »genialen Buch« des Kardinals Wojtyła. Als sie 1973 eingeladen wurde, im wissenschaftlichen Komitee des Internationalen Thomas-von-Aquin-Kongresses, der aus Anlaß seines siebenhundertsten Geburtstags veranstaltet werden sollte, die amerikanischen Wissenschaftler zu vertreten, fuhr sie nach Polen und bat den Kardinal, in der phänomenologischen Sektion, die sie moderieren sollte, ein Papier vorzulegen.

> Der Kardinal, mit dem ich brieflich Kontakt aufgenommen hatte, antwortete auf mein Schreiben, indem er mir am 29. Juli in seiner Residenz in Krakau eine Audienz gewährte: Er war erstaunt, daß jemand sein philosophisches Denken bewunderte, da seine Arbeit von einer Reihe katholischer Philosophen auf einem Symposion in Lublin, das der Diskussion seines Werkes gewidmet war, in allen Punkten heftig kritisiert worden war. Nach einer weiteren Audienz gelang es mir jedoch, seine Zurückhaltung zu überwinden und ihn dafür zu gewinnen, an einem internationalen Forum von Fachphilosophen teilzunehmen, und er versprach, ein Arbeitspapier beizusteuern.

Ihre erste Unterhaltung fand in einem Salon des erzbischöflichen Palais statt, wo die beiden über eine Stunde plauderten. Wojtyła sei, wie er selbst gesagt habe, »höchst erstaunt über meinen Besuch [gewesen]. Er sagte, er fände es vollkommen unbegreiflich, daß ich aus dem Ausland angereist käme, um ihm zu sagen, daß ich *Osoba i Czyn* für ein großartiges Buch hielte.«

Schwester Eufrozja, die damalige Sekretärin des Kardinals, war entzückt, daß sich jemand für Wojtyłas Philosophie interessierte, und als die beiden Frauen im Refektorium der Schwestern bei Tee und Gebäck zusammensaßen, ermunterte sie Frau Tymieniecka, am nächsten Tag wiederzukommen. »Das gab mir Gelegenheit, mit ihr zu sprechen. Ich wollte, daß sie ihn bearbeitete und überzeugte. Ich sagte, ich wolle ihn einladen, in Neapel während des Thomas-von-Aquin-Kongresses einen Vortrag zu halten. Ich wolle, daß er den Katholizismus repräsentierte – einen Juden und einen Protestanten hatte ich schon. Ich sah ihn als jemanden mit Ideen, die meinen eigenen sehr verwandt sind ... Ich hielt eine flammende Rede – wir bräuchten einen Führer der Christenheit in dieser Welt, denn alles fiele auseinander; ich sei gekommen, weil ich sein Buch gelesen hätte. Ich sagte, ich brauche ihn, weil in meiner Sektion jemand das Christentum vertreten müsse.«

In ihrer anschließenden Korrespondenz verabredeten Frau Tymieniecka und der Kardinal, daß er zum Kongreß über Thomas von Aquin in Neapel und Rom kommen und auf der Plenarsitzung über »Selbstbestimmung als konstitutive Struktur der Person« einen Vortrag halten und anschließend an ihrem Kolloquium zur Phänomenologie teilnehmen werde. Auf der Konferenz selbst, die vom 17. bis zum 24. April 1974 stattfand, nahm Kardinal Wojtyła eine weitere Einladung von ihr an: Sie wollte, daß er für die *Analecta Husserliana* Beiträge verfaßte. In dieser Zeit, so Frau Tymieniecka, hätten sie auch das erstemal über die Möglichkeit einer englischen Ausgabe von *Osoba i Czyn* gesprochen, an der sie beide arbeiten könnten und die sie von der phänomenologischen Gesellschaft veröffentlichen lassen würden.

> Ihn bekannt zu machen und ihm die angemessene Anerkennung als Philosoph zu verschaffen bedeutete Schwerarbeit, die ich ihm zuliebe auf mich nahm. ... Meine Bedingung war, das wir das zusammen taten. Er wollte, daß ich es [die Herausgabe] allein übernehme, aber ich lehnte ab. Ich sagte, nur wenn wir es zusammen machen.

Nachdem sie im November einen Brief vom Kardinal erhalten hatte, in dem er auf ihren Vorschlag, weitere Vorträge zu planen, positiv reagierte, reiste sie nach Krakau zu Wojtyła. Bei diesem Besuch, der über einen Monat währte, einigten sie sich darauf, daß sie eine englische Übersetzung von *Osoba i Czyn* als Band 10 der *Analecta Husserliana* veröffentlichen würde, und es wurde ein Vertrag unterzeichnet, der Anna-Teresa Tymieniecka die exklusiven weltweiten Publikationsrechte einräumte. Der Kardinal beauftragte in Polen einen professionellen Übersetzer, mit der Arbeit an einer englischen Fassung des Manuskripts zu beginnen, die er und Frau Tymieniecka dann bearbeiten würden. Frau Tymieniecka erinnert sich:

> Schon die erste Unterredung am 13. Juli 1975 mit dem vorgesehenen Übersetzer genügte, um die enormen Schwierigkeiten zu erkennen, die eine Übertragung ins Englische mit sich bringen würde. Die Kritiken polnischer Wissenschaftler schienen in vieler Hinsicht gerechtfertigt. Als ich den Autor darüber befragte, gab er zu, daß er sein Buch für die Publikation nicht noch einmal überarbeitet, sondern das Typoskript unredigiert in Satz gegeben habe.

So hat es Wojtyła stets gehalten, und dies ist ein Grund dafür, daß viele seiner Schriften als vage, schwierig oder unzugänglich betrachtet werden. Zusätzlich zu »unzähligen Mängeln des Textes« enthielt das Original »unvollständige Sätze, eine unsaubere Grammatik, unklare Ausdrücke, eine Fülle von Wiederholungen und nicht abgeschlossener Untersuchungen«, sagt Frau Tymieniecka.

An diesem Punkt begann nach ihrer und der Aussage anderer Beobachter die eigentliche Zusammenarbeit: ein Unternehmen, das sich über die nächsten drei Jahre hinzog, in denen sie für ihn weitere Auftritte bei europäischen Philosophenkongressen (zum Beispiel im März und September 1976 in Rom) arrangierte, die gewöhnlich eine Woche oder länger dauerten. 1975 begann sie die Voraussetzungen dafür zu schaffen, daß er im folgenden Sommer in Verbindung mit seiner Teilnahme am Eucharistischen Kongreß in Philadelphia eine Vortragsreise durch die Vereinigten Staaten unternehmen konnte. Sie wollte »diesen großen Denker in die internationale Wissenschaftlergemeinschaft einführen«.

Inzwischen – bei den Konferenzen in verschiedenen europäischen Städten, am Tisch im Collegio Pollaco, wenn Wojtyła in dienstlichen Angelegenheiten im Vatikan weilte und während ihrer Besuche in Polen – hatte ihre Zusammenarbeit an dem Buch feste Formen angenommen.

> Ich kam je dreimal im Jahr nach Polen und nach Rom. In Polen hielt ich mich bei jedem Besuch fünf Wochen auf und in Rom jeweils zwei bis drei Wochen, über vier Jahre hinweg. In Polen war ich dann mindestens drei Wochen in Krakau, und in dieser Zeit arbeiteten wir zusammen, wann

> immer er Zeit hatte ... Er schickte mir eine Nachricht, oder Schwester Eufrozja rief mich an.
>
> Ich wohnte bei Freunden, meistens bei Angehörigen der Universität, manchmal im Hotel ... Er schickte einen Tag vorher eine Nachricht. Fünf Wochen lang stand ich zur Verfügung, wenn er Zeit hatte: zwei Wochen in Warschau und drei in Krakau. Ich widmete mich ihm vollkommen. Wir hatten ungeheure Diskussionen. Die faszinierendsten philosophischen Diskussionen über sein Buch und seine anderen Schriften. Und über meine Sachen, er las alles, was ich geschrieben habe – jedenfalls alles, was er von mir bekam.

Ein Bild aus dieser Zeit zeigt sie am Klavier in ihrem Haus in Vermont sitzend: eine reizende, sehr kleine Frau im kurzen Rock, die ihr blondes Haar nach hinten zu einem kurzen Pferdeschwanz zusammengebunden hatte.

Während jeder dieser fünfwöchigen Arbeitsperioden in Europa hätten sie sich in der Regel etwa sechs- bis achtmal getroffen, um zusammen zu arbeiten:

> Manchmal für eine Stunde, manchmal zum Mittag- oder Abendessen oder wenn er sonst ein bißchen Zeit finden konnte ... Einmal saß ich drei Stunden mit ihm im Auto, auf dem Weg nach Bologna, und auf dem Rücksitz sprachen wir über das Buch. Er hatte nie Zeit. Ständig reiste er in seiner Diözese umher. Ein- oder zweimal [während ihrer jeweiligen Aufenthalte in Krakau] trafen wir uns zu einem Tagesausflug, gingen sechs Stunden spazieren und sprachen über Philosophie. Es waren Spaziergänge im Wald – er war ein passionierter Wanderer. Ich schaffte es so gerade, war eher auf der schwächeren Seite. Bei diesen Spaziergängen war meistens Dziwisz dabei. ... Oft fuhren wir ins Gebirge, und der Geheimdienst folgte dem Kardinal. Mucha [der Fahrer des Kardinals] versuchte, sie abzuschütteln.

Zu diesem Punkt gibt es eine interessante Fußnote: Nachdem Wojtyła zum Papst gewählt geworden war, lieferten ausgerechnet die Dossiers und Polizeiberichte der polnischen Kommunisten die Grundlage für die haltlosen Annahmen und Gerüchte, daß Karol Wojtyła eine – vermutlich sexuelle – Beziehung zu einer polnischen Frau gehabt habe, als er Prälat war. Die Frau, die von den Geheimdienstagenten offenbar tatsächlich bei mehreren Gelegenheiten mit ihm zusammen gesehen wurde, war aller Wahrscheinlichkeit nach Anna-Teresa Tymieniecka.

Sie sprachen über Literatur, über Natur, Dichtung und Anthropologie:

> Es waren wirklich Dialoge unter Philosophen, die wir miteinander führten. Worüber wir sprachen, ging weit über das Buch hinaus; darin lag der Charme dieser Arbeit. Ohne diese Gespräche hätte ich wahrscheinlich nicht die Hingabe entwickelt, mit der ich mich diesem Buch widmete. Er war ein unvergleichlicher Partner für philosophische Gespräche.

Die Themen der entstehenden Ausgabe von *The Acting Person* waren im weiteren Sinne »bereits in der polnischen Fassung enthalten. Wir konzentrierten uns auf engere philosophische Fragestellungen; wir mußten über unklare Formulierungen sprechen, und Sätze mußten zu Ende geschrieben werden. Die Themen standen im großen und ganzen fest.«

Es waren dieselben, die zur Grundlage auch seiner philosophischen Überlegungen und Überzeugungen als Papst wurden.

> In *The Acting Person* ist das meiste jener Kirchenpolitik zu finden, die er als Papst praktizierte. Diese Themen waren der Grund dafür, daß er die Fähigkeit besaß, die Christenheit zu führen, und daß ich das erstemal nach Krakau gefahren bin. Er richtete sich damit gegen die Tendenzen der kirchlichen Kultur jener Zeit. Er betonte die Selbstbestimmung des Menschen: Daß es beim Individuum liegt, seinem Leben eine Richtung und eine Form zu geben und es zu entwickeln; folglich müßten eine Gesellschaft und ein politisches System dem Individuum die Möglichkeit zur Selbstbestimmung einräumen.
>
> Wenn auf der einen Seite das gesellschaftliche und politi-

> sche System das Recht auf die Selbstbestimmung verweigert – wie in totalitären oder kommunistischen Systemen, die den Menschen in seiner Selbstbestimmung unterdrücken –, dann ist der Staat schädlich. Wenn aber andererseits Gesellschaften und Kulturen dem Individuum erlauben, sich strikt individualistisch zu verhalten und die Bindungen der Gemeinschaft, welche die Selbstbestimmung verlangt und aufbaut, außer acht zu lassen – dann wird der praktische Zusammenhalt der Gesellschaft sich auflösen.

Wojtyłas Besuch in den Vereinigten Staaten im Jahr 1976 war ein Triumph und ein definitiver Wendepunkt in seiner geistigen Entwicklung. In Amerika fand er auch erstmals die Aufmerksamkeit eines großen und einflußreichen Publikums. »Ich wollte ihn als eine große Persönlichkeit, als einen großen Staatsmann einführen, aber das nahm mir zunächst keiner ab«, sagt Frau Tymieniecka. »Er kam aus einem unbedeutenden Land, und niemand kannte ihn. Ich organisierte ein Abendessen für ihn im Haus des Präsidenten von Harvard – zweihundertfünfzig Menschen –, die Universität stellte ihm einen Wagen mit Fahrer zur Verfügung. Und alle polnischen Professoren kamen, um den Kardinal bei seiner Ankunft zu empfangen.« Die formelle Einladung an Wojtyła, in Harvard zu sprechen, war von Dr. Williams ausgesprochen worden.

Sein Vortrag in Harvard wurde von den Akademikern wie von den Kirchenführern äußerst wohlwollend aufgenommen und brachte ihm eine ausführliche Berichterstattung ein, sogar in der *New York Times* erschien ein Artikel. Bei einem Lunch in Harvard, zu dem die Universitätsverwaltung und die Presse erschienen, stellte Frau Tymienieckas Mann, der Harvardprofessor Hendrik Houthakker, ein holländischer Jude, der eine Zeitlang in einem Internierungslager der Nationalsozialisten verbracht hatte, Wojtyła als den künftigen Papst vor.

Während der drei Wochen zwischen dem Eucharistischen Kongreß und Kardinal Wojtyłas Vorträgen und Begegnungen mit katholischen Kirchenführern in Washington und anderen Städten hielt er sich zweimal im Haus von Frau Tymieniecka in Vermont auf – sechs oder sieben Tage insgesamt. (In Washington war sie die

Gastgeberin eines Abendessens und eines Empfangs zu Ehren des Kardinals).

In diesem Zeitraum, sagt Frau Tymieniecka, sei ihre Zusammenarbeit am intensivsten gewesen, hier seien sie zu engen Freunden und philosophischen Gesprächspartnern geworden – ein Eindruck, den die Professoren Williams und Houthakker teilen. Die Situation sei »wundervoll gewesen; herrliche Dinge haben wir miteinander erlebt, unvergleichbar waren unsere philosophischen Gespräche. Häufig arbeitete er in der Küche. Wenn er am Tisch sitzt, konzentriert er sich mit einer unglaublichen Intensität und steht nicht auf, bevor er fertig ist. ... Dann überdenkt er alles noch einmal.«

Sie habe sich entschlossen, den Kardinal auf möglichst amerikanische Art zu empfangen. Das Frühstück bestand aus Quäkerflokken. »Wir gingen schwimmen im Teich des Nachbarn. Die Messe fand unter einem Baum statt, auf einem Picknicktischchen morgens um halb acht, so daß mein Sohn helfen konnte [bevor er zur Arbeit ging]. Pater Dziwisz war der Meßdiener. Wir hatten Tiere – ein Pferd, eine Ziege und einen Esel –, und die trabten herbei, um zu sehen, was da los war.«

Manchmal hätten sie und Wojtyła sechzehn Stunden am Tag gearbeitet, auf langen Spaziergängen über »Philosophie, Gesellschaft, Literatur, Dichtung« diskutiert. Es waren »unglaublich spannende Diskussionen ... Er plante, auf *The Acting Person* noch einen weiteren Band folgen zu lassen, und zwar über das, was er als Anthropologie betrachtete, ein Traktat über Ethik, der dann die Grundlage für *Veritatis Splendor* wurde.«

Er sei »der eleganteste Mann ... der eleganteste Schauspieler. Etwas von einer vollkommenen Gelassenheit und einer sehr sanften – das ist der Schlüssel – Selbstbeherrschung ist in seinem Verhalten. Man sollte nicht vergessen, daß er ausgebildeter Schauspieler ist.« Und sie fährt fort:

> Er hat sich ein bescheidenes Verhalten entwickelt, so eine fürsorgliche Art, sich Menschen zuzuwenden. Er vermittelt einem das Gefühl, daß er an nichts anderes denkt, daß er bereit ist, für den anderen alles zu tun ... Dank seines angeborenen persönlichen Charmes, einer seiner stärksten Waf-

fen, hat er zusätzlich zu einer poetischen Natur eine einnehmende Art, mit Menschen umzugehen. In allem offenbart sich sein Charisma – selbst in der Art, wie er sich bewegt; was man jetzt vielleicht nicht mehr so deutlich sieht, denn jetzt ist er ein alter Herr. Er hatte eine Art, sich zu bewegen und zu lächeln, eine Art, sich umzusehen, die anders und etwas höchst Persönliches und sehr Schönes war.

Indem sie dem Kardinal zugehört habe, wie er seine Gedanken formulierte, und mit ihm über einen langen Zeitraum hinweg intellektuell sehr eng zusammenarbeitete, gelangte Frau Tymieniecka allmählich noch zu anderen Einsichten in seine Persönlichkeit, seine Kraft und seine Wesensart:

> Die größte Kraft des Papstes, diese besondere Berufung, hat etwas von Christus. Worin besteht sie? Er sieht jemanden zum erstenmal in seinem Leben und ist fähig, für diesen Menschen einen verborgenen Schatz der Brüderlichkeit zu öffnen. Christus selbst konnte das nicht besser machen. Darum fühlen sich die Menschen von ihm so magnetisch angezogen. Durch sein Lächeln, seine warmherzige Art, die so fürsorglich ist, als sei der andere der ihm am nächsten stehende Bruder, dem er sich ganz hingibt. Das ist keine Frage von Realität oder Pose. Es ist sein Wesen.
>
> Menschen, die mit ihm zu tun haben, sehen in ihm eine höchst liebenswürdige und äußerst bescheidene Person. Sie bemerken nie diesen eisernen Willen dahinter. Das *ist* der Papst. Er ist immer vollkommen entspannt. Die unglaubliche Arbeit, die sich in seinem Kopf abspielt, man sieht sie nicht... Sein übliches Verhalten [anderen gegenüber] ist höflich, liebenswürdig und zugänglich. Er setzt seinen eisernen Willen mit verbindlichem Verhalten und enormer Diskretion durch. Er äußert sich nicht direkt. Bis zu einem gewissen Grad ist das eine Pose. Aber es ist eher eine zweite Natur, nicht einfach nur eine Pose. Wahrscheinlich war er immer so. Wenn Sie sich die Fotos [aus seiner Jugend] betrachten! Ein süßer Junge – sehr nachdenklich, fast ein bißchen sentimental.

> Ein Charakterzug, den ich besonders deutlich sehe, ist seine Liebe zum Widerspruch... Ausdauer und Beharrlichkeit sind andere primäre Eigenschaften. Er sieht nie ein Hindernis. Er kennt kein Hindernis.

»Er ist äußerst stolz«, wie sie rasch festgestellt habe, »und er reagiert furchtbar empfindlich auf Hochmut. Er ist ein äußerst vielgesichtiger Mensch, sehr farbig. Und keineswegs so demütig, wie er erscheint. Auch nicht bescheiden. Er hat eine sehr hohe Meinung von sich, aber das ist auch angemessen.«

Auf die Frage, ob er je seine Ansicht geändert habe, sagt Frau Tymieniecka:

> Ich glaube, nicht. Er ist sehr interessiert an neuen Ideen. Er ist offen für neue Ideen, wenn sie sich mit den seinen vertragen. Er ist sehr systematisch. Und er ist kein Mann, der nach dem Prinzip von Versuch und Irrtum vorgeht. Er experimentiert nicht. Er wurde Papst als ein reifer Mann, der ein System hatte. Sein restliches Leben ist dazu da, es in die Tat umzusetzen.

Frau Tymieniecka fand Wojtyłas Klugheit fast grenzenlos, mit einer einzigen Ausnahme: Wenn sie über den Westen und die Vereinigten Staaten sprachen, in die sie in den sechziger Jahren aus Europa kam, habe sie bemerkt, daß viele Ansichten des Kardinals falsch und sein Mangel an Wissen beunruhigend gewesen seien.

Und sie bekam den Eindruck, daß er die kommunistische Herrschaft im Osten für unerschütterlich hielt. Sie sprach über diese Dinge mit ihrem Mann – wenn sie auch sonst nicht viel davon erzählte, wie sie die Zeit mit Wojtyła verbracht hatte. Dr. Houthakker erinnert sich:

> Sie hatte das Gefühl, er halte die Kommunisten für mächtiger, als sie in Wirklichkeit waren. Meine Frau hatte den Eindruck, Wojtyła dachte, die Kommunisten könnten sich langfristig behaupten, so daß er in gewisser Weise in einer verlorenen Schlacht kämpfte. Er war sich der Macht des

sowjetischen Systems sehr bewußt. Die Macht des westlichen Systems dagegen nahm er nicht richtig wahr.

> ... Sein mangelndes Verständnis für den Westen beunruhigte meine Frau wohl ein wenig. Sie sprach mit ihm über das Wesen dieser Gesellschaft, die so verschieden ist von der, in der er aufgewachsen ist... Er neigte dazu, die westlichen Länder und besonders die Vereinigten Staaten als unmoralisch, ja vielleicht sogar als amoralisch anzusehen! Er besaß keinen wirklichen Sinn für den Wert der demokratischen Tugenden. Bei mindestens zwei Gelegenheiten sagte sie ihm, daß er in den Vereinigten Staaten zu einem Savonarola würde; sie dagegen finde aber, die Vereinigten Staaten seien ein wundervolles Land. Natürlich gebe es Dinge, die sie ablehne; aber dennoch könne er so nicht reden. Sie legte ihm nahe, seine Verachtung für die Dekadenz im Westen und besonders in den Vereinigten Staaten und auch seine Bestürzung darüber nicht so deutlich zu zeigen. Das war sehr wichtig, denn er hätte mit dem, was er eigentlich sagen wollte, seine Aufnahme in den Vereinigten Staaten völlig verderben können.

Später, nach einem Gespräch mit Houthakker, das im Vatikan stattfand, nachdem Wojtyła Papst geworden war, verstärkte sich dieser Eindruck: »Ich versuchte, mit ihm über die Verdienste des Kapitalismus und der Demokratie zu reden«, sagte Houthakker, »aber ich hatte das Gefühl, das führte zu nichts.«

Als Wojtyła Papst wurde, machten nicht wenige amerikanische Bischöfe die gleiche Erfahrung.

Dr. Houthakker hat die Beziehung zwischen seiner Frau und Wojtyła über die Jahre miterlebt und sagt dazu:

> Sie müssen wissen, daß meine Frau und ich ziemlich verschiedene Interessengebiete haben. Wenn es viel zu tun gibt, sehen wir uns nur an den Wochenenden.
>
> Mein Frau ist sehr weiblich, und ich bin sicher, daß sie an Wojtyła als Mann und als Priester dachte. Darüber besteht kein Zweifel. Meine Frau beurteilt die Menschen immer

danach, ob sie ansehnlich sind oder nicht. Auch ihn wird sie so beurteilt haben. Ich glaube aber nicht wirklich, daß sie von ihm besonders angezogen war. Sie war sich halt der Tatsache bewußt, daß er ein Mann war, und daran konnte sie ja nichts ändern, daß es so war ... Ich glaube, meine Frau fand, daß der Papst geistigen Dingen sehr nahestand. Das findet sie immer noch. Daher meint sie, sie kann mit ihm reden, was sie mit vielen anderen Leuten nicht kann, weil er Pole ist und weil sie eigentlich mit anderen Polen nicht gut zurechtkommt.

Gefragt, was der Kardinal in dieser Beziehung gefunden haben mochte, überlegt Houthakker: »Vielleicht ein Fenster zur Welt draußen. ... Denn ich denke, er war sich nicht so recht im klaren darüber, daß er sein Leben doch in einer eng begrenzten Umgebung verbracht hatte.«

Houthakker beschreibt Anna-Teresa Tymieniecka als »eine sehr direkte und geradlinige Person« (Dr. Williams benutzt fast die gleichen Worte). »Sie hat ihn nicht mit unnötiger Hochachtung behandelt, mit mehr Respekt, als dem Papst zukommt; sie spricht mit ihm ganz offen.« Vielleicht war das, glaube er, ein weiterer Grund dafür, daß sie solchen Einfluß auf ihn ausübte.

»Sie hat mir mehr über ihre Beziehung zu ihm gesagt«, erzählt Dr. Williams, »als ich angemessen fand – ganz bestimmt im Hinblick auf ihn, aber auch auf mich als Zuhörer.« Doch in der Zeit, als er sein Buch *The Mind of John Paul II* schrieb, in den ersten Jahren von Wojtyłas Pontifikat, sei sie äußerst vorsichtig gewesen – und ziemlich hilflos, sagt er.

Als sie später ausführlicher mit ihm sprach, kam er zu dem Ergebnis (das für ihn schon lange feststand), daß sich Frau Tymieniecka von dem Kardinal sexuell stark angezogen fühlte, daß dies aber »sublimiert« wurde wegen der Realität seines Amtes und Ersatz fand in »einer intellektuellen Leidenschaft ..., in der sie von Ideen erregt war. Ich glaube, es war eine Art der Zusammenarbeit, bei der ihr eigener Sinn für den Katholizimus durch diesen gewinnenden, geheimnisvollen Gelehrten, der eben kein Standardprodukt eines theologischen Seminars und eher ein Phänomenologe als ein Thomist war, verstärkt wurde. Und ich meine, daß sie das als etwas Grenzüberschreitendes in der intellektuellen Geschichte ihrer Kirche empfand. Ach, ich glaube, sie lachten und scherzten und erlebten alles gemeinsam – in Gesellschaft natürlich«, sagt er.

Dr. Williams zweifelt nicht daran, daß sich Frau Tymieniecka auf ihre Weise in den Kardinal verliebt hatte und daß Wojtyła dieses Gefühl nicht erwiderte. »Es ist die Frage, ob er emotional engagiert war. Ich finde, da gab es kein Gleichgewicht, auch wenn sie zusammen waren und dieselbe Szenerie vor sich hatten, wenn sie die gleichen Trauben pflückten und so weiter.« Wojtyła, so vermutet er, habe sich von ihr intellektuell angezogen gefühlt:

> Das Herz hat seine eigenen Gründe, und der Geist hat ein Herz. Sein Geist kennt eine Leidenschaft, die er auf einzigartige Weise erfahren haben mag, als er mit ihr an *The Acting Person* zusammenarbeitete. Und das ist *Die handelnde Person.* Wenn Sie nur den polnischen Titel des Buches nehmen, die ursprüngliche Konzeption, dann sehen Sie da eine Dualität – die Person und die Handlung –, und ich glaube, diese Dualität ist das Paradigma der Beziehung... Vielleicht kann man sagen, in Umkehrung seiner ursprünglichen Intentionen ist er *Czyn* und sie *Osoba.*

TEIL DREI

KONKLAVE

Ein Papst im Schlafanzug

Kurz nach fünf Uhr morgens betrat Schwester Vincenzina das Schlafzimmer des Papstes. Als sie die Bettvorhänge zurückzog, fiel ihr Blick auf einen Toten. Johannes Paul I. lag verkrümmt auf seiner rechten Seite, in der Hand ein Bündel Papiere, auf seinem starren Gesicht die Andeutung eines Lächelns. Wie jeden Morgen hatte die Nonne um halb fünf eine Tasse Kaffee vor die Tür des päpstlichen Schlafzimmers gestellt, und als sie bemerkte, daß diese nicht angerührt worden war, begann sie sich Sorgen zu machen. Also beschloß sie hineinzugehen und selbst nachzusehen. Es war der 29. September 1978. Das Leben im Apostolischen Palast geriet aus den gewohnten Bahnen.

Um 7.42 Uhr meldete Radio Vatikan den Tod des Papstes, verschleierte jedoch die Wahrheit. Die Eröffnung, Schwester Vincenzina habe den toten Papst im Schlafanzug gesehen, war undenkbar. Also lautete die offizielle Version, Monsignore John Magee, der irische Sekretär des Papstes, habe den Leichman entdeckt. Kardinal Jean Villot, der Staatssekretär des Vatikans, hatte strengste Anweisungen gegeben: »Die Welt darf nicht erfahren, daß eine Frau als erste Person das Schlafzimmer des Papstes betreten hat.«

Noch eine andere fromme Lüge wurde verbreitet: Der Papst habe im Augenblick seines Todes *Von der Nachfolge Christi*, das Traktat des Mystikers Thomas à Kempis aus dem fünfzehnten Jahrhundert, gelesen. Beamte des Vatikans behaupteten später, Johannes Paul I. habe den Entwurf für eine Predigt in der Hand gehalten, an der er gerade arbeitete. Doch recht schnell wurde bekannt, daß der Papst am Abend zuvor eine erregte Diskussion mit seinem Staatssekretär geführt hatte, in der es um bevorstehende Personalentscheidungen in der Kurie und der italienischen Kirche ging, und daß er in der Nacht seines Todes mit Kardinal Giovanni Colombo, dem Erzbischof von Mailand, telefoniert hatte, um ihn um Rat zu fragen.

Dies veranlaßte einige Würdenträger der Kurie, sich zuzuflüstern, das Bündel Papiere in der Hand des Papstes habe mit Ernennungen und Versetzungen zu tun gehabt – Aufzeichnungen über die Neuausrichtung des Gleichgewichts der Machtverhältnisse innerhalb der Kirche. Die Aufzeichnungen von Papst Johannes Paul I. sind nie veröffentlicht worden. Wie es dem Brauch entsprach, befahl Staatssekretär Villot, alle persönlichen Gegenstände des Pontifex zu entfernen, einschließlich seiner Brille, seiner Hausschuhe und vor allem der Medikamente auf seinem Nachttisch. Manche hielten die medizinische Untersuchung durch Dr. Renato Buzzonetti, den Arzt des Papstes, für flüchtig, doch sie bildete die Grundlage für die Verlautbarung, Johannes Paul I. sei am Abend des 28. September an einem Herzanfall (myocardischer Infarkt) gestorben. Die Vertrauten des Papstes, vor allem jene, die seinen mentalen und physischen Zustand am besten kannten, hielten eine Lungenembolie für wahrscheinlicher.

Wenige Stunden nach der Bekanntgabe begannen in Rom die Gerüchte über die »Geheimnisse« um den Tod von Albino Luciani zu zirkulieren. Die Entscheidung der vatikanischen Behörden, keine Autopsie durchführen zu lassen, gaben diesen Zweifeln Nahrung und begründeten die Legende, der Papst sei vergiftet worden – eine unglaubliche Hypothese, selbst für die paranoidesten Beobachter im Vatikan. Einer, der diese Theorie als besonders absurd erachtete, war ein Priester, der Albino Luciani sehr gut gekannt hatte, da er in Venedig sieben Jahre lang sein persönlicher Sekretär gewesen war. »Er ist zusammengebrochen«, sagte er, »unter einer Bürde, die zu groß war für seine schmalen Schultern, und unter der Last seiner unermeßlichen Einsamkeit.« Am Abend vor seinem Tod, als er seine Mahlzeit beendete, hatte Johannes Paul I. zu Monsignore Magee gesagt: »Ich habe alle Vorbereitungen für die geistlichen Exerzitien der nächsten Fastenzeit getroffen.« Dann fügte er hinzu: »Wenn ich mich jetzt zurückziehe, dann in einen guten Tod.«

Diese Vorahnung könnte der Schlüssel zum Ende von Johannes

Paul I. sein. Seine Seele war schon tödlich verwundet durch Streß, Isolation und von seinem tiefen Verlangen danach, nicht Papst sein zu müssen. Wenige Tage vor seinem Tod hatte er beim Abendessen zu Staatssekretär Villot gesagt: »Ein anderer, besserer Mann als ich hätte gewählt werden können. Paul VI. hatte seinen Nachfolger schon bestimmt. Er saß direkt vor mir in der Sixtinischen Kapelle... Wojtyła. Er wird kommen, weil ich gehen werde.«

Nach Krakau gelangte die Meldung vom Tod Johannes Pauls I. mit den Morgennachrichten im Radio. Pater Mieczysław Maliński hörte die Sendung im Pfarrhaus der Gemeindekirche Sankt Anna. Sein erster Gedanke war es, den Kardinal zu informieren. Er eilte zum Palais des Erzbischofs. Im Innenhof traf er Józef Mucha, Wojtyłas Chauffeur, der aus dem gleichen Grund auf dem Weg zum Kardinal war. Zusammen betraten sie die Küche im Erdgeschoß. Wenn man aus der ersten Herbstkälte von der Straße nach drinnen kam, war es angenehm warm, und es roch nach Brot, Eiern und Kaffee. Kardinal Wojtyła saß im angrenzenden Zimmer an einem langen, schmalen Tisch. Dort besprach er mit seinen engsten Mitarbeitern den Tagesplan.

Er hatte gerade die Messe in der Kapelle beendet und machte nun eine kurze Pause. Er nahm sein Frühstück nicht in den historischen Gemächern des Palais im zweiten Stock, sondern im Erdgeschoß neben der Küche zu sich.

Mucha versuchte eine der in der Küche beschäftigten Nonnen zu überreden, dem Kardinal die Neuigkeit zu überbringen. »Sie müssen hineingehen und ihm sagen, daß der Papst gestorben ist.«

»Aber das war doch schon vor einem Monat.« Der Gesichtsausdruck der Nonne war verwirrt.

»Nein, der neue.«

»Das kann ich nicht. Wenn Sie ihm das sagen wollen, müssen Sie schon es selbst tun.«

Irritiert steckte Mucha seinen Kopf in die Durchreiche für das Essen und fragte Stanisław Dziwisz, den Sekretär des Kardinals: »Pater, haben Sie gehört, daß Johannes Paul I. tot ist?«

Wojtyła, der sich gerade Zucker in die Teetasse löffelte, erstarrte und erbleichte, seine rechte Hand bewegte sich noch nach oben. Der einzige Laut, der in der Stille zu hören war, war der Löffel, der auf den Tisch fiel.

»Nein«, murmelte er.

Mucha erinnert sich auch, daß die erste Folge dieser Nachricht ein Migräneanfall des Kardinals war. Wojtyła schloß sich mehrere Stunden in der Kapelle ein, bevor er seinen normalen Arbeitsplan wieder aufnahm und wie verabredet eine Pfarrgemeinde besuchen ging.

Den ganzen Tag über wirkte er angespannt. Er wußte, daß er zum nächsten Konklave nicht als Zuschauer reisen würde. In diesem August während des Wahlvorgangs, der mit der Entscheidung für Albino Luciani ausging, hatte er schon eine Handvoll Stimmen erhalten. Nach der Zählung von Romuald Kukołowicz, dem Assistenten von Primas Wyszyński, waren es insgesamt neun.

Diese Stimmen für Wojtyła waren ein Signal. Der Erzbischof von Krakau hatte sie so ernst genommen, daß er äußerst erleichtert war, als die Wahl auf Johannes Paul I. fiel. »Er war sehr glücklich«, erinnerte sich Schwester Andrea Górska, die frühere Äbtissin der Ursulininnen von Warschau, in deren Kloster der Kardinal wohnte, wenn er sich in der Hauptstadt Polens aufhielt. »Eminenz, Sie sehen so viel jünger aus«, habe sie zu ihm gesagt, als Wojtyła von dem Konklave im August zurückgekehrt sei. »Weil wir einen hervorragenden Papst gewählt haben«, antwortete Wojtyła. »Er ist ein wirklich Gläubiger, sehr einfach, aber gläubig.«

Aber er war nicht sehr belastbar. Eine Karikatur in *Le Monde* hatte Papst Johannes I. dargestellt, wie er, nach einem Pontifikat von nur dreiunddreißig Tagen, zerschmettert unter den Massen des Peterdoms lag. Die Kardinäle sahen dies als Zeichen dafür, daß ein Mann einfachen Glaubens nicht genügte, um die Barke des Petrus zu steuern.

Am 1. Oktober zelebrierte Wojtyła die Messe für den toten Papst in der Marienkirche von Krakau. Am 2. Oktober reiste er nach Warschau. Mucha, der ihn zum Flughafen fuhr, fand ihn traurig und deprimiert: »Alle sagten, er werde nicht wiederkommen.«

Noch einmal machte der Kardinal im Kloster der Ursulininnen

halt. In dem kohlegrauen Gebäude aus den dreißiger Jahren hielt sich Wojtyła eine kleine Zweizimmerwohnung, die er bei seinen häufigen Besuchen in der Hauptstadt nutzte. Er verbrachte den Tag in dem Versuch, seine Gedanken auf Routinetätigkeiten zu konzentrieren, besuchte eine Sitzung der polnischen Bischofskonferenz und widmete sich in den späten Abendstunden der Korrektur der Doktorarbeit von Andrzej Szostek, einem seiner Lubliner Studenten.

Am nächsten Morgen, als er sich von Schwester Andrea verabschiedete, wirkte er bleich und zerstreut. »Eminenz, ich weiß nicht, was ich Ihnen wünschen soll: daß Sie zurückkommen oder daß Sie nicht zurückkommen«, sagte die Nonne. »Schwester«, habe Wojtyła ganz ernst geantwortet, »es gibt so viele Dinge, die wir nicht wissen. Unser Leben ist so eingerichtet, daß nur Gott alles weiß.«

Wahlkampf

Gott allein weiß alles; der polnische Bischof Andrzej Deskur aber gehörte zu den am besten informierten Mitgliedern der römischen Kurie. Er war ein enger Freund Karol Wojtyłas seit ihrer gemeinsamen Zeit als Theologiestudenten. Am 4. Oktober, nach der Totenmesse für Johannes Paul I. im Vatikan, nahm der Erzbischof von Krakau ein Abendessen bei Deskur ein. Als Präsident des Bischöflichen Rates für soziale Kommunikation konnte dieser ihn am besten über die Lage unterrichten.

Die führenden Kardinäle waren zerstrittener als je zuvor und tief beunruhigt über die bevorstehende Wahl. Einmal mehr würde man in Freunde und Gegner zu dividieren haben, Allianzen mußten geschmiedet, Minderheiten in Mehrheiten verwandelt werden. Dies waren aufreibende Tätigkeiten, besonders weil sich das Ganze hinter den Kulissen abspielte. Offiziell blieb alles dem Heiligen Geist anvertraut, doch die reale Prozedur der Wahl zum Pontifex Maximus forderte alles an Ausdauer, Geschick und manchmal sogar jene Bosheit, zu der menschliche Wesen fähig sind. Kardinal Bernardin Gantin von Benin brachte die allgemeine Orientierungslosigkeit auf den Punkt, als er sagte: »Wir tappen im dunkeln.«

Die schnelle Wahl von Papst Johannes Paul I. am 26. August erschien als ausgesprochenes Wunder, obwohl sie mit Hilfe der mächtigen Kurienkardinäle Sebastiano Baggio und Pericle Felici hinter den Kulissen arrangiert worden war. In gerade vier Wahlgängen hatte man einen Kompromiß gefunden zwischen den auf Reformen setzenden Kardinälen, die einen »priesterlichen« Papst wollten, der mit den Machtstrukturen der Kurie nichts zu tun hatte, und den eher traditionellen Kardinälen, die absolute Garantien für die Orthodoxie forderten. Albino Luciani, der Patriarch von Venedig, war der ideale Mann für einen Kompromiß gewesen: ein neuer Mann in den Augen der Welt, mit menschenfreundlichen Umgangsformen, aber rigide in der Doktrin.

Nun galt es, einen anderen Namen zu finden, und wieder versuchten die Italiener, einen der ihren durchzudrücken. Doch zuerst mußten die Kardinäle die Konsequenzen des Zweiten Vatikanischen Konzils bedenken und darüber entscheiden, ob die Reformen in der Kirche fortgesetzt werden sollten oder nicht.

Kardinal Pericle Felici, der Präfekt des höchsten Tribunals der Apostolischen Segnatura (des höchsten Gerichts der römisch-katholischen Kirche), war die Zentralfigur in der Mobilisierung jener Kardinäle, die von der weltlichen Presse Italiens und der Welt als »Konservative« etikettiert wurden. Dies war eine Koalition mit einer langen Liste von gemeinsamen Klagen: die Priesterschaft in der Krise, immer weniger Berufungen, die Priesterseminare orientierungslos, Theologen in offener Rebellion, die katholische Sexualmoral aufgegeben, das Prinzip der Autorität herausgefordert, der Kommunismus in Europa und Lateinamerika auf dem Vormarsch.

Karol Wojtyła teilte diese Besorgnis, und in der Kurie wußte man das. Aber er war weniger pessimistisch als die römische Kurie. Er glaubte nicht, daß die Kirche sich vom Zweiten Vatikanischen Konzil abwenden mußte. Wojtyła stimmte den spöttischen Charakterisierungen von Papst Paul VI. nicht zu, die den konservativen Kardinälen so oft über die Lippen gekommen waren: Er sei der Ingenieur einer Lokomotive gewesen, ohne eine Vorstellung davon, wohin der Zug fahren solle.

Im Gegenteil, der Erzbischof von Krakau schätzte Papst Pauls intelligenten Glauben, seine Geduld, seinen »Gradualismus«, seine Fähigkeit zur Vermittlung, seinen Willen, die Lehren der Kirche zu verteidigen, sein Verlangen, mit der modernen Welt in Dialog zu treten. Auch dieses ausgewogene Urteil Wojtyłas war vielen der Kardinäle bekannt, denen vom gemäßigten ebenso wie denen vom sogenannten progressiven Flügel.

Wojtyła verließ Bischof Deskurs Wohnung mit dem sicheren Wissen, daß sein Name auf der Kandidatenliste stehen werde. Diesmal hatte er Pater Mieczysław Maliński, seinen Freund aus Krakau, nicht dabei, der geradeheraus zu sagen pflegte, was er dachte. Vor dem Konklave im August, als er Wojtyła zu einem Treffen der Kardinäle im Vatikan fuhr, hatte Maliński bemerkt: »Der nächste Papst soll ein armer Mann sein; und du, du kaufst einen Rückfahrschein, wo du doch weißt, daß du eventuell als Pontifex Maximus bleiben wirst.«

Wojtyła wirkte abwesend, wie immer, wenn er zuhörte oder nachdachte. Maliński blieb beharrlich.: »Du wirst der Papst sein, weil du ein Pfarrer bist und kein Bürokrat. Du bist weder ein Kardinal von der Rechten noch ein Mann der Linken wie Kardinal Suenens. Du bist aus der Mitte. Die Leute wollen einen Mann aus der Mitte.« Allerdings hänge alles von einer Bedingung ab, fügte Maliński hinzu: »Entscheidend ist, daß die Italiener einen Kardinal finden, mit dem sie sich identifizieren können. Doch sie haben keinen. Außer Bertoli, Baggio und Benelli können sie keine respektablen Kandidaten vorweisen. Also müssen sie einen Ausländer wählen.«

»Warum niemanden aus den Vereinigten Staaten, aus Frankreich, aus Deutschland?« hatte Wojtyła gefragt.

»Niemanden aus Frankreich und niemanden aus Deutschland, weil dann alle im Vatikan deutsch oder französisch sprechen müßten, und den Monsignori der Kurie bliebe dann nur die Kündigung«, hatte Pater Maliński spöttisch geantwortet. Es sei ein ungeschriebenes Gesetz des Konklaves, daß kein Kardinal aus einem mächtigen Land zum Papst gewählt werden könne. »Der Papst muß ein Mann aus einem kleinen Land sein«, betonte Maliński.

»Kardinal König kommt auch aus einem kleinen Land«, erwiderte Wojtyła. König stammte aus Österreich.

»Warum du und nicht König? Seit dem Konzil haben mehrere Bischofssynoden stattgefunden, und bei jeder bist du in den Rat der Synode gewählt worden. Niemand sonst gehörte so oft dazu.«

Daraufhin war Wojtyła die Antwort schuldig geblieben.

Und zwischen August und Oktober hatte sich nichts ereignet, das Malińskis hellsichtige Analyse umgestoßen hätte.

Am 5. Oktober, nach dem Besuch bei Deskur, aß Wojtyła im Haus eines anderen wichtigen polnischen Repräsentanten in Rom zu Mittag, bei Bischof Władysław Rubin, einem Mitglied der Vatikanischen Kongregation für katholische Erziehung. Zu den verschiedenen Aufgaben Rubins gehörte auch sein Amt als Berater des Päpstlichen Rates für die seelsorgerische Betreuung von Einwanderern, die von dem einflußreichen Kardinal Sebastiano Baggio geleitet wurde. In einer weniger bedeutenden Funktion arbeitete mit Pater Ryszard Karpiński ein weiterer Pole in diesem Rat; er war Mitte September (als Papst Johannes Paul I. noch lebte und sich offenbar bester Gesundheit erfreute) auf überraschend deutliche Zeichen für die Absichten der Kurie gestoßen. Er fuhr im Auto mit seinem Vorgesetzten und Vizepräsidenten des Rates, Erzbischof Emanuele Clarizio, und im Verlauf ihres Gesprächs hatte Clarizio so nebenbei bemerkt: »Kardinal Wyszyński ist zu alt, um Papst zu werden, aber Kardinal Wojtyła wäre gut geeignet.« Diese Botschaft erreichte Rubin, der sie jetzt an Wojtyła weitergab, der sich in zunehmendem Maße unbehaglicher fühlte.

In der Kirche Roms ist das Nahen eines Konklaves eine einzigartige Gelegenheit für die Kardinäle, nun wirklich Demokratie zu üben. Eine kurze Zeitspanne lang können sie Erwachsene sein, sind sie nicht die Söhne des Heiligen Vaters, sondern mit Grundrechten ausgestattete Bürger: ein Mann, eine Stimme. In diesem Augenblick gesteht man ihnen zu, Macht zu verleihen, und so treffen sie auch die Entscheidung darüber, wie Macht in Zukunft in ihrer Kirche genutzt werden wird. Diesmal hatten sie darüber zu befinden, wer die Kirche ins dritte Jahrtausend führen sollte, und viele der Kardinäle waren entschlossen, für ihre jeweilige diesbezügliche Vorstellung bis zum letzten zu kämpfen.

Kandidat in einer Papstwahl zu sein, ist vielleicht das Ungewöhnlichste, was einem Kirchenführer passieren kann. Es erfordert ein großes Maß an Bescheidenheit, Selbstbeherrschung – und Schizophrenie. Der Kandidat weiß, daß er *papabile* ist, aber er darf es nicht aussprechen. Er kann sein Programm nicht darstellen; er kann nicht einmal zu erkennen geben, daß er weiß, daß er im Rennen ist. Er muß alles dem Heiligen Geist anvertrauen, während er sich zugleich an den klassischen Manövern beteiligt oder mit ansieht, wie Übereinstimmung erreicht und Gegner blokkiert werden.

Sich dem Rampenlicht fernzuhalten, ist die Grundregel. Alles muß in samtweichen, interpretierbaren Worten ausgedrückt werden, geformt durch Jahrhunderte der Diplomatie. Menschen versuchen, sich gegenseitig in einem verschlüsselten *pas de deux* auszuhorchen, ohne jemals das anstehende Problem zu erwähnen. Hyacinthe Thiandoum, der Kardinal von Dakar, hat sein Zusammentreffen mit dem Patriarchen von Venedig, Albino Luciani, beschrieben, das nur einen Tag vor der Eröffnung des Konklaves im August in einem römischen Kloster stattfand.

»Mein Patriarch«, sagte Thiandoum, als das Abendessen vorüber war und die Nonnen den Kaffee auftrugen.

»Ich bin der Patriarch von Venedig«, antwortete Luciani.

»Wir warten auf Sie«, betonte der afrikanische Kardinal.

»Das geht mich nichts an«, meinte der zukünftige Papst und beendete damit das Thema.

Alles war schon gesagt, bevor sich der Zucker in den Espressotassen aufgelöst hatte.

Der Kandidat, der gewinnen will, läßt andere das Notwendige tun, zeigt sich nach außen so ruhig wie möglich und versucht keine Aufmerksamkeit auf sich zu ziehen. Diese Haltung nahm auch Wojtyła im Oktober ein, als die Fraktionen damit begannen, ihre Stimmen zu zählen; unabhängig von der Situation entsprach sie seinem Temperament.

Dennoch konnte er sich nicht taub stellen. Erzbischof Deskur, sein Freund, war Experte darin, für ihn nützliche Treffen zu arrangieren. So etwa das Essen mit dem fünfundsiebzigjährigen Kardinal Mario Nasalli Rocca, einem Kurienveteran und höchst einflußreichen Drahtzieher. Während des Abendessens im Kloster der Felizianischen Schwestern in der Via Casaletto brach Nasalli Rocca das Tabu, indem er ohne Umschweife erklärte: »Für mich gibt es nur einen Kandidaten – Kardinal Wojtyła.«

Dieser war verlegen. »Ein Essen ist nicht die richtige Gelegenheit, um solche Dinge zu besprechen. Wir sollten die Entscheidung der Vorsehung überlassen«, sagte er nach bester Manier eines *papabile*. Deskur strahlte vor Zustimmung.

Diese Unterstützung durch einen alten Fuchs der Kurie war wichtig für Wojtyła. Die Manöver waren nun im vollen Gang. Die verschiedensten Gelegenheiten wurden dazu genutzt: Abendessen in den Häusern von Würdenträgern, Gespräche in Restaurants, Spaziergänge auf dem Petersplatz, Treffen der Kardinäle im Apostolischen Palast – und gleichzeitig machten in den Bars rund um den Vatikan wilde Gerüchte und anzügliche Verleumdungen die Runde.

In der Woche vor dem Konklave konnte Wojtyła die Anstrengungen von Kardinal Giuseppe Siri aus Genua beobachten, der alles daransetzte, um seine letzte Chance wahrzunehmen, doch noch Papst zu werden. Siri war der offensichtliche Erbfolger von Pius XII. gewesen, aber das Konklave nach dessen Tod hatte überraschend Johannes XXIII. gewählt. Dann kam Paul VI. und dann Johannes Paul I. ...

Siri war ein hundertprozentiger Antikommunist; gerade deshalb hatte ihn Nikita Chruschtschow in den sechziger Jahren als geheime Verbindung zwischen Moskau und dem Heiligen Stuhl ausersehen. Der Kardinal war auch wohlbekannt dafür, daß er sich seit dem Zweiten Vatikanischen Konzil mit Zähnen und Klauen gegen jegliche dort beschlossene Reform gewehrt hatte. Jetzt stand deren Umsetzung auf dem Spiel. Vordergründig die Erinnerung an Johannes Paul I. beschwörend, leistete er sich eine Reihe plump ironischer Anspielungen: »Mit Lächeln oder Demonstrationen von Bescheidenheit und dem Einfachen kann man keine Politik machen.« Sollte heißen: Das Steuer von Sankt Peters Barke brauchte dringend seine eigene feste Hand.

Jene Kardinäle, in deren Augen die Reformbeschlüsse des Zweiten Vatikanischen Konzils den ersten Schritt ins Chaos bedeuteten, waren bereit, Siri als den Mann zu unterstützen, der die alte Ordnung wiederherstellte – oder zumindest die Reformer unter den Kardinälen so weit zu bremsen vermochte, daß sie jeden Kandidaten fallenlassen würden, der zu eindeutig Veränderungen propagierte. Das alte Ritual der Positionskämpfe vor dem Konklave erreichte seinen Moment der Wahrheit.

Wojtyła wußte, daß Siris Kandidatur die Herzen der progressiveren Kardinäle mit Schrecken erfüllte. Sie verstanden seine Position als Herausforderung der zentralen Ziele des Zweiten Vatikanischen Konzils: Offenheit gegenüber der modernen Welt, Reform der Liturgie, Freiheit für theologische Forschung, ernsthafte Auseinandersetzung mit den anderen christlichen Glaubensbekenntnissen, Dialog mit anderen Religionen und sogar der »Religion« Marxismus.

Am Mittwoch, dem 11. Oktober, versammelte sich mehr als ein Dutzend einflußreicher Kardinäle im französischen Priesterseminar, dem dafür angemessenen Ort; sie wollten sich zu einer Anti-Siri-Front verbünden und sich auf einen Gegenkandidaten einigen. Es war ein wahrhaftiges Gipfeltreffen, das mit einem Auge bereits auf Samstag, den 14. Oktober, schielte, an dem das Konklave beginnen sollte. Zu den Teilnehmern gehörten die Franzosen Paul Guyon und François Marty, die Kanadier George Flahiff und Maurice Roy, die Brasilianer Evaristo Arns und Aloísio Lorscheider, Basil Hume aus England, Bernardin Gantin aus Benin, Stefan Kim aus Südkorea, Leo Suenens aus Belgien und die Italiener Giovanni Colombo aus Mailand sowie Salvatore Papparlardo aus Palermo.

Ziel der Teilnehmer war eine geschlossene Phalanx zur Verteidigung der Errungenschaften des Zweiten Vatikanischen Konzils. Man entschied sich am Ende für keinen bestimmten Namen, aber unter den *papabili* begannen die Aktien von Kardinal Giovanni Benelli sprunghaft im Wert zu steigen. Er war der Erzbischof von Florenz und seit zehn Jahren *Monsignore Sostituto*, das heißt, er hatte das mächtige Amt des stellvertretenden Außenministers des Vatikans inne. Zudem war er einer der loyalsten Mitarbeiter von Paul VI. gewesen und der Sekretär Montinis vor dessen Aufstieg zum Thron. Dieser *papabile* hatte die eindeutige Absicht, die Kirche gegenüber der modernen Welt offenzuhalten.

Die außenstehenden Beobachter jedoch, die nur zwei gegnerische Fraktionen innerhalb der katholischen Kirche erwarteten, waren im Irrtum. Die internen Auseinandersetzungen gestalteten sich unübersichtlicher. Die Kardinäle Joseph Höffner aus Köln und Joseph Ratzinger aus München hatten zwar mit dem extremen Dogmatismus von Männern wie Siri nichts im Sinn, aber der große Einfluß jener Kardinäle, die in der Öffentlichkeit als »Liberale« galten, erfüllte sie mit Besorgnis. Kardinal Ratzinger nutzte ein

Interview in der *Frankfurter Allgemeinen Zeitung*, um vor dem Risiko kommunistischer Einwirkung auf das Konklave zu warnen. Er sprach vom gefährlichen »Druck linksgerichteter Kräfte« und erinnerte an die Kritik, die Johannes Paul I. an der Befreiungstheologie geübt hatte – der theologischen Strömung in Lateinamerika, die sich mit dem Kapitalismus auseinandersetzte und nicht selten mit den revolutionären Bewegungen gegen etablierte Diktaturen sympathisierte.

Wojtyła teilte Ratzingers Besorgnis. Über mehrere Jahre hinweg hatte der Erzbischof von Krakau seinen jüngeren und kampfeslustigeren Amtsbruder aus München schätzen gelernt. Der einundfünfzigjährige Ratzinger war ein brillanter Theologe, der seit Beginn seiner Karriere der römischen Kurie sehr kritisch gegenübergestanden hatte und mit Hans Küng einen anderen Experten unterstützte, der äußerst verhement gegen den autoritären Stil des Vatikans Stellung bezog. Im Verlauf des Zweiten Vatikanischen Konzils hatte Ratzinger die Traditionalisten bekämpft und war für die Erneuerung der Kirche eingetreten. Während der siebziger Jahre jedoch hatten ihn die postkonziliaren Erschütterungen erschreckt. Er fürchtete eine Kirche, sie sich zu weit nach links ausrichtete, sich zu sehr in sozialen und politischen Streitpunkten verlor und zu verständnisvoll auf die weltlichen Kräfte reagierte, die das Europa von 1968 freigesetzt hatte.

Während seiner Teilnahme an den offiziellen Versammlungen der Kardinäle im Vorfeld des Konklaves betonte Ratzinger, daß es in der katholischen Kirche keinen »historischen Kompromiß« geben dürfe, wie er zwischen den Eurokommunisten und den christlichen Demokraten im italienischen Parlament geschlossen worden war. »Kein historischer Kompromiß«, mit dieser Formulierung erinnerte Ratzinger seine Leser daran, daß er Johannes Paul I. wörtlich zitierte. Wojtyła hatte verstanden. Dies bedeutete zwar, daß eine Gruppe von Kardinälen aus Deutschland und anderen Ländern die reaktionäre Position von Kardinal Siri und dessen Freunden in der römischen Kurie blockieren würde, daß sie aber nicht bereit war, einen »linken« Papst zu akzeptieren. »Dem Konzil verpflichtet, aber entschieden gegen die Linken« wurde für viele der gemäßigten Kardinäle mehr und mehr zur Parole auf der Suche nach dem idealen Kandidaten.

Wojtyła wußte, daß sich einer der einflußreichen Kardinäle, mit denen er in regelmäßigem Kontakt stand, für ihn einsetzte: Franz König aus Wien, ein ungewöhnlich aufgeschlossener Geistlicher, dessen Passion für das Bergsteigen sogar die des Erzbischofs von Krakau noch übertraf. Mühelos bewältigte er Gipfel von über viertausend Meter Höhe. Aber es war ihm auch gelungen, während der eisigsten Phase des Kalten Krieges den Eisernen Vorhang zu überwinden.

Diese hochgewachsene eindrucksvolle Gestalt, die eine verblüffende Ähnlichkeit mit Konrad Adenauer aufwies, sprach fließend englisch, französisch, russisch und italienisch. Johannes XXIII. hatte ihn in den frühen sechziger Jahren als Eisbrecher auserwählt und in die kommunistischen Länder Osteuropas gesandt. Er war der erste westliche katholische Kardinal, der nach Titos Jugoslawien reiste und später nach Budapest, um sich mit Kardinal Mindszenty zu treffen, der damals sein selbstgewähltes Asyl in der Botschaft der Vereinigten Staaten verbrachte. Paul VI. hatte die Führung des Sekretariats für Ungläubige in seine Hände gelegt, weil er es verstand, sowohl auf kulturellem als auf politischem Gebiet mit Marxisten umzugehen.

1978 verfügte Franz König über eine zwanzigjährige Erfahrung im Kollegium der Kardinäle. Er und der Erzbischof von Krakau kannten einander gut, und Wojtyła legte regelmäßig im Episkopalpalais von Wien einen Zwischenaufenthalt ein, wenn er nach Rom unterwegs war. Die beiden führten lange Gespräche über die Lage in Osteuropa, speziell über die Situation in den Ländern, in denen die Kirche weitgehend zu einer Existenz im Untergrund verdammt war. »Der Eiserne Vorhang hat Wojtyła immer beschäftigt«, erinnerte sich König, »er glaubte, daß er lange geschlossen bleiben werde.«

In Rom erklärte König vielen der Kardinäle seine Überzeugung, daß der nächste Papst jung und gesund sein müsse und kein Italiener sein dürfe. Nach dem Tod von Paul VI. hatte er sich dafür ausgesprochen, auch den Kardinälen von Osteuropa einen Kandidaten aus ihren Reihen zuzugestehen. Falls jemand nach einem Namen fragte, nannte er jedesmal Karol Wojtyła. Wenn er sich mit diesem traf, diskutierte König nie über Strategien – dafür gab es keinen Grund. Aber er machte auch kein Geheimnis aus seinem

Plan; er scherzte sogar darüber. Eines Abends, als er seinen Freund Wojtyła ins exklusive Restaurant »Eau Vive« verschleppt hatte, das von afrikanischen und asiatischen Nonnen betrieben wurde, die sich in ihren Landestrachten kleideten, sagte König zum Fahrer des Taxis: »Fahren Sie vorsichtig – Sie haben den nächsten Papst an Bord.«

Abgesehen von derartigen kleinen, fast intimen Zusammentreffen, vermied Wojtyła inoffizielle Begegnungen, besonders solche der großen, verschwörerischen Art wie die im französischen Priesterseminar. Auch König hatte an diesen Treffen nicht teilgenommen. Obwohl er mit vielen der dort Anwesenden persönlich befreundet war und ihre Position voll und ganz unterstützte, zog er es vor, weiter hinter den Kulissen zu agieren. Das Hauptquartier seiner diskreten Kampagne für die Wahl eines polnischen Papstes war seine römische Residenz in der Salvator-Mundi-Klinik auf dem Janiculum. Wann immer er Kardinäle zu Gast hatte, erklärte er ihnen, warum Wojtyła für ein breites Spektrum von Wählern akzeptabel sein könnte: »Kardinal Wojtyła ist kein Italiener, und er kommt aus einem kommunistischen Land – dies sind zwei Punkte, die zu seinen Gunsten sprechen. Zudem hat er mit seinen öffentlichen Auftritten während des Zweiten Vatikanischen Konzils und während der Synoden einen guten Eindruck hinterlassen. Wenn er spricht, mögen die Menschen, was er sagt, und sie mögen seine gewinnende Persönlichkeit.«

Es gab praktisch keine substantiellen Argumente gegen diesen Kandidaten. Von Zeit zu Zeit ließ König auch die Worte einfließen, die Paul VI. einmal für den Bischof von Krakau gefunden hatte: »Er ist ein tapferer, großartiger Mann.« Und es gab keine Möglichkeit, die Tatsache zu übersehen, daß Paul VI. Wojtyła ausgewählt hatte, im Jahre 1976 während des Fastens die Predigten für Papst und Kurie zu halten.

Doch in den Reaktionen seiner Brüder fand König keinen raschen Konsens. Die Deutschen hatten gemischte Gefühle, und die Italiener, die für die Reformen des Konzils eintraten, waren sich uneins. Man zerbrach sich den Kopf auch über einige andere ausländische Kandidaten, so etwa über Kardinal Marty aus Paris.

Je weiter er ging, desto deutlicher erkannte König, wie schwer es sein würde, das ungeschriebene Gesetz abzuschaffen, demzufolge über mehr als ein halbes Jahrtausend ein italienischer Papst zu wählen war. Kardinal Raul Silva Henríquez aus Santiago de Chile, der durch seine mutige Oppostition gegen das diktatorische Regime von General Pinochet bekannt geworden war und zeitweise selbst als Kandidat gehandelt wurde, hatte nichts gegen die Idee eines nichtitalienischen *papabile*, aber er zögerte. »Wir sind noch immer dafür, wieder einen Italiener zu wählen«, vertraute er Pater Virgilio Levi an, dem stellvertretenden Direktor des *Osservatore Romano*, »aber sie sollten uns sagen, wer ihr Kandidat ist.«

Zu den enthusiastischsten Befürwortern einer Kandidatur Wojtyłas gehörte der brasilianische Kardinal Aloísio Lorscheider, der Bischof von Fortaleza. Er war eines der jüngsten Mitglieder des heiligen Kollegs. Nur zwei Jahre waren verstrichen, seit Paul VI. die purpurne Kappe auf sein Haupt gesetzt hatte. Nichtsdestotrotz verfügte er als Vorsitzender sowohl der brasilianischen als auch der lateinamerikanischen Bischofskonferenz, der maßgebenden Stimme der katholischen Kirche in Lateinamerika, über einigen Einfluß. Er stand allen Diktaturen feindlich gegenüber, verteidigte die liberalsten Kirchenmänner und schützte die linksgerichteten »Basisgemeinden«, die von der neuen marxistisch beeinflußten Befreiungstheologie inspiriert waren.

Lorscheider erhoffte sich das Jahr 1978 als großen Wendepunkt für die Regierung der Kirche. Er wollte »einen guten Hirten, sensibel für soziale Probleme, geduldig, willens, in Dialog zu treten und nach Gemeinsamkeiten Ausschau zu halten«. Er suchte nach jemandem, der mehr Kollegialität, mehr Kommunikation zwischen den Bischofskonferenzen und dem Papst begrüßen würde, der den lokalen Kirchen eine größere Beteiligung an den Entscheidungsfindungen in Rom ermöglichte. Darüber hinaus vertrat er die Ansicht, daß »regelmäßige Reisen des Pontifex in die verschiedenen Kontinente nützlich wären«.

Lorscheider hatte die Wahl von Johannes Paul I. unterstützt; jetzt verlegte er seine Unterstützung auf Kardinal Wojtyła. Er hatte dessen Reden vor den Synoden zu würdigen gewußt, seine Verpflichtung zur Verkündigung des Evangeliums, seine Aufmerksamkeit für verschiedene Kulturen, seine ausgewogene Position in den strittigen Fragen, seine Sensibilität für die Probleme sozialer Gerechtigkeit, seine Offenheit gegenüber den Menschen anderer Nationen und Kontinente. Der brasilianische Kardinal begann nun unter den Kardinälen aus der Dritten Welt für den Erzbischof aus Krakau zu werben, ohne Rücksicht darauf, daß nur wenige seiner Gedanken von Wojtyła geteilt wurden. Auch ein gut bekannter Kandidat kann seine eifrigsten Steigbügelhalter enttäuschen, wenn er erst auf dem Papstthron Platz genommen hat.

Während Wojtyła sich diskret dem Rampenlicht fernhielt, hatte sein unermüdlicher Landsmann Bischof Deskur die Rolle des Wahlkampfmanagers übernommen. Er versuchte jetzt, die amerikanische Fraktion auf Wojtyłas Seite zu ziehen, indem er am 11. Oktober ein kleines Abendessen in seiner Wohnung arrangierte, an dem Kardinal John Patrick Cody aus Chicago und Bischof Rubin ebenso teilnahmen wie Wojtyła selbst. Cody war Mitglied in zwei wichtigen Gremien der Kurie: der Kongregation zur Verbreitung des Glaubens (welche die ökonomische Kontrolle über die Kirchen in vielen Teilen der Dritten Welt innehat) und der Kongregation für den Klerus, der mit Kardinal Joseph Wright aus Pittsburgh ein weiterer Amerikaner vorstand.

Die Stimmung an der Tafel war aufgeräumt. Wie immer erwies sich Deskur – ein schlagfertiger und geselliger Intellektueller – als anregender Gesprächspartner. Cody (der wenig später finanzieller Verfehlungen angeklagt werden würde) plauderte fast ohne Pause, sprühte vor Energie und Enthusiasmus. Die Gäste vermieden weitgehend das Thema Konklave, aber von Zeit zu Zeit wurden Paul VI. oder Papst Johannes Paul I. erwähnt. Ein nachdenklicher Wojtyła konzentrierte sich auf das Essen und beteiligte sich nicht am Fluß des Gesprächs. Unter den Gästen war auch Monsignore Virgilio Levi. Wojtyła beobachtend, dachte Levi: »Was für ein seltsamer Gast. Er sagt nur wenige Worte, während die anderen glänzen.«

Am selben Tag entschied Kardinal König, daß nun der Zeitpunkt gekommen war, den Primas von Polen miteinzubeziehen. Am Ende eines Routinetreffens bot König dem polnischen Kardinal an, ihn nach Hause zu fahren. Es war ein wundervoller Tag, sonnig und mild.

»Eure Eminenz«, begann der Erzbischof von Wien diplomatisch, »sehen Sie irgendeinen guten Kandidaten am Horizont?«

»Keinen Besonderen, so weit ich sehe.«

»Vielleicht hat Polen einen Kandidaten.«

»Wie bitte? Sie meinen, ich sollte nach Rom gehen?« blaffte Wyszyński. »Würde ich mein Land verlassen, wäre dies ein Triumph für die Kommunisten.«

»Es gibt da noch einen anderen Mann.«

»Nein, das kommt nicht in Frage. Er ist nicht bekannt genug.«

König setzte Wyszyński an dessen Unterkunft mit dem sicheren Gefühl ab, daß der Primas Wojtyłas Kandidatur nicht als wirkliche Möglichkeit ansah. Bis zuletzt vermochten die beiden großen Männer der polnischen Kirche, vereint in ihrer Opposition gegen das kommunistische Regime, ihre Distanz zueinander nicht zu überwinden, obwohl Wyszyńskis Wahl für seinen Nachfolger als Primas auf Wojtyła gefallen war. In Rom lebten sie fern voneinander: Wyszyński im Polnischen Institut in der Via Cavallini unweit des Vatikans, Wojtyła im Polnischen Kolleg auf dem Hügel Aventin, von dem aus man über die Dächer Roms auf die Ufer des Tiber, das Dach der Synagoge und auf Michelangelos Dom blickt. Es bestand keine Gefahr, daß Wojtyłas Besucher je auf Wyszyński treffen würden.

Der Primas beharrte auf seiner Überzeugung, daß die Italiener einen Landsmann als Papst wollten, eben weil sie keinen Ausländer auf dem Thron Petri tolerieren würden – und er wiederholte diese Überzeugung gegenüber jedem, der ihm zuhören wollte.

Dennoch war er beeindruckt von Königs Offenheit. Am nächsten Tag ließ Wyszyński unerwartet seine Landsleute Deskur und Rubin ins Polnische Institut rufen. »Wir hatten nicht die leiseste Ahnung, was er von uns wollte«, erinnerte sich Deskur. »Wir kamen dort an, und er fragte uns, wer der nächste Papst sein würde. Bischof Rubin und auch ich gaben die gleiche Antwort: Wojtyła.«

»Wie kommen Sie darauf?« fragte Wyszyński, geradezu schockiert.

»Eure Eminenz«, antwortete Deskur, »ich lebe seit dreißig Jahren in Rom.«

Zu dieser Zeit war Deskur bereits sicher, daß sich Wojtyłas Basis für die Wahl verbreiterte. Der polnisch-amerikanische Kardinal John Krol hatte begonnen, aktiv für ihn zu werben. Und es gab eine andere wichtige Figur, die Karol Wojtyła im Kopf hatte: Jean Villot, der französische Staatssekretär des Vatikans.

Auch Wojtyła wußte das. Fünf Monate zuvor, am 18. Mai, hatte er seinen achtundfünfzigsten Geburtstag in Deskurs Wohnung im Vatikan gefeiert. Kardinal Villot war der Ehrengast, zusammen mit Bischof Rubin und Luigi Poggi, dem päpstlichen Sondernuntius für Osteuropa. Während des Mittagessens an jenem Frühlingstag kam das Gespräch auf die Zukunft der Kirche, und der Staatssekretär hatte gesagt, Wojtyła sei der einzige Mann, der die für einen Wahlsieg erforderliche Zweidrittelmehrheit erreichen könne. »Ich erinnere mich daran, wie der arme Poggi Rubin ansah«, beschrieb Deskur die Situation. »Er wird sich gefragt haben, ob der Kardinal-Staatssekretär übergeschnappt sei. Über den nächsten Papst zu sprechen in unmittelbarer Nachbarschaft zum Sitz des amtierenden Papstes und während dieser sich offensichtlich guter Gesundheit erfreute, das hat uns alle völlig überrascht.«

Danach schickte Kardinal Villot eine kurze Nachricht an Deskur, ganz so, als ob er Deskurs Überraschung und Poggis Unverständnis nachdrücklich ausräumen wollte: »Ich stehe zu dem, was ich während des Essens gesagt habe. Es war kein Versprecher.« Deskur bewahrt diese Karte bis zum heutigen Tage auf.

Nur wenige Tage vor dem Beginn des Konklaves jedoch erlitt Deskur, den seine selbstgewählte Rolle als Wahlkampfmanager Wojtyłas völlig überforderte, einen schweren Schlaganfall, von dem er sich nie mehr vollständig erholen sollte. Bekümmert besuchte ihn Karol Wojtyła im Gemelli-Hospital. Danach verbrachte Wojtyła die letzten zwei Nachmittage vor dem Konklave am Strand, um sich von seiner eigenen Erschöpfung zu erholen. Das kühle Herbstwetter war dieser einsamen Gestalt, diesem Mann aus dem Norden, warm genug; energisch zog er ganz in der Nähe Roms schwimmend seine Bahnen.

Doch bevor sich die Kardinäle in Klausur begaben, sollte sich noch ein Drama abspielen, ein der Renaissance würdiges Schauspiel von Stolz, Intrigen und Verrat. In der Hauptrolle und in seinem letzten großen Auftritt glänzte Giuseppe Siri, der Möchtegern-Papst und Löwe der Rechten.

Am Vorabend des Konklaves hatte der italienische Journalist

Gianni Licheri, ein alter Bekannter Siris, den Erzbischof von Genua um ein Interview gebeten. Siri wußte, daß die Männer, die bald den Papst wählen sollten, extrem sensibel waren. Daher bestand er darauf, daß dieses Interview nicht vor dem 15. Oktober veröffentlicht würde, wenn sich die Türen des Konklaves schon geschlossen hätten und keiner der Kardinäle den Artikel lesen konnte.

Der Reporter schien einverstanden, und Siri nahm kein Blatt vor den Mund. Er machte aus seiner strikten Ablehnung der Demokratisierung der Kirche keinen Hehl. Er verspottete die Kollegialität, eine der wichtigsten Doktrinen des Zweiten Vatikanischen Konzils, die verantwortliche Teilung der Macht an der Spitze der Kirche verlangte. »Ich weiß überhaupt nicht, was episkopale Kollegialität sein soll«, erklärte er, ungeachtet der Tatsache, daß jedes seiner Worte vom Tonband aufgezeichnet wurde. »Die Synode kann niemals zum beratenden Organ werden«, dozierte er.

Am 14. Oktober, wenige Stunden bevor sich die Kardinäle zur Sixtinischen Kapelle begaben, wurde jedem Mitglied des heiligen Kollegiums eine Kopie des Interviews an seine römische Adresse zugestellt. Die Falle, so schien es, war zugeschnappt. Siri war tödlich getroffen, obwohl seine Gefolgsleute bis zum bitteren Ende für ihn kämpften. In der Kurie, wo Tiger es gewohnt waren, sich als Tauben zu verkleiden, zirkulierten Gerüchte, daß Giovanni Benelli, der Kardinal der Stadt Niccolò Machiavellis, der Mann gewesen sei, der die Falle gestellt hatte. Wahr oder nicht (Benelli bestritt alles), in der vergifteten Atmosphäre der Manöver, die dem Konklave vorausgegangen waren, wurde es von vielen geglaubt.

Am 14. Oktober, nach Beendigung einer Meßfeier zur Ehre des Heiligen Geistes im Petersdom, zogen die Wahlmänner, hundertelf Kardinäle, um 16.30 Uhr in einer feierlichen Prozession in das Konklave. Wojtyła nahm das Risiko einer Verspätung auf sich, weil er sich entschlossen hatte, Deskur einen letzten Besuch abzustatten. Ihm ging die Prophezeiung im Kopf herum, die ihm Bischof Bronisław Dąbrowski, der gerade aus Warschau kommend eingetroffen war, am selben Tag mitgeteilt hatte: Der kommunistische Minister für religiöse Fragen, Kazimierz Kąkol, hatte, nachdem ihm berichtet worden war, daß Wojtyła eine beträchtliche Anzahl Stimmen auf sich vereinen könne, geträumt, daß der Erzbischof von Krakau Papst geworden sei.

Die Zeit für Vorhersagen und weltliche Manöver war jetzt vorüber. Die Mitglieder des Konklaves schritten hinter dem Kruzifix her, das vom Zeremonienmeister getragen wurde und den in Purpur gekleideten Kardinälen zugewandt war, die jetzt in die Sphäre tiefer Meditation und Kontemplation eintauchten. Das Bildnis des Gekreuzigten erinnerte die Wahlmänner an ihre enorme Verantwortung. Der Chor sang das »*Veni Sancte Spiritus*« – »Komm, o Heiliger Geist«.

In der Sixtinischen Kapelle versammelten sich die Kardinäle unter einem anderen Bildnis Christi, der mächtigen Figur in Michelangelos »Jüngstem Gericht«. Sie hörten still dem Verlesen der Vorschriften zu, die sie an absolute Geheimhaltung banden und jegliche Kommunikation mit der Außenwelt untersagten. Das Regelwerk von Paul VI. erforderte neueste Technologie, um Spionage und undichte Stellen zu verhindern. Die Sicherheitskräfte des Vatikans hatten elektronische Detektoren eingesetzt, um nach »Wanzen« zu suchen. Sprechfunkgeräte waren verboten, ebenso Radioempfänger, Kassettenrecorder und tragbare Telefone.

Nach der Zusammenkunft in der Sixtinischen Kapelle suchten die Kardinäle ihre Zellen auf, die zuvor per Los zugeordnet worden waren. Karol Wojtyła hielt nach der Nummer 91 Ausschau und trug seinen Koffer dorthin. Man hatte die Wohngemächer der Borgia-Päpste durch Trennwände unterteilt. Der Erzbischof betrachtete das einfache Feldbett, das Nachtschränkchen und den kleinen Schreibtisch. Es gab kein Waschbecken. Um zur Toilette zu gelangen, mußte er an den Unterkünften der anderen Kardinäle vorbei. Seine Lebensumstände hatten ihn nie interessiert. Immer schon war er an spartanische Umstände gewöhnt, und sogar im erzbischöflichen Palais in Krakau glich sein Zimmer eher der Heimstatt eines Mönches. Wann immer seine Haushälterin Maryśka ihm die Koffer packte, legte sie nicht mehr als Socken und Unterwäsche, ein paar Hemden und zwei Paar Schuhe hinein. Wenn er aufs Land fuhr, um seinen Freund Pater Franciszek Konieczny zu besuchen, lieh er sich manchmal ein altmodisches Nachthemd aus.

Augenzeugen berichteten, daß Wojtyła am Vorabend des Wahlgangs einen recht gelassenen Eindruck machte. Einigen fiel auf, wie er in seiner Zelle saß und eine Zeitschrift über Marxismus las. Später am Abend unternahm Donald Wuerl, ein junger amerikanischer Priester, der den fast völlig erblindeten Kardinal John Wright begleitete, einen Spaziergang auf dem großen Innenhof von Sankt Damasus, dem einzigen offenen Platz im Bereich des Konklaves. Plötzlich fühlte Wuerl einen festen Griff an seinem Arm, drehte sich um und erblickte Karol Wojtyła.

»Sie gehen spazieren, gehen wir doch gemeinsam«, sagte der Erzbischof von Krakau. Als der Priester ihn überrascht anschaute, fügte Wojtyła hinzu: »Ich werde englisch sprechen, um zu üben, und Sie werden italienisch reden, damit wir wissen, worüber wir sprechen.«

Während die beiden ziellos herumschlenderten, entwickelte sich eine zweisprachige Unterhaltung: der Pole in seinem rauh akzentuierten Englisch und der Amerikaner in seinem simplen Italienisch. Wojtyła schien völlig entspannt. Wuerl dachte an einen geheimnisvollen Ausspruch von Kardinal Wright: »Dieses Konklave wird einen Nachfolger für Johannes Paul I. wählen, nicht für Paul VI.« Was sollte das bedeuten? Paul VI. war gewählt worden, um das ökumenische Konzil von Papst Johannes XXIII. zum Abschluß zu bringen. Johannes Paul I. war gewählt worden, um die doktrinäre Linie in der Kirche zu stärken und der Welt gleichzeitig einen Katholizismus mit menschlichem Antlitz zu präsentieren. Sein Nachfolger würde dieses noch in den Anfängen befindliche Programm fortzuführen haben.

Der Kampf begann am nächsten Tag, am Sonntag, dem 15. Oktober. Am Morgen wurden zwei Runden zwischen Siri und Benelli ausgefochten. Wie sich später herausstellte, entfielen auf beide im ersten Wahlgang jeweils dreißig Stimmen. Im zweiten Wahlgang steigerte sich die Zahl ihrer Befürworter. Am Nachmittag verloren die beiden Rivalen an Boden, und Kardinal Ugo Poletti, der Vorsitzende der italienischen Bischofskonferenz, konnte einen Block von dreißig Stimmen auf sich vereinigen. Mit dem vierten Wahlgang rückte ein neuer Kandidat der Kurie in den Vordergrund: Kardinal Pericle Felici. Wojtyła erhielt fünf Stimmen, was eine Art Warnsignal bedeutete. Sein Gesicht nahm allmählich einen etwas unglücklichen Ausdruck an.

Die Härte der Auseinandersetzung an der Wahlurne stand im Widerspruch zu der Atmosphäre irrealer Stille, von der das Konklave umhüllt war. »Die Menschen denken, daß wir im Konklave die heftigsten Diskussionen führen«, erinnerte sich Kardinal König, »aber das ist nicht wahr. Alles geht sehr ruhig vonstatten. Zwei oder drei Menschen sprechen miteinander; dann begibt sich jeder zurück in seine Zelle.«

Die Stille war der eigentliche Hauptakteur des Geschehens. Wuerl, mittlerweile Bischof, erinnerte sich: »Es war nichts Ungewöhnliches, die Kapelle (die für Gebete reservierte Paulinische) halb gefüllt mit Leuten zu sehen, die eine Stunde beteten, bevor sie in die Sixtinische Kapelle gingen.« Die einzigen Geräusche verursachten die Schritte im Korridor. Die Kardinäle beteten still, erhoben sich lautlos und gingen schweigend in ihre Zellen zurück. Man könnte sagen, daß das Rascheln der Stimmzettel, die zweimal gefaltet und dann in den Meßkelch gelegt wurden, der als Wahlurne diente, der einzige Laut war, der in der Sixtinischen Kapelle an die Ohren drang.

Dennoch wurde erbittert um die Zukunft der Kirche gerungen. Es war offensichtlich, daß die Italiener sich gegenseitig blockierten – ein Patt. Kein Anzeichen deutete darauf hin, daß Siri seine Kandidatur zurückziehen würde, und seine Gegner waren nicht bereit, sich geschlagen zu geben. Aber auch für keinen der alternativen Kandidaten konnte Übereinstimmung erreicht werden.

Jetzt schlug Franz Königs Stunde. In der Nacht des 15. Oktober hielt er die Zeit für seine entscheidende Offensive für gekommen. Er sprach mit den deutschen Kardinälen, dann mit den französischen, mit spanischen und amerikanischen – immer in sanftem, beiläufigem Ton, als ob es um Kleinigkeiten ginge: Ein paar Worte wurden im Korridor gewechselt, ein kurzes Gespräch beim Verlassen des Speisesaals, ein kurzer Besuch in einer der Zellen. Dann fiel das Konklave zurück in seine extreme Lautlosigkeit.

An einem bestimmten Punkt jedoch sah König es für notwendig an, mit der gesamten deutschsprachigen Gruppe zu reden, zu der er auch die Holländer und einige Kardinäle aus anderen zentraleuropäischen Ländern rechnete. Zum letztenmal vertrat der Erzbischof von Wien dabei die Sache Karol Wojtyłas. Er war vorsichtig und überzeugend. Jetzt begann sich langsam Spannung im Konklave aufzubauen; während ein Wahlmann nach dem anderen sich ernsthaft mit dem Gedanken vertraut machte, für einen nichtitalienischen Kandidaten zu stimmen, schien es, als ob nun tatsächlich Geschichte gemacht werden könne.

Am Morgen des 16. Oktober, eines Montags, fanden zwei weitere Wahlgänge statt. Siri verlor an Boden, während viele der Stimmen auf die Kardinäle Giovanni Colombo, Ugo Poletti und den Holländer Johannes Willebrands fielen. Die Resultate zeigten an, daß die italienischen Kandidaten am Ende waren. Im sechsten Wahlgang, dem letzten vor dem Mittagessen, stieg die Stimmenzahl für den Erzbischof von Krakau sprunghaft an.

Beim Mittagessen wirkte Karol Wojtyła so angespannt, daß einige seiner Befürworter fürchteten, er würde eine eventuelle Wahl nicht annehmen.

Während die flüsternde Stille dieses Nachmittags sich verdichtete, wurde Karol Wojtyła in der Zelle von Kardinal Wyszyński gesehen; er war aufgeregt und schluchzte. Der Erzbischof von Krakau war in den Armen des Primas von Polen zusammengebrochen. Es gab keinen Zweifel mehr darüber, was als nächstes geschehen würde.

»Wenn Sie gewählt werden«, sagte Wyszyński, »müssen Sie annehmen. Für Polen.«

Wojtyła riß sich zusammen. Zwei Wahlgänge später hörte er, wie sein Name genannt wurde. Neunundneunzig Wahlmänner hatten ihm die Stimme gegeben. Sie hatten das Undenkbare getan: einen Papst gewählt, der aus einem Land im Herrschaftsbereich der Sowjetunion stammte, einem Land mit einer marxistischen und atheistischen Regierung. Er war der erste Nichtitaliener im höchsten Priesteramt seit vierhundertfünfzig Jahren und mit seinen achtundfünfzig Jahren ein junger Papst. Außerhalb Polens und des heiligen Kollegs kannten nur wenige diesen Slawen, der zum Hirten einer Herde von achthundert Millionen Katholiken geworden war, diesen Mann, der als Schuljunge einmal Fürsterzbischof Sapieha gesagt hatte, er sei nicht daran interessiert, Priester zu werden.

Die Stille wurde von der Stimme des Vorsitzenden der Kardinäle gebrochen, der fragte: »Nehmen Sie die Wahl an? Welchen Namen werden Sie führen?«

Wojtyła nahm an. Die Spannung wich aus seinem Gesicht, das

jetzt einen ernsten Ausdruck bekam. Er sagte nicht nur mit klarer Stimme »ja«, wie es die Tradition verlangte, sondern fügte hinzu: »Im Gehorsam des Glaubens an Christus meinen Herrn und im Vertrauen in die Mutter von Christus und der Kirche, trotz großer Schwierigkeiten, nehme ich die Wahl an.«

Und um seine Verpflichtung gegenüber dem Vermächtnis der letzten drei Päpste und seine Nähe zu Albino Luciani auszudrükken, wählte er den Namen Johannes Paul II.

Während er sprach, lief eine freudige Bewegung durch das Konklave. Ein Kardinal nach dem anderen kniete vor ihm nieder, um ihm zu huldigen. Als Wyszyński an der Reihe war, erhob sich Johannes Paul II. von seinem Stuhl, und als der polnische Primas vor ihm in die Knie sank, schlang der Papst seine Arme um ihn und hob ihn empor. Der harte, gebieterische Kardinal von Warschau schmiegte sich an den Papst wie ein Kind. Johannes Paul II. hielt ihn fest. Nie in seiner Geschichte war Polen so geehrt worden, wie es jetzt in der Person von Wyszyńskis loyalem Stellvertreter geschah, den der alte Mann immer auf Distanz gehalten hatte.

Nur eine auf Wojtyłas Stirn pochende Ader verriet den Sturm, der in seinem Herzen tobte, als er sich darauf vorbereitete, die Kapelle zu verlassen. Ruhig ließ er sich in jenes Vorzimmer mit scharlachfarbenen Wänden führen, das als *camera lacrimatoria* – »Raum der Tränen« – bekannt war, in dem der neue Papst für einen Moment allein bleibt, um den priesterlichen Schneider zu erwarten, der ihm eines der drei weißen Gewänder anpaßt, die in drei verschiedenen Größen schon auf dem Stuhl bereitliegen. Es ist nirgendwo verzeichnet, ob der neue Papst in Tränen der Freude oder der Verzweiflung ausbrach, wie es die Legende von seinen Vorgängern behauptet. Was wir wissen, ist, daß Papst Johannes Paul II. das größte der drei Gewänder anzog und sich entschlossen auf den Weg zu dem großen Balkon von Sankt Peter begab, um die Römer und die Welt zu grüßen.

Die Menge, die in der Dämmerung des frühen Abends wartete, war ungeduldig, aber als sie den polnischen Papst mühelos italienisch sprechen hörte (»Es ist ein Neger«, soll einer der Versammelten gerufen haben, als er zum erstenmal den exotischen Namen ausgesprochen hörte), wich die Überraschung einem Höllenlärm. Der neue Hohepriester ermahnte die Römer: »Falls ich Fehler in eurer – ich meine, unserer – Sprache mache, müßt ihr mich verbessern.«

Die Nacht war hereingebrochen. Der Papst folgte dem Beispiel seines Vorgängers Albino Luciani und bat die Kardinäle, zum Abendessen im Konklave zu bleiben. Wojtyła bewegte sich sehr entspannt unter seinen Gästen, sprach mit seinen Amtsbrüdern in der gleichen freundlichen Art wie zuvor, scherzte mit den Nonnen, die an den Tischen bedienten.

Stanisław Dziwisz, sein polnischer Sekretär, begann still vor sich hin zu schluchzen. Der Papst umarmte ihn wie eine Mutter, die ihr verängstigtes Kind tröstet.

Jubel und Furcht in Warschau

Der Offizier stieß die Tür auf und rief ohne Rücksicht auf Protokoll oder Disziplin: »Genosse General, sensationelle Neuigkeiten! Wojtyła ist zum Papst gewählt!«

Der Mann am Schreibtisch hatte ein blasses, fast geisterhaft weißes Gesicht. Seine Augen verbargen sich hinter dunklen Brillengläsern. Das Korsett, das seinen Oberkörper seit seiner Kriegsverletzung stützen mußte, zwang ihn dazu, steif aufgerichtet zu sitzen; in der olivgrünen Uniform wirkte er wie eine Marionette. Er bedankte sich förmlich bei dem Adjutanten für die Nachricht und wurde sofort aktiv: In zwei Stunden würde sich das Politbüro zu einer außerplanmäßigen Sitzung treffen.

Mit seinen siebenundfünfzig Jahren hatte Wojciech Jaruzelski, der Verteidigungsminister der Republik Polen, schon ein erhebliches Maß an Schicksalsschlägen und Überraschungen hinnehmen müssen. Er hatte den Zusammenbruch des unabhängigen Polen überlebt, das zuerst von den Nationalsozialisten und dann von den Sowjets überfallen worden war. Während des kurzen Hitler-Stalin-Pakts war er nach Sibirien deportiert worden und hatte sich seinen Weg zurück in die Heimat an der Seite russischer Soldaten erkämpft, als Angehöriger der polnischen Volksarmee, die auf Stalins Geheiß aufgestellt worden. war. Nach Kriegsende hatte er wie durch ein Wunder die stalinistische Ära unbeschadet überstanden. Und während des reformerischen Regimes von Władysław Gomułka und des kurzlebigen »polnischen Frühlings«, als sich das Land trotz seiner Einbindung in den Warschauer Pakt zum Westen und seinen Märkten öffnete, war er zielstrebig in der Hierarchie aufgestiegen. Jetzt war Polens sozialistische Ökonomie im Wanken, und in einigen Fabriken begannen die Arbeiter Gewerkschaften zu gründen, die eine zumindest teilweise Unabhängigkeit anstrebten.

Jaruzelski schien von widerstreitenden Empfindungen gelähmt: Wie sollte man mit dieser Nachricht aus Rom umgehen? Wojtyła als Papst bedeutete nichts Gutes. Die Beziehungen zwischen dem Kardinal von Krakau und den kommunistischen Machthabern waren gespannt. Doch der General verschloß sich auch nicht den patriotischen Gefühlen, die sich in ihm regten. Zum erstenmal in der tausendjährigen Geschichte des polnischen Katholizismus hatte ein Sohn des Vaterlands den höchsten Thron der Welt erstiegen. Es war, als ob der Nation an diesem Tag, dem 16. Oktober 1978, ein großartiges Geschenk überreicht worden sei. Vielleicht würde die Pracht zum Teil auch die Regierung überstrahlen und das Gefühl der Niederlage und Würdelosigkeit, an dem das polnische Nationalbewußtsein krankte, in den Schatten rücken. Polen war einmal eine europäische Macht gewesen, doch das vor sehr langer Zeit.

Die Straßen von Warschau füllten sich mit Menschen, die zu den Kirchen eilten und dort beten und geweihte Kerzen entzünden wollten. Ihre Freude schien nahezu ekstatisch – als ob Ostern, Weihnachten und Unabhängigkeitstag zusammengefallen wären. Der von der Regierung kontrollierte Radio- und Fernsehsender Polens hatte die historische Nachricht völlig unangemessen nur in Kurzfassung verbreitet. Da von seiten der Partei keine offizielle Verlautbarung abgegeben worden war, wagte es niemand, die Mitteilung auch nur mit einer knappen Biographie des neuen Papstes auszuschmücken.

Doch überall in der Stadt dröhnten die Glocken wie ein herbstlicher Wirbelsturm; alle Kirchen läuteten, um die Nachricht zu feiern. Jaruzelski hielt die Wahl eines Papstes aus Krakau für einen Geniestreich. Von seinem erzbischöflichen Palais und seiner Kathedrale auf dem Wawel hatte Wojtyła systematisch und störrisch die Parteihierarchien ignoriert. Mit philosophischer Verachtung hatte er der marxistisch-leninistischen Ideologie jegliche Legitimität abgesprochen und durch seinen weitreichenden Einfluß in den Zirkeln der katholischen Intelligenz eine Front geistlichen Widerstands gegen die politische Führung des Landes errichtet. Wojtyłas Wahl war gefährlich. Jaruzelski war besorgt, die polnische Kirche könne zum Modell für ganz Osteuropa werden und mit ihrem Einfluß, der bis dahin an den Grenzen Polens haltgemacht hatte, auf dem einen oder anderen Weg die Christen in der UdSSR erreichen.

Jaruzelski war stark verunsichert. Er nahm den Telefonhörer auf, um sich bei Stanisław Kania, dem obersten kommunistischen Kontrolleur der katholischen Kirche in Polen, der auch das Verwaltungsbüro der Partei leitete, Rat – und Tröstung – zu holen.

»Sie wissen, worum es geht. Wie ist Ihre politische Einschätzung?« Wie immer hielt Jaruzelski seine Gefühle zurück und bediente sich eines gemessen bürokratischen Tons. Er ahnte, daß dieses Ereignis trotz allen Glanzes einen beunruhigenden Schatten über die Volksrepublik werfen würde. Er sah schwierige Zeiten im Verhältnis zur Sowjetunion heraufdämmern.

»Der Blick aus dem Vatikan ist weiter als der vom Wawel«, antwortete Kania halb im Ernst. Das Amt des Papstes würde eine mäßigende Wirkung auf Wojtyła ausüben.

Als Chef der Verwaltung war es Kanias schwierigste Aufgabe, die Vorherrschaft der Partei über die kirchlichen Institutionen zu sichern. Auch Kania wurde von sehr gegensätzlichen Emotionen beherrscht. Er hatte die Details aus den Akten über die Bischöfe im Kopf, die sich in seinem Büro für religiöse Angelegenheiten als Ergebnis jahrelanger Bespitzelung des Klerus stapelten. Die Berichte beschrieben Wojtyła als Mann mit großen intellektuellen Fähigkeiten, der sich jedoch zunehmend distanzierter und ablehnender gegenüber dem kommunistischen Apparat verhielt. Es gab immer wieder Meldungen über eine »Krakauer Linie« in der Kirche, die nur schwer unter Kontrolle zu bringen sei. Der Kardinal sei zu kosmopolitisch, hieß es; er habe zuviel Kontakt mit der Außenwelt, und er reise in den Westen.

Jetzt mußte Kania ein Glückwunschtelegramm an den neuen Papst entwerfen; irgend etwas Warmes und Freundliches, das den Triumph eines »Sohnes der polnischen Nation« feierte.

Kurz nach Einbruch der Dunkelheit trafen die ersten Angehörigen des Politbüros in der Festung des Zentralkomitees der Partei in der Jerozolimskie-Avenue ein. Aus den Fenstern ihrer schwarzen Limousinen hatten sie die hell erleuchteten Kirchen voller Menschen gesehen. Von Krakau bis Danzig, von Breslau bis Lublin befand sich die Nation im Freudentaumel. Überall im Land waren die Telefonleitungen blockiert, weil die Menschen die Neuigkeit unbedingt mit ihren Verwandten, Freunden und Kollegen besprechen wollten. Für überzeugte Katholiken war dies ein Geschenk Gottes und der heiligen Maria an das gläubige Polen.

Aber diese Männer sahen das anders: Viele von ihnen glaubten, daß die Entscheidung für Wojtyła von den Vereinigten Staaten arrangiert worden war. Die Amerikaner und die Westdeutschen hätten sich verschworen, um die Wahl in der Sixtinischen Kapelle zu beeinflussen. Der intrigante Kopf, der oberste Drahtzieher des Ganzen, konnte nur Zbigniew Brzeziński gewesen sein, der überzeugt antikommunistische nationale Sicherheitsberater des US-Präsidenten Jimmy Carter. Auch Brzeziński war gebürtiger Pole.

»Wojtyła wird uns eine Standpauke halten«, klagte Stefan Olszowski, der Sekretär des Wirtschaftsausschusses der Partei, aber während die Genossen ihre Plätze einnahmen, wollte niemand auf diese Bemerkung eingehen.

Generalsekretär Edward Gierek eröffnete die Sitzung. Er schien noch immer unter Schock zu stehen, als er Kania das Wort erteilte.

Kania war ein großgewachsener Mann, breitschultrig und massig, mit dem Gesicht eines Bauern. Das wichtigste für Polen, sagte er, sei es, an der Politik der Versöhnung festzuhalten, die bereits mit dem Vatikan vereinbart war. Die Regierung erlaube den Bau neuer Kirchen; polnische Bischöfe dürften ungehindert in den Westen reisen. All dies solle beibehalten werden. Der Generalsekretär hatte sich persönlich mit Papst Paul VI. getroffen, um den Weg frei zu machen für ein Konkordat mit dem Heiligen Stuhl und für die vollständige Normalisierung diplomatischer Beziehungen. Die Regierung sei schon dabei, ein derartiges Abkommen mit Primas Wyszyński auszuhandeln, um die Rechte der polnischen Kirche festzulegen. Für die Regierung komme alles darauf an, daß die Kirche – und ihr neuer Papst – dem polnischen Kommunismus mit Respekt entgegentrete.

»Worauf können wir bauen?« fragte Kania nachdenklich. Er kam natürlich zu dem Ergebnis, daß aufgrund der Beziehungen zum Erzbischof in der Vergangenheit wenig Anlaß zum Optimismus geboten sei. Aber kommunistische Rhetorik verlangt, daß jeder Negation eine Affirmation folgt. Die Kirche Roms, erklärte er, habe den Wert der Zusammenarbeit mit den kommunistischen Machthabern erkannt. »Wir können erwarten, daß der Heilige Stuhl den Weg der Versöhnung, der Ostpolitik weiter beschreitet.«

Doch dies genügte nicht, um die versammelten Funktionäre zu beruhigen, in deren Köpfen Visionen einer großen Verschwörung herumspukten. War ein polnischer Papst eine Gefahr für das sozialistische System in Polen? Das war die entscheidende Frage.

»Was ist, wenn der neue Papst sich entschließt, nach Polen zu kommen?« wollte ein Minister von Kania wissen. Seine Worte lasteten schwer im ganzen Raum.

Die Regierung, warnte der Innenminister, müsse sich sofort mit den Risiken von Pilgerreisen polnischer Gläubiger nach Rom befassen. »Diese Reisen allein könnten eine Gefahr für die Stabilität Polens darstellen.«

Schon in den ersten Stunden seines Pontifikats hatte die Wahl des ersten Papstes aus einem sozialistischen Land den Aspekt der Destabilisierung heraufbeschworen. Plötzlich war der Vatikan zu einer bedrohlichen, unbekannten Größe geworden.

Am nächsten Tag, dem 17. Oktober, ließ sich der sowjetische Botschafter in Warschau zum Hauptquartier des Zentralkomitees fahren. Der Mann aus Moskau war bereits beim Lesen der Berichte, die er seinem Aktenkoffer entnahm, erregt. Erst nachdem er das Gebäude betreten hatte, streifte er seine Ungeduld ab und hörte sich die hoffnungsvollen Erklärungen des Genossen Kania an. Schließlich bemerkte der Russe barsch: »Wenn ihr bis jetzt nicht mit Wojtyła ausgekommen seid, könnt ihr eigentlich nur davon ausgehen, daß die Beziehungen zum Vatikan sich verschlechtern werden.«

Diesmal war Kanias Vorrat an orthodoxem Optimismus erschöpft, und er schwieg.

»... erheblich verschlechtern«, warnte der Russe.

»Heilige Muttergottes«, entfuhr es dem Generalsekretär der kommunistischen Partei Polens.

TEIL VIER

IL PAPA

Der General übernimmt das Kommando

Albino Luciani war zu bedauern: Noch während er die letzte Nacht mit den anderen Kardinälen im Konklave zubrachte, hatte er gehofft, nicht als einer von ihnen unter Umständen die Aufgabe des geistlichen Führers von achthundert Millionen Menschen in der ganzen Welt übernehmen zu müssen. Das waren jedoch nicht die Gedanken, die Karol Wojtyła bewegten. Der hundertfünfundsiebzig Pfund schwere, kräftige und sportliche Mann zeigte, als der Vorsitzende des Kardinalskollegiums seine Wahl bekanntgab, eine erstaunliche Selbstsicherheit. Er nahm die Glückwünsche der anderen Kardinäle in ihren purpurfarbenen Roben gelassen entgegen. Nachdem er den Römern seinen Segen gespendet hatte, zog er sich in die ehemals von den Borgia bewohnten Gemächer zurück und trank mit den Mitgliedern des Konklaves ein Glas Champagner. In aller Ruhe unterhielt er sich mit ihnen, scherzte mit den Nonnen, die ihn bedienten, und forderte auch sie auf, ein Glas mit ihm zu leeren. Er war bereit, sich seiner Berufung zu stellen.

Die kommende Nacht nutzte Papst Wojtyła dazu, das Kardinalskollegium als Bruderschaft an sich zu binden und einen Pakt mit den Kardinälen abzuschließen, der mehr von ihnen verlangte als bloßen Gehorsam. Sie sollten in aufrichtiger Solidarität die zu erwartenden schwierigen Probleme bewältigen. Nun wurden diese etwa hundert Männer aus fünf verschiedenen Kontinenten dazu aufgerufen, eine geschlossene Gemeinschaft zu bilden, wie sie mit seinen Mitarbeitern in Krakau bestanden hatte – eine kleine Armee, in der jeder sich der gemeinsamen Pflichten bewußt war wie die Freunde, die vor langer Zeit ausgedehnte Wanderungen durch die Hohe Tatra unternommen hatten.

Vor dem Zubettgehen entwarf er die Predigt für die Messe, die er am nächsten Morgen mit den Kardinälen feiern wollte, von denen er gewählt worden war. Sein Vorgänger hatte seine Antrittsrede nahezu gänzlich von Monsignore Giovanni Coppa, einem hervorragenden Lateiner aus dem Staatssekretariat, schreiben lassen. Ihr Inhalt entsprach den Vorstellungen des neugewählten Papstes, noch mehr aber denen des Staatssekretärs Jean Villot, der auf eine größere Kollegialität in der Verwaltung der Weltkirche hoffte. Karol Wojtyła schrieb seine Predigt selbst. Von nun an würden viele wichtige Schriftstücke von ihm persönlich verfaßt werden.

Am Morgen des 17. Oktober erläuterte der Papst aus Krakau unter der beeindruckenden Christusfigur von Michelangelo in lateinischer Sprache seine Strategie: Vor allem die Treue zum Konzil und die Kollegialität lagen all denen am Herzen, die an der Erneuerung der Kirche festhielten. Und dann verlangte Johannes Paul II., wie es die meisten Kardinäle wünschten, die allzu rapide Veränderungen in der Zeitspanne nach dem Konzil befürchteten, die Befolgung der päpstlichen Lehren, die Achtung vor den liturgischen Regeln und Disziplin. Am Schluß betonte er die Notwendigkeit, den ökumenischen Dialog fortzuführen sowie den Einsatz der Kirche für Frieden und Gerechtigkeit in der Welt. Genau dies war das Programm, das die Kardinäle veranlaßt hatte, ihn zu wählen.

Als er am 22. Oktober auf dem Petersplatz erschien, um die Messe zur Einführung in sein Pontifikat zu feiern, war er offensichtlich fest entschlossen, die ihm von Gott anvertraute Aufgabe nach Kräften zu erfüllen. Auf dem Platz drängten sich zweihunderttausend Menschen. Etwa viertausend Pilger waren aus seiner polnischen Heimat gekommen, siebenhundert aus der polnischen Diaspora. Anwesend waren auch der polnische Staatspräsident Henryk Jabłoński, König Juan Carlos von Spanien, die Präsidenten des Libanon, Österreichs und Irlands sowie etliche andere Delegationen, unter ihnen eine Abordnung von Vertretern der Sowjetunion unter Führung des russischen Botschafters in Italien. Auch zahlreiche Patriarchen und führende Persönlichkeiten anderer christlicher Kirchen nahmen an der Feier teil. Vor allem aber waren es Menschen aus allen Teilen der Welt, die sich jetzt auf dem Petersplatz drängten. Als Johannes Paul II. an den Altar trat, wurde er sich der Tatsache bewußt, daß auf diesem einzigartigen Platz, der von einer Kolonnade umfaßt wurde wie in einer großen Umarmung, die ganze Welt ihre Augen auf den Papst gerichtet hatte.

Gläubige und Ungläubige aus hundert Nationen verfolgten an dem Bildschirm jenes feierliche Ritual, mit dem die Kirche Roms einem Mann die höchste Würde verleiht und ihn zu einem glanzvollen Monarchen macht, ähnlich den einstigen Kaisern von Byzanz. Zum erstenmal saß Karol Wojtyła auf seinem Thron, dem päpstlichen Bischofsstuhl. Als die alte Heiligenlitanei verklungen war, trat der Erste Kardinalsdiakon, Pericle Felici, zum neuen Papst, legte ihm das heilige Pallium, eine weiße wollene Stola mit eingewebten kleinen schwarzen Kreuzen, das Symbol der päpstlichen Würde, um die Schultern.

Der intelligente Felici, ein überzeugter Traditionalist, war mit der lateinischen Sprache ebenso vertraut wie mit den modernsten Videosystemen – ein echter Römer. Mit seiner volltönenden Stimme wendete er sich, einer jahrhundertealten Überlieferung folgend, an den Papst aus Krakau und verkündete in lateinischer Sprache seine Amtsübernahme: »Geheiligt sei Gott, der dich zum Hirten der ganzen Kirche erwählt und dir deine apostolische Mission übertragen hat. Mögest du während der langen Jahre deines irdischen Lebens ein für uns alle glänzendes Vorbild sein und, wenn dein Herr dich ruft, in die Unsterblichkeit des Himmelreichs eingehen. Amen.«

»Amen«, wiederholten die hundertsiebzehn Kardinäle der Heiligen Römischen Kirche.* Dann erhoben sie sich, gingen in langer Reihe auf den Papst zu und küßten als Bekundung ihres Gehorsams seinen Ring. Zum Zeichen der brüderlichen Verbundenheit mit ihnen umarmte er jeden einzelnen. Doch als Stefan Wyszyński demütig vor ihm niederkniete, beugte sich der Papst zu ihm hinunter und drückte den alten Primas von Polen fest an die Brust. Wyszyński verkörperte die heroische Geschichte der polnischen Kirche, ihren Widerstand gegen alle fremden Eindringlinge und

* Kardinäle, die älter sind als achtzig Jahre, nehmen nicht am Konklave teil; deshalb befanden sich nur hundertelf von ihnen in der Sixtinischen Kapelle.

ihren Kampf gegen den Atheismus. Diese zweite Umarmung, mit der der Papst den polnischen Kardinal auszeichnete, war ein für jeden deutlich erkennbares Signal dessen, was nun folgen würde. Von nun an würde Johannes Paul II. der Herr jeglicher kirchlichen Symbolik sein.

Im Mittelpunkt der Predigt Wojtyłas stand Christus.

»Brüder und Schwestern«, rief der neue Papst, »fürchtet euch nicht davor, Christus willkommen zu heißen und euch von ihm stärken zu lassen. Helft dem Papst und allen, die Christus und – mit der Kraft Christi – dem Menschen und der ganzen Menschheit dienen wollen.« Johannes Paul II. zeigte eine Kühnheit, die sich ganz wesentlich von der gequälten Zurückhaltung Pauls VI. und der lächelnden Ängstlichkeit Johannes Pauls I. unterschied. Seine Stimme war die eines Herolds Gottes, eines Mannes, der die Kirche wachrütteln wollte aus ihrem Minderwertigkeitskomplex gegenüber der Welt und dabei an deren Grundfesten rüttelte.

Johannes Paul II. sprach im rhythmischen Tonfall des geübten Redners und legte dabei bewußt kurze Pausen ein, in denen seine Zuhörer die Gelegenheit hatten, ihm Beifall zu spenden. Auch darin unterschied er sich von der melodischen Sprechweise Pauls VI. und dem bescheidenen Murmeln Johannes Pauls I.

»Fürchtet euch nicht!« forderte er seine Zuhörer mit lauter Stimme auf. »Öffnet eure Herzen weit der Botschaft Christi. Laßt die vom Staat gezogenen Grenzen von seiner erlösenden Kraft durchdringen, öffnet die wirtschaftlichen und politischen Systeme und die weiten Bereiche der Kultur, der Zivilisation und der technischen Entwicklung.« Die Worte des Heiligen Vaters elektrisierten die auf dem Petersplatz und in den benachbarten Straßen versammelten Menschen. Seine Zuhörer hatten den Eindruck, einen Papst zu erleben, der bereit war, die Welt aufs neue zu erobern.

In Polen saßen die Menschen wie gebannt vor den Fernsehgeräten. Das Leben im ganzen Land war zum Stillstand gekommen, und Warschau machte den Eindruck einer Geisterstadt. Busse und Straßenbahnen hatten den Verkehr eingestellt, und sogar die Bischöfe hatten die Messe auf den Abend verschoben, um es ihren Gläubigen zu ermöglichen, ihren polnischen Oberhirten zu sehen und zu hören.

Die Stimme des Papstes auf dem Petersplatz klang immer erregter. »Fürchtet euch nicht! Christus weiß, was in unserem Innern vorgeht. Nur er weiß es.« Das war weniger eine Predigt als ein Aufruf zum Kampf. Johannes Paul II. sprach auf italienisch, polnisch, französisch, englisch, deutsch, spanisch und portugiesisch und wandte sich in russisch, slowakisch, ukrainisch und litauisch an die Länder im Osten. Seine Worte in jeder der fremden Sprachen klangen nicht wie aufmunternde Zurufe, sondern ähnelten Pfeilen, die er in sämtliche Teile der Welt abschoß.

Als das *Tedeum* verklungen war, hielt es den Papst Karol Wojtyła nicht mehr auf seinem Platz. Mit großen Schritten stürmte er, während die Kardinäle verwundert zuschauten, durch die Kolonnade. Dabei flatterte ihm sein grünes Gewand hinterher, während er den bischöflichen Krummstab wie einen Pilgerstab in der Hand hielt. Dies waren nicht die gemessenen Schritte eines Klerikers, der es gewöhnt ist, durch die langen Korridore eines Priesterseminars von einem Raum zum anderen zu gehen. Er bewegte sich wie ein Bergsteiger und ließ sich dabei von der Menge nicht behindern, sondern beherrschte sie. Er umarmte eine Gruppe behinderter Menschen in ihren Rollstühlen, sprach mit polnischen Pilgern, schüttelte Hände, küßte kleine Kinder und nahm dankbar Blumensträuße in Empfang, welche die Menschen ihm schenkten. Dann ging er zurück in die Mitte des Platzes, überblickte noch einmal die jubelnde Menge und segnete sie mit seinem Bischofsstab, den er wie ein Schwert in beiden Händen hielt.

In den ersten hundert Tagen seines Pontifikats erläuterte Johannes Paul II. bei Audienzen und Versammlungen, welchen Weg er beschreiten und welches Programm er verwirklichen wollte. Er ermahnte die Geistlichen Roms, ihr priesterliches Charisma nicht durch ein übertriebenes Interesse an sozialen Problemen zu verwässern. Er vertrat energisch den Grundsatz des Zölibats. Die amerikanischen Bischöfe rief er auf, sich streng an die christliche Lehre zu halten und die kirchliche Disziplin zu wahren. In einem Gespräch mit Nonnen wies er auf die Notwendigkeit hin, die Ordenstracht zu tragen. Sie sei ein wichtiges äußeres Zeichen »und soll euch an eure Verpflichtungen erinnern, die im scharfen Gegensatz zum Geist der Welt stehen«. Mit den kanadischen

Bischöfen sprach er über die Notwendigkeit der individuellen Beichte. Er erinnerte die Mitglieder des Vatikanischen Sekretariats für die Einheit der Christen daran, daß die ökumenische Bewegung keine Fortschritte machen könne, wenn sie sich nicht an die Wahrheit halte.

Er lobte die Mütter, die sich weigerten, eine Abtreibung vornehmen zu lassen, wenn sie ihr Leben bedroht sahen. Er bestätigte von neuem die Unauflöslichkeit der Ehe und kritisierte die italienische Regierung, die kurz zuvor ein Gesetz für die legale Abtreibung verabschiedet hatte. Als eine Journalistin ihn nach der Möglichkeit einer Ordination für Frauen fragte, erwiderte er kurz: »Die Jungfrau hat es vorgezogen, unter dem Kreuz zu stehen.«

In einem Gespräch mit jungen Menschen sagte er, über welche Eigenschaften nach seiner Auffassung ein idealer Katholik verfügen müsse: »Vor allem sollte man mit Sicherheit und Klarheit die Wahrheiten erkennen, an die man glauben und die man praktizieren muß. Wenn ihr unsicher, ungewiß, verwirrt und von Widersprüchen hin und her gerissen seid, wird es euch nicht möglich sein, dieses Ziel zu erreichen.«

Im Umgang mit den am Heiligen Stuhl akkreditierten Journalisten setzte er sich über alle Regeln des Protokolls hinweg. Er empfing sie am 21. Oktober noch vor Beginn der Messe zu seiner Amtseinführung im Apostolischen Palast. Er stand von seinem päpstlichen Thron auf, ging zu ihnen hinunter, gab ihnen Interviews in den verschiedensten Sprachen und unterhielt sich über alle möglichen Themen mit ihnen – über den Marxismus, die Ökumene, Polen, den Libanon, das Skifahren und sein Leben im Vatikan. »Fünf Tage sind nun vergangen«, scherzte er, »und wenn es so weitergeht wie bisher, dann glaube ich, es aushalten zu können.« Am Schluß wurde er gefragt, ob er weitere ähnliche Pressekonferenzen abhalten würde. »Wir werden sehen, wie Sie mich behandeln«, erwiderte er. Damit deutete er an, wie *er selbst* die Presse während seines Pontifikats behandeln würde: Die Presse war eine Institution, die er mit seinem persönlichen Charme beeindrucken wollte, ein Instrument, das zu seinem eigenen Nutzen beeinflußt werden sollte. Mit wenigen Ausnahmen hatte er kein besonderes Interesse für einzelne Journalisten.

Am 5. November unternahm er seine erste offizielle Reise

außerhalb des Vatikans nach Assisi, zur Stadt des heiligen Franziskus, des Schutzpatrons von Italien. Für den polnischen Papst war Assisi der Gradmesser, an dem er erkennen konnte, wie weit das italienische Volk ihm seine Zustimmung und Zuneigung entgegenbrachte. Die Reaktion der Italiener fiel über alles Erwarten positiv aus. Mit großem Jubel und Begeisterung empfingen sie Wojtyła als *ihren Papst.* Auf den Plätzen und Straßen der mittelalterlichen Stadt drängten sich die Menschen. Um ihn zu sehen und ihm zu applaudieren, kletterten einige – darunter auch Nonnen – auf die Hausdächer und riskierten dabei, vom starken Luftzug der Hubschrauberrotoren hinuntergeweht zu werden.

Johannes Paul II. gefiel der Menge, weil er ein Mann aus Fleisch und Blut war, fromm, aber männlich. Er hatte nicht das Gesicht eines Klerikers. Er sprach spontan. Er scheute sich nicht, darauf hinzuweisen, daß Christus die bedeutendste Erscheinung auf dieser Welt ist. Nach seiner Auffassung verlieh das Evangelium den Menschen die Möglichkeit, mit den Schwierigkeiten des heutigen Lebens fertig zu werden: vom Terrorismus bis zu den Wirtschaftskrisen und der politischen Instabilität. Im Jahr 1978 hatten die Roten Brigaden in Italien den Führer der Christlichen Demokraten, Aldo Moro, ermordet, und es drohte der Zusammenbruch der staatlichen Ordnung. Westliche Beobachter fürchteten, das Land könne durch aggressive Extremisten in ein Chaos bewaffneter Auseinandersetzungen gestürzt werden. In dieser stürmischen Zeit zeigte sich Karol Wojtyła als der Papst, der seinen Palast verlassen und seinen Glauben kühn und in aller Öffentlichkeit in klarer Sprache vertreten hatte. Es war kein Zufall, daß die Menschen in Italien ihren Papst sehr bald bei seinem Familiennamen, Wojtyła, nannten, als sei er eine der großen Gestalten der Geschichte: Washington oder Garibaldi, Churchill oder de Gaulle, Gandhi oder Lenin.

In Assisi hörten die Gläubigen, wie Johannes Paul II. mit dem heiligen Franziskus sprach, als sei er seinesgleichen. Der Papst betete für die Lösung aller sozialen und politischen Probleme mit Hilfe des Evangeliums – all der Leiden des heutigen Menschen, seiner Zweifel, seines Unwissens, seiner Verwirrung, seiner inneren Spannungen, seiner übertriebenen Ängste und Befürchtungen. Der Papst richtete sich an den Heiligen: »Hilf uns zu erkennen, daß Christus selbst für die Männer und Frauen unserer Zeit der Weg, die Wahrheit und das Leben sein kann. Heiliger Sohn des Landes Italien, Papst Johannes Paul II., ein Sohn Polens, bittet dich darum. Und ich hoffe, du wirst mir meine Bitte erfüllen.« Während noch der Jubel der Menge in seinen Ohren klang, hörte der Papst den Ruf: »Vergiß nicht die Schweigende Kirche!« Ohne auch nur einen Augenblick zu zögern, antwortete Johannes Paul II.: »Es ist keine schweigende Kirche mehr, denn sie spricht mit meiner Stimme.«

Der polnische Papst

Aus dem Munde des Papstes gewann das Wort von der Schweigenden Kirche – jener Kirche, die hinter dem Eisernen Vorhang unterdrückt wurde – eine besondere Bedeutung. Während des langen Pontifikats von Paul VI. war die Schweigende Kirche nicht mehr erwähnt worden. Man überließ die Beschäftigung mit diesem Begriff kleinen Gruppen von Konservativen, die es bedauerten, nicht mehr in der Zeit vor dem Konzil zu leben. Wenn der Heilige Stuhl die Situation in den zum sozialistischen Block gehörenden Ländern erwähnte, sprach er höchstens über »Schritte zur Normalisierung der Beziehungen« oder bestenfalls über »Hindernisse«.

Nun war ein Papst, dessen Weltbild auf seinen Erfahrungen in Polen basierte, bereit, die kommunistischen Regime daran zu erinnern, daß es Christen gab, denen das Recht der freien Meinungsäußerung verwehrt wurde. Wäre er Kardinal von Krakau geblieben, dann hätte er sich in diesen Wochen mit Adam Michnik getroffen, einem der aktivsten Dissidenten in Polen und Mitbegründer des Komitees für die Verteidigung der Arbeiter (KOR). Diese Begegnung hätte im Oktober stattfinden sollen und wäre wahrscheinlich ein herausragendes Ereignis in der seelsorgerischen und politischen Karriere des Erzbischofs von Krakau gewesen. Inzwischen war Karol Wojtyła jedoch zum Papst gewählt worden und stand auf einer höheren Stufe. Von nun an schleuderte er seine Blitze gegen die kommunistische Ideologie vom Stuhl Petri aus.

Nach Ansicht des neuen Papstes durfte es nicht der Diplomatie des Vatikans überlassen bleiben, die Lebensbedingungen der Kirche in den kommunistischen Ländern zu verbessern. Veränderungen mußten von oben *und* von unten erfolgen. Johannes Paul II. wollte unter der katholischen Hierarchie der osteuropäischen Länder ein Feuer entzünden. Der Kardinalerzbischof von Prag, František Tomášek, war der erste östliche Würdenträger, der schon am Tage der Messe zur Amtseinführung des Papstes von diesem in Audienz empfangen wurde. Der Kardinal versuchte, in der bedrückenden Atmosphäre des Regimes von Gustav Husak zu überleben, und der Papst bemühte sich darum, ihn darin nach Kräften zu ermutigen. Ebenso versprach er, die Bischöfe von Lettland und Litauen, die zur Feier seiner Amtseinführung nach Rom gekommen waren, zu unterstützen. Den Bischöfen von Ungarn, denen es genügt hatte, sich mit den Zugeständnissen des Regimes von János Kádár zufriedenzugeben, schrieb der Papst einen Brief, in dem er sie subtil aufforderte, die Initiative zu ergreifen: »Möge die katholische Kirche Ungarn geistig erleuchten!« Die geistige Erleuchtung Ungarns konnte nur eine wesentliche Veränderung der dortigen momentanen Situation bedeuten.

Damit sahen sich auch der Kreml und die kommunistischen Länder veranlaßt, die neue Version der Ostpolitik Karol Wojtyłas zur Kenntnis zu nehmen – und sich die Tatsache vor Augen zu führen, daß der Papst Pole war und sich selbst als solcher fühlte. Vom ersten Tag an bekannte sich Johannes Paul II. öffentlich zu seiner ethnischen Identität. Er fragte den Präsidenten Polens, Henryk Jabłónski, ob er seinen Paß behalten dürfe. Die polnischen Behörden ihrerseits haben den Namen von Karol Wojtyła nicht aus den Wahllisten in Krakau gestrichen. Der Papst sah in seiner polnischen Herkunft ein Zeichen der Vorsehung.

Am 21. Oktober bedankte sich der Papst telegrafisch beim Führer der polnischen Kommunisten, Edward Gierek, für dessen gute Wünsche und wies darauf hin, daß die Geschichte Polens »seit tausend Jahren mit der Mission und dem Dienst der katholischen Kirche verbunden« sei. Zwei Tage später wies er in einer Botschaft an seine Landsleute auf die besondere Bedeutung der polnischen Kirche in der Weltkirche und in der Geschichte der Christenheit hin. Er fügte hinzu, die polnische Kirche lege in besonderer Weise Zeugnis ab für das Christentum, und dabei seien »die Augen der ganzen Welt auf sie gerichtet«. Ohne Verhandlungen mit der polnischen Regierung abzuwarten, schrieb der Papst: »Ich habe den aufrichtigen Wunsch, zum neunhundertsten Jahrestag des heiligen Stanislaus [am 8. Mai 1979] zu Ihnen zu kommen.«

Am selben Tag empfing er viertausend polnische Pilger, die nach Rom gekommen waren. Dabei erwähnte er seinen Vorgänger in Krakau, Eugeniusz Baziak. Er nannte ihn den »großen Erzbischof im Exil« und zeigte damit, daß der Papst die Existenz der Kathedrale in Leopoli in Baziaks Heimat, der Ukraine, nicht vergessen hatte. Dieser Bischofssitz war verwaist, weil die sowjetische Regierung verboten hatte, ihn zu besetzen. Beim Zusammentreffen mit seinen Landsleuten, bei denen alle Beteiligten Tränen der Rührung und der Freude vergossen, sahen die Pilger, wie Johannes Paul II. und der polnische Primas Wyszyński einander umarmten. »Dieser polnische Papst würde nicht den Stuhl Petri einnehmen«, sagte er dem Primas, »ohne Ihre Glaubensstärke, mit der Sie Gefängnis und Leiden auf sich genommen haben, oder ohne Ihre heroische Hoffnung und Ihr grenzenloses Vertrauen zur Mutter der Kirche.« Vor lauter Rührung versagte ihm die Stimme, als er daran dachte, seine Heimat vorläufig nicht wiederzusehen. »Es ist nicht leicht, auf die Rückkehr zu verzichten«, sagte er, »aber wenn es der Wille Christi ist, muß man ihn hinnehmen, und das tue ich. Ich bete nur, daß diese räumliche Entfernung uns noch enger miteinander verbinden wird. Vergeßt mich nicht in euren Gebeten.«

Doch obwohl er fast von seinen Gefühlen überwältigt wurde, verzichtete der Papst nicht darauf, auf die politische Bedeutung dieser Entwicklung hinzuweisen: »Die Liebe zum Vaterland vereinigt uns und muß uns über alle Schwierigkeiten hinweg und darüber hinaus vereinigen«, forderte er. Deshalb müßten der Glaube und die Überzeugungen eines jeden geachtet werden. Zum Widerstand gegen die Mißachtung des christlichen Glaubens sagte er: »Widersetzt euch allem, was gegen die menschliche Würde verstößt und die Grundlagen einer gesunden Gesellschaft untergräbt.«

Von Anfang an stand die polnische Herkunft von Johannes Paul II. im Mittelpunkt der Politik des Vatikans – zur großen Überraschung, Verwunderung und zum Ärger einiger Mitglieder der Kurie. Den Kardinal-Staatssekretär Jean Villot verwirrte und erschreckte es, daß der Papst am ersten Tag nach der Messe zu seiner Amtseinführung nicht an seinen Schreibtisch ging, um wichtige Korrespondenzen zu erledigen, sondern fast die ganze Zeit bei seinen Landsleuten zubrachte. Was einige hochgestellte Geistliche im Vatikan für eine folkloristische Sentimentalität hielten – die intensive Beschäftigung des neuen Papstes mit Polen –, erwies sich als eine mit ungeheurer Hartnäckigkeit verfolgte Strategie. Als der Papst am 4. November eine Delegation der Katholischen Universität von Lublin empfing, erklärte er, seine Wahl sei ein Geschenk des Herrn an Polen. Am 6. Dezember sang er zusammen mit einer Gruppe polnischer Priester die traditionellen Lieder zum Fest des heiligen Nikolaus. Am 7. Januar 1979 feierte er eine Messe für die in Rom lebenden Polen. Er sprach vom Opfer und Märtyrertod des heiligen Stanislaus und nannte ihn eine Quelle der geistigen Einheit Polens.

Die hellhörigen Geistlichen in der Kurie und die aufmerksamen Beobachter des Vatikans überall auf der Welt hörten immer wieder dasselbe Wort: Polen... Polen... Polen. Wenn der Heilige Vater von seiner Heimat sprach, waren sie sich der Tatsache bewußt, daß er dabei an alle osteuropäischen Länder dachte. Auf einem Empfang für das diplomatische Korps nach seiner Wahl verteidigte Johannes Paul II. die Rechte derer, die an die Freiheit der Religion und daran glaubten, daß allen Menschen ein Anspruch auf Gleichbehandlung zustehe. Im Namen der Menschheit verlangte er die Achtung der Menschenrechte und die Anerkennung aller geistigen Werte. Wenige Wochen später gab er dem bulgarischen Außenminister Petar Mladenow eine Audienz und sagte zu ihm: »Sie wissen, daß die katholische Kirche nicht bevorzugt behandelt werden will. In Bulgarien braucht sie ebenso wie überall anderswo einen Lebensraum, um ihrer religiösen Mission gerecht werden zu können.«

Er ergriff jede Gelegenheit, sich für die Freiheit der Religion einzusetzen, denn sie sei das Fundament aller anderen Freiheiten. Am 11. Dezember 1978, dem dreißigsten Jahrestag der Menschenrechtserklärung der Vereinten Nationen, forderte er, daß »die Freiheit der Religion für jeden und für alle Völker von jedermann und überall auf der Welt respektiert werden muß«. Bei einer Generalaudienz am Jahresende wandte er sich gegen den Atheismus, der »in brutaler Weise die Suche nach Gott im sozialen, öffentlichen und kulturellen Leben behindert«. Auf diese Weise kennzeichnete er das Leben in Osteuropa, wo die Religionsausübung durch harte ideologische Zwänge eingeengt werde und selbst dort, wo sie toleriert werde, berufliche Nachteile mit sich bringe. »Eine solche Haltung widerspricht den Menschenrechten«, erklärte der Papst in einem Gespräch mit dem damaligen Generalsekretär der Vereinten Nationen, Kurt Waldheim.

In der Kurie bezog der Papst damit Position gegen eine Haltung, von der die höhere Geistlichkeit offenbar nicht lassen wollte. Ein junger Monsignore, der gerade am Anfang seiner Karriere stand, dachte: »Dieser Papst sagt nicht nur, wie wir es immer getan haben – ›laßt uns versuchen, uns diesen Kommunisten schrittweise anzunähern‹. Nein, dieser Papst ist gekommen, um den Kommunismus vor dem Altar zum Scheitern zu bringen.« Es verbreitete sich der Eindruck, daß der Papst sich darauf vorbereitete, einen ideologischen Kampf zu beginnen – und der Vatikan sah sich gezwungen, ihm zu folgen.

Monsignore Achille Silvestrini, der im Rat für öffentliche Angelegenheiten arbeitete, dem für die Außenpolitik des Vatikans zuständigen Gremium, erinnerte sich sehr deutlich daran, daß es dem Papst »in erster Linie darauf ankam, das religiöse Gewissen zu festigen. Die Diplomatie kann durchaus ein nützliches Werkzeug sein, aber seine Absicht war es, Christus die Tore zu öffnen.«

Als Paul VI. starb, kam der polnische Minister für religiöse Angelegenheiten, Kazimierz Kąkol, zur Beisetzung und sprach anschließend mit dem Außenminister des Vatikans, Erzbischof Agostini Casaroli. Kąkol berichtete der polnischen Führung, Casaroli habe ihm versichert: »Wir werden unsere Haltung gegenüber den sozialistischen Ländern nicht ändern.« Er erklärte auch den Grund dafür: Die Päpste würden die Kirche nicht unmittelbar regieren, sondern nur eine bestimmte politische Linie vorgeben. »Die Entscheidungen werden bei den Konferenzen der Ministerien des Vatikans getroffen. Sie sind das Ergebnis von Analysen und einer genauen Untersuchung der Probleme. Auf diese Weise wird die politische Linie erarbeitet, der wir folgen. Der Papst erteilt am Schluß nur seine Zustimmung.«

Von diesem Verfahren rückte der Papst Wojtyła jedoch ab. Johannes Paul II. wies seine Repräsentanten an, künftig in ihren Verhandlungen mit den kommunistischen Staaten die Unvereinbarkeit des Marxismus mit der Wahrheit nicht zu verharmlosen, sondern sie ausdrücklich zu betonen. Silvestrini erkannte, daß diese Haltung in ihrem Wesen ethischer und religiöser war und nicht nur einer kühlen politischen Überlegung entsprach. Für den Heiligen Vater gab es eine scharfe Trennungslinie zwischen *uns* und *ihnen*, den Kommunisten. Nach Auffassung von Silvestrini bedeuteten die Worte und das Verhalten des Papstes, daß für die Kommunisten die Wahrheit nicht existierte. Das einzige, was *sie* als wesentlich erachteten, war das, was den Interessen der Partei und ihrer Macht diente. Aber die Kirche mußte sagen: »Nein, die Wahrheit existiert im Gewissen der Männer und Frauen. Sie gibt es nur in einer Gesellschaft, die sich dieser Freiheit der Wahrheit erfreut.« Damit wurde es möglich, daß die klaren philosophischen Unterscheidungen des Papstes in der Welt der Politik eine weitreichende Wirkung hatten.

Indessen hatten die Machthaber in Moskau begonnen, sich ein Urteil über den neuen Papst zu bilden. Unmittelbar nach der Wahl Wojtyłas ließ das Politbüro ein genaues Porträt des Nachfolgers von Paul VI. erstellen. Mit dieser Aufgabe betraute es das Institut für das sozialistische System der Welt, das eng mit der Sowjetischen Akademie der Wissenschaften zusammenarbeitete.

Schon kurz nach Beginn des neuen Pontifikats, am 4. November 1978, legte der Direktor des Instituts, Oleg Bogomolow, dem Sekretär des Zentralkomitees einen Bericht vor, der uns noch heute beeindruckt, denn er prognostiziert schon viele der späteren Aktivitäten Johannes Pauls II.: »Nach Auffassung hochrangiger katholischer Geistlicher«, schrieb Bogomolow, »wird die Wahl eines polnischen Kardinals die *Verallgemeinerung* der Kirche fördern – das heißt ihre Aktivitäten in allen sozialpolitischen Systemen, vor allem im sozialistischen System ... Es ist wahrscheinlich, daß dieser Dialog mit den sozialistischen Ländern seitens des

Vatikans aggressiver und systematischer sein wird als unter Paul VI. Wojtyła wird offenbar weniger zu Kompromissen mit der Führung der sozialistischen Staaten bereit sein, besonders was die Ernennung von Bischöfen in den lokalen Kirchen betrifft.«

In dem Bericht hieß es, daß Johannes Paul II. nicht nur die Beachtung der Menschenrechte in Osteuropa einfordern, sondern auch die Unterdrückung der Kirche in der westlichen Hemisphäre mißbilligen werde, besonders in lateinamerikanischen Ländern wie Nicaragua und Chile. Bogomolow betonte wiederholt, daß die Sowjetunion mit einer »neuen Aggressivität« in der Politik des Vatikans gegenüber den sozialistischen Ländern rechnen müsse und dabei auch die Frage nach Frieden und Menschenrechten zur Sprache kommen würde. Bogomolow meinte, der Vatikan stünde in Lateinamerika vor einem schwierigen Problem: Hier werde der Heilige Stuhl sich bemühen, etwas gegen die Radikalisierung der Nationalkirchen und die Neigung der katholischen Geistlichkeit in einigen dieser Länder zu unternehmen, mit der Linken, besonders den Kommunisten, zusammenzuarbeiten. Da Johannes Paul II. kurze Zeit selbst Arbeiter gewesen sei und die Probleme der Arbeiterschaft ihm am Herzen lägen, werde er, so die Stellungnahme, versuchen, »den Einfluß der Kirche nicht nur auf die sozialistischen Länder auszudehnen, sondern auch in der Arbeiterklasse der kapitalistischen Welt zur Wirkung zu bringen«.

Der Bericht beschrieb Karol Wojtyła persönlich als einen Kardinal, der stets rechte politische Positionen eingenommen, dabei aber die Kirche vor Frontalangriffen gegen den Sozialismus gewarnt habe. Nach seiner Auffassung sollten vielmehr die sozialistischen Gesellschaften allmählich in pluralistische, liberal bürgerliche Systeme umgewandelt werden. In dem Bericht hieß es: »Zunächst wird die Kurie zweifellos versuchen, den neuen Papst zu beeinflussen. Aber das Streben Johannes Pauls II. nach Unabhängigkeit und seine Energie werden sehr bald dazu führen, daß er sich dem widersetzt und sich von dem Einfluß der Verfechter der Orthodoxie in der Kurie befreit.«

Der Bericht empfiehlt der Sowjetunion, die Friedensinitiativen Johannes Pauls II. ebenso zu unterstützen wie die Einstellung des Vatikans im Hinblick auf die »Internationalisierung« Jerusalems. Darüber hinaus rät er, die Beziehungen zwischen der sowjetischen

Regierung und der katholischen Geistlichkeit in Litauen und in den westlichen Regionen der Ukraine und Weißrußlands zu verbessern.

Zum Schluß werden die Mitglieder des Politbüros aufgefordert, mehr auf die moralischen und spirituellen Bedürfnisse des einzelnen einzugehen: »Nicht selten hat eine zu simple und materialistische Haltung gegenüber der spirituellen Sphäre des menschlichen Lebens ... die Position der Kirche gestärkt.« Das war ein geradezu prophetischer Hinweis, aber zu subtil, um von der politischen Führung unter Breschnew verstanden zu werden. Das Politbüro von 1978 erachtete es als wichtiger, verstärkt zum Mittel atheistischer Propaganda zu greifen (wie Bogomolow es pflichtgemäß tat) und seine Religionspolitik mit den anderen sozialistischen Ländern abzustimmen.

Was Bogomolow nicht voraussehen konnte, war, daß Johannes Paul II. so schnell den Kampf gegen den Kommunismus mit einer Reise nach Polen beginnen würde. Und als der sowjetische Generalsekretär Leonid Breschnew hörte, daß die polnische Führung mit dem Vatikan über die Bedingungen eines solchen Besuchs verhandelte, rief er erbost den polnischen Amtskollegen Gierek in Warschau an. Gierek zitiert dieses Gespräch in seinen Memoiren:

> Breschnew sagte, er habe gehört, die Kirche hätte den Papst nach Polen eingeladen. »Und wie reagierten Sie darauf?« fragte er. Ich antwortete: »Nun, ich werde ihm den Empfang bereiten, den er verdient.«
>
> »Lassen Sie sich von mir beraten, und empfangen Sie ihn nicht«, erwiderte Breschnew. »Das wird nur Schwierigkeiten geben.«
>
> »Wie könnte ich mich weigern, einen polnischen Papst zu empfangen«, antwortete ich, »angesichts der Tatsache, daß die Mehrheit meiner Landsleute Katholiken sind? Für sie ist seine Wahl ein ganz wichtiges Ereignis. Im übrigen, womit sollte ich es dem Volk gegenüber begründen, daß wir für ihn die Grenze dichtmachen?«
>
> »Sagen Sie dem Papst – er ist ein kluger Mann –, er könne öffentlich erklären, er sei erkrankt und deshalb nicht in der Lage zu kommen.«

»Es tut mir leid, Genosse Leonid«, sagte ich, »das kann ich nicht tun. Ich muß Johannes Paul II. in unserem Land willkommen heißen.« Dann sagte Breschnew: »Gomułka war ein besserer Kommunist als Sie, weil er Paul VI. nicht in Polen empfangen hat, und damals ist nichts Unangenehmes geschehen. Die Polen haben es einmal überlebt, daß ein Papst nicht ins Land gelassen wurde, und sie werden es auch zum zweitenmal überleben.«

»Aber politische Gründe verlangen, daß ich ihn hereinlasse«, beharrte ich.

»Nun, tun Sie, was Sie wollen«, resignierte Breschnew. »Aber sorgen Sie dafür, daß Sie es später nicht bereuen müssen.« Damit beendete er das Gespräch.

»Der Papst ist eine sehr selbstbewußte Persönlichkeit«, erklärte der Kardinal-Staatssekretär Jean Villot einem Freund schon an einem der ersten Tage, nachdem der Heilige Vater in den Vatikan eingezogen war. Vorausschauend fügte der Kardinal hinzu: »Zweifellos werden wir ein großes Pontifikat erleben. Der neue Papst ist ein Mann, der es wagt, sich mit Problemen und Personen auseinanderzusetzen. Am Schluß werden wir den Rauch der Bomben wahrnehmen.«

Kardinal Jean Villot war ein typischer Franzose und verstand es, die Angelegenheiten der Kirche mit Feingefühl, Ruhe und klarem Blick zu regeln. Als Vertrauter Pauls VI. verkörperte er dank seiner Ausgeglichenheit ein gutes Gegengewicht zum sehr lebendigen und hochintelligenten Papst Montini. Besonders günstig war es, daß er es verstand, sich von den politischen Schwierigkeiten in Italien zu distanzieren, in die im zwanzigsten Jahrhundert alle Päpste bis zur Wahl von Wojtyła persönlich verwickelt gewesen waren.

Doch sehr bald mußte Villot feststellen, daß Johannes Paul II. ganz andere Vorstellungen von der Führung der katholischen Kirche hatte als er selbst. Ebenso wie Wojtyła hatte Villot am Zweiten Vatikanischen Konzil teilgenommen. Anders als sein polnischer Mitbruder entstammte er jedoch einem französisch-katholischen Kulturkreis, der ebenso wie die deutsche theologische Elite die Beratungen des Konzils entscheidend beeinflußte.

Eine Frage, die dabei eine besondere Bedeutung erlangte, war die der Kollegialität, also der Notwendigkeit, daß der Papst die Kirche nicht regierte wie ein absoluter Monarch, sondern die politischen Entscheidungen im Einvernehmen mit den Bischöfen traf, die nach der katholischen Lehre die Nachfolger der Apostel sind. »Die Kirche ist Petrus und den Aposteln, nicht aber der Kurie anvertraut worden!« hatte der östliche Patriarch Maximus VI. den Konzilsvätern erklärt.

Paul VI. war einen kleinen Schritt weitergegangen, als er die Synode der Bischöfe einsetzte. Dieses Gremium hatte jedoch lediglich beratende Funktion und trat darüber hinaus nur alle drei Jahre zusammen, um über eine oder höchstens zwei Angelegenheiten zu diskutieren, die vorher vom Papst bestimmt worden waren. Mit der Einsetzung der Synode hatte Paul VI. seine eigene Stellung gestärkt und nur wenig für die Kollegialität getan. Mit dieser beschäftigten sich die zur Wahl des Papstes zusammengetretenen Kardinäle auf ihren ersten Sitzungen im Konklave daher besonders intensiv.

Kardinal Villot wollte sich ein Bild darüber verschaffen, was der Papst in dieser Hinsicht beabsichtigte. Er fragte ihn: »Denken Eure Heiligkeit daran, dem Synodalkonzil eine permanente Vertretung zu geben?« In der Sprache der Kirche bedeutete die Schaffung einer »permanenten Vertretung«, von den Bischofskonferenzen in der ganzen Welt eine Gruppe von Bischöfen wählen zu lassen, die wie eine Art Kabinett oder ein mit begrenzten Vollmachten ausgestatteter Kronrat mit dem Papst bei der Leitung der Kirche zusammenarbeitete.

Johannes Paul II. lehnte das ohne zu zögern sofort ab. »Nein, das wäre eine Synode im Stil der Ostkirchen.« Das heißt, es wäre eine demokratische Institution wie in den orthodoxen Kirchen, wo die Synode ein aus den Bischöfen bestehendes Parlament ist, das Gesetze erläßt und Entscheidungen trifft. »Der Papst wird gemeinsam mit dem ökumenischen Rat der oberste und einzige Gesetzgeber bleiben.« Das wäre eine Versammlung aller Bischöfe, die nur auf den ausdrücklichen Befehl des Papstes einberufen werden kann. Johannes Paul II. erklärte sich bereit, die Synode häufiger zusammenkommen zu lassen, wenn es darum ging, besondere Probleme zu lösen, fügte jedoch hinzu: »Es ist nicht notwendig, daß die Teilnahme an diesen Konsultationen den Bischöfen zur Pflicht gemacht wird.«

Damit scheiterte der Versuch, die Kirche mit einer demokratischen Verfassung zu versehen, schon in den Ansätzen, und die Hoffnungen vieler glühender Anhänger Wojtyłas im Konklave, wie die Kardinäle Lorscheider und König, zerplatzten endgültig wie Seifenblasen. Ob der neue Papst sich der Tatsache bewußt war, daß er damit so viele Menschen grausam enttäuschte, ist ungewiß. Er hatte nie in einem demokratisch regierten Land gelebt, und für ihn bedeutete das Wort Kollegialität nur wenig mehr als das Gefühl des Zusammenhalts des Klerus – die Solidarität unter Brüdern, die ohnedies demselben Vater unterstanden, einem Mann, der von seinen Untergebenen wie ein Monarch Disziplin und absoluten Gehorsam verlangte.

Was nun die Ostpolitik betraf, so hielt es Villot nicht für »dringend« notwendig, daß der Papst zum Gedenktag des heiligen Stanislaus nach Polen reiste. Aber Johannes Paul II. kümmerte sich nicht im geringsten um derartige Vorbehalte, sondern handelte ganz nach eigenem Gutdünken. Seinem Freund, dem französischen Priester Antoine Wenger, sagte Villot: »Der neue Papst hat einen starken Willen, den er auch durchzusetzen vermag. Schon in den ersten Wochen seines Pontifikats hatte er Entscheidungen getroffen, von denen ihn selbst die besten Gegenargumente nicht hätten abhalten können.«

Auch in seiner körperlichen Bewegungsfreiheit ließ sich Wojtyła nicht behindern. Am ersten Tag nach dem Konklave begann er die engen Grenzen des Vatikans zu verlassen, was im Lauf der Zeit zu einer Gewohnheit wurde. So ließ er sich zur Gemelli-Klinik fahren, um seinen alten Freund Andrzej Deskur zu besuchen. Eine Woche darauf flog er im Hubschrauber zum Heiligtum von Lamentorella, etwa fünfzig Kilometer von Rom entfernt. In den Tagen vor seiner Wahl hatte er häufig dort gebetet.

Die Kurienmitglieder mußten erkennen, daß dieser Papst sich nicht um die Meinung anderer kümmerte, sondern sich so verhielt, wie es seiner Überzeugung entsprach. Auf dem Weg zur Inbesitznahme der päpstlichen Basilika des heiligen Johannes im Lateran hatte der Papst sich nicht gescheut, den Bürgermeister von Rom, den Kunsthistoriker – und Kommunisten – Guilio Argan, zu umarmen. Er empfing auch den französischen Bischof Marcel Lefebvre, den Paul VI. wegen Rebellion gegen das Konzil von allen religiösen Pflichten entbunden hatte und der nun keine Priester weihen durfte, die gemäß den vor dem Konzil geltenden Regeln ausgebildet worden waren. Ebenso traf er den mexikanischen Bischof Méndez Arceo, einen notorischen Linken. »Allerheiligster Vater«, murmelte Kardinal Villot verstimmt, »er ist Mitglied des Bundes ›Christen für den Sozialismus‹.« Johannes Paul II. antwortete lächelnd: »Den Sozialismus kenne ich sehr gut.«

Niemand hatte den Staatssekretär davon unterrichtet, als *L'Osservatore Romano* am 5. November meldete, der Papst werde in die mexikanische Stadt Puebla reisen, um dort auf Einladung des Kardinals Salazar López, des Erzbischofs von Guadalajara, an der Konferenz lateinamerikanischer Bischöfe teilzunehmen. Mexiko war ein Land mit einer antiklerikalen Verfassung und unterhielt keine diplomatischen Beziehungen zum Vatikan. Priester durften in der Öffentlichkeit nicht ihre Soutanen tragen. Die mexikanische Regierung nahm offiziell keine Kenntnis vom Besuch des Papstes.

Kardinal Villot hatte seine Zweifel und sprach mit dem Papst darüber. Er fürchtete, der Heilige Vater würde nicht mit den Ehren empfangen werden, die seinem Rang entsprachen. Er hoffte, daß wenigstens ein Repräsentant der Staatsführung ihn auf dem Flughafen kurz willkommen heißen würde. Aber Johannes Paul II. interessierte sich nicht für die Bedenken seines Staatssekretärs oder die Feinheiten des für den Vatikan geltenden Protokolls. Er dachte an etwas, wovon noch kein Mitglied der Kurie zu träumen gewagt hatte, und das war ebenso revolutionär wie das Konzil selbst: Er wollte das Papsttum auf den Eintritt der Christenheit in das dritte Jahrtausend vorbereiten.

Im Ausland

Vierundzwanzig Stunden vor seiner Abreise nach Mexico City empfing Papst Wojtyła den sowjetischen Außenminister Andrei Gromyko zu einer zweistündigen Audienz. Der Russe verfügte über jahrelange Erfahrung im Umgang mit der katholischen Geistlichkeit im Vatikan. Er war dort schon 1967, 1974 und 1975, aber diesmal begegnete Johannes Paul II. zum erstenmal einem der führenden Männer des Kreml und einem Mitglied des Politbüros. Gromyko war ein steifer, eiskalter und zweifellos intelligenter Mann, gewohnt, seine Gedanken hinter einem seelenlosen Bürokratismus zu verbergen. Jede Äußerung und jeder Einwand prallten von ihm ab, ohne daß er anders als mit propagandistischen Klischees darauf reagierte.

Wojtyła erkannte, daß er in diesem Fall mit seinem Charme nichts ausrichten konnte, und deshalb beobachtete er den Mann aus Moskau kühl und distanziert. Zugleich wußte er, daß auch sein Gesprächspartner versuchte, sich ein Bild von ihm zu machen. Zunächst war Gromyko beeindruckt von der körperlichen Verfassung des Papstes. »Dieser Mann«, schrieb er später, »ist bestimmt ein guter Sportler.«

Johannes Paul II. begann mit einer allgemeinen politischen Aussage und wies auf die Bedeutung der Beziehungen zur Sowjetunion hin, deren Ziel es sein müsse, den Frieden zu sichern. Zuerst sprach er russisch und später englisch. Gromyko erwiderte, es seien alle Anstrengungen unternommen worden, der Welt die Kriegsgefahr und insbesondere die Bedrohung durch einen Atomkrieg zu ersparen. Er erwähnte gewisse Initiativen der Sowjetunion und lobte die Bestrebungen der Kirche »zur Erhaltung des Friedens, der Abrüstung und der Abschaffung von Massenvernichtungswaffen. Diese Bemühungen verdienen unsere uneingeschränkte Anerkennung.« Dann nannte Gromyko die Bereiche, innerhalb derer der Weltfriede bedroht werden könnte. »Was nun die Ideologie betrifft«, sagte er, »so dürfen religiöse Überzeugungen und allgemeine Unterschiede in der Weltanschauung die Zusammenarbeit zwischen der Sowjetunion und dem Vatikan nicht behindern.«

»Ich teile Ihre Ansicht, daß es gegenwärtig in der Weltpolitik nichts Wichtigeres gibt als die Beseitigung der Kriegsgefahr«, erwiderte Wojtyła. »Die katholische Kirche setzt sich für die Erhaltung des Weltfriedens ein.«

Sehr vorsichtig berührte der Papst nun das Problem, das ihm am meisten am Herzen lag. »Es ist möglich«, sagte er, »daß die Faktoren, welche die Freiheit der Religionsausübung einschränken können, noch nicht überall beseitigt sind. Gewissen Quellen zufolge«, fügte er hinzu und überlegte dabei sehr genau jedes Wort, das er aussprach, »kann man selbst in der Sowjetunion noch etwas Derartiges antreffen.«

Gromyko antwortete eiskalt: »Im Westen werden sehr häufig solche falschen Berichte verbreitet... und gewöhnliche Verbrecher zu Märtyrern gemacht. Es ist kein Körnchen Wahrheit an den Gerüchten über die Einschränkung der Religionsfreiheit. Seit Bestehen des sowjetischen Staates wird dort die Freiheit der Religion garantiert, und das hat sich bis heute nicht geändert.« Damit wiederholte er schamlos die alten, längst widerlegten Behauptungen der sowjetischen Propaganda. Kein Wunder, daß man ihm in Washington den Namen »Mr. Njet« gegeben hatte. Doch das Oberhaupt der katholischen Kirche zu belehren, daß in der Sowjetunion absolute Religionsfreiheit herrsche, war selbst aus dem Mund von Gromyko ein starkes Stück. »In den schweren Jahren des Zweiten Weltkriegs stand die russisch-orthodoxe Kirche treu an der Seite des sowjetischen Staates«, fuhr er fort, »und führte einen eigenen Kampf gegen den Faschismus. Wäre das möglich gewesen, wenn die Kirche in unserem Land unterdrückt worden wäre?«

Das Gesicht des Papstes blieb ausdruckslos.

»Es gibt bei uns religiöse Menschen«, sagte Gromyko, »aber das bedeutet keine Schwierigkeiten für sie, für unsere Regierung oder für das Leben der sowjetischen Gesellschaft.«

Wie Wojtyła immer schon betont hatte, logen sie. *Sie* achteten nicht die Wahrheit: In der Sowjetunion konnte niemand, der sich offen zum christlichen Glauben bekannte, Lehrer oder Offizier werden und auch kein Amt in der kommunistischen Partei übernehmen. Doch diesmal äußerte sich der Papst nicht zu diesem Thema.

Am Morgen des 25. Januar um 7.20 Uhr verließ Johannes Paul II. den Vatikan und fuhr zum römischen Flughafen Fiumicino. Man sah es ihm an, wie sehr er sich auf die bevorstehende Reise freute. Als er von Krakau nach Rom umziehen mußte, hatte sich Johannes Paul II., wie er selbst sagte, gefühlt wie ein Baum, der in ein anderes Land verpflanzt wird. Aber die Aufgabe, die ihn in Lateinamerika erwartete, und die überaus positive Einstellung, die ihm die Öffentlichkeit in den ersten Monaten nach seiner Amtsübernahme entgegenbrachte, freuten ihn und stärkten sein Selbstvertrauen.

Während seiner ersten hundert Tage in Rom wurde die durch Krisen geprägte Atmosphäre, welche die Kirche in den letzten Jahren der Amtszeit Pauls VI. belastet hatte, überwunden. Das Papsttum gewann an Bedeutung und wurde wieder zu einem dynamischen Faktor in der Weltpolitik. Die Gestalt Johannes Pauls II. faszinierte die Öffentlichkeit. Die Menschen jubelten diesem neuen Papst zu. Überall dort, wo sich Karol Wojtyła zeigte, wurde er zu einem charismatischen Symbol. Die Menschen sahen sich die alten Fotos von Wojtyła in den illustrierten Zeitschriften an, auf denen er im Kajak, bei seinen Bergtouren oder auch nur beim Rasieren gezeigt wurde, und sagten, dies sei der erste Papst, dessen Schuhe man sehen könnte, und das waren die großen Schuhe eines Bauern oder Fischers.

Bei seinen Audienzen drängten sich die Nonnen in seine Nähe, behaupteten, er sähe besser aus als Jesus, und hofften, ihn berühren zu können. Sogar ein paar römische Feministinnen, die sich sonst durch ihre manchmal profane Aggressivität auszeichneten, fühlten sich von diesem so männlich aussehenden Papst angezogen. Auch Menschen, die ihm ideologisch fernstanden, waren beeindruckt. Carlo Benedetti, ein beim Vatikan akkreditierter Reporter der prokommunistischen Zeitung *Paese Sera*, hatte einen eigenartigen Traum, der wahrscheinlich den Psychoanalytiker Freud interessiert hätte: In diesem Traum ging er durch eine große Wohnung, und als er das letzte Zimmer betrat, sah er eine Frau. »Sie hatte mir den Rücken zugewendet, stand vor einem Spiegel und kämmte sich das Haar. Sie schien Rita Hayworth zu gleichen. Plötzlich drehte sie sich um, und ich erblickte das Gesicht von Wojtyła. Verdammt, dachte ich, er kann wirklich alles sein, sogar eine Frau!«

Der neue Papst vermittelte den Eindruck, in jeder Beziehung unüberwindlich zu sein.

In seinem Sonderflugzeug (der *Dante Alighieri*) warteten hundertvierzig Journalisten sowie das Bordpersonal der Alitalia auf den Papst und sein Gefolge: fünfundzwanzig Kardinäle, Monsignori und Männer seiner Schweizergarde in Zivil. Zum Gepäck des Papstes gehörten auch Reden von Johannes Paul II. in den verschiedensten Sprachen. Mit Ausnahme von in letzter Minute vorgenommenen Korrekturen war jede Bemerkung und die ganze Interpunktion schon im Vatikan festgelegt worden, nachdem die Entwürfe vom Büro des Papstes und den Beamten der Kurie überprüft worden waren. Nur an einer dieser Reden arbeitete der Papst noch, und das war die für ihn wichtigste, die er vor den lateinamerikanischen Bischöfen auf der Konferenz in Puebla halten wollte.

Am Vorabend seiner Abreise erhielt er die Mitteilung, daß Chile und Argentinien offiziell der Vermittlung des Heiligen Stuhls in ihrer Auseinandersetzung über den Beagle-Kanal zugestimmt hatten. Die Regierungen dieser Länder, die beide von militärischen Diktatoren geführt wurden, hatten den Vatikan um seine Intervention gebeten »mit dem Ziel, sie bei der Suche nach einer friedlichen Beilegung der Auseinandersetzung zu unterstützen«. Aber viele Katholiken in Italien und Lateinamerika waren überrascht, als *L'Osservatore Romano* ein großes Foto des chilenischen Diktators Pinochet von Chile abdruckte. Für sie war Pinochet ein brutaler Gewaltherrscher, der durch einen blutigen Staatsstreich an die Macht gekommen, für die Folterung, den Tod und das Verschwinden Tausender Mitglieder der chilenischen Opposition verantwortlich war. Der Erzbischof von Santiago, Kardinal Raul Silva Henríquez, war ein Gegner Pinochets. Er hatte die Gründung des Vikariats der Solidarität veranlaßt, das den Opfern des Regimes beistehen wollte und sich für die Einhaltung der Menschenrechte einsetzte.

Johannes Paul II. befürwortete die humanitären Bestrebungen des Kardinals, glaubte aber, wenn der Heilige Stuhl sich an Initiativen für den Frieden und die Gerechtigkeit beteiligte, müsse er auch das Gespräch mit Machthabern suchen, die er im Grunde ablehnte. Die Frage des Beagle-Kanals, um die es zwischen Chile und Argentinien einige Wochen zuvor fast zu einem bewaffneten Konflikt gekommen wäre, hatte für den Vatikan eine besondere Bedeutung, weil der Heilige Stuhl, nachdem er ein Jahrhundert lang außenpolitisch kaum in Erscheinung getreten war, nun wieder zum erstenmal aufgefordert wurde, bei internationalen Verhandlungen vermittelnd einzugreifen. Das war allerdings, verglichen mit dem Vertrag von Tordesillas (1494), bei dem Papst Alexander VI. auf der Weltkarte die Einflußsphären von Spanien und Portugal voneinander getrennt und in der Mitte des Atlantischen Ozeans die Trennungslinie gezogen hatte, eine Belanglosigkeit. Alle Länder westlich dieser Linie (mit Ausnahme Brasiliens) waren dabei den spanischen Monarchen Ferdinand und Isabella zugeteilt worden, während die östlich von ihr gelegenen Gebiete von den Azoren bis nach Ceylon und darüber hinaus an den König von Portugal gingen. Der Streit um den Beagle-Kanal erwies sich im Grunde als eine periphere Angelegenheit. Was jedoch Johannes Paul II. dabei als wesentlich erachtete, das war das damit verbundene Signal: Die Kirche mußte sich jetzt auf der internationalen Bühne Gehör verschaffen.

Schon bei der Vorbereitung seiner Reise war sich der Papst der Tatsache bewußt, daß sie von Washington bis Moskau und von London bis Rio de Janeiro genau beobachtet werden würde. Lateinamerika war ein wunder Punkt in den Beziehungen zwischen den Vereinigten Staaten und der Sowjetunion, es hatte aber auch eine ungeheure Bedeutung für die Kirche – und es hat sie noch. Im Jahr 2000 würde praktisch die Hälfte aller Katholiken Lateinamerikaner sein. Darüber hinaus kämpften in diesem Gebiet Militärdiktaturen und Demokratien sowie Marxismus und Kapitalismus gegeneinander. Fidel Castro in Kuba hatte seine Unterstützung der Guerillabewegungen in Zentralamerika intensiviert. Nun mußte die Kirche entscheiden, ob sie auch weiterhin die konservativen, antidemokratischen Regierungen unterstützen oder das Abenteuer der Revolution akzeptieren wollte. Johannes Paul II. hätte das Entstehen reformistischer politischer Bündnisse vorgezogen, aber das erforderte ein soziales Fundament, das in den stark polarisierten lateinamerikanischen Ländern nicht existierte.

Nicaragua war ein typisches Beispiel. Dort kämpften die sandinistischen Guerillas, die zum Teil katholischen Bewegungen angehörten, gegen die diktatorische Herrschaft der Familie Somoza, die seit Jahrzehnten von den Vereinigten Staaten unterstützt worden war. Augenscheinlich gab es keine andere Möglichkeit, das Entstehen einer Oligarchie in diesem Land zu verhindern, und deshalb hatte die katholische Hierarchie in Nicaragua unter der

Führung des Erzbischofs von Managua, Obando y Bravo, der seit Jahren eine Pendelpolitik zwischen dem Regime und der Opposition praktizierte, sich entschlossen, sich auf die Seite der Sandinisten zu schlagen. Sogar der alte Freund des Papstes aus Krakau, Pater Mieczysław Maliński, fragte sich: »Mit wem wird sich der Papst verbünden, mit den Militärregierungen oder mit denen, die sie bekämpfen?« So bildeten sich die Fronten innerhalb und außerhalb der Kirche. Die fortschrittlichen Kreise warteten darauf, daß der Papst etwas gegen die Diktaturen unternahm und die Kirche dazu aufrief, die »strukturellen Ungerechtigkeiten der herrschenden Klassen« zu bekämpfen. Zehn Jahre zuvor war die lateinamerikanische Bischofskonferenz (CELAM) in der kolumbianischen Stadt Medellín zur Überzeugung gelangt, eine der Aufgaben der Kirche sei die Unterstützung bei der »Befreiung unterdrückter Völker«. Schon allein dieser Begriff ist schwer zu definieren.

Bereits beim Aufbruch zu seiner Reise nach Lateinamerika war sich Johannes Paul II. der Tatsache bewußt, daß er dort den Mitgliedern einer »Kirche des Volkes« begegnen würde. Sie besteht aus sogenannten Basisgemeinden, die sich darum bemühen – wenn notwendig, auch mit Gewalt –, soziale Veränderungen durchzusetzen, wie sie von der sogenannten Befreiungstheologie gefordert werden. In diesen Gemeinden haben sich Gruppen katholischer Laien zusammengeschlossen, die sich größtenteils als von den aktuellen kirchlichen Strukturen unabhängig betrachten. Sie beten zusammen und spenden einander die Sakramente. Eines ihrer Hauptziele besteht darin, etwas gegen die Unterdrückung der Armen zu unternehmen. Nun sollte der Papst, selbst ein Dichter, dort auf Priester treffen, die das gleiche waren und sich von Christus, dem Arbeiter, und weniger vom heiligen Johannes vom Kreuz inspirieren ließen. Die Basisgemeinden in Nicaragua feierten eine von Carlos Mejía Godoy komponierte Bauernmesse mit dem folgenden Credo:

»Ich glaube fest daran, Herr, daß diese ganze Schöpfung aus Deinem wunderbaren Geist entstanden ist und daß Du mit Deiner Künstlerhand ihre Schönheit zum Blühen gebracht hast: die Sterne und der Mond, die kleinen Häuser, die Seen, die kleinen Segelboote auf den Flüssen, die sich ins Meer ergießen, die großen

Kaffeepflanzungen, die riesigen weißen Baumwollfelder und die von der verbrecherischen Axt abgeschlachteten Wälder...

Ich glaube an Dich, Christus den Arbeiter, den eingeborenen Sohn Gottes, und ich glaube an Dich, meinen Bruder, den menschlichen Christus, der den Tod überwunden hat... Du stehst von den Toten auf in jeder Hand, die sich erhebt, um die Menschen vor Gewalt und Ausbeutung zu schützen.«

Schließlich erwarteten die fortschrittlichen Kräfte in der Kirche, daß der neue Papst die Menschen ermutigte, »dem Weg von Medellín« zu folgen, und die Katholiken aufforderte, den herrschenden Klassen die Gefolgschaft zu verweigern. Die in der lateinamerikanischen Kirche und in Rom als »konservativ« geltenden Kräfte erhofften sich das Gegenteil. Sie nahmen in Kauf, daß sich die Kirche von den Militärdiktaturen distanziert hatte, aber sie verlangten eine gewisse staatliche Ordnung. Sie befürworteten Reformen, wenn sich diese ermöglichen ließen, aber sie lehnten es ab, auf den Sturz des Regierungssystems hinzuarbeiten. Sie vertraten die Meinung, die Kirche müsse sich gegen jede »marxistische Infiltration« wehren und sich darauf konzentrieren, den Gläubigen die Sakramente zu spenden und der traditionellen Lehre zu folgen.

In der Hierarchie der Kirche ging der eigentliche politische Kampf weiter, und diesmal war es tatsächlich ein Ringen zwischen »progressiven« und »konservativen« Kräften. Der kolumbianische Erzbischof Alfonso López Trujillo, der Sekretär der lateinamerikanischen Bischofskonferenz, war ein erbitterter Feind der Befreiungstheologie. Nach der Papstwahl war er in den Vatikan gekommen, um Johannes Paul II. dringend zu ersuchen, etwas gegen die führenden brasilianischen Bischöfe zu unternehmen, die den Basisgemeinden und den fortschrittlichen Theologen nahestanden. Der brasilianische Kardinal Aloísio Lorscheider, der die Kandidatur von Wojtyła bei der Papstwahl energisch unterstützt hatte, war Präsident der lateinamerikanischen Bischofskonferenz, und deshalb wurden die innerkirchlichen Streitigkeiten noch komplizierter.

Schon vor Beginn der Reise des Papstes begann Erzbischof Trujillo, im Hinblick auf die für den März vorgesehene Wahl der Direktoren dieser Bischofskonferenz seine Vorbereitungen zu treffen. Trujillo dachte wie ein Soldat. »Stellen Sie Ihre Jagdflugzeuge und Bomber bereit«, hatte er an einen Bischof geschrieben, der ähnliche Ansichten vertrat. »Wir brauchen Sie heute mehr denn je; und Sie müssen in jeder Beziehung kampfbereit sein. Ich glaube, Sie sollten ebenso trainieren wie die Boxer, die zum Kampf um die Weltmeisterschaft in den Ring steigen. Mögen Ihre Schläge vom Geist des Evangeliums beseelt und sauber gezielt sein.«

1976 hatte Trujillo in Rom eine Konferenz von fünfzig Theologen geleitet, die zusammengekommen waren, um »die weltweite Ausbreitung der lateinamerikanischen Befreiungstheologie« zu analysieren und zu bekämpfen. Trujillo hatte französischen, deutschen und linksgerichteten amerikanischen Katholiken vorgeworfen, die Vereinigung Christen für den Sozialismus logistisch zu unterstützen. »Die Gefahr geht weit über die Grenzen Südamerikas hinaus«, behauptete er. »Sie bedroht die ganze katholische Welt.«

Analysen wie diese, aber auch andere, eher gemäßigte, wurden direkt an den Vatikan geschickt. Der Papst wußte ebenfalls, daß einige deutsche Bischöfe aufgefordert worden waren, der lateinamerikanischen konservativen Hierarchie in ihrem Kampf gegen die Befreiungstheologie zu helfen. Auf unterschiedliche Weise beteiligten sich auch andere Katholiken in verschiedenen Kontinenten an diesem Kampf. Sie alle warteten auf ein klärendes und entscheidendes Wort von Johannes Paul II.

In Frankreich erklärte der Schriftsteller Michel de Saint-Pierre, der Führer der traditionalistischen Gruppe Credo und ein persönlicher Freund von Marcel Lefebvre, dem abtrünnigen Bischof, der die Beschlüsse des Zweiten Vatikanischen Konzils abgelehnt hatte: »Dieser neue Papst mit den Augen eines Heiligen ist Gottes Holzfäller. Er geht daran, die verdorrten Bäume in der heutigen Kirche zu fällen. Er wird es nicht zulassen, daß das Dogma und die von der Kirche verkündete Wahrheit wieder mißachtet werden. Die Kirche des neuen Papstes wird eine disziplinierte Kirche sein. Wir werden die Wiedergeburt einer Armee Christi unterstützen.«

Solchermaßen war die Stimmung, als Johannes Paul II. nach Mexiko abreiste. »Ich fürchte nicht, mich der Situation in Lateinamerika stellen zu müssen«, sagte der Papst einem Journalisten.

Bevor er die Gangway zum Flugzeug hinaufging, betete er um den Schutz der Madonna von Guadalupe. »*Totus tuus sum ego*« (»Ich bin ganz der Deine«), sagte er in Gegenwart der Vertreter des Vatikans und der italienischen Regierung, die sich nun von ihm verabschiedeten.

Kaum hatte das Flugzeug des Papstes die Reiseflughöhe erreicht, als der Heilige Vater sich zu den Journalisten setzte. Sein Auftritt erfolgte völlig überraschend, denn bisher war es kaum üblich gewesen, während eines Fluges Pressekonferenzen zu geben. Die Reporter rückten näher und stiegen auf ihre Sitze, um ihn besser sehen zu können. Aber sie hätten das kaum nötig gehabt: Höflich und geduldig ging Johannes Paul II. langsam auf der einen Seite den Gang hinauf und auf der anderen zurück und beantwortete im Vorbeigehen ihre Fragen.

Der Papst kam sofort auf das für ihn wichtige Thema zu sprechen, den Zusammenhang zwischen christlichem Glauben und Revolution. Auf die Frage, ob es legitim sei, daß sich die lateinamerikanischen Katholiken zum Sozialismus bekannten, antwortete er: »Wir müssen beginnen zu untersuchen, was der Sozialismus eigentlich ist und welche Version des Sozialismus dort gilt. So können wir zum Beispiel einen atheistischen Sozialismus, der sich mit christlichen Grundsätzen und christlicher Weltanschauung, mit den Menschenrechten und mit der Moral nicht vereinbaren läßt, auch nicht als akzeptable Lösung ansehen.«

Ein anderer fragte, und wenn es einen Sozialismus gebe, der die religiösen Dimensionen anerkenne und sie im Leben des Staates garantiere?

Johannes Paul II. senkte den Kopf wie meistens, wenn er über irgend etwas nachdenkt. »Es wird sehr viel von Garantien gesprochen, aber was sie wirklich bedeuten, werden wir erst erheblich später erleben.« Er sprach ganz ruhig, aber mit einem ironischen Unterton: »Ja, ja ... was eine Garantie wert ist, erkennen wir erst in dem Augenblick, da sie gefordert wird.«

Zum Thema Befreiungstheologie äußerte er sich mit scharfen Worten. »Das ist keine echte Theologie. Sie verzerrt die wahre Bedeutung des Evangeliums. Sie führt diejenigen, die Gott folgen wollen, vom wahren Weg ab, den die Kirche ihnen zugewiesen hat. Wenn sie ihre Absichten mit politischen Mitteln verwirklichen wollen, dann hören sie auf, Theologen zu sein. Wenn es ein soziales Programm ist, dann ist es Angelegenheit der Soziologie. Wenn es um die Erlösung des Menschen geht, dann ist das die ewige und nun schon zweitausend Jahre alte Theologie.«

In seinem Gespräch mit den Journalisten erwähnte der Papst wiederholt sein Heimatland. »Die Polen und die Mexikaner lieben die Madonna in der gleichen Weise, weil sie soviel gelitten haben«, sagte er. Auf die Frage nach der Rolle der Kirche erwiderte er: »Sie hat für das Allgemeinwohl zu sorgen. Die Kirche ist eine Realität, die in der realen Welt lebt. Wenn sie sich selbst treu ist, muß sie allen Menschen dienen, in Italien ebenso wie in Polen und Mexiko.«

Was wollte er den Menschen in Lateinamerika bringen? »Ich bringe ihnen den Glauben. Ist das nicht genug?« sagte er mit der für ihn so bezeichnenden Selbstsicherheit. Giusi Serena, der schon Paul VI. neun Jahre zuvor auf seiner Reise nach Australien begleitet hatte, war fasziniert. »Er ist wirklich freundlich«, sagte er. »Er kommt mit jedem gut aus, der ihm begegnet. Er ist nicht so wie jener andere Papst, der stets auf einem Podest stand.«

Karol Wojtyła machte den Eindruck eines Mannes, der Freude an seiner Arbeit hat, und das hatte man bisher bei einem der Nachfolger Petri kaum erlebt. »Ich arbeite gern«, sagte er den Journalisten. »Ich freue mich, daß dies meine Aufgabe ist. Ich bin glücklich, meine Mission erfüllen zu dürfen.«

Nachdem er die Nacht in Santo Domingo verbracht hatte, traf Johannes Paul II. am 26. Januar in Mexico City ein. Als er um 13.05 Uhr strahlend lächelnd aus seiner Maschine stieg, warteten schon zehntausend Menschen auf ihn. Es fehlten die Flaggen des Gastgeberlandes und des Vatikans, die sonst bei solchen Gelegenheiten aufgezogen wurden. Es gab keine Ehrengarde, kein Mitglied des diplomatischen Korps war erschienen, und der Papst wurde auch nicht mit einer Ehrensalve begrüßt. Nur an einem Ende der Rollbahn sah man ein großes surrealistisches Plakat mit der Aufschrift »Willkommen«. Wem der Gruß galt, war nicht zu erkennen.

Das offizielle, antiklerikale Mexiko weigerte sich, den Besuch zur Kenntnis zu nehmen. Am Tag zuvor berichteten die Zeitungen verächtlich über »den Besuch des katholischen Papstes«. Sie fragten mißtrauisch nach den politischen Absichten der katholischen Geistlichkeit und äußerten Zustimmung, daß der Papst in der Residenz ihres Präsidenten als gewöhnlicher Bürger empfangen wurde. Die Regierung hatte entschieden, die öffentlichen Gebäude nicht zu beflaggen. Der Erzbischof von Mexico City, Ernesto Corripio Ahumada, fühlte sich verpflichtet zu bestreiten, daß der Aufenthalt des Papstes sich gegen die mexikanische Verfassung und die Tatsache richtete, daß die katholische Kirche von der Regierung dieses Landes nicht als öffentliche Einrichtung anerkannt wurde. »Der Heilige Vater kommt nicht hierher, um sich mit Fragen zu beschäftigen, die in eine längst vergangene Epoche gehören«, erklärte er. Die Bischöfe versicherten im übrigen ihren Gemeinden, der Papst werde nicht die Wiederaufnahme diplomatischer Beziehungen zwischen Mexiko und dem Heiligen Stuhl verlangen.

Trotzdem warfen die Massenmedien der kirchlichen Hierarchie vor, sie wolle die Trennung von Kirche und Staat, die in der zweiten Hälfte des neunzehnten Jahrhunderts erfolgt war, aufheben. Einige Zeitungen bezeichneten den Papst herablassend sogar als »einen achtundfünfzig Jahre alten Polen«.

Falls Johannes Paul II. das alles als belastend empfand, so verstand er es in glänzender Manier, solche Gefühle zu verbergen. Nachdem sein Flugzeug gelandet war, schritt er die Gangway herunter, kniete nieder und küßte den mexikanischen Boden. Als er sich wieder erhoben hatte, sah er den Präsidenten der Republik, José López Portillo, und seine Frau Carmela vor sich stehen, die ihn nun als private Bürger inoffiziell begrüßten. »Willkommen in Mexiko, Señor«, sagte der Präsident und reichte dem Papst die Hand. »Sie werden mit Ihren Bemühungen um Frieden, Harmonie und Gerechtigkeit Erfolg haben. Ich überlasse Sie jetzt der Hierarchie und den Gläubigen Ihrer Kirche und wünsche Ihnen, daß Ihre Reise dem Wohl der Menschheit dienen möge.«

»Das ist meine Mission und meine Absicht«, erwiderte der Papst. »Ich bin sehr froh, in Mexiko zu sein.« Das war das Ende der Begegnung. Wie in einem Film von Buñel drehte sich López Portillo um und ging.

Die Bevölkerung Mexikos kümmerte sich nicht um diese politischen Barrieren. Da diese Menschen in der Mehrzahl gläubige Katholiken waren, beachteten sie die offizielle Verweigerung der Anerkennung des Papstes nicht. Alle Kirchenglocken der Stadt läuteten, ein kleines Orchester spielte die Melodie »Cielito lindo«, die Menge durchbrach den Polizeikordon und umringte den Papst und sein Gefolge. Ein Kind lief auf ihn zu und umarmte ihn, und ein großer Mann öffnete seinen Poncho vor dem Papst und streute ihm Rosenblüten vor die Füße. Dutzende von Händen reichten ihm einen breitrandigen Sombrero, den Johannes Paul II. in Empfang nahm und sich aufsetzte. Mit dieser kleinen Geste gewann er die Herzen der Mexikaner und vieler Menschen überall in der Welt.

Seine Fahrt vom Flughafen bis zum fünfzehn Kilometer entfernten, in der Stadtmitte gelegenen Hauptplatz, dem Zócalo, dauerte zwei Stunden. Die Begeisterung der Menge war überwältigend. Millionen Mexikaner säumten die Straßen und winkten ihm mit Hunderttausenden kleiner weiß-gelber Fähnchen zu. Die Büros in den Häusern, an denen die päpstliche Autokolonne vorbeifuhr, stellten die Arbeit ein, die weiblichen Angestellten stürmten zu den Fenstern und riefen laut: »*Viva el papa, viva México.*« Der langsam über die Straße rollende Wagen des Papstes wurde von einem ohrenbetäubenden Lärm begleitet. Erstaunt und verwundert erblickte der Papst überall Zehntausende von Plakaten mit seinem Foto. Aus den Fenstern der Gebäude beiderseits der Straße hingen lange Fahnen in den Farben des Vatikans. In der Mitte der mexikanischen Flaggen hatten die Menschen Fotos von Wojtyła befestigt. Jedesmal wenn der Papst segnend die Hand hob, steigerte sich der Jubel der Menge.

Für sechs Tage stürzte Mexiko in eine Atmosphäre völliger Begeisterung. Die Zeitungen, die sich zunächst so kritisch geäußert hatten, brachten jetzt ihre Zustimmung mit ganz anders lautenden Schlagzeilen zum Ausdruck. Eine mexikanische Tageszeitung schrieb: »ER KAM, SAH UND SIEGTE.« Die Direktoren und leitenden Angestellten großer Firmen nahmen die Anwesenheit des Papstes zum Anlaß, in ihren Anzeigen in seinem Namen für ihre Unternehmen zu werben. Auch im Fernsehen wurde der

Besuch des Papstes in jeder nur denkbaren Weise gewürdigt. Die Ansager und andere bekannte Persönlichkeiten überboten einander in ihren Lobpreisungen und erklärten, Johannes Paul II. sei einer »der großen Menschheitsführer« und »eine Inkarnation Christi unter uns«. Einige gingen sogar so weit zu behaupten, Johannes Paul II. sei »die gewaltigste Macht der Welt«.

Doch auch angesichts einer solchen Verehrung, die alles übertraf, was er sich hätte vorstellen können, ließ sich Johannes Paul II. keineswegs darüber hinwegtäuschen, daß seine Reise so unterschiedlich beurteilt wurde. Beim Betreten der Kathedrale von Mexico City sagte der Papst sehr deutlich, welche Grenzen seiner Kirche gesetzt seien: »Die Gläubigen der Kirche sind nicht jene, die an den zufälligen Aspekten dessen festhalten, was in der Vergangenheit gültig war, aber jetzt überholt ist. Die Gläubigen sind aber auch nicht jene, die sich auf das Abenteuer und die utopische Konstruktion einer sogenannten Kirche der Zukunft eingelassen haben.«

Die Fahrt durch Mexiko sollte zum Vorbild aller folgenden Reisen des Papstes werden. In sechs Tagen hielt er sechsundzwanzig Reden und Predigten. Er traf sich mit Priestern, Diplomaten, Bischöfen, Krankenschwestern, Seminaristen, Bauern, Arbeitern, Indianern, Familien, Ärzten und Patienten, militanten Mitgliedern katholischer Organisationen, Mönchen, Studenten, Slumbewohnern, Nonnen, Regierungssprechern und Journalisten. Jede dieser Gruppen wurde getrennt von den anderen empfangen. Was der Papst in diesen Tagen leistete, war beeindruckend und atemberaubend. Sein Sekretär Monsignore Stanisław Dziwisz war ständig damit beschäftigt, die Redemanuskripte des Papstes aus seiner roten Lederaktentasche hervorzuholen und zu verstauen. Johannes Paul II. besuchte die verschiedensten Gebäude, flog im Hubschrauber oder fuhr mit dem Auto, nahm sich zwischendurch die Zeit zu einem kurzen Gebet und scheute sich nicht, dann wieder in der jubelnden Menge unterzutauchen. Er feierte Messen und sah sich die wilden Vorführungen der mexikanischen Cowboys, der *charros*, an. Das Programm entsprach genau seinen Vorstellungen. Der römische Oberhirte nahm dabei den Kontakt zu jedem einzelnen sozialen und kirchlichen Milieu auf. Alle diese Gruppen sollten direkt und unmittelbar die Worte und die Autorität des

Papstes und ihn selbst in den verschiedensten Situationen erleben, damit jeder nach Hause, in seinen Konvent oder an seinen Arbeitsplatz zurückkehren und von seinem persönlichen Kontakt mit dem Oberhaupt der katholischen Kirche berichten konnte, dem Mann, der jedem zu sagen wußte, wie er in der Gesellschaft zu leben und zu handeln habe.

Nach Auflösung aller kommunistischen Parteien sowjetischen Musters gibt es auf der ganzen Welt keine andere Institution, in der das Wort des Führers von solch absoluter Bedeutung und Verpflichtung ist wie in der katholischen Kirche. Seit Beginn seines Pontifikats ist sich Johannes Paul II. der Notwendigkeit bewußt gewesen, »die Worte des Papstes« einer möglichst großen Zahl von Menschen zugänglich zu machen, um ihnen zu sagen, welchen Weg sie zu gehen hätten, und um die spirituelle Kraft des Zentrums der katholischen Kirche in Rom zu stärken.

Als sich das Pontifikat von Papst Paul VI. seinem Ende näherte, hatte dieser von seiner Sorge gesprochen, die Episkopate in den anderen Ländern könnten sich im Lauf der Zeit allmählich vom Vatikan lösen. Er dachte dabei an den volkstümlichen Ausdruck »Bananenrepublik« und stöhnte: »Am Ende werden wir auch ›Bananenkirchen‹ haben.« Karol Wojtyła reagierte auf diese Bedrohung, indem er sich darum bemühte, die Beziehungen der Menschen zum Papsttum in allen Teilen der Welt zu festigen, die Autorität des Stuhles Petri zu stärken und die Bischöfe an Rom zu binden.

Auf seiner ersten Auslandsreise führte Johannes Paul II. etwas ganz Neues ein, was im Lauf der Zeit zur Gewohnheit wurde: Er traf sich persönlich mit Vertretern der jeweiligen polnischen Gemeinden. 1964 hatte sich Paul VI. bei seinem Besuch von Uganda geweigert, einer Gruppe von Italienern, die dort arbeiteten, eine Audienz zu gewähren. »Ich bin hergekommen, um die Afrikaner zu besuchen«, erklärte er kühl.

Johannes Paul II. verhielt sich ganz anders. Wo er auch erschien, nahm er bewußt die Gegenwart seiner Landsleute zur Kenntnis, um der Welt vor Augen zu führen, wie sehr er mit seinem Heimatland und dessen Schicksal verbunden war. In Ecuador, wo er von hunderttausend Indios begrüßt wurde, nahm er ein blondes polnisches Kind auf den Arm und drückte es an die Brust.

Auf jeder seiner Auslandsreisen gehörten polnische Stimmen und polnische Flaggen zu dem Bild, das sich in den verschiedensten Ländern bot. Und oft sah man auf diesen Flaggen das alte polnische Wappen mit dem gekrönten Adler aus der Zeit vor der Machtergreifung durch die Kommunisten.

Nur einen Tag nach seiner Ankunft in Mexiko empfing Johannes Paul II. bei seiner ersten Audienz um neun Uhr vormittags die dortige polnische Gemeinde. Er erinnerte seine Landsleute daran, daß alle in der ganzen Welt verstreut lebenden Polen durch die Kirche und die Schwarze Madonna von Tschenstochau mit ihrem Vaterland verbunden seien. Dann ersuchte Johannes Paul II. sie, für den »polnischen Papst« zu beten, und dafür, daß er sich als echter katholischer (das heißt weltumfassender) Papst bewähren möge.

Am 25. Januar, dem Tag der Eröffnung der lateinamerikanischen Bischofskonferenz in der Marienbasilika von Guadalupe in Puebla, wurde der Papst von den Klängen der *mañanitas* geweckt, einer kurzen zu seinen Ehren gespielten Serenade. Ein Drittel der dreizehn Millionen Einwohner Mexico Citys strömte auf die Straßen und jubelte dem vorüberfahrenden Papst zu. Vielleicht waren es vier oder auch fünf Millionen. Eine Armee aus hunderttausend Polizisten versuchte, den Gast zu schützen, eine unter diesen Umständen außerordentlich schwierige Aufgabe. Beim Glockengeläut aller Kirchen fuhr das weiß-gelbe Papstmobil langsam durch die Straßen. Johannes Paul II. ließ den offenen Wagen immer wieder halten, um die Menschen zu begrüßen und ihnen die Hände zu schütteln. Mit dem triumphalen Empfang des Papstes in Mexiko begann der Persönlichkeitskult, der seine ganze Amtszeit kennzeichnen sollte.

Die Madonna von Guadalupe ist eine schwarze Jungfrau. Die Mexikaner nennen sie »la Morenita«. Diesen Namen hat die mexikanische Madonna einem Gemälde zu verdanken, das zeigt, wie sie 1531 einem indianischen Hirten namens Juan Diego erschienen ist. Er berichtete, die Madonna habe ein helles Licht ausgestrahlt, ihre Haut sei jedoch braun und sie sei wie eine indianische Prinzessin gekleidet gewesen. Juan Diego erzählte seinem Bischof von seiner Vision, doch der glaubte ihm nicht. Dann ließ die

Madonna aus dem steinigen Boden einen blühenden Rosenbusch wachsen. Der Schäfer pflückte die Rosen, barg sie in seiner Kleidung und brachte sie zum skeptischen Bischof. Aber als Juan Diego die Falten seines Umhangs aufschlug, um dem Bischof die Rosen zu zeigen, erblickte dieser statt der Blumen das Bild der Jungfrau auf dem Stoff des Umhangs. Dieses wundersame Bild befindet sich als größte Kostbarkeit noch heute in der Basilika.

Dem Papst gefiel diese Geschichte, weil sie veranschaulichte, daß einfachen Menschen tiefere spirituelle Einsichten möglich sind als intellektuellen Bischöfen. Als viele Jahre später von Marienerscheinungen in Medjugorie in Jugoslawien berichtet wurde und darüber die Meinungen der dortigen Geistlichkeit geteilt waren – die Franziskaner hielten sie für echt, der Bischof nicht –, stellte sich Johannes Paul II. stillschweigend auf die Seite derer, die an das Phänomen glaubten. Sein Glaube an die Muttergottes ist ebenso unerschütterlich wie seine Unterstützung des Glaubens der einfachen Menschen. Nach Mexiko versuchte der Papst bei seinen Auslandsbesuchen nach Möglichkeit überall dort eine Pause einzulegen, wo er an einem Marienheiligtum vorüberkam. Auf diese Weise wollte er auf die Frische und Vitalität der Volksfrömmigkeit im Gegensatz zum Skeptizismus der industriellen Gesellschaften und der allzu kritischen Katholiken hinweisen.

Für die Jungfrau von Guadalupe verfaßte Johannes Paul II. ein Gebet, das fast so klingt wie ein Gedicht: »Ich grüße dich, Maria! Mit unendlicher Liebe und tiefer Achtung richte ich diese Worte an eine so einfache und so wunderbare Frau! *Ave Maria, gratia plena, Dominus tecum* [»Gegrüßt seiest du, Maria, voll der Gnaden, der Herr ist mit dir«]. Ich wiederhole diese Worte, die so viele Menschen in ihren Herzen bewahren und so viele Lippen in der ganzen Welt verkünden. Ich grüße dich, Muttergottes!«

In der neuen Basilika aus Eisenbeton mit ihrem marmornen Boden, den roten Polstersesseln um den Altar und den mit hundert elektrischen Birnen bestückten Kronleuchtern sprach Johannes Paul II. im Prolog zur Konferenz der lateinamerikanischen Bischöfe eine Reihe von Warnungen aus. Er wies darauf hin, daß man in den zehn Jahren nach der Konferenz von Medellín »Interpretationen gehört hat, die manchmal widersprüchlich, nicht immer korrekt und nicht immer zum Wohl der Kirche geäußert worden sind«. Der Papst erwähnte dabei eine der Schlüsselforderungen der Konferenz von Medellín – »die besondere Liebe für die Armen« –, fügte aber sofort hinzu, daß diese Liebe niemanden ausschließen dürfe. Dieses päpstliche Diktum ist während des folgenden Jahrzehnts immer wieder zitiert worden und wurde dazu benutzt, jede marxistische Interpretation des kirchlichen Auftrags »zur vollkommenen Befreiung von Personen und Völkern« zu widerlegen.

Auf einem Empfang, den er am Nachmittag zehntausend Priestern und Mitgliedern religiöser Orden aus Mexiko und Lateinamerika gab, forderte Johannes Paul II. seine Zuhörer mit energischen Worten auf, sich auf keinen Fall zu einem politischen Engagement verführen zu lassen. »Ihr seid geistige und nicht soziale, politische Führer oder Funktionäre im weltlichen Bereich«, rief er ihnen zu. Priester und alle, die ein Mönchsgelübde abgelegt hätten, seien verpflichtet, ihren Bischöfen zu gehorchen. Sie hätten nicht das Recht, sich ihre eigenen Gesetze zu machen, und müßten die Gebote des Zölibats und der Keuschheit befolgen. Sie sollten häufig zur Beichte gehen, täglich meditieren und die Verehrung der Muttergottes im Rosenkranzgebet zum Ausdruck bringen.

Damit rief er den Klerus von Lateinamerika laut und deutlich zur Ordnung und ermahnte die Priester, sich von der politischen Linken zu distanzieren. Er hatte seine eigenen polnischen Vorstellungen vom Wesen der Kirche und benutzte die Reise nach Mexiko dazu, die Welt von ihrer Richtigkeit zu überzeugen.

Am folgenden Tag, dem 28. Januar, fand die Eröffnungssitzung der Bischofskonferenz in Puebla statt. Theoretisch handelte es sich hierbei um das Parlament der lateinamerikanischen Kirche. Die Teilnehmer waren zweiunddreißig Kardinäle, sechsundsechzig Erzbischöfe, hunderteinunddreißig Bischöfe, fünfundvierzig Priester, einundfünfzig Angehörige religiöser Orden, vier permanente Diakone und dreiunddreißig Laien. Aber die drei Vorsitzenden der Versammlung, die Kardinäle Sebastiano Baggio und Ernesto Corripio Ahumada, beide Gegner der Befreiungstheologie, und Aloísio Lorscheider, der sich zu ihr bekannte, waren persönlich vom Papst und nicht von den Bischöfen berufen worden. Damit stand der Ausgang der Bischofskonferenz von vornherein fest.

Vor seiner Reise nach Mexiko hatte Johannes Paul II. sehr sorgfältig die Bücher des peruanischen Jesuiten Gustavo Gutiérrez, des Theoretikers der Befreiungstheologie, gelesen. Deren Mittelpunkt bildete die These, daß bei der Verkündung des Evangeliums die Lebensverhältnisse der Menschen berücksichtigt werden müßten. Der Glaube an Christus soll die Kraft sein, mit deren Hilfe sich die bedrückenden Verhältnisse bekämpfen lassen, unter denen Millionen von Lateinamerikanern leben müssen. Die Vertreter der Befreiungstheologie behaupteten, um die Strukturen der Ungerechtigkeit zu überwinden, könne man sich der Methode der marxistischen Gesellschaftsanalyse bedienen, und zwar ohne den Materialismus der kommunistischen Ideologie zu übernehmen.

Für den Vatikan war das alles Ketzerei, und die lateinamerikanischen Jesuiten, die sich zur Befreiungstheologie und zu ihrem historischen Hintergrund bekannten, erregten das Mißtrauen der Kurie. Johannes Paul II. lehnte es ab, daß der Glaube mit solchen politischen Überlegungen verwässert wurde.

Was nun den Marxismus betraf, so tat sich zwischen den Intellektuellen in Osteuropa, welche die geistige Entwicklung Wojtyłas entscheidend beeinflußt hatten, und den liberalen Intellektuellen im Westen eine tiefe Kluft auf. Die Dissidenten aus der Intelligenz in den Ländern des Sowjetblocks konnten nicht begreifen, was der Marxismus für so viele Männer und Frauen in den Industrieländern oder der Dritten Welt bedeutete: eine linke Sozialdemokratie, ein radikaler Reformismus, eine Utopie und eine Hoffnung, die nationale Revolution und ein Instrument zur Befreiung aus unerträglichen gesellschaftlichen Verhältnissen. Für die Intellektuellen in Osteuropa war das Phänomen des Marxismus im allgemeinen nichts anderes als eine sowjetische Verschwörung oder Ausdruck der naiven Illusionen ausländischer Romantiker im Dienst des Kreml.

Viele marxistische Intellektuelle im Westen hatten sich jahrzehntelang geweigert, die Tatsache anzuerkennen, daß die sogenannten sozialistischen Regierungen in Osteuropa die jeweilige Bevölkerung brutal unterdrückten. Sie verschlossen die Augen vor der Gewalt, unter der die Menschen in diesen Systemen täglich zu leiden hatten, wobei sture Bürokraten oder Polizisten sich absolute Vollmachten anmaßten, die linke Intellektuelle in ihren eigenen Ländern auch nicht einen Augenblick lang geduldet hätten. Mit der Wahl von Karol Wojtyła wurden die Gegensätze zwischen den Auffassungen auch auf höchster Ebene im Vatikan sichtbar. Als der Papst nach Puebla kam, war es weniger in dem Willen, die Probleme zu verstehen, als in der Absicht, einen Feind mit einem Überraschungsangriff zu bekämpfen.

Jede Partei in der Bischofskonferenz hatte ihre Lobbys, um die öffentliche Meinung vor ihren Karren zu spannen. Die Antikommunistische Lateinamerikanische Konföderation schickte dem Papst ein Telegramm und forderte ihn auf, die »marxistischen Bischöfe und Guerillapriester« aus der Kirche auszustoßen. Der progressiven Geistlichkeit wurde der Vorwurf gemacht, sie führe den Kontinent in die »kommunistische Tyrannei«. Das Telegramm, das zudem als Anzeige in den Zeitungen erschien, nannte auch die Namen der Bischöfe, die von der Konföderation als besonders gefährlich angesehen wurden. Das waren Casaldiga (Brasilien), Méndez Arceo (Mexiko), Obando y Bravo (Nicaragua) und Proana (Ecuador). Des weiteren enthielt die schwarze Liste einige international bekannte Namen wie die des Kardinals Silva Henríquez aus Chile und von Dom Helder Camara, dem Bischof von Recife in Brasilien.

Auf der anderen Seite kritisierte die kolumbianische Organisation Christen für Veränderungen den vorläufigen Bericht über die Konferenz von Puebla dafür, daß er »die Augen vor der gegenwärtigen Geschichte der Verfolgung, des Märtyrertums und des langsamen Sterbens der Demokratie in Lateinamerika verschließt«. Amnesty International verfaßte einen Bericht über siebzehntausend lateinamerikanische politische Gefangene und dreißigtausend »verschwundene« Personen.

Nun verlangte jedermann eine Stellungnahme des Papstes. Hier mußte Johannes Paul II. einen gordischen Knoten durchschlagen.

Seine Ansprache im alten Palafox-Seminar vor einer geduldigen Zuhörerschaft aus Kardinälen, Priestern, Mitgliedern religiöser Orden und Laien war ein Wendepunkt im Verhalten des Vatikans gegenüber Lateinamerika. Das freundliche Lächeln, das bis dahin Millionen von Mexikanern gesehen hatten, verschwand aus dem Gesicht von Papst Johannes Paul II., als er den Bischöfen sagte: »Wir müssen dafür sorgen, daß die Reinheit der Lehre erhalten bleibt.« Das bedeutete das Vermeiden falscher Interpretationen der Lehre Christi oder jener Theorien, die seine Göttlichkeit anzweifelten. Der Papst lehnte leidenschaftlich alle neuen Deutungen der Evangelien ab, die von der kirchlichen Lehre abwichen. »Hier wird der Versuch unternommen, Jesus als politisch engagiert zu zeigen, als jemanden, der sich für den Klassenkampf einsetzt.« Nein, betonte der Papst mit seiner ganzen Autorität und felsenfesten Entschlossenheit, er als Kirchenoberhaupt werde solche Strömungen in der Kirche nicht dulden. »Diese Vorstellung von einem politischen Jesus, einem Revolutionär und Untergrundkämpfer aus Nazareth, entspricht nicht der kirchlichen Lehre«, erklärte er.

Mit lauter Stimme und festem Blick rief er aus: »Die Kirche hat es nicht nötig, auf Systeme und Ideologien zurückzugreifen, um zu lieben, die Menschen zu schützen und ihren Teil für die Befreiung der Menschheit zu leisten.« Die Kirche finde in ihrer Botschaft die Inspiration, für Brüderlichkeit, Gerechtigkeit und Frieden zu arbeiten, und wende sich »gegen jede Form der Unterdrückung, der Sklaverei und Diskriminierung, gegen Gewalt und Bedrohung der religiösen Freiheit und gegen alles, was den Menschen und das menschliche Leben gefährdet«.

Das war eine unmißverständliche Botschaft für die gespannt zuhörenden Menschen in der Basilika und ein deutliches Signal, das sofort auch im Kreml und im Weißen Haus als solches erkannt wurde. Der Papst aus Krakau würde es niemals zulassen, daß sich Katholiken in ihrem Kampf für soziale Gerechtigkeit und Demokratie mit marxistischen Bewegungen verbündeten. Der polnische Papst würde niemals gutheißen, was der italienische Papst Paul VI. in seiner Enzyklika *Populorum Progressio* (»Fortschritt der Völker«) in extremen Fällen für zulässig erklärt hatte: eine Erhebung gegen tiefverwurzelte Diktaturen. Als junger Mensch hatte er während der Besetzung Krakaus durch die Deutschen zwar für die Befreiung seines Vaterlandes gebetet, sich aber niemals einer Widerstandsbewegung angeschlossen, und er forderte jetzt die Geistlichkeit in Lateinamerika auf, nach der gleichen Methode zu verfahren.

Aloísio Lorscheider, der bei der Wahl von Karol Wojtyła zum Papst eine Schlüsselrolle gespielt und unter den Kardinälen der

Dritten Welt viele Stimmen für ihn gewonnen hatte, hörte ihm jetzt zu und ließ sich jedes Wort, das er sagte, noch einmal durch den Kopf gehen. Unter den Papieren, die er in der Hand hielt, war auch der Text der Rede, mit der er am folgenden Tag die Konferenz eröffnen wollte. Bei ihm lag die Betonung an einer anderen Stelle, denn er beschäftigte sich mehr mit den gegenwärtigen Verhältnissen und den Gefühlen der Armen. »Heute das Evangelium zu verkünden und es morgen unseren lateinamerikanischen Brüdern zu erläutern«, sagte er, »die einerseits auf ein besseres Leben hoffen, aber zugleich in der Tiefe ihrer Seelen durch die Verletzung ihrer Würde gekränkt werden, ist nicht nur unsere brüderliche Pflicht, sondern auch unsere Lebensaufgabe.«

Auf der Bischofskonferenz sprach der Papst eine ganze Stunde. Im ersten Teil seiner Rede bemühte er sich darum, die Kirche daran zu hindern, sich linken Ideologien zu öffnen. Im zweiten Teil offenbarte er sein leidenschaftliches Streben nach Gerechtigkeit. In Puebla gebrauchte Johannes Paul II. das Wort *Befreiung* zwölfmal. Er vergaß nicht zu sagen, daß Privatbesitz eine soziale Dimension hat und die weltlichen Güter gleichmäßiger und gerechter verteilt werden sollten, und zwar nicht nur innerhalb der Nationen, sondern auch auf internationaler Ebene, um zu verhüten, daß die stärkeren Länder die schwächeren unterdrückten. »Die Kirche hat die Pflicht, zur Befreiung von Millionen menschlicher Wesen aufzurufen«, erklärte er. Doch um nicht mißverstanden zu werden, fügte er hinzu, daß Befreiung vor allem Freiheit von Sünde und dem Geist des Bösen bedeute.

Die Vertreter der Befreiungstheologie, die an der Konferenz in Puebla teilnahmen, versuchten der Rede des Papstes die für sie günstigsten Aspekte zu entnehmen, und das fiel nicht leicht. Der brasilianische Franziskaner Leonardo Boff meinte, der erste Teil der Rede sei von »Vorbehalten und Mißtrauen« geprägt gewesen, während das Thema des zweiten Teils die Befreiung gewesen sei. Der Verfasser des Buches *Theologie der Befreiung*, Gustavo Gutiérrez, hatte ebenfalls die Aussagen des Papstes in Mexiko verfolgt. »Ich halte es für wichtig«, sagte er, »daß der Papst vom religiösen Wert der Verteidigung der Menschenrechte gesprochen hat, und zwar nicht als eines einmaligen Unternehmens, sondern als einer spezifischen Aufgabe der Kirche.«

Im folgenden Jahrzehnt sollte die Kirche in Lateinamerika zu einem wesentlichen Faktor bei der Entwicklung der Demokratie in dieser Region werden. Doch in Übereinstimmung mit den Direktiven des Papstes lehnte die katholische Führung in fast jedem lateinamerikanischen Land die Zusammenarbeit mit linken Bewegungen ab.

Johannes Paul II. hatte zu den Herren der Kirche, den Bischöfen, gesprochen. Jetzt erwartete ihn eine ganz andere Zuhörerschaft: ein altes Volk, das unter den christlichen *conquistadores* schwer leiden mußte. Die Organisatoren dieser Reise hatten bewußt eine Begegnung mit den mexikanischen Indios vorgesehen. Sie sollte in Cuilapán im Bundesstaat Oaxaca stattfinden, wo die Eingeborenen noch ihren alten Traditionen folgten.

Nachdem der Papst mit seinem Hubschrauber gelandet war, nahm er auf einem Thron unter einem Baldachin Platz. Fünfundzwanzigtausend Menschen hatten sich auf der von der Sonne ausgetrockneten Fläche der Felder von Cuilapán versammelt, hinter denen am Horizont die baumlosen Felsen eines Gebirgszugs einen beeindruckenden Hintergrund bildeten. Die Indios waren dunkelhäutig, schweigsam, ängstlich, aber würdevoll. Sie waren schon im Morgengrauen eingetroffen und hatten stundenlang geduldig auf die Ankunft des Papstes gewartet. Die Frauen hockten mit ihren Babys auf dem Rücken am Boden. Die Männer sahen sich auf einem improvisierten Markt um, wo im Schatten von ein paar Stoffetzen Tortillas und anderes Gebäck verkauft wurden.

Um die Mittagszeit stellte der Erzbischof Bartolomé Carrasco Johannes Paul II. den Versammelten vor. Er sagte: »Seine Heiligkeit ist gekommen, um sich hier mit den Armen, Kranken und Einsamen zu treffen, in denen die Kirche als Teil ihrer Evangelisierung das Antlitz des leidenden Christus entdeckt. Angesichts dieser materiellen Realität, aus der ein großer geistiger Reichtum geboren wird, begrüßen wir freudig den Vater und Hirten der universellen Kirche.«

Der Mann, dem man die Aufgabe übertragen hatte, Johannes Paul II. »freudig zu begrüßen«, war der zapotekische Bauer Esteban Fernández. Dieser untersetzte kleine Mann mit einem hölzern wirkenden, von Wind und Regen zerfurchten Gesicht war achtundvierzig Jahre alt und hatte eine Frau und sieben Kinder. »*Datu ganibanu eneuda*«, sagte er in seiner gutturalen Muttersprache: Wir heißen dich willkommen und begrüßen dich mit Freude. Dann starrte er den Papst an, und es brach aus ihm hervor: »Wir haben viel zu leiden. Dem Vieh geht es besser als uns. Wir dürfen nicht davon sprechen und müssen unseren Kummer in unseren Herzen verschließen. Wir haben keine Arbeit, und niemand hilft uns. Aber wir stellen dir die geringe Kraft, die wir haben, zur Verfügung. Heiliger Vater, bitte den Heiligen Geist, etwas für deine armen Kinder zu tun.«

Die durch einen Drahtzaun vom Papst getrennte Menge hörte schweigend, was Johannes Paul II. ihm antwortete. Nicht jeder konnte sein Spanisch verstehen, und einige wandten sich ab und gingen.

»Geliebte Brüder«, sagte Johannes Paul II., »ich bin zu euch gekommen, um euch zu zeigen, daß der Kirche das Schicksal all ihrer Kinder am Herzen liegt. Der Papst und die Kirche sind mit euch und lieben euch. Wir lieben jeden einzelnen von euch, und wir lieben eure Kultur und eure Traditionen. Wir bewundern eure großartige Vergangenheit, wir ermutigen euch, in der Gegenwart eure Pflicht zu tun, und wir hoffen das Beste für eure Zukunft.« Erst als ihnen bewußt wurde, daß er sich für die Rückgabe ihres Landes einsetzte, applaudierten sie. Johannes Paul II. sprach freundlich, mit Gefühl und Verständnis. Er sagte: »Der Papst möchte eure Stimme sein, die Stimme derer, die nicht sprechen können oder zum Schweigen verurteilt sind. Die Bauern, deren Schweiß sogar ihre eigene Mutlosigkeit gewässert hat, können nicht länger warten. Sie haben das Recht auf Achtung. Sie haben das Recht, nicht länger durch gewisse Machenschaften beraubt und regelrecht ausgeplündert zu werden. Sie haben das Recht zu erleben, daß die Hindernisse niedergerissen werden, welche die Ausbeutung ihnen in den Weg stellt, Hindernisse, die oft geschaffen wurden durch einen im höchsten Grade unerträglichen Egoismus.«

In der heißen südlichen Sonne hatte sich der Papst einen Sombrero aufgesetzt. In seiner Ansprache verlangte er kühne, gründliche und dringend erforderliche Reformen. Er forderte, man dürfe damit nicht länger warten, und bestätigte ausdrücklich, daß »die

Kirche das legitime Recht auf den Privatbesitz verteidigt. Sie lehrt aber ebenso eindeutig, daß dies eine gesellschaftliche Verpflichtung mit sich bringt, und wenn es das Allgemeinwohl fordert, müssen wir auch gerecht durchgeführten Enteignungen zustimmen.« Dann erhob er seine Stimme und fuhr fort: »Ich wende mich an all jene, die über das Leben der Menschen zu entscheiden haben, an die Mächtigen, die manchmal das Land brachliegen lassen, auf dem das Brot erzeugt werden könnte, das so vielen Familien fehlt. Das Gewissen der Menschheit, das Gewissen der Nationen, die Stimme derer, die im Stich gelassen worden sind, vor allem aber die Stimme Gottes und die Stimme der Kirche rufen euch mit mir zu: Es ist nicht fair, es ist nicht menschlich, es ist nicht christlich, es bei solchen Ungerechtigkeiten zu lassen.«

Im Lauf der Jahre hatte sich in Johannes Paul II. eine besondere Liebe für die amerikanischen Indianer und viele andere Eingeborene entwickelt, in denen er wehrlose Kinder erblickte, die des Schutzes und der Hilfe bedürfen. Die erste Auslandsreise von Johannes Paul II. wurde in Mexiko zum Triumph. In einem Land, in dem der Antiklerikalismus durch die Verfassung vorgeschrieben ist, sah man nun uniformierte Polizisten, die vor dem Papst knieten und ihm die Hand küßten. Als er Mexico City im Flugzeug verließ, schauten Millionen von Menschen zu ihm auf. Viele von ihnen hielten kleine Spiegel in den Händen und blinkten ihm einen Abschiedsgruß zu.

Aber in seiner Kirche gab es viele, die glaubten, daß das Verlangen des Papstes nach Veränderungen durch den Glauben in Lateinamerika nicht die gleiche erneuernde Wirkung haben könne wie in seiner eigenen Heimat.

Im Anschluß an seinen Mexikoaufenthalt steigerten sich die Aktivitäten von Papst Wojtyła in einer Weise, wie sie die Kurie noch nie erlebt hatte. Er unternahm Reisen durch die ganze Welt und traf in kurzer Zeit so viele Entscheidungen, wie man es eher vom Generaldirektor eines multinationalen Unternehmens als von einem römischen Oberhirten erwartet hätte.

1979 flog er nach Polen, Irland, in die Vereinigten Staaten und in die Türkei. Er verfaßte seine erste Enzyklika sowie Entwürfe für die Reorganisation der katholischen Universitäten und die Ausbildung von Katecheten. Bei den jeden Mittwoch stattfindenden päpstlichen Audienzen äußerte er sich zu den verschiedensten Themen: etwa die menschliche Bestimmung, die Erbsünde, die Sexualität und die Theologie der Bedeutung des Körpers. 1980 führten ihn seine Auslandsreisen nach Afrika, Frankreich und Brasilien. Anläßlich einer Konferenz des Kardinalskollegiums forderte er die katholische Geistlichkeit auf, sich überall auf der Welt um eine Reduzierung des gewaltigen vatikanischen Defizits zu bemühen. Und er berief zwei besondere Synoden ein, nämlich zu Fragen, welche die niederländische und die ukrainische uniierte Kirche betrafen (die Katholiken in der Ukraine feierten ihre Gottesdienste nach dem byzantinischen Ritus).

In der ersten Synode ging es darum, alle nach dem Vatikanischen Konzil begonnenen Experimente einzustellen, denn in Holland waren radikale Veränderungen in der Liturgie vorgenommen und Laien mit Aufgaben betraut worden, die gewöhnlich dem Klerus vorbehalten waren. An der Synode über den ukrainischen Katholizismus nahmen hauptsächlich Ukrainer teil, die in den Vereinigten Staaten und Kanada im Exil lebten. Das war ein deutliches, an Moskau gerichtetes Signal, mit dem klargestellt werden sollte, daß Papst Wojtyła niemals mit der Abschaffung der uniierten Kirche einverstanden sein würde, die 1946 in Lemberg (Lwow) von Stalin aufgelöst und dem Patriarchat in Moskau unterstellt worden war.

Der Eckstein der ersten Phase des Pontifikats von Johannes Paul II. war seine Enzyklika *Redemptor Hominis* (»Erlöser des Menschen«), die fünf Monate nach seiner Wahl veröffentlicht wurde. Hier zeigte Papst Wojtyła seine Entschlossenheit, Christus und seine befreiende Botschaft wieder in den Mittelpunkt der Weltgeschichte zu rücken.

Als er sich entschloß, diese Enzyklika zu schreiben, hatte der Katholizismus auf der ganzen Welt schwer zu kämpfen. In allen osteuropäischen Ländern mit Ausnahme Polens war es den kommunistischen Regierungen gelungen, katholischen Gläubigen die Teilnahme am öffentlichen Leben zu verwehren. Zugleich stellten Beobachter im Westen fest, daß sich die Zahl derer, die Priester werden wollten, verringerte und daß die feindliche Haltung oder

Gleichgültigkeit gegenüber der Kirche und religiösen Praktiken ständig zunahm.

Der deutliche Rückgang des Interesses an spirituellen Fragen zeigte sich sowohl bei den religiösen Institutionen als auch im gesellschaftlichen Leben – im Westen ebenso wie im kommunistischen Osten. Die Dritte Welt geriet immer mehr ins Abseits. Mit seiner Enzyklika, die er ausdrücklich an die gesamte Menschheit und nicht nur an die katholischen Gläubigen gerichtet hatte, wollte Johannes Paul II. den Schmerzen und Ängsten aller begegnen. Er fragte, ob denn der materielle Fortschritt das Leben wirklich humaner gestaltete. Entsprach dieser Fortschritt einer ebenso lebendigen und starken moralischen und spirituellen Entwicklung?

Der Papst zögerte nicht zu sagen, daß sich die Menschheit in der heutigen Welt »weit von den objektiven Forderungen der Moral und der Gerechtigkeit und noch weiter von denen der christlichen Nächstenliebe entfernt hat«. Er beklagte, daß alle Wirtschaftssysteme für die an der Umwelt entstandenen Schäden und für die Zunahme der Armut in der Welt verantwortlich seien.

Die Originalität der Enzyklika lag darin, daß sie die außerordentliche Bedeutung jedes einzelnen Menschen sowie seiner Würde und menschlichen Größe betonte.

Nach Auffassung des Papstes müßten die politischen Systeme im Osten ebenso wie im Westen ständig reformiert werden. »Andernfalls«, so erklärte er, »ist das menschliche Leben selbst im Frieden zum Leiden verurteilt, denn auf diese Weise entstehen die verschiedenen Formen der Vorherrschaft einzelner Gruppen, des Totalitarismus, des Neokolonialismus und des Imperialismus.«

Er schrieb wie jemand, der gekommen war, diesen Planeten im Namen Christi zu heilen. Dabei übernahm er die Rolle des Verkünders der alles beherrschenden göttlichen Liebe. »Ohne Liebe kann der Mensch nicht leben«, schrieb der Papst. »Ohne Liebe kann er sich selbst nicht verstehen. Sein Leben wird sinnlos, wenn ihm die Liebe nicht begegnet, er sie nicht aus eigener Erfahrung erlebt und nicht in lebendiger Weise an ihr teilnimmt.«

Auf religiöser Ebene sprach der Papst in seiner Enzyklika *Redemptor Hominis* einen Gedanken aus, den man bis dahin in der katholischen Kirche noch nie gehört hatte. Zum erstenmal übernahm Johannes Paul II. die Rolle des Verteidigers *aller* Religionen. Wenn es irgendwo auf der Welt Männer oder Frauen gab, die im Namen Gottes unter den Qualen der Diskriminierung und Verfolgung litten, dann war der römische Pontifex bereit, sich für sie einzusetzen: »Kraft meines Amtes will ich im Namen aller Gläubigen in der ganzen Welt zu denen sprechen, die in irgendeiner Form für die Organisation des gesellschaftlichen und öffentlichen Lebens verantwortlich sind. Ich fordere sie dringend auf, die Rechte der Religion und der Aktivität der Kirche zu respektieren.«

Nachdem er dieses Manifest über die Menschenrechte veröffentlicht hatte, bereitete sich Papst Wojtyła darauf vor, den Eisernen Vorhang zu durchschreiten.

Jalta

Der erste Tag der triumphalen Rückkehr von Johannes Paul II. in seine Heimat, der 2. Juni 1979, hatte bei den kommunistischen Führern in Warschau und Moskau für erhebliche Verwirrung gesorgt.

Zu seinem Empfang waren mehr als eine Million Polen an der zum Flughafen führenden Straße und auf dem Siegesplatz in der Warschauer Altstadt zusammengekommen. Studenten trugen das Kreuz als Symbol ihres inneren Widerstands gegen das Regime. Ebenso beunruhigend war das, was der Papst in einer privaten Unterredung mit dem polnischen Generalsekretär Edward Gierek sagte. Bei ihrem Zusammentreffen im Belvedere-Palast hatte Johannes Paul II. seiner Hoffnung Ausdruck verliehen, Kirche und Staat sollten zu einer Vereinbarung kommen, die auch von Gierek dringend gewünscht wurde. Der Papst hatte ihm jedoch eine Liste von Bedingungen vorgelegt, mit der er die kommunistische Regierung davon überzeugen wollte, daß sie ungewöhnliche Zugeständnisse machen müsse, um eine friedliche Koexistenz mit der Kirche zu erreichen.

Gierek hatte daraufhin von der Möglichkeit einer internationalen Entspannung gesprochen, worauf der Papst erwiderte, daß »Frieden und die Herstellung freundschaftlicher Beziehungen auf die grundsätzliche Achtung der objektiven Rechte der Nation gegründet sein müssen«, und dazu gehöre auch das Recht, »eine eigene Kultur und Zivilisation zu entwickeln«.

Gierek hatte über die Verpflichtungen Polens im Hinblick auf die Sicherheit und seine Position in der internationalen Gemeinschaft gesprochen und damit deutlich auf die Verpflichtungen des COMECON (des Rates für gegenseitige Wirtschaftshilfe) und den Warschauer Pakt hingewiesen, die beide von der Sowjetunion beherrscht und gelenkt wurden. Johannes Paul II. erwiderte, daß »alle Formen des politischen, wirtschaftlichen oder kulturellen Imperialismus den Bedürfnissen der internationalen Ordnung widersprechen«. Die einzigen sinnvollen Verträge könnten nur diejenigen sein, die sich »auf die gegenseitige Achtung und die Anerkennung der Wohlfahrt jeder Nation gründen«. Seine Kühnheit überraschte die kommunistischen Führer. Gierek war gewillt, eine großzügige Vereinbarung über die der Kirche gewährten religiösen Aktivitäten in der polnischen Gesellschaft durchzusetzen. Der Papst wünschte die Anerkennung der Tatsache, daß die Kirche »den Männern und Frauen in der zeitlichen Dimension ihres Lebens dient«, das hieß, im sozialen und politischen Bereich. Das allerdings wäre für die Hierarchie der polnischen Partei und – was noch wichtiger war – für die Männer im Kreml außerordentlich beunruhigend gewesen.

Am folgenden Tag, es war Pfingstsonntag und der 3. Juni, traf Johannes Paul II. wie eine moderne Inkarnation des Heiligen Geistes per Hubschrauber in der Stadt Gnesen ein. Daß sich in Warschau bei der Ankunft des Papstes eine Million Menschen versammelt hatten, war keine Ausnahme, sondern nur ein Vorspiel. Eine riesige Menge erwartete ihn dort, wo der Hubschrauber landete. »Wir wollen Gott«, skandierte sie und wiederholte damit, was die Warschauer Bevölkerung am Tag zuvor gerufen hatte.

In Gnesen befindet sich das Grab des heiligen Adalbert, der ebenso wie der heilige Stanislaus ein Märtyrer war und ein Patron Polens ist. Das ganze Thema des religiösen Märtyrertums war für die überzeugten Kommunisten im Kreml und in Warschau eine sehr unangenehme Sache. In den Wochen vor dem Papstbesuch war in Gnesen eine Röntgenaufnahme des Schädels des heiligen Stanislaus ausgestellt worden. Diese Aufnahme war der Beweis für eine historische und religiöse Überlieferung: Oben auf dem Schädel zeigte sich deutlich die tiefe Wunde, die das Schwert des Mörders verursacht hatte.

Die ideologische Wochenzeitschrift der tschechischen Kommunisten, *Tribuna*, die oft die Kremlmeinung vertrat, und zwar mit noch größerer Entschiedenheit, hatte Johannes Paul II. vorgeworfen, er sei nach Polen gekommen, um dem heiligen Bischof Stanislaus zu huldigen, der während seines ganzen Lebens gefordert hatte, die Welt solle »allein vom Papst und der katholischen Kirche beherrscht werden, wie dies schon im Mittelalter von Papst Gregor VII. verlangt worden war«.

Es war kein Zufall, daß die politische Führung in Polen bereits bei den Vorbereitungen der Papstreise durchgesetzt hatte, daß der Besuch des Papstes nicht am Jahrestag des Martyriums des heiligen Stanislaus (am 8. Mai) stattfinden dürfe.

Aber Johannes Paul II. hatte nicht die Absicht, es auf eine direkte Konfrontation mit der polnischen Regierung ankommen zu lassen, wie Stanislaus das getan hatte. Er war gekommen, um die Hoffnungen der enttäuschten und unzufriedenen Massen zu stärken und ihnen eine neue Botschaft zu bringen. Schon in Rom hatte er alle Reden entworfen, die er an den einzelnen Orten halten wollte, die er besuchte, und in jeder dieser Reden wollte er ein jeweils anderes wichtiges Problem erörtern.

In der Kathedrale des heiligen Adalbert in Gnesen sagte er, Gott habe einen Slawen zum Papst berufen – und er nahm seiner Aussage mit einem »vielleicht« die Schärfe –, damit die Kirche, die es gewöhnt war, »römische, deutsche, angelsächsische und keltische Stimmen zu hören«, nun auch jene Sprachen vernehmen könne, die in den Tempeln in diesem Teil der Welt gesprochen werden.

»Ist es nicht der Wille Christi und liegt es nicht in der Absicht des Heiligen Geistes, daß dieser polnische Papst, dieser slawische Papst gerade in diesem Augenblick die spirituelle Einheit des christlichen Europa manifestiert? Allerdings gibt es im Osten und im Westen zwei große Traditionen, denen das christliche Europa verpflichtet ist, doch beide bekennen sich zu einem Glauben, zu einer Taufe, zu einem Gott, unser aller Vater, dem Vater unseres Herrn Jesus Christus.«

Mit diesen Worten wollte der Papst angesichts des sowjetischen Pharao die Trennungslinie zwischen der katholischen und der orthodoxen Kirche aufheben. Obwohl man im Kreml es als unglaublich anmaßend empfinden mochte, hatte er erklärt, er sei die Stimme der hundert Millionen orthodoxen Gläubigen von Bukarest bis nach Wladiwostok, die bis dahin noch niemals einen starken Fürsprecher gehabt hatten, der sie gegen die Kräfte einer die Freiheit des Geistes erstickende Diktatur verteidigen konnte.

Hier standen Slawen und Christen einander gegenüber: Im Hinblick auf die angebliche Einigkeit im sozialistischen Lager sprach der Heilige Vater hier von einer anderen Einheit, die sich auf das Blut, die Sprache, die Kultur und die Religion gründete. In seiner Predigt erinnerte er an die Taufe der Menschen im Osten; der Polen, der Kroaten, Slowenen, Bulgaren, Mähren, Slowaken, Tschechen, Serben, der alten Russen in Kiew und schließlich der Litauer. Er schloß mit den Worten: »Papst Johannes Paul II., ein Slawe und Sohn der polnischen Nation, fühlt, wie tief er im Boden der Geschichte verwurzelt ist. Er kommt hierher, um vor der ganzen Kirche, vor Europa und der Welt über jene so häufig vergessenen Nationen und Völker zu sprechen. Er kommt hierher, um ›mit lauter Stimme zu rufen‹... Er kommt hierher, um alle diese Völker zusammen mit seinem eigenen Volk zu umarmen und sie an das Herz der Kirche zu drücken.«

Das verschlug seinen Zuhörern den Atem.

Nun mußte er noch an etwas anderes denken. Auf der Fahrt durch die Straßen von Gnesen hatte er ein Transparent mit der Inschrift gesehen: »Heiliger Vater, vergiß nicht deine tschechoslowakischen Kinder.«

»Wie könnte ich sie vergessen?« rief er jetzt. »Diese Worte bestätigen die große historische und kulturelle Bedeutung der Bruderschaft, die unsere beiden Völker miteinander verbindet. Brüder können nicht vergessen werden.« Die Kirche der Tschechoslowakei gehörte zu den am meisten verfolgten Europas. Das Husak-Regime hatte dem katholischen Klerus das Leben ungeheuer schwer gemacht. In vielen Diözesen fehlte der Titularbischof. Die Regierung in Prag hatte die Reaktion gefürchtet, die durch einen Kontakt zwischen den tschechoslowakischen Bischöfen und dem Papst während seines Besuchs in Polen ausgelöst werden könnte. Obwohl er von der polnischen Kirche für den ganzen Besuch des Papstes eingeladen worden war, wurde Kardinal Tomášek von den tschechischen Behörden bis zum 6. Juni an der Ausreise gehindert. Gewöhnliche Laien sahen sich plötzlich Verkehrsschikanen an der normalerweise offenen tschechoslowakisch-polnischen Grenze ausgesetzt. Die einzige Voraussetzung für eine Genehmigung zum Grenzübertritt bestand bislang darin, einen bestimmten Betrag in polnischer Währung einzuführen. Während des Papstbesuchs in Polen erklärten die tschechoslowakischen Banken, ihnen seien die Zlotys ausgegangen.

Aber es bedurfte nur jenes erwähnten Transparents, um Johannes Paul II. zu veranlassen, mit der Geistesgegenwart eines großen Schauspielers und Politikers vor der ganzen Welt äußerst erfolgreich zu improvisieren. Die Menge der Gläubigen hat ihm dabei sehr geholfen. In Gnesen waren die Menschen weitaus spontaner und leidenschaftlicher als die Bürger von Warschau, die sich nur nach den Anweisungen kirchlicher Behörden gerichtet und sich ruhiger verhalten hatten. In Gnesen riefen die Menschen immer wieder: »Lang lebe der Papst!« Sie führten eine unübersehbare Menge von Plakaten mit, und einige junge Burschen hatten ihre Hemden ausgezogen und liefen neben der päpstlichen Wagenkolonne durch die Straßen, eine Geste, die in der konventionellen Ära der Vorgänger von Johannes Paul II. undenkbar gewesen wäre. Am Nachmittag nach der Messe riefen junge Leute dem Papst begeistert zu: »Karol, begleite uns. Karol, Gott hat dich zum Kapitän des Schiffes Petri berufen. Wir werden dich nicht enttäuschen. Du kannst dich auf uns verlassen.«

Johannes Paul II. war die personifizierte Gegenwart polnischer Frömmigkeit und wies die freudig erregte Menge darauf hin, daß seine Wahl ein Zeichen der göttlichen Vorsehung sei. Mit dieser Wahl endete praktisch die Teilung Europas, wie sie mit dem Abkommen von Jalta beschlossen und durch die Vorherrschaft der Sowjetunion in Osteuropa 1975 in Helsinki bestätigt worden war.* Es war ein geschickter Schachzug des Papstes, daß er seinen

* In Helsinki wurden die bestehenden Grenzen in Osteuropa noch einmal festgeschrieben, und die Unterzeichner einschließlich der Sowjetunion verpflichteten sich, die Menschenrechte und damit die Freiheit der Rede, der Presse und des Gewissens zu respektieren.

Zuhörern nun ein neues Bild von Europa vorstellte, in dessen Rahmen die politisch-militärischen Blöcke in einem vereinigten christlichen Europa an Bedeutung verloren. Mit feinem Gespür sprach Johannes Paul II. von der Möglichkeit eines Abkommens mit allen osteuropäischen Völkern, eines Vertrags, der ihnen die Möglichkeit gab, die trostlose, graue Welt zu verlassen, in der sie lebten. Dieser neue Moses begeisterte seine Zuhörer mit den Worten: »So, meine lieben Landsleute, wird dieser Papst, Blut von eurem Blut, Fleisch von eurem Fleisch, mit euch singen, und mit euch wird er rufen: ›Möge die Herrlichkeit des Herrn ewig dauern.‹ Wir werden nicht in die Vergangenheit zurückkehren. Wir werden in die Zukunft voranschreiten.«

Am Abend des 3. Juni war es Johannes Paul II. bereits gelungen, durch die prophetische Kraft seiner Reden die Ideologie des Regimes, die Rolle des Staats, das Wesen des Bündnisses Polens mit der Sowjetunion und die neue geopolitische Ordnung, wie sie sich nach dem Zweiten Weltkrieg in Europa ergeben hatte, in Frage zu stellen. General Jaruzelski, der die Reise des Papstes vom Verteidigungsministerium aus beobachtete, blieb nicht verborgen, daß seine Genossen im polnischen Politbüro außerordentlich beunruhigt waren und sich vor den Reaktionen der eigenen Bevölkerung und des Kreml fürchteten. Der Parteihierarchie gefiel das Verhalten der Menschenmengen nicht, das nach ihrer Meinung »weit über das Normale hinausging« und einen fast rituellen Charakter annahm. Doch schlimmer war es, daß viele Passagen in den Reden des Papstes in gefährlicher Weise von den im allgemeinen harmlosen religiösen Formulierungen abwichen. Parteisekretär Gierek und Ministerpräsident Piotr Jaroszewicz fürchteten eine »Destabilisierung«.

Der für die Parteiideologie und die Verhandlungen mit der Kirche verantwortliche Stanisław Kania schaute besorgt der nächsten Phase der Papstreise entgegen. Kazimierz Barcikowski, der Krakauer Parteichef, fürchtete sich davor, was der Papst in der Stadt sagen könnte, wo er Erzbischof gewesen war. Die Rede auf dem Siegesplatz in Warschau war, wie Jaruzelski glaubte, »eine Art programmatische Rede« gewesen. »Nun fürchteten wir, mit einer Eskalation rechnen zu müssen.«

Gierek war von allen am nervösesten. Für den reformfreudigen, technokratischen Flügel der polnischen Führung mit ihm als Hauptprotagonist stand nun die ganze Politik der Zusammenarbeit mit der katholischen Kirche, mochte sie auch noch so beschränkt sein, auf dem Spiel. Er glaubte, diese Politik festige die nationale Einheit und sichere die unverzichtbare Identität Polens gegenüber den Sowjets. Einerseits hatte er seinen Kollegen gesagt, in seinem Gespräch mit Johannes Paul II. im Belvedere-Palast habe dieser in gewisser Weise der polnischen Regierung und der von Gierek verfolgten Entspannungspolitik zwischen Kirche und Staat seinen Segen erteilt. Andererseits war er sich, wie alle Parteiführer, der Tatsache bewußt, daß die Kirche hier in beeindruckender Weise ihre Macht und ihr organisatorisches Geschick zur Schau stellte. »Je stärker die Kirche war«, erinnerte sich Jaruszelski später, »desto mehr fürchteten die Mitglieder des Politbüros, daß damit die Stabilität der herrschenden Kreise unterminiert werden würde.«

Noch schlimmer war es, daß jede Geste und jede Andeutung des Papstes von mehr als tausend Journalisten, die zur Berichterstattung nach Polen gekommen waren, in der ganzen Welt verbreitet wurde. Und dieses Echo aus der Außenwelt hatte negative Auswirkungen in der Sowjetunion, der Tschechoslowakei und in der DDR, wo die politischen Führer alle Vorgänge in Warschau mit Mißtrauen und Skepsis registrierten.

Gierek konsultierte die Mitglieder seines Politbüros, und sie kamen alle zu dem gleichen Schluß: Es war ein verheerendes Wochenende für die polnische Führung gewesen. Die Schwierigkeiten, die durch den Papst und seine Botschaft nach nur zwei Tagen in seinem Heimatland entstanden waren, konnten nicht akzeptiert werden. Irgend jemand mußte eingreifen.

Stanisław Kania, der seit Jahren für die Beziehungen zur Kirche verantwortlich war, hatte den Papst angeblich von der Unzufriedenheit der Parteiführung unterrichten lassen. Nun beschloß Kania, den neuen Erzbischof von Krakau, Kardinal Franciszek Macharski, als seinen Vermittler einzusetzen. Macharski genoß das Vertrauen des Papstes. Wojtyła sah in ihm sogar seinen Nachfolger. Um die Kritik des Politbüros abzuschwächen, begann Kania (so diplomatisch wie möglich) einige Gründe für ihr Mißfallen zu nennen: Der Papst hatte den Nazis nicht eindeutig die Verantwortung für die Besetzung Polens und den seinem Land zugefügten Schaden zugeschrieben. Er hatte nicht gesagt, daß sechshunderttausend sowjetische Soldaten bei der Befreiung Polens gefallen waren. Und er hatte die Leistungen seines sozialistischen Landes, beginnend mit dem Wiederaufbau nach dem Krieg, nicht öffentlich anerkannt.

Angesichts der Krise, die Polen jetzt durchmachte, war es entscheidend für die polnische Führung und die Modernisierung des Landes, daß der Papstbesuch nicht zu einem destabilisierenden Faktor und zur Ursache von Spannungen in den Beziehungen zu Moskau wurde. Dieser Umstand mußte dem Papst klargemacht werden; hatte er Gierek doch im Belvedere-Palast versichert: »Ich werde auch weiterhin alles bedenken, was Polen bedrohen und diesem Land schaden könnte, alles, was zu seinem Nachteil geschehen, zu einer Stagnation oder einer Krise führen könnte... Der Mann, der zu euch spricht, ist ein Sohn eures eigenen Mutterlandes.«

Kania faßte diese Argumente in einem Brief zusammen. Um darauf hinzuweisen, daß das Schreiben vertraulich zu behandeln sei, schrieb er es mit der Hand und ließ es Kardinal Macharski persönlich überbringen. Somit konnte er gewiß sein, daß auch der Papst den Brief lesen würde. Damit begann eine Periode des besorgten Wartens.

Mit der Ankunft von Johannes Paul II. zu einem drei Tage dauernden Aufenthalt in Polens Nationalheiligtum Tschenstochau änderte sich der Ton seiner Botschaft. Seine Reden beschäftigten sich von nun an nicht mehr mit politischen, sondern mit religiösen Fragen, obwohl das kommunistische System auch hier weiterhin scharf kritisiert wurde. Das Gefolge des Papstes bemerkte, daß Johannes Paul II. nach den aufrüttelnden Reden in Warschau und Gnesen nun bei seinen zahlreichen Begegnungen mit Menschen aus den verschiedensten Lebensbereichen mit einer sehr viel ruhigeren Stimme sprach und sich in einen »lebendigen Katechismus« verwandelte. Nur wenige Mitarbeiter des Papstes hatten gesehen, daß ihm bei seinem Eintreffen in Tschenstochau der Brief des Erzbischofs Macharski übergeben worden war.

Nach dem dritten Tag begann seine Reise eher einer triumphalen Pilgerfahrt zu ähneln, die ihn zu seinen Landsleuten geführt hatte. Zugleich hatten sich Millionen von Polen auf den Weg zu ihrem Landsmann, dem Papst, gemacht. Alle Regulierungen seitens der Regierung, mit denen sie die Wirkung dieses Besuchs abschwächen wollte, waren vergeblich. Im Gegenteil, jede Einschränkung wurde zur wirksamen Gegenpropaganda gegen das Regime. Als die Polizei fünfundzwanzig Kilometer vor Tschenstochau Straßensperren errichtete, um die Pilger einzeln zu überprüfen, erinnerte das die Polen nur an die Schikanen, die sie zur Zeit des totalitären Systems erdulden mußten. Als das staatliche Fernsehen in Warschau und Posen nicht über das Geschehen berichten durfte, wie es jeder in Tschenstochau zu sehen bekam, verstärkte dies das Verlangen nach einem freien Fluß der Informationen nur noch. Die Tricks, mit denen die TV-Kameraleute arbeiteten, die während der religiösen Feiern nur den Papst und die Personen in unmittelbarer Nähe des Altars filmten, nicht aber die große Menge der Zuschauer, ließen seine Worte und die laute Zustimmung der unsichtbaren Massen nur noch dramatischer wirken.

Die Kommunisten hatten mit Wyszyński darum gefeilscht, welche Städte Johannes Paul II. besuchen durfte, und gehofft, auf diese Weise die Zahl der Menschen zu verringern, die den Papst persönlich würden sehen können. Aber die polnische Kirche ließ solche Versuche scheitern und organisierte den Transport der Pilger aus allen Teilen des Landes. Dafür war Schlesien ein besonders auffallendes Beispiel, wo sich der politische Einfluß Giereks zu Beginn der siebziger Jahre sehr stark ausgewirkt hatte: Die Regierung hatte sich geweigert, Johannes Paul II. einen Zwischenaufenthalt in Kattowitz zu erlauben, in einem Bezirk, wo der größte Teil der Bevölkerung in der Industrie und im Bergbau beschäftigt war. Doch dann unternahmen die Bischöfe große Anstrengungen, dem Papst Hunderttausende schlesischer Industriearbeiter und Bergleute zuzuführen, die Kerntruppe der polnischen Arbeiterklasse. Viele der Kumpel trafen unmittelbar nach der Nachtschicht in Tschenstochau ein. Auf einem der Plakate, die sie mitführten, standen die Worte: »Trotz allem stehen wir hinter Christus.«

In einer Rede vor einer großen Zuhörermenge sprach der Papst über die Gerechtigkeit und »die Rechte und Pflichten eines jeden Angehörigen der Nation, denen zufolge es vermieden werden muß, einzelnen Privilegien zu gewähren und andere zu diskriminieren«. Als der Papst hörte, wie ihm zugerufen wurde: »Gott helfe dir«, wandte er sich an die Menge und erwiderte: »Ich wünschte, die Menschen in Schlesien würden mir diesen Gruß ›Gott helfe dir‹ auch noch aus einer Entfernung von tausendfünfhundert Kilometern zurufen ... Wenn ihr es laut genug tut, wird der Papst euch hören und antworten: ›Gott belohne euch dafür.‹« Es klang wie ein Gelöbnis, als die Menge tausendfach die Worte wiederholte: »Gott helfe dir! Gott helfe dir! Gott helfe dir!«

Vom 4. bis zum 6. Juni glich Tschenstochau dem vorübergehenden Hauptquartier eines mittelalterlichen Kaisers auf Reisen. Im ganzen Land wurde das Marienheiligtum als geistiger Mittelpunkt Polens betrachtet. Johannes Paul II. hieß jeden willkommen – die Arbeiter, die Studenten, die Bauern, die Intellektuellen, die Angestellten, die Nonnen, die Priester, die Seminaristen, die Familien, die alten Menschen und die Kinder – und brachte das in allen sorgfältig geplanten Versammlungen und liturgischen Feiern zum Ausdruck. Sogar dort, wo der Papst selbst nicht sprach oder nicht gesehen werden konnte, dienten die zahlreichen für die Legionen von Pilgern gefeierten Messen dazu, den Pakt zwischen der Kirche und der Nation zu stärken.

Auf Jasna Góra, der heiligen Bergfestung von Tschenstochau, hatten die polnischen Bischöfe für Johannes Paul II. ein beeindruckendes Schauspiel arrangiert. Jasna Góra, wo die Schwarze Madonna verehrt wird, ist das Herz der katholischen polnischen Nation und das Symbol ihres Widerstands gegen fremde Eindringlinge. Wie Sienkiewicz in seinem Buch *Sturmflut* berichtet, hatten die mächtigen Mauern der Festung dem Angriff der Schweden standgehalten, als diese Mitte des siebzehnten Jahrhunderts in Polen eingefallen waren. Sogar die Schwarze Madonna hatte auf ihre Weise ihre kriegerischen Tugenden bewiesen. Zwei Schläge vom Säbel eines feindlichen Soldaten hatten ihre rechte Wange getroffen, aber die Kerbe unterstrich nur ihre Unbesiegbarkeit.

Die erste vom Papst hier gefeierte Messe schien fast die Krönung einer großen nationalreligiösen Bewegung zu sein. Die Gläubigen waren zu Hunderttausenden auf den Feldern außerhalb der Mauern zusammengeströmt und hatten dazu unzählige Fahnen, Plakate und Bilder mitgebracht. Auf der Mauerkrone war ein Altar aufgebaut worden, und eine große hölzerne Treppe stellte die Verbindung zu den darunter versammelten Menschenmassen her. Der Papst feierte die Messe unter einem Baldachin: eine weiße Gestalt hoch über der Versammlung, die nur über die Treppe zu erreichen war, welche wie in mittelalterlichen Legenden Himmel und Erde zu verbinden schien. Nachts sah man lange Kolonnen von Menschen, die im Mondlicht zum Heiligtum wanderten. Viele von ihnen schliefen am Fuß der Mauern oder kampierten, so gut es ging, in dem das freie Feld umgebenden Wald.

An der Mauer hing ein riesiges Plakat mit einer von Studenten aus Lublin verfaßten Aufschrift, welche die Gefühle der Menschen sehr gut zum Ausdruck brachte: »Heiliger Vater, wir wollen bei dir sein, wir wünschen ein besseres Leben mit dir, und wir wollen mit dir beten.« Über das Zusammentreffen mit den Bergarbeitern aus Schlesien schrieb die monatlich erscheinende Untergrundzeitung *Głos*: »Die Millionen arbeitenden Menschen, die sich um den Papst versammelt haben, beweisen augenscheinlich, daß die offizielle These von dem natürlichen Atheismus der Arbeiterklasse und ihrem fortschrittlichen Kampf gegen das Christentum grundfalsch ist.« Die Zeitung fügte prophetisch hinzu: »Gegenwärtig fürchten die Behören, daß der Papst, der selbst ein Arbeiter war und dessen Einstellung hinsichtlich der Ausbeutung überall bekannt ist, zum Sprecher der polnischen Arbeiterklasse werden könnte.«

Angesichts der enormen Erwartungen, die sich auf seine Person richteten, bemühte sich Johannes Paul II., so besonnen und umsichtig wie möglich zu handeln und jede Aussage zu vermeiden, die zu einer Konfrontation führen könnte. Einer Gruppe von tausend Studenten der Universität Lublin sagte der Papst in einer geschlossenen Versammlung sehr freimütig: »Der Sache Christi kann durch das Bekenntnis zu einer weltweiten Ablehnung des Christentums sowohl genützt als auch geschadet werden. Jeder, der diese Entscheidung mit ehrlicher Überzeugung trifft, muß von uns respektiert werden.« Einige Studenten fühlten sich durch diese Worte verunsichert. Um seine Gedanken näher zu erläutern, fügte der Papst hinzu: »Es besteht eine Gefahr für beide Seiten – sowohl für die Kirche als auch für die anderen – in der Haltung jener Person, die gar keine Entscheidung trifft.« Auf diese Weise setzte sich Johannes Paul II. in seinen Predigten abermals für das persönliche Engagement und die Achtung vor Andersdenkenden ein und erfüllte damit die Mission, zu der er sich berufen fühlte.

Seine Gespräche mit den Bischöfen verliefen mit der gleichen Ruhe und Besonnenheit. Auf Jasna Góra wollte er die Verdienste der polnischen Primas Wyszyński und des neuen Kardinal-Staatssekretärs Agostino Casaroli in besonderer Weise öffentlich würdigen. Mit dieser politischen Geste sollte der kirchliche Guerillakrieg, der bis dahin die Beziehungen zwischen den unversöhnlichen polnischen Bischöfen und dem Gestalter der Ostpolitik Pauls VI. jahrelang belastet hatte, beendet werden. Damit wurde den Eingeweihten ebenso wie den Außenstehenden verdeutlicht, daß der Papst von nun an selbst die Entscheidungen in diesem Bereich treffen würde.

Während der Papst in Tschenstochau weilte, suchten die Menschen in ganz Polen, besonders in den ländlichen Bezirken, nach Möglichkeiten, ihm und der Kirche ihre Loyalität zu zeigen und ihre Frömmigkeit sichtbar unter Beweis zu stellen. Im ganzen Land, also auch dort, wo die päpstliche Wagenkolonne nicht vorbeikam, wurden die Kapellen, die Zeitungskioske und die an den Straßenrändern stehenden Heiligendarstellungen mit Blumen geschmückt. In manchen Dörfern sah man überall kleine Fähnchen in den Farben des Vatikans, und an den Fenstern hingen Bilder der Schwarzen Madonna, ein Foto von Wojtyła oder ein großes *M* (für Maria), umgeben von Lilien und mit einer Krone darauf.

Diese schweigende Abstimmung der polnischen Katholiken, die besonders durch ihre Festlichkeit und das Fehlen aller Symbole der konkurrierenden kommunistischen Ideologie beeindruckte, schockierte die politische Führung.

Als er sich auf den Weg nach Krakau machte, konnte der Papst mit Genugtuung feststellen, daß es ihm bisher gelungen war, das Gleichgewicht zwischen zwei einander widersprechenden Notwendigkeiten zu wahren: einerseits das Bewußtsein der Menschen zu wecken und andererseits die Gläubigen nicht zum voreiligen Handeln zu veranlassen. Beides ließ sich nur schwer voneinander trennen, und die allgemeine Begeisterung drohte ständig überzuschäumen. Am Abend des 6. Juni landete der weiße Hubschrauber des Papstes auf der Błoniewiese in Krakau. Trotz des Regens wartete auch hier eine riesige Menschenmenge auf ihn. Johannes Paul II. fuhr im offenen Wagen zur Kathedrale auf dem Wawel. Später wurde er in seine alte Residenz gebracht, wobei Hunderte von Fackeln die Straßen säumten.

Auschwitz

Der Bischof von Rom kniete nieder und starrte auf den Zementfußboden der Todeszelle. Er hatte einen kleinen Strauß weißer und roter Nelken mitgebracht und legte ihn vor sich ab. Dann beugte er sich vor und küßte den rauhen Zement, auf dem der Franziskanerpater Maximilian Kolbe gestorben war.

Man darf sagen, daß mit diesem Kuß vieles zum Ausdruck kam: der Tod des Märtyrers, mit dem der katholische Priester seiner Berufung gerecht wird; der Schrecken der organisierten Vernichtung menschlichen Lebens; das düstere Echo, das Auschwitz (polnisch: Oświęcim) im Bewußtsein der Freunde und Mitbürger von Karol Wojtyła in Krakau während der Kriegsjahre auslöste; das Gedenken an seine jüdischen Freunde aus Wadowice, deren Familien im Holocaust ermordet worden waren. Seiner Jugendfreundin Ginka Beer war es gelungen, rechtzeitig zu fliehen, aber ihre Mutter war in Auschwitz umgekommen. Zwar hatte sich sein Klassenkamerad Jurek Kluger zusammen mit seinem Vater in Sicherheit bringen können, doch wurden Klugers Mutter, Großmutter und Schwester Tesia ein Opfer der Gaskammern. Und im Leben von Kolbe selbst gab es gewisse innere Widersprüche; sein extremer Nationalismus wurde von vielen Juden als Teil einer antisemitischen Tradition in der polnischen Kirche betrachtet.

Als Erzbischof und Kardinal war Karol Wojtyła schon einige Male in Auschwitz gewesen, um an dieser Stelle zu beten und zu meditieren. Doch nun lautete sein Name Johannes Paul II., und als Papst mußte er sich mit seinen Aussagen an die ganze Welt wenden. Drei Minister repräsentierten die Regierung in Warschau, und zwar die Chefs des Außenministeriums sowie der Ressorts für

Angelegenheiten der Veteranen und für religiöse Fragen. Für die politische Führung in Polen war Auschwitz der Ort, an dem sich jeder Pole aufgefordert sah, des Geistes der nationalen Einheit zu gedenken, der die Polen während der Besetzung und des Widerstands gegen die Deutschen beseelt hatte.

Paul VI. hatte Kolbe auf das Verlangen des Erzbischofs Wojtyła seliggesprochen. Aber Johannes Paul II. war überzeugt, daß der Franziskanerpater so bald wie möglich auch heiliggesprochen werden müsse. Der Papst war nicht nur fasziniert von der Gestalt dieses »Märtyrers der Nächstenliebe«, des Häftlings mit der Nummer 16670, der am 30. Juli 1941 den Lagerkommandanten gebeten hatte, ihn anstelle des unglücklichen Familienvaters Franciszek Gajowniczek sterben zu lassen. Darüber hinaus glaubte der Papst, daß ein Schreckensort wie Auschwitz durch das Opfer eines Christen symbolisch geheiligt werden müsse. Es war wichtig, daß überall dort, wo in der Menschheitsgeschichte ein solches Opfer gebracht worden war, die Kirche auf einen oder mehr überzeugte Christen hinweisen konnte, die für das Gute, die Nächstenliebe und den Glauben gekämpft hatten.

Der Papst verließ die Zelle, in die das Tageslicht durch ein kleines vergittertes Fenster eindrang, das hoch oben an der Zellenwand eingebaut war und somit dem Häftling den Blick nach draußen verwehrte. Dort hatte man Kolbe zusammen mit neun anderen Gefangenen eingesperrt, um sie verhungern zu lassen. Er hatte sechzehn Tage in diesem Raum zugebracht und war dann mit einer tödlichen Injektion ermordet worden. Er hatte es für seine Bestimmung gehalten, das Evangelium zu verkünden, und so war er als Missionar nach Japan gegangen. Seine Frömmigkeit und sein Glaube an die Jungfrau Maria hatten den Kardinal Wojtyła stets tief beeindruckt.

Nun durchschritt der Papst die langen Gänge mit den gemauerten Zellen und gelangte zur Todesmauer, einer mit Teer angestrichenen Betonwand, wo die Gefangenen gefoltert und erschossen wurden. Wieder fiel Johannes Paul II. auf die Knie. Offensichtlich hatte er das Gefühl, daß dies ein Ort sei, das Zeugnis einer unmenschlichen Ideologie, der durch ständiges Gebet geheiligt werden müsse. Er wollte Kardinal Macharski veranlassen, hier in Auschwitz ein kleines Nonnenkloster für die Karmeliterinnen bauen zu lassen. Es sollte ein Ort des Gebets, des Schweigens und der Buße werden. Er hatte nicht die Absicht, es jetzt am 7. Juni oder in den kommenden Jahren bekanntzugeben. Aber es war kein überraschender oder unerwarteter Einfall, sondern es handelte sich hierbei um ein Projekt, das während seiner Jahre als Erzbischof von Krakau Konturen angenommen hatte, und er hoffte, daß es sein Nachfolger in Krakau würde verwirklichen können.

Anders als das Heiligtum der Schwarzen Madonna in Tschenstochau waren Auschwitz und Birkenau, wohin der Hubschrauber den Papst jetzt brachte, Orte von weltweiter Bedeutung, heiliger Boden für Gläubige ebenso wie für Ungläubige. Hier, wo Folter und Vernichtung von Menschenleben zur Tagesordnung gehört hatten, kreuzten sich zwei Wege: der Weg der Kinder Israel, die im Holocaust – *shoah* – die Folgen einer jahrhundertelangen unmenschlichen Unterdrückung und eines antisemitischen Hasses (den auch die Kirche geteilt hatte) erleiden mußten, und der Weg Polens. Mit der Besetzung durch das nationalsozialistische Deutschland hatte Polen die schrecklichste aller Invasionen erlebt, wobei nicht nur seine Landesgrenzen ausradiert wurden, sondern auch die Identität eines ganzen Volkes hatte ausgelöscht werden sollen. Um sein Meßgewand anzuziehen, betrat der Papst eine der Häftlingszellen. Zweihundert Priester, die als Gefangene in diesem Lager gelebt hatten, warteten nun darauf, die Messe mit ihm zu feiern. Sie hatten blutrote Meßgewänder an, die mit weißen, sich wie Stacheldraht krümmenden Olivenzweigen bestickt waren. Sie folgten dem Papst in langer Reihe bis zu dem Altar neben den Eisenbahnschienen, wo die plombierten Waggons angehalten hatten. Mehr als eine Million – vielleicht waren es sogar vier Millionen gewesen – Männer, Frauen und Kinder waren in diesem Lager umgebracht worden. Zum erstenmal sollte sich nun ein Bischof von Rom ehrfürchtig vor den Opfern des Holocaust verneigen, vor all denen, die von den Nationalsozialisten verfolgt und ermordet worden waren, und einen Ort betreten, vor dem einer der Vorgänger von Johannes Paul II., Pius XII., während des Zweiten Weltkriegs die Augen verschlossen hatte.

Es war ein warmer, sonniger Nachmittag. Die Blumen auf den grünen Wiesen im Todeslager blühten. Der Papst blickte hinüber auf den Altar aus rohem Holz und das hölzerne Kreuz darüber. Wie zur Zeit der Römer war dieses christliche Symbol jetzt wieder ein Folterwerkzeug. Oben auf dem Kreuz hatte man eine Dornenkrone aus Stacheldraht angebracht, und von beiden Seiten des Querbalkens hingen grau und weiß gestreifte Stoffbahnen herunter, die an die Gefangenenkleidung erinnerten. Auf diesem Stoff erkannte man die Gefangenennummer von Pater Kolbe, 16670.

»*Mea culpa, mea culpa, mea maxima culpa*«, sagte der Papst mit leiser Stimme, und die Menge wiederholte mit dumpfem Murmeln das Schuldbekenntnis der römisch-katholischen Liturgie. Vor dem Altar standen ehemalige Lagerinsassen in ihrer gestreiften Häftlingskleidung. Auch eine Delegation weißhaariger älterer Frauen, die das Konzentrationslager Ravensbrück überlebt hatten, war zugegen.

»Ich komme als Pilger hierher«, sagte Johannes Paul II. in seiner Predigt. »Ich bin schon oft in der Todeszelle von Maxmilian Kolbe gewesen. Ich habe vor der Hinrichtungsmauer gestanden und bin durch den Schutt zu den Öfen von Birkenau gegangen, in denen die Ermordeten verbrannt wurden. Als Papst blieb mir gar keine andere Wahl, als noch einmal herzukommen. Nun als Nachfolger des heiligen Petrus muß ich im Namen Christi vor der Welt Zeugnis ablegen für alles, was die Größe – und das Elend – der Menschheit in unserer Zeit ausmacht; Zeugnis für die Niederlagen des Menschen und für seinen Sieg. So bin ich gekommen und knie nieder vor dem Golgatha der heutigen Welt, vor diesen Gräbern, von denen die meisten ebenso wie das Grab des Unbekannten Soldaten keine Namen tragen. Ich knie nieder vor all diesen hier liegenden Steinplatten. Ihre Inschriften erinnern an die Opfer von Auschwitz in den folgenden Sprachen: Polnisch, Englisch, Bulgarisch, Rumänisch, Tschechisch, Dänisch, Französisch, Griechisch, Hebräisch, Jiddisch, Spanisch, Flämisch, Serbokroatisch, Deutsch, Norwegisch, Ungarisch und Italienisch.«

Dann erwähnte der Papst wieder das Opfer, das Pater Kolbe gebracht hatte, und sprach anschließend von sich selbst und davon, wie er seine Rolle als Oberhirte der katholischen Kirche verstand. Er erinnerte an seine erste Enzyklika, *Redemptor Hominis*. Sie war der »gegenwärtigen Situation der Menschheit, der Menschenwürde und schließlich den unverzichtbaren Rechten des

Menschen, die so oft von seinen Mitmenschen mit Füßen getreten und ihm verweigert werden«, gewidmet. Mit erhobener Stimme fuhr er fort: »Genügt es, den Menschen in eine andere Uniform zu stecken? Ihm das Instrument der Gewalt in die Hand zu geben? Genügt es, ihm eine Ideologie aufzuzwingen, in der die Menschenrechte den Erfordernissen des Systems untergeordnet werden, und zwar so vollständig, daß sie praktisch nicht mehr existieren?« Die Menge, die bis jetzt schweigend zugehört hatte, spendete ihm Beifall. Viele schluchzten, und einigen Übersetzern versagte die Stimme.

Als der Papst begann, von den Steinen zu sprechen, die an die Opfer erinnerten, breitete sich vollkommene Stille aus. »Besonders möchte ich mit euch eine Weile vor der Inschrift in hebräischer Sprache verharren. Diese Inschrift läßt uns des Volkes gedenken, dessen Söhne und Töchter zur totalen Vernichtung bestimmt waren. Dieses Volk führt seinen Ursprung auf Abraham, unseren Vater im Glauben, zurück. Und es ist gerade dieses Volk, das von Gott das Gebot empfing, ›Du sollst nicht töten‹, und das selbst in besonderem Maße erfahren hat, was es bedeutet, zu töten oder getötet zu werden. Niemand darf gleichgültig an dieser Inschrift vorübergehen.«

Die Menge reagierte mit verhaltenem Beifall, und einige dieser Menschen waren sich schmerzlich der langen Geschichte des Antisemitismus in Polen bewußt.

Der Papst fuhr fort: »Wieder stehe ich vor einem Gedenkstein. Er trägt eine Inschrift in russischer Sprache. Ich möchte nicht viel dazu sagen. Wir wissen, für welches Land er spricht. Wir sind uns bewußt, welche Rolle dieses Land in dem letzten furchtbaren Krieg für die Freiheit der Völker gespielt hat. Auch an diesem Stein kann niemand gleichgültig vorübergehen.« Auf diese Geste als Zeichen der Versöhnung mit Moskau hatte die Regierung in Warschau gewartet. Aber der Papst wählte seine Worte sehr sorgsam. Ebenso wie Charles de Gaulle sprach er nicht von den »Sowjets«, sondern von den »Russen«, und er erinnerte an den Wert und an die Leiden dieses Landes, nicht aber des Staates.

Nachdem er sich so mit den historischen Gegebenheiten auseinandergesetzt hatte, wandte sich Johannes Paul II. dem polnischen Gedenkstein zu. Sechs Millionen Menschen, ein Fünftel der polnischen Bevölkerung, hatten in diesem Krieg ihr Leben verloren: »Dies ist ein weiterer Abschnitt in dem jahrhundertelangen Ringen dieses Landes – meines Landes – um seine Grundrechte unter den europäischen Nationen, ein weiterer lauter Ruf nach dem Recht auf einen eigenen Platz auf der Landkarte von Europa.« Ein altes Freiheitslied erklang: »Gott segne unser freies Vaterland.« Vergangenheit und Gegenwart reichten sich die Hände. Wieder bemühte sich der Papst um eine richtige Beurteilung der politischen Zusammenhänge.

»Der Nachfolger von Johannes XXIII. und Paul VI. spricht im Namen aller Nationen, deren Rechte verletzt und vergessen wurden«, sagte er und richtete seinen Blick auf den Stacheldraht und das sich dahinter ausbreitende Land.

Seine Ansprache in Auschwitz war durch das Fernsehen in alle Teile der Welt übertragen worden. Wie sich in den folgenden Jahren zeigte, bot das Bild Johannes Pauls II., der im Schatten der Gaskammern auf den Knien lag, vielen Katholiken Anlaß, neu über die Bedeutung des Holocaust und darüber nachzudenken, wie weit auch die Kirche für das Verbrechen des Antisemitismus verantwortlich war.

Doch einige Beobachter konnten nicht recht begreifen, weshalb Johannes Paul II. der Versuchung nicht hatte widerstehen können, fast jedes dramatische Ereignis zu kommentieren, indem er es mit seinen christlich-polnischen Vorstellungen in Verbindung brachte. Er sagte: »Ich bin zu diesem besonderen Heiligtum gekommen, weil hier, wie ich sagen darf, der Patron unseres schwergeprüften Landes [und damit meinte er Kolbe] geboren wurde. Ebenso war vor neun Jahrhunderten Skałka [in Krakau] der Geburtsort des heiligen Stanislaus, des Patrons von Polen.« Er erwähnte auch Edith Stein, die jüdische Schülerin des Philosophen Edmund Husserl, die Nonne wurde, in Auschwitz umkam und die er dann seligsprach.

Könnte die Komplexität der tragischen Erfahrungen von Auschwitz, könnte seine zweifellos einzigartige Rolle im jüdischen Holocaust darauf reduziert werden, daß an diesem Ort ein katholischer Christ zum Heiligen geworden war? War Auschwitz das Symbol für die Erfahrung eines Juden, der zum katholischen Glauben bekehrt worden war? Bedeutete nicht der Appell an den religiösen Nationalismus in Verbindung mit dem Namen des heiligen Stanislaus, daß hier ein Ort in den Dienst einer Sache gestellt werden sollte, die für die ganze Welt eine große Bedeutung hatte? Diese Vieldeutigkeit sollte schließlich zu zahlreichen bitteren Mißverständnissen und zu einem schmerzlichen Konflikt mit der Glaubensgemeinschaft der Juden auf der ganzen Welt führen, als die polnische Hierarchie das Vorhaben des Erzbischofs Karol Wojtyła verwirklichte und in Auschwitz ein Kloster für Karmeliterinnen einrichtete. Letztlich entschloß sich der Papst, den Nonnen zu befehlen, ihr Kloster an einen anderen Ort zu verlegen.

Die Heimkehr von Johannes Paul II. nach Krakau war ein erregendes Ereignis von historischer Bedeutung. Am Abend sangen junge Leute patriotische Lieder unter den Fenstern des erzbischöflichen Palais. Auf dem Marktplatz wurde die Statue von Adam Mickiewicz, dem Dichter der Unabhängigkeit, mit Blumen geschmückt, und die ganze Nacht feierte die Bevölkerung dieses Ereignis und protestierten die Menschen gegen das Regime. Bei einem Gottesdienst unter freiem Himmel vor der Kirche in Skałka, dem Ort des Martyriums des heiligen Stanislaus, begannen junge Menschen an einem Nachmittag wieder, ihre neuen Symbole des Widerstands, kleine hölzerne Kreuze, zu schwenken.

Am vorletzten Tag seiner Reise beschloß der Papst, sich in der Nähe des Klosters Mogiła im Bezirk Nowa Huta mit den dort lebenden Arbeitern zu treffen, sich also auf jenes Terrain zu begeben, das die Kommunisten normalerweise für sich beanspruchten, und der kommunistischen Ideologie einen gezielten Schlag zu versetzen. »Die Christenheit und die Kirche haben keine Furcht vor der Welt der Arbeit«, erklärte er. »Sie fürchten sich vor keinem auf Arbeit gegründeten System. Der Papst fürchtet sich nicht vor den Arbeitern.« Jahrhundertelang hatten die Päpste allerdings die Arbeiterbewegungen gefürchtet. Johannes Paul II. erinnerte sich sehr genau an seine persönlichen Erfahrungen bei der Arbeit im Steinbruch und in den Solvay-Werken. Er sagte, das Evangelium böte die Lösungen für die Probleme der Arbeit in der heutigen Welt. Vor der begeisterten Menge, die Tausende von Fahnen, Wimpeln und Plakaten zeigte, und flankiert von acht Kardinälen – Poletti aus Rom, Höffner aus Köln,

König aus Wien, Tomášek aus Prag, Bengsch aus Berlin, Juban y Arnau aus Barcelona, Gray aus Edinburgh, Macharski aus Krakau und Casaroli, dem Kardinal-Staatssekretär – verlangte der Papst herausfordernd, daß Menschen nicht zu bloßen Produktionsmitteln herabgewürdigt werden dürfen. »Damit wird Christus nie einverstanden sein«, rief er. »Die Arbeiter und die Arbeitgeber dürfen das nicht vergessen. Das System der Arbeit und das System des Arbeitslohns müssen sie im Auge behalten. Der Staat, das Volk und die Kirche, sie alle müssen sich daran halten.«

Die Menge reagierte mit frenetischem Beifall. Für die Arbeiter war es Öl ins Feuer. Sie waren bereits empört über die letzten von der Regierung verordneten Preissteigerungen und verlangten höhere Löhne. Sie erinnerten sich noch daran, wie die Regierung 1976 in Ursus und Radom mit Gewalt gegen den Protest der Arbeiter vorgegangen war. Jetzt mußte die polnische Führung die Ablehnung durch die Arbeiterklasse hinnehmen und konnte nichts dagegen tun. Letztlich hatte die Regierung mit den Forderungen, die sie an den Papst richtete, nicht den geringsten Erfolg: weder bei Johannes Paul II. noch bei der Bevölkerung. General Jaruzelski, der sich die Reden des Papstes täglich anhörte, registrierte die Kraft seiner Worte und die Geschicklichkeit seines Vorgehens: Johannes Paul II. äußerte sich nicht nur zur aktuellen Lage, sondern »gab den Menschen auch neue Hoffnung und ermutigte sie« für die ihnen in fernerer Zukunft bevorstehenden Kämpfe.

Ähnliches dachte auch Wiktor Kulerski, der sich ein knappes Jahr später der Gewerkschaft »Solidarność« (»Solidarität«) anschloß. »Wir leben heute in einem anderen Land«, sagte er, als der Papst durch Polen reiste. »Der Kommunismus hat keine Bedeutung mehr, denn es gibt niemanden, der sich ihm noch unterwirft.« Kulerski hatte das Gefühl, die Anwesenheit des Papstes in Polen ließe die Menschen aufatmen und gebe ihnen die Gelegenheit, neue Kräfte zu sammeln: »Der Papst ist hier, und die Kommunisten können ihm nichts anhaben. Er kann ganz andere Dinge sagen und tun als wir. Die Kommunisten können ihn nicht daran hindern. Die Menschen wiederholen die Worte des Papstes, und sie wissen, daß er ihr Bollwerk ist.«

Im Verlauf des Papstbesuchs kam der Historiker Bronisław

Geremek, ein Intellektueller, der einer der wichtigsten Berater von »Solidarność« werden sollte, zu dem Schluß, daß »freie Menschen sich selbst organisieren können« und daß »die Gesellschaft ohne die Partei und den Staat auskommt«.

Während der ganzen Papstreise fühlten sich die Mitglieder des polnischen Politbüros wie Zweige, die durch fließendes Wasser gezogen werden. Von der »führenden Rolle der Partei« zu sprechen, war jetzt eine Absurdität. Kazimierz Barcikowski, der Erste Sekretär Krakaus, erkannte, daß seine Hauptpflichten während der Papstreise einfach darin bestanden, dafür zu sorgen, daß die Kirche die Ordnung aufrechterhielt und die notwendigen Transportmittel, Verpflegung, sanitäre Einrichtungen und Toiletten verfügbar waren.

Am 10. Juni versammelten sich mehr als eine Million Gläubige auf einer Wiese bei Błonie am Stadtrand von Krakau. Einige behaupteten sogar, es seien anderthalb oder sogar zwei Millionen gewesen. Überboten wurden sie noch von einer katholischen Zeitschrift, die auf drei Millionen kam – ein Vorgeschmack darauf, welche Legenden sich bei den Papstbesuchen auf den anderen Kontinenten und besonders in der Dritten Welt bildeten.

Allein die Tatsache, daß der Papst eine Million Menschen in seinen Bann ziehen konnte, war unglaublich, ja revolutionär in einem Land, das zum sozialistischen Block gehörte. Johannes Paul II. brauchte fast eine Dreiviertelstunde, um in seinem »Papamobil« durch die Schneisen zu fahren, welche die einzelnen Pilgerblöcke voneinander trennten.

Die Kardinäle und Bischöfe – diesmal waren es noch mehr als in Nowa Huta, denn es hatten sich noch zwei ungarische Kardinäle, ein Jugoslawe und drei weitere aus dem Westen hinzugesellt – waren angesichts der riesigen Menschenmassen, die sich hier zum Empfang des Papstes versammelt hatten, überwältigt. Und sie waren begeistert: Die Kirche hatte also nicht an Einfluß verloren, und der Bischof von Rom hatte der Welt immer noch viel zu sagen. Das war gewissermaßen eine Offenbarung.

Ebenjener Tag, der 10. Juni, war zudem dazu ausersehen, während der Papstreise den heiligen Stanislaus zu ehren. Und es wurde daraus die feierliche Anerkennung der neuen Machtstellung von Johannes Paul II., der als Bannerträger Christi erklärte, daß der neunhundertste Todestag des polnischen Schutzpatrons ein Wendepunkt für die Nation und die Kirche sein werde.

Das war alles, was die Menge brauchte, und sie verstand die Bedeutung dieses Augenblicks. Bevor der Papst Polen verließ, konnte er seinem Volk einen neuen Segen spenden. Er konnte ihm eine neue Botschaft zurufen: »Ihr müßt stark sein, geliebte Brüder und Schwestern!« rief er. »Ihr müßt stark sein mit der Kraft, die aus dem Glauben kommt! Ihr müßt stark sein mit der Stärke des Glaubens!«

Zuletzt wandte er sich noch einmal an alle Menschen hinter dem Eisernen Vorhang, und obwohl er es nicht ausdrücklich sagte, war sich jeder dieser Tatsache bewußt: »Wir haben keinen Grund, uns zu fürchten. Die Grenzen müssen geöffnet werden. In der Kirche gibt es keinen Imperialismus, sondern nur den Dienst.« Und als er eine Gruppe von Pilgern aus der Tschechoslowakei erkannte, rief er ihnen zu: »Wie sehr wünschte ich, daß unsere Brüder und Schwestern, die mit uns durch ihre Sprache und den Verlauf der Geschichte vereint sind, diese Pilgerfahrt des slawischen Papstes hätten erleben können. Auch wenn sie nicht an dieser großen Versammlung teilnehmen, tragen wir sie doch in unseren Herzen.«

So standen der Papst und die slawischen Völker auf der einen und das Sowjetreich auf der anderen Seite: Der Frontverlauf war hergestellt. In seinem heimatlichen Polen hatte ihn fast jeder dritte Bürger persönlich sehen können. Nicht einmal Marschall Piłsudski als siegreicher Held war so von seinem Volk empfangen worden. Als der Papst zum Altar ging, stiegen zwei Ballons zum Himmel auf, die das Symbol des polnischen Widerstands während des Zweiten Weltkriegs trugen: ein *P* auf zwei *W*. Es bedeutete: »Polen kämpft weiter.«

TEIL FÜNF

DIE STAATSMACHT WIRD ERSCHÜTTERT

Ein Land streikt

Im kommunistischen Polen endete jeder größere Streik in den Jahren 1956, 1970 und 1976 in einer brutalen Sackgasse. Jedesmal gingen die Behörden mit Brachialgewalt gegen Demonstrationen und Streiks vor und versprachen dann wirtschaftliche und soziale Reformen. Aber diese Zusagen wurden nicht eingehalten, und der Lebensstandard der Arbeiter sank auf einen Tiefpunkt.

Anfang der achtziger Jahre erhöhten sich die Auslandsschulden Polens dermaßen dramatisch, und die Durchschnittslöhne waren so niedrig, daß Millionen nicht mehr das Geld hatten, Kohle zum Beheizen ihrer Wohnungen zu kaufen. Um ihre Wirtschaftsprobleme zu lösen, griff die Regierung zu den üblichen Methoden: Einfrieren der Löhne und Preissteigerungen. So überraschte es nicht, daß die Eisenbahner in der im Osten des Landes gelegenen Stadt Lublin im Juli in den Ausstand traten, dem sich die Fabrikarbeiter anschlossen. Generalsekretär Edward Gierek, der zu jener Zeit seinen Urlaub auf der Krim verbrachte, reagierte gelassen auf die Nachrichten aus seiner Heimat und beschloß, zunächst nicht nach Hause zurückzufahren.

Von Anfang an nahmen die Sowjets die Entwicklung in Polen sehr ernst, und der Generalsekretär der KPdSU, Leonid Breschnew, bestellte Gierek in seine Villa auf der Krim, um mit ihm über den Eisenbahnerstreik zu sprechen. Die Sowjetunion hatte eine fünfhunderttausend Mann starke Armee in der DDR stationiert, die über einen durch Polen verlaufenden Eisenbahnkorridor versorgt werden mußte. Gierek versicherte Breschnew, daß die Streiks eingestellt werden würden. Aber anders als ihre Vorgänger waren Gierek und sein Verteidigungsminister Wojciech Jaruzelski nicht bereit, mit militärischer Gewalt gegen die rebellierenden Arbeiter vorzugehen und sie zu zwingen, in ihre Betriebe zurückzukehren.

Den 14. August, einen Donnerstag, verbrachte Papst Johannes Paul II. in der päpstlichen Villa Castel Gandolfo, zweiunddreißig Kilometer vom Vatikan entfernt. In der frischen Luft der Albaner Berge ließ es sich leichter atmen als in den schwülheißen Straßen Roms. Seit Ende des sechzehnten Jahrhunderts hatten die Päpste während des Sommers in dieser Villa Zuflucht gesucht.

An diesem Donnerstag ging es in Castel Gandolfo ruhiger zu als gewöhnlich. Er war der Tag vor Mariä Himmelfahrt, *ferragosto*, für die Italiener der wichtigste Feiertag im ganzen Sommer, an dem nahezu alles zum Stillstand kommt.

Während der Papst an seinem Schreibtisch saß und arbeitete, kletterte in Danzig Lech Wałęsa, ein breitschultriger, arbeitsloser Elektriker mit einem auffallenden Schnauzbart, in der Leninwerft auf eine Dampfschaufel. Die Beschäftigten dieser Werft hatten sich den ganzen Sommer über geweigert, an den Streiks teilzunehmen, die das übrige Land heimsuchten. Aber an diesem Vormittag versammelten sich die Arbeiter hinter den Werkstoren, verlangten Lohnerhöhungen und die Wiedereinstellung einer Kranführerin, welche die Werksleitung scharf kritisiert hatte und deshalb an einen Arbeitsplatz außerhalb von Danzig versetzt worden war.

Polens Wirtschaft befand sich in einem verheerenden Zustand. Millionen Fabrikarbeiter im ganzen Land waren verärgert. Inzwischen beteiligten sich die Arbeiter von mehr als hundertfünfzig Unternehmen an den spontanen Streiks, die im Juli begonnen hatten. Die Regierung reagierte wie üblich. Sie versprach, den Forderungen entgegenzukommen und die Löhne zu erhöhen, und verzichtete auf jede Gewaltanwendung. Doch diesmal gingen die Proteste weiter. Das Jahrzehnt, in dem Gierek das Heft in der Hand gehabt hatte, neigte sich dem Ende zu. Dieser Technokrat hatte davon geträumt, mit von den kapitalistischen Ländern geborgtem Geld eine sozialistische, verbraucherfreundliche Wirtschaft einführen und die Industrie mit westlichen Techniken modernisieren zu können. Nun litt das Land unter einer hohen Verschuldung, die Produktivität ging zurück, wichtige Güter wie

Ersatzteile für die industrielle Ausrüstung waren knapp, und es drohte der Bankrott.

Die Arbeiter in der bedeutendsten polnischen Werft, wo die Polizei 1970 fünfundvierzig Streikende erschossen hatte, zeigten wenig Neigung für eine neue Konfrontation. Der Direktor der Werft, Klemens Giech, versprach ihnen eine Lohnerhöhung, wenn sie bereit seien, wieder an die Arbeit zu gehen, was viele von ihnen tun wollten. Aber Wałęsa, der an diesem Morgen über den 3,60 Meter hohen Drahtzaun gestiegen war, der das Werftgelände absperrte, stand jetzt neben dem Direktor der Werft oben auf der Dampfschaufel und lehnte sein Angebot ab.

Er war eine bekannte Persönlichkeit und hatte 1970 an dem Aufstand teilgenommen, der zu Gomułkas Sturz geführt hatte. Nach der blutigen Niederschlagung der Demonstrationen in Radom und Ursus im Jahr 1976 hatte er versucht, eine unabhängige Gewerkschaft zu gründen, und war deshalb einige Male festgenommen worden. Jetzt rief er seine Kollegen zum Sitzstreik auf. Um sich vor dem Eingreifen der Sicherheitskräfte zu schützen, sollten sich die Arbeiter in der Fabrik einschließen, und die meisten von ihnen folgten dieser Aufforderung.

Am folgenden Tag, dem 15. August, schickte der Papst seinen Sekretär, Pater Stanisław Dziwisz, nach Polen, um ihm eine »einwöchige Ruhepause« zu gönnen.

In Wirklichkeit waren die Streiks, die Polen im Sommer 1980 erschütterten, nicht bloße Arbeitskämpfe: Es handelte sich hier um einen politischen Aufstand, eine »Konterrevolution«, wie Breschnew richtig sagte. In dieser Bewegung wirkten, wie in allen historischen Sozialrevolutionen, mächtige politische Kräfte zusammen. In diesem Fall waren es die Arbeiterschaft, die Intellektuellen und die Kirche, die sich bis dahin noch nie so entschlossen verbündet hatten.

In den bisherigen Wirtschaftskrisen, die mit gewalttätigen Auseinandersetzungen geendet hatten, war die Arbeiterschaft schlecht organisiert gewesen und hatte nicht die Möglichkeit gehabt, ihre Beschwerden auf nationaler Ebene wirksam zum Ausdruck zu bringen. 1980 gab es zwar noch keine zentral organisierte politische Opposition, aber doch ein lockeres Bündnis von

Kräften, die bereit waren, sich den Launen eines mächtigen Staates zu widersetzen. Das waren die Arbeiter-Verteidigungskomitees (die sogenannten KOR), die von Intellektuellen zur Unterstützung der Arbeiter gegründet wurden, die nach dem gewalttätigen Vorgehen gegen die Streikenden 1976 entlassen und festgenommen worden waren; die Katholischen Intellektuellenklubs (KIK) und die Bischöfe, die mit Unterstützung des polnischen Papstes jetzt den zaghaften Versuch unternahmen, nicht nur das Evangelium der Erlösung, sondern auch ein Evangelium der Menschenrechte zu predigen.

Im Sommer 1980 war KOR die aggressivste dieser Organisationen. Diese Komitees wurden geführt von ihren charismatischen Gründern, Jacek Kuroń, einem ehemaligen Parteimitglied, dessen Schriften die Opposition Anfang der siebziger Jahre beflügelt hatten, und Adam Michnik, einem jungen jüdischen Historiker und Schüler Kurońs. Die Verteidigungskomitees riefen zur Gründung einer unabhängigen Arbeiterbewegung und zur Befreiung von dem einengenden Einfluß des Einparteiensystems auf. Die Komitees gaben eine eigene Zeitung mit dem Titel *Robotnik Wybrzezà* (»Arbeiter von der Küste«) heraus, die ihrerseits das Erscheinen anderer gegen die Politik der Regierung gerichteten Veröffentlichungen in Intellektuellenkreisen, an den Universitäten und sogar unter den Bauern anregte. KOR verfügte über das Potential, zu einer echten Oppositionsbewegung heranzuwachsen, vor allem weil diese Organisation in engem Kontakt zur katholischen Kirche stand.

Zu den intellektuellen Aktivisten von KOR gehörten nur wenige hundert Persönlichkeiten. Viele von ihnen unterhielten schon seit langem gute Beziehungen zu Karol Wojtyła. Aber diese Männer unternahmen mit großer Begeisterung Reisen durch das ganze Land, veranstalteten Versammlungen und hielten Vorträge. Ihre Arbeit führte dazu, daß 1978 in den großen Städten eine unabhängige Gewerkschaftsbewegung entstand, und im April desselben Jahres verteilten Freiwillige die erste Flugschrift einer geschlossenen Bewegung mit dem Namen »Freie Gewerkschaften an der Ostseeküste«.

Als die Streiks im August 1980 in die sechste Woche gingen, sagte Jacek Kuroń: »Das Ringen wird weitergehen, bis wir freie

Gewerkschaften und wirklich repräsentative soziale Organisationen haben. Es gibt keine Alternative. Die Regierung hat nicht die Zustimmung der Bevölkerung, die sie braucht, um die Krise zu überwinden.« Zu Beginn des Monats war er nach Danzig gekommen, um mit den Führern der freien Gewerkschaften an der Ostseeküste über die Möglichkeiten für einen Streik in der Leninwerft zu sprechen. Doch trotz der allgemeinen Unzufriedenheit der dortigen Arbeiter wollte es den Aktivisten nicht gelingen, sich über die Grundsätze zu einigen, um die es hier ging.

Dann nahm Wałęsa die Angelegenheit selbst in die Hand. Am Samstag, dem 16. August, schienen die Arbeiter wieder geneigt, ihren Streik abzusagen, wenn ihnen eine Lohnerhöhung von tausendfünfhundert Złoty zugesagt und die Errichtung eines Denkmals zu Ehren der Opfer vom Dezember 1970 auf dem Gelände der Werft garantiert würde.

Aber Wałęsa stellte, ermutigt durch diese Zugeständnisse, eine Liste mit sechzehn Forderungen auf, deren wichtigste die Anerkennung der freien Gewerkschaften durch die Regierung war. Sein Vorschlag stieß bei seinen Kollegen auf keine sehr begeisterte Zustimmung, und als die Werksleitung den Arbeitern am nächsten Tag anbot, ihnen noch höhere Löhne zu zahlen als zunächst vorgesehen, verließen viele ältere Belegschaftsangehörige den Hof und gaben den Streik auf. Das war für Wałęsa der vielleicht größte Augenblick: Er setzte sich in ein kleines Motorfahrzeug, umkreiste den Hof und konnte die Arbeiter davon überzeugen, daß es notwendig sei, den Streik fortzusetzen. Auf dem Höhepunkt des Streiks am 18. August stellte Wałęsa eine neue und noch radikalere Liste mit einundzwanzig Forderungen auf, zu denen auch eine Aufhebung der Zensur und die Freilassung politischer Gefangener gehörten. Hier zeigte sich der Einfluß der Berater von KOR, denen es gelungen war, sich unter die Werftbelegschaft zu mischen.

Der Stand der Verhandlungen wurde laufend über Lautsprecher in der ganzen Werft bekanntgegeben, so daß sich die Nachricht von der Fortsetzung des Streiks und den kühnen neuen Forderungen der Arbeiter rasch an der Ostseeküste verbreitete. Noch am selben Tag wurde die Arbeit in weiteren Fabriken von Gdingen, Danzig und Zoppot an der Küste bis nach Tarnów (bei

Krakau) und Kattowitz in Oberschlesien eingestellt. Damit kam die Lawine ins Rollen.

In Castel Gandolfo erhielt Johannes Paul II. vertrauliche Berichte über die Ereignisse in Polen von Dziwisz und seinem Staatssekretariat, das mit dem polnischen Episkopat in Verbindung stand. Ganz gegen seine Gewohnheit verfolgte Wojtyła auch die Fernsehberichte über die sensationelle Entwicklung in seiner Heimat. Neben ihm saß seine ehemalige Schülerin, Schwester Zofia Zdybicka, die er in seine Sommerresidenz eingeladen hatte. Als sie sich die Fernsehnachrichten ansahen, meinte sie: »Das ist eine Lehre für die ganze Welt. Sehen Sie doch diesen Widerspruch: Die Arbeiter sind gegen den Kommunismus.«

Der Papst stimmte ihr zu, war aber zunächst weniger zuversichtlich und nicht ganz so begeistert. »Nur daß die Welt das Ganze nicht versteht«, erwiderte er. »Die Welt hat nichts begriffen.« Das sagte er dreimal. Diese bemerkenswerten Vorgänge in Polen schienen ihn keineswegs zu überraschen. Schwester Zdybicka erinnerte sich daran, wie der Papst bei einer anderen Gelegenheit einem Professor von der Katholischen Universität in Lublin gesagt hatte: »Sie müssen bereit sein.« Bereit wofür? hatten sie und der Professor sich gefragt, aber jetzt glaubte sie, die Frage verstanden zu haben. Dies war es gewesen, worauf der Papst gewartet hatte.

Wałęsa sagte, der Papst sei von Gott, von der Vorsehung gesandt worden. Der Fernsehbericht zeigte, wie Wałęsa und die Arbeiter beteten. »So ernst, so jung, diese andächtigen Gesichter.« An seinem Rockaufschlag trug Wałęsa eine Anstecknadel mit einem Bild der Schwarzen Madonna von Tschenstochau. Am Sonntag und jetzt am Montag feierten die streikenden Arbeiter auf der Werft die Messe mit dem Gemeindepriester Wałęsas, Pater Henryk Jankowski von der Brigittenkirche in Danzig.

Fotos des Papstes und große Abbildungen der Schwarzen Madonna waren an den zur Werft führenden Eingangstoren angebracht. Mit ironischer Befriedigung stellte Johannes Paul II. fest, daß westliche Politiker erstaunt waren zu sehen, daß zahlreiche streikende Arbeiter sich kniend im Freien die Beichte abnehmen ließen und auf mitgeführten Plakaten religiöse Symbole zeigten. Schwester Zdybicka spürte, daß der Papst überzeugt war, Gott habe seine Hand gegen die Kommunisten erhoben, während die Arbeiter die Waffen ihrer Herren gegen diese einsetzten.

In Solidarität mit den streikenden Arbeitern der Leninwerft kam es jetzt unter der Führung des Streikkomitees überall längs der Küste zu spontanen Demonstrationen. Den Arbeitern im ganzen Land schlossen sich dabei nun auch Intellektuelle aus den Städten an. Weltlich gesonnene Intellektuelle machten gemeinsame Sache mit der Kirche, die seit Mitte der siebziger Jahre zunehmend ihre Bereitschaft gezeigt hatte, die Menschenrechte zu verteidigen und für die polnische nationale Identität einzutreten.

Die Streikenden brachten ihren Widerstand gegen das Regime damit zum Ausdruck, daß sie Choräle und patriotische Lieder sangen und über den bestreikten Fabriken die polnische Nationalflagge aufzogen. Währenddessen entstanden allerorten neue, selbständige Streikkomitees.

Diese Arbeiterrevolte schien dem Muster aller marxistischen Revolutionen zu folgen, nur daß es keinen Marx gab. Der italienische Karikaturist Giorgio Forattini kennzeichnete die Situation mit einer Zeichnung, auf der ein breitschultriger Karol Wojtyła in der Montur eines Mechanikers sein Werkzeug niederlegte und sich weigerte zu arbeiten.

Bischof Kazimierz Majdański von Stettin, einer der Städte, in denen die Streikbewegung am stärksten war, sagte einem Mitglied der Kurie: »Die Saat des Heiligen Vaters ist aufgegangen.«

Am 18. August versprach Gierek in einer vom Fernsehen übertragenen Ansprache Reformen und äußerte Drohungen: »Das Schicksal unseres Landes ist eng verknüpft mit dem sozialistischen System... Anarchische und antisozialistische Gruppen versuchen, die Situation zu nutzen, wir werden aber keine Forderungen oder Aktionen dulden, deren Ziel es ist, die Gesellschaftsordnung in Polen zu zerstören.«

Militärische Einheiten und Fahrzeugkolonnen der Polizei wurden an die Ostseeküste verlegt, aber der Betrieb in den Häfen von Gdingen und Danzig wurde nicht wiederaufgenommen. Die Zahl der Streikenden stieg auf dreihunderttausend, und die Streiks breiteten sich bis nach Łódz, Breslau und Nowa Huta aus.

Johannes Paul II. äußerte sich eine ganze Woche lang nicht zu diesen Ereignissen. Ebenso wie die führenden Persönlichkeiten in der Europäischen Gemeinschaft, die Gierek und die polnische Regierung lediglich aufforderten, keine repressiven Maßnahmen zu ergreifen. Wie der amerikanische Präsident Jimmy Carter und wie Moskau, das sich vorzustellen versuchte, wie die polnische kommunistische Partei die Ordnung im Land aufrechterhalten könnte, übte auch der Papst Zurückhaltung.

Als die Spannung zunahm, überließ es Johannes Paul II. dem Primas Wyszyński, die Haltung der Kirche zu erläutern. Der alte Primas verhielt sich, wie er es schon oft zu Zeiten nationaler Krisen getan hatte. Er wollte unter allen Umständen vermeiden, eine Intervention der Sowjetunion zu provozieren. Am 16. August, dem Jahrestag des Sieges von Piłsudski im Kampf gegen die Rote Armee, brachte der Primas seine Dankbarkeit gegenüber der Muttergottes zum Ausdruck. Er sagte, ihr sei es zu verdanken, daß Polen vor sechzig Jahren innerhalb seiner Grenzen hatte fortbestehen können. Er erflehte ihren Segen für die Freiheit, den Frieden und die Selbstbestimmung Polens und wollte damit der kommunistischen Partei und Moskau einen kleinen Hinweis geben.

Doch diese Situation ließ sich nicht mit den Methoden beherrschen, die der Primas seit dreißig Jahren praktizierte. Mit ihrem Streik in Danzig wandten sich die Arbeiter nicht nur gegen die miserable Wirtschaftslage; die kommunistische Partei in Polen und in der Sowjetunion war durchaus gerüstet, mit solchen Problemen fertig zu werden. Vielmehr hatte Wałęsa die Arbeiter davon überzeugt, daß sie eine Haltung einnehmen müßten, mit der sie die ganze Struktur des Regimes in Frage stellten. Wenn er sie zur Gründung unabhängiger Gewerkschaften aufrief, dann sollte das bedeuten, daß die kommunistische Partei nicht mehr behaupten durfte, die einzige legitime und historische Vertretung der Arbeiterklasse zu sein. Mit der Forderung, die Zensur abzuschaffen und den freien Gewerkschaften sowie der Kirche Zugang zu den Massenmedien zu gewähren, verweigerte er der Partei den Einsatz der (nach der Armee und der Polizei) wirksamsten Waffe, mit der ein Machtmonopol gesichert werden kann.

Die polnischen Arbeiter wollten nicht mehr nur, wie schon früher, eine »Humanisierung« des kommunistischen Regimes. Sie verlangten eine echte Demokratisierung durch die Beteiligung an der politischen Macht, ohne Behinderungen seitens der Kommunisten. Eine unabhängige Gewerkschaftsbewegung sollte in der Lage sein, sämtliche Aktivitäten der Regierung aufmerksam zu beobachten.

Gerade deshalb hatten sich die Mitglieder der Regierung in Warschau tagelang strikt geweigert, zur Leninwerft zu kommen und direkt mit dem Streikkomitee zu verhandeln (das jetzt aus den Vertretern von zweihunderteinundachtzig staatseigenen Unternehmen bestand). Am Mittwoch, dem 20. August, als die Gefahr bestand, daß die Streikbewegung zu einer langen politischen Lähmung führte, sprach der Papst vor einer Gruppe polnischer Pilger auf dem Petersplatz in Rom zwei kurze Gebete: »Gott, gib, daß die Religionsfreiheit durch die Fürsprache Marias zu allen Zeiten erhalten bleibt und die Sicherheit unseres Heimatlandes gewahrt wird ... Herr, hilf diesem Volk und bewahre es vor allem Bösen und jeder Gefahr.« Es gab zahlreiche Gerüchte, denen zufolge der Papst Breschnew einen persönlichen Brief geschrieben und ihm versichert hätte, daß die Ereignisse in Polen nicht gegen die Interessen der Sowjetunion gerichtet seien, aber der Vatikan bestritt die Existenz eines solchen Schreibens.

Der Papst sagte: »Diese beiden Gebete zeigen, daß wir alle hier in Rom uns mit unseren Landsleuten in Polen und mit der Kirche in Polen verbunden fühlen, deren Probleme uns so sehr am Herzen liegen.«

Damit tat der Papst, was Kardinal Wyszyński nicht tun konnte oder wollte: Er erteilte dem Streik in aller Öffentlichkeit seinen Segen – ein Wendepunkt war erreicht. Jetzt zeichnete der Bischof von Danzig, Lech Kaczmarek, Wałęsa und die anderen vierzehn Mitglieder des Streikkomitees mit Medaillen von Papst Johannes Paul II. aus.

Wałęsa seinerseits suchte Moskau und die polnischen Kommunisten mit folgender Botschaft zu beruhigen: »In unserem Land geht es um die Gewerkschaften und nicht um politische Fragen ... Wir haben nicht die Absicht, die internationalen Verpflichtungen Polens in Frage zu stellen.«

Während die Welt die außerordentlichen Ereignisse in Polen aufmerksam beobachtete, schrieb Präsident Carter einen persönlichen Brief an den Papst, in dem er ihm mitteilte, daß die Vereinigten Staaten die Bestrebungen der polnischen Arbeiter anerkannten und die Sowjetunion auf diplomatischem Wege dringend ersuchen würden, Zurückhaltung zu üben.

Am 23. August kam es innerhalb der polnischen kommunistischen Partei zu einem heftigen Streit zwischen den Moskaufreundlichen Orthodoxen, die den Notstand ausrufen, das heißt das Kriegsrecht verkünden wollten, und den Reformern unter Gierek, hinter denen auch Stanisław Kania und Wojciech Jaruzelski standen, die einen Kompromiß bevorzugten und den Einsatz militärischer Gewalt ablehnten.

Am selben Tag schrieb der Papst einen vorsichtig formulierten Brief an den Primas: »Ich schreibe Ihnen diese wenigen Worte, um Ihnen zu sagen, wie nahe ich mich Ihnen während dieser letzten schwierigen Tage gefühlt habe.« Dann erteilte Wojtyła, nachdem er die Madonna um ihren Schutz gebeten hatte, dem Empfänger des Briefs einen klaren politischen Befehl: »Ich bitte mit ganzem Herzen darum, daß die Bischöfe von Polen ... auch jetzt dieser Nation in ihrem schwierigen Ringen um das tägliche Brot, um soziale Gerechtigkeit und um ihre unverletzlichen Rechte auf das eigene Leben und die weitere Entwicklung des Landes helfen können.«

Brot, soziale Gerechtigkeit, unabhängige Entwicklung. Mit diesen Worten unterstützte der Papst uneingeschränkt die Ziele der Streikenden. Die Kirche, so bemerkte der katholische Schriftsteller Stefan Kisielewski, der damit das Problem nur ein wenig simplifizierte, leitete also den ersten demokratischen Streik in der Geschichte Polens.

Am Abend machte die Regierung ein historisches Zugeständnis und erklärte sich zu Gesprächen mit den Streikkomitees in Danzig, Gdingen und Stettin bereit.

Bei Beginn der Verhandlungen, die sich zu einem dramatischen, wochenlangen Kräftemessen entwickelten, brachte Wałęsa eine Gruppe von Beratern mit. Dazu gehörten Intellektuelle, Professoren und Mitglieder der Polnischen Akademie der Wissenschaften. Zwei führende Persönlichkeiten unter ihnen unterhielten enge Beziehungen zu Wojtyła: Tadeusz Mazowiecki, der Herausgeber der in Warschau erscheinenden katholischen Zeitschrift *Wiez*, und der Historiker Bronisław Geremek. Mit Eintreffen dieser

Gruppe, die später unter dem Namen »Solidarität« (Solidarność) bekannt wurde, übernahm die Kirche die strategische Führung der Bewegung und distanzierte sich vom KOR. Nun war die Schwarze Madonna am Rockaufschlag von Wałęsa das Zeichen dafür, daß sich die Bewegung »Solidarität« auf Initiative von Karol Wojtyła gegründet hatte.

In den entscheidenden Augenblicken der Krise (am 24. und 25. August, als die Partei dahingehend tendierte, das Streikrecht zuzulassen, nicht aber die Schaffung einer unabhängigen Gewerkschaft) gelang es dem Generalsekretär Gierek, die unnachgiebigsten Kommunisten aus dem polnischen Politbüro zu entfernen. Anschließend hielt er im Fernsehen eine selbstkritische Ansprache, mit der er die Arbeiter jedoch nicht davon überzeugen konnte, ihren Streik zu beenden. Da er fürchtete, daß der Regierung die Situation aus der Hand glitt und Moskau seine abwartende Haltung aufgeben könnte, wandte sich Gierek nun an den Primas Wyszyński. Er bat ihm um »die Hilfe der Kirche« zur Vermeidung »unabsehbarer Konsequenzen für das Land«. Gierek versprach ihm, nicht mit Gewalt gegen die Streikenden vorzugehen, und Wyszyński erklärte sich bereit zu intervenieren.

Die wichtigsten Teile der Ansprache, die der Primas am 26. August im Heiligtum von Tschenstochau hielt (und die für die Regierung am günstigsten klangen), wurden im staatlichen Fernsehen gesendet. Der Primas hatte unter anderem gesagt: »Man kann nicht alles auf einmal fordern. Es ist besser, einen Zeitplan aufzustellen. Niemand sollte die Nation einer Gefahr aussetzen.«

Wyszyński erklärte, jeder Beteiligte müsse sein Gewissen befragen: »Laßt uns nicht mit dem Finger auf andere zeigen. Wir alle haben Fehler und haben Sünden begangen, die vergeben werden müssen.« In seiner Predigt forderte er, jeder müsse sich seiner Verantwortung bewußt sein und seine Pflichten im gesellschaftlichen und bürgerlichen Leben respektieren. Dabei sei es notwendig, »ruhig, gefaßt und umsichtig« zu bleiben.

Obwohl er in seiner Predigt den vom Staat unterstützten Atheismus angriff und den Grundsatz der »freien Assoziation« verteidigte, verstanden die Streikenden sehr genau, was der Primas meinte: Er wollte sie auffordern, auf eine sofortige Gründung einer unabhängigen Gewerkschaft zu verzichten. Es gab aber auch

Polen, die eine andere Haltung einnahmen. Die katholischen Intellektuellen von Znak zeigten ihre Ablehnung dadurch, daß sie sich weigerten, öffentlich zu diesen Problemen Stellung zu nehmen. Wałęsa beachtete die Ermahnungen des Primas nicht, und viele Bischöfe kritisierten seine Haltung ganz offen. Der Papst reagierte ärgerlich und enttäuscht: »Oh, dieser alte Mann ... dieser alte Mann«, sagte er empört zu zwei polnischen Priestern, die ihn in Castel Gandolfo besuchten. Der Primas habe die Verbindung zum Volk verloren.

Johannes Paul II. wollte die Kommunisten keinesfalls beschwichtigen. Nach seiner Auffassung stand den Arbeitern, nachdem sie Moskau versichert hatten, sie glaubten, daß Polen im Warschauer Pakt bleiben müsse, nun das Recht zu, eine unabhängige Gewerkschaft zu gründen. Hatte er nicht noch vor einem Monat in Brasilien, wo hundertfünfzigtausend Arbeiter, von denen viele streikten, sich auf dem Fußballfeld von São Paulo versammelt und in einer fünfzehn Minuten dauernden Ovation laut gerufen hatten: »*Libertade, libertade!*«, das gleiche verlangt? Die Metallarbeiter von São Paulo hatten mit Unterstützung des Kardinals Paulo Evaristo Arns im bis dahin längsten Streik Brasiliens von zweiundvierzig Tagen dem Militärregime Widerstand geleistet.

Dort, im Herzen der brasilianischen Militärdiktatur, hatte der Papst sich auf die Seite der Arbeiter gestellt und »das Recht der Arbeiter, sich in freien Verbänden zusammenzuschließen mit dem Ziel, sich Gehör zu verschaffen, ihre Interessen zu wahren und ihren Teil der Verantwortung für die Wahrung des Gemeinwohls zu leisten« für sie eingefordert.

Konnte er für Polen weniger tun?

Mit seiner festen Haltung gelang es Johannes Paul II., die polnische Krise beizulegen. Am 27. August billigten die polnischen Bischöfe auf Vorschlag des Papstes ein Dokument, in dem »das Recht auf die Unabhängigkeit der die Arbeiter vertretenden Organisationen und der Organisationen der Selbstregierung« gefordert wurde. Der Wille des Papstes war zum Willen des ganzen Volkes geworden. Jetzt hatte die Regierung kaum noch eine andere Möglichkeit, als nachzugeben. Wałęsa wußte, daß er mit der Unterstützung des Papstes rechnen durfte.

Am 31. August erfolgte die Unterzeichnung der historischen Danziger Vereinbarungen, mit denen die Bildung der ersten unabhängigen Gewerkschaft hinter dem Eisernen Vorhang ratifiziert wurde. Dieses Abkommen wurde zum Vorbild weiterer Übereinkünfte in ganz Polen, nachdem sich die Bewegung »Solidarität« überall durchgesetzt hatte. Jetzt war es praktisch möglich, über alle noch anstehenden Probleme zu verhandeln: über freie Gewerkschaften, Lohnerhöhungen, die sanitäre Versorgung, die Einschränkung der Zensur und die Entlassung politischer Gefangener.

Bei der Unterzeichnung der Vereinbarungen zog Wałęsa einen auffallenden, großen farbigen Füllfederhalter aus der Tasche. Die Fernsehkameras nahmen ihn dabei auf. Das Schreibgerät war ein Andenken an die Polenreise von Johannes Paul II. und zeigte dessen Porträt.

Am 5. September verlor Edward Gierek seinen Posten als Parteisekretär und wurde von Stanisław Kania abgelöst. In derselben Woche beauftragte der Papst in Rom den Kardinal Casaroli, ihn bei einem außerterminlichen Gespräch mit einem sowjetischen Diplomaten zu vertreten, das auf Ersuchen der Sowjetunion stattfinden sollte. Der sowjetische Diplomat sagte dem Kardinal, einerseits bäten die sowjetischen Führer im Kreml den Papst, mäßigend auf die Organisation »Solidarität« einzuwirken und damit die Spannungen abzubauen. Andererseits drohten sie mit einem militärischen Eingreifen für den Fall, daß die Gewerkschaften mit ihrem Verhalten gegen die vitalen Interessen der Sowjetunion verstießen. Ebenso wie während der ganzen polnischen Krise, die während des ersten Jahrzehnts der päpstlichen Amtszeit andauerte, bemühte sich der Papst um ein diplomatisches Gleichgewicht. Er wollte die Forderungen der Arbeiter unterstützen, dabei aber das Eingreifen der Sowjets und das dann zu erwartende Blutbad vermeiden, das er mehr fürchtete als alles andere. Zudem wollte er erreichen, daß die polnische Regierung vertrauensvoll mit der Organisation »Solidarität« zusammenarbeitete, und er wollte die Gewerkschaften ermahnen, mit ihren Forderungen und Provokationen nicht zu weit zu gehen. Johannes Paul II. hatte das Gefühl, daß die Sowjets so weit seinen Zusagen glaubten. Der Vatikan und die Sowjetunion vereinbarten, die Möglichkeit weiterer Gespräche zwischen Casaroli und dem Kreml offenzuhalten. Es hing jedoch sehr viel davon ab, wie weit er die Arbeiter beeinflussen konnte.

STRENG GEHEIM
VON DIESEM SCHRIFTSTÜCK GIBT ES NUR EIN EXEMPLAR
NICHT ZUR VERÖFFENTLICHUNG
DAS ZENTRALKOMITEE DER KOMMUNISTISCHEN PARTEI
DER SOWJETUNION

Sitzung des Politbüros vom 29. Oktober 1980
Vorsitzender: Genosse BRESCHNEW, L. I.
Teilnehmer: Die Genossen Andropow, J. W., Gorbatschow, M. S., Grischin, W. W., Gromyko, A. A., Kirilenko, A. P., Pelsche, A. Ia., Suslow, M. A., Tichonow, N. A., Ustinow, D. F., Tschernenko, K. U., Demitschew, P. N., Kusnetzow, W. W., Ponomarew, B. N., Solomentsew, M. S., Dolghikh, W. I., Zimianian, M. W., Rusakow, K. V.

Mit finsterer Miene eröffnete Breschnew die Sitzung. »Die Konterrevolution in Polen ist schon in vollem Gange ... Sie beginnen bereits, den Sejm [das Unterhaus des Parlaments] zu übernehmen, und behaupten, daß die Armee auf ihrer Seite steht. Wałęsa reist durch das ganze Land und wird in jeder Stadt begeistert empfangen. Die polnische Führung und die Presse äußern sich nicht dazu. Nicht einmal das Fernsehen wendet sich gegen diese antisozialistischen Elemente ... Vielleicht ist es wirklich notwendig, das Kriegsrecht zu verkünden.«

»Ich glaube, und die Tatsachen bestätigen es«, sagte Juri Andropow, der Chef des KGB, »daß die polnische Führung noch nicht begriffen hat, in welch einer schwierigen Lage wir uns befinden.«

»Unsere polnischen Freunde reden viel, aber eigentlich nur sinnloses Zeug«, beschwerte sich der Verteidigungsminister Ustinow. »Jetzt haben Wałęsa und seine Anhänger bereits den Radiosender in Breslau besetzt.«

»In Jugoslawien ist es zu einem kleineren Streik gekommen«, sagte Breschnew, »aber man hat ihn dort durchaus ernst genommen. Dreihundert Personen wurden festgenommen und ins Gefängnis gesteckt.«

»Wenn das Kriegsrecht nicht ausgerufen wird«, warnte Ustinow, »wird die Lage immer unübersichtlicher werden. Auch auf die Armee kann man sich nicht überall verlassen, aber die militärischen Kräfte im Norden sind kampfbereit.«

Die größten Befürchtungen äußerte Außenminister Gromyko: »Wir dürfen Polen nicht verlieren! Im Kampf für die Befreiung Polens von den Nazis sind sechshunderttausend sowjetische Soldaten und Offiziere gefallen. Wir dürfen eine Konterrevolution nicht zulassen...«

Doch was sollte unternommen werden, damit Polen nicht verlorenging?

»Wir müssen sehr deutlich mit unseren polnischen Freunden sprechen«, fuhr Gromyko fort. »Genosse Jaruzelski ist zwar ein zuverlässiger Mann, aber jetzt klingen seine Worte nicht sehr überzeugend. Er behauptet sogar, die Armee werde nicht gegen die Arbeiter kämpfen. Ich halte es für notwendig, den Polen laut und deutlich zu sagen, was von ihnen erwartet wird.«

Gorbatschow stimmte ihm zu: »Wir müssen offen und deutlich mit unseren polnischen Freunden reden. Bisher haben sie noch nicht die notwendigen Maßnahmen ergriffen. Sie verhalten sich irgendwie defensiv, aber das wird ihnen auf die Dauer nicht helfen. Wir müssen unter Umständen sogar mit ihrem Sturz rechnen.«

STRENG GEHEIM

> ... Rundfunksendungen mit Berichten über die Ereignisse in Polen, die auch in der Sowjetunion empfangen werden können, zeigen, daß diese Ereignisse zum Anlaß genommen werden, Grundsätze des Sozialismus und vor allem die führende Rolle der Partei bei der Entwicklung des Sozialismus und Kommunismus in Frage zu stellen, um dem politischen System des Sozialismus und seiner sozial-ökonomischen Struktur den Boden zu entziehen.
>
> Mit dem Argument, daß jedes sozialistische Land einen besonderen Charakter habe, sprechen sich [diese Rundfunksendungen] sehr deutlich dafür aus, nach dem Muster der polnischen Erfahrungen vorzugehen, besonders bei der Schaffung »unabhängiger Gewerkschaften«, der Ein-

schränkung der Zensur, der Stärkung der Position der Kirche usw.

Einige Wochen später galt der negative Einfluß polnischer Zeitschriften, Tageszeitungen und sonstigen »unerwünschten Materials« auf sowjetische Bürger als dermaßen bedrohlich, daß alle Ostsendungen aus Polen in die Sowjetunion abgefangen wurden. Die Herausgeber vieler dieser »unerwünschten« Zeitschriften unterhielten enge Beziehungen zur Kirche. Mit besonderer Aufmerksamkeit sollten die Briefsendungen überprüft werden, die über die Postämter von Leningrad, Kiew, Minsk, Wilna, Riga, Kischinew, Lemberg und Brest liefen, denn in diesen Städten lebten sehr viele gläubige Christen oder ihre Bevölkerung zeigte starke nationalistische Neigungen.

Im Herbst 1980 waren die Genossen in Berlin, Budapest und Prag entsetzt über das, was in Polen geschah, und beklagten sich ständig in Moskau darüber.

In der DDR drohte der Parteiführer und Präsident Erich Honekker öffentlich mit dem militärischen Vorgehen der Warschauer-Pakt-Staaten, und am 28. Oktober verordnete seine Regierung eine strenge Einschränkung des Reiseverkehrs nach und von Polen, obwohl während der vergangenen neun Jahre für solche Reisen keine Transitvisa erforderlich gewesen waren.

»Diese eigenartige Tatenlosigkeit Kanias wird den Führern der sozialistischen Länder im Lauf der Zeit immer unverständlicher«, sagte Kirilenko zu seinen Genossen vom sowjetischen Politbüro bei der schwierigen Sitzung am 29. Oktober. »Als ich zum Beispiel mit Husak und anderen tschechischen Genossen sprach, waren sie erstaunt über ein solches Verhalten. Sie erinnerten zum Beispiel an die Zeit, als sie energisch gegen all jene vorgegangen waren, die in einem ihrer Betriebe zum Streik aufgerufen hatten, und dies durchaus mit Erfolg.«

Am folgenden Tag – es war der 30. Oktober 1980 – sollten die beiden führenden polnischen Kommunisten, der Ministerpräsident Józef Pinkowski und der Parteisekretär Stanisław Kania, nach Moskau kommen, um die Lage mit der für Polen zuständigen Kommission des Politbüros zu besprechen.

»Die antisozialistischen Elemente haben jede Zurückhaltung

aufgegeben«, rief Breschnew wütend auf der Sitzung des Politbüros.

»Was nun die Verkündung des Notstands betrifft«, sagte Gromyko, »so muß man sie als eine Maßnahme zur Sicherung der Errungenschaften der Revolution ansehen. Natürlich wäre es vielleicht am günstigsten, es nicht sofort zu tun, und besonders nicht unmittelbar nach der Rückkehr der Genossen Kania und Pinkowski aus Moskau.« Es sei besser, »ein wenig zu warten, aber man müßte sie davon unterrichten, daß es geschehen wird. Sie müssen ermutigt werden.«

Die Sowjets waren so besorgt, daß ihre politische Führung im Kreml am 29. Oktober, nur zehn Wochen nach Gründung der Organisation »Solidarität«, hoffte, ihre »polnischen Freunde« würden mit den Vorbereitungen für die Ausrufung des Kriegsrechts beginnen und energischer gegen die unabhängige Gewerkschaftsbewegung und ihre Anhänger vorgehen.

Am folgenden Tag kamen Kania und Pinkowski nach Moskau, erklärten, ihr Dilemma sei auf die besonderen äußeren Umstände zurückzuführen, baten darum, ihnen mehr Zeit zu lassen, versicherten jedoch, den Provokationen der »Solidarität« künftig energischeren Widerstand leisten zu wollen.

Doch vier Wochen später hatten die polnischen Behörden ihre Zusagen immer noch nicht erfüllt, und das Land war in eine noch tiefere Krise gerutscht, da sich die Wirtschaftslage wesentlich verschlechtert hatte, und die Organisation »Solidarität« hatte die Arbeiter zu neuen Streiks aufgerufen.

Am 5. Dezember trafen die führenden Politiker der Länder des Warschauer Pakts in Moskau zusammen, um über die nun zu ergreifenden Maßnahmen zu beraten. Wieder wurde Kania angehört und seine Haltung von Breschnew, den Tschechen, den Ungarn und den Ostdeutschen scharf kritisiert: Sie alle verlangten ein schärferes Vorgehen gegen die Organisation »Solidarität« und die Kirche. Andernfalls würden die Streitkräfte der Warschauer-Pakt-Staaten eingesetzt werden, um das polnische Problem zu lösen. Achtzehn Divisionen waren bereits an der Grenze zusammengezogen worden, und man präsentierte der polnischen Führung die militärischen Pläne für das Eingreifen und die Besetzung polnischer Städte.

Kania rechtfertigte sich eine ganze Stunde und führte dann ein persönliches Gespräch mit Breschnew. Er sagte zu ihm, das bei einer militärischen Intervention vergossene Blut werde die Sowjetunion auf die Dauer schwer belasten.

»Nun gut, wir werden jetzt nicht nach Polen einmarschieren«, erklärte der Generalsekretär der KPdSU schließlich, »aber wenn sich die Lage weiter zuspitzt, werden wir kommen.« Dann reiste er nach Indien ab.

Diesmal hatten Kanias Worte auf die in Moskau versammelten führenden Politiker der kommunistischen Staaten einen starken Eindruck gemacht. Sogar der sowjetische Chefideologe Michail Suslow, der nicht leicht zu beeinflussen war, mußte ihm zustimmen. Als er am 11. Dezember eine Sitzung des Politbüros leitete, spürte er, daß sich gewisse Dinge geändert hatten: »Die Hauptsache ist, daß die polnischen Genossen begreifen, welchen Gefahren Polen ausgesetzt ist, daß sie erkannt haben, welcher große Schaden durch die Aktivitäten der antisozialistischen Elemente entstanden ist, die für die sozialistischen Errungenschaften des polnischen Volkes eine große Bedrohung darstellen. Der Genosse Kania spricht jetzt sehr viel vernünftiger über die Wirtschaftslage in Polen, seine Verschuldung bei den kapitalistischen Ländern und die Notwendigkeit, hier helfend einzugreifen.«

Kania war bei den polnischen Kommunisten für seine Fähigkeit, miteinander konkurrierende Parteien gegeneinander auszuspielen und zur rechten Zeit den richtigen Leuten das Richtige zu sagen, bekannt. Er konnte den Telefonhörer abnehmen und über irgendeine Situation mit Breschnew, dem Primas, einem hartgesottenen Parteifunktionär oder einem Mitglied der Organisation »Solidarität« sprechen. Dabei hörte er immer wieder Dinge, denen er zustimmen konnte, und war nicht darum verlegen, seinem Gesprächspartner klarzumachen, in welch einer schwierigen Lage er sich selbst befand. Er konnte sogar zugeben, daß er Fehler begangen hatte, und dann sagen, welche Maßnahmen er jetzt ergreifen würde, um die Interessen der Partei, der Nation und des Sozialismus wahrzunehmen – was auch immer im Einzelfall notwendig sein sollte. Seine Hände hatte er ein Leben lang dazu benutzt, Telefonhörer zu halten, in Papieren zu blättern und anderen freundschaftlich auf die Schulter zu klopfen. Das waren seine Methoden. Und auch diesmal hatte er die richtigen Worte gefunden.

> Man muß feststellen [fuhr Suslow fort], daß der Genosse Kania uns in seiner Rede geschildert hat, wie man energischer gegen die antisozialistischen Elemente vorgehen könnte. Nach seinen Worten werden wir gegenüber diesen Elementen keine Zugeständnisse mehr machen. Zugleich hat er gesagt, daß die Polnische Vereinigte Arbeiterpartei das polnische Volk und seine tüchtigen Streitkräfte, die Armee, der Sicherheitsdienst und die Miliz, die die polnische kommunistische Partei schützen, durchaus in der Lage sind, mit der Situation fertig zu werden und die Lage auf ihre Weise zu normalisieren.

Die Genossen in Moskau, Prag und Berlin waren verständlicherweise erleichtert, als sie die Erklärung von Kania hörten. Das Schlüsselwort war unüberhörbar nicht nur in Gegenwart von Breschnew und Suslow gefallen, sondern auch Husak, Honecker, Kádár und die übrigen sozialistischen Führer hatten es gehört. Es war das Wort »normalisieren«, das im kommunistischen Lexikon für die Zeit *nach* einem militärischen Eingreifen verwendet wird, die Zeit, in der wieder solche Verhältnisse herrschen, wie sie vor dem Auftreten einer politischen Opposition bestanden. »Normalisierung« hieß jener Zustand, der 1956 in Ungarn und nach dem Prager Frühling von 1968 in der Tschechoslowakei wiederhergestellt worden war; mit anderen Worten: eine Rückkehr zum Status quo ante.

Und dazu gaben Kania am 5. Dezember in Moskau Leute mit den entsprechenden Erfahrungen manchen wertvollen Rat. Suslow notierte:

> Genosse Husak berichtete zum Beispiel ausführlich über seine Erfahrungen im Jahr 1968, als die kommunistische Partei in der Tschechoslowakei mit allen ihr zur Verfügung stehenden Kräften gegen die rechts eingestellten Elemente kämpfen mußte. Auch der Genosse Kádár sprach über die

> Aktivitäten der konterrevolutionären Elemente in Ungarn im Jahr 1956, als er strenge administrative Maßnahmen ergreifen mußte, um der Konterrevolution Herr zu werden.

Die Sitzung des Politbüros am 11. Dezember endete, was Polen betraf, selten optimistisch: »Nach meiner Meinung«, erklärte Außenminister Gromyko, »waren die polnischen Genossen ebenso wie die anderen Teilnehmer an dieser Sitzung sehr zufrieden mit ihren Ergebnissen, als sie uns verließen. Sie fühlten sich gestärkt und hatten die notwendigen Anweisungen zu allen die Situation in Polen betreffenden Fragen erhalten.«

Der Optimismus im Kreml dauerte, um es gelinde auszudrücken, nicht sehr lange an. Fünf Wochen später befand sich Wałęsa auf dem Weg nach Rom, wo er vom Papst empfangen und als internationaler Held gefeiert wurde.

Bis Ende Dezember 1980 nutzten die Kirche, die Partei in Polen und die Organisation »Solidarität« die Tatsache, daß sie von Moskau in Ruhe gelassen wurden (und die Vorweihnachtszeit), dazu, sich im Namen der nationalen Einheit zusammenzuschließen. Am 16. Dezember versammelten sich Hunderttausende von Menschen vor der Danziger Werft zur Einweihung eines beeindruckenden Denkmals. Es bestand aus drei stählernen Kreuzen und drei Ankern mit einer Spannweite von etwa fünfundvierzig Metern und war zum Andenken an jene Arbeiter errichtet worden, die zehn Jahre zuvor bei einem gegen die Regierung gerichteten Aufstand erschossen worden waren. Der Präsident der polnischen Republik nahm ebenso wie die Parteivorsitzenden und die polnischen Kirchenfürsten an dieser Feier teil. Diese Zeremonie war der Höhepunkt in der Entwicklung der inzwischen fünf Monate alten Arbeiterbewegung. Lech Wałęsas Ansprache fand ihren Widerhall in den Reden der Sprecher der Partei und der Kirche.

Das konnte es nicht gewesen sein, was die führenden Politiker in den Ländern des Warschauer Pakts im Sinn hatten.

»Ich rufe Sie auf, den Frieden, die Ordnung und die Achtung voreinander zu bewahren«, sagte Wałęsa. »Ich rufe Sie auf, Vernunft und gesunden Menschenverstand bei allen Unternehmungen zum Besten unseres Vaterlandes zu zeigen. Ich rufe Sie auf zur Wachsamkeit bei der Verteidigung unserer Sicherheit und zur Bewahrung der Souveränität unseres Vaterlandes.«

Anschließend wurde ein Telegramm des Papstes verlesen, in dem er Gott dafür dankte, daß die Streiks im August friedlich geendet hatten. Der ehemalige Erzbischof von Krakau brauchte nicht zu sagen, daß sich das Gleichgewicht der politischen Kräfte in Polen durch die Streiks verändert hatte. Das verstand sich von selbst. Wojtyłas Nachfolger als Erzbischof, Franciszek Macharski, segnete das große stählerne Symbol der Gegenwart Christi auf der Werft (»als Monument des Wiederaufbaus und Zeichen des Sieges von Hoffnung und Liebe über den Haß«). Die Messe wurde vom Bischof von Danzig zelebriert, der seine Predigt mit den Worten schloß: »Laßt die Sonne der Gerechtigkeit über uns aufgehen.«

STRENG GEHEIM

13. Januar 1981

Die Entscheidung des Sekretariats des Zentralkomitees der Kommunistischen Partei der Sowjetunion: Die Genossen Suslow, Kirilenko, Tschernenko, Gorbatschow, Ponomarew, Kapitonow, Zimianian, Rusakow »geben ihre Zustimmung«.

Über die Anweisungen an den sowjetischen Botschafter in Italien hinsichtlich der Reise von L. Wałęsa nach Italien das folgende ...

Bitte empfangen Sie den Genossen Berlinguer [den Führer der Kommunistischen Partei Italiens, die sich im Dezember öffentlich gegen eine sowjetische Intervention in Polen gewandt hatte] oder seinen Vertreter und sagen ihm folgendes:

»... die Führer von ›Solidarność‹ und diejenigen, die hinter ihnen stehen, beabsichtigen, die sozialpolitische Situation in Polen weiter zu verschärfen [und] ... die Position der Partei und ihre führende Rolle im Land zu schwächen ...

Gemeinsam stellen sie einen beachtlichen Machtfaktor dar ...

Trotz ihres Zusammentreffens mit dem Papst im Vati-

> kan ... [und] seiner ursprünglichen Entscheidung, L. Wałęsa nicht zu empfangen, hat die Führung der KPI bis jetzt nicht klar Stellung bezogen und schließt die Möglichkeit gewisser Kontakte mit ihm nicht aus.
>
> Wir würden es für ratsam halten, an die Führung der KPI zu appellieren und sie aufzufordern, ... alles zu tun, um den Eindruck zu vermeiden, daß der Besuch von L. Wałęsa eine antisozialistische Politik unterstützt.«

Dieser Appell blieb wirkungslos: Wałęsa eroberte Rom, die Presse (und die italienischen Kommunisten) wie ein Filmstar. Wojtyła feierte eine private Messe für alle vierzehn Mitglieder der Delegation von »Solidarność«, die in den Vatikan gekommen war. Der Papst empfing Wałęsa zweimal in Privataudienz.

»Der Sohn ist gekommen, seinen Vater zu besuchen«, sagte Wałęsa, als er am 15. Januar von Johannes Paul II. empfangen wurde. Dann zogen sich beide zu einem Gespräch in das Arbeitszimmer des Papstes zurück. Der Pontifex zeigte sich besonders froh und aufgeschlossen und war sich der Tatsache bewußt, daß man in einem großen Teil der Welt in ihm den authentischen Führer der polnischen Nation erblickte. Bei der offiziellen Empfangszeremonie im Konsistorium hielt Wojtyła eine lange Ansprache über die Rechte der Arbeiterschaft.

Etwa dreißig Jahre zuvor hatte er seinen ersten Zeitungsartikel über das gleiche Thema verfaßt. Nun schrieb er eine Enzyklika mit dem Titel *Laborem Exercens* (»Über die menschliche Arbeit«), die viele Ideen enthielt, denen er in seiner leidenschaftlichen Ansprache über die Verteidigung der Rechte der Arbeiterschaft vor Wałęsa und seinen Kollegen Ausdruck verliehen hatte. Zu ihnen gehörten auch Anna Walentynowicz, die Kranführerin, deren Entlassung den ersten Streik ausgelöst hatte, und Henryk Jankowski, der Priester, der während des ganzen Streiks auf der Werft für die Seelsorge zuständig war.

»Ich glaube, daß das Entscheidende an euren Bemühungen, die im August 1980 an der Küste und in anderen großen polnischen Industriezentren begannen, der gemeinsame Wille gewesen ist, das moralisch Gute in der Gesellschaft zu fördern«, sagte der Papst zu seinen Gästen. Die Genialität Wojtyłas beruhte zum

Teil auf seinem besonderen Gefühl für die Ausgewogenheit, das er jetzt so deutlich zum Ausdruck brachte: Der polnischen Regierung suchte er verständlich zu machen, daß »zwischen dieser Art selbständiger gesellschaftlicher Initiativen der Arbeiterschaft und der Struktur eines Systems, das in der menschlichen Arbeit einen Grundwert im gesellschaftlichen und nationalen Leben sieht, eines das andere nicht ausschließen muß«. Und ohne sie beim Namen zu nennen, sagte er den Kommunisten in Moskau, daß

> nach allem, was Polen im Zweiten Weltkrieg und durch andere schwere Schicksalsschläge in unserer Geschichte gelitten hat, ... ihm ebenso wie jedem anderen Land das Recht auf eine fortschrittliche Entwicklung zusteht.
>
> Das, worum es hier geht, ist allein eine Angelegenheit des polnischen Volkes, und daran wird sich auch künftig nichts ändern. Die ungeheuren Anstrengungen, die im Herbst unternommen wurden und fortgesetzt werden müssen, richten sich gegen niemanden. Sie dienen allein dem Gemeinwohl. Das Recht (in Wirklichkeit die Pflicht), ähnliche Anstrengungen zu unternehmen, hat jedes Land. Es ist ein Recht, das durch das Völkerrecht anerkannt und bestätigt wurde.

Damit zeigte er deutlich, daß er die Sache von »Solidarność« zu seiner eigenen gemacht hatte und das geistige Fundament dafür zu schaffen bereit war. Um diese Bereitwilligkeit zu unterstreichen, lud er Wałęsa, dessen Frau und Kollegen drei Tage später zur Morgenmesse in seine Privatkapelle ein.

In Rom gab Wałęsa auch der italienischen Journalistin Oriana Fallaci ein Interview und sagte ihr, in der polnischen Widerstandsbewegung »konnte ohne die Kirche nichts geschehen«. Deren Arbeit bezeichnete er als »fortlaufend, zielbewußt und intelligent«. Die Tageszeitungen in aller Welt brachten auf ihren Titelseiten Fotos und Berichte über den Elektriker aus Danzig und den Papst aus Wadowice.

In dieser Atmosphäre kehrte der Genosse Michail Zimianian am 22. Januar von seiner Erkundungsreise durch Polen nach Moskau zurück. In seinem aufsehenerregenden Bericht sagte er vor dem Politbüro, dort habe sich eine beispiellose Entwicklung vollzogen:

»Solidarność« sei zur stärksten politischen Kraft in Polen geworden. Im Herzen der kommunistischen Welt sei ein neuer Machtfaktor entstanden, »eine starke Kraft... vertreten durch die Gruppe um Wałęsa und gestützt durch den Episkopat«. Genosse Zimianian fuhr fort:

> Die Lage in Polen ist nicht nur deshalb so verworren, weil uns ein wirklicher Feind fehlt, sondern auch weil wir Fehler begangen haben und die Partei keine wirklich lebendigen Beziehungen zur Bevölkerung unterhält. Die Arbeiterklasse hat zahlreiche Gründe, unzufrieden zu sein... Dieser Umstand ist von »Solidarność« geschickt ausgenutzt worden... Wałęsa glaubt, »Solidarność« zähle etwa zehn Millionen Angehörige.

Das war das Vierfache der Mitgliederzahl der kommunistischen Partei – und viele Parteimitglieder waren Katholiken. Zugleich waren mehr als siebenhundertfünfzigtausend Parteiangehörige auch Mitglieder von »Solidarność«.

Noch während Wałęsa und seine Delegation im Vatikan weilten, verlangte »Solidarność« in Warschau Verhandlungen mit der Regierung über eine Fünftagewoche. Die Arbeiter weigerten sich bereits, samstags zu arbeiten, und ein weiterer großer Streik zur Unterstützung der selbständigen Bauern, die ihre eigene »bäuerliche Gewerkschaft Solidarność« gründen wollten, wurde vorbereitet.

Die Analyse von Zimianian klang jetzt noch pessimistischer:

> Man hat immer mehr das Gefühl, daß der Kampf um die Zustimmung der öffentlichen Meinung nicht gewonnen werden kann, wenn die Partei ihren Einfluß auf die Massenmedien verliert... Die meisten Tageszeitungen vertreten noch nicht die Auffassungen der Partei. Besonders ungünstig ist die Situation beim Fernsehen... Das Problem liegt darin, daß selbst nach dem Austausch der leitenden Persönlichkeiten die wichtigsten Mitarbeiter, das heißt die Leute, die das Informationsmaterial aufbereiten, mit »Solidarność« sympathisieren.

Das Politbüro behandelte jetzt fast jeden Aspekt der polnischen Situation als Krise und verhielt sich oft wie die eingeschworenen orthodoxen Kommunisten.

Gegen Ende des Jahres 1980 und zu Beginn des folgenden Jahres hofften die sowjetischen Führer im Kreml, den Einfluß von »Solidarność« propagandistisch schwächen zu können (»Wir müssen unseren polnischen Freunden beibringen, wie sie mit den Massenmedien umzugehen haben; darin liegt ihre größte Schwäche, und darum benötigen sie unsere Hilfe«). Zudem wollten sie die polnischen Fabriken mit den Schriften Lenins über die Organisation von Gewerkschaften überschwemmen und den Rat der UdSSR für religiöse Angelegenheiten veranlassen, weitere Untersuchungen über die wissenschaftlichen Grundlagen des Atheismus vorzunehmen (um dem Papst entgegenzuwirken); die Positionen der Apparatschiks in der polnischen Partei gegeneinander auszuwechseln, um auf diese Weise das Ansehen dieses Systems und die Parteidisziplin zu fördern (von solchen Bemühungen war ständig die Rede); Kader der Jugendorganisation Komsomol aus der UdSSR nach Polen zu schicken, um die dortigen Jugendlichen zu indoktrinieren; junge Wehrpflichtige nicht in die polnische Armee aufzunehmen (die fast alle Anhänger von »Solidarność« waren) und alte Wehrpflichtige dazu zu bringen, sich für eine längere Dienstzeit zu verpflichten.

Aus den bis dahin geheimen Akten des Politbüros ergibt sich zudem, daß sich der Kreml 1981 durchaus des wirtschaftlichen Niedergangs in der Sowjetunion und den Nachbarstaaten sowie der verheerenden Folgen des Krieges in Afghanistan für die Versorgung des Sowjetblocks und des dadurch entstandenen Mangels an Verbrauchsgütern wie Kraftstoff, Lebensmittel und Rohmaterial für die Herstellung von Verbrauchsgütern bewußt war. Die Situation in Polen erzwang den Einsatz sowjetischer Truppen an einer zweiten Front, der polnischen Grenze, was zu einer weiteren Verringerung des Vorrats an Verbrauchsgütern führte.

Breschnew war empört über das Verhalten Kanias.

Am 22. Januar schrieb Konstantin Rusakow: »Man kann sagen, daß Leonid Iljitsch [Breschnew] fast jede Woche mit dem Genossen Kania spricht und versucht, ihm beizubringen, wie er sich zu verhalten hat.«

Washington

Als Ronald Reagan am 20. Januar 1981 das Präsidentenamt übernahm, bestanden bereits die ersten Kontakte zwischen der Regierung der Vereinigten Staaten und dem Papst in Rom. Zbigniew Brzeziński, der in Polen geborene Sicherheitsberater des Präsidenten Jimmy Carter, hatte als Vertreter der Vereinigten Staaten an den Feierlichkeiten zur Inthronisation des neuen Papstes Wojtyła auf dem Stuhl Petri teilgenommen.

1976 hatte der damalige Collegeprofessor Brzeziński den Vortrag des Erzbischofs Wojtyła an der Harvard-Universität gehört und war davon beeindruckt gewesen. »Darf ich Sie zum Tee einladen?« hatte er ihn abschließend gefragt. Sie führten, wie Brzeziński sich erinnerte, »ein wunderbares Gespräch« über Polen und die Weltlage, und anschließend entwickelte sich eine regelmäßige Korrespondenz zwischen den beiden Männern, die in handgeschriebenen Briefen ihre Ansichten mit dem Wissen und der Gelassenheit von Männern austauschten, welche dieselben historischen Ereignisse aus persönlicher Anschauung kannten und intuitiv die Feinheiten des Lebens in Polen begriffen hatten.

Ende 1980 hatte der Katholik Brzeziński mit einem bedeutenden Beauftragten des Papstes, dem tschechischen Kardinal Józef Tomko, einen offiziellen Dialog begonnen, in dem Polen und die junge Bewegung »Solidarność« eine wesentliche Rolle spielten. Brzeziński wollte Johannes Paul II. davon unterrichten, daß in den Vereinigten Staaten beträchtliche finanzielle Summen, andere materielle Mittel und die organisatorische Unterstützung für die Sache von »Solidarność« bereitlagen, die in der Hauptsache von der amerikanischen Arbeiterbewegung gesammelt worden waren. Das wiederum war für den neuen Papst ein wichtiges Signal: Die noch in ihrem Bestand nicht gesicherten, jungen Kräfte von »Solidarność«, einer einzigartigen Erscheinung in der kommunistischen Welt, würden vom Westen unterstützt werden und durften mit amerikanischer Hilfe rechnen, sobald sie für die orthodoxen Kommunisten zu einer größeren Gefahr wurden.

Ohne viel auf Einzelheiten einzugehen, unterrichtete Brzeziński den Kardinal Tomko über ein geheimes und von Carter genehmigtes Vorhaben der CIA, antikommunistische Bücher und

Literatur nach Osteuropa und in Teile der Sowjetunion wie etwa die Ukraine und die baltischen Staaten zu schmuggeln, wo die Zahl der nationalistischen Dissidenten stark zugenommen hatte.

Brzeziński und Tomko sprachen über die verschiedenen Möglichkeiten für die Vereinigten Staaten und den Vatikan, mit Propaganda und politischem Druck die wirtschaftlichen, politischen und religiösen Grundrechte in Polen zu fördern, ohne sowjetische Gegenmaßnahmen zu provozieren. Dieses Thema beherrschte auch das Gespräch des Papstes mit dem Präsidenten Carter am 21. Juni 1980 im Vatikan (obwohl »Solidarność« damals noch nicht gegründet war), ein Zusammentreffen, das Brzeziński anregte, halb im Scherz zu erklären: »Ich begriff, daß Wojtyła eigentlich zum Präsidenten und Carter zum Papst gewählt werden sollte.«

In der ersten Dezemberwoche 1980 rief Brzezińki den Papst an und teilte ihm mit, es bestünde die Gefahr eines sowjetischen Einmarschs in Polen. In polnischer Sprache unterrichtete er ihn über das Ausmaß der Konzentration starker militärischer Kräfte an der polnischen Grenze. Der Papst war erschüttert, als er hörte, mit welchen weiteren Folgen Brzeziński rechnete, und fragte ihn, wie zuverlässig seine Informationen seien. Der Heilige Vater hatte bereits im geheimen einen Brief an Breschnew geschrieben und darin bestätigt, daß Polen das grundsätzliche Recht auf Nichteinmischung in seine inneren Angelegenheiten habe. Darüber hinaus hatte er geglaubt, aufgrund des laufenden Dialogs zwischen Casaroli und dem Kreml sei es gelungen, eine sowjetische Intervention abzuwenden.

Ohne sich auf Einzelheiten einzulassen, sagte Brzeziński, er verfüge über durch Satelliten gewonnene Erkenntnisse und präzise Daten aus »osteuropäischen Quellen« – aus guten Quellen: »Wir haben die verschiedensten Möglichkeiten, sehr genau zu erfahren, was das sowjetische Oberkommando tut.« Während Brzeziński sprach, blickte er auf Satellitenfotos von Zelten, die neben einem russischen Feldlazarett an der polnischen Grenze aufgestellt worden waren. Was die diplomatischen Bemühungen von Brzeziński so dringend erscheinen ließ, war die Tatsache, daß die von ihm genannten Daten mit absoluter Sicherheit zutrafen: Seit elf Jahren hatte Oberst Ryszard Kukliński, ein polnischer

Generalstabsoffizier, die Vereinigten Staaten mit vertraulichen Informationen über die Aktivitäten der polnischen Regierung und des polnischen Militärs versorgt – und damit auch über die Maßnahmen des Regimes zur Wahrung der inneren Sicherheit und seine Reaktion auf die Aktivitäten von »Solidarność«. Kuklińskis Informationen umfaßten auch die Befehle Moskaus an die Streitkräfte der Länder des Warschauer Pakts und die Rote Armee.

Nun bat Brzeziński den Papst, mit Hilfe seiner Bischöfe die Regierungen westeuropäischer Länder mit einem starken katholischen Bevölkerungsanteil zu veranlassen, ein Ultimatum zu unterstützen, das den Sowjets die wirtschaftliche, politische und kulturelle Isolierung für den Fall androhte, daß sie in Polen einmarschierten. Ohne zu zögern, war der Papst sofort einverstanden. Weder er noch Brzeziński verloren viele Worte darüber, daß die meisten westeuropäischen Regierungen kaum geneigt waren, die Sowjets im Zusammenhang mit Ereignissen in der »Einflußsphäre« der UdSSR zu konfrontieren – oder ihre sehr einträglichen Handelsbeziehungen mit den Russen zu gefährden.

Indessen hatten Jimmy Carter und sein Nachfolger im US-amerikanischen Präsidentenamt, Reagan, die Sowjets gewarnt, die Zeit während des Interregnums zwischen Reagans Wahl und seiner Amtseinführung zu einem Eingreifen in Polen nicht auszunutzen. Brzeziński hatte auch Verbindung zu Indira Gandhi aufgenommen, die Breschnew demnächst besuchen wollte, und ihr zu verstehen gegeben, die Vereinigten Staaten würden China hochmoderne Waffen verkaufen, wenn die Sowjets in Polen einmarschierten.

»Wenn ich zurückrufen muß, wie kann ich Sie direkt erreichen?« fragte Brzeziński den Papst. Er hörte, wie Wojtyła irgend jemanden fragte: »Wie lautet meine private Telefonnummer?«

Wie sich zeigte, mußte Brzeziński nicht zurückrufen, und die Sowjets traten aus Gründen, die wir heute kennen, den Rückzug an. Um den Papst zu beruhigen, schickte das sowjetische Politbüro den Genossen Wadim Zagladin nach Rom mit dem Auftrag, ihm zu sagen, daß man einstweilen von einer Intervention absehen werde.

»Nachdem wir die Sowjets davon überzeugt hatten, daß sie besser auf ihren Einmarsch nach Polen verzichteten«, schrieb

Brzeziński zehn Jahre später, »begann nach der Wahl Reagans zum Präsidenten eine zweite Phase. Man bemühte sich um die Unterstützung von ›Solidarność‹ und glaubte, auf diese Weise eine handlungsfähige Untergrundbewegung zu schaffen – doch das Ganze bekam jetzt einen neuen Sinn. Es bedeutete, daß, wenn die Sowjets entschlossen waren, bei ihrer Haltung zu bleiben, man auf die Dauer einer politischen Linie folgen konnte, die zum Ziel hatte, das Regime zu destabilisieren. Und das haben wir und auch die Reagan-Regierung getan.«

Nach seiner Amtsübernahme im Januar 1981 wollte Reagan über alles, was in Polen geschah, auf dem laufenden gehalten werden, besonders soweit es »Solidarność« betraf. In der ersten Woche seiner Amtszeit als Präsident entwickelten sein Sicherheitsberater Richard Allen und der Direktor der CIA, William Casey, eine neue Methode, mit der sie bei den Beratungen im ovalen Zimmer immer wieder auf diesen Punkt zurückkommen konnten. In den täglichen Bericht über die neuesten Erkenntnisse des Nachrichtendienstes wurde ein ausführlicher Teil über die Situation in Polen aufgenommen. Kukliński's Meldungen und in zunehmendem Maß auch die Informationen aus dem Vatikan sowie die Aussagen des Apostolischen Nuntius in Washington waren ein wesentlicher Teil davon. Brzeziński hatte immer noch ungehinderten Zugang zum Weißen Haus und beriet die Reagan-Regierung in allen Polen betreffenden Angelegenheiten. In dieser Stellung mußte er natürlich auch den Kontakt zu Johannes Paul II. aufrechterhalten. Später sagte er:

> Wir haben den Papst direkt beteiligt, aber darüber möchte ich nicht sprechen. Solange er lebt, kann ich auf Details nicht eingehen. Casey organisierte das ... Ich bin mit Casey sehr gut ausgekommen. Er führte alles weiter, was wir [in der Carter-Regierung] begonnen hatten, vervollständigte es und übernahm die Führung. Er war sehr flexibel, hatte ein ausgezeichnetes Vorstellungsvermögen und war nicht sehr bürokratisch. Wenn etwas geschehen mußte, dann geschah es; eine Untergrundbewegung am Leben zu erhalten, erfordert große Anstrengungen im Hinblick auf die Versorgung, die Herstellung von Nachrichtenverbindungen und derglei-

> chen. Da das funktionierte, konnte »Solidarność« überleben ... In diesem Fall blieben die sowjetischen Unterdrükkungsmethoden zum erstenmal erfolglos.

Bill Casey hatte seine Lebensphilosophie in der ersten Woche nach Übernahme der Amtsgeschäfte durch die Reagan-Regierung in einem Vortrag vor den Friendly Sons of Saint Patrick, zu deren Mitgliedern er zählte, wie folgt zusammengefaßt: »Es gibt Dinge, die richtig sind, und Dinge, die falsch sind, unter allen Umständen richtig und unter allen Umständen falsch.« Die katholische Kirche, von der er geprägt worden war, hatte immer recht. Der Kommunismus, gegen den er schon als Schüler Schmähreden gehalten hatte, hatte immer und ewig unrecht.

Ronald Reagan unterschied sich in seinen Grundanschauungen über den Vatikan und den Katholizismus ganz entscheidend von seinen Vorgängern im zwanzigsten Jahrhundert. Zu ihnen gehörte auch John F. Kennedy, der einzige Katholik, der in der Geschichte Amerikas zum Präsidenten gewählt worden war. Von Anfang an waren die Vereinigten Staaten ein »protestantisches Land« gewesen, wo viele Amerikaner bis in die letzten Jahrzehnte des zwanzigsten Jahrhunderts der katholischen Kirche mißtrauten. Zu der sogenannten außenpolitischen Elite, dem »Establishment« in den amerikanischen Staaten an der Ostküste, das bis zur Regierungszeit von Nixon die Kabinette beherrscht und die Sicherheitsberater der amerikanischen Präsidenten gestellt hatte, gehörten nur sehr wenige Katholiken. Bisher hatten alle Präsidenten und auch Kennedy alles nur Mögliche getan, die Distanz zwischen der Regierung und der Kirche zu wahren, und zwar nicht nur aus Achtung vor der Verfassung, sondern auch weil der Katholizismus bis in die sechziger Jahre in großen Teilen Amerikas entschieden abgelehnt wurde.

Aber Reagan, der Sohn eines irischen Katholiken aus der Arbeiterklasse und einer Protestantin, hielt sich keineswegs an solche historischen Tabus. Bei der Wahl hatte er die Stimmen der meisten Katholiken für sich gewonnen. Er fühlte sich außerordentlich wohl in der Gesellschaft von katholischen Männern der Arbeiterklasse, die ebenso wie Casey ihre Erfolge im Leben der eigenen Strebsamkeit zu verdanken hatten und für die die gleichen Wertbegriffe galten wie für ihn. Diese Leute waren fast alle, ebenso wie Reagan, die ersten in ihren Familien, die ein College besuchten, wenn auch nicht eine der von der gesellschaftlichen Oberschicht bevorzugten Universitäten im Osten des Landes. Wegen dieser Kongenialität, zum Teil aber auch aus Zufall, waren fast alle Männer, die Reagan bei Beginn seiner Amtszeit mit den wichtigsten oder angesehensten außenpolitischen Positionen betraute, Katholiken. Und sie alle erblickten in ihrer Kirche den Schmelztiegel ihrer antikommunistischen Überzeugung: Casey, Außenminister Alexander Haig (sein Bruder war Priester), der pensionierte General Vernon Walters, der von Reagan als Sonderbotschafter eingesetzt wurde, Richard Allen und sein Nachfolger als Sicherheitsberater des Präsidenten, der Richter William Clark, der einmal Priester werden wollte.

Ebenso wie Reagan hielten sie die Frage nach dem Dogma des Marxismus-Leninismus für eine theologische: Der Kommunismus war *spirituell* böse. Und während Kennedy sich so weit wie möglich von der Kirche distanziert hatte, suchte Reagan sowohl offen als auch im geheimen enge Beziehungen zum Papst und zum Vatikan zu unterhalten. »Ich wollte sie zu meinen Verbündeten machen«, erklärte er viele Jahre später. Deshalb nahm er diplomatische Beziehungen mit dem Heiligen Stuhl auf, obwohl keiner seiner Vorgänger dazu bereit gewesen war.

»Die Beziehungen zum Papst waren gekennzeichnet durch eine bewußte Pflege gegenseitiger Höflichkeit«, sagte Jeanne Kirkpatrick, Reagans Botschafterin bei den Vereinten Nationen, 1994, »und einer der Gründe dafür war, daß Casey und Walters überzeugte Katholiken waren. Sie besuchten jeden Tag die Messe. Und soweit ich es beurteilen konnte, haben Ronald Reagan und Caspar Weinberger [der Verteidigungsminister] es ebenso beurteilt und waren der Auffassung, daß dieser Papst eine spirituelle Kraft darstellte, die sich auf viele andere Menschen übertrug, welche die gleichen Ziele verfolgten, und gewisse wichtige, rein weltliche Probleme ebenso beurteilten wie wir. Es hat zwar eine gewisse Bedeutung, daß Casey, Clark, Walters und andere überzeugte Katholiken waren, man darf aber auch nicht vergessen, daß Reagan selbst, Cap und ich nicht der katholischen Kirche angehörten... Es gab als keine katholische Kabale.«

Es war klar, daß »Solidarność« für Moskau eine außerordentliche Gefahr bedeutete, eine »Infektion«, die bereits innerhalb des kommunistischen Systems, besonders in den baltischen Republiken, zu einer verbreiteten Ablehnung des Kommunismus geführt hatte. Die Idee, daß es in einem kommunistischen Land eine unabhängige Gewerkschaft geben könnte, wurde von den führenden Persönlichkeiten in den Nachbarländern Polens mit aller Entschiedenheit abgelehnt. Brzeziński hatte gesagt, die Sowjets würden alles in ihrer Macht Stehende unternehmen, um »Solidarność« zu zerschlagen, während die neue Regierung sich bemühen müsse, das Überleben dieser Organisation sicherzustellen. »Wenn man Polen erschüttern und seine Strukturen zerschlagen könnte, dann würden sich die Schockwellen in alle Richtungen ausbreiten; in die Ukraine, auf den Balkan, nach Lettland, Litauen und Estland sowie in die Tschechoslowakei«, sagte Richard Allen. Reagan sah die Situation in Polen als Beweis für seine Überzeugung an, daß eine Revolution innerhalb des kommunistischen Machtbereichs unvermeidbar sei.

Am 30. Januar 1981, nur zehn Tage nach seiner Amtsübernahme, bat Reagan die ranghöchsten Mitglieder seines nationalen Sicherheitsrats zu einer Besprechung zu sich. Das waren der Vizepräsident George Bush, Allen, Casey, Haig und Weinberger. Nach einem Bericht von Weinberger »haben wir dort beschlossen, im Hinblick auf Polen etwas zu unternehmen, und zwar nicht nur einen Einmarsch nach Polen zu verhindern, sondern auch nach Möglichkeiten zu suchen, die [kommunistischen] Kräfte in Polen weitestmöglich zu schwächen«.

»Ein Mann namens Lech Wałęsa und ›Solidarność‹ haben mich schließlich von der Notwendigkeit überzeugt, daß Polen selbst etwas unternehmen müsse«, sagte Reagan 1991 mit einer für ihn untypischen Selbstzufriedenheit. »Hier hatten wir es mit einem ganz gewöhnlichen Arbeiter zu tun, der sich plötzlich vor die Aufgabe des Führers einer großen Mehrheit seiner polnischen Landsleute gestellt sah. Und in dieser sogenannten ›Solidarność‹ taten sie genau das, was wir, wie ich gesagt hatte, von ihnen erwarteten: Die Polen selbst sorgten für die Verwirklichung der in ihrem Land notwendigen Veränderungen.«

Obwohl Reagan, Casey und der Bevollmächtigte des Präsidenten, William P. Clark, später miteinander über die Möglichkeit sprachen, »Polen aus der sowjetischen Einflußsphäre herauszubrechen«, sagte Reagan: »Wir dachten nicht daran, in das Land einzumarschieren und die Regierung im Namen der Bevölkerung zu stürzen. Nein, das mußte das Volk selbst übernehmen ... Wir konnten nur versuchen, es dabei zu unterstützen. ›Solidarność‹ war allerdings das Instrument, diesen Plan zu verwirklichen, weil es von der Arbeiterklasse geschaffen und eine Organisation der Arbeiter in Polen war. Das war etwas ganz anderes als das, was in sehr vielen anderen Ländern [innerhalb des Sowjetblocks] geschah, und es widersprach mit Sicherheit allem, was die Sowjets, die Kommunisten wünschten.«

Am 30. Januar sprachen Reagan und seine Berater im Weißen Haus über die außenpolitischen Ziele der neuen Regierung: die nach ihrer Ansicht überwältigende Überlegenheit der Sowjetunion im Bereich der Kernwaffen und ihrer Einsatzmöglichkeiten abzubauen, insgeheim etwas gegen die weltweite sowjetische Unterstützung linker und kommunistischer Insurgenten zu unternehmen und die Hilfe, welche bereits die Carter-Regierung insgeheim den Rebellen geleistet hatte, die gegen die sowjetischen Invasionsstreitkräfte in Afrika kämpften, zu intensivieren, den Terrorismus zu bekämpfen, die Abrüstung aus der Position zunehmender amerikanischer Stärke zu fördern und den untrennbaren »Zusammenhang« zwischen den Menschenrechten und der amerikanischen Politik gegenüber der Sowjetunion und den osteuropäischen Ländern deutlich werden zu lassen – ein Grundsatz, der auch von der Carter-Regierung als richtig erkannt worden war.

Doch die Atmosphäre dieser Beratung wurde, wie einer der Teilnehmer später sagte, »elektrisiert«, als der Präsident vom Papst und den Bestrebungen des polnischen Volkes sprach, die sich besonders deutlich zeigten, als Polen der Einmarsch von Truppen des Warschauer Pakts drohte. Reagan wollte wissen, was geschah, um Wałęsa und »Solidarność« zu helfen, und was über das bisher dahin Versuchte hinaus noch möglich sei.

Reagan hat oft über die Nazis gesprochen und tat es auch jetzt. Er verglich die Situation in den achtziger Jahren mit jener ein halbes Jahrhundert zuvor. »Er war überzeugt, wenn die Demokratien Hitler energischen Widerstand geleistet hätten, wäre es nicht zum Krieg gekommen«, notierte Clark später. »Er hatte das Gefühl, jetzt müsse er etwas unternehmen, denn das sei seine Pflicht. Seine politischen Überzeugungen hatten sich in den dreißiger Jahren entwickelt, und für ihn waren die Sowjets die Nachfolger der Nazis.«

Auf der Sitzung am 30. Januar wurde über zwei Möglichkeiten gesprochen: Einmal könnte die polnische Regierung selbst die notwendigen Maßnahmen ergreifen, eine solche Entwicklung zu verhindern (wie es Kukliński in seinen letzten Berichten angedeutet hatte), und zweitens könnten die Sowjets mit starken Kräften in Polen einmarschieren. Neben dem im Dezember abgesprochenen härteren politischen und wirtschaftlichen Vorgehen gegen die Sowjetunion einigte man sich jetzt auf gegen die polnische Regierung gerichtete Vergeltungsmaßnahmen für den Fall, daß sie versuchen sollte, etwas gegen »Solidarność« zu unternehmen. Zu den strengsten Maßnahmen würden wirtschaftliche Sanktionen in der Form harter Bedingungen für eine weitere Verschiebung des Termins der Rückzahlung der beträchtlichen Schulden Polens an die Vereinigten Staaten und die Verweigerung, der polnischen Landwirtschaft neue Kredite zu gewähren, gehören, womit es praktisch unmöglich sein würde, auch in anderen westlichen Ländern Kredite zu bekommen.

Im Anschluß an die Sitzung beschloß man darüber hinaus, sicherzustellen, »Solidarność« auch weiterhin zu unterstützen, gleichgültig wie energisch die Sowjets oder die polnische Regierung versuchen sollten, das zu verhindern. Man wollte die Gewerkschaft auch dadurch ermutigen, daß man ihr reichlichere Mittel für eine Untergrundpresse, Propaganda, den Rundfunk, organisatorische Hilfe und die Beratung der Opposition in Polen zur Verfügung stellte – »alle die Dinge, die in Ländern getan werden, wo man eine kommunistische Regierung destabilisieren und den Widerstand gegen sie stärken will«, wie der Kongreßabgeordnete für Illinois, Henry Hayde (eine der wenigen Persönlichkeiten außerhalb der Regierung, die wußten, was hier geschah), sich zu diesem Thema geäußert hatte.

Seit Gründung von »Solidarność« war die Organisation finanziell vor allem von dem größten amerikanischen Gewerkschaftsverband AFL-CIO unterstützt worden: Die amerikanische Gewerkschaftsbewegung arbeitete mit europäischen Gewerkschaften und sozialdemokratischen Parteien zusammen, die sich bereit erklärt hatten, diese Geldmittel und anderes Material an die neue Gewerkschaft weiterzuleiten und sie zu beraten. Haig, Casey, Brzeziński, Clark und hochrangige Mitglieder des amerikanischen nationalen Sicherheitsrats trafen sich von nun an häufig mit dem Präsidenten der AFL-CIO, Lane Kirkland (einem Demokraten und entschiedenen Gegner der amerikanischen Innenpolitik), und Irving Brown, dem Direktor der internationalen Abteilung des Gewerkschaftsverbandes. Brown war zu Beginn des Kalten Krieges als Vertreter von AFL in Westeuropa gewesen und hatte 1948 bei der Wahl in Italien geholfen, die nichtkommunistischen Parteien insgeheim mit amerikanischer Finanzhilfe zu versorgen.

Erstens »durfte ›Solidarność‹ nicht als klassisches Geheimunternehmen abgetan werden«, sagte Admiral Bobby Inman, der stellvertretende Direktor der CIA unter Casey. »Schon von Anfang an war man überzeugt, daß die gewerkschaftlichen Beziehungen zu ›Solidarność‹ so gut seien, daß fast alles, was zu deren Unterrichtung und Unterstützung getan werden sollte, auf diesem Wege an diese Organisation weitergeleitet werden könne. Zunächst brauchte ›Solidarność‹ keine sehr hohen Geldbeträge. Was diese Gewerkschaft benötigte, waren organisatorische und logistische Unterstützung, zutreffende Informationen und ein zuverlässiges Fernmeldesystem.« Das alles konnte über die Gewerkschaftsbewegung weitergeleitet werden, und zwar in enger Zusammenarbeit mit der amerikanischen Regierung oder über die in den USA lebenden Menschen polnischer Abstammung, die wiederum eng mit der polnischen Kirche zusammenarbeiteten.

Indessen hatte Richard Pipes, der Direktor der Abteilung für sowjetische und osteuropäische Angelegenheiten im amerikanischen nationalen Sicherheitsrat, Jan Nowak, den Vorsitzenden des Polnisch-Amerikanischen Kongresses, zum Sonderberater der Regierung in Angelegenheit von »Solidarność«, der polnischen Kirche und der amerikanischen Beziehungen zu Polen im allgemeinen ernannt. »Dabei hatte ich nichts mit der Einrichtung geheimer Nachrichtenverbindungen zu tun«, sagte Nowak. »Das blieb Casey und anderen Leuten vorbehalten. Meine Aufgabe bestand darin, Geld für die Untergrundpresse, illegale Medien, Druckereien und Xerox-Geräte zu beschaffen.« Dabei halfen ihm insbesondere die polnisch-amerikanischen Kirchen. Nowak traf sich schon ganz zu Beginn der Amtszeit Reagans mit dem amerikanischen Präsidenten und stellte fest, daß dieser »sehr zugänglich war. Er war ein Extremist und überzeugter Antikommunist. Ohne die Unterstützung von Reagan würde ›Solidarność‹ sich nicht durchsetzen können.«

»Besonders Casey hatte begriffen, daß es jetzt möglich war, Polen aus dem Verbund der Warschauer-Pakt-Staaten herauszulösen«, sagte Richard Perle, ein Staatssekretär im Verteidigungsministerium unter Reagan. Radio Freies Europa und die Stimme Amerikas waren in erster Linie dafür zuständig, für die politische Linie der Vereinigten Staaten zu werben. Ihre Sendungen für und über Polen sorgten dafür, daß die Polen, die Deutschen, die Tschechen, die Ungarn, die Letten, Litauer und alle Ost- und Mitteleuropäer, die unter kommunistischen Regierungen leben mußten, sich der Tatsache bewußt wurden, daß die kommunistische Orthodoxie in Polen mehr als anderswo auf Ablehnung stieß. »Jeder wußte genau Bescheid über die tiefverwurzelte Animosität zwischen Polen und Sowjets und zwischen Ostdeutschen und Sowjets«, sagte Perle. »Wir hatten jedoch Kriegspläne, nach denen die Polen gezwungen werden sollten, ob sie es wollten oder nicht, an militärischen Einsätzen gegen die Sowjetunion teilzunehmen. Wir hielten es für richtig, sie nach Möglichkeit davon zu überzeugen, daß sie nicht auf seiten der Sowjets kämpfen dürften.« Sie sollten statt dessen lieber meutern oder sich auch gegen eine sowjetische Invasionsarmee verteidigen. Auf diese Weise entstanden die sogenannten psychologischen Operationen, *»psy-ops«*: Rundfunksendungen, Verteilung von Flugblättern, Verbreitung falscher Informationen, Maßnahmen, die sich gegen die polnische Armee und die polnischen Sicherheitskräfte richteten und von der CIA und dem amerikanischen Verteidigungsministerium erarbeitet worden waren.

Das erste Jahr der Amtszeit Reagans als Präsident war, wie jeder Beteiligte zugeben wird, eine Katastrophe im Hinblick auf die Entwicklung einer zusammenhängenden und wirksamen amerikanischen Außenpolitik – mit Ausnahme der Beziehungen zu

Polen. In allen anderen Bereichen wurde es Reagan praktisch unmöglich gemacht, seinen Idealvorstellungen zu folgen, und zwar durch ständige Streitigkeiten innerhalb der Regierung und die an Geringschätzung grenzende Überzeugung einiger Mitarbeiter des Präsidenten, daß dieser vor seinem Ehrgeiz und seiner Ignoranz, besonders gegenüber der Sowjetunion, geschützt werden müsse.

In dieser Atmosphäre gelang es zwei Männern, die in ihren Grundanschauungen und in ihrem Arbeitsstil genau dem entsprachen, was Reagan von seinen Mitarbeitern erwartete, einen solchen Einfluß zu gewinnen, daß sich Haig und andere nur wundern konnten. Es waren Bill Casey und William P. Clark. Besser als jedes andere Mitglied der Regierung kannte Clark die bei der Regierungsarbeit üblichen Verfahren und den Präsidenten. In Sacramento war er Stabschef des Gouverneurs Ronald Reagan gewesen. Jetzt hatte der neue Präsident ihn zu seinem persönlichen Berater ernannt, dessen Aufgabe es war, bei allen im Kabinett entstehenden Schwierigkeiten ausgleichend zu wirken. Offiziell war er jetzt Haigs Stellvertreter mit dem Titel eines ministeriellen Beraters.

Die beiden Fragen, die einen großen Teil von Clarks und Caseys Zeit und Aufmerksamkeit in Anspruch nahmen (und auch in ihren Gesprächen mit dem Präsidenten häufig erörtert wurden) – Polen und der antikommunistische Kreuzzug in Mittelamerika –, spielten in zunehmenden Maß auch eine Rolle bei den Beziehungen der amerikanischen Regierung zum Papst. Im Frühjahr 1981 suchten Casey und Clark sehr häufig die Residenz des Apostolischen Nuntius in Washington, Erzbischof Pio Laghi, zum Frühstück, zum Nachmittagskaffee und zu den verschiedensten Konsultationen auf. Laghi durfte jederzeit zu geheimen Besprechungen mit Casey, Clark und später auch mit dem Präsidenten durch die »Hintertür«, dem am südwestlichen Tor gelegenen Eingang, das Weiße Haus betreten.

»Sie tranken gern einen guten Cappuccino«, sagte Laghi von Casey und Clark. »Gelegentlich unterhielten wir uns über Mittelamerika oder die Haltung der Kirche zur Frage der Geburtenkontrolle. Aber gewöhnlich war Polen unser Gesprächsthema. Solange wir einen so engen Kontakt pflegten, haben wir gewisse Grenzen nicht überschritten.«

Reagan wollte immer wieder über den Inhalt der geheimen

Berichte des amerikanischen Nachrichtendienstes über Polen informiert werden und glaubte, daß sich hier ein erster Spalt im Eisernen Vorhang auftat – »der sich bei einer Volkserhebung ganz öffnen würde«, sagte Clark. »Casey stimmte ihm zu, und deshalb bat ich das Außenministerium, den nationalen Sicherheitsrat und die CIA, täglich ausführlich darüber zu unterrichten, und zwar nicht nur über die Ereignisse in Danzig, sondern über alles, was in Polen und Osteuropa geschah, besonders was ›Solidarność‹ und die Reaktion [in den Ländern des kommunistischen Blocks] betraf«.

Clark entging nicht, daß Reagan zutiefst beeindruckt von Problemen war, die vor seinem Einzug ins Weiße Haus an seinem geistigen Horizont noch nicht aufgetaucht waren. Er konnte sogar eine Fernlenkwaffe von der anderen nicht unterscheiden. Clarks Gespräche mit Reagan über Polen waren nur ganz kurz. »Ich glaube, ich habe niemals ein Privatgespräch unter vier Augen über irgendein Thema mit ihm geführt, das länger dauerte als drei Minuten«, sagte er. »Das klingt vielleicht schockierend. Wir hatten eine ganz eigene Methode, uns zu verständigen. Ich wußte, was er mit Polen vorhatte. Das hieß, aus einer nicht zu übersehenden Vielzahl von Möglichkeiten wollte er irgendeine beliebige nutzen. Der Präsident, Casey und ich sprachen ständig über die Lage in Polen: über geheime Vorhaben; darüber, was wer wo, warum und wie unternahm, über die Erfolgschancen und über die Rolle des Vatikans.«

Allen, Casey und der Präsident begannen, sich regelmäßig mit jenem Mitglied der amerikanischen katholischen Hierarchie zu treffen, das die engsten Beziehungen zu Papst Johannes Paul II. unterhielt: Kardinal John Krol von Philadelphia. Mehr als jeder andere Kirchenmann unterrichtete Krol das Weiße Haus laufend über den allgemeinen Zustand von »Solidarność«, erklärte, wie man dieser Organisation helfen könne, und schilderte ihre Beziehungen zum polnischen Episkopat. Er fungierte als Mittelsmann zwischen dem Weißen Haus, Polen und dem Vatikan – und was vielleicht noch wichtiger war: Er und der Präsident kamen persönlich hervorragend miteinander aus.

Allen nannte Krol »den dicken Freund des Papstes«, was zwar nicht sehr vornehm klang, aber den Nagel auf den Kopf traf.

Edward Derwinski, ein in Amerika geborener Kongreßabgeordneter polnischer Abstammung aus Illinois, wurde 1981 vom Weißen Haus nach Polen geschickt, um die Situation dort zu erkunden, und war erstaunt zu sehen, wie schnell sich die Beziehung zwischen Reagan und Krol vertiefte: »Von Anfang an kam er ausgezeichnet mit dem Präsidenten aus. Das war einer jener Fälle, in denen zwei Personen harmonsich aufeinander abgestimmt sind. Sie waren etwa gleich alt, Krol konnte die Situation in Polen genau einschätzen und sie zutreffend interpretieren. So wurde er nicht nur vom Präsidenten, sondern auch vom Außenministerium, dem nationalen Sicherheitsrat und der CIA konsultiert.« Zu Beginn von zwei Parteitagen der Republikaner sprach er das Einführungsgebet.

Derwinski hatte das Gefühl, daß Reagan mit Krol ganz ähnlich umging wie mit seinen alten Geschäftsfreunden in Kalifornien: Sie hatten ähnliche Interessen, erzählten sich Witze und schätzten die Gesellschaft von tüchtigen und erfolgreichen Männern (für Krol gab es nichts Schöneres als einen Tag auf dem Golfplatz und eine gute Zigarre).

Der hochgewachsene, sportliche Krol hatte Karol Wojtyła auf dem Zweiten Vatikanischen Konzil näher kennengelernt, an dem er sich als Staatssekretär beteiligte und einen großen Teil seiner freien Zeit damit zubrachte, sich mit dem Bischof aus Krakau auf polnisch zu unterhalten und spazierenzugehen. Auf dem Konklave, das Wojtyła zum Papst wählte, ließ Krol von Anfang an deutlich erkennen, daß die katholische Kirche in Nordamerika geschlossen hinter dem polnischen Kardinal stand.

Dieser Freundschaft verdankte es Krol, daß er ab dem ersten Tag des Pontifikats von Wojtyła in der Hierarchie der amerikanischen Kirche einen wichtigen Platz einnahm und deshalb zu den einflußreichsten amerikanischen Kardinälen gehörte. Seine Beziehungen zum Heiligen Stuhl waren ganz persönlicher Natur und gründeten sich zum Teil auf seine polnische Herkunft: Krols Vater war in Siekierczna bei Wadowice geboren; er und Wojtyła waren am 21. Juni 1967 zu Kardinälen berufen worden. Wojtyła hatte bei seiner Ernennung zum Kardinal darum gebeten, für den anderen neuen polnischen Kardinal Krol besondere Gebete sprechen zu dürfen. Sechs Monate später besuchte Wojtyła die Kirchengemeinde von Krols Vater und hielt eine Predigt, in der er daran erinnerte, daß »vor vielen Jahren die Vorfahren, die Eltern des Kardinals Jan Krol, aus diesem Land in die Neue Welt aufbrachen und in ihre neue Heimat das wertvolle Erbe Polens mitnahmen«.

Krol war zehn Jahre älter als der Papst und fühlte sich eng mit der Tradition der »älteren Brüder« verbunden, die in Wojtyłas Leben eine so bedeutende Rolle spielten. Schon als Kardinal und später im Vatikan hatte Wojtyła ein geradezu kindliches Vergnügen daran, mit Krol gemeinsame Stunden zu verbringen. Sie sangen polnische Lieder, tanzten, erzählten sich alte Geschichten aus der polnischen Folklore und unterhielten sich vergnügt in einem polnischen Dialekt, den sie beide beherrschten.

So war Krol auch zu etwas in der Lage, was keinem anderen Kirchenfürsten und natürlich auch keinem anderen Amerikaner möglich gewesen wäre: Er überzeugte Wojtyła davon, daß die Interessen Polens, des Vatikans und der Vereinigten Staaten in mancher Beziehung die gleichen waren. Damit gelang es ihm, etwaige Bedenken Wojtyłas gegenüber einer solch engen Beziehung zu amerikanischen politischen Führungskreisen auszuräumen.

Die vom Antimarxismus geprägte historische Beziehung, die sich zwischen einer weltlichen und einer geistigen Supermacht entwikkelte, führte zu einer engen Zusammenarbeit, die beiden Seiten großen Nutzen brachte, besonders im Hinblick auf Polen und Mittelamerika. Im Frühjahr 1981 begann die Reagan-Regierung mit einem intensiven Informationsaustausch auf höchster Ebene zwischen dem Weißen Haus und dem Papst, der regelmäßig von Casey und Vernon Walters, einem ehemaligen stellvertretenden Direktor der CIA, auf dem laufenden gehalten wurde. Im Verlauf von sechs Jahren trafen Walters und Casey etwa fünfzehnmal zu vertraulichen Gesprächen über beide Seiten interessierende Fragen mit dem Papst zusammen.

Das Urteil des Papstes, speziell über die Lage in Polen und in Mittelamerika, hatte großes Gewicht im Weißen Haus, bei der CIA und im nationalen Sicherheitsrat, vor allem aber bei Reagan selbst. Das war einer der Gründe, weshalb er so begierig auf die

Berichte von Walters und Casey nach deren Besuchen im Vatikan wartete.

Der Papst einerseits wurde eingeweiht in manche von der US-Regierung sorgsam gehüteten Geheimnisse und in die politischen Analysen amerikanischer Fachleute. Diese Informationen waren Ergebnisse der Satellitenaufklärung, wurden von Agenten des geheimen Nachrichtendienstes zusammengetragen und ergaben sich aus dem Anhören elektronischer Nachrichtenverbindungen sowie aus den politischen Gesprächen im Weißen Haus, im Außenministerium und bei der CIA. Der Papst wiederum unterrichtete die Vereinigten Staaten über seine Erkenntnisse.

General Walters sagte, er sei in den Jahren 1981 bis 1988 etwa alle sechs Monate mit dem Papst zusammengetroffen, habe ihn über nahezu jeden Aspekt der amerikanischen Politik unterrichtet und ihm den Inhalt der nachrichtendienstlichen Erkenntnisse auf militärischem, politischem und wirtschaftlichem Gebiet über alle den Vatikan interessierenden Themen zugänglich gemacht.

In den Gesprächen zwischen Walters und dem Papst wurde ein umfangreicher Themenkreis behandelt. Das ergibt sich aus den geheimen Telegrammen, die Walters dem Weißen Haus, dem Außenministerium oder der CIA nach jeder Reise schickte. Es ging dabei um Polen, Mittelamerika, den Terrorismus, die Innenpolitik in Chile, das Militärpotential Chinas, die Befreiungstheologie, Argentinien, den Gesundheitszustand von Leonid Breschnew (»Wir glauben, er ist schon etwas gaga«, sagte Walters zum Papst 1982), die Bemühungen Pakistans, eigene Kernwaffen zu entwikkeln, die Stärke der konventionellen Streitkräfte in Europa, die Unabhängigkeitsbestrebungen der Ukraine, die Verhandlungen im Mittleren Osten, die Unruhen in Sri Lanka, amerikanische und sowjetische Kernwaffen, den U-Boot-Krieg, Litauen, chemische Waffen, »neue sowjetische Technologie«, Libyen, den Libanon, die Hungersnot in Afrika, die Republik Tschad und die Außenpolitik der französischen Regierung, um nur einen Bruchteil der mehr als fünfundsiebzig Themen zu nennen, die in den geheimen Telegrammen erwähnt werden.

Indessen hatten William Casey und der Papst schon zu Beginn der Amtszeit des Präsidenten Reagan begonnen, vertraulich einen »geostrategischen Dialog«, wie der Direktor der CIA diese Unterredungen nannte, über Polen, die Sowjetunion und Lateinamerika zu führen.

Je ausführlicher der Papst über die Erkenntnisse des amerikanischen Nachrichtendienstes unterrichtet wurde, desto besser war es nach Auffassung der amerikanischen Regierung. »Reagan war fest davon überzeugt, daß dieser Papst dazu beitragen werde, die Welt zu verändern«, sagte Richard Allen. Es war auch Allen gewesen, der als erster erklärt hatte, die Beziehungen zwischen Reagan und dem Vatikan stellten »eines der bedeutendsten Geheimbündnisse aller Zeiten« dar. Obwohl dies eine Übertreibung war, traf es in gewisser Hinsicht auch wiederum zu, denn beide Seiten verfolgten ihre Ziele auf parallel verlaufenden Wegen: Sie hielten einander auf dem laufenden, berücksichtigten stets die Empfindsamkeiten des anderen, konsultierten einander, suchten nach einem gemeinsamen moralischen und politischen Boden, nutzten regelmäßig die enorme Leistungsfähigkeit ihrer Nachrichtendienste, beteiligten sich aber niemals offiziell an den gleichen geheimzuhaltenden Vorhaben.

»Was man von der katholischen Kirche lernen kann, ist die Tatsache, daß sie in der Lage ist, sich Informationen über die Gläubigen zu verschaffen«, hatte Allen dem Präsidentschaftskandidaten Reagan erklärt. »Das sind hervorragende Informationen. Ein idealer geheimer Nachrichtendienst sollte ähnlich eingerichtet werden wie der des Vatikans. Sein Nachrichtendienst ist absolut erstklassig.«

Während der Zeit dieser ungewöhnlich intensiven Zusammenarbeit zwischen dem Vatikan und den Vereinigten Staaten hat die Regierung Reagan die entschiedene Ablehnung der Abtreibung durch den Papst sehr wirksam unterstützt: Die mit Millionen von Dollars finanzierte Familienplanung wurde, wie der damalige amerikanische Botschafter beim Vatikan berichtete, mit Rücksicht auf den Papst nach Anordnung des Präsidenten eingestellt. Das änderte sich auch nicht, nachdem Bush Präsident geworden war.

Im übrigen schien der Papst die Politik der Vereinigten Staaten bei der wichtigsten Maßnahme auf dem Gebiet der Abrüstung, der Stationierung einer neuen Generation von Marschflugkörpern in Westeuropa durch die NATO, stillschweigend zu unterstützen. Er tat es trotz des offenen Widerstands seiner amerikanischen Bischöfe, nachdem er sich ausführlich von Walters und Casey hatte unterrichten lassen und der Präsident den Heiligen Vater, den Erzbischof Laghi und Kardinal Krol ausdrücklich darum gebeten hatte.

Auch von Walters und Casey erhielt der Vatikan bestimmte, vom geheimen Nachrichtendienst über das Abhören von Telefongesprächen beschaffte Meldungen über Priester und Bischöfe in Nicaragua und El Salvador, die sich für die Befreiungstheologie einsetzten und aktiv gegen die von den Vereinigten Staaten unterstützten lokalen Kräfte opponierten. Auf Anordnung von Casey leisteten Oberst Oliver North vom Stab des nationalen Sicherheitsrats und andere geheime Zahlungen an gegenüber dem Papst loyale Priester des »Establishments« in Mittelamerika. Zwar läßt sich nicht nachweisen, daß Wojtyła etwas von diesen finanziellen Transaktionen wußte, aber Präsident Reagan war darüber unterrichtet worden.

Warschau

In der polnischen Hauptstadt hatte es General Jaruzelski mit einem Problem zu tun, das ihn noch stärker belastete als »Solidarność«, nämlich Moskau. Die Männer im sowjetischen Politbüro wußten kaum etwas über Polen, seine Geschichte oder die Situation, vor der Jaruzelski und die führenden Männer in seinem Land jetzt standen. Die größten Sorgen aber bereitete es ihm, daß sie keine Ahnung von der katholischen Kirche und ihrer Rolle in der politischen Gesellschaft hatten. »Solidarność« mochte für den Sozialismus zwar eine gewisse Belastung darstellen, aber nach seiner Überzeugung konnte der Kreml Polen und die Welt in eine Katastrophe führen.

Am 4. März 1981 waren er und Kania in den Kreml gerufen und von Breschnew und den ranghöchsten Mitgliedern des Politbüros abgekanzelt worden. Das waren Gromyko, Andropow, Suslow, Ustinow, Rusakow und Tichonow. Man hatte ihn mit äußerster Schroffheit behandelt und fragte ihn, wann er das Kriegsrecht ausrufen werde, weshalb er die Aufrührer nicht habe festnehmen lassen und ob die Polen nicht begriffen hätten, daß die Partei ihr

Ansehen in der Bevölkerung verloren habe. Hätten sie denn nicht gespürt, daß ihre Verbündeten empört seien? Weshalb hätten sie der Kirche nachgegeben? Hätten sie nicht erkannt, daß der Papst ein Instrument der Westmächte sei und die Opposition *verkörperte*?

Anschließend veröffentlichten die polnische und die russische Presse eine amtliche Verlautbarung, in der erklärt wurde, man sei sich darin einig, daß die Verteidigung des Kommunismus in jedem Land – und auch in Polen – für die »ganze sozialistische Gemeinschaft entscheidend ist... Die sozialistische Gemeinschaft ist unauflöslich.« Das entsprach, wie Jaruzelski sofort erkannte, ganz der Breschnew-Doktrin und war ein Echo seines Versuchs, den Einmarsch in die Tschechoslowakei im Frühjahr 1968 zu rechtfertigen.

Bei praktisch jedem Gespräch, das Jaruzelski seit der Gründung von »Solidarność« mit Breschnew geführt hatte, hatte sich der sowjetische Präsident über die Rolle der Kirche und des Papstes beschwert.

»Breschnew, Gromyko, Ustinow und die sowjetische Nomenklatura glaubten, zwischen dem Vatikan und dem Westen enge ideologische Beziehungen zu sehen«, erinnerte sich Jaruzelski später, »und das war immer der Hauptinhalt unserer Gespräche. Sie hatten sehr primitive Vorstellungen.« Nahezu jedesmal wenn er den Telefonhörer aufhob, war einer der »brüderlichen Verbündeten« oder ein Anrufer aus Moskau am Apparat, der wissen wollte, weshalb er der Kirche dieses oder jenes Zugeständnis gemacht habe. Warum erlaubte man der Kirche, ihre Gottesdienste im Rundfunk übertragen zu lassen? (Die Regierung hatte dieser Regelung bei den Verhandlungen über die Beilegung der Streiks im August zugestimmt.) Weshalb gab es Priester in den Fabriken? Und was noch schlimmer war – Jaruzelski hatte das Gefühl, daß ihm ständig irgendwelche Politiker, Generäle oder andere Vertreter der Länder des Warschauer Pakts über die Schulter schauten. Sie alle wurden von der Kirche vor ein unlösbares Rätsel gestellt: Wenn man wußte, daß sie sich mit »Solidarność« verbündet hatte, weshalb räumte man ihr so viele Freiheiten ein? Man sollte die Bischöfe strenger beaufsichtigen, ihre Autorität einschränken, die Priester aus den Fabriken entfernen, den Dialog mit der Kirche verweigern und die Priesterseminare schließen.

Jaruzelski wußte, daß die Dinge wesentlich komplizierter lagen, aber die Genossen in Moskau, Berlin, Prag und Budapest schienen ihn zu einer einfachen Lösung zu drängen, die nur zu Blutvergießen führen konnte. Dann würden Polen gegen Polen oder, was noch schlimmer wäre, russische Soldaten und Truppen des Warschauer Pakts auf den Straßen gegen Polen kämpfen. Das wäre ein Bürgerkrieg innerhalb der polnischen Armee. Die sowjetische Führung hatte offensichtlich nicht begriffen, daß es in dieser Situation unmöglich war, den Frieden *ohne* die Kirche zu bewahren.

Jaruzelski und Kania hatten wiederholt versucht, diese Gefahren Breschnew, Gromyko und jenen Delegationen begreiflich zu machen, die das sowjetische Politbüro immer wieder nach Warschau schickte. Nun, als es 1981 in Polen Frühling wurde, kam es zu neuen Demonstrationen, und »Solidarność« rief sogar zum Generalstreik auf. Nie zuvor war »Solidarność« so stark von der Bevölkerung unterstützt worden. Sowjetische Truppen führten wieder ihre »Manöver« durch. Einheiten der Armeen der Warschauer-Pakt-Staaten landeten an der polnischen Ostseeküste und hielten darüber hinaus militärische Übungen an anderen Stellen auf polnischem Territorium ab. Wieder warnte der Westen die Sowjetunion vor den Folgen einer Intervention. Jaruzelski glaubte, er und Kania müßten mit dem Politbüro sprechen, um die Sowjets zur Zurückhaltung zu bewegen und ihnen die jüngsten von der Warschauer Regierung ergriffenen Maßnahmen zu erklären, besonders im Hinblick auf die Kirche, die in den zwei Wochen zuvor bei den Verhandlungen zwischen der Regierung und den Gewerkschaften eine größere Rolle gespielt hatte.

Es überraschte dabei nicht, daß Jaruzelski viel über die einzelnen Mitglieder des Politbüros und besonders über ihre Ablehnung der Kirche nachgedacht hatte.

Von den Männern im Kreml waren Ustinow (der Jaruzelski den »General Liberal« nannte), Suslow, Tschernenko und Ligatschew besonders aggressiv in ihren Angriffen gegen den Papst und die Kirche. Schließlich hatten westliche Politiker und nicht der Heilige Geist die Bischöfe veranlaßt, ihre Stimme für Wojtyła abzugeben: In Moskau war das ein Glaubensartikel, und die vier oben Genannten ließen nicht nach, Jaruzelski daran zu erinnern. Sie glaubten, Zbigniew Brzeziński habe mit Unterstützung des Kardinals Krol die Wahl von Johannes Paul II. manipuliert.

Was nun Breschnew betraf, so hatte er nach Überzeugung von Jaruzelski

> als junger Mann an der Revolution teilgenommen. Deshalb war er in seiner Jugend an den leidenschaftlichsten und schärfsten ideologischen Auseinandersetzungen gegen die Kirche beteiligt gewesen, und dabei war man sehr brutal vorgegangen. Er bekämpfte auch die Kirche in der Ukraine, wo er viele Jahre gearbeitet hatte. Er gehörte daher zu jenen Bolschewiken, die den Atheismus und die kirchenfeindliche Haltung mit der Muttermilch eingesogen hatten. Wenn er über die Kirche sprach, dann war sie für ihn eine feindliche Macht... nicht nur ein ideologischer Feind, sondern auch ein politischer.

Die »brüderlichen Genossen« begriffen die einzigartige Stellung des Katholizismus in Polen ebensowenig.

> Sie waren sich nicht der inneren Stärke der Kirche in Polen bewußt. Die Kirche in Rußland war praktisch machtlos. Die Kirche in der Tschechoslowakei war schwach und innerlich zerstritten... Die Kirche in Ungarn war sozusagen befriedet worden... In Bulgarien gab es praktisch keine Probleme, und in Rumänien noch weniger. Die rumänischen Bischöfe beugten sich vor Ceauçescu. In dieser Hinsicht war Polen daher eine Ausnahme, und deshalb haben uns unsere Verbündeten in Moskau und anderswo nicht verstanden. Immer wieder fragten sie: »Wie kommt es, daß jedermann mit der Kirche auskommen kann, nur ihr nicht?«

Jaruzelski erinnerte sich in diesem Zusammenhang besonders an eine Aussage von Breschnew:

> Die Kirche dehne ihren Einfluß aus, und dadurch würde die Situation in Polen noch schwieriger, aber dennoch genehmigten wir zahlreiche Kirchenbauten und kapitulierten da-

mit vor der Kirche. Doch letztendlich sei die Kirche unser Feind, sagte Breschnew; früher oder später wird sie *uns im Hals steckenbleiben, und wir werden daran ersticken.*

Am 30. März mußte Ronald Reagan sehr viel an Polen und den Papst denken. Während der Besprechung um neun Uhr morgens im ovalen Zimmer ließ er sich die neuesten Berichte des Geheimdienstes über Polen vorlegen: Zwei Tage zuvor war der polnische Luftraum gesperrt worden, um weitere Manöver von Truppen des Warschauer Pakts zu ermöglichen. In der DDR waren alle offenen Güterwagen vom Militär beschlagnahmt worden. Entlang der polnischen Grenze waren hundertfünfzigtausend Soldaten der Sowjetunion, der DDR und der anderen Länder des kommunistischen Blocks zusammengezogen und auf einen Einmarsch vorbereitet worden. Der amerikanische Verteidigungsminister Weinberger hatte öffentlich erklärt, die Vereinigten Staaten würden den Einsatz militärischer Kräfte nicht ausschließen, wenn fremde Truppen in Polen einmarschierten – eine Zusicherung, die beim amerikanischen Außenminister Haig große Besorgnis auslöste, weil von einem bewaffneten amerikanischen Gegenschlag nicht die Rede sein konnte.

Am Nachmittag sollte der Präsident Vertreter des Gewerkschaftsverbandes für Bauwesen und Handel empfangen, im Grunde eine Routineangelegenheit im politischen Alltagsgeschäft. Angesichts der Rolle, die diese größte amerikanische Arbeitnehmerorganisation bei der Unterstützung der polnischen Arbeiterbewegung gespielt hatte, wollte Reagan das Treffen zum Anlaß nehmen, einige Sätze über Polen und seine Arbeiter zu sagen. Doch gerade jetzt war Polen eine Zeitbombe und befand sich in einer bis dahin noch nie dagewesenen Situation: Millionen polnischer Arbeiter und Arbeiterinnen hatten am 27. März einen vier Stunden dauernden Streik ausgerufen, den machtvollsten Protest gegen eine kommunistische Regierung seit dem Zweiten Weltkrieg. Im ganzen Land war alles zum Stillstand gekommen. Reagan hatte schon immer geglaubt, der Kommunismus werde an seiner eigenen inneren Schwäche zusammenbrechen, und diese Überzeugung schien sich jetzt als zutreffend zu erweisen.

Über die ungewöhnlich guten geheimen Nachrichtenverbindungen zwischen dem Weißen Haus und der päpstlichen Residenz erfuhr Reagan, daß der Papst am 23. Februar Breschnew einen Brief geschrieben und ihn ermahnt hatte, die Souveränität Polens und die Rechte von »Solidarność« zu respektieren. Es gab Gerüchte (wahrscheinlich waren sie unbegründet, wurden aber in Polen von vielen geglaubt und von einigen Persönlichkeiten im Vatikan bestätigt), daß der Papst bei einem militärischen Eingreifen der Sowjetunion in sein Heimatland eilen und sich persönlich zwischen sein Volk und die russischen Panzer stellen würde.

Am selben Nachmittag forderte der Präsident am Ende seiner Ansprache vor dem Gewerkschaftsverband der Bauarbeiter im Hotel Hilton in Washington diesen auf, seine Pläne für eine militärische Aufrüstung zu unterstützen. Nach kurzer Unterbrechung seiner Rede sprach er den polnischen Arbeitern seine besondere Anerkennung aus. »Ihr Mut erinnert uns nicht nur an unsere kostbare Freiheit, die wir bewahren und schützen müssen, sondern auch an den Geist, der jeden von uns überall und jederzeit beflügelt.« Seine Worte wurden mit begeistertem Beifall aufgenommen. »Die polnischen Arbeiter haben es als ihre Aufgabe erkannt, die allgemeingültigen Grundsätze der Menschenrechte zu schützen«, fuhr er fort, »und sie erinnern uns daran, daß sich die guten Menschen auf dieser Erde stets durchsetzen werden.«

Als der Präsident wenige Minuten später vor dem Hotel in seinen Wagen steigen wollte, wurde er von John Hinckley in die Brust geschossen und schwer verwundet. Männer des Geheimdienstes schoben ihn in den Wagen und rasten mit ihm in die George-Washington-Universitätsklinik.

Als der Papst in Rom davon hörte, betete er für Reagans Genesung und schickte ihm sofort einen persönlichen Brief, in dem er schrieb, er werde für ihn beten, und seine guten Wünsche begleiteten den Präsidenten.

In der Klinik entfernten die Chirurgen das Geschoß, das in Reagans Lunge steckengeblieben war – nur anderthalb Zentimeter neben seinem Herzen und neben der Aorta. Wenn die Hauptschlagader getroffen worden wäre, hätte das seinen sicheren Tod bedeutet.

Die Ärzte sagten, es sei »ein Wunder«, daß er am Leben geblieben war.

Am 2. April eröffnete der Vorsitzende Breschnew die Sitzung des Politbüros mit einer Tirade.

»Wir alle machen uns große Sorgen um die möglichen Folgen der Ereignisse in Polen«, sagte er. »Das schlimmste ist, daß unsere Freunde auf unsere Empfehlungen hören und ihnen zustimmen, aber praktisch nichts unternehmen. Zusätzlich befindet sich die Konterrevolution an allen Fronten in der Offensive.«

Zudem beunruhigte Breschnew die jüngste Vereinbarung zwischen der Regierung und den Gewerkschaften, die drei Tage zuvor auf Drängen des Papstes und die Vermittlung der Bischöfe getroffen worden war. »Unsere Freunde haben einen [zweiten] Generalstreik abwenden können«, sagte Breschnew. »Aber zu welchem Preis? Auf Kosten einer weiteren Kapitulation vor der Opposition.« Die Regierung hatte der Gründung einer neuen Bauerngewerkschaft unter der Bezeichnung »Bäuerliche Solidarität« sowie der Ermittlung gegen und Bestrafung von Polizisten zugestimmt, die in der Stadt Bydgoszcz gegen eine Demonstration vorgegangen waren. Dennoch äußerten viele Gewerkschaftsmitglieder ihre Besorgnis, daß ihre Führung sich bereit gefunden hatte, den Generalstreik dann abzusagen, als der Einfluß von »Solidarność« am stärksten war, und auf weitere Forderungen verzichtet hatte, zu denen auch die Entlassung von Gefangenen gehörte, die in den Jahren 1976 bis 1980 wegen gegen die Regierung gerichteter Aktivitäten verhaftet worden waren.

Jetzt unterrichtete Breschnew die Genossen verärgert über sein letztes Telefongespräch mit Kania, der sich verletzt fühlte, weil die Politik seiner Regierung und ihre Nachgiebigkeit gegenüber »Solidarność« vom Plenum des 26. Parteikongresses scharf kritisiert worden war. Breschnew äußerte sich dazu wie folgt:

> Ich habe ihm sofort erwidert: »Diese Kritik war berechtigt. Man hätte Sie nicht nur kritisieren, sondern Ihnen eine gehörige Tracht Prügel verabreichen sollen. Dann hätten Sie vielleicht begriffen, worum es ging.« Das waren meine Worte. Genosse Kania gab zu, daß man zu nachsichtig gewesen sei und härter hätte vorgehen sollen.

> Dazu sagte ich ihm: »Aber wie oft haben wir Ihnen gesagt, Sie müßten entschlossener vorgehen und ›Solidarność‹ nicht ständig nachgeben. Sie alle bestehen darauf, die Probleme auf friedlichem Wege zu lösen, und begreifen nicht oder wollen nicht begreifen, daß diese Art der Nachgiebigkeit, für die Sie sich einsetzen, zu Blutvergießen führen kann.«

Was Verteidigungsminister Ustinow den anderen Mitgliedern des Politbüros dazu sagte, war ernüchternd:

> Ich glaube, daß sich ein Blutvergießen nicht wird vermeiden lassen. Es wird dazu kommen. Und wenn wir uns davor fürchten, dann werden wir uns gezwungen sehen, eine Position nach der anderen aufzugeben. *Aber dann könnte es dazu kommen, daß wir auf alle Errungenschaften des Sozialismus verzichten müssen.*

Und so kam es am 2. April 1981, vierundsechzig Jahre nach der bolschewistischen Revolution und knapp acht Monate nachdem die Leninwerft in Danzig von den Arbeitern besetzt worden war, dazu, daß die Männer im Kreml das Unvorstellbare ins Kalkül zogen, weil sie sich sorgten, daß alle Errungenschaften des Sozialismus und der Revolution Lenins vergeblich gewesen sein könnten.

Das war sehr viel schlimmer als jede andere Revolte oder Opposition, mit der es die Sowjets nach dem Krieg zu tun gehabt hatten. Im Gegensatz zu den Jahren 1956 und 1968 waren die Optionen der Sowjets sehr begrenzt, und zwar durch Afghanistan, durch die Art und Weise, wie die Sache von »Solidarność« in der ganzen Welt und sogar von der Linken aufgenommen worden war, durch den Verlust des Überraschungsmoments im Falle einer militärischen Intervention und durch die Verschlechterung der wirtschaftlichen und gesellschaftlichen Bedingungen in der Sowjetunion. Der Westen demonstrierte seine Bereitschaft, mit rigorosen Sanktionen gegen die Sowjets vorzugehen, wenn diese intervenieren sollten: nämlich wirtschaftliche, politische, gesellschaftliche und moralische Strafmaßnahmen zu ergreifen. Seit Wochen führte die britische Premierministerin Margaret Thatcher

Telefongespräche mit anderen führenden Politikern im Westen und versuchte sie davon zu überzeugen, einen gemeinsamen Aktionsplan zu entwickeln. Die Vereinigten Staaten hatten die Sowjets davor gewarnt, während der Genesungszeit Reagans zu versuchen, sich gegenüber Polen Vorteile zu verschaffen. Der Papst war ein weiterer und sehr gewichtiger Faktor, und man fragte sich, ob er es tatsächlich wagen werde, nach Polen zu kommen und sich persönlich einer Invasionsarmee in den Weg zu stellen.

Am 28. März meldete sich der sowjetische Botschafter in Rom zu einem dringenden Gespräch mit dem Papst an und sprach zwei Stunden mit ihm. Anschließend sagte Johannes Paul II. dem Kardinal Casaroli, die Sowjetunion habe sich verpflichtet, die folgenden sechs Monate nicht zu intervenieren, wenn der Vatikan mäßigend auf Polen einwirken könne. Vermutlich sollten Möglichkeiten gefunden werden, »Solidarność« davon zu überzeugen, auf die Ausrufung weiterer wirtschaftsschädigender Streiks in Polen zu verzichten. Der Papst hatte bereits einen diesbezüglichen Brief an Kardinal Wyszyński geschrieben, der am selben Morgen im *Osservatore Romano* veröffentlicht wurde: »Alle friedliebenden Nationen sind davon überzeugt, daß die Polen das unbestreitbare Recht haben, ihre Probleme mit eigenen Mitteln zu lösen.« Was dies für die Sowjetunion bedeutete, war offensichtlich.

Die »große Mehrheit« der arbeitenden Menschen in Polen sei sich, wie der Papst betonte, »der Tatsache bewußt, daß es notwendig ist, fleißig zu arbeiten, um die wirtschaftlichen Schwierigkeiten des Landes zu überwinden. Die Menschen wollen arbeiten und nicht streiken.« Er drängte auf »eine Vereinbarung ... zwischen den staatlichen Behörden und den Vertretern der arbeitenden Bevölkerung, um den inneren Frieden zu stärken und zu den Grundsätzen zurückzukehren, über die man sich im vergangenen Herbst geeinigt hat«.

Die Lösung, auf die man sich wenige Tage später einigte und über die sich Breschnew so sehr geärgert hatte, entsprach den Vorstellungen des Papstes, bestätigte die in Danzig gefaßten Beschlüsse und stärkte den Einfluß von »Solidarność«. Dafür hatten die Gewerkschaften ihre Pläne für einen Generalstreik aufgegeben und eine neue Konfrontation vermieden.

Die vom Papst erwähnten »Grundsätze« bedeuteten, wie jeder im Politbüro wußte, die Anerkennung der Legitimität von »Solidarność« als Vertretung der Arbeiterklasse, das heißt ein antikommunistisches Bündnis der Arbeiter in einem von der »Klasse der Werktätigen« geprägten Staat. Juri Andropow, der als Mitglied des Sonderausschusses für Polen und Chef des KGB besser als jeder andere im sowjetischen Politbüro über die Lage in Polen unterrichtet war, stellte das Problem auf der Sitzung am 2. April wie folgt dar:

> »Solidarność« beginnt jetzt, eine Position nach der anderen zu erobern. Wenn eine außerordentliche Sitzung [des polnischen Parlaments] einberufen wird, dann darf man die Möglichkeit nicht ausschließen, daß sie vollständig von den Vertretern der »Solidarność« beherrscht werden wird, die nun auf unblutige Weise die Macht übernehmen kann.

Indessen hatte sich, wie Ustinow berichtete, die Situation in der polnischen Armee »geringfügig verschlechtert. Man hat eine größere Zahl alter Wehrpflichtiger durch neue ersetzt, von denen die meisten mit ›Solidarność‹ sympathisieren und damit den Einfluß der Armee verringern. Wir glauben, daß wir die alten Wehrpflichtigen in der polnischen Armee behalten und sie nicht entlassen dürfen. Aber die Polen wollen das nicht.«

»Wir müssen ihnen sagen, was es bedeutet, das Kriegsrecht auszurufen, und alles erklären«, sagte Breschnew.

»Richtig«, erwiderte Andropow und folgte damit dem Urteil des kranken Greises, dessen Nachfolger er im folgenden Jahr werden sollte. »Wir müssen ihnen sagen, daß das Kriegsrecht eine Ausgangssperre, eine Einschränkung der Bewegungsfreiheit in den Straßen der Stadt, eine Stärkung der Staatssicherheit in den Einrichtungen der Partei, in den Fabriken und dergleichen bedeutet. Der unter dem Druck der führenden Männer von ›Solidarność‹ stehende Jaruzelski befindet sich in einer sehr unangenehmen Lage, während Kania in letzter Zeit angefangen hat, immer mehr zu trinken. Das ist sehr traurig. Zugleich«, fuhr er fort,

»möchte ich darauf hinweisen, daß sich die Ereignisse in Polen auch auf die westlichen Gebiete unseres Landes auswirken, besonders in vielen weißrussischen Dörfern, in denen man den polnischen Rundfunk und das polnische Fernsehen gut empfangen kann ... In einigen anderen Gebieten, besonders in Georgien, ist es zu spontanen Demonstrationen gekommen. Vor nicht langer Zeit sind Demonstranten in Tblissi [Tiflis, der georgischen Hauptstadt], antisowjetische Parolen rufend, durch die Straßen gezogen. Auch hier werden wir strenge Gegenmaßnahmen ergreifen müssen.«

Nachdem Jaruzelski im Februar auf Verlangen der Sowjets zum Ministerpräsidenten ernannt worden war, hatte er praktisch alle Tage und Nächte damit zugebracht, in Warschau einen Ministerrat zu etablieren, besonders während der Krise in den vergangenen zwei Wochen. Er nächtigte in einem kleinen Raum neben seinem Büro und hatte seine Familie tagelang nicht mehr gesehen.

Die Anspannung als Folge der unaufhörlichen kommunistischen Kritik an der polnischen Führung zeigte sich sehr deutlich, denn selbst hinter der dunklen Brille, mit der er seine Augen abschirmte, konnte Jaruzelski seine Müdigkeit nicht verbergen. Die jüngsten Angriffe aus Moskau, Prag, Berlin und der Vertreter einer harten politischen Linie in der polnischen Partei waren so heftig gewesen wie noch nie. »Solidarność« hatte sich nicht nur in Polen durchgesetzt, sondern erregte auch außerhalb des Landes immer mehr Aufmerksamkeit. Er spürte, daß das dem Kreml ebenfalls nicht paßte. Anfang der Woche hatte Kania ihm gesagt, Breschnew habe ihn angerufen und verlangt, gegen »Solidarność« vorzugehen, und vorgeschlagen, die Regierung solle zwei geheime Waffenlager der Gewerkschaft »entdecken«.

Das erinnerte ihn an die Vorgänge in der Tschechoslowakei im Jahr 1968, als die Sowjets unter einem ganz ähnlichen Vorwand einmarschiert waren, was »wahrscheinlich den geistigen Zustand erklärt, in dem ich mich am 3. April befand«, sagte er später. Am selben Nachmittag teilte Kania ihm mit, daß sie sich in wenigen Stunden mit »einem von Breschnews Stellvertretern« treffen würden. »Das Treffen muß absolut geheimgehalten werden, Ort und Zeit werden erst im letzten Augenblick bekanntgegeben.«

Angesichts der Erfahrungen des tschechischen Präsidenten Alexander Dubček, der nach Moskau beordert und dort verhaftet worden war, rief Jaruzelski seinen Freund, den General Michal Janiszewski, an und bat ihn, sich nötigenfalls seiner Frau und seiner Tochter anzunehmen.

> Ich konnte ihm nicht mehr sagen, glaubte aber, er wußte, was meine Bitte bedeutete. Denn als wir uns trennten – nachdem er vergeblich versucht hatte, mich zu überreden, daß ich ihn mitnehmen solle –, tat er etwas für ihn ganz Ungewöhnliches: Er umarmte mich wortlos.

In Begleitung von nur einem Adjutanten, dem Jaruzelski eine Pistole und eine Giftgas-Handgranate anvertraut hatte, ging er nun zum Büro von Kania, und alle drei fuhren zum Militärflughafen von Okecie.

Es war gegen 19.00 Uhr. Ein einziges Flugzeug stand auf der Rollbahn: eine Tupolew 134 ohne Kennzeichen. Weder der rote Stern der Roten Armee noch der Schriftzug »Aeroflot« waren zu sehen. Ein Generalstabsoffizier der Streitkräfte der Warschauer-Pakt-Staaten wartete am Fuß der Gangway.

Auf dem knapp einstündigen Flug flog die Maschine einen Umweg, bevor sie bei Brest-Litowsk die sowjetische Grenze überquerte.

> Als die Maschine landete [erinnerte sich Jaruzelski], konnte ich nur feststellen, daß die Flughafengebäude sehr weit von uns entfernt waren, denn ihre Beleuchtung war kaum zu erkennen. Drei Wagen warteten auf uns. Es waren drei »Wolgas« mit zugezogenen Fenstervorhängen, aber ohne polizeiliche Kennzeichen. Die Leute, die uns empfingen, waren nicht uniformiert, sondern Zivilisten, die ihre Papiere nicht erst vorzuzeigen brauchten, um sich als Mitglieder des KGB auszuweisen. Wir stiegen in den ersten Wagen (mein Adjutant weigerte sich, uns zu verlassen) und fuhren sofort ab. Ich hatte keine Ahnung, wo wir uns befanden. An den Straßen standen keine Wegweiser, und das verstärkte in mir das Gefühl, auf irgendeinem unbekannten Planeten gelan-

det zu sein. Nach einiger Zeit bogen unsere Fahrzeuge auf eine schmale ungepflasterte Straße ein, die bei einem großen, aus roten Ziegeln errichteten Gebäude endete – halb Festung und halb Gefängnis. In diesem Augenblick sagte ich mir, dies könnte eine Reise ohne Wiederkehr sein. Ohne ein Wort zu sagen, wandte ich mich Kania zu, der offenbar das gleiche dachte.

Im Licht der Scheinwerfer des Wagens konnte Jaruzelski drei sowjetische Eisenbahnwaggons erkennen. Die Fahrzeugkolonne hielt davor an, und als die Wagentüren für Kania und Jaruzelski geöffnet wurden, traten zwei Männer aus dem ersten Waggon heraus, um sie zu begrüßen.

Es waren Andropow und Ustinow, der Chef des KGB und der Verteidigungsminister. »In einem System, in dem jeder Vorgang etwas Bestimmtes ausdrückt, ist es klar, was das bedeutet«, überlegte Jaruzelski. Er und Kania folgten ihren »Gastgebern« in den Eisenbahnwaggon.

Die Lage der Bahngleise, die in unmittelbarer Nähe der Stadt Brest-Litowsk die sowjetische Grenze überquerten, hätte nicht deutlicher zum Ausdruck bringen können, in welch unangenehmer Situation sie sich befanden: Polen mit seinen siebenunddreißig Millionen Einwohnern und einer Größe von 312 683 Quadratkilometern war nicht nur das größte der Länder, die in Jalta der Einflußsphäre der Sowjetunion zugesprochen worden waren, sondern für die Sowjets auch nach der DDR der westliche und, über beide deutsche Staaten hinaus, nach Westeuropa führende Korridor. Als Gromyko mit aller Bestimmtheit erklärt hatte: »Wir dürfen Polen nicht verlieren«, hatte er das Offensichtliche nicht erwähnt: Ohne Polen und die dort stationierten sowjetischen Truppen könnte die UdSSR ihre Vorherrschaft im kommunistischen Ost- und Mitteleuropa nicht aufrechterhalten.

Die vier Teilnehmer an dem geheimen Treffen in jener Nacht – Kania, Jaruzelski, Ustinow und Andropow – waren sich sehr wohl bewußt, was die Situation Polens in besonderer Weise auszeichnete: Die schwächste kommunistische Partei im Ostblock wurde von der stärksten katholischen Kirche in Europa in den Schatten gestellt.

Die beiden Polen folgten nun ihren Gastgebern in einen luxuriös ausgestatteten und für wichtige Sitzungen bestimmten Salon mit einem großen, grünbezogenen rechteckigen Tisch. An diesem Tisch standen Lehnsessel und Sofas und dahinter ein langes, üppiges Büfett. Jaruzelski berichtete später: »Da gab es Berge von belegten Broten, reichlich Tee, Kaffee und Bier, Brötchen mit Kaviar, Fisch und Fleisch. Es war ein hervorragendes Essen, und es herrschte eine durchaus angenehme Atmosphäre.«

Die Unterredung verlief weniger erfreulich. Sechs Stunden lang – bis drei Uhr morgens – zählten Ustinow und Andropow die Sünden der Polen auf und erklärten, sie könnten nur verziehen werden, wenn in Polen das Kriegsrecht ausgerufen würde.

Sosehr Jaruzelski und Kania sich auch wehrten, die Russen blieben hart. Hatten denn die polnischen Genossen nicht begriffen, daß die vom Papst und vom Westen unterstützten antisozialistischen Kräfte sich darauf vorbereiteten, die Macht zu übernehmen? »Solidarność« sei eine illegale Organisation, und das Militär müsse gegen die Feinde des Sozialismus mobilisiert werden. Streiks und Protestdemonstrationen seien zu verbieten und die Partei zu verjüngen; die Kirche müsse wieder ihre eigentliche Rolle übernehmen, dem Glauben zu dienen, und habe sich gefälligst aus der Politik herauszuhalten.

»Sie behaupteten, wir hätten unsere Verpflichtungen und Zusagen nicht erfüllt und hätten kaum etwas gegen die Konterrevolution unternommen«, erklärte Jaruzelski später und fügte hinzu: »Und sie behaupteten, wir hätten der Kirche eine zunehmend wichtigere Rolle zugestanden.«

»In vielen Ländern«, sagte Ustinow ihnen, »werden, sobald Unruhen entstehen oder die Lage unübersichtlich wird, außergewöhnliche Maßnahmen ergriffen, oder es wird das Kriegsrecht ausgerufen. Nehmen wir Jugoslawien: Im Kosovo kam es zu einer Demonstration, es wurde das Kriegsrecht verkündet, und niemand hatte etwas dazu zu sagen. Wir können nicht verstehen, weshalb die Polen sich davor fürchten, daß das Kriegsrecht ausgerufen werden könnte.«

Den Grund hierfür hatte die politische Führung Polens wiederholt zu erklären versucht. Kania räumte ein, die jüngsten Ereignisse, besonders die Drohung mit einem Generalstreik und die

Geschehnisse in Bydgoszcz, hätten gezeigt, daß die Konterrevolution gegenwärtig stärker war als die Kräfte der Partei. Aber sowohl er als auch Jaruzelski baten darum, ihnen Zeit zu lassen – mit der Begründung, daß ein Eingreifen von Truppen des Warschauer Pakts »absolut unmöglich« und es ebenso undenkbar sei, daß die polnische Regierung ihr eigenes Volk unter das Kriegsrecht stellte. Dann würde die Regierung »mißverstanden« und schließlich jeden Einfluß verlieren. »Ja, die Kirche hatte in der Tat sehr viel Einfluß«, erinnerte sich Jaruzelski eingeräumt zu haben, »aber vor allem als Friedensstifterin: Sie wollte die sozialistischen Kräfte nicht herausfordern. Wir baten unsere Gesprächspartner, uns Zeit zu lassen, unsere Probleme selbst auf unsere Weise zu lösen.«

Andropow und Ustinow hörten geduldig an, wie Jaruzelski und Kania ihre außergewöhnliche Lage zu erklären suchten. Jaruzelski behandelten die Russen sehr höflich und redeten ihn mit »General« an, auch wenn das, was sie ihm zu sagen hatten, für ihn nicht gerade erfreulich war, während sie Kania bei seinem Vornamen Stanisław nannten. Doch Jaruzelski erinnerte sich, daß

> diese alten Burschen nicht erkannten, daß die heilige Flamme zu flackern begann. Sie konnten nicht begreifen, daß die Menschen in Polen und anderswo angefangen hatten, die Dogmen des Systems in Frage zu stellen. Die Vorstellung, daß die Aufgabe der Gewerkschaften nicht nur darin bestand, die Verbindung zur Partei herzustellen, war für sie Ketzerei. Wir versuchten – und wenn ich sage »wir«, dann meine ich die führenden Persönlichkeiten, die sich darum bemühten, die Danziger Vereinbarungen mit Leben zu erfüllen und der neuen politischen Linie der Partei zu folgen –, den Sowjets die besondere Situation Polens verständlich zu machen. Aber sie wollten uns nicht verstehen.

Indessen hörte Jaruzelski in dem luxuriös ausgestatteten Salonwagen konzentriert zu, wie Ustinow und Andropow erneut mit einem militärischen Eingreifen drohten. Ihr Ton war kühl, ihre Wortwahl präzise.

»Das Entscheidende war ihr Beharren darauf, eine Intervention vorbereiten zu müssen«, erinnerte sich Jaruzelski. »Ich hatte im vergangenen Dezember meine eigenen Erfahrungen gemacht und ließ mir das, was ich beim sowjetischen Einmarsch in Ungarn und der Tschechoslowakei erlebt hatte, noch einmal durch den Kopf gehen. Ich wußte, daß solche Entscheidungen in den letzten fünf Minuten getroffen werden, wenn niemand darauf vorbereitet ist. Ich war überzeugt, daß es jetzt das Wichtigste war, die ganze Lage, die äußeren Umstände und die Logik der Abfolge der Ereignisse richtig zu beurteilen. ›Wir können unsere Zustimmung nicht dazu geben, daß eine im Warschauer Vertrag enthaltene Vereinbarung nicht eingehalten wird‹, sagten sie.«

Indessen konzentrierte sich Jaruzelski mit seinem besonderen Sinn für strategische Zusammenhänge als General und nicht als Ministerpräsident auf eine bedeutsame Einzelheit: Als im Dezember »die russischen Lazarette in der Nähe unserer Grenze geräumt wurden, um dort polnischsprachige Reservisten unterzubringen, gab es zwei Garnisonen des Warschauer Pakts, in denen besondere Aufklärungsverbände stationiert waren« – ein Vorauskommando, das den Einmarsch anderer nicht polnischsprachiger Streitkräfte in das Land vorbereiten sollte. »Sie dürfen nicht vergessen, daß wir keine gemeinsamen Grenzen mit westlichen Ländern haben«, fuhr er fort. Polen lag inmitten dreier sozialistischer Länder. »Und erinnern Sie sich daran, daß die Tschechoslowakei und Ungarn an NATO-Staaten grenzten...«

Er überlegte: »Wenn ich mir damals als russischer General die Karte Europas und der Welt angesehen hätte, dann wäre ich für ein Eingreifen gewesen.« Schließlich wiederholten Andropow und Ustinow, während sie sich mit Kaviar und anderen Köstlichkeiten vollstopften, nach sechs Stunden eines quälenden Streitgesprächs

> eine Aussage von Breschnew, die man von seinen Vertretern in Polen immer wieder hören konnte und die er zum erstenmal im Dezember 1980 gemacht hatte: »Wir kommen jetzt noch nicht nach Polen, aber wenn notwendig und die Situation sich verschlechtert, werden wir kommen.« Sie wiederholten aber auch eine weitere wichtige Aussage von Breschnew: »Ein Freund würde unsere polnischen Freunde niemals im Stich lassen.«

Jaruzelski schreibt in seinen Memoiren: »Zum Schluß dieser Sitzung waren wir am Ende unserer Kräfte, aber wir blieben standhaft und waren überzeugt, daß wir jetzt mit einer Ruhepause rechnen durften.« Weder er noch Kania haben das polnische Politbüro von der Begegnung unterrichtet.

Sechs Tage später meldeten sich Andropow und Ustinow beim Moskauer Politbüro zurück und berichteten über ihr Gespräch mit der polnischen Führung. Sie sagten, Jaruzelski und Kania hätten sich in Brest-Litowsk bereit erklärt, Dokumente zu unterschreiben, anhand derer es möglich sein werde, das Kriegsrecht auszurufen. Sie fügten hinzu, Jaruzelski habe im Verlauf des Treffens die Sowjets mehrmals darum gebeten, sich mit seinem Rücktritt einverstanden zu erklären.

Im Protokoll des Politbüros heißt es: »Der Entwurf des Dokuments für die Verhängung des Kriegsrechts wurde mit Hilfe unserer Genossen hergestellt und muß unterzeichnet werden.« Dazu sagte Andropow, er und Ustinow hätten in dem Salonwagen erklärt: »Die polnischen Genossen haben gesagt: ›Wie können wir ein solches Dokument unterzeichnen, wenn es anschließend vom Sejm ... gebilligt werden soll?‹«

Schließlich gaben sie ihr Einverständnis, ihre Unterschriften zu leisten, nachdem sich der Sejm Mitte des Monats vertagt hatte. In dem Protokoll heißt es weiter:

> Wir sagten, es sei nicht notwendig, das Dokument dem Sejm vorzulegen: »Dies ist das Dokument, aufgrund dessen Sie handeln und das Kriegsrecht verhängen werden. Aber jetzt müssen Sie, Genosse Kania und Genosse Jaruzelski, persönlich unterschreiben, damit wir wissen, daß Sie mit dem Inhalt des Dokuments einverstanden sind und wissen, was zur Zeit der Verhängung des Kriegsrechts getan werden muß.«*

»Während des ganzen Gesprächs machten unsere Genossen einen verkrampften und nervösen Eindruck, und wir sahen, wie erschöpft sie waren«, sagte Andropow. »Genosse Kania sagte ganz

* Jaruzelski hat später behauptet, er habe diese Papiere nie gesehen.

offen, es fiele ihnen sehr schwer weiterzumachen, und ›Solidarność‹ und andere antisozialistische Kräfte setzten sie unter Druck... Genosse Jaruzelski wiederholte seinen Wunsch, als Ministerpräsident abgelöst zu werden. Wir erklärten ihm ganz einfach, er müsse auf seinem Posten bleiben und die Verpflichtungen, die er damit übernommen hatte, erfüllen. Wir wiesen ausdrücklich darauf hin, daß der Feind seine Kräfte mobilisierte, um die Macht zu ergreifen.«

Den Russen lag ebensoviel daran wie den Polen, das Treffen geheimzuhalten.

»Vielleicht sollten wir irgendeine Erklärung für die ›Bruderparteien‹ vorbereiten«, schlug Suslow auf der anschließenden Sitzung des Politbüros vor.

»Aber auf keinen Fall dürfen wir andeuten, daß eine solche Unterredung stattgefunden hat«, sagte Gromyko.

Andropow stimmte zu: »Eine Erwähnung dieses Gesprächs kommt überhaupt nicht in Frage.«

Am 7. April, vier Tage nach dem Zusammentreffen von Brest-Litowsk, gab Breschnew bekannt, daß die »militärischen Übungen« an den Grenzen Polens beendet seien und die Polen selbst ihre Probleme lösen könnten.

»Einerseits sollten wir sie nicht unnötig beunruhigen«, meinte Breschnew, denn sonst könnte »ihnen das Herz in die Stiefel fallen. Andererseits müssen wir sie auch weiterhin unter Druck setzen.«

Als Suslow am 23. April nach Warschau kam, um die polnischen Genossen an ihre Pflicht zu erinnern, gab die für Polen zuständige Abteilung des Politbüros die folgende unversöhnliche Erklärung ab:

Proletarier aller Länder, vereinigt euch!

STRENG GEHEIM

SONDERAKTE

»...Nun geht ›Solidarność‹ als geschlossene Gruppe und in den einzelnen Abteilungen daran, die Behörden wiederum durch die verschiedensten politischen Forderungen zu erpressen... Wałęsa und die Extremisten des Komitees für die soziale Verteidigung, ebendieser Wałęsa und der katholische Klerus, der hinter ihm steht, wollen auf keinen Fall darauf verzichten, ihre politischen Gegner auch weiterhin unter Druck zu setzen. Wir dürfen daher die Tatsache nicht übersehen, daß die Extremisten ›Solidarność‹ mit allen offensichtlichen Konsequenzen zu beherrschen in der Lage sind.«

Gespenster

Der Direktor der Central Intelligence Agency war für die moderne amerikanische Präsidialadministration stets eine wichtige Persönlichkeit gewesen, aber William Casey nahm eine ganz besondere Machtstellung ein und beeinflußte die amerikanische Politik nicht weniger als die Außen- und Verteidigungsminister und die nationalen Sicherheitsberater des Präsidenten. In der ereignisreichen Amtszeit Reagans beherrschte Casey zwei Ministerien. Er war der geheime Außen- und Verteidigungsminister, wie einer seiner Biographen ohne Übertreibung behauptet.

Nach den meisten seiner Treffen mit dem Papst – wahrscheinlich waren es insgesamt sechs oder sieben – faßte Casey den Inhalt ihrer Gespräche in vertraulichen Schreiben an den Präsidenten zusammen. Diese Briefe waren gewöhnlich zwei oder drei Seiten lang und beschäftigten sich vor allem mit Polen, der Sowjetunion, Osteuropa und Mittelamerika. Einige der Besuche Caseys waren ganz privater Natur: Er und der Papst unterhielten sich über religiöse Fragen, und es war jedesmal ein in höchstem Maße »intimer« Gedankenaustausch über spirituelle Dinge, wie es ihn in der politischen Geschichte Amerikas wahrscheinlich sonst kaum gegeben hat. Caseys Kollegen meinten, er habe die Einzelheiten dieser Unterredungen außer seiner Familie vermutlich niemandem anvertraut. Seine Witwe Sophia bestätigt, daß der Papst und der Direktor der CIA einander gebeten haben, für verschiedene persönliche und sie beide betreffende Dinge zu beten.

Auf seinen Flügen in einer getarnten Transportmaschine der amerikanischen Luftwaffe hat Casey oft bei seinen Weltreisen, die er als CIA-Chef unternahm, zunächst Rom und den Vatikan besucht. Hier traf er sich auch mit ranghohen Angehörigen der römischen Kurie – gewöhnlich mit dem Kardinal-Staatssekretär Casaroli –, bevor oder nachdem er beim Papst gewesen war. Am

23. April 1981 besuchte er den Vatikan sowohl in geheimer Mission als auch als Antikommunist und frommer Katholik.

»Ich würde sagen, das Hauptthema ihrer Gespräche war Polen«, sagte Caseys Stellvertreter und Nachfolger Robert Gates, »und zwar ging es darum, wie man ›Solidarność‹ und den Untergrund am Leben erhalten und die Sowjets so weit ausschalten könne, daß die natürlichen politischen und wirtschaftlichen Kräfte zum Tragen kämen und schließlich der ›Durchbruch‹ gelänge, über den Reagan, Casey und andere sprachen. Das war ein evolutionärer und kein revolutionärer Vorgang, ein Prozeß, der es Polen erlauben würde, sich mehr von der Sowjetunion zu distanzieren.«

Der Papst sagte Casey an diesem Tag, »Solidarność« habe gewaltige Erfolge; dieser Organisation sei es gelungen, die polnische Gesellschaftsstruktur von Grund auf zu verändern. Nun käme es darauf an, wie der Vatikan und die Vereinigten Staaten sie schützen könnten.

Johannes Paul II. und Casaroli trafen sich in der Woche vom 19. bis zum 25. April dreimal mit dem sowjetischen Botschafter, und Casey wurde vom Inhalt dieser Gespräche unterrichtet. Die Sowjets glaubten, die Situation in Polen habe sich aus ihrer Perspektive gebessert, denn es werde nicht gestreikt; und der Papst versprach, »Solidarność« auch weiterhin zur Mäßigung anzuhalten.

Wojtyła und Casey sorgten sich besonders um die radikalsten Kader bei »Solidarność« und sprachen jetzt über dieses Thema. Dann erörterten der Papst und Casey eine außerordentlich besorgniserregende – und sensationelle – Angelegenheit. Anfang April hatten diese »extremistischen Elemente« von »Solidarność« begonnen, gewalttätige Aktionen gegen das Regime vorzubereiten. Sie hatten einen Vorrat an Molotowcocktails angelegt, um kommunistische Parteibüros und Regierungsgebäude in ganz Polen zu besetzen und zu zerstören. Kania und Jaruzelski befürchteten eine katastrophale Wendung und baten Kardinal Wyszyński um Unterstützung. Wyszyński hatte zur gleichen Zeit den Papst gewarnt und versucht, Wałęsa davon zu überzeugen, daß es notwendig sei, den geplanten Generalstreik abzusagen.

Als Wałęsa und andere führende Mitglieder von »Solidarność« sich weigerten, fiel der Kardinal, der schwer an Krebs erkrankt war und wußte, daß er nicht mehr lange leben würde, vor Wałęsa auf die Knie, hielt sich an der Jacke des Führers von »Solidarność« fest und drohte, bis zu seinem Tod auf den Knien liegend zu beten. Mit dieser Geste – Wałęsa hat sie angeblich als emotionale Erpressung bezeichnet – hatte er Erfolg, und Wałęsa erklärte sich bereit, den Generalstreik abzusagen. So konnten Kania und Jaruzelski ihrerseits den Sowjets mitteilen, sie hätten die Situation im Griff, und eine sowjetische Intervention werde vorerst nicht notwendig sein.

Nun sagte der Papst in einem Gespräch mit Casey, er sei überzeugt, Moskau werde sich nicht länger von »Solidarność« unter Druck setzen lassen wollen. Deshalb habe die Kirche die Gewerkschaft Anfang April gedrängt, »nachzugeben« – einen »taktischen Rückzug zu beginnen, der es ermöglichen werde, die Errungenschaften der Gewerkschaft zu bewahren und vielleicht die Sowjets in Schach zu halten.

Ihre nächsten Gesprächsthemen waren die Sowjetunion und der Zerfall des Kommunismus. Dabei ging es zum Teil um spirituelle, zum Teil aber auch um ganz weltliche Fragen. Casey berichtete dem Präsidenten, wenn man mit dem Heiligen Vater spräche, sei es manchmal schwierig zu sagen, wo die einen beginnen und die anderen enden, denn der Papst konzentriere sich auf das Fehlen der *Wahrheit* in der kommunistischen Gesellschaft, und nicht nur auf die Wahrheit Gottes, sondern auch auf jene der menschlichen Natur. Deshalb genieße »Solidarność« in Polen ein solch hohes Ansehen: Auf diese Weise brachten die Arbeiter die Wahrheit in ihrem Leben und in ihren Überzeugungen zum Ausdruck. Der Organisation »Solidarność« gehörten auch Juden, Atheisten und weltlich gesonnene Kommunisten an – also nicht nur Katholiken.

Der Papst erklärte Casey, die kommunistischen Behörden in Polen würden von Moskau ständig unter Druck gesetzt. Jetzt käme es in erster Linie darauf an, die Sowjets nicht zu provozieren, dabei jedoch die Errungenschaften von »Solidarność« zu bewahren und weiter darauf aufzubauen. Johannes Paul II. hielt es für wahrscheinlich, daß die Behörden irgendwie versuchen würden, gegen »Solidarność« vorzugehen. Jetzt müsse man sehen, wie das geschehe und wer welche Forderungen stelle und wie weit die Kirche und »Solidarność« darauf vorbereitet seien, wenn der schlimmste Fall eintrete.

Der Papst fürchtete vor allem, daß alles, was bisher erreicht werden konnte, verlorenging, wenn die Sowjets in Polen einmarschierten. Die Lebensmittel wurden bereits knapp, und das würde unter Umständen zu neuen Streiks führen.

Die CIA hatte die Ernennung von Jaruzelski zum Ministerpräsidenten im Februar als deutliches Signal für den Bankrott der polnischen kommunistischen Partei interpretiert. Trotz allen Geredes der Kommunisten über die Gefahren eines »Bonapartismus« und dergleichen hatten sich die Sowjets gezwungen gesehen, einen Soldaten mit der Unterwerfung Polens zu beauftragen, einen militärischen Führer, von dem sie hofften, er werde der Situation gewachsen sein, weil das Volk die Armee immer noch respektierte.

Casey glaubte, wenn die Sowjets nicht bereit wären, in Osteuropa Truppen einzusetzen, würden sie diese Region auf die Dauer nicht halten können. Dennoch hatte die Führung der UdSSR erst sechzehn Monate zuvor beschlossen, in Afghanistan einen Krieg anzuzetteln. Er sagte, der Kreml habe damit seinen Willen bewiesen, wenn notwendig, mit Gewalt vorzugehen. Der Direktor der CIA glaubte nicht an einen bevorstehenden Zusammenbruch des Sowjetreichs in absehbarer Zeit. Nur der amerikanische Präsident sprach von einer solchen Möglichkeit, und die Überzeugung Reagans gründete sich weniger auf Tatsachen als auf seine Hoffnung und seinen nicht geringen Glauben. Aber Casey bestritt nicht, daß Polen vielleicht eher früher als später aus der sowjetischen Einflußsphäre ausbrechen würde. Jedermann konnte deutlich erkennen, daß Polen der gefährdetste kommunistische Staat in Osteuropa war – und die Kommunisten wußten nicht, wie sie gegen einen Mann vom Format Johannes Pauls II. kämpfen sollten. Casey bezweifelte, daß sich Moskau von »Solidarność« oder der Lage in Polen so hätte einschüchtern lassen, wenn dieses Land nicht vom Papst unterstützt und ermutigt würde.

Casey wußte jetzt, daß der Papst die einzige Persönlichkeit war, die Zugang zu allen Faktoren der Gleichung Polen hatte. Er wußte, was »Solidarność« tat, was Jaruzelski und Kania dachten, wie weit man den Sowjets glauben konnte und welches die Absichten der Sowjetunion waren. Er war tief beeindruckt – und jetzt mehr als vor seiner ersten Begegnung mit dem Papst. Die Vereinigten Staaten verdankten Kukliński zwar erstklassige Informationen über die sowjetischen und polnischen *militärischen* Planungen, wußten ansonsten aber nur wenig über die Beziehungen der polnischen Regierung zu den Sowjets und darüber, was die Männer im Kreml auf politischem Gebiet wirklich vorhatten.

Casey kannte Polen aufgrund seines Dienstes als Offizier beim militärischen Geheimdienst OSS im Zweiten Weltkrieg einigermaßen gut. Er hatte sechzehn aus Exilpolen bestehende Teams ausgebildet, die zu nächtlichen Sabotageeinsätzen in Deutschland hinter den feindlichen Linien mit Fallschirmen abgesprungen waren. Dann hatten die Alliierten im Februar 1945 in Jalta einen Teil Polens dem sowjetischen Einflußbereich angegliedert. Anstatt die demokratische polnische Exilregierung in London anzuerkennen, entschied man sich für die stalinistische provisorische Regierung in Lublin. »Das wirkte demoralisierend auf unsere Polen«, erinnerte sich Casey. »Ich habe es mit eigenen Augen gesehen. Nun führten sie das, was man von ihnen verlangte, automatisch aus und waren im Grunde zu nichts mehr zu gebrauchen. Ich habe nie vergessen, was es für diese Leute bedeutete, daß man die Forderungen der Russen erfüllt hatte.«

Als sich Casey dreißig Jahre danach bei Präsident Reagan meldete, verbarg er nicht die starken Emotionen, von denen er in Gegenwart des Papstes ergriffen wurde. Er und der Papst gehörten zu glühenden Verehrern der Muttergottes. Anfang der dreißiger Jahre war Casey in seinem dritten oder vierten Studienjahr an der Fordham-Universität gebeten worden, über einen Titel der Litanei von Loreto zu sprechen. Er entschied sich für »Maria, reinste Mutter«. Seine Frau Sophia sammelte Statuen der Jungfrau, die in ihrer Wohnung bei Mayknoll auf Long Island auf und in allen Regalen und Nischen standen.

Casey war von den Jesuiten erzogen worden und hatte als junger Mann über sie geschrieben: »Es sind hervorragende Menschen, und ich bin überzeugt, daß sie die richtige Einstellung zu dieser Welt haben.« Im Spanischen Bürgerkrieg stand er auf der Seite von Generalissimo Francisco Franco und seinen Falangisten. Diese Soldaten waren zwar Faschisten, aber sie waren Katholiken und Gegner des Kommunismus. Die gleiche Einstellung sowie seine Erfahrungen bei der Arbeit für den militärischen Geheimdienst während des Krieges und für den Marshallplan führten dazu, daß er sich in den unmittelbar auf den Krieg folgenden Jahren für den Katholiken Joseph McCarthy begeisterte. »Es ist kein Kinderspiel, auf das wir uns mit den Russen eingelassen haben«, sagte er. »Wir brauchen einen McCarthy, um den Feind unschädlich zu machen.« Diese Erfahrungen kamen zum Teil auch darin zum Ausdruck, was der Direktor der CIA in seinen Gesprächen mit Johannes Paul II. sagte.

Es gab auch gewisse Dinge, die Casey und der Präsident dem Papst verständlich machen wollten. Vor allem wollten sie ihn davon überzeugen, daß die Vereinigten Staaten bereit waren, »Solidarność« nach Möglichkeit zu unterstützen. Er und der Präsident hofften aber auch, der Papst werde mehr Verständnis für die Haltung der Vereinigten Staaten gegenüber der Bedrohung aufbringen, die das Verhalten der Sowjets überall auf der Welt bedeutete: Der Direktor der CIA sprach mit ihm besonders über die Situation in Mittelamerika und sagte, fünfhundert kubanische Militärberater beteiligten sich an der Ausbildung der Armee von Nicaragua und unterstützten die Sandinisten mit ihrem Nachrichtendienst und ihren Kommunikationssystemen. Nicaragua gewähre den Rebellen des Nachbarstaats El Salvador Asyl. An diesen Machenschaften seien auch die Sowjets, die Ostdeutschen, die Bulgaren und die Nordkoreaner beteiligt. In El Salvador und in Nicaragua werde die Kirche von der Linken angegriffen und von Priestern kritisiert, die sich den Grundsätzen der Befreiungstheologie verpflichtet fühlten. Die Vereinigten Staaten hofften, der Vatikan werde von ihren Zielen abrücken, besonders in Nicaragua, wo es gelegentlich den Anschein hatte, daß die Hierarchie der Kirche bereit war, sich der sandinistischen Bewegung anzuschließen. Natürlich wollte der Papst nicht, daß der Heilige Stuhl das marxistische Regime unterstützte oder seine Priester den Eindruck erweckten, Rom billige seine Ziele.

Bevor er seinen Wagen bestieg, um von der amerikanischen Botschaft zum Vatikan zu fahren, hatte Casey sich vom Büro der CIA in Rom über terroristische Umtriebe unterrichten lassen und dabei eine vielleicht wichtige Mitteilung erhalten, die er nun an den Heiligen Stuhl weitergab: Als Lech Wałęsa den Papst im Januar besucht hatte, hatte Luigi Scricciollo vom italienischen Gewerkschaftsverband als sein Gastgeber fungiert. Scricciollo war Anfang 1980 sehr bald nach Gründung von »Solidarność« nach Polen gereist, um Wałęsa und andere in organisatorischen Angelegenheiten zu beraten. Er hatte auch geholfen, Ausrüstungen wie Druck- und Kopiergeräte, Schreibmaschinen und ähnliches für »Solidarność« zu besorgen. Durch Beamte vom italienischen Spionageabwehrdienst konnte die CIA jedoch in Erfahrung bringen, daß Scricciollo in Wirklichkeit für Bulgarien arbeitete. Das hätte unter Umständen bedeutet, daß die Pläne von »Solidarność« verraten worden waren oder daß Wałęsa um sein Leben fürchten mußte. Der Papst bot Casey an, er könne zu jeder von ihm gewünschten Zeit zurückkehren, und segnete ihn.

Die zweite Hand

Für die Italiener in der Kurie war die rätselhafteste Gestalt im Gefolge des neuen polnischen Papstes sein Kämmerer und Privatsekretär, Monsignore Stanisław Dziwisz.

Die Kurienkardinäle und Prälaten fragten sich, wie weit sein Einfluß reichte und ob dieser schlanke, knabenhafte junge Mann – der im inneren Kreis des päpstlichen Haushalts »Stasz« genannt wurde – der Svengali des Papstes war (was nicht zutraf) oder sein Botschafter (was stimmte), sein Vertrauter (was ebenfalls richtig war), sein intellektueller Schalldämpfer (das war er nicht) oder einfach nur ein junger Mann, der die Rolle des Sohnes des Heiligen Vaters übernommen hatte (was wiederum korrekt war).

Von den ersten Tagen seines Pontifikats an war Wojtyła unzufrieden mit dem Hilfspersonal, das er von seinem Vorgänger übernommen hatte. Deshalb betraute er Don Stanisław, wie er im Vatikan genannt wurde, mit den wichtigsten Aufgaben der päpstlichen Haushaltsführung.

»Im *appartamento* gibt es den Papst und Don Stanisław – und erst dann kommen alle anderen«, erklärte ein Prälat der Kurie, der es gewohnt ist, mit all diesen Leuten umzugehen. »Nur Kardinal

Deskur kennt ihn so gut und erfreut sich einer ebensolchen Vertrauensstellung.«

Doch während Deskur der einzige war, den man als einen wirklichen Ratgeber des Papstes bezeichnen konnte, beeinflußte Dziwisz das Geschehen im Vatikan in ganz anderer Weise. Er war überall.

Der Monsignore aus der polnischen Gebirgsstadt Rabka südlich von Krakau stand Wojtyła schon seit 1966, drei Jahre nach seiner Priesterweihe, zur Seite, als er dem Erzbischof bei der Arbeit in der Bibliothek des Seminars aufgefallen war. So wurde er zum Kämmerer des Erzbischofs. Schlicht, bescheiden und verschwiegen, sicherten ihm diese Eigenschaften und seine Fähigkeit, Wojtyłas ständige Unpünktlichkeit und Arbeitsüberlastung zu kompensieren, dessen Zuneigung. Besser als jeder andere kannte er die Gedanken und Gewohnheiten von Karol Wojtyła und konnte sie fast immer zutreffend vorausahnen. Außer bei Vier-Augen-Gesprächen mit wichtigen Persönlichkeiten verbrachte Dziwisz den ganzen Tag mit dem Papst. Er war es, der an Karol Wojtyłas Tür klopfte, um ihn an seine nächste Verabredung zu erinnern – ohne Rücksicht auf den Rang des jeweiligen Besuchers.

So spielte er eine viel wichtigere Rolle als alle anderen päpstlichen Berater oder Mitarbeiter wie etwa der Außenminister (dessen traditionelle Aufgaben zum großen Teil von Wojtyła selbst wahrgenommen wurden). Er organisierte sämtliche Verabredungen des Papstes und gab dessen Anordnungen weiter (»Der Papst wünscht...«, mit diesen Worten forderte Don Stanisław die Kurienkardinäle auf, zu ihren Sitzungen beim Papst zu erscheinen), und er beurteilte die Charaktereigenschaften und Fähigkeiten der Prälaten ebenso wie ihre Loyalität gegenüber Wojtyła.

»Ich habe Fälle erlebt, in denen der Papst nach Rücksprache mit Dziwisz vom Außenminister getroffene Entscheidungen rückgängig machte«, berichtet ein hochrangiger Geistlicher, »und Monsignore Stanisław ist derjenige, der die Beschlüsse bekanntgibt. Er ist sich durchaus seiner Befugnisse bewußt.«

Dziwisz hatte auch viel Sinn für Humor, was dem Papst gefiel, und ein unglaublich gutes Gedächtnis. Neben den polnischen Nonnen, die für den Papst kochen und ihm den Haushalt führen, gehört Dziwisz zur Familie Wojtyłas. Er bestimmt nicht nur den Zeitplan für die Besuche der Kardinäle, Botschafter und Präsidenten, sondern ermöglicht es Wojtyła auch, so oft es geht, alte polnische Freunde zu empfangen, die durch die Hintertür in die päpstlichen Gemächer geführt werden.

Er ist so treu und aufmerksam, daß der Freund des Papstes, Mieczysław Maliński von ihm sagte, er sei so »loyal wie ein Wachhund«. Die Liebe und väterliche Zuneigung des Papstes für Staszek, wie er ihn nennt, ist eine der Grundtatsachen des Lebens im Vatikan während des Pontifikats von Wojtyła.

»Am 13. Mai [1981] hatte der Heilige Vater Professor Lejeune, dessen Frau und einen weiteren Gast zum Mittagessen eingeladen«, erinnerte sich Monsignore Dziwisz. Dr. Jerome Lejeune, ein französischer Arzt, arbeitete eng mit dem Papst zusammen, um die rhythmische Methode für die »natürliche« Familienplanung zu entwickeln: die einzige Art der Geburtenkontrolle, die von der Kirche gebilligt wurde.

Anschließend, um 17.00 Uhr, verließ der Papst den Apostolischen Palast zu seiner allwöchentlichen Generalaudienz auf dem Petersplatz. Diese begann, wie Dziwisz sich erinnerte, »pünktlich um fünf Uhr ohne jeden Zwischenfall. Nichts ließ erkennen, was dann geschehen sollte«, als Wojtyła in seinem offenen »Papamobil« zum Platz chauffiert wurde.

Auf der Fahrt durch die Kolonnaden machte der Papst einen ganz gelassenen Eindruck. »Er hatte ein rosiges Gesicht und lächelte«, erinnerte sich Dziwisz. »Wie jung er aussieht«, dachte eine polnische Nonne, als er an ihr vorüberfuhr. Das Fahrzeug umrundete den ägyptischen Obelisken einmal und dann ein zweites Mal. Wie immer saß Don Stanisław unmittelbar hinter dem stehenden Papst.

Plötzlich hörte Dziwisz einen ohrenbetäubenden Knall und bückte sich, während überall die Tauben erschreckt aufflatterten. »Ich begriff nicht sofort, was geschehen war, denn so etwas hätte niemand für möglich gehalten – daß jemand versuchen würde, den Papst umzubringen.«

Aber der Papst selbst und seine Leibwächter müssen gewußt haben, daß er sich immer wieder der Lebensgefahr aussetzte. Am

16. Februar desselben Jahres detonierte in Karatschi, eine Stunde bevor der Papst das in der Stadtmitte gelegene Stadion betrat, eine Bombe und tötete den Mann, der sie bei sich trug. Am 26. November 1979 hatte Mehmet Ali Agca, ein türkischer Terrorist, öffentlich gelobt, den Papst während seines Aufenthalts in der Türkei zu töten. Im Januar 1980 hatte Alexandre De Marenches, der Chef des französischen Geheimdienstes, den Papst auf eine kommunistische Verschwörung hingewiesen, die ihn umbringen wollte. »Ich hatte eine Warnung erhalten«, sagte De Marenches, »und diese Information war wichtig, weil sie glaubwürdig war« – nach seiner Überzeugung im Zusammenhang mit der Lage in Osteuropa.

Der Chef des Nachrichtendienstes schrieb in seinen Memoiren: »Der Heilige Vater erwiderte, sein Schicksal liege in Gottes Hand... Wir haben nie wieder über dieses Thema gesprochen. Man sollte glauben, daß aufgrund der engen Beziehungen zwischen Italien und dem Vatikan der Geheimdienst des Vatikans Rom über die Situation unterrichten würde.« Aber offenbar ist das nicht geschehen.

Und tatsächlich war der Mann derselbe Mehmet Ali Agca, der mit seiner automatischen Neun-Millimeter-Pistole vom Typ Browning aus weniger als sieben Meter Entfernung mehrere Schüsse abfeuerte, von denen zwei den Papst trafen.

Dziwisz sagte, die Schußgeräusche seien ohrenbetäubend gewesen. Die Nonne, die dem Papst das Haus führt, schaute von oben aus einem Fenster des Apostolischen Palasts hinunter auf den Platz und hörte sie auch. Der in sein weißes Gewand gekleidete Papst brach zusammen und fiel seinem Kämmerer in den Schoß.

»Ich sah, der Heilige Vater war getroffen. Er zitterte, aber ich konnte keine Einschußstelle und kein Blut sehen. Dann fragte ich: ›Wo?‹, und er antwortete: ›In den Magen.‹ Dann fragte ich noch einmal: ›Tut es weh?‹ Er erwiderte: ›ja.‹ Ich hatte mich hinter den Heiligen Vater gestellt und hielt ihn fest, damit er nicht umfiel. Halb saß er im Wagen und stützte sich dabei auf mich.«

Der Papst war in den Magen, den rechten Ellbogen und den Zeigefinger der linken Hand getroffen worden.

Der Fahrer des »Papamobils« raste, nachdem er gesehen hatte, was geschehen war, mit hoher Geschwindigkeit zur nächsten Ambulanz an der Bronzetür des Vatikans. Aber dort befand sich kein Sauerstoffgerät, und deshalb mußte der Papst in ein besser ausgestattetes Sanitätsfahrzeug umgebettet werden.

»Der Heilige Vater sah uns nicht an«, erinnerte sich Dziwisz. »Heilige Muttergottes! Heilige Muttergottes! wiederholte ich immer wieder. Er hatte die Augen geschlossen und litt offenbar unter starken Schmerzen.« Die Fahrt zur Gemelli-Klinik dauerte acht Minuten. Dziwisz konnte nicht sagen, ob Wojtyła noch bei vollem Bewußtsein war. »Er äußerte kein Wort der Verzweiflung oder Empörung, nur tiefempfundene Gebetsworte als Ausdruck seines Leidens«, erzählte Dziwisz. »Später hat der Heilige Vater mir gesagt, daß er bis zur Ankunft im Krankenhaus das Bewußtsein nicht verloren habe. Das sei erst dort geschehen, aber er sei die ganze Zeit überzeugt gewesen, daß seine Wunden nicht tödlich waren.«

»In jenem Augenblick, da ich auf dem Petersplatz zusammenbrach«, vertraute der Papst dem Journalisten André Frossard an, »hatte ich dieses sichere Gefühl, daß ich gerettet werden würde, und diese Gewißheit hat mich auch in den schlimmsten Augenblikken nicht verlassen.«

Der Papst, dessen Blutdruck so weit gesunken war, daß sein Pulsschlag sich kaum noch ertasten ließ, wurde zunächst in ein für einen solchen Notfall reserviertes Zimmer im zehnten Stock und dann in den Operationssaal des Krankenhauses gebracht. Don Stanisław blieb bis zuletzt bei ihm: »Unmittelbar vor der Operation mußte ich ihm die Letzte Ölung geben, aber der Heilige Vater hatte das Bewußtsein schon verloren.«

Die Operation dauerte fünf Stunden und zwanzig Minuten. Aufgrund innerer Blutungen hatte Wojtyła drei Viertel seines Blutes verloren.

»Während der Operation begannen wir wieder zu hoffen«, sagte Dziwisz. »Zuerst wären wir fast verzweifelt. Dann zeigte es sich allmählich, daß kein lebenswichtiges Organ getroffen war, und die Überlebenschancen besserten sich.«

Ein Neun-Millimeter-Geschoß ist ein außerordentlich gefährliches Projektil, aber dieses hatte im Körper des Papstes keinen irreparablen Schaden angerichtet. Ebenso wie das Geschoß, dem

Ronald Reagan fast zum Opfer gefallen war, hatte es die Hauptschlagader nur um wenige Millimeter verfehlt.

»Wäre es in die Ader eingedrungen, dann wäre der Tod sofort eingetreten«, sagte Dziwisz. »Weder das Rückgrat noch irgendein anderes wichtiges Organ war getroffen worden ... Es war wirklich ein Wunder.« Das glaubten auch der Papst und seine Ärzte.

Der Papst glaubte sogar, die Jungfrau von Fátima habe ein Wunder bewirkt und ihm das Leben gerettet, denn ihr Festtag und das Datum ihres ersten Erscheinens war der 13. Mai, der Tag, an dem das Attentat stattgefunden hatte. Das Heiligtum der Madonna von Fátima – ihr offizieller Name ist Unsere Heilige Jungfrau vom Rosenkranz – liegt in Portugal nördlich von Lissabon und gehört zu den am häufigsten besuchten Wallfahrtsstätten der katholischen Kirche. Dort soll die Jungfrau Maria 1917 drei Schafe hütenden Kindern zum erstenmal erschienen sein. Diese Kinder berichteten von sechs solchen Marienerscheinungen, bei denen die Jungfrau drei Prophezeiungen ausgesprochen habe: daß Rußland »bekehrt« werden würde, nachdem es in der ganzen Welt »Irrtümer« ausgestreut habe, und daß zwei dieser Kinder jung sterben würden, was ebenfalls geschehen ist. Ihre letzte Prophezeiung war angeblich ein fürchterliches Geheimnis – das den Päpsten vielleicht bekannt ist, vielleicht aber auch nicht.

»Eine Hand hat den Schuß abgefeuert«, sagte der Papst später, »und eine andere Hand hat das Geschoß gelenkt.«

Zu dem medizinischen Personal, das an der Operation beteiligt war, bei der fünfundzwanzig Zentimeter des Darmes entfernt werden mußten, gehörten drei Chirurgen, ein Anästhesist (der beim Einführen eines Beatmungstubus einen Zahn des Papstes abbrach), ein Kardiologe und der Arzt des Vatikans. Es war notwendig, den Magen auszuräumen, die inneren Blutungen zu stillen, den Dickdarm an verschiedenen Stellen zu vernähen und ein vorläufiges Dränagesystem anzubringen.

Dann wurde der Papst auf eine Intensivstation verlegt, und das Warten begann.

Dieser gegen den Papst gerichtete Mordversuch bleibt eines der großen Rätsel des zwanzigsten Jahrhunderts, dessen Lösung durch die Reaktion des Papstes noch mehr erschwert wird.

»Es ist das letzte große Geheimnis unserer Zeit«, sagte der ehemalige Direktor der CIA, Robert Gates. Der damalige Vorgesetzte von Gates, William Casey, war überzeugt (und hat versucht es zu beweisen), daß die Sowjets hinter dem Attentat auf Wojtyła standen.

Um dieser Ansicht mehr Gewicht zu verleihen, berief sich Casey (ebenso wie die italienischen Staatsanwälte im Verfahren gegen den angeblichen Papstattentäter und wie viele Persönlichkeiten im Vatikan) auf die sogenannte bulgarische Verbindung, eine Reihe von beunruhigenden, aber widerlegten Hinweisen darauf, daß Agca vom bulgarischen Geheimdienst bezahlt und geschützt worden sei, einer Organisation, die enge Beziehungen zum sowjetischen KGB unterhält.

Doch aus unerfindlichen Gründen sagte der Papst zu seinem besten Freund im Vatikan, Deskur: »Ich bin von Anfang an immer davon überzeugt gewesen, daß die Bulgaren völlig unschuldig waren und nichts damit zu tun hatten.« Er hat nie gesagt, worauf sich diese Behauptung gründete, oder eine unabhängige Quelle genannt, die ihm solche Informationen hätte liefern können. In einem Gespräch mit Deskur erklärte Wojtyła, wer immer dafür verantwortlich gewesen sei, habe buchstäblich die Arbeit des Teufels geleistet.

Deskur erinnerte sich: »Ich fragte ihn: ›Warum verfolgen Sie nicht die Gerichtsverfahren [gegen Agca und seine angeblichen Mitverschwörer]?‹, und der Papst antwortete: ›Das interessiert mich nicht, denn es ist der Teufel gewesen, der das getan hat. Und der Teufel kann auf tausend verschiedene Arten Verschwörungen anzetteln, und ich habe für keine dieser Methoden das geringste Interesse.‹«

Eine Informationsquelle des Papstes könnte Giulio Andreotti, der mächtige Führer der italienischen Christdemokraten, gewesen sein, ein Mann mit hervorragenden Beziehungen zum italienischen Geheimdienst. (Andreotti war vorher schon Innen-, Verteidigungs-, Außenminister und italienischer Ministerpräsident gewesen.)

Nachdem auch in der Presse Berichte über die bulgarische Verbindung erschienen waren, brachte Andreotti in einem Gespräch mit dem Papst seine »Vorbehalte« hinsichtlich der Behauptung zum Ausdruck, daß die Bulgaren – ob nun auf Veranlassung der Sowjets oder nicht – mit der Sache etwas zu tun hatten. »Ich sagte ihm, nach den Hinweisen, die mir vorlägen, sei eine bulgarische Verbindung auszuschließen, und deshalb müßten wir anderswo nach der Wahrheit suchen«, berichtete Andreotti. Er verweigerte jedoch die Erklärung, welcher Art diese Hinweise seien. Andreotti zufolge erwiderte der Papst: »Wir müssen sehr vorsichtig sein und abwarten, ob es Beweise gibt.«

Jedenfalls traf sich der Papst wenige Tage vor Beginn des Gerichtsverfahrens gegen Agcas angebliche bulgarische und türkische Mitverschwörer mit dem bulgarischen Vizepräsidenten zum Fest des heiligen Kyrill, des Schutzpatrons von Bulgarien. Im Verlauf dieser Audienz sagte der Papst, er hoffe, das Ergebnis des Verfahrens werde »kein slawisches Land oder Volk belasten«.

Dennoch waren viele der engsten Mitarbeiter und Freunde des Papstes (und auch Deskur) überzeugt, daß die Sowjets oder ihre Verbündeten hinter dem Attentat standen. Bei einem inoffiziellen Treffen im Vatikan, an dem auch der Kardinal-Staatssekretär Casaroli teilnahm, wurde unterderhand behauptet, die Sowjets wollten den Papst ermorden lassen, weil sein Tod augenscheinlich die einzige Möglichkeit bot, »Solidarność« auszuschalten. Man glaubte, auf diese Weise werde »Solidarność« von den polnischen Behörden so weit in die Schranken gewiesen werden können, daß die Sowjets nicht mehr die internationale Dauerbelastung auf sich nehmen müßten, die eine militärische Intervention des Warschauer Pakts mit sich gebracht hätte.

»Mit Sicherheit war das Attentat kein Einzelfall«, sagte Casaroli im Januar 1995 in einer öffentlichen Erklärung.

Der damalige Stellvertreter von Casaroli, Kardinal Achille Silvestrini sagte: »Es war uns klar, daß es kein Zufall war... nicht nur die Tat eines Wahnsinnigen. Hinter diesem Mörder stand eine bestimmte Absicht... Wir müssen bedenken, in welcher Situation sich Polen und Osteuropa damals befanden. Wäre das Attentat gelungen, hätte das den Tod Polens bedeutet und wäre das Ende derer gewesen, die sich gegen die Vorherrschaft des [sowjetischen] Systems stellten.« Aber Silvestrini beurteilt das bulgarische Szenario sehr skeptisch und glaubt, die Ursachen für diese Entwicklung müßten anderswo im ehemaligen kommunistischen Osten gesucht werden.

Aus den Akten des Politbüros der Sowjetunion, die den Verfassern dieses Buches vorliegen, ergibt sich einwandfrei, daß sich die Sowjets in den Wochen und Monaten vor dem Mordversuch sehr intensiv mit dem Papst und der Kirche beschäftigt haben – und daß die sowjetische Führung verärgert war, weil die polnische Regierung nicht energischer gegen die Kirche vorging. Als Chef des KGB zur Zeit des Mordversuchs amtierte Juri Andropow. Er war zugleich zweiter Vorsitzender der für Polen zuständigen Abteilung des Politbüros und jener sowjetische Beamte, der die Situation in Polen am besten kannte und genau wußte, welche Gefahr »Solidarność« für den Kommunismus bedeutete.

Doch eine solche Suche nach Motiven (und es existieren auch noch andere beunruhigende Indizien) beweist noch nicht, daß die Sowjets – entweder durch die Bulgaren oder in anderer Weise – den Mordversuch initiierten. Das überzeugendste Argument gegen eine sowjetische Beteiligung ist das Risiko: Hätte man beweisen können, daß die Sowjets bei dem Attentat ihre Hand im Spiel gehabt hatten, dann wäre die Sowjetunion mit verheerenden Folgen isoliert und verurteilt worden. Zur Zeit des gegen den Papst gerichteten Anschlags führten die Sowjets einen Dialog mit dem Heiligen Vater über die erneute Zulassung von »Solidarność«. Seit dem Untergang des Kommunismus tauchten weder in Bulgarien noch in Moskau Dokumente auf, die etwas über den Mordversuch aussagen – und auch westliche Geheimdienstspezialisten halten es für sehr unwahrscheinlich, daß es überhaupt Schriftstücke gibt, deren Inhalt auf eine Beteiligung des Kreml schließen läßt.

Deskur und andere meinen, daß der Papst mit dem Besuch des Attentäters im Gefängnis am 23. Dezember 1983 den Sowjets habe sagen wollen, daß er bereit sei, das Geschehene zu »vergeben«, und nicht wünsche, daß die Angelegenheit weiterverfolgt würde. Andere aus der Umgebung des Papstes wiederum behaupten, wenn Johannes Paul II. angedeutet hätte, er glaube, die Sowjets stünden hinter dem Mordanschlag, dann hätte das den Weltfrieden ernstlich gefährden und die Sowjetunion international isolieren können.

Zudem sagte Deskur, obwohl Casaroli und andere im Vatikan inoffiziell über die Folgen des Attentats gesprochen hätten, habe der Papst eine offizielle interne Untersuchung oder Analyse abgelehnt. Deskur persönlich glaubt, die Sowjets hätten irgendwie den italienischen geheimen Nachrichtendienst infiltriert, der (zu einer Zeit, in der die Italiener besonders intensiv damit beschäftigt waren, terroristische Aktivitäten auf ihrem eigenen Territorium zu untersuchen) erstaunlicherweise übersehen habe, daß sich Agca, ein bekannter Terrorist, der sogar gedroht hatte, den Papst umzubringen, in ihrem Land aufhielt.

Während des zwanzig Minuten dauernden Besuchs des Papstes in der Zelle seines Attentäters in einem römischen Gefängnis sprach er italienisch mit ihm. Am Ende dieses Gesprächs kniete Agca nieder und küßte Johannes Paul II. die Hand. In späteren Interviews sagte er: »Der Papst weiß alles.« Einige erfahrene Geheimdienstler glauben, Agca habe zur Zeit des Mordversuchs das ganze Ausmaß der Verschwörung gekannt, in die er verwickelt war, und zwar auch die Namen einiger seiner Mitverschwörer, die bei der bulgarischen Botschaft in Rom akkreditiert waren.

Der Sprecher des Papstes, Dr. Joaquín Navarro-Valls, sagte: »Ali Agca kennt die Zusammenhänge lediglich auf einer bestimmten Ebene. Auf höherer Ebene weiß er nichts. Wenn es eine Verschwörung gegeben hat, dann waren nur Professionelle daran beteiligt, und sie hinterlassen keine Spuren. Deshalb wird niemand etwas beweisen können.«

Obwohl man in der Umgebung des Papstes nur sehr ungern darüber spricht, könnte Johannes Paul II. durchaus den Verdacht haben, daß moslemische Radikale für das Attentat verantwortlich waren oder zumindest Agca selbst glaubte, für die Sache des Islam so handeln zu müssen. Persönlich lehnt Wojtyła gewisse Aspekte des Islam entschieden ab, besonders wie sie von denen interpretiert werden, die er für radikale Moslems hält. Das liegt zum Teil daran, daß er glaubt, der Koran billige die Anwendung von Gewalt. Einige seiner engsten Mitarbeiter sagten, die Schüsse auf ihn hätten deutliche Spuren hinterlassen. Abgesehen von den rein körperlichen und geistigen Schmerzen hat er monatelang über die für ihn rätselhaften Vorgänge und darüber nachgedacht, weshalb er getötet werden sollte, und war sich dabei der Tatsache bewußt, daß er auch noch ein zweites Mal zum Opfer eines solchen Anschlags werden konnte.

Mit seinen widersprüchlichen Geständnissen und seinen schwülstigen Reden hat Agca zu verschiedenen Zeiten sowohl die bulgarische Regierung als auch eine islamische Verschwörung beschuldigt, das Ganze eingefädelt zu haben. (Er verstieg sich sogar zu der Behauptung, Jesus Christus zu sein.) Doch italienische Untersuchungsbeamte vertraten die Ansicht, sein Verhalten sei während der ganzen Zeit durchaus wohlüberlegt gewesen, und er habe mit seinen verschiedenen, wenn auch bizarren Erklärungen und Stellungnahmen oft Nebenabsichten verfolgt. Unter anderem könnten es Versuche gewesen sein, seinen möglichen Mitverschwörern die verschiedensten Dinge mitzuteilen.

Eine interessante Theorie, die von vielen Angehörigen der westlichen Nachrichtendienste ernst genommen wird, ist das sogenannte Becket-Szenario: Die führenden Politiker in der Sowjetunion und im Ostblock hätten ebenso wie König Heinrich II. immer wieder die fordernde Frage gestellt: »Wird denn niemand mich von diesem lästigen Priester befreien?«, bis schließlich »jemand« – der bulgarische oder ein anderer osteuropäischer Geheimdienst – handelte, aber ohne dafür von anderer Stelle einen spezifischen Auftrag erhalten zu haben.

Einer der Gründe dafür, daß es bis heute nicht gelungen ist, diesen ganzen Fragenkomplex aufzuklären, ist wahrscheinlich der anfängliche Widerwille der westlichen Nachrichtendienste und insbesondere der CIA, ihre Möglichkeiten für eine gründliche Untersuchung einzusetzen. Das könnte folgende Gründe haben. Erstens hat die CIA gewußt, daß es einen bulgarischen Doppelagenten gab – den italienischen Gewerkschaftsfunktionär, dessen Namen Casey an den Vatikan weitergegeben hatte, als er den Papst 1981 aufsuchte –, der als Kontaktmann zu »Solidarność« eingesetzt wurde, und daß die CIA die peinlichen Folgen fürchtete, die ein Bekanntwerden dieser Information haben könnte. Zweitens war es vielleicht das Bestreben, das Versagen der CIA und anderer Behörden herunterzuspielen, welche die Machenschaften von Agca und seinen Komplizen nicht ernst genommen und daher den Mordversuch nicht verhindert haben. Drittens könnte es die Furcht westlicher Führer sein, daß die Sowjets wirklich verantwortlich waren, sie jedoch bei einer Konfrontation mit den Beweismitteln (was auch in der übrigen Welt bekannt werden würde) in die Isolation getrieben werden müßten, was eine schwere Krise in den internationalen Beziehungen auslösen konnte. Obwohl Casey glaubte, daß die Sowjets verantwortlich waren und auch zur Rechenschaft gezogen werden sollten, waren viele Fachleute im amerikanischen Außenministerium und im nationalen Sicherheitsrat entsetzt bei dem Gedanken, die UdSSR könnte in die Sache hineingezogen werden.

Als nun die westliche Presse und dann die italienischen Staatsanwälte öffentlich erklärten, die Bulgaren und/oder die Sowjets hätten die Ermordung des Papstes befohlen, reagierte man im Kreml mit einer massiven Desinformationskampagne. So wurde unter anderem sogar behauptet, die Vereinigten Staaten stünden hinter der Verschwörung zur Ermordung von Wojtyła (um die Sowjets als Schurken zu entlarven und die vom Vatikan angestrebte friedliche Koexistenz mit dem Kreml zu hintertreiben). Des weiteren hätten die CIA und andere westliche Geheimdienste aus ähnlichen Gründen die Roten Brigaden angestiftet, Italien zu terrorisieren.

Am 6. Mai, eine Woche bevor auf ihn geschossen wurde, sagte der Papst bei der Begrüßung einer neuen Abteilung seiner Schweizergarde: »Wir beten zum Herrn, auf daß Er Gewalt und Fanatismus von den Mauern des Vatikans fernhalten möge.«

Seine Worte standen in einem logischen Zusammenhang mit den jüngsten Ereignissen. Westeuropa wurde wie nie zuvor von politischem Terrorismus heimgesucht, der nirgends bedrohlicher war als in Italien, wo die Roten Brigaden 1978 ihren spektakulärsten Coup gelandet hatten: die Entführung und Ermordung von Aldo Moro, dem Vorsitzenden der Christlich Demokratischen Partei, in Rom.

Nach der Festnahme von Ali Agca auf dem Petersplatz hatte man sehr bald den Eindruck, es handele sich um einen faschistischen Halsabschneider, der entweder aus eigenem Antrieb oder im Auftrag der türkischen neonazistischen Grauen Wölfe (Terroristen, die enge Beziehungen zur rechtsradikalen Partei für nationales Handeln unterhielten) agierte. Vielleicht war er aber auch nur ein islamischer Fundamentalist, obwohl, wenn man sein bisheriges Leben betrachtete, kaum etwas darauf hinwies, daß er ein gläubiger Mohammedaner war. Agca war in einem osttürkischen Dorf geboren, in dem rivalisierende Moslemgruppen einander bekämpften, und stand schon seit langer Zeit in engem Kontakt zur »türkischen Mafia«. Er hatte viel Geld damit verdient, Waffen, Zigaretten und Drogen über die Grenze von Bulgarien in die Türkei zu schmuggeln.

In Polizeiberichten hieß es, er sei intelligent und wortgewandt. Dazu zeigte er eine an Arroganz grenzende Selbstsicherheit. Obwohl er der italienischen Polizei zunächst sagte, es sei seine Idee gewesen, den Papst zu töten, brüstete er sich auch damit, von den verschiedensten ausländischen Terroristen unterstützt worden zu sein, von »Bulgaren, Engländern und Persern«.

»Für mich gibt es keinen Unterschied zwischen faschistischen und kommunistischen Terroristen«, sagte er bei einer Vernehmung. »Mein Terrorismus ist weder rot noch schwarz.« Er bezeichnete sich vielmehr als »internationaler Terrorist«, der in einem Jahrzehnt weltweiter terroristischer Gewalt einem anarchischen Ideal folgte. Den Italienern, die ihn vernahmen, schien das durchaus plausibel zu sein: In der Türkei, dem östlichsten Vorposten der NATO und einer der wenigen islamischen Demokratien, unternahm dieser »neutrale Terrorismus« Versuche, den Staat durch gegen die Einwohner der Städte gerichtete Gewalttaten, Entführungen und Morde aus den Angeln zu heben.

Am 1. Februar 1979 gehörte Agca zu einer Bande von Terroristen, die an der Ermordung von Abdi Ipekci beteiligt war, dem liberalen und in der Türkei sehr einflußreichen Kommentator und Herausgeber der führenden Tageszeitung in Istanbaul, *Milliyet*. Nach seiner fünf Monate später erfolgten Verhaftung legte Agca sehr bald ein Geständnis ab, konnte aber am 25. November 1979 fliehen: Er entkam aus dem Militärgefängnis in einer Uniform der türkischen Armee und wurde ohne weiteres durch acht von Posten gesicherte Türen ins Freie gelassen. Das wäre wahrscheinlich ohne die Hilfe hochgestellter Persönlichkeiten nicht möglich gewesen.

Am Tag nach seiner Flucht schrieb er an die Zeitung *Milliyet* einen Brief über den vom Papst beabsichtigten Besuch in der Türkei am 28. November:

> Westliche Imperialisten, die fürchten, daß die Türkei und ihre islamischen Schwesternationen im Mittleren Osten zu einer politischen, militärischen und wirtschaftlichen Macht werden könnten, schicken in diesem entscheidenden Augenblick den Befehlshaber der Kreuzzüge, Johannes Paul II., der sich als religiöser Führer tarnt, in die Türkei. Ich versichere, wenn diese Reise nicht abgesagt wird, werde ich den päpstlichen Befehlshaber töten.

Zunächst schien dieser Brief die Behauptung zu widerlegen, Agca habe versucht, den Papst zu töten, um »Solidarność« zu schaden. Aber im November 1979 existierte »Solidarność« noch gar nicht. Man glaubte, die Sowjets und die polnischen Kommunisten hätten sich gefragt, was für ein Papst Karol Wojtyła sein werde, obwohl seine Reise nach Polen im Juni jenes Jahres für die Kommunisten ungünstige Folgen haben mußte. Agca erklärte den italienischen Behörden, mit dem Brief habe er die türkische Polizei nach seiner Flucht ablenken und zwingen wollen, sich auf den Schutz des Papstes zu konzentrieren. Der Aufenthalt des Papstes in der Türkei verlief jedoch ohne Zwischenfälle.

Aber Agcas Brief überzeugte einige Befürworter der Theorie bezüglich der Zusammenarbeit mit Bulgarien davon, daß die Sowjets an diesen Machenschaften beteiligt waren. Sie vermuteten, Agca sei von den Kommunisten angeworben worden, weil er sich als geschickter Attentäter erwiesen, gute Beziehungen zu politischen Rechten gehabt habe und man wußte, daß seine Drohung, den Papst zu ermorden, mit Polen im Grunde nichts zu tun hatte.

Agca hatte nach seiner Festnahme das Verbrechen eingestanden und behauptet, er habe aus eigenem Antrieb gehandelt. Am 22. Juli 1981 wurde er zu einer lebenslänglichen Gefängnisstrafe verurteilt. Im Mai 1982, als er (wie er angab) erkannte, daß er nicht vorzeitig aus dem Gefängnis entlassen werden würde, wie man es ihm angeblich versprochen hatte, nannte Agca drei Angehörige der bulgarischen Botschaft in Rom und vier Türken als seine Mitverschwörer. Agca sagte den italienischen Behörden des weiteren, es habe ein Komplott zur Ermordung von Lech Wałęsa gegeben, wenn dieser im Januar 1981 den Papst in Rom besuchen sollte. Der Plan, den Gewerkschaftsführer mit einer Autobombe vor seinem Hotel zu töten, mußte allerdings aufgegeben werden, weil die zu seinem Schutz getroffenen Sicherheitsmaßnahmen es nicht zuließen.

Der italienische Gewerkschaftsfunktionär Luigi Scricciolo, der wegen angeblicher Spionage für die Bulgaren verhaftet worden war, bestätigte offenbar die Existenz einer solchen Verschwörung. Sein Anwalt sagte nach dem Protokoll der Gerichtsverhandlung: »Ich kann Ihnen versichern, daß es in dem Mordkomplott gegen den Papst [auch] eine bulgarische Verbindung gegeben hat, wenngleich mein Mandant nichts damit zu tun hatte.« Scricciolo und Agca bezeichneten dieselben drei Bulgaren – die auch für den Anschlag gegen das Leben des Papstes vor Gericht gestellt worden waren – als Beteiligte an der Verschwörung, Wałęsa umzubringen.

Etwa um die gleiche Zeit, als Agca von einer bulgarischen Verbindung sprach, erklärte der italienische Verteidigungsminister, daß der verschlüsselte Funkverkehr zwischen Bulgarien und Italien zur Zeit des Anschlags auf das Leben des Papstes erheblich zugenommen habe. Die Nationale Sicherheitsagentur (NSA) der Vereinigten Staaten, der technisch fortschrittlichste geheime Nachrichtendienst der Welt, der verschlüsselte und nicht verschlüsselte Funk-, Fernsprech- und Telexverbindungen sowie Mikrowellensendungen auf der ganzen Welt überwacht, überprüfte alle Nachrichtenverbindungen zwischen den Botschaften der kommunistischen Länder und ihren Stützpunkten in der Heimat in den Monaten vor und nach dem Mordversuch. Im März und April 1981 stellte die NSA fest, daß sich die Anzahl der verschlüsselten Telegramme zwischen der bulgarischen Botschaft in Rom und dem Stab des bulgarischen Geheimdienstes in Sofia in verdächtiger Weise erhöhte. Zwei Wochen vor dem Mordanschlag verringerte sich jedoch plötzlich der Informationsaustausch zwischen der Botschaft in Rom und Bulgarien.

Agca sagte italienischen Untersuchungsbeamten, daß er unmittelbar nach den Schüssen auf den Papst vom Petersplatz in einem als diplomatisches Fahrzeug für die unkontrollierte Überquerung aller europäischen Grenzen gekennzeichneten Lastwagen nach Jugoslawien hatte geschmuggelt werden sollen. Ein ähnlicher, mit Möbeln beladener Lkw, in dem, wie man glaubte, Agcas engster türkischer Komplize befördert wurde, verließ nach Bekunden der italienischen Staatsanwaltschaft offenbar am selben Abend die bulgarische Botschaft. Agca behauptete auf Befragen der Staatsanwaltschaft auch, er sei im Juli 1980 nach Sofia gereist, wo ein türkischer Geschäftsmann, der in der Unterwelt eine bekannte Persönlichkeit war und dessen Komplize ihm vierhunderttausend Dollar für die Ermordung des Papstes geboten hätten. Agca sagte, später habe er erfahren, daß diese beiden Männer im Auftrag des bulgarischen Geheimdienstes gehandelt hätten. Auch das geschah vor Beginn des Streiks in Danzig und vor der Gründung von »Solidarność« Mitte August, aber schon während der Streikwelle, die am 1. Juli in Polen wegen des Ansteigens der Lebensmittelpreise begann.

Gästelisten von teuren Hotels aus dem Juli bestätigen, daß Agca – und die Männer, von denen er sprach – sich zu jener Zeit in Sofia aufgehalten haben. Während der folgenden neun Monate unternahm Agca eine relativ luxuriöse Reise durch Westeuropa, besuchte dabei Wien, Zürich und Palma de Mallorca und gab mindestens fünfzigtausend Dollar aus. Einen großen Teil dieser Zeit hielt er sich in Rom und, unmittelbar vor dem Mordanschlag auf den Papst, in Mailand auf, wo ihm, wie er behauptete, ein Mitglied der Grauen Wölfe die Waffe übergab.

Am Nachmittag des 13. Mai will Agca mit zwei Bulgaren und einem türkischen Partner auf dem Petersplatz gewesen sein, um sich zu vergewissern, wie die Menge auf dem Platz von der Polizei dirigiert wurde. Nachdem er auf den Papst geschossen hatte, sollte einer von ihnen ein Stück zurückbleiben und die Aufmerksamkeit auf sich ziehen, um ihm die Flucht zu ermöglichen. Mit dem für ihn wichtigsten Komplizen, dem Türken Oral Celik, blieb er auf dem Petersplatz, um auf das Eintreffen des Papstes zu warten. Um 17.17 Uhr feuerte Agca seine Pistole ab, wurde von einer Nonne festgehalten und von Umstehenden zu Boden gezerrt.

Da es gelungen war, ihn festzuhalten, hatten seine Komplizen keine Chance mehr, ihm zur Flucht zu verhelfen – oder ihn sogar zu töten, um ihn zum Schweigen zu bringen.

Viele Tatsachen im Zusammenhang mit dem Mordanschlag auf den Papst sind widersprüchlich oder können auf verschiedene Weise interpretiert werden, und da die Nachrichtendienste überall auf der Welt den Fall nicht sofort untersuchen und ihre Erkenntnisse gemeinsam auswerten konnten, ist es unmöglich, das Ganze sinnvoll zu dokumentieren.

Der damalige stellvertretende Direktor der CIA, Robert Gates, sagte: »In den ersten Jahren war es sehr schwierig, die Untersuchungen durchzuführen, weil, angefangen mit Casey, viele fürchteten, sich eingehender mit diesen Fragen zu beschäftigen und dabei den Italienern Schwierigkeiten zu bereiten.« Der italienische Geheimdienst ist bekannt dafür, daß er sich nur ungern bei seiner Arbeit stören läßt. »Ich machte mir Sorgen darum, daß wir irgendwie ungeschickt vorgehen und damit die Beziehungen zu den Italienern belasten könnten. Casey und seine Mitarbeiter meinten, wir sollten in dieser Beziehung besonders vorsichtig sein. Wenn wir uns ungefragt einmischten, hätten wir ihre kriminaltechnischen Untersuchungen beeinträchtigen und behindern können.«

Einige der wichtigsten Erkenntnisse, denen zufolge die Bulgaren eine sowjetische Verschwörung angeregt hatten, wurden zum erstenmal in einem Artikel in *Reader's Digest* von der verstorbenen Claire Sterling behandelt, einer Journalistin, die mit der italienischen Staatsanwaltschaft zusammenarbeitete und bereits ein umstrittenes Buch über den Terrorismus in Europa und im Mittleren Osten einschließlich Bulgarien geschrieben hatte.*

Später wurden weitere Bücher und ausführliche Artikel veröffentlicht, die sich gegen die Theorie von der bulgarischen Verbindung richteten. Die Verfasser waren zum Teil unabhängige Journalisten, aber auch Leute, die von der bulgarischen und der sowjetischen Regierung beauftragt und ermutigt worden waren.

Der Chef des römischen Büros der CIA kam zu dem Schluß (und

* Einige in diesem Buch aufgestellte Behauptungen gründeten sich, offenbar ohne Wissen von Sterling, auf Desinformationen der CIA.

hat seine Meinung nie geändert), nichts lasse darauf schließen, daß Agca mit seiner Aussage kurz nach seiner Verhaftung, er sei ein Einzeltäter gewesen, unrecht gehabt hätte. Nach einer vorläufigen Untersuchung der Beweismittel glaubten die meisten Fachleute der CIA in Washington, daß Agca ein »Verrückter« war, der aus eigenem Antrieb gehandelt hatte – auch nachdem er anfing anzudeuten, es sei eine Verschwörung gewesen. Nach ihrer Ansicht sah der Mordanschlag auf den Papst nicht aus wie eine vom KGB eingeleitete und gelenkte Operation mit dem Ziel, einen Gegner aus dem Weg zu räumen.

Nach dem Attentatsversuch hieß es später in einem internen Bericht der CIA, »Analytiker [der CIA] neigten zu dem Schluß, daß die Rolle von Johannes Paul II. als belastende Kraft in der polnischen Krise dadurch ausgeglichen wurde, daß er sich stets um Mäßigung bemühte und Moskau durch seine Beseitigung nichts gewinnen konnte, besonders angesichts des Risikos, daß dieser Umstand bekannt werden könnte. Die Ermordung des Papstes hätte nicht zur Lösung der Probleme beigetragen, die Moskau mit Polen hatte, sondern sie eher noch verschärft und zu weiteren Beunruhigungen beigetragen.« Dokumente des Politbüros aus der gleichen Zeit scheinen vielleicht dieser Auffassung zu widersprechen – trotz des Dialogs, der zur Zeit des Mordversuchs zwischen den Sowjets und dem Papst geführt wurde.

Im selben Monat, in dem der Artikel von Sterling in *Reader's Digest* erschien, nahm Agca aus einem Album mit den Fotos von sechsundfünfzig in Rom akkreditierten Bulgaren drei heraus und gestand, sie hätten ihm geholfen, das Verbrechen zu begehen.

Anders als die Experten in seinem Stab hatte der Direktor der CIA, Casey, immer geglaubt, die Sowjets seien für den Mordanschlag verantwortlich, und war jetzt beeindruckt von dem Bericht Sterlings. 1984 hatte er sie in New York kennengelernt, wo er sich darüber beklagte, daß die CIA ihre Schlußfolgerungen ablehnte und den Informationen durch die italienischen Staatsanwälte keinen Glauben schenkte.

Zu denen, die annahmen, daß die Sowjets wahrscheinlich hinter dem Mordanschlag standen, gehörten Zbigniew Brzeziński und Henry Kissinger, der damals Mitglied der Behörde für die Beratung des Präsidenten in Angelegenheiten der Auslandsaufklärung

(FIAB) war. Diese Behörde hatte ebenfalls gewisse Untersuchungen durchgeführt und war zu dem Schluß gekommen, daß eine ganze Reihe von Indizien vermuten ließ, die Sowjets könnten in Zusammenarbeit mit den Bulgaren für den Mordanschlag verantwortlich sein.

Das alles veranlaßte Casey, an den Erkenntnissen seiner Analytiker zu zweifeln. »Deshalb intensivierten wir unsere Untersuchungen in ganz Europa, wie wir das meines Wissens bisher noch nie getan hatten, konnten jedoch nichts Bestimmtes entdecken«, sagte Gates. »Aber unsere Vermutungen ließen sich nicht widerlegen.«

»Je genauer sie hinschauten, desto mehr kam zum Vorschein«, sagte Herb Meyer, ein Stellvertreter und Vertrauter von Casey. »Die Fachleute in Langley [in der CIA-Zentrale] waren wütend, weil sie von einer Gruppe Spezialisten, die Casey eingesetzt hatte und die von zwei Analytikerinnen geleitet wurde, übergangen worden waren. Doch nun begann sich alles zu überschlagen; die Italiener beeilten sich ganz besonders und wandten sich mit ihren Erkenntnissen an die Öffentlichkeit.«

Dann erhielt die CIA im Winter 1984/85 vertrauliche Informationen von einer osteuropäischen Quelle, nach denen Bulgarien eine entscheidende Rolle gespielt hatte. Sogar die sogenannten Agnostiker bei der CIA vermuteten nun, wenn die genannten Bulgaren wirklich maßgeblich an dem Komplott beteiligt waren, müßten dies die Sowjets veranlaßt haben. Denn der bulgarische Geheimdienst wurde regelmäßig vom KGB für solche schmutzige Arbeit eingesetzt, mit der die Russen selbst nichts zu tun haben wollten. Doch die angeblich zuverlässige Quelle der CIA verfügte über keine Informationen aus erster Hand über die angebliche Verschwörung. Nun schlug Gates vor, einen Lagebericht zu verfassen, in dem »die mögliche Rolle der Sowjets bei dem Mordversuch im Lichte der jüngsten Agentenberichte aus Osteuropa beurteilt werden soll«.

Über den Entwurf mit dem Titel »Agcas Versuch, den Papst zu töten: Ein Fall, in den die Sowjets verwickelt sein könnten« hat Gates später gesagt: »Es war eine überzeugende Arbeit, obwohl darin deutlich zur Sprache kam, daß unsere Quellen nicht ganz zuverlässig waren, sich Informationslücken auftaten und vieles nur auf Indizien gründete.« In dem Papier hieß es, die Sowjets hätten erkannt, daß Wojtyła seit seiner ersten Reise nach Polen das Feuer des polnischen Nationalismus geschürt habe und damit noch vor der Gründung von »Solidarność« heftige Reaktionen bei der Bevölkerung in anderen Teilen Osteuropas und in der Sowjetunion hätten ausgelöst werden können. Die entgegengesetzte Auffassung, die sich in erster Linie darauf gründete, daß die CIA über die geheimen Gespräche des Papstes mit den Sowjets unterrichtet war, besagte, daß sich sein Einfluß auf die Situation in Polen stabilisierend auswirke. Lediglich sieben nicht der CIA angehörende Personen erhielten jeweils eine Kopie dieses Papiers: der Präsident, der Vizepräsident, der Außenminister, der Verteidigungsminister, der Generalstabschef, der Sicherheitsberater des Präsidenten und der Vorsitzende der Behörde für die Beratung des Präsidenten in Angelegenheiten der ausländischen Nachrichtendienste.

Im Juli 1981 lief der stellvertretende Handelsattaché an der bulgarischen Botschaft in Paris zu den Franzosen über und gestand Agenten des französischen Nachrichtendienstes, der Mordanschlag gegen den Papst sei vom bulgarischen Geheimdienst auf Ersuchen des KGB vorbereitet worden. Der Überläufer, Iordan Mantarow, sagte den Franzosen, ein guter Freund, Dimiter Sawow, ein höherer Beamter bei der Abteilung für Gegenspionage im bulgarischen Nachrichtendienst, habe ihm Einzelheiten über diese Verschwörung mitgeteilt.

Die besondere Bedeutung der Einzelheiten über das Motiv für das Verbrechen, die 1981 von Mantarow genannt wurden, ist die Tatsache, daß sie mit dem Inhalt von Dokumenten übereinstimmen, die im Westen erst nach dem Sturz des Kommunismus in der Sowjetunion und Osteuropa bekannt wurden.

Angeblich hat Sawow 1979 zu Mantarow gesagt, der sowjetische Geheimdienst glaube, die Wahl Wojtyłas zum Papst sei von Zbigniew Brzeziński manipuliert worden: Die Sowjets hatten angenommen, mit der Wahl eines polnischen Papstes sollte die zunehmende Unzufriedenheit der Polen mit der Korruption und Mißwirtschaft im Land genutzt werden, um das kommunistische System insgesamt zu treffen. »Osteuropäische Nachrichtendienste« hatten die Sorge, daß die ursprünglichen Befürchtungen des sowjetischen Geheimdienstes gerechtfertigt sein könnten. Deshalb habe der KGB – oder ein anderer osteuropäischer Nachrichtendienst – mit dem bulgarischen Geheimdienst über eine Möglichkeit gesprochen, Johannes Paul II. auszuschalten.

Mantarow behauptete, Sawow habe gesagt, Agca sei mit dem Attentat beauftragt worden, weil man gewußt habe, daß er politisch rechts stand, da er den liberalen türkischen Zeitungsherausgeber getötet und in keinerlei Beziehung zu irgendeinem kommunistischen Land stehe.

Obwohl dieser Bericht nur aus zweiter Hand stammte, schenkten die Agenten des französischen Nachrichtendienstes ihm Glauben, weil andere Informationen, die Mantarow von Sawow erhalten hatte, sich als zutreffend erwiesen. Zu jener Zeit waren sich weder die Italiener noch die Franzosen (und auch nicht der Papst) bewußt, wieviel Feindschaft und Furcht Wojtyłas Wahl zum Papst im Kreml ausgelöst hatte – dies schon im ersten Jahr seiner Amtszeit.

Der früheste Hinweis darauf ist in einem streng geheimen Dokument vom 13. November 1979 enthalten, als alle Mitglieder des Sekretariats des Zentralkomitees der KPdSU einer umfassenden Entscheidung zustimmten, »etwas gegen die Haltung des Vatikans gegenüber den sozialistischen Staaten zu unternehmen«. Diese »Entscheidung« beinhaltete sechs Punkte, die am 5. November von einem Unterausschuß des Sekretariats aufgestellt worden waren, zu dem auch Andropow und Viktor Tschebrikow, der damalige stellvertretende Vorsitzende des sowjetischen Geheimdienstes, gehörten. Das Dokument wies alle sowjetischen Ministerien und politischen Institutionen, vom KGB bis zu den staatlichen Propagandaorganisationen an, jeweils bestimmte Aufträge, meist auf dem Gebiet der Propaganda, in einer gegen Wojtyła gerichteten Kampagne zu übernehmen.

Zusammenfassungen der Denkschrift, in der diese Entscheidung begründet wurde, gingen an die kommunistischen Führungen und Sicherheitsdienste im ganzen Ostblock.

Ein entsprechendes Dokument aus der gleichen Zeit erläuterte »das Problem«: Der Vatikan »benutzt jetzt die Religion im ideologischen Kampf gegen die sozialistischen Länder« und sucht »den religiösen Fanatismus gegen die politischen und ideologischen Grundsätze der sozialistischen Gesellschaften zu intensivieren. Diese neue Propaganda, die eine Veränderung in der politischen Haltung darstellt, wird vor allem vom Vatikan verbreitet.« Mit der Wahl des Papstes Wojtyła, so heißt es weiter, wird »die typische Haltung des Vatikans und der katholischen Kirche in verschiedenen Bereichen der Sowjetunion immer aggressiver – vor allem in Litauen, Lettland, der westlichen Ukraine und Weißrußland.«

Das alles geschah vor Ausbruch der Unruhen in Polen.

Vier Tage nach den Schüssen auf Wojtyła, am 17. Mai, unternahm Präsident Reagan, dessen Genesung noch nicht ganz abgeschlossen war, jedoch gute Fortschritte zu machen schien, seine erste Reise nach dem Attentat gegen ihn. Er hatte schon lange vorgehabt, seine Antrittsrede von 1981 an der Universität von Notre Dame in South Bend, Indiana, zu halten.

Inzwischen wußten Reagans Redenschreiber, worauf es ihm ankam: Wie an dem Tag, als er selbst durch die Schüsse des Attentäters verletzt worden war, dachte er an den Papst und das »Reich des Bösen«. In seinem schwarzen akademischen Talar und dem oben abgeflachten schwarzen Hut mit einer gelben Quaste stand der Präsident da und überblickte die Versammlung. Er konnte sehen, daß auch einige Studenten mit weißen Armbinden und weißen Mützen dazugehörten, die gekommen waren, um gegen die Politik der Regierung in El Salvador und die Kürzungen im Staatshaushalt zu protestieren, die sich negativ auf die Armen auswirkten. Als der Präsident der Vereinigten Staaten seine Rede begann, prophezeite er:

> Die vor uns liegenden Jahre werden für unser Land, für die Sache der Freiheit und für die Ausbreitung der Zivilisation eine große Bedeutung haben. Der Westen wird den Kommunismus nicht unterdrücken, er wird den Kommunismus überwinden. Wir werden uns nicht die Mühe machen, ihn zu verleumden, sondern ihn als ein trauriges, bizarres Kapitel in der Menschheitsgeschichte abtun, dessen letzte Seiten in diesen Tagen geschrieben werden.

Bei der Weihe einer neuen Kirche. Rom, März 1986.

Auf dem Flug nach Polen im Jahr 1987.

In der Basilika Unserer Lieben Frau von Chinquinquira, 3. Juli 1986.

Bei der Messe zur Heiligsprechung von Pater Maximilian Kolbe. Petersplatz, Rom, 10. Oktober 1982.

ellow Knife, Kanada, 8. September 1984.

Dritte Afrikareise. Kara, Togo, 9. August 1985.

Zusammentreffen mit Aborigines. Alice Springs, Australien, 29. November 1986.

Ein Treffen mit Bergleuten und Bauern. Oruro, Bolivien, 11. Mai 1988.

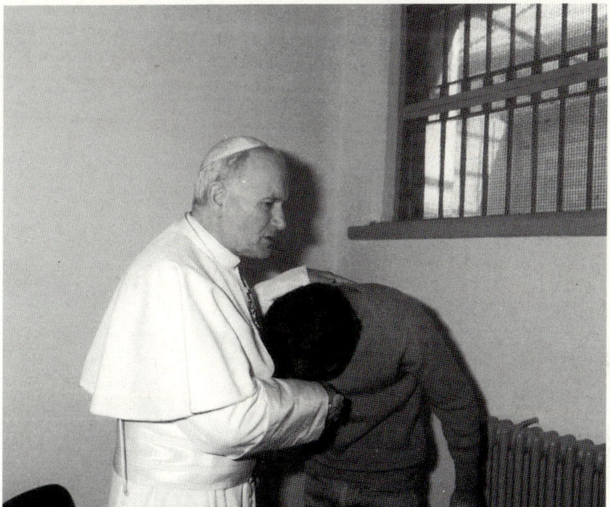

Begegnung mit Ali Agca im Gefängnis.
Rom, 27. Dezember 1983.

Begegnung mit General Jaruzelski während der zweiten Polenreise im Belvedere-Palast. Warschau, 17. Juni 1983.

Mit Ronald und Nancy Reagan in der päpstlichen Bibliothek des Apostolischen Palastes. Rom, 20. September 1990.

Erstes Zusammentreffen mit Michail Gorbatschow im Vatikan. Rom, 1. Dezember 1989.

Messe während der zweiten Polenreise am 17. Juni 1983 in Warschau.

Er meinte das, was er sagte, todernst, wenngleich die Reporter, die ihn begleiteten, seine Worte für bloße Rhetorik und Ausdruck blinder Hoffnung hielten. Aber er hatte seiner Frau und seinen engsten Mitarbeitern anvertraut, daß aus diesem Grunde er und der Papst ganz gewiß mit dem Leben davongekommen seien.

Am Tag zuvor hatten sich dreihunderttausend Menschen in Krakau zu einer Messe unter freiem Himmel versammelt, um für ihren ehemaligen Erzbischof Johannes Paul II. und die Genesung des Primas Kardinal Wyszyński zu beten, dessen schwere Erkrankung einen Tag nach dem Attentat auf den Papst vom Episkopat bekanntgegeben worden war.

Reagan fuhr fort:

> Es war Papst Johannes Paul II., der im vergangenen Jahr in seiner Enzyklika über Gnade und Gerechtigkeit vor gewissen Wirtschaftstheorien gewarnt hatte, denen zufolge der Klassenkampf gewisse Ungerechtigkeiten rechtfertigte: »Im Namen einer angeblichen Gerechtigkeit wird der Nächste manchmal vernichtet, getötet, seiner Freiheit beraubt, oder man gewährt ihm nicht die fundamentalen Menschenrechte.«
>
> Für den Westen und für Amerika ist die Zeit gekommen, in der man es wagen sollte, der Welt zu zeigen, daß die Ideale unserer Zivilisation und daß unsere Traditionen und Werte nicht die äußeren Zeichen der Stärke sind – wie die Ideologie und die Kriegsmaschine der totalitären Gesellschaften. Es wird Zeit, daß die Welt erkennt, daß unsere intellektuellen und spirituellen Werte in der Quelle aller realen Stärke verwurzelt sind – im Glauben an ein höchstes Wesen und an ein Gesetz, das höher ist als unser eigenes.

Ronald Reagan hatte den Papst nicht nur zitiert, sondern mit dem, was er über religiöse Fragen sagte, *klang* er wie der Papst.

Bald darauf schrieb Reagans Sicherheitsberater Richard Allen auf dem Briefpapier des Weißen Hauses an William A. Wilson, den neuen Botschafter des Präsidenten beim Vatikan, der dem Papst gerade sein Beglaubigungsschreiben überreicht hatte:

Lieber Bill:
Ihre Gespräche mit dem Vatikan über die Situation in Mittelamerika sind höchst bedeutungsvoll. Wir müssen so eng wie möglich mit der Kirche zusammenarbeiten, um den Fortbestand der Demokratie, der Stabilität und der sozialen Gerechtigkeit in diesem Teil der Welt zu sichern.

Vielleicht haben Sie den Wunsch, dem Kardinal-Staatssekretär Casaroli und anderen zu sagen, daß es der Präsident für außerordentlich wichtig hält, mit der Kirche zu kooperieren, um sicherzustellen, daß unsere gemeinsamen politischen Ziele in Mittelamerika verwirklicht werden können.

Arbeiter, vereinigt euch

Ronald Reagan und der Papst litten erheblich unter den Folgen der Mordanschläge und brauchten den ganzen Frühling und Sommer, bis die Schußwunden verheilt waren. Während dieser Zeit beschäftigten sich ihre Gedanken fast ausschließlich mit der Situation in Polen.

Der Papst und Reagan verhielten sich gegenüber ihren skeptischen Mitarbeitern so, als seien die Kommunisten im Kampf um Polen bereits geschlagen. Zu dieser Überzeugung kamen sie weniger aufgrund überzeugender Beweismittel als durch ihre Kenntnis der Geschichte, durch ihren Glauben und durch ihre Spiritualität und – im Falle Reagans – durch einen angeborenen Optimismus. Was Reagan in der Kathedrale von Notre Dame sagte, war nur ein Anfang.

Am 6. September erklärte Johannes Paul II. einer Gruppe polnischer Wallfahrer in Castel Gandolfo mit klaren Worten, aber noch schwacher Stimme, daß »die Unabhängigkeit, auf die unser Volk einen Anspruch hat, eine Voraussetzung für den Weltfrieden« ist – eine Aussage, die den Kreml mit Sicherheit für starke Beunruhigung sorgte. Jetzt sprach der Papst nicht von allgemeinen christlichen Grundsätzen, sondern fast so wie ein weltlicher Führer, als betrachte er sich als Beschützer und Paladin seines Landes.

Die Erklärung des Papstes erfolgte zur Zeit des ersten nationalen Kongresses der Gewerkschaft »Solidarität«, auf dem Lech Wałęsa mit viel Taktgefühl darauf drängte, gegenüber dem Staat eine vorsichtige und respektvolle Haltung einzunehmen. Er sagte, die Gewerkschaft »Solidarität« unterschätze »in gefährlicher Weise die Regierung« und sei »viel zu selbstsicher« geworden. Die Gewerkschaft forderte die Arbeiter in anderen osteuropäischen Ländern auf, nach dem Modell von »Solidarność« neue Gewerkschaften zu gründen. Die Streiks in Polen führten zu einer Verknappung von Lebensmitteln und Gebrauchsgütern im ganzen Ostblock. Die Sowjets reagierten mit umfangreichen Manövern ihrer Flotte und Armee in der Ostsee und an den Grenzen Polens, an denen sechs Kriegsschiffe und mehr als hunderttausend Soldaten beteiligt waren.

»Gestern habe ich mich mit dem ›Appell an die Menschen in Osteuropa‹ vertraut gemacht, der auf dem Kongreß der polnischen Gewerkschaft ›Solidarität‹ bekanntgegeben wurde«, sagte Breschnew dem Politbüro am 10. September. »Es ist ein gefährliches und provozierendes Dokument. Es enthält nicht viele Worte, aber nur ein Ziel: Die Verfasser wollen die sozialistischen Länder beunruhigen und die verschiedensten Gruppen von Gegnern zum Widerstand aufrufen.«

Auf dem Kongreß der Gewerkschaft »Solidarität« wurde Wałęsa mit nur fünfundfünfzig Prozent der Stimmen zum Vorsitzenden gewählt; radikalere Mitglieder vertraten den Standpunkt, sehr viel energischer vorgehen zu müssen. Sie erklärten ganz deutlich, daß sie den Einfluß der Kommunisten auf die schwer angeschlagene polnische Wirtschaft brechen und an ihrer Stelle die Partei zur führenden Kraft in der Regierung machen wollten.

»Polnische Bürger schänden das Andenken unserer Soldaten, zeichnen alle möglichen Karikaturen von unseren Parteiführern und unserer Regierung und beleidigen die Sowjetunion... Sie lachen uns aus«, beschwerte sich Tichonow bei seinen Kollegen im Politbüro. »Nach meiner Ansicht ist es unerträglich, nicht darauf zu reagieren.«

Am 17. September traf sich der neue vom Papst ernannte Primas, Kardinal Józef Glemp, ein vom im Sterben liegenden Wyszyński als dessen Nachfolger geweihter Professor für kanonisches Recht, mit Kania und Jaruzelski. »Das war eine einmalige Begegnung«, sagte Jaruzelski später. »Wir trafen uns in einer damals sehr gefährlich wirkenden Situation, denn es war unmittelbar nach Ende des ersten Kongresses der Gewerkschaft ›Solidarität‹. Auf diesem Kongreß ging es sehr kämpferisch zu. Im Namen des Papstes sollte eine von diesem verfaßte Predigt verlesen werden, was jedoch nicht geschah, weil viele Teilnehmer in sehr aggressiver Stimmung waren und sie nicht hören wollten.«

Daß man mit einem entschiedenen Vorgehen, vielleicht mit der Ausrufung des Kriegsrechts rechnen mußte, war eine gängige Hypothese in Washington und Rom. Jedoch ließ sich nicht vorhersehen, wie die Arbeiter in den Fabriken und auf den Straßen Polens reagieren würden, wo die Gewerkschaft »Solidarität« immer noch glaubte, ihren politischen Einfluß stärken zu können. Anfang August hatte Oberst Ryszard Kukliński auf verschlungenen Wegen seinen amerikanischen Freunden Pläne für die bevorstehende Erklärung des Kriegszustands mit den entsprechenden Ausführungsbestimmungen übermitteln lassen. Zu diesen Dokumenten gehörten in Moskau in polnischer Sprache gedruckte Flugblätter, in denen die Bürger aufgerufen wurden, Ruhe zu bewahren, und ihnen erklärt wurde, was ein Leben unter Kriegsrecht bedeutete. Der Papst war von Washington über die von Kukliński weitergegebenen Informationen unterrichtet worden.

»Am Ende unserer Besprechung«, erinnerte sich Jaruzelski, »fragte der Primas: ›Was sollen wir dem Heiligen Vater sagen?‹ Denn am folgenden Tag sollte er nach Rom abreisen. Wir sagten ihm daher: ›Teilen Sie unsere Besorgnisse mit und weisen Sie vorläufig ausdrücklich darauf hin, daß die Behörden kompromißbereit sind für eine Verständigung und Vereinbarung. Sie werden aber eine Auflösung des Staates nicht zulassen.‹«

Die grundsätzliche, aber vorsichtige Stellungnahme des Papstes fand am 14. September ihren Ausdruck in seiner Enzyklika *Laborem Exercens* (»Über die menschliche Arbeit««, deren Thema die Würde des Arbeiters war und die während des Kongresses der Gewerkschaft »Solidarität« veröffentlicht wurde. Die Enzyklika sprach sich ganz klar für das Recht der Arbeiter aus, sich in Gewerkschaften zusammenzuschließen, wies aber auch darauf hin, daß sie im gesellschaftlichen und wirtschaftlichen Leben einer Nation Verantwortung zu übernehmen hätten. Gewerkschaften müßten, wie der Papst schrieb, nationale Belange über die eines jeden einzelnen und jeder Gruppe stellen. Dabei seien die wirtschaftlichen Probleme in jeder Nation besonders zu berücksichtigen – ein offensichtlicher Hinweis auf die Situation in Polen.

Der in polnischer Sprache abgefaßte Entwurf der Enzyklika – es war Wojtyłas vierte – hatte schon im Frühjahr vorgelegen, zu einer Zeit, als die Gewerkschaft »Solidarität« am mächtigsten war. Aber durch das Attentat hatte sich das Erscheinen des endgültigen Textes verzögert.

Die Enzyklika war der ehrgeizige Versuch von Johannes Paul II., ein vom Christentum und nicht vom Marxismus inspiriertes Manifest der Arbeiterschaft zu entwerfen. Zum erstenmal hatte ein Papst eine Enzyklika ausschließlich der Arbeit gewidmet. Johannes Paul II. verlangte darin eine radikale Begrenzung des Privatbesitzes, wie keiner seiner Vorgänger das je getan hatte. Er sagte: »Das Recht auf Privatbesitz ist dem Recht auf die gemeinschaftliche Nutzung untergeordnet... Der einzig legitime Anspruch auf das Eigentum an den Produktionsmitteln, ob nun in der Form privaten oder öffentlichen, kollektiven Besitzes, liegt darin, daß dieses Eigentum dem Wohl der Arbeiterschaft dient.«

Seit der Zeit von Leo XIII. Ende des neunzehnten Jahrhunderts hatten die Päpste die kapitalistische Wirtschaft des Laissez-faire ebenso kritisiert wie den Marxismus; und auch in Polen hatte Primas Wyszyński den Materialismus mit harten Worten verurteilt – sowohl den liberalen als auch den marxistischen. Aber Johannes Paul II. ging einen Schritt weiter, als er den absoluten Vorrang der Arbeit gegenüber dem Kapital verkündete, ob nun in kapitalistischen oder sozialistischen Systemen.

Andere Textpassagen der Enzyklika bezogen sich auf die Ereignisse in Polen, als wollte der Papst eine theoretische Grundlage für die erste katholische Gewerkschaft der Geschichte legen, um damit eine kommunistische herrschende Klasse zu bekämpfen. Das Wort Solidarität wurde häufig wiederholt. Die Rolle der Gewerkschaften wurde als »unverzichtbares Element im gesellschaftlichen Leben« gepriesen, wenngleich der Papst ausdrücklich erklärte, sie seien den politischen Parteien nicht gleichzustellen.

In *Laborem Exercens* bemühte sich Johannes Paul II. wie gewöhnlich darum, alles im Rahmen einer christlichen Anthropologie darzustellen. »Arbeiten ist hart; es ist die Strafe für die Erbsünde«, schrieb er. »Doch vor allem ist es die Fähigkeit, schöpferisch tätig zu sein. Mit seiner Arbeit nimmt der Mensch am Werk seines Schöpfers teil... Christus gehört in die Welt der Arbeit.«

Zugleich enthält die Enzyklika deutliche Parallelen zum marxistischen Gedankengut, so etwa, daß der Papst jede Doktrin ablehnt, welche die Würde und Subjektivität des Menschen herabsetzt, oder seine Vorstellung vom gesellschaftlichen Wert der Arbeit. »Die Arbeit zeichnet den Menschen und die Menschheit in ganz besonderer Weise aus. Sie zeigt, wie der Mensch in der Gemeinschaft von Menschen arbeitet«, erklärte der Papst. »Und darin erweist sich sein besonderer Charakter. Die Arbeit ist in gewissem Sinne Ausdruck seines innersten Wesens.«

Man bezeichnete die Enzyklika *Laborem Exercens* schon bald als das Evangelium der Arbeit, und in vielen Ländern der Dritten Welt stärkte sie das gesellschaftliche Engagement der Kirche. In Polen verfügte die Gewerkschaft »Solidarität« jetzt über ein päpstliches Dokument, das sie in ihrem Kampf unterstützte.

Mitte Oktober herrschten dort fast chaotische Zustände: Niemand schien sich mehr in diesem Land durchsetzen zu können. Die Angehörigen der polnischen kommunistischen Partei und der Gewerkschaft »Solidarität« lehnten jeden Kompromiß ab und verlangten jeweils ein strenges, fast apokalyptisches Vorgehen. Immer häufiger kam es zu Unruhen und Zusammenstößen zwischen Bürgern und Sicherheitsbeamten. Die polnische Wirtschaft lag in Trümmern, und die Krise nahm angesichts Hunderter von Arbeitsniederlegungen gefährliche Ausmaße an. An diesen Streiks beteiligten sich die Bergleute ebenso wie die Transportarbeiter. In den Geschäften gab es weder Zahnpasta noch Seife zu kaufen.

Am 13. Oktober schickte Jaruzelski in aller Eile den polnischen Außenminister Józef Czyrek zum Papst nach Castel Gandolfo. »Der Papst war zwar noch geschwächt, aber... sagte, er wünsche eine Kompromißlösung und gegenseitiges Verständnis«, berichtete Jaruzelski später. »Es war jedoch klar, daß er noch nicht wiederhergestellt war und keine Möglichkeit hatte, die Situation in Polen direkt zu beeinflussen, zum Beispiel eine Delegation der Gewerkschaft ›Solidarität‹ oder Lech Wałęsa zu sich einzuladen oder ihnen einen Brief zu schreiben. Er war einfach noch nicht genügend bei Kräften.«

Daran darf man zweifeln, und die persönlichen Mitarbeiter des Papstes zeichnen ein anders Bild: Obwohl er fraglos noch schwach war, hatte Wojtyła schon einige Wochen zuvor zwei sowjetische Kosmonauten empfangen und mit ihnen ein lebhaftes Gespräch über die Schwerelosigkeit führen können. Er hoffte, Moskau werde in dieser Begegnung eine Geste des guten Willens sehen. Czyrek sagte später, der Papst habe ihn ausführlich über die Wahrscheinlichkeit eines völligen Zusammenbruchs der polnischen Wirtschaft und über die Gefahren einer sowjetischen Intervention befragt.

Vor seiner Audienz beim Papst hatte Czyrek bei den Vereinten Nationen in New York mit dem sowjetischen Außenminister Gromyko gesprochen. »Sie sind doch ein Mitglied der Partei Lenins, nicht wahr?« hatte Gromyko ihn angebrüllt. »In Polen bereitet sich eine Gegenrevolution vor. Was wollen Sie dagegen unternehmen? Wissen Sie nicht, daß die Gegenrevolution zerschlagen werden muß? Man wird Sie am nächsten Laternenpfahl aufhängen, wenn Sie die Sache nicht in Ordnung bringen, so wie wir es 1917 getan haben. Und was tun Ihre Polen? Sagen Sie mir, was unternehmen Sie?«

Am 18. Oktober entfernte die polnische Partei schließlich Kania auf Verlangen Moskaus und aller kommunistischer »Bruderparteien« aus seinem Amt wegen seines »unzulässigen Liberalismus« (wie Breschnew das nannte) und ernannte Jaruzelski zum Parteisekretär. Damit übernahm das Militär, die nach der Kirche vertrauenswürdigste Institution im Land, die Führung der Partei und die Regierung, deren Chef Jaruzelski ebenfalls wurde.

Am nächsten Tag rief Breschnew Jaruzelski an:

»Hallo, Wojciech.«

»Hallo, Leonid Iljitsch.« Nach ein paar freundlichen Worten sagte Breschnew: »Es ist wichtig, keine Zeit zu verschwenden und die von Ihnen vorgesehenen strengen Maßnahmen gegen die Konterrevolution nicht weiter zu verzögern. Wir wünschen Ihnen gute Gesundheit und Erfolg!«

»Ich werde mein möglichstes tun, als Kommunist und als Soldat, um die Situation zu verbessern und das Land sowie die Partei in eine neue Richtung zu führen«, antwortete Jaruzelski. »Ich werde Ihnen die erforderlichen Maßnahmen erläutern. Wir werden die Armee in allen Lebensbereichen unseres Landes an der Mitarbeit beteiligen.«

Genau das wünschte Breschnew zu hören.

Offenbar wollte Jaruzelski die Verhängung des Kriegsrechts nicht in einem Telefongespräch erwähnen. Er teilte Breschnew nur geheimnisvoll mit, daß er sich noch am selben Tag mit dem sowjetischen Botschafter treffen werde, »um gewisse Fragen im einzelnen mit ihm zu besprechen; und ich werde Ihren Botschafter in Fragen um Rat bitten, über die er Ihnen natürlich berichten wird«.

Am Abend des 4. November trafen sich Jaruzelski, Wałęsa und Primas Glemp in der offiziellen Residenz des Ministerpräsidenten zur ersten Arbeitssitzung, die zwischen den drei entscheidenden Kräften in Polen abgehalten wurde: der Kirche, dem Staat und der Gewerkschaft. Jaruzelski regte die Bildung einer »Front des nationalen Zusammenwirkens« an, um das Chaos zu beenden und so ein permanentes Forum für den Dialog zwischen den politischen und gesellschaftlichen Kräften zu schaffen, das »den Grundsätzen der polnischen Verfassung« entsprach. Obwohl Jaruzelski nicht bereit war, diesem Gremium Entscheidungsbefugnisse zu gewähren, sagte er, es habe die Aufgabe, zwischen allen Teilen der polnischen Gesellschaft einen Konsens zu erreichen. Er schlug vor, daß dieses Forum sich aus Vertretern der Kirche, der Regierung, der Gewerkschaft »Solidarität«, der kommunistischen Partei, einer Reihe anderer Gewerkschaften und einiger politischer Splitterparteien zusammensetzen sollte, die alle bereit sein müßten, ein Bündnis mit den Kommunisten zu schließen.

Jaruzelski hatte schon am 21. Oktober Glemp um seine Stellungnahme gebeten; nach einer Konsultation mit dem Papst erklärte sich der Primas einverstanden. Wałęsa wandte jedoch ein, daß nur die Gewerkschaft »Solidarität« als Vertreter der polnischen Arbeiter anerkannt werden dürfe. Nach dem Vorschlag von Jaruzelski wäre es jederzeit möglich gewesen, daß die Gewerkschaft »Solidarität« von den übrigen offiziellen Gewerkschaften überstimmt wurde.

Laut Jaruzelski hat Glemp dreimal versucht, und zwar am 5., 7. und 9. November, Wałęsa zu überreden, sich diesem Forum anzuschließen. Jaruzelski sagte, der Primas habe wiederholt »auf die Notwendigkeit hingewiesen, daß die Gewerkschaft ›Solidarität‹ ihre Aggressivität« bremste und dem Plan zustimmte, aber ohne Erfolg.

Nachdem Johannes Paul II. sich wieder erholt hatte, griff er fast täglich in die polnische Krise ein. In der ersten Novemberwoche empfing er eine Gruppe polnischer Intellektueller in Rom, unter ihnen prominente Mitglieder der Gewerkschaft »Solidarität«, führende katholische Schriftsteller und Gegner des alten Regimes sowie alte Freunde: Jerzy Turowicz von der Zeitung *Tygodnik*, den Herausgeber der Schriften des Papstes; Tadeusz Mazowiecki, Jerzy Kłoczowski und Bronisław Geremek, einen der wichtigsten Berater Wałęsas.

Im Verlauf ihres Gesprächs über Polen verblüffte Johannes Paul II. seine Gäste mit der Äußerung, er sei überzeugt, die Kommunisten würden im Kampf um Polen unterliegen. Geremek, der später zweimal vor Gericht gestellt und mit Gefängnis bestraft wurde, sagte, die Worte des Papstes an diesem Tag hätten ihm und anderen das Gefühl vermittelt, ihre Sache werde trotz aller Schwierigkeiten den Sieg davontragen.

> Schließlich [so sagte der Papst] ist in Polen etwas geschehen, das sich nicht rückgängig machen läßt. Die Menschen werden nicht mehr passiv bleiben. Die Passivität ist eines der Werkzeuge der autoritären Regierungen. Und jetzt ist es mit dieser Passivität vorbei, und damit ist ihr Schicksal entschieden. Sie werden verlieren.

Wojtyłas Gäste waren ebenso überrascht zu hören, wie er die Gefahr eines sowjetischen Einmarschs einschätzte. Er fürchtete ihn viel weniger als die polnischen Bischöfe. »Der Papst sagte: ›Er sollte als Möglichkeit gesehen werden, und wir müsesn alles tun, um Polen vor einem solchen Eingreifen zu bewahren‹«, sagte Geremek später. Und weiter: »›Aber wir dürfen nicht nur auf ein solches Gefühl reagieren.‹« Die Bedrohung durch die Sowjets, fügte Wojtyła hinzu, »darf nicht dazu führen, daß wir die Errungenschaften oder Grundsätze der Gewerkschaft ›Solidarität‹ aufgeben.«

Die polnischen Bischöfe redeten ständig von den Grenzen, die dem Verlangen nach Würde und den Grundrechten der Arbeiter gesetzt sind; sie waren stets bereit, Kompromisse zu schließen, wenn sie an die Gefahr eines Eingreifens der Sowjets dachten, von der Geremek gesprochen hatte. »Die Furcht vor einer russischen Intervention war immer ein entscheidendes Argument.« Aber der Papst sprach von unabdingbaren Grundsätzen, von den unveränderbaren Rechten des polnischen Volkes.

Jaruzelskis Vorschlag, ein Forum der nationalen Einigung zu erreichten, hatte Breschnew überrascht und erzürnt. Über das Treffen des Generals mit Glemp und Wałęsa war er dermaßen beunruhigt, daß er am 21. November Jaruzelski durch den sowjetischen Botschafter in Polen einen fünf Seiten langen Brief überbringen ließ, in dem er vor »den Konsequenzen einer Zerschlagung des Sozialismus« warnte, falls die Gewerkschaft »Solidarität« und die Kirche im Rahmen dieses Gremiums wichtige Aufgaben zugewiesen bekämen:

> In letzter Zeit ist in Polen viel über unsere Gespräche mit Glemp und Wałęsa geschrieben worden. Manche nennen es eine historische Begegnung und sehen darin den Beginn einer Veränderung, die vom Chaos zu einer neuen Gesellschaftsordnung führen könnte ... [Aber] die Klassenfeinde werden sicherlich versuchen, der »Front der nationalen Einigung« eine Art politischen Inhalts zu geben, der zumindest ihre Idee von der Aufteilung der Macht zwischen [der Partei], »Solidarität« und der Kirche mit der daraus folgenden Zerschlagung des Sozialismus stärken würde.

Die gleichen Faktoren, die Breschnew nervös gemacht hatten, waren auch der Grund dafür, daß sich der Papst bereit erklärte, den Zielen der Front der nationalen Einigung zuzustimmen.

Breschnew erkärte: »Jetzt ist es bereits vollkommen klar, daß es keine Möglichkeit mehr gibt, den Sozialismus in Polen ohne eine Entscheidungsschlacht gegen den Klassenfeind zu retten. Es ist nicht mehr die Frage, ob es zu einer Konfrontation kommen wird oder nicht, sondern es fragt sich nur noch, wer sie beginnen, wie sie ausgeführt werden wird und auf wessen Initiative.«

Mitte November versuchte Jaruzelski, den wilden Streiks im ganzen Land ein Ende zu setzen. Die Arbeiter hatten gestreikt, um gegen die schlechten Arbeitsbedingungen und die immer schwieriger werdenden Lebensumstände in Polen zu protestieren. Das wenige Fleisch, das es noch zu kaufen gab, kam zum größten Teil aus der Sowjetunion in schmutzigen Güterwaggons, die zu entladen die polnischen Arbeiter sich oft weigerten. Im November kam es nach Angaben einer Quelle zu hundertfünf Arbeitsniederlegungen von unbestimmter Dauer, an denen sich Millionen beteiligten; weitere hundertfünfzehn Streiks wurden vorbereitet. Keiner von ihnen war von der Leitung der »Solidarität« gebilligt worden. Am 30. Oktober hatte das Nationalkomitee der »Solidarität« zur Beendigung aller Streiks aufgerufen, weil sie sich nicht mehr kontrollieren ließen und den Gewerkschaften jeden Boden zu entziehen drohten.

Auf Anordnung von Jaruzelski sorgten bewaffnete Soldaten in vielen größeren Städten für Ordnung auf den Straßen. Man sah sie zu dritt überall dort eingreifen, wo Unruhen entstanden. Die Regierung ließ Geremek wissen, nur wenn die Gewerkschaft »Solidarität« für ein diszipliniertes Verhalten ihrer Mitglieder sorge, lasse sich eine größere Konfrontation vermeiden. Wałęsa ging sogar so weit, vorzuschlagen, alle Teilnehmer wilder Streiks zu maßregeln.

Jaruzelski berichtete, etwa um die gleiche Zeit habe er persönlich die Führer der Gewerkschaft »Solidarität« und die Kirche gewarnt, daß sich der Erlaß des Kriegsrechts nicht würde vermeiden lassen, wenn die Gewerkschaften nicht drei Voraussetzungen zustimmten: einem wirksamen Verbot aller Streiks während des ganzen Winters, einem Verzicht auf die Feier eines Gedenktages der Erhebung in Danzig im Jahr 1970 am 17. Dezember und der Wiederaufnahme einer vernünftigen Form des Dialogs zwischen der Regierung und der Opposition.

Jaruzelski sagte, er hoffe verzweifelt, die Kirche werde dazu beitragen, die Unterstützung der »Solidarität« für ein Gesetz zu gewinnen, mit dem alle Streiks während des bevorstehenden Winters verboten und ihm besondere Vollmachten zugestanden würden. Statt dessen kritisierte Glemp nach Rücksprache mit dem Papst dieses Gesetz in einem Brief an das Parlament mit der Begründung, es werde »Unruhen« verursachen.

Jaruzelski behauptete, wenn auch nicht sehr glaubwürdig: »Mit diesem Brief hatte der Primas uns die Hände gebunden, so daß wir nichts unternehmen konnten.«

In Wirklichkeit hatte der Papst die polnischen Bischöfe angewiesen, keine Maßnahmen zu unterstützen, durch welche die 1980 getroffenen Vereinbarungen zwischen der Gewerkschaft »Solidarität« und der Regierung unwirksam werden könnten. Das Streikrecht, so schien sich Wojtyła ausdrücken zu wollen, war Teil der entscheidenden Freiheiten und Würde der Arbeiter, obwohl diese in erster Linie verpflichtet waren, es nicht zum Schaden des nationalen Interesses zu beanspruchen.

Walters im Vatikan

Bevor er am 28. November 1981 nach Rom abreiste, fuhr Vernon Walters in seinem Wagen zur CIA-Zentrale in Langley, Virginia, um sich dort mit Bill Casey zu treffen.

»Wir sprachen darüber, daß es die Kirche in der Hand hatte, für ein Überleben Polens als freies Land zu sorgen«, erinnerte sich Walters später. »Was wir damals unternommen haben, unterliegt noch immer der Geheimhaltung.«

Obwohl die Ereignisse in Polen und an dessen Grenze zur Sowjetunion dazu führten, daß sich die amerikanische Politik immer mehr mit der UdSSR und ihrem europäischen Einflußbereich beschäftigte, löste ebendiese Poltik während des Besuchs von Walters beim Papst jenen Skandal aus, der später als die Iran-Contra-Affäre bezeichnet wurde.

Als Alexander Haig zum Außenminister ernannt wurde, hielt er es für außerordentlich nützlich, eine begrenzte Zahl »strategischer Gespräche« mit politischen Führern auf der ganzen Welt zu führen, die den Amerikanern wesentlich dabei helfen könnten, ihre politischen Ziele zu erreichen, und zwar in Israel (wo diese »Gespräche« zur Iran-Contra-Affäre führten), in Moskau, in Mittel- und Lateinamerika, in Frankreich, in Pakistan, in China, in Griechenland und im Vatikan.

»Dieser Dialog begann Anfang 1981 und wurde streng geheimgehalten«, erklärte viele Jahre später ein enger Vertrauter von Haig, der ebenfalls an diesem Konzept arbeitete. Der Zweck des Dialogs war es, diese politischen Führer davon zu überzeugen, daß es erforderlich sei, die politischen Aktivitäten der Vereinigten Staaten tatkräftig zu unterstützen und mit ihnen die Informationen zu teilen, die sie davon überzeugen würden, daß auch ihre eigene Sicherheit bedroht sei, ob nun durch Kommunisten, Terroristen, Nachbarn, die Opposition im Innern, islamische Fundamentalisten, nationalistische Bewegungen oder die Verfechter der Befreiungstheologie.

Die Israelis wurden zunächst von Michael Ledeen unterrichtet, einem Assistenten von Haig, der vier Jahre später am Austausch von Geiseln gegen Waffen beteiligt war. Ledeen, der sich selbst als Historiker bezeichnet, unterhält Beziehungen zum israelischen Geheimdienst und zu europäischen sozialdemokratischen Parteien. Im Auftrag Haigs nahm er schon sehr früh die Verbindung zu Vertretern des vatikanischen Staatssekretariats auf, darunter zu einem der beiden Sekretäre des Papstes, dem Erzbischof Emery Kabongo. Das seien, wie er selbst sagte, »Erkundungsgespräche« gewesen, um mehr über das politische Denken des Papstes zu erfahren, besonders im Hinblick auf die Stärke der Opposition gegen die kommunistische Regierung in Polen.

Bevor Walters nach Rom reiste, hatte Haig den pensionierten General nach Marokko (König Hassan war der CIA verpflichtet und verfügte über Kontakte zu Führungspersönlichkeiten in allen wichtigen arabischen Hauptstädten), Argentinien, Chile und Mexiko (wo die Regierung gegen die politische Linke zu kämpfen hatte), nach Griechenland (dessen sozialistische Regierung von der Gefahr überzeugt werden mußte, die ihr möglicherweise durch militärische Übungen der Sowjets im benachbarten Bulgarien drohte) und Frankreich geschickt.

Die weniger gut unterrichteten politischen Führer in diesen Staaten sollten, wie die engsten Mitarbeiter von Haig meinten, auf diese Weise von der Leistungsfähigkeit des amerikanischen Geheimdienstes überzeugt werden.

Der athletische, wortgewaltige Walters war für manche nur ein eitler Wichtigtuer. Einer seiner Kollegen sagte jedoch: »Es gab aber auch Leute wie gewisse Staatsmänner und politische Führer, die ihn sehr schätzten. Er hatte seinen ganz persönlichen Stil und sprach mehrere Sprachen. Bei fünfundsiebzig bis achtzig Prozent seiner Gesprächspartner hatte er Erfolg – besonders beim Papst. Dick Walters ist ein überzeugter Katholik. Er besucht täglich die Messe. Als besonders wichtig erachtete er den strategischen Dialog mit dem Papst.« Dafür war Polen kaum der einzige Grund.

Wojtyła charakterisierte den Vertrauensmann von Haig wie folgt:

> Er war auch in anderen Teilen der Welt wie zum Beispiel in den mittelamerikanischen Ländern hoch angesehen. Große Beliebtheit genoß er in den katholischen westeuropäischen Ländern wie Italien und Spanien. Wir dürfen nicht vergessen, daß wir diese neuen Fernlenkwaffen [Marschflugkörper und Pershing-II-Raketen] in Europa bereitstellen wollten. Seine amerikanischen Bischöfe waren dagegen und lehnten auch die militärische Aufrüstung Reagans ab. Wenn er eines Sonntags aufgestanden wäre und erklärt hätte, er hielte es für eine schlechte Idee, Fernlenkwaffen in Italien zu stationieren; dann hätte der ganze Plan scheitern können. Hätten wir keine interkontinentalen Kernwaffen bereitgestellt, wäre es nie zu dem Vertrag über den Verzicht von Kernwaffen gekommen, den man als die hervorragendste Leistung von Reagan und Gorbatschow bezeichnen könnte, und das hätte zu einem erheblichen strategischen Rückschlag geführt. Wer weiß, was bis zum Ende des Kalten Krieges noch hätte geschehen können? Er war also für uns ein außerordentlich wichtiger Faktor; eine sehr einflußreiche Persönlichkeit, und als solche haben wir ihn auch eingeschätzt.

Und was konnten die Vereinigten Staaten dem Papst anbieten?

»Etwas, das er wahrscheinlich mehr wünschte als alles andere«, sagte der Vertrauensmann von Haig – der zugegebenermaßen von dieser Beziehung zynischer dachte als viele seiner Kollegen. »Ich glaube, er ist ein sehr politischer Mann – was er damit gewinnen konnte ... war das Gefühl, sehr enge persönliche Kontakte zum mächtigsten Land der Welt geknüpft zu haben. Er war ein Hasardeur. Und das war der Gewinn.«

Am Morgen des 30. November 1981 stand der Papst wie fast jeden Tag, wenn er sich im Vatikan aufhielt, um fünf Uhr morgens auf, rasierte sich, zog sich an und ging in die nur wenige Schritte von seinem Schlafzimmer entfernt gelegene Privatkapelle. Dort betete er länger als eine Stunde. Mitunter war sein Gebet so intensiv, daß er dabei weinte oder stöhnte. Manchmal fanden seine Untergebenen Johannes Paul II. in der Kapelle mit seitwärts ausgestreckten Armen regungslos auf dem Marmorfußboden liegend. Sogar die polnischen Kommunisten waren beeindruckt von seinem zur Mystik neigenden Wesen. In den Berichten, die sie nach Moskau schickten, hieß es, er bringe oft sechs bis acht Stunden täglich im Gebet und in der Meditation zu.

In der psychologischen Beurteilung des Papstes durch die CIA hieß es ebenfalls, der Papst sei im wesentlichen ein Mystiker.

Vernon Walters hatte kurz vor seinem Eintreffen im Vatikan in Begleitung des Chefs der amerikanischen Mission, William Wilson, am selben Morgen diese Beurteilung gelesen. Sie gefiel ihm allerdings nicht besonders. Er fand, sie vermittle den Eindruck, der Heilige Vater sei ein Sonderling wie der Anhänger eines ausgefallenen Kults, ein Hellseher oder Fanatiker. Der 1917 geborene Walters war drei Jahre älter als der Papst. Er war Junggeselle und bezeichnete sich selbst oft als »einen altmodischen, orthodoxen römischen Katholiken«.

Auch Walters war ein Glaubensfanatiker – er glaubte an Gott, die Kirche und sein Land. Er war in New York City kurze Zeit von Jesuiten erzogen worden und brüstete sich gern damit, der einzige General in der amerikanischen Armee gewesen zu sein, der weder die Oberschule abgeschlossen noch ein College besucht hatte. Doch sicher war er der einzige Stabsoffizier, der acht Sprachen beherrschte. Niemand hätte es ihm an der Wiege gesungen, daß er jemals Diplomat oder hoher Offizier werden könnte. Als Sohn einer Arbeiterfamilie hatte er seinen Aufstieg auf der militärischen Stufenleiter allein seinem Talent für Sprachen zu verdanken. Er war als Dolmetscher für die Präsidenten Roosevelt, Truman und Eisenhower tätig gewesen, vor allem aber für Vizepräsident Nixon, den er 1958 nach Venezuela begleitet hatte, wo Nixon, dessen Frau und Walters fast von einem antiamerikanischen Mob gelyncht worden wären. Als Nixon zum Präsidenten gewählt wurde, beförderte er Walters zum stellvertretenden Direktor der CIA. Er vertraute dieser Behörde nicht und wollte an ihrer Spitze einen verläßlichen Gefolgsmann haben.

Ronald Reagan, der Walters umittelbar vor seiner Reise nach Rom in das ovale Zimmer gebeten hatte, ernannte ihn zu seinem Sonderbotschafter, vertraute ihm die am strengsten gehüteten Staatsgeheimnisse an und übertrug ihm die schwierigsten Aufgaben. Dies war eine von ihnen.

Walters' Reise war besonders dringend, und zwar aus einem sehr beunruhigenden Grund: Washington hatte kurz zuvor seine beste Quelle für strategische Informationen über die Situation in Polen verloren – den polnischen Oberst Ryszard Kukliński. Dieser war am 2. November zu einem Gespräch im Büro des stellvertretenden Chefs jener Abteilung des polnischen Generalstabs gerufen worden, die für die Entwicklung der Pläne zur Ausrufung des Kriegsrechts zuständig war. In diesem Zimmer befanden sich noch drei andere Männer. »Die Amerikaner kennen unsere jüngsten Pläne«, sagte der polnische General. Kukliński hatte detaillierte, aber nicht datierte Pläne für die Ausrufung des Kriegsrechts an die Vereinigten Staaten weitergegeben. Während der Besprechung im Büro des Generals bewahrte er die Ruhe, spürte aber, daß man ihn verdächtigte. Unmittelbar danach floh er auf Umwegen in die kanadische Botschaft in Warschau, wo er sich versteckt hielt, bis falsche Papiere besorgt werden konnten und sich eine Gelegenheit ergab, ihn unbemerkt aus dem Land zu schmuggeln. Aber nun war es ihm im ungünstigsten Augenblick nicht mehr möglich, am wichtigsten Projekt mitzuarbeiten: nämlich in Erfahrung zu bringen, wann das Kriegsrecht ausgerufen werden sollte.

Als Walters mit Wilson die Bibliothek des Papstes betrat, sah er die Schuhe des Heiligen Vaters unter dem langen Gewand. Es waren nicht die traditionellen roten Pantoffeln, sondern gewöhnliche braune Halbschuhe. Nachdem Wilson den Papst begrüßt und gesagt hatte, er freue sich, den Papst bei guter Gesundheit wiederzusehen, schwieg er.

Dann fragte er auf englisch: »Eure Heiligkeit, in welcher Sprache sollen wir uns unterhalten?« Dolmetscher waren nicht zugegen.

»Ich arbeite jeden Tag auf italienisch, dabei fühle ich mich am wohlsten«, erwiderte Wojtyła – auf englisch.

Ebenso wie der General genoß es auch der Papst, viele Sprachen zu beherrschen. Die beiden Männer hätten sich in den verschiedensten Sprachen unterhalten können, denn beide konnten sich auf englisch, deutsch, italienisch, Latein, spanisch, französisch und russisch verständigen.

»Heiliger Vater«, begann Walters auf italienisch, »ich soll Sie vom Präsidenten der Vereinigten Staaten grüßen.«

Walters hatte auch einen Briefumschlag mitgebracht, den er jetzt auf den Tisch legte und öffnete. Er enthielt Satellitenfotos.

Er schob dem Papst das erste über den polierten Mahagonitisch zu, auf dem nur noch ein paar Bücher lagen.

»Der Präsident glaubt, Sie sollten wissen, was wir tun und warum wir es tun.« Dann sagte Walters in ernstem Ton: »Wir haben den Russen zu verstehen gegeben, sie sollten sich heraushalten – oder es wird zu einer ernsten Krise in den russisch-amerikanischen Beziehungen kommen. Den sowjetischen Botschafter in Washington haben wir von dieser Entscheidung unterrichten lassen, und zwar für den Fall, daß jemand fürchtet, irgend etwas zu verlautbaren.«

Während Walters sprach, fiel sein Blick auf den großen goldenen Fischerring in Gestalt eines Kreuzes, der Wojtyła bei seiner Amtseinführung an den Ringfinger der rechten Hand gesteckt worden war. Als er den Papst begrüßte, hatte Walters den Ring geküßt. In der Tasche trug er mehrere Rosenkränze bei sich. Er wollte den Heiligen Vater bitten, sie zu segnen, um sie dann Verwandten und Freunden mitzubringen.

Nun sah sich der Papst eine Minute lang das Satellitenfoto offenbar sehr aufmerksam an. Er erkannte sofort die sehr deutlich sichtbare Leninwerft in Danzig auf dem Foto, das weniger als achtundvierzig Stunden zuvor aus dem Weltraum aufgenommen worden war. Nicht ganz so genau konnte er sagen, woraus der dunkle Ring bestand, der in einiger Entfernung von dem bekannten Komplex von Ziegelsteingebäuden mit ihren hohen Schornsteinen zu sehen war und den die Kameras mit den häßlichen grauen Rauchwolken erfaßt hatten. »Was ist das?« fragte der Stellvertreter Christi und deutete auf den Kreis.

»Schweres Gerät, Heiliger Vater« – Militärfahrzeuge, Mannschaftswagen und Panzer der polnischen Sicherheitskräfte.

Der General reichte dem Papst eine andere Aufnahme.

Dieses Satellitenfoto und weitere, die Walters dem Umschlag entnahm, zeigten die Verteilung und die anschließenden Marschrouten der Truppen des Warschauer Pakts in Richtung polnischer Grenze. Es waren Zehntausende von Soldaten, die aus ihren Kasernen in der Sowjetunion, der DDR und der Tschechoslowakei jetzt der Grenze des Heimatlandes des Heiligen Vaters entgegenmarschierten.

Auf anderen Fotos waren Fernlenkwaffen erkennbar, die innerhalb weniger Minuten das Herz Mitteleuropas treffen konnten.

Den Papst schien das nicht zu beeindrucken, was Walters überraschte. »Aus welcher Höhe wurden diese Aufnahmen gemacht?... Was ist dies?... Was ist das?« Er stellte meist ganz sachliche Fragen.

»Dies ist ein Tankwagen« erklärte Walters. »Das ist ein Silo, das ist eine Traktorenschaufel, die man zum Schneeräumen benutzen kann, und zwar zur Vorbereitung eines militärischen Angriffs und nicht für die Landwirtschaft.«

Das war die übliche Art des Papstes, sich zu orientieren – über weltliche ebenso wie über geistliche Dinge (obwohl er gewöhnlich keinen Unterschied zwischen beidem machte). Er stellte Fragen und wartete auf die Antworten, ob sie nun von Gott oder von einem Menschen kamen. Er wollte soviel wie möglich darüber erfahren, was die Vereinigten Staaten wußten, besonders hinsichtlich der sowjetischen Absichten. Trotzdem erwartete er von Walters, daß dieser nicht nur Informationen sammelte, sondern sie auch weitergab. Später sagte er: »Wir interessierten uns mehr für das, was der Papst uns sagen würde, als für das, was wir ihm über die Situation in Polen mitteilen konnten.« Wojtyła verfügte über, wie Walters es nannte, »den ältesten Nachrichtendienst der Welt – abgesehen von den Israelis –, er funktionierte schon seit tausend Jahren.«

Walters reichte Johannes Paul II. ein weiteres Satellitenfoto, auf dem Truppen auf polnischem Territorium zu sehen waren – polnische Truppen.

Die polnische Armee einschließlich der Reserveverbände hatte eine Stärke von achthunderttausend Mann, teilte Walters ihm mit. Dazu gehörten zwei Luftlandedivisionen. Drei Panzerdivisionen waren mit den gleichen, jedoch in Polen hergestellten, T-72-Panzern ausgerüstet wie die Sowjets. Walters sagte, er sei ebenso wie der amerikanische Nachrichtendienst davon überzeugt, daß die meisten von ihnen gegen die Verbände des Warschauer Pakts kämpfen würden, wenn diese auf Befehl der Sowjets in Polen einmarschieren sollten. Das wäre nicht so wie 1968 in der Tschechoslowakei oder 1956 in Ungarn. »Sie können Polen nicht in einer Nacht besiegen.«

Der Papst machte ein grimmiges Gesicht und nickte.

Der General fuhr fort: »Es wird Krieg geben, wenn die Sowjets einmarschieren. Es wird ein kleiner, ein kurzer Krieg, aber es wird ein Krieg sein. Er wird von Polen ausgefochten werden, und niemand weiß, was daraus entstehen wird.«

Der Papst widersprach der Ansicht von Walters nicht, daß die Polen kämpfen würden, wenn die Truppen Moskaus einmarschierten. Allerdings waren eine Million Soldaten nötig gewesen, um die Tschechoslowakei zu unterwerfen. Sie waren jedoch nicht auf irgendwelchen militärischen Widerstand gestoßen.

Der General erklärte dem Papst mit wenigen Worten, wie viele Divisionen nach Polen verlegt worden und wie sie ausgerüstet waren. Satellitenfotos zeigten, wo man sie bereitgestellt hatte. Auch die sowjetische Nordarmee hatte einen ihrer Verbände in Polen stationiert.

»Nach unseren Erkenntnissen wird die sowjetische Führung Schwierigkeiten haben, sich über einen Einmarsch in Polen zu einigen«, sagte Walters. Die Sowjets seien bereits militärisch geschwächt. Ihre Verbände in Afghanistan erlitten schwere blutige Verluste, und einige führende Militärs würden es ablehnen, sich auf ein neues Abenteuer einzulassen, das hohe russische Einbußen an Menschenleben kosten könnte. Sie hatten sich schon im Dezember letzten Jahres und dann wieder im April, als »Solidarność« am stärksten war, jeden militärischen Eingreifens enthalten.

»Sie wissen, das würde sich nicht mit der Situation in der Tschechoslowakei im Jahr 1968 vergleichen lassen.«

Wojtyła nickte. Er kannte sein Volk und schien erleichtert angesichts der Lagebeurteilung des Geheimdienstes. Die CIA hielt die Zurückhaltung der Sowjets im Dezember und April angesichts der damaligen Stärke von »Solidarność« für sehr bedeutsam.

Ebenso wie Reagan, Casey und Haig in Washington war Walters überzeugt, daß der Machtfaktor, mit dem man in Polen rechnen mußte, Wojtyła war, wenngleich er hinter den altehrwürdigen Mauern des Vatikans an seinem Schreibtisch saß.

Doch dieser Papst hegte auch ein tiefes Mißtrauen gegenüber den Vereinigten Staaten, den dort geltenden Wertbegriffen, ihren politischen Zielen und ihrem Kapitalismus. Vor allem war er entschlossen, die Interessen seiner Kirche, seines Landes und seiner Auffassung von der Bestimmung des Christentums wahrzunehmen, die sich grundsätzlich von der politischen Engstirnigkeit Ronald Reagans unterschieden. Aber mit Walters sprach er nicht darüber.

Die Unterhaltung wandte sich nun den führenden Persönlichkeiten in Polen und ihrer Fähgikeit zu, die Situation in der Hand zu behalten.

Wałęsa, erklärte der Papst, sei ein guter und heiliger Mann, ein frommer römischer Katholik, und man dürfe darauf vertrauen, daß er als Mann des Friedens nichts übereilen werde. Der Papst und die polnischen Bischöfe kannten aber auch andere gemäßigte Persönlichkeiten, die hinter der Führung von »Solidarność« standen. Doch die Situation war sehr angespannt, und beide Seiten verloren die Geduld.

Was nun Jaruzelski betraf, so waren Walters und der Papst geneigt zu glauben, daß er sich selbst vor allem für einen polnischen Patrioten, einen überzeugten Kommunisten, aber als einen Polen ansah, der alles tun würde, um seine Genossen in Moskau davon zu überzeugen, daß Zurückhaltung angebracht sei. Neuerdings, so sagte der Papst, habe Jaruzelski mit der Kirche gesprochen und, indirekt, den Führern von »Solidarność« zu verstehen gegeben, daß nach seiner Ansicht die Ausrufung des Kriegsrechts unvermeidlich sei, wenn die Gewerkschaften und der Episkopat nicht ihre Bereitschaft zeigten, auf gewisse zivile und religiöse

Rechte zu verzichten, die man ihnen nach der Unterzeichnung der Danziger Vereinbarungen zugestanden hatte.

Indessen konzentrierte sich Haig im Außenministerium so sehr darauf, die Sowjets zur Zurückhaltung zu bewegen, daß er (was Reagan später sehr geärgert hat) nicht bereit war, den polnischen Behörden mit Konsequenzen zu drohen, wenn sie ihre Landsleute Repressalien aussetzten. Er fürchtete, daß amerikanische Drohungen »Solidarność« ermutigen könnten, sich mit Gewalt der Verhängung des Kriegsrechts zu widersetzen, wie auch die ungarischen Rebellen 1956 auf den Straßen für ihre Rechte gekämpft hatten – in der irrigen Hoffnung, Hilfe von den Vereinigten Staaten zu bekommen.

Der Papst betonte, ihm ginge es in erster Linie um spirituelle Fragen: Er wolle dafür sorgen, daß die katholische Kirche in Polen nicht in ähnlicher Weise unterdrückt würde wie anderswo im sowjetischen Imperium. Man habe einigen Priestern bereits Schwierigkeiten gemacht, weil sie Partei für »Solidarność« ergriffen hätten. Unter keinen Umständen werde die Kirche es zulassen, daß wieder eine ähnliche Lage entstehe wie zur Zeit von Wyszyński.

In knappen Worten berichtete Walters dem Papst, daß die Reagan-Regierung bereits einiges unternehme, um dafür zu sorgen, daß »Solidarność« auch weiterhin in finanzieller und logistischer Hinsicht unterstützt werde – wenn notwendig, sogar für Aktivitäten im Untergrund. Casey hatte Walters in groben Zügen davon unterrichtet, daß solche Maßnahmen vorbereitet würden, und dieser hatte ihn nicht gedrängt, ihn über Details zu informieren.

»Ich habe dem Papst gesagt, daß es offenbar eine große polnisch-amerikanische Gruppe von Menschen gebe, die von uns verlangen, mehr zu tun, als nur ›Solidarność‹ zu unterstützen«, erinnerte sich Walters später, »und offenbar haben wir – die Regierung – versucht, die Verantwortung zu übernehmen und das Richtige zu tun. Dabei haben wir nicht über Einzelheiten gesprochen, und er hat mich nicht gefragt, wer, wo und wann das geschehen sollte. Für einen Mann, der in Krakau geboren ist und fast sein ganzes Leben dort zugebracht hat, ist der Papst eine geistig sehr differenzierte Persönlichkeit.«

Walters erklärte, der äußere Rahmen seiner Mission sei vorab in Zusammenarbeit mit Außenminister Haig festgelegt worden. Die Vereinigten Staaten hätten sich zu einer historischen Intensivierung des Kalten Krieges gegen die Sowjetunion entschlossen, um die Vorherrschaft der Kommunisten und linker Insurgenten, wo immer möglich, zu brechen. Walters schilderte diese Bemühungen allerdings kaum in dieser Form. Polen spielte dabei eine ganz wesentliche Rolle, aber nur als Teil des Ganzen: »Heiliger Vater, Sie haben das Recht zu wissen, warum die Vereinigten Staaten eine so ungeheure Summe – dreihundert Milliarden Dollar – für die Verteidigung ausgeben.« In der folgenden Viertelstunde sprachen der Papst und der General über das Wesen der sowjetischen Bedrohung und den Grund dafür, daß die amerikanische Regierung in ganz Westeuropa neue Mittelstreckenraketen stationieren wollte. Später kehrte der General mit weiteren Satellitenfotos, Lagekarten, Angaben über sowjetische Waffen und Streitkräfte zurück und erläuterte dem Papst stundenlang ausführlich die militärische Lage.

Walters teilte dem Papst mit, daß er kurz zuvor Reisen nach Südamerika und nach Afrika unternommen hatte. Daraufhin bat ihn Wojtyła um eine Beurteilung der politischen Situation in Argentinien und Chile, die beide von Militärdiktatoren regiert wurden, und sprach mit ihm über seine eigenen künftigen Reisepläne.

Walters erwiderte, die Vereinigten Staaten hätten den Wunsch, in beiden Ländern den Übergang zu demokratischen Verhältnissen zu sehen, wollten aber verhindern, daß politisch linke, mit Kuba oder der Sowjetunion verbündete Kräfte diese Situation ausnutzten. Das gleiche galt für El Salvador und Nicaragua.

Walters berichtete über die Bemühungen der Vereinigten Staaten, »die Menschenrechtssituation in den amerikanischen Ländern zu verbessern«, und darüber, weshalb die amerikanische Regierung in ganz Westeuropa eine neue Generation von Mittelstreckenraketen stationieren wollte. »Bei den Regierungen in Mittelamerika sollte nach Möglichkeit nicht das Gefühl geweckt werden, wir säßen auf dem hohen Roß und maßten uns an, die dort begangenen Fehler zu kritisieren, denn das könnte sich nur kontraproduktiv auswirken.« Das treffe in besonderem Maß für El

Salvador zu, sagte er. In den Jahren, als die Vereinigten Staaten öffentlich die Regierungen gerügt hatten, um ihr Verhalten zu ändern – damit bezog er sich auf die Carter-Regierung –, war es dort, wie er behauptete, zu gefährlichen Unruhen gekommen. Er fuhr fort: »In El Salvador arbeiten nur fünfzig militärische Sicherheitsberater von uns, die Sowjets haben allein in Peru über dreihundert – und das sind mehr, als von den Vereinigten Staaten nach ganz Lateinamerika, einschließlich der Militärbasis in Panama, entsandt worden sind.«

Zu den entscheidenden Auseinandersetzungen würde es in Nicaragua kommen, denn hier wollte die Regierung eine klare Trennungslinie ziehen, über die diese Entwicklung in Mittelamerika nicht hinausgehen durfte. »Die Armee von Nicaragua verfügt über 152-Millimeter-Geschütze und in der Sowjetunion gebaute Panzer. Die Panzerfahrer werden in Bulgarien ausgebildet. Wir suchen nach einer friedlichen Lösung, die das Leben und die Freiheit der Menschen in Lateinamerika nicht gefährden wird.« Er verschwieg dem Papst, daß die amerikanische Regierung gerade einen Verband von Somoza-Anhängern – den sogenannten Contras – ausbildete und daß viele amerikanische Militärberater nach El Salvador und Honduras geschickt werden sollten. Das behielt sich Casey für später vor.

Die Befreiungstheologie hatte in ganz Mittelamerika sehr viele Anhänger, sagte Walters; und der Papst stimmte ihm zu und sagte, die Vereinigten Staaten und der Heilige Stuhl würden alles daransetzen, diese Bewegung in Grenzen zu halten.

Das Gespräch zwischen Walters und dem Papst dauerte nun schon eine knappe Stunde, aber der Amerikaner hatte bis dahin darauf verzichtet, Johannes Paul II. Suggestivfragen zu stellen. Er spürte jedoch, daß der Papst jetzt mehr Verständnis für die politischen Ziele Amerikas aufbrachte und es ihm deutlicher bewußt geworden war, daß die Kirche und die Vereinigten Staaten gemeinsame Interessen verfolgten. Als ein Prälat die Tür öffnete, um den Papst an seine nächste Verabredung zu erinnern, winkte Wojtyła ab.

In seinem langen Gewand aus weißem Wollstoff saß Johannes Paul II. leicht nach vorn gebeugt hinter seinem Schreibtisch. Er sah gut aus, schien aber sehr müde zu sein. Er hatte den Körperbau eines ehemaligen Sportlers. Manchmal strahlte sein Gesicht und zeigte eine Heiterkeit, die Walters noch bei keinem anderen Menschen erlebt hatte, nicht einmal bei den drei anderen Päpsten, denen er als Vertreter der Regierung der Vereinigten Staaten begegnet war. In seinen Bewegungen drückte sich eine gewisse Eleganz und Leichtigkeit aus, die dem Tonfall seiner angenehmen Stimme entsprach, wenn er seine Meinung mit wohlüberlegten Worten äußerte. Walters wußte, daß Wojtyła ein hervorragender Schauspieler war und schöne Gedichte verfaßt hatte. Mit seinen blaßblauen Augen sah er Walters so eindringlich an, daß dieser zunächst nervös wurde, doch dieser Blick schien ihn zu größerer Vertraulichkeit aufzufordern. Ähnliche Erfahrungen hatten auch andere gemacht. Auf Anweisung von Leonid Breschnew hatte sich auch der sowjetische Botschafter in Italien mehrmals im geheimen mit Wojtyła getroffen. Der Eindruck des Botschafters hätte die führenden Leute in der Kommunistischen Partei der Sowjetunion wahrscheinlich beunruhigt: »Wenn man ihn begrüßt, ist man betroffen von seinem durchdringenden, aber zugleich wohlwollenden und freundlichen Blick... Mit jeder seiner Äußerungen gewinnt er das Vertrauen und die Zuneigung seines Gesprächspartners... Man ist überwältigt von der Liebenswürdigkeit seiner Worte... Er beeilt sich nicht beim Sprechen, sondern jeder Satz ist wohldurchdacht und präzise. Nie sind es nur leere Worte.«

Nun wurde Walters die Freude zuteil, ein ganz persönliches Gespräch mit dem Papst führen zu können. Er hatte auf dem Petersplatz gestanden, als der weiße Rauch aufgestiegen und der Name des Kardinals von Krakau, Wojtyła, als der des neuen Nachfolgers des heiligen Petrus verkündet worden war. Damals hatte Walters einem Bekannten gesagt: »Soeben habe ich den Flügelschlag des Heiligen Geistes gehört.«

Der Papst schaute Walters in die Augen und sagte leise: »Wir brauchen den Heiligen Geist jetzt in dieser so schweren Zeit.« Dabei blickte er den General unverwandt an.

»Unsere Kirche hat einen selbstsicheren und zuverlässigen Führer, Heiliger Vater«, erwiderte Walters.

Das Gespräch mit dem Papst bestärkte Walters in der Überzeugung, daß der Vatikan in der Weltpolitik wichtige Aufgaben zu erfüllen hatte.

»Vor allem«, dachte Walters damals, »kennt der Papst den Kommunismus so gut wie keiner seiner Vorgänger. Zweitens hat er in Polen eine Kirche, die von den gesellschaftlichen und religiösen Erschütterungen, zu denen es nach dem Krieg in der westlichen Welt gekommen ist, kaum berührt wurde.« Walters konnte sich gut vorstellen, daß der Papst den Vereinigten Staaten in fast allen Bereichen helfen konnte, die für die Reagan-Regierung von vitalem Interesse waren: Dabei handelte es sich um Osteuropa, Mittelamerika, den Mittleren Osten, den Terrorismus, die Abrüstung und die Weltöffentlichkeit bewegende moralische Probleme. Walters hielt den Papst für eine »mächtige Antriebskraft«.

Am Ende ihres Gesprächs hatte der Papst Walters gebeten, sich ausführlich mit dem Kardinal-Staatssekretär des Vatikans, Casaroli, zu unterhalten. Doch in Gegenwart dieses Kirchenfürsten verspürte der General kaum etwas von der ermutigenden Herzlichkeit, mit der ihm der Papst entgegengekommen war. Er hatte den Eindruck, Casaroli sehe die Welt mit ganz anderen Augen als Wojtyła, besonders im Hinblick auf die Sowjets und die Bereitschaft des Vatikans, sich ihnen entgegenzustellen. Der Kardinal hatte immer wieder das Wort *prudenza* (»Besonnenheit«) verwendet. »Ich bin nicht sicher, daß er alles billigt, was dieser Papst tut und denkt«, dachte Walters.

Wie Walters die Dinge sah, nahm Casaroli es als eine unbänderliche Tatsache hin, daß die Sowjets ihre Satellitenstaaten in Ost- und Mitteleuropa in jeder Hinsicht beherrschten, während Wojtyła glaubte, die Kirche und das Evangelium hätten die Kraft, grundsätzliche Veränderungen herbeizuführen, und dabei die Hilfe der Vereinigten Staaten begrüßen würde. Walters glaubte, die Zweifel Casarolis seien ein weiterer Grund dafür, den persönlichen Kontakt und den Gedankenaustausch mit dem Papst zu intensivieren.

Das Kriegsrecht

Angesichts des Lebens in Polen im Winter 1981 fiel es einem manchmal schwer, die eigenen Vorstellungen nicht mit jenen Bildern zu verwechseln, die Polen nach den Verwüstungen im Zweiten Weltkrieg geboten hatte. In Warschau drängten sich Zehntausende frierender Männer, Frauen und Kinder mit Lebensmittelkarten in den Händen in langen Schlangen vor den Läden, um die winzigen Mengen an Grundnahrungsmitteln zu besorgen, die ihnen noch zugeteilt werden konnten. Die älteren Leute sagten, es sei noch weniger als zur Zeit der Nazis. Die polnische Währung, der Złoty, war praktisch wertlos. Die Menschen außerhalb der Städte tauschten ihre letzten Wertsachen gegen zum Leben notwendige Dinge wie Kohle und Feuerholz und hamsterten Seifenpulver, Streichhölzer, Zigaretten und Wodka. Es war deprimierend, überall auf den Straßen betrunkene Männer, Frauen und junge Leute zu sehen. Streit und Prügeleien gehörten zum täglichen Leben. Die Fabriken hatten aus Mangel an Ersatzteilen schließen müssen. Die Maschinen verrosteten, weil es kein Öl gab. Die Säuglinge litten mangels Milch und Babynahrung an Unterernährung. Die Arzneimittelindustrie konnte nicht mehr arbeiten, und die Menschen erkrankten und starben, weil es an Medikamenten fehlte. Tausende versuchten auszuwandern. »Solidarność«, die Vertreter der staatlichen Behörden und die Sowjets schoben einander die Schuld zu, während sich die Kirche verzweifelt um Kompromisse bemühte.

Am 2. Dezember stürmten Soldaten mit Unterstützung durch Hubschrauber die Feuerwehrakademie in Warschau (die in Polen dem Militär unterstand) und holten dreihundert streikende Kadetten in ihren Khakiuniformen heraus. In der Stadt Radom reagierten die Führer von »Solidarność« mit einem Aufruf zum Generalstreik auf diesen Angriff. Diesmal war Wałęsa einverstanden. Er stand unter einem gewaltigen Druck; die Gewerkschaften, und zwar nicht nur ihre Führung, wurden in ihren Forderungen immer radikaler.

In den ersten zehn Dezembertagen traf sich Primas Glemp mehrmals mit Wałęsa und seinen wichtigsten Beratern und bat sie dringend, die bestehenden Differenzen beizulegen und ihre Macht nicht zu mißbrauchen. Mit ihrem Aufruf zum Generalstreik und ihrer Weigerung, weiterzuverhandeln, seien sie weit über das hinausgegangen, mit dem die Arbeiter »Solidarność« beauftragt hätten, behauptete Glemp.

Wałęsa erwiderte, der Gewerkschaftsverband könne angesichts der unablässigen Angriffe der Regierung »nicht weiter zurückweichen«. In seinen Memoiren schrieb er später, daß er in Radom die Situation nicht mehr habe beherrschen können und gezwungen worden sei, »gegen meine Überzeugung eine harte Haltung einzunehmen, um nicht isoliert zu werden«.

Am 10. Dezember trat das sowjetische Politbüro zu einer Notstandssitzung zusammen.

Nikolai Baibakow, der kurz zuvor mit anderen Genossen aus Warschau zurückgekehrt war, warnte die Versammlung und sagte, Jaruzelski sei »zu einer höchst unausgewogenen Persönlichkeit geworden und ist sich seiner eigenen Kräfte nicht mehr sicher«. Der General sei »außerordentlich deprimiert«, weil Erzbischof Glemp sich geweigert habe, seine Forderung nach außerordentlichen Vollmachten zu unterstützen. Am selben Morgen hatte die sowjetische Regierung der katholischen Kirche vorgeworfen, »antikommunistische Gefühle zu wecken«. Baibakow sagte, der Brief Glemps, mit dem er sich weigerte, einem Gesetz zuzustimmen, das sich gegen die Streiks wendete, sei der Anlaß für einen »heiligen Krieg«.

»Das Land ist in Auflösung begriffen«, hatte Jaruzelski zu Baibakow gesagt. »Was nun die Partei betrifft, so existiert sie eigentlich gar nicht mehr... Alle Macht ist in den Händen von ›Solidarność‹.« Nach Ansicht seiner sowjetischen Besucher konnte Jaruzelski mit seiner Unentschlossenheit nichts erreichen. Vom Standpunkt Moskaus aus war es jedoch noch schlimmer, daß er anscheinend ein Eingreifen der Streitkräfte des Warschauer Pakts verlangte, wenn seine ungewissen Pläne für die Verkündung des Kriegsrechts zu einer bewaffneten Auseinandersetzung zwischen der polnischen Armee und polnischen Bürgern führen sollten.

»Er sagt, wenn die polnischen Streitkräfte mit der Opposition von ›Solidarność‹ nicht fertig werden, dann hoffen die polnischen Genossen auf die Hilfe der anderen Länder, bis zur Intervention mit bewaffneten Kräften auf polnischem Gebiet«, berichtete Baibakow.

Es fehlten jedoch die Voraussetzungen, welche die Sowjetunion veranlassen könnten, einem direkten militärischen Einschreiten durch den Warschauer Pakt zuzustimmen. Diese Auffassung wurde von allen Mitgliedern des Politbüros vertreten – zunächst von Andropow und schließlich von Gromyko, Ustinow, Suslow, Grischin und Tschernenko.

Was die Mitglieder des Politbüros nicht begriffen hatten, war die Tatsache, daß sie so lange und so häufig mit einer Intervention gedroht hatten, daß nicht nur Jaruzelski, sondern auch ein großer Teil der übrigen Welt glaubte, die Sowjets seien bereit, die Streitkräfte des Warschauer Pakts an diesem Kampf zu beteiligen. Ihr großes Geheimnis war es jedoch, daß sie das weder konnten noch wollten.

»Wir können das nicht riskieren«, erklärte Andropow. »Wir beabsichtigen nicht, mit unseren Truppen in Polen einzumarschieren. Das ist die richtige Haltung, und wir müssen bis zum Schluß dabei bleiben. Ich weiß nicht, wie sich die Dinge in Polen entwikkeln werden. Wenn ›Solidarność‹ dort an die Macht kommt, ist das eine Sache für sich. Aber wenn die kapitalistischen Länder die Sowjetunion überfallen – und sie haben bereits eine entsprechende Vereinbarung über verschiedene Möglichkeiten wirtschaftlicher und politischer Sanktionen –, dann werden wir große Schwierigkeiten bekommen. Wir müssen uns um unser Land und um die Stärkung der Sowjetunion kümmern. Das ist die Hauptsache.«

Jetzt blieb ihnen nichts anderes übrig, als für den Schutz der Aufmarsch- und Transportwege zu sorgen, die von der Sowjetunion nach Westen führten. »Was nun die durch Polen verlaufende Verbindung zur DDR betrifft«, sagte Andropow, »müssen wir natürlich gewisse Maßnahmen ergreifen, um sie zu schützen.« Das klang so, als verlange er eine für die Sowjets reservierte Autobahn.

Gromyko beurteilte die Lage ganz sachlich: »Irgendwie müssen wir Jaruzelski und die polnische Führung davon überzeugen, daß sie nicht mit einer militärischen Intervention zu rechnen haben. Davon kann jetzt keine Rede sein. Ich glaube, wir könnten unseren Botschafter beauftragen, Jaruzelski aufzusuchen und ihm das mitzuteilen.« Die Worte Gromykos klangen durchaus ernst, als hätte er schon gewußt, daß Polen verloren war.

> Heute sprechen wir sehr deutlich über die Situation in Polen. Vielleicht haben wir dieses Problem bisher noch nie so

> intensiv behandelt. Das liegt daran, daß auch wir jetzt nicht wissen, wie sich die Lage in Polen entwickeln wird ... Entweder wird es seine Position aufgeben müssen, wenn es keine entscheidenden Maßnahmen trifft, oder es wird entscheidende Maßnahmen treffen, das Kriegsrecht einführen, die Extremisten von »Solidarność« isolieren und die notwendige Ordnung wiederherstellen. Es gibt keine Alternative.

Der achtundsiebzigjährige Ideologe Suslow behauptete: »Während sich die Lage in Polen in dieser Richtung entwickelte, haben wir Selbstbeherrschung und Gelassenheit gezeigt. Wir haben viel für die Erhaltung des Friedens getan und sollten unsere Haltung jetzt nicht ändern. Die öffentliche Meinung auf der ganzen Welt würde uns sonst nicht verstehen.«

Die Sowjetunion hatte ihre »Friedensoffensive« begonnen und sich (mit beachtlichem Erfolg) darum bemüht, die Westeuropäer und die Regierungen der Dritten Welt davon zu überzeugen, daß sie eine defensive Politik trieb und niemanden bedrohte. Eine wirkliche Bedrohung ging, wie die Russen behaupteten, vom Säbelrasseln und von der Aufrüstung Ronald Reagans aus.

Suslow fuhr fort:

> Über die Vereinten Nationen haben wir alles unternommen, um den Frieden zu bewahren. Man denke nur an die Ergebnisse des Besuchs von L. I. Breschnew in der Deutschen Demokratischen Republik und viele andere den Frieden fördernde Maßnahmen. Sie haben es den friedliebenden Ländern verständlich gemacht, daß die Sowjetunion sich energisch und ausdauernd für eine Friedenspolitik einsetzt. Deshalb dürfen wir die Haltung, die wir von Anfang an bezüglich Polens eingenommen haben, nicht ändern. Die polnischen Genossen müssen selbst entscheiden, was sie tun wollen.

»Jetzt kommt es nur noch darauf an, wie sich Jaruzelski verhalten wird«, sagte Verteidigungsminister Ustinow. »Wir werden unsere in Polen stationierten Verbände jedenfalls verstärken. Ich möchte glauben, daß die Polen eine Konfrontation nicht riskieren werden, es sei denn, ›Solidarność‹ drückt ihnen die Kehle zu und zwingt sie, es zu tun.«

Am Freitag, dem 11. Dezember, kehrte General Viktor Kulikow, der Befehlshaber der Streitkräfte des Warschauer Pakts, in die polnische Hauptstadt zurück mit der Zusage, daß die Sowjets unter keinen Umständen intervenieren würden.

Am 11. und 12. Dezember hielt das Nationalkomitee von »Solidarność« eine Sitzung in Danzig ab. Obwohl es Berichte über militärische Vorbereitungen der polnischen Armee gab, bestanden die Führer von »Solidarność« in Verkennung der Sachlage auf ihren Forderungen: freie Wahlen zum Sejm und den örtlichen Verwaltungsbehörden, die Kontrolle über die Fabrikleitungen und die von ihnen getroffenen Entscheidungen durch die Arbeiter und eine Volksabstimmung über die kommunistische Regierung.

Wałęsa hörte sich alles mit versteinertem Schweigen an. Als er aufgefordert wurde zuzugeben, daß ein Verhandeln mit dem Regime momentan keinen Sinn habe, erwiderte er: »Ich sitze hier und überlege mir nur, was ihr heute gegessen habt und euch veranlaßt hat, so zu reden.« Dann verteidigte er die Idee eines aus drei Parteien bestehenden nationalen Bündnisses und drohte, auch ohne Zustimmung des Komitees weiter dafür zu kämpfen. Die Sitzung endete am 12. Dezember gegen Mitternacht. Zwei Stunden später wurden die meisten Mitglieder des Nationalkomitees festgenommen.

Jaruzelski hatte zwingende Gründe, das Kriegsrecht am 12. Dezember zu verhängen. Erstens wurde er am 14. Dezember in Moskau erwartet, obwohl er diese Einladung nie offiziell bestätigt hatte (denn er erinnerte sich noch sehr genau daran, wie Dubček in einer ähnlichen Situation 1968 festgenommen worden war). Jaruzelski hatte gesagt, er habe seine Erklärung nach der Sitzung des Nationalkomitees von »Solidarność« abgeben wollen und gehofft, der Gewerkschaftsverband werde ihm ein Zeichen für seine Vesöhnungsbereitschaft geben. »Solidarność« hatte sich jedoch geweigert, die große Gedenkfeier abzusagen, die sie für den 17. Dezember um 16.00 Uhr anberaumt hatte. »Eine ähnliche Demonstration in Budapest hat«, wie Jaruzelski später schrieb, »1956 eine Kettenreaktion tragischer und blutiger Ereignisse ausgelöst.«

Andere vermuteten, er habe darauf gewartet, daß die Führer von »Solidarność« sich an einem Ort versammeln würden, wo sie alle zusammen festgenommen werden könnten. Die Verhängung des Kriegsrechts war für den Samstag um 24.00 Uhr vorgesehen, und die dabei zu treffenden Maßnahmen waren schon lange vorher bei den Militärmanövern im Februar eingeübt worden. Die Liste der Festzunehmenden, sie umfaßte schließlich mehr als zehntausend Personen, war im März aufgestellt worden, auf dem Höhepunkt der inneren Spannungen. Die Menschen würden am Sonntagmorgen aufwachen, feststellen, daß die Straßen von Panzern abgesichert wurden und man sich nirgends versammeln konnte als in einer Kirche zur Messe. Die Fabriken würden geschlossen sein, und es würde leichtfallen, die zur Verhaftung ausgeschriebenen Personen in den ersten Stunden des Tages zu Hause in ihren Betten vorzufinden.

Pünktlich um Mitternacht begann das »Unternehmen X«. Panzer und Soldaten im ganzen Land besetzten die Straßen und Wälder.

Um sechs Uhr wandte sich Jaruzelski über das Fernsehen mit einer Ansprache an das polnische Volk.

Er saß steif in seiner Uniform am Schreibtisch und trug eine Brille mit normalen, durchsichtigen Gläsern. Hinter ihm stand eine große polnische Flagge.

»Bürger und Bürgerinnen der Volksrepublik Polen! Ich wende mich an Sie als Soldat und Regierungschef! Unser Mutterland steht am Rand eines Abgrunds.« Gleichzeitig waren schon Tausende von Menschen festgenommen worden. sie hätten sich, wie er sagte, »der zunehmenden Aggressivität und des Versuchs schuldig gemacht, den Staat zu zerstören. Wie lang wird unsere ausgestreckte Hand noch der Faust begegnen?«

Seine zweiundzwanzig Minuten und dreiundfünfzig Sekunden dauernde Rede wurde den ganzen Vor- und Nachmittag ständig wiederholt, und in den Pausen sah man Aufnahmen eines Pianisten, der Polonaisen von Chopin und patriotische Melodien spielte. Während der nächsten Zukunft sollte ein Militärrat zur Nationalen Rettung die Regierung übernehmen. Die neuen Grundsätze, denen diese Regierung folgen sollte, mit deren Machtübernahme sechzehn Monate der Hoffnung und Emotionen, des Leidens und der Enttäuschung zu Ende gingen, wurden überall in den Städten und auf dem flachen Land an Laternenpfählen, Hausecken und Bäumen angebracht. Sie waren schon vor Monaten – in der Sowjetunion – gedruckt worden.

Die bürgerliche Gesellschaft, die »Solidarność« unter dem Schutz der Kirche Stein um Stein aufgebaut hatte, war aufgelöst. An ihrer Stelle stand nun die Erklärung des »Kriegszustands«. Damit war auch ein nächtliches Ausgehverbot von unbestimmter Dauer verbunden. Alle Telefonleitungen mit Ausnahme derjenigen des Militärs und der Sicherheitskräfte waren abgeschaltet worden (sogar die in den Büros der kommunistischen Partei). Dabei sollte es einen ganzen Monat bleiben. Auch sämtliche zivilen Nachrichtenverbindungen zur Welt außerhalb Polens waren unterbrochen worden. Alle Schulen mit Ausnahme der Kindergärten waren geschlossen und öffentliche Versammlungen verboten. Reisen außerhalb des eigenen Wohnorts mußten von den Behörden genehmigt werden. Die gesamte Post unterlag der Zensur. »Der Tourismus, das Segeln und Rudern ... auf inländischen und territorialen Gewässern« waren verboten.

Während der sechzehn Monate, in denen man den großartigen Versuch unternommen hatte, Polen in die Freiheit zu führen, waren mit Hilfe des Westens mehr als zweitausend Bücher und Zeitungen veröffentlicht worden. Hunderttausend Polen hatten sich daran beteiligt und als Drucker, Schriftsteller oder bei der Auslieferung mitgearbeitet. Jetzt verbot der Militärrat zur Nationalen Rettung den Verkauf von Schreibmaschinenfarbband und Schreibmaschinenpapier ohne behördliche Erlaubnis.

Das Militär sollte künftig für den Eisenbahnverkehr, den Straßenverkehr, den Postdienst, Rundfunk und Fernsehen, die Verteilung von Kraftstoff, die Feuerwehr, Import und Export und die Herstellung strategisch wichtiger Güter verantwortlich sein. Die Grenzen wurden geschlossen, und der Flugverkehr im polnischen Luftraum mußte eingestellt werden. Die Nachrichtensprecher im Fernsehen trugen jetzt militärische Uniformen.

Die Festnahme Tausender von Menschen und die Verkündung und Durchführung der drakonischen Beschränkungen der persönlichen Freiheit durch das Kriegsrecht waren nicht die schwierigsten Aufgaben, die Jaruzelski übernommen hatte. Sie wurden mit militärischer Präzision und autoritärer Rücksichtslosigkeit durchgesetzt.

»Daß das Verhängen des Kriegsrechts in Polen nicht zu leidenschaftlichen Protesten oder Blutvergießen führte und auf keinen aktiven Widerstand seitens der Bevölkerung stieß, lag«, wie der ehemalige Parteisekretär Kania später sagte, »daran, daß die Menschen besondere Gründe hatten, damit einverstanden zu sein. Sie hatten genug von dem Niedergang der Wirtschaft und den dauernden Streiks. Es gab praktisch nichts mehr zu kaufen. Die Regale in den Geschäften waren leer. Auf ihrer Sitzung Anfang Dezember erklärten die Vertreter von ›Solidarność‹, jetzt ginge es um die endgültige Entscheidung. Die Stimmung in der Gesellschaft war gekennzeichnet durch schwere Befürchtungen, das führte aber nicht dazu, daß die Leute anfingen, die Behörden zu unterstützen. Es wäre richtiger zu sagen, daß für den Augenblick die Unterstützung von ›Solidarność‹ ins Stocken geriet.«

Für Jaruzelski kam es jetzt in erster Linie darauf an, die Bischöfe für sich zu gewinnen. Er wollte der Kirche keine andere Wahl lassen, als die neue Realität eines unterdrückten Landes Polen zu akzeptieren, sich damit abzufinden, daß »Solidarność« aufgelöst worden war, die Kommunisten wieder die führende Rolle im Staat spielten und die Kirche gegenüber dem Volk zum Garanten der Legitimität dieser Regierung wurde.

Jaruzelski hoffte nicht auf Wunder – er rechnete nicht damit, daß der Primas in Warschau oder Wojtyła in Rom begrüßen würden, was er getan hatte. Er erwartete jedoch, daß sie sich widerwillig mit der neuen Ordnung der Dinge abfinden und sich daran beteiligen würden, sie aufrechtzuerhalten. Sie sollten anerkennen, in welcher Weise die Mitgliedschaft im Warschauer Pakt die Handlungsfreiheit einschränkte, und zumindest formal den Sozialismus gelten lassen.

Andererseits glaubte Jaruzelski nicht, daß es eine Rückkehr zu der Situation vor dem August 1980 geben könnte. Selbständige Gewerkschaften hätten in Polen durchaus eine Existenzberechtigung, aber keine Gewerkschaftsbewegung, deren Ziel es war, die Partei auszuschalten, und die damit auch die Existenz des Staates bedrohte. Wirtschaftsreformen waren in Polen unbedingt erforderlich, und solche Neuerungen müßten vorangetrieben werden.

Doch alle Elemente der polnischen Gesellschaft – die Regierung, die Gewerkschaften, das Volk, die Partei und vor allem die Kirche – mußten einsehen, daß es Grenzen gab.

Am Samstag kurz nach 14.00 Uhr bat Jaruzelski den Sekretär des polnischen Zentralkomitees, Kazimirez Barcikowski, der außerdem Präsident des Komitees für den Staat und den Episkopat war, zu sich und fragte ihn, ob er mit der Verkündung des »Kriegszustands« einverstanden sei. Barcikowski bestätigte das, und so beauftragte Jaruzelski ihn und den Minister für religiöse Angelegenheiten, Kuberski, Glemp zu unterrichten. Man wollte unter allen Umständen verhüten, daß Glemp dadurch etwas von der Verkündung des Kriegszustands erfuhr, daß ihm auf den Straßen Panzer begegneten.

Als Kuberski am Sonntag morgen um drei Uhr in der Residenz des Primas eintraf, schien alles noch zu schlafen. Ein Wachmann an dem zum Palast führenden Eingang läutete dreimal vergeblich und sagte schließlich: »Herr Minister, wenn Sie über den Zaun klettern, werden Sie wahrscheinlich hineinkommen.« Statt dessen kehrte Kuberski zum Belvedere-Palast zurück, wo man ihm befahl, es sofort noch einmal zu versuchen. »Die ganze Sache war ein wenig theatralisch«, sagte Barcikowski später.

Als der Minister, Barcikowski und ein General zurückkehrten und noch einmal läuteten, ging im Innern des Gebäudes Licht an. Eine Nonne kam an die Tür. Wenige Minuten darauf wurden die drei Männer von einem Geistlichen begrüßt, der sie in ein Zimmer führte, in dem sie den Primas trafen.

Ruhig und mit wenigen Worten teilte Barcikowski ihm mit, daß der Kriegszustand ausgerufen worden sei, da es offenbar keine andere Möglichkeit gegeben habe. Das werde sich jedoch in keiner Weise auf die Beziehungen zwischen Staat und Kirche auswirken, und alle bisher getroffenen Vereinbarungen würden eingehalten werden. Zudem würde das Kriegsrecht – oder einige seiner Bestimmungen – aufgehoben werden, sobald es die Umstände erlaubten.

Barcikowski entging nicht, wie sehr seine Mitteilung den Primas erschütterte. »Das ist eine traurige Sache«, sagte Glemp. Er wußte schon, daß er unter Umständen mit einer solchen Ankündigung rechnen mußte, hoffte aber, daß die Nation sich noch bis Weihnachten würde durchschlagen können. Vielleicht würde die weihnachtliche Atmosphäre dazu beitragen, die Ausrufung des Kriegszustands zu vermeiden.

Auch wenn er nicht überrascht war, sorgte sich Glemp doch um die Zukunft. Aber weder er noch Barcikowski waren jetzt darauf vorbereitet, im einzelnen über diese Fragen zu sprechen. Deshalb dauerte ihre Begegnung nur wenige Minuten.

Anschließend ging Barcikowski zum Erzbischof Dąbrowski, dem Sekretär der polnischen Bischofskonferenz, um ihm über die Lage zu berichten. Telefonisch war er allerdings nicht zu erreichen. Während der nächsten Stunden trafen Dąbrowksi und Barcikowski dreimal zusammen. Der Erzibschof erklärte, er sei entschieden gegen die Ausrufung des Kriegsrechts, und Barcikowski versuchte, ihn über die Entwicklung der Lage auf dem laufenden zu halten und davon zu überzeugen, daß die Verkündung des Kriegsrechts notwendig gewesen sei.

Barcikowski und Dąbrowski kannten einander gut: Als Sekretär der polnischen Bischofskonferenz war der Erzbischof für die Beziehungen zur Regierung zuständig. Auf den Sitzungen des Komitees für die Zusammenarbeit zwischen Staat und Episkopat hatten sie oft darüber gesprochen, ob ein bestimmtes Verhalten gegenüber »Solidarność« eine Intervention der Sowjets wahrscheinlicher machen würde.

»Man meint, damals habe es einen kommunistischen Staat, eine antikommunistische Kirche und dann ›Solidarność‹ gegeben«, sagte Barcikowski Jahre später. »Kurz gesagt, drei Institutionen, die nichts miteinander zu tun hatten. Aber in den Beziehungen zwischen Staat und Kirche war stets Raum für persönliche Kontakte auf verschiedenen Ebenen. Wenn Dąbrowski das Bedürfnis hatte, mit mir zu sprechen, rief er mich an oder empfing mich im Büro des Ministeriums für religiöse Angelegenheiten. Dann sprachen wir praktisch über alles und oft auch über die Frage: ›Werden sie einmarschieren oder nicht?‹ Dabei dachten wir an die Situation im Jahr 1980.« Wenn es zu Meinungsverschiedenheiten kam, hob der Minister für religiöse Angelegenheiten, Kuberski, die Hände und sagte: »Das wird Kapitän Iwanow schon erledigen«, und jeder wußte, was er damit meinte.

Am Sonntag nachmittag, es war der 13. Dezember, hielt Glemp vor dem Altar der Jesuitenkirche Maria Muttergottes in der Altstadt eine Predigt zur aktuellen Lage in Polen. Was er sagte, fand die besondere Zustimmung von Jaruzelski und sogar Breschnew. Die Predigt wurde mehrmals vom polnischen Fernsehen gesendet und vom Nachrichtenblatt der Partei sowie auf Flugblättern abgedruckt, die in den Kasernen verteilt wurden.

> Am Sonntag morgen waren wir überrascht festzustellen, daß das Kriegsrecht ausgerufen worden war. Am Abend haben wir uns an den Gedanken gewöhnt und werden nun sehen, daß es etwas Gefährliches ist, und uns fragen: Was kommt als nächstes? Was wird morgen geschehen? Wie sollen wir uns verhalten?... Ein Vetreter der Kirche kann nichts anderes lehren als das, was das Evangelium sagt. Er muß dabei die neue Realität beleuchten. In unserem Land ist die neue Realität das Kriegsrecht. Wie wir es verstehen, bringt das Kriegsrecht entscheidende Veränderungen wie etwa strenge Gesetze, mit denen den einfachen Bürger betreffende Errungenschaften aufgehoben werden... Wer sich gegen die Entscheidungen wendet, welche die Behörden aufgrund des Kriegsrechts treffen, muß mit strengen Gegenmaßnahmen rechnen, die vielleicht sogar zu Blutvergießen führen können, weil der Regierung die Streitkräfte zur Verfügung stehen. Wir können uns über die Ungerechtigkeiten, denen wir in einer solchen Lage ausgesetzt sind, ärgern... aber damit werden wir kaum etwas gewinnen.

Den Menschen in Polen, die über das Verhalten des Regimes und die im Rahmen des Kriegsrechts getroffenen harten Maßnahmen schockiert und eingeschüchtert waren, begriffen, was das bedeutete – das Oberhaupt der polnischen Kirche sagte den Gläubigen: »Leistet keinen Widerstand, denn das könnte euch das Leben kosten.« Obwohl das Ansehen der Regierung im Herbst 1981 auf einen Tiefpunkt gesunken war, genoß Jaruzelski noch weitgehend das Vertrauen seiner Landsleute. Man hatte nicht vergessen, daß die polnische Armee Polen in den zwanziger Jahren vor einem Einmarsch der Sowjets bewahrt hatte. Viele Bürger weigerten sich angesichts der Realitäten zu glauben, daß polnische Soldaten 1979 auf die Arbeiter in Danzig geschossen hatten.

Dann fuhr Glemp in seiner Predigt mit noch schärferen Worten fort:

> Die Behörden glauben, der durch die Einführung des Kriegsrechts entstandene Ausnahmezustand sei durch eine höhere Notwendigkeit erzwungen worden und man habe sich damit für das geringere von zwei Übeln entschieden. Vorausgesetzt, daß diese Beurteilung der Lage richtig ist, wird sich der Mann auf der Straße mit dieser neuen Situation zufriedengeben... Nichts ist wertvoller als menschliches Leben.

»Es ist nicht Sache des Historikers«, meinte der britische Chronist des Kampfes von »Solidarność«, Timothy Garton Ash, »zu sagen, ob der Satz ›Es gibt nichts Wertvolleres als das menschliche Leben‹ genau den Lehren von Jesus Christus entspricht oder ob der verstorbene Kardinal Wyszyński oder Karol Wojtyła in diesem entscheidenden und außerordentlich schwierigen Augenblick sich genau im gleichen Sinne geäußert hätten. [Der Historiker] kann nur feststellen, daß die Predigt augenscheinlich dazu beigetragen hat, den sofortigen Widerstand gegen die Verkündung des Kriegsrechts zu schwächen, und daß die Worte des Primas von vielen christlichen Polen aufrichtig bedauert wurden, die zur gleichen Zeit bereit waren, ihr Leben für etwas einzusetzen, das sie für noch wertvoller hielten. Eine Woche später hat der Episkopat in einer Erklärung ›Solidarność‹ sehr viel energischer verteidigt, aber diese Woche war entscheidend.«

Wojtyła hatte die Wahl Glemps zum Nachfolger Wyszyńskis gebilligt. Damit bekamen die Worte des Primas ein noch größeres Gewicht. Unmittelbar nachdem die Predigt von Glemp im ganzen Land ihre Wirkung zeigte, begannen Mitglieder von »Solidarność«, die in den Untergrund gegangen waren, den Primas als den »Genossen Glemp« zu bezeichnen.

Zwei Tage später hatten andere polnische Bischöfe den Primas davon überzeugt, daß er mit seiner ersten Reaktion den falschen Ton getroffen habe. In einer am 15. Dezember abgegebenen Erklärung des Bischofs spürte man deutlich sein Mitgefühl für »eine Nation, die mit militärischer Gewalt terroristiert wird«, aber inzwischen war schon ein großer Schaden angerichtet worden.

Die verwirrende Reaktion der Kirche auf den Erlaß des Kriegsrechts war zum Teil darauf zurückzuführen, daß der Papst keine Gelegenheit hatte, mit seinen Bischöfen zu sprechen, und die Meinungsverschiedenheiten innerhalb des Episkopats konnten nicht beigelegt werden, bevor Johannes Paul II. klare Richtlinien für das Verhalten der Kirche in Polen festlegte. So entstand schon in den ersten Tagen nach Ausrufung des Kriegsrechts eine Situation, die sich während der fünf Jahre des im Untergrund geführten Kampfes von »Solidarność« nicht wesentlich ändern sollte: Die Gewerkschaft sah sich durch den Papst und seine Aussagen bestärkt, betrachtete aber Glemp als einen Schwächling, der sich vom Regime, welches das Kriegsrecht verhängt hatte, manipulieren ließ.

Zbigniew Bujak, der ranghöchste Führer von »Solidarność«, dem es am 13. Dezember gelungen war, der Festnahme zu entgehen und im Untergrund weiterzuarbeiten, nannte später einige der Gründe, weshalb die Gewerkschaftsbewegung von den Ereignissen überrumpelt wurde: »Die Behörden hatten offensichtlich die Absicht, energisch gegen die Gewerkschaft vorzugehen. Aber wir haben nie geglaubt, daß es so gefährlich werden würde.« In den vergangenen Monaten hatten so viele Menschen von der »Machtlosigkeit« der Regierung gesprochen, daß die Führung von »Solidarność« schließlich selbst an ihre eigenen optimistischen Aussagen glaubte. Außerdem hatte sie sich auf die Armee verlassen; viele waren überzeugt, daß polnische Soldaten niemals gegen polnische Arbeiter vorgehen, geschweige denn auf sie schießen würden.

In einigen Bezirken hatte man gewisse Vorbereitungen getroffen, Widerstand zu leisten: Man hatte für die Möglichkeit gesorgt, Flugblätter zu drucken, und in Lódź hatte man versucht, die Möglichkeit für eine Weiterarbeit nach der Festnahme der nationalen und regionalen Führung zu schaffen. Aber in anderen Teilen des Landes gab es keine ähnlichen Pläne, und man hatte auch nicht versucht, zwischen den einzelnen Fabriken und Bezirken eine Funkverbindung herzustellen, obwohl die Erfahrungen aus dem August 1980 zeigten, wie wichtig alle Nachrichtenverbindungen in einer Streiksituation sind. Schließlich waren die führenden Mitglieder von »Solidarność« so sehr mit Tagesproblemen beschäftigt, daß sie keine Zeit fanden, sich auf einen Notfall vorzubereiten, mit dem sie auch nicht wirklich rechneten.

Wałęsa wurde als einer der ersten festgenommen. Er schreibt:

> Zunächst hatte man nicht den Eindruck, daß die Verhängung des Kriegsrechts eine politische Maßnahme war, sondern das Ganze glich eher einer umfangreichen militärischen Operation. Ihre wahre Bedeutung zeigte sich erst später, und dann übertraf sie alle Erwartungen. Das hatte nicht nur politische Konsequenzen; das Ganze führte zu einer Katastrophe, die das gesellschaftliche und persönliche Leben in seinen Grundfesten erschütterte und sogar den Gedanken an eine nationale Einheit fragwürdig erscheinen ließ ... Es zeigte sich immer deutlicher, daß wir uns in einem Bürgerkrieg befanden. Der »Dialog über Polen« war vorüber; der »Krieg um Polen« hatte begonnen.

Nun, da die Führer von »Solidarność« festgenommen oder untergetaucht waren, übernahm ein neuer Feldherr das Kommando: der Papst.

Im Vatikan hatte der Sekretär des Papstes, Monsignore Dziwisz, schon am frühen Morgen die Nachrichten im Radio gehört und sofort Johannes Paul II. davon unterrichtet. Aber im Lauf des ganzen folgenden Tages konnte der Papst nichts Konkretes in Erfahrung bringen. Sogar in Washington wußte man nichts. Über Polen und Osteuropa lag ein dicker Wolkenschleier (und das blieb auch während der folgenden Tage so), so daß keine Satellitenfotos aufgenommen werden konnten. Das Weiße Haus hatte den Kardinal-Staatssekretär im Vatikan angerufen und sich danach erkundigt, ob der Papst irgendwelche Informationen habe. Alle Nachrichtenverbindungen zwischen Rom und Warschau sowie zwischen ganz Polen und der Außenwelt waren unterbrochen.

Instinktiv betete Wojtyła um Erleuchtung und um Hilfe für sein Volk. Seine größte Befürchtung war, daß nun Polen gegen Polen kämpfen würden und so ein Blutbad entstehen könnte. Das würde den Sowjets den Vorwand zum Eingreifen geben und zu weiterem Blutvergießen führen, dessen Folgen sich nicht mehr rückgängig machen ließen. Wojtyła wollte sich in dieser schwersten Krise seit dem Warschauer Aufstand von 1944 mit dem polnischen Volk identifizieren, er wollte aber auch ein Zeichen setzen, das die ganze polnische Nation erreichte und beeinflußte: sowohl das Militär als auch die Gewerkschaft »Solidarität«, die einfachen Bürger und die Parteiführer. Wie an fast jedem Sonntag versammelten sich polnische Pilger auf dem Petersplatz, und nach dem Angelusgebet zum Mittag zeigte sich Johannes Paul II. auf seinem Balkon, um für die gemeinsame Heimat in polnischer Sprache zu beten.

Wojtyła wußte, daß Millionen Polen, die begierig auf Nachrichten aus anderen europäischen Ländern warteten, die Sendungen von Radio Freies Europa, der BBC, der Stimme Amerikas oder vom Radio Vatikan abhörten, während der Krisen in den Jahren 1980 und 1981 auf das Abhören staatlicher Medien verzichtet und sich diesen alternativen Nachrichtenquellen zugewendet hatten, wie sie auch keine kommunistischen Zeitungen mehr lasen, sondern Hunderte von im Untergrund herausgegebenen Tageszeitungen und Zeitschriften, wie sie von »Solidarność« gefördert wurden, sowie Dutzende von zunehmend freimütigeren katholischen Veröffentlichungen.

»Zuviel polnisches Blut ist bereits vergossen worden, besonders im letzten Krieg«, sagte der Papst. »Polnisches Blut darf nicht mehr fließen. Es muß alles getan werden, um unserem Heimatland eine friedliche Zukunft zu sichern.« Dann stellte er die Polen und ihr Land in den Schutz der Madonna von Jasna Góra, »die uns als Schutzheilige geschenkt worden ist«. Schon nach wenigen Stunden verbreiteten westliche Radiosender seine Botschaft in polnischer Sprache. Seine Worte haben möglicherweise – schon Stunden vor der Predigt von Glemp – die unglücklichen Äußerungen des Primas beeinflußt.

In seinem ersten Privatgespräch mit Casaroli, Dziwisz und seinem Vertrauten und Freund Kardinal Deskur brachte der Papst seine Besorgnis über eine mögliche sowjetische Intervention zum Ausdruck. Dabei stellte er ein aus vier Punkten bestehendes Programm auf: Erstens sollte der Episkopat so genau wie möglich über die Lage in Polen und anderswo unterrichtet werden; zweitens sollte nach Möglichkeit alles vermieden werden, was als

Provokation aufgefaßt werden könnte; drittens sollte das Gespräch mit dem Regime aufgenommen werden, welches das Kriegsrecht verhängt hatte; und schließlich sollten Polen und die übrige Welt davon überzeugt werden, daß der Papst und die Kirche unter allen Umständen an ihrer Solidarität mit der polnischen Nation festhalten würden. Das gleiche sagte er am nächsten Abend zu der Menge, die sich auf dem Petersplatz versammelt hatte, um für Polen zu beten.

»Diese Solidarität gegenüber dem polnischen Volk soll deutlich machen, daß es gewisse Werte und unveräußerliche Grundsätze wie die Menschenrechte und die Rechte der Nation gibt... Werte und Grundsätze, die heute in unserer Zeit eine umfassende europäische und weltweite Solidarität erzeugen sollen.« Der Gegensatz zur Predigt Glemps hätte kaum größer sein können.

Diejenigen, die ihn in diesen ersten Stunden aus unmittelbarer Nähe sahen, hatten den Eindruck, daß er zwar zutiefst besorgt, aber entschlossen war, bei der Gestaltung des künftigen Schicksals seines Volkes die führende Rolle zu übernehmen. Die nächste Gelegenheit, in diesem Sinne zu wirken, bot sich ihm am Donnerstag, als er einen Diplomaten im Vatikan empfing, der auf Ersuchen des Präsidenten der Vereinigten Staaten und im Namen des Generalsekretärs der Vereinten Nationen, Kurt Waldheim, zu ihm kam.

Die erste kurze Nachricht über die Situation in Polen hatte das Weiße Haus am Samstag abend erreicht. Es war ein kurzer Bericht der amerikanischen Botschaft in Warschau mit der Mitteilung, daß Panzer in der polnischen Hauptstadt in Stellung gegangen waren. Aus dem im Erdgeschoß des Weißen Hauses gelegenen Lagezimmer hatte ein Offizier vom Dienst den Präsidenten, den Vizepräsidenten und Richard Pipes, den in Polen geborenen ranghöchsten Mitarbeiter des nationalen Sicherheitsrats, der die Regierung über die Lage in der Sowjetunion und in Osteuropa auf dem laufenden hielt, davon unterrichtet. Außenminister Haig und Verteidigungsminister Weinberger befanden sich auf Auslandsreisen, ein Zeichen dafür, daß die Regierung kaum auf eine solche Entwicklung der Lage vorbereitet war.

Kurz darauf setzte sich Pipes mit Bogdan Lewandowsi vom Generalsekretariat der Vereinten Nationen in dessen New Yorker Residenz in Verbindung. Der polnische Staatsangehörige Lewandowski hatte den UN-Generalsekretär Waldheim bei der Amtseinführung von Johannes Paul II. vertreten. Pipes hatte gehofft, Lewandowski, der gute Beziehungen zur Regierung in Warschau unterhielt, könnte ihm Genaueres über den Staatsstreich sagen, was jedoch nicht der Fall war. Die Vereinigten Staaten tappten nun völlig im dunklen, denn weder standen irgendwelche Satellitenfotos zur Verfügung, noch gab es – nachdem Kukliński abgereist war – eine hochrangige Persönlichkeit, die genauere Auskünfte hätte geben können.

Kurz darauf führten Lewandowski und Zbigniew Brzeziński ein Telefongespräch, bei dem sie über die Möglichkeit sprachen, der Diplomat der Vereinten Nationen könnte den Papst aufsuchen, denn er sei der am besten geeignete Mittelsmann zwischen dem Heiligen Vater und Warschau, wo Lewandowski gute Beziehungen zu Jaruzelskis stellvertretendem Ministerpräsidenten Mieczysław Rakowski unterhielt, der zum liberalen Flügel der kommunistischen Partei gehörte. Auch der Vatikan wußte praktisch nichts über die aktuelle Situation in Warschau, und ebenso wie die amerikanische Regierung in Washington wollte Johannes Paul II. vor allem erfahren, was in Polen geschah. Nun bemühte sich Brzeziński im Vatikan um das Einverständnis des Papstes, Lewandowski zu empfangen. In Washington hofften Pipes und Brzeziński, daß Lewandowski, der als offizieller Vertreter der Vereinten Nationen nicht der polnischen Regierung, sondern dem Generalsekretär unterstand, alles, was er aus Rom oder Warschau erfuhr, auch dem Weißen Haus mitteilen würde – was er auch tat.

Lewandowski kam am Donnerstag, dem 17. Dezember, vormittags nach Rom und wurde sofort zu Wojtyła in die Bibliothek des Papstes geführt. Später erinnerte er sich: »Es bestand praktisch eine totale Nachrichtensperre. Alle modernen Nachrichtenverbindungen, auch über die italienische Botschaft in Warschau, waren unterbrochen, so daß Seine Heiligkeit über keinerlei Informatinen verfügte.« Man wußte nur, daß Tausende verhaftet worden waren, daß die Menschen sich fürchteten und mit großer Sorge in die Zukunft blickten.

Der Papst machte einen angespannten und schwermütigen Eindruck. Offenbar fürchtete er einen »Holocaust«, bei dem Polen sich gegenseitig umbringen würden. Mit besonderer Sorge dachte er an die Möglichkeit, daß das Regime die Führer von »Solidarność« hinrichten lassen würde.

Während der mehrstündigen Unterredung sprach der Papst sehr beredt nicht nur über die aktuelle Situation und seine Befürchtung, daß es zu einem Blutvergießen kommen könnte, sondern auch über die politischen und gesellschaftlichen Freiheiten, die in den vergangenen sechzehn Monaten errungen worden waren. Jahre später sagte Lewandowski: »Ich konnte auch feststellen, daß seine größte Hoffnung darauf gerichtet war, daß sich die Sowjetunion dem Christentum öffnen... und sich in seiner Heimat ein beispielhafter Katholizismus, ein ›Katholizismus des Volkes‹, für den materialistischen und permissiven Westen entwickeln werde.«

Während des Abendessens, an dem auch Dziwisz teilnahm, sprach man über die Hoffnungen und Befürchtungen von Johannes Paul II., als würden der ganze Sinn und die Aufgabe seines Papsttums jetzt auf die Probe gestellt. Aber der Papst sagte auch, Polen müsse »die Welt inspirieren«, und bat Lewandowski, Jaruzelski diese Vorstellung und die Dringlichkeit seiner Sorge um die Sicherheit seiner Landsleute zu vermitteln. Jetzt sollte ein Dialog zwischen der Kirche und der Regierung beginnen, sagte Wojtyła, aber er bestand darauf, daß Jaruzelski begreifen müsse, daß man die Grundsätze der Danziger Vereinbarung nicht aufgeben dürfe.

Zwanzig bis dreißig Menschen ließen in den ersten Tagen nach Verhängung des Kriegsrechts ihr Leben. Die meisten wurden von den Sicherheitskräften ermordet. Hunderte anderer wurden auf der Danziger Werft verletzt und festgenommen, dort wo die Gewerkschaft »Solidarität« gegründet worden war und sich jetzt Tausende von Arbeitern versammelt hatten, als sie hörten, daß sich das Land im »Kriegszustand« befand.

Zu den gefährlichsten Ausschreitungen kam es in einem Kohlenbergwerk bei Kattowitz, wo die Bergleute zu einem Sitzstreik aufgerufen hatten. Am Dienstag, dem 15. Dezember, verbarrikadierten sich mehr als zweitausend Männer in der Zeche und drohten, sich selbst und das Bergwerk in die Luft zu sprengen, falls die Regierung mit Gewalt gegen sie vorgehen sollte. Sie waren mit Knüppeln, Benzinflaschen, Dynamit und Speeren bewaffnet.

Um zehn Uhr blockierte die Sicherheitspolizei ZOMO mit Unterstützung von vierzig Panzern den Zugang zu dem Bergwerk und feuerte mit Gummigeschossen auf die Streikenden, während Hubschrauber Tränengasbomben hineinwarfen. Neun Bergarbeiter und vier Polizisten kamen dabei ums Leben, und die Sicherheitskräfte griffen anschließend die Ärzte und Fahrer der Krankenwagen an, die versuchten, die Verletzten zu behandeln. Mehr als vierzig Personen wurden verwundet.

Die Gewalttätigkeiten in Kattowitz, über die der polnische Staatsrundfunk am folgenden Donnerstag berichtete, veranlaßten Johannes Paul II., am selben Nachmittag einen Brief an Jaruzelski zu schreiben. Ohne sich vorher mit irgend jemandem beraten zu haben, schrieb der Papst, die Kirche (und zweifellos auch Wojtyła selbst) hätte sich für die Sache seines Landes und für die Gerechtigkeit eingesetzt. Er verurteilte eindeutig die Verhängung des Kriegsrechts, nicht aber das Verhalten von Jaruzelski, sondern forderte ihn auf, sich für edlere Grundsätze einzusetzen, als er es bisher für notwendig gehalten habe. Kopien dieses Briefes wurden an die verschiedensten Regierungschefs auf der ganzen Welt, an die Bischöfe des polnischen Episkopats und an Lech Wałęsa geschickt, der unter Arrest stand und sein Haus nicht verlassen durfte.

> Die jüngsten Ereignisse in Polen seit der Verhängung des Kriegsrechts am 13. Dezember [schrieb der Papst] haben zum Tod und zur Verletzung vieler unserer Landsleute geführt, und ich sehe mich veranlaßt, diesen dringenden und von Herzen kommenden Appell an Sie zu richten und um das Ende des Blutvergießens in Polen zu beten.
>
> Während der vergangenen zweihundert Jahre hat die polnische Nation viel Schweres durchgemacht, und im Kampf um die Vorherrschaft in unserem Vaterland ist viel Blut vergossen worden. Unsere Geschichte lehrt uns, daß wir kein Blut mehr vergießen dürfen. Wir dürfen es nicht zulassen, daß diese Tragödie auch weiterhin das Gewissen der Nation so schwer belastet. Ich appelliere deshalb an Sie, Herr General, zu den Methoden des friedlichen Dialogs zurückzukehren, mit dem wir uns seit August 1980 darum bemühen, eine gesellschaftliche Erneuerung herbeizufüh-

ren. Das wird vielleicht mit gewissen Schwierigkeiten verbunden sein, ist aber nicht unmöglich.

Das Wohl der gesamten Nation hängt davon ab. Die Menschen auf der ganzen Welt, all jene, die zu Recht erkennen, daß die Sache des Friedens durch die Achtung vor den Menschenrechten gefördert wird, warten auf diese Rückkehr zu gewaltlosen Methoden. Das Verlangen der ganzen Menschheit nach Frieden sagt uns, daß das Kriegsrecht in Polen aufgehoben werden muß.

Auch die Kirche steht hinter diesem Verlangen. Das Weihnachtsfest steht vor der Tür, eine Zeit, zu der sich seit vielen Generationen die Söhne und Töchter Polens zum Empfang der Heiligen Kommunion versammelt haben. Es muß alles getan werden, um zu verhindern, daß unsere Landsleute gezwungen werden, dieses Weihnachtsfest im Schatten der Unterdrückung und des Todes zu begehen.

Ich appelliere an Ihr Gewissen, Herr General, und an das Gewissen all derer, die hier die Entscheidung treffen müssen.

Im Vatikan, 18. Dezember 1981
Johannes Paul II.

Dieser Brief ging wie alle Reaktionen des Papstes auf die Verhängung des Kriegsrechts von einer Grundvoraussetzung aus: Das Kriegsrecht war für den Papst, sosehr er es auch ablehnte, das »geringere Übel«, verglichen mit einem Bürgerkrieg oder einer sowjetischen Intervention. Der Papst wußte genau, daß Jaruzelski schließlich die Zusammenarbeit mit der Kirche brauchte, um sich aus dieser furchtbaren Lage zu befreien, vor die er und die Nation sich nun gestellt sahen. Da es für Jaruzelski nur zwei Möglichkeiten gab – sich entweder an die Kirche oder an Moskau zu wenden –, glaubte der Papst, daß Jaruzelski schließlich den Schutz der Kirche suchen werde.

Ein Charterflugzeug aus Warschau, das am Donnerstag in Rom landete, hätte einen Vertreter des polnischen Episkopats mit einer Botschaft für den Papst mitbringen sollen. Doch an Bord des Flugzeugs befand sich kein Priester. Da er immer wieder Schwierigkeiten hatte, den Kontakt zu seinen Bischöfen aufzunehmen, wies der Papst den Kardinal-Staatssekretär im Vatikan an, die Vertreter der polnischen Regierung in Rom um die Erlaubnis zu bitten, einen Beauftragten des Papstes zu Jaruzelski nach Warschau zu schicken.

Mit dieser Mission betraute der Papst den Erzbischof Luigi Poggi, der als päpstlicher Nuntius seit 1973 schon mehrfach nach Osteuropa gereist war. Am Samstag flog Poggi mit einem Brief, dessen Umschlag mit dem päpstlichen Siegel versehen war, nach Wien und bestieg dort den Schnellzug »Chopin« nach Warschau.

Am selben Wochenende traf sich der Staatssekretär der Vereinten Nationen, Lewandowski, mit Jaruzelski und sprach mit ihm über die Besorgnisse des Papstes. Der General versicherte ihm, die Regierung werde auf weitere Maßnahmen verzichten. Es sei jedoch außerordentlich wichtig, daß der Papst begreife, weshalb das Regime so gehandelt habe: Radikale Elemente führten das Land in einen wirtschaftlichen Abgrund und provozierten damit ein soziales Chaos, das die Sowjets zum Eingreifen veranlassen könnte. Nachdem Lewandowski ihm die Sorgen des Papstes geschildert hatte, versicherte Jaruzelski, er werde die sozialen und wirtschaftlichen Reformen durchsetzen, die er vor Ausrufung des »Kriegszustandes« angekündigt habe. Er erwähnte jedoch weder zu diesem Zeitpunkt noch später, daß er selbst, falls notwendig, um militärische Hilfe der Streitkräfte des Warschauer Pakts gebeten oder gewußt habe, daß die Sowjets nicht eingreifen würden.

»General Jaruzelski war damals wahrscheinlich der bestgehaßte Mann in Polen«, berichtete Lewandowski später. Aber Lewandowski hielt ihn für »eine der christlichsten Persönlichkeiten, die ich in Polen kennengelernt habe, und das nicht nur, weil er als Katholik aufgewachsen und erzogen worden ist ... Er machte auf mich den Eindruck eines Menschen, der glaubte, er müsse dieses Kreuz tragen – daß er von seinem Volk gehaßt wurde, sich auf ewig schuldig gemacht und keine Möglichkeit hatte, seine Schuld in diesem Leben zu sühnen.« Der Diplomat äußerte sich im einzelnen wie folgt:

> Jaruzelski hat nie versucht, die Vergangenheit zu rechtfertigen – die der kommunistischen Herrschaft, die er, zumindest in den Augen aller Polen im eigenen Land und in der

übrigen Welt, angeblich für notwendig gehalten hat. Die einzige Vergangenheit, über die wir sprachen, betraf die Unruhen im neunzehnten Jahrhundert und danach. Und dabei ging es nur um die Russen, nicht einmal um die Deutschen. Er sagte ganz deutlich, er fürchte eine neue polnisch-russische Konfrontation, wobei Polen mit Sicherheit unterliegen werde.

Lewandowski sprach auch mit dem stellvertretenden Premierminister Rakowski, dem vielleicht wichtigsten Berater von Jaruzelski. Lewandowski sagte, in diesem Gespräch sei die Situation in Polen ausführlich behandelt worden, und er habe es mit Genehmigung auf Tonband aufgenommen, um den Papst und das Weiße Haus von seinem Inhalt zu unterrichten. Obwohl Jaruzelski den Papst inständig um Verständnis gebeten hatte, fürchtete Lewandowski, daß sich in Warschau kaum etwas erreichen ließe. In der ganzen Stadt wimmelte es von Soldaten, und es gab kein Anzeichen dafür, daß der »Kriegszustand« nur noch kurze Zeit dauern werde. Die Menschen waren desillusioniert.

Am 21. Dezember kehrte Lewandowski in den Vatikan zurück, nahm an einer Messe in der päpstlichen Kapelle teil und frühstückte dann mit dem Papst. Bevor sie sich zu Tisch setzten, übergab er Monsignore Dziwisz die Tonbandkassette mit der Aufzeichnung seines Gesprächs mit Rakowski.

In einer mehrstündigen Unterredung ließ sich Wojtyła von Lewandowski über dessen Eindrücke von den Zuständen in Polen (sehr deprimiert, aber ruhig), über die Reaktion Jaruzelskis auf seinen Appell, einen Dialog aufzunehmen (positiv), und über mehrere führende Persönlichkeiten, die »Solidarność« beraten hatten, und über andere Intellektuelle, die dem Papst nahestanden, berichten.

Die Mitglieder von KOR, des Arbeiter-Verteidigungskomitees, gehörten zu den ersten, die festgenommen wurden. Sechzehn Monate lang waren sie vom sowjetischen Politbüro beargwöhnt und von den polnischen Sicherheitsbehörden überwacht worden. Doch die KOR angehörenden Berater von »Solidarność« waren keine Radikalen gewesen, die der Gewerkschaft zuviel zumuteten. Sie hatten vielmehr »Solidarność« und Wojtyła dazu gedrängt, Zurückhaltung zu üben, um zu vermeiden, daß die Sowjets oder die polnische Armee ihnen jede Bewegungsfreiheit nahmen.

Wałęsa wurde in einer Villa am Stadtrand von Warschau festgehalten, die dem ehemaligen Sekretär des polnischen Zentralkomitees gehörte. In den ersten Stunden der Verhängung des Kriegsrechts hatte Barcikowski, der Leiter des Komitees für die Zusammenarbeit zwischen Kirche und Staat, versucht, ihn davon zu überzeugen, daß er mit Jaruzelski ein Gespräch führen müsse.

Wałęsa weigerte sich und sagte, vorher müßten alle bis dahin Festgenommenen entlassen werden. Zwei Tage darauf durfte er mit zwei Vertretern des Episkopats sprechen und bald darauf mit seinem Freund und Beichtvater aus Danzig, Pater Henryk Jankowski.

»Trotz der Verhängung des Kriegsrechts«, schrieb Wałęsa später, »hat die Kirche auch weiterhin ihre Vermittlerrolle gespielt. Die römisch-katholische Hierarchie in Polen vermied, obwohl sie mit den Idealen von ›Solidarność‹ durchaus übereinstimmte, jede politische Tätigkeit und Erklärung, was die Behörden dankbar zur Kenntnis nahmen.«

Aber Wojtyła in Rom war anderer Ansicht. In seinen öffentlichen Erklärungen zeigte sich immer deutlicher, wie sehr es ihn ärgerte, daß das Kriegsrecht in seiner polnischen Heimat auf absehbare Zeit nicht abgeschafft werden würde. Im persönlichen Gespräch mit seinen Mitarbeitern sagte er, Polen sei zu »einem großen Konzentrationslager« geworden – für einen polnischen Kirchenführer, zu dessen Diözese das Konzentrationslager Auschwitz gehört hatte, eine interessante Aussage.

Das Regime rechnete damit, daß die Bischöfe Wałęsa dazu bewegen könnten, die Verhandlungen zu seinen Bedingungen zu beginnen; dann würden die führenden Mitglieder von »Solidarność« im Austausch gegen politische Zugeständnisse freigelassen werden. Angesichts solcher Möglichkeiten durfte auch Peter Alojzy Orszulik, ein Sprecher des Primas Glemp, die Verbindung zu Wałęsa aufnehmen. In seiner Wut auf die Behörden und seiner Verzweiflung brüllte Wałęsa den Primas an: »Sie werden noch auf den Knien zu mir gekrochen kommen!«

Wie nicht anders zu erwarten, gefiel diese Haltung dem Primas nicht. »Er mißbilligte meinen Mangel an christlicher Demut«, sagte Wałęsa, »und es dauerte eine gewisse Zeit, bis wir uns aneinander gewöhnt hatten.« Ihre ersten Gespräche fanden in einer gespannten Atmosphäre statt, und Orszulik lehnte jeden Vorschlag Wałęsas als »unrealistisch« ab.

Wichtiger war es allerdings, daß Orszulik seinen Gesprächspartner Wałęsa über den Gedankenaustausch zwischen dem Papst und den polnischen Bischöfen in der ersten Woche nach Verhängung des Kriegsrechts auf dem laufenden hielt und der Papst zuverlässig über die Verhandlungsposition Wałęsas unterrichtet wurde. In den ersten Stunden nach seiner Festnahme hatten die Behörden Wałęsa gesagt, der »Kriegszustand« werde wahrscheinlich mindestens ein Jahr dauern. Wałęsa gab diese Einschätzung sofort an einen Vertreter des Episkopats weiter.

Zeitweilig fürchtete Wałęsa, die Kirche, deren Bedeutung jetzt zugenommen hatte, werde auf die Errungenschaften der vergangenen sechzehn Monate verzichten, wenn sich das Regime bereit finden sollte, ihr gewisse Zugeständnisse zu machen. Wałęsa schrieb später, der Primas habe von der Kanzel auf den Beginn der Verhandlungen gedrängt, und »ich verzichtete nacheinander auf alle meine ursprünglich gestellten Bedingungen und schloß mich der Position der Kirche an. Das führte jedoch nicht zu irgendwelchen konkreten Ergebnissen, was von Anfang an in der Absicht der Beteiligten gelegen haben mochte: Die Kirche sollte nur eingeschaltet werden, um den Schein zu wahren.«

Im nachhinein entwickelte Wałęsa allerdings über die Ziele der Kirche neue Vorstellungen:

> Später habe ich mich oft gefragt, warum die Kirche sich mit all ihrer Erfahrung bereit gefunden hat, an einer solchen hohlen Scharade teilzunehmen, doch dann begriff ich, daß gerade darin ihre Weisheit lag. Wenn die Kirche die ihr aufgezwungenen Spielregeln akzeptiert, dann will sie sich damit die Möglichkeit schaffen, als selbständige Kraft innerhalb der Gesellschaft zu existieren und zu wirken... Das war die Politik von Stefan Wyszyński, eine Politik, welche die Kirche in Polen seit Kriegsende verfolgt hatte: Sie nahm die ihr gegebenen unsicheren Zusagen und Vereinbarungen

als das auf, was sie wert waren, und wurde damit zu einer moralischen Kraft, die der Staat anerkennen mußte. Nun sah ich, daß die Kirche sich angesichts der neuen Situation nach Erlaß des Kriegsrechts ganz ebenso verhielt.

Johannes Paul II. verbrachte ein einsames Weihnachtsfest, und man konnte deutlich sehen, wie er darunter litt. Seit seiner Wahl zum Papst war er noch niemals in eine Situation geraten, die seinen Wünschen und seinen Gebeten so wenig entsprach. Jedenfalls hatten die Menschen in seiner Umgebung diesen Eindruck. Der Heilige Vater war ihnen noch nie so unglücklich, gedankenverloren und frustriert erschienen.

Sechzehn Monate lang war sein Land das Symbol einer neuen Ära in Europa gewesen, und er hatte zu ihrem Entstehen beigetragen und sich darüber gefreut. Jetzt glich Polen dem Koloß an seiner Ostgrenze – freudlos, hungrig und ohnmächtig.

Am Heiligen Abend stellte der Papst als ein Zeichen der »Solidarität mit den leidenden Völkern« eine brennende Kerze in ein Fenster seiner Wohnung im Vatikan, ein Signal, das die Menschen auf der ganzen Welt sahen und das sie von ihm übernahmen. Es war die Idee eines protestantischen Pfarrers in den Vereinigten Staaten gewesen.

Er versuchte, sich bei seinen Äußerungen eine gewisse Zurückhaltung aufzuerlegen. Sogar die Kommunistische Partei Italiens hatte bis dahin das Regime offiziell sehr viel kritischer beurteilt, während täglich in Rom neue Beweise dafür bekannt wurden, daß es Jaruzelski gelungen war, das Land und seine Bewohner für sich zu gewinnen. Die ersten direkten Nachrichten, die der Papst über den Episkopat erhielt, klangen außerordentlich deprimierend. Bischof Dąbrowski, der Sekretär der polnischen Bischofskonferenz, war am Montag, dem 21. Dezember, abends im Vatikan eingetroffen und hatte von den Verhältnissen in dem im Belagerungszustand befindlichen Polen ein düsteres Bild gezeichnet. Mitglieder von »Solidarność« waren gezwungen worden, Loyalitätserklärungen zu unterzeichnen und sich von der Gewerkschaftsbewegung abzuwenden. Das Wochenblatt *Tygodnik Powszechny*, das die Artikel von Karol Wojtyła veröffentlicht hatte, und der Verlag Znak, in dem seine Bücher erschienen waren,

waren geschlossen worden. Jaruzelski hatte jetzt vor, die Preise für Lebensmittel, Verbrauchsgüter und Dienstleistungen wesentlich zu erhöhen. Zwar befand sich Wałęsa in Sicherheit, aber der General weigerte sich, ernsthafte Verhandlungen mit ihm aufzunehmen, obwohl Dąbrowski versucht hatte, ihn davon zu überzeugen, daß jener der Mann war, der die Interessen der polnischen Arbeiter am besten würde vertreten können.

»Tödliche Schatten«, sagte der Papst, »verdunkeln die Aussichten auf Frieden.« Dennoch sprach er weiter über die Möglichkeit, eine grundsätzliche Übereinkunft zu erzielen, und sagte der Versammlung der Kurienkardinäle und Prälaten, es müsse eine »friedliche Lösung in der Zusammenarbeit zwischen den Behörden und der Bevölkerung gefunden werden, bei der die bürgerliche, nationale, spirituelle und religiöse Identität dieses Landes ausdrücklich anerkannt wird.«

Er erklärte: »Die Kirche steht auf der Seite der Arbeiter«, enthielt sich aber jeder direkten Kritik an den polnischen Militärbehörden. Vielleicht zeigte nichts so deutlich die vermeintliche Schwäche der Position der Kirche wie das gemeinsame Auftreten des päpstlichen Beauftragten Poggi und Jaruzelskis im polnischen Fernsehen. Nachdem er tagelang hatte warten müssen, bis ihn der General empfing, lächelte er jetzt doch diplomatisch. Es war Heiligabend, und deshalb konnte leicht der Eindruck entstehen, der Papst habe seinen Segen dazu erteilt. Am 27. reiste Poggi ohne eine Antwort auf den Brief des Papstes nach Rom zurück, und was er zu berichten hatte, war in höchstem Grade besorgniserregend. Obwohl Jaruzelski gesagt hatte, er hoffe, der Vatikan werde bei der Neugestaltung Polens eine »historische Rolle« spielen, äußerte er sich nicht zu seiner Absicht, Tausende von Personen freizulassen, die auf seinen Befehl festgenommen worden waren – einige in eiskalten Zellen, andere, wie Wałęsa, im Hausarrest. Es erfolgten sogar täglich neue Festnahmen.

Poggi versuchte auch, den Primas Glemp davon zu überzeugen, daß es richtig sei, der Auffassung des Papstes zu folgen und grundsätzlich Widerstand zu leisten, doch Glemp befürchtete schwerwiegende Konsequenzen für die Kirche. Er bezeichnete Wałęsa als einen »sturen und unerfahrenen Politiker«. Besonders ärgerten ihn die empörten Äußerungen des Führers von »Solidarność«

gegenüber Pater Orszulik. Er fürchtete, Jaruzelski könnte von stalinistischen Kräften ausgeschaltet werden, wenn diese zu sehr von der Kirche oder den noch aktiven Mitgliedern von »Solidarność« provoziert würden. Ihm fiel es schwer zu glauben, daß »Solidarność« und die von der Gewerkschaftsbewegung propagierten Grundsätze überleben könnten.

Andererseits vertrat Dąbrowski die Auffassung, »Solidarność« sei so tief in Polen verwurzelt, daß es unmögich sei, den Gewerkschaftsverband aufzulösen. Anders als Primas Glemp war er von dessen internationaler Bedeutung überzeugt. Nach seiner Ansicht genoß Wałęsa ein großes Ansehen und hatte auch die Fähigkeit, die Arbeiter bei den Verhandlungen mit der Regierung zu repräsentieren. Er sah die Ereignisse der vergangenen sechzehn Monate im historischen Zusammenhang, dessen sich Glemp offenbar nicht bewußt war. Dąbrowski zweifelte daran, daß die Sowjets bereit sein würden, die Last auf sich zu nehmen, ein Land zu regieren, das sich so lange energisch gegen die Kommunisten gewehrt hatte – auch nachdem diese die Regierungsform den polnischen Bedürfnissen angepaßt hatten. Und dazu sähe sich die Sowjetunion gezwungen, wenn sie eingriff: dann müßte sie das Land selbst regieren. Sogar die polnische kommunistische Partei mit Ausnahme der militantesten Stalinisten würde sich, wie Dąbrowski glaubte, gegen ein solches Eingreifen wehren.

Es fiel dem Papst schwer, sich momentan damit abzufinden, daß viel von dem verlorengegangen war, wofür die polnische Kirche und »Solidarność« während der vergangenen sechzehn Monate gekämpft hatten. Er beschwor Poggi, Dąbrowski, Casaroli und andere, sie müßten »*salvare il salvabile*« – »retten, was sich noch retten läßt«. Dabei kam es auf Geduld, Vorsicht – und Glauben an. Casaroli wies die päpstlichen Nuntiaturen in Westeuropa an, die Regierungen ihrer Gastländer dringend zu ersuchen, Polen nicht aus Protest die Wirtschaftshilfe zu verweigern. Ebenso wie der amerikanische Geheimdienst glaubte Wojtyła, daß Jaruzelski im Lauf der Zeit eher dem verstorbenen Marschall Tito in Jugoslawien gleichen werde als einer typischen Moskauer Marionette, besonders wenn die Kirche ihn nicht in eine Ecke drängte. Zudem war Wojtyła der Ansicht, daß Jaruzelski, der als Kind einer von Marianenpadres geleitete Schule besucht hatte, in seinem Innern ein gläubiger Christ sei. Während der folgenden Jahre sollte es sich erweisen, daß er bei den Überlegungen des Papstes eine wesentliche Rolle spielte.

Nach einem Gespräch mit Poggi am 27. Dezember im Anschluß an seinen traditionellen Weihnachtssegen für Rom und die ganze Welt richtete der Papst an »euch, meine geliebten Landsleute« besonders herzliche Weihnachtsgrüße:

> Euch gelten meine guten Wünsche von der Krippe in Bethlehem. Ich übermittle euch die guten Wünsche des neugeborenen Christuskindes ... Ich umarme euch alle und das ganze Polen ... besonders diejenigen unter euch, die leiden, die von ihren Familien getrennt leben müssen und deprimiert oder sogar verzweifelt sind.
>
> So viele Menschen in der Welt beten für Polen ... und ich sage euch in eurer Muttersprache: »Erhebe Deine Hand, Jesuskind, mit Deinem Segen – Du, der Du den Hirten von Bethlehem und den Weisen den Weg gewiesen hast – und zeige den Söhnen und Töchtern Polens den Weg in eine bessere Zukunft für ihr Land in Frieden, Gerechtigkeit und Freiheit.«

Das war nicht nur eine rituelle Geste. Der Papst war überzeugt, Glaube und Gebet könnten den Lauf der Geschichte verändern. In seiner ersten Angelusbotschaft zum neuen Jahr richtete der Papst am 1. Januar sein Gebet »in einer besonderen Weise an das Herz unserer Mutter. Sechshundert Jahre lang ist diese Mutter in ihrem Bild in Jasna Góra auf polnischem Boden gegenwärtig gewesen. Das Jahr 1982 ist das Jahr ihres großen Jubiläums. Im Angesicht der Mutter von Jasna Góra wiederhole ich ... Möge der Herr euch vor allen Ausschreitungen und vor dem Kriegsrecht bewahren und euch Frieden schenken!«

»Polen«, erklärte er vom Balkon seines Arbeitszimmers aus, »ist ein wichtiges Problem nicht nur für ein einzelnes Land, sondern auch für die Menschheitsgeschichte.« Er blickte auf die Fahnen, die auf dem weiten Platz unter ihm flatterten. »Dieses Wort«, verkündete er, »ist Ausdruck einer großen Anstrengung, welche die Arbeiter in meinem Land unternommen haben, um die Würde des arbeitenden Menschen zu sichern. Die Arbeiter ... haben das Recht, autonome Gewerkschaften zu gründen, um ihre Rechte als Gemeinschaft, als Familie und als Individuen zu schützen ... Solidarität ist ein Teil des ererbten Rechts der Arbeiter meines Landes und, würde ich sagen, auch der Arbeiter anderer Nationen.«

Am 6. Januar reagierte Jaruzelski schließlich auf den Brief des Papstes vom 18. Dezember. Seine Antwort auf drei engbeschriebenen Seiten war aufdringlich, anmaßend und hochmütig. Sie enthielt eine Aufzählung der Sünden von »Solidarność«, eine Geschichte der Zugeständnisse, geduldigen Kompromisse und Beharrlichkeit der Regierung, eine nochmalige Darstellung der Bemühungen, mit denen »wir versucht haben, den Heiligen Stuhl über die Gefahren zu unterrichten, die Polen drohen, und in deren Verlauf wir die Bischöfe immer wieder gebeten haben«, für eine Mäßigung der Forderungen von »Solidarność« zu sorgen.

Jaruzelski räumte ein, daß »die Verhängung des Kriegsrechts ein Schock für die Gesellschaft war« und daß die polnische Bevölkerung »enttäuscht ... und angesichts der gegenwärtigen Verhältnisse verbittert ist«. Er versprach, daß »alle Disziplinarmaßnahmen human durchgeführt werden sollen«. Das bedeutete wahrscheinlich den Verzicht auf die Folter. Wenn die Bedingungen des Kriegsrechts gemildert werden sollten, dann müßten allerdings die Kirche und die Intellektuellen in Polen mit den getroffenen Maßnahmen einverstanden sein und ihren Sinn begreifen. Was in dem Schreiben jedoch fehlte, war ein Hinweis auf geplante Verhandlungen mit Wałęsa oder den führenden Männern von »Solidarność«.

Dann sprach er von der Hoffnung, »daß Eure Heiligkeit uns bei diesen Bemühungen und Anstrengungen unterstützen werden«, und schloß »mit vorzüglicher Hochachtung – General der Armee Wojciech Jaruzelski«.

Für den Papst war diese Unterschrift der einzige positive Aspekt des Briefes. Jaruzelski hatte nicht als Ministerpräsident, als Oberhaupt eines kommunistischen Staates oder als Parteiführer unterschrieben, sondern als Chef der Institution, die gemeinsam mit der Kirche Polen in dessen schwierigsten Zeiten geschützt hatte.

Seit Verhängung des Kriegsrechts hatte sich der Papst kaum zu der daraus entstandenen Situation geäußert, denn er hoffte immer noch, Jaruzelski werde konkrete Angaben darüber machen, daß die jetzt geltenden einschränkenden Bestimmungen bald abgemildert würden. Der Brief des Generals ließ allerdings kaum auf eine günstige Entwicklung hoffen, vielmehr versuchte er nur, die Kirche auf seine Seite zu ziehen.

In seiner Antwort schrieb der Papst, die Befürchtungen und die Sorge der Menschen würden als Folge der Verhältnisse, »die sich aus der Verlängerung des Kriegszustands ergeben haben«, immer ernster. Als Beispiel nannte er die in den ersten Januartagen von der Regierung angeordnete Preissteigerung von zweihundert bis vierhundert Prozent. Die Menschen konnten es sich nicht mehr leisten, ausreichend Nahrungsmittel zu kaufen. Der Papst erklärte dem General, der »Schock« (wie Jaruzelski es genannt hatte), den die Verhängung des Kriegsrechts ausgelöst habe, sei auch darauf zurückzuführen, daß »Tausende führender Aktivisten von ›Solidarność‹, zu denen auch Lech Wałęsa gehört, festgenommen worden und außerdem im Bereich der Arbeit und Kultur zahlreiche schmerzliche Einschränkungen vorgenommen worden sind ... Es ist nicht nur notwendig, etwas gegen diesen Schock zu tun, sondern es muß vor allem auch das Vertrauen wiederhergestellt werden.«

Bis zum Eintreffen des Briefes von Jaruzelski hatte Wojtyła darauf verzichtet, das Regime direkt zu kritisieren. Doch am 10. Januar mißbilligte der Papst in einer auf polnisch vom Kurzwellensender des Vatikans ausgestrahlten Sendung den Erlaß des Kriegsrechts mit Worten, die von der Bevölkerung, aber auch von Jaruzelski und Glemp sehr gut verstanden werden konnten. Offenbar hatte es den Papst beunruhigt, in welcher Weise der Primas am Tag der Verhängung des Kriegsrechts den Heiland angerufen hatte. Und nichts, was das Regime getan hatte, hatte den Papst so geärgert wie der Umstand, daß festgenommene Mitglieder von »Solidarność« gezwungen worden waren, ihre Loyalität gegenüber dem Regime zu bekunden und auf ihre Mitgliedschaft im Gewerkschaftsverband zu verzichten.

»Unter der Androhung, sie würden ihre Arbeit verlieren«, erklärte er, »sind polnische Bürger gezwungen worden, Erklärungen zu unterzeichnen, die sie nach ihrem Gewissen und ihren

Überzeugungen nicht gutheißen können.« Diese Zumutung »bedeutet für die Menschen eine schwere Belastung. Es ist ein in höchstem Grade schmerzlicher Schlag gegen die Menschenwürde. In gewissem Sinne ist das schlimmer als der physische Tod. ›Fürchte nicht jene, die den Körper töten können‹, hat Christus gesagt und damit darauf hingewiesen, wieviel größer der Schaden ist, der dem menschlichen Geist und dem menschlichen Gewissen angetan wird. Der Grundsatz, daß das menschliche Gewissen zu achten sei, ist ein fundamentales Menschenrecht.«

Gegen Ende des Lebens von Wyszyński hatte Wojtyła es bedauert, daß »dieser alte Mann« in einem in der Geschichte der Bewegung entscheidenden Augenblick nicht verstanden hatte, was »Solidarność« bedeutete. Jetzt habe er es mit dessen Schützling zu tun, der noch weniger Verständnis für die Situation aufbringe.

In den ersten Wochen nach Verhängung des Kriegsrechts schrieb Zbigniew Bujak, der ranghöchste Vertreter der im Untergrund arbeitenden Mitglieder von ›Solidarność‹, einige Briefe an Glemp und forderte ihn auf, die Vermittlung zwischen der Gewerkschaft und der Kirche zu übernehmen. Glemp hat diese Briefe nie beantwortet. »In dieser Situation sollten wir versuchen, uns über das Vorgehen von ›Solidarność‹ zu einigen und eine Zusammenarbeit zwischen ›Solidarność‹ und der Kirche zu erreichen«, sagte Bujak, »und nun wollte ich ihn bitten, uns dabei behilflich zu sein. Es war klar, daß eine Institution wie die Kirche als Versammlungsort während der Geltungsdauer des Kriegsrechts eine wichtige Rolle spielen würde ... Aber wir konnten keine Entscheidungen treffen, bevor sich die Kirche und der Untergrund nicht über ihre Haltung geeinigt hatten. Und auf diese Frage bekam ich keine Antwort. Jedenfalls nicht von Glemp. Ich darf jedoch sagen, ... daß es zwischen dem Papst und dem Untergrund hinsichtlich der Strategie keine Meinungsverschiedenheiten gab.«

Die Strategie des Papstes sah vor, daß »Solidarność« im Untergrund tätig bleiben und weitere Aufrufe veröffentlichen und sich im Rundfunk Gehör verschaffen sollte. Die Kirche und er selbst wollten irgendwie dazu beitragen, die Menschen zu ermutigen. In dieser Absicht (so glaubte die Regierung der Vereinigten Staaten) begann der Papst insgeheim, den im Untergrund agierenden Mitgliedern von »Solidarność« aus einem päpstlichen Sonderfonds Geldmittel zur Verfügung zu stellen. Außerdem beabsichtigte er, selbst nach Polen zu reisen. Dieser Besuch war schon vor Inkrafttreten des Kriegsrechts für den August vorbereitet worden.

Ein Gipfeltreffen im Vatikan

»Mächtige Männer dürfen ihr Geheimnis nicht preisgeben«, sagt Edmund Morris, der Biograph, den Ronald Reagan beauftragt hatte, die Geschichte seiner Amtszeit als Präsident zu schreiben. »Solange man seine Geheimnisse wahrt, kann man in jede gewünschte Richtung gehen. Politische Führer, die undurchschaubar sind und unbekannt bleiben, haben mehr Erfolg als die allzu offenherzigen. Reagen und der Papst wußten das.«

Präsident Reagan und Johannes Paul II. hatten 1981 und Anfang 1982 in einem vertraulichen Briefwechel ihre Gedanken ausgetauscht – nicht nur über Polen, sondern auch über die Erfolgsaussichten von Abrüstungsvereinbarungen zwischen der Sowjetunion und den Vereinigten Staaten. Kaum etwas in seiner Amtszeit als Präsident hatte Reagan persönlich stärker beunruhigt als die Verhängung des Kriegsrechts in Polen. Da er glaubte, daß die Sowjets dafür verantwortlich waren, verfügte er einschneidende wirschaftliche, kulturelle, diplomatische und technologische Sanktionen gegen die Sowjetunion und Polen. Auf Befehl Reagans sorgten William Casey und Vernon Walters dafür, daß der Vatikan reichlich mit geheimen Nachrichten versorgt wurde. Damit wurde Karol Wojtyła nicht nur über die Vorgänge in Polen unterrichtet, sondern auch über die Situation in vielen anderen Ländern und Regionen, die der Papst auf seinen Reisen durch die Welt besucht hatte und in denen sich die Kirche mit besonderem Eifer das Evangelium zu verkünden bemühte.

Zwei Wochen nach Verhängung des Kriegsrechts ernannte Reagan William Clark zu seinem nationalen Sicherheitsberater. Damit wollte er vor allem die Eifersüchteleien zwischen seinen verschiedenen außenpolitischen Beratern beenden. Wie der Biograph Edmund Morris schreibt, war Clark »das katholische Gewissen der amerikanischen Regierung«, und seine Aufgabe bestand darin, sehr viel energischer gegen die Kommunisten vorzugehen, als Haig es getan hatte, besonders im Hinblick auf Polen. Er sollte, wie der größte ideologische Bewunderer des Präsidenten sagte, »Reagan das sein lassen, was er war«.

Am 7. Juni 1982 kam Reagan in den Vatikan zu einem Gipfeltreffen, bei dem sich die höchsten Repräsentanten dieser beiden so sehr verschiedenen Supermächte begegneten, zwischen denen ein geheimes Bündnis bestand. Allein und ohne Dolmetscher sprachen zwei der mächtigsten Männer der Welt im Arbeitszimmer des Papstes fünfzehn Minuten über die theoretischen und praktischen Aspekte einer Vision, die so radikal war, daß kein führender Politiker im Westen bisher ernsthaft an ihre Verwirklichung gedacht hatte: Sie hatten erkannt, daß der Zusammenbruch des Sowjetreichs unvermeidlich war, und zwar mehr aus spirituellen als aus strategischen Gründen, und daß die Welt, wie sie nach Jalta entstanden war, weder fortbestehen sollte noch konnte.

Im Londoner Westminster Palace verkündete Reagan am folgenden Tag das Ende dieses Imperiums: Er sagte, die Sowjetunion sei in eine »große revolutionäre Krise« geraten, in der Polen, wo zu diesem Zeitpunkt das Kriegsrecht galt, zwar »von den Unterdrückungsmaßnahmen kaum berührt worden war«, aber doch den Angelpunkt bildete. Er prophezeite, es würde in Osteuropa »zu wiederholten explosionsartigen Unruhen als Reaktion auf die Repressalien« kommen, und »die Sowjetunion selbst werde nicht unberührt davon bleiben«. Er und der Papst teilten diese Auffassung.

Zu einer späteren Zeit, als viele sich fragten, in welcher Weise er den Untergang des Kommunismus beeinflußt habe, sagte der Papst: »Ich habe das nicht veranlaßt. Der Baum war schon in seinem Innern verfault. Ich habe ihn nur noch ordentlich geschüttelt, und dabei sind die verfaulten Äpfel heruntergefallen.« Auch Reagan behauptete, der kommunistische Monolith habe zur Zeit seiner Amtsübernahme bereits am Rande des Zusammenbruchs gestanden. In seinem Innern habe sich ein unerträglicher Druck gebildet, und er habe lediglich beschlossen, daß die Vereinigten Staaten das Unvermeidliche beschleunigen sollten, indem sie zusätzliche moralische und politische Kräfte einsetzten. Zweifellos haben beide Männer die Lage zutreffend beurteilt. Jedoch (wie Michail Gorbatschow sehr bald auch im Hinblick auf seine eigene Zukunft erkannte) mußten die Bürokratien zunächst überwunden werden, der gesunde Menschenverstand mußte sich gegenüber konventionellen Vorstellungen durchsetzen, und als richtig erkannte Grundsätze mußten befolgt werden und mehr gelten als bloße Zweckdienlichkeit. Dazu bedurfte es eines entschlossenen Handelns. Das Gipfeltreffen zwischen Reagan und Wojtyła bestärkte sie in ihrer Auffassung, daß sie beide ihren ganzen Einfluß einsetzen müßten, um die fundamentalen Veränderungen herbeizuführen, die nach ihrer Überzeugung von Gott gewollt seien: An die Stelle des Kommunismus sollten christliche Ideale treten.

Der Papst wußte, daß Präsident Reagan über geheime strategische Möglichkeiten verfügte, die dem Vatikan fehlten. Reagan war sich schon sehr bald nach Gründung der Gewerkschaft »Solidarität« sicher, daß hier ein Riß im Eisernen Vorhang entstanden war und daß Polen, die polnische Hoffnung und Lech Wałęsa die Instrumente seien, die Gott dazu ausersehen hatte, die Welt zu erschüttern. Er war entschlossen, diese nach seinem Dafürhalten heilige Sache zu unterstützen, und wies seine Beauftragten – vor allem nach Verhängung des Kriegsrechts in Polen – an, keine Mühe zu scheuen, um einen Durchbruch herbeizuführen. Dem Papst gegenüber erwähnte er sofort die Besuche von Walters und Casey und bot ihm an, künftig beide Männer häufiger zum Vatikan zu schicken, womit sich der Papst sofort einverstanden erklärte. Zudem sagte Reagan, die Vereinigten Staaten seien besonders daran interessiert, »Solidarność« am Leben zu erhalten, und er habe bereits veranlaßt, die Gewerkschaft reichlicher mit Geld und Hilfsmitteln zu unterstützen.

Das vielleicht größte Geheimnis im Zusammenhang mit dem Verzicht auf die Fortführung des kalten Krieges war die Tatsache, daß während der Zeit unmittelbar nach dem Besuch des Präsidenten beim Papst im Jahr 1982 bis zur Öffnung der Berliner Mauer 1989 die Vereinigten Staaten mehr als fünfzig Millionen Dollar ausgegeben hatten, um die Gewerkschaftsbewegung »Solidarität« am Leben zu erhalten. Johannes Paul II. wurde natürlich über den ganzen Umfang dieses von der CIA durchgeführten Unternehmens unterrichtet (wenngleich er nicht wünschte, in alle Einzelheiten eingeweiht zu werden).

Obwohl sie sich auf intellektueller Ebene wesentlich voneinander unterschieden (»Es ist richtig, daß Ronald Reagan mehr Pferde als Bücher besaß«, hat einer seiner Mitarbeiter einmal gesagt), gab es zwischen dem Papst und dem Präsidenten manche Gemeinsamkeiten. Beide waren Schauspieler gewesen, und beide ließen sich nicht leicht zu Wutausbrüchen verleiten. Sie glaubten beide an den großen Wert des symbolischen Handelns und an die göttliche Vorsehung, besonders nachdem innerhalb von sechs Wochen beide durch Schüsse eines Attentäters verletzt worden waren und überlebt hatten. Schon in den ersten Minuten ihres Gesprächs erklärten sie übereinstimmend, Gott habe sie gerettet, weil sie bei der Gestaltung der Zukunft Osteuropas bestimmte Aufgaben zu erfüllen hätten. »Sehen Sie nur, welche bösen Kräfte Ihnen in den Weg gestellt worden sind und wie die Vorsehung eingegriffen hat«, sagte Reagan, und der Papst stimmte ihm zu.

Man hat oft über Reagans Religiosität und darüber gespottet, daß er die Sowjetunion als das »Reich des Bösen« bezeichnete, oder dies als Beweis für seinen Zynismus oder Hochmut angesehen. (Schließlich hat er während seiner Amtszeit als Präsident nur sehr selten einen kirchlichen Gottesdienst besucht.) Wer ihn aber wirklich gut kannte, verstand und akzeptierte die spirituelle Seite seines Charakters und wußte, wie sehr ihn diese Spiritualität stärkte.

Seine Religiosität bestimmte wesentlich seine Einstellung zum Kommunismus. Er glaubte, daß die Sowjetunion im Grunde ein christliches Land sei und zum christlichen Europa gehöre. Die Vereinigten Staaten müßten nur dazu beitragen, daß das Christentum weiter gestärkt wurde, zu dem die Sowjetunion zurückkehren werde. Schon bei Beginn seiner Amtsübernahme hatte Reagan mit dem Papst über dieses Thema sprechen wollen, aber auch über sein starkes (mancher würde sagen, messianisches) Verlangen, den Weltfrieden zu sichern und zu bewahren. Da sie das wußte, hatte seine Frau Nancy im Weißen Haus bereits früh darauf gedrängt, daß der Papst zu den ersten führenden Persönlichkeiten aus dem Ausland gehören sollte, mit denen Reagan die Verbindung aufnahm.

Nur wenige Menschen haben Reagan wirklich verstanden. Auch nachdem er ins Privatleben zurückgekehrt war, sich einer außerordentlichen Beliebtheit erfreute, aber auch oft Anlaß für manche Spöttelei geboten hatte, gab es um ihn und seine Amtszeit die widersprüchlichsten Vorstellungen und Rätsel. Einerseits war er ein überzeugter Befürworter der Abrüstung, verfügte jedoch zugleich über die teuerste Armee in der amerikanischen Geschichte (mit den verheerendsten Folgen für die Wirtschaft des Landes). Im übrigen glaubte er fest daran, die Sowjetunion von der Sinnlosigkeit des Wettrüstens überzeugen zu können – was ihm auch gelang.

Obwohl viele ihn für unaufmerksam und vergeßlich hielten, hatte er ein gutes Gedächtnis für ausgefallene Dinge, die ihn interessierten, und sein besonderes Augenmerk galt geheimen Unternehmungen. Eines Tages fragte er Casey: »Wie steht es mit den Schnellbooten?« Diese Frage bezog sich auf einen längst aufgegebenen und vergessenen Plan, mit solchen Fahrzeugen Druckereimaschinen und Papier nach Polen zu bringen. »Geheime Spezialaufträge gehörten zu jenen Angelegenheiten, von denen er etwas verstand«, sagte Richard Pipes, mit dem der Präsident oft über solche Themen sprach.

In der Öffentlichkeit und bei vielen Journalisten war der – durchaus verständliche – Eindruck entstanden, daß seine Außenpolitik weitgehend von der Iran-Contra-Affäre geprägt war, die genau seiner Vorliebe für Geheimoperationen entsprach. Und doch war es der kommunistische europäische Monolith – das »Reich des Bösen« –, auf den er schon am ersten Tag nach seinem Einzug ins Weiße Haus sein Interesse und seine Aufmerksamkeit konzentrierte.

Als er in seiner ersten Pressekonferenz nach seiner Meinung über die Sowjets gefragt wurde, sagte Reagan: »Die einzige Moral, die sie anerkennen, liegt in den Dingen, die ihrer Sache förderlich sind. Das bedeutet, sie nehmen das Recht in Anspruch, zum eigenen Nutzen jedes Verbrechen zu verüben, zu lügen und zu betrügen.« Außenminister Alexander Haig war entsetzt über diese Antwort, denn er sah seine Aufgabe darin, die Ost-West-Beziehungen auf lange Sicht zu verbessern. Haig kam es vor allem darauf an, dem kommunistischen Einfluß in allen amerikanischen Ländern einen Riegel vorzuschieben, die »sowjetischen Agenten«

in Mittelamerika und in der Karibik zu bekämpfen und sich dabei besonders auf das sozialistische Kuba zu konzentrieren. Allerdings verfolgten die Vereinigten Staaten und der Vatikan schon seit längerer Zeit die gleichen antimarxistischen Ziele in Mittelamerika. Mit besonderer Besorgnis betrachtete Reagan jedoch die 1945 in Jalta vereinbarten Grenzen, die er für die bedeutsamste politische Tatsache hielt, die er als erwachsener Mann erlebt hatte, und die er hoffte rückgängig machen zu können.

Im Februar 1981 hatte der Papst eine Ansprache über die in Jalta geschaffene »künstliche Teilung« Europas gehalten. Bei ihrem Gipfeltreffen im Vatikan kam Reagan jetzt auf dieses Thema zu sprechen, und beide Männer waren sich einig, daß es keinen Grund gebe, diesem »illegitimen Konzept« zuzustimmen, wie Wojtyła es nannte. Europa war eine Einheit. »Wir beide hatten das Gefühl, daß in Jalta ein schwerer Fehler begangen worden sei und etwas dagegen unternommen werden müsse«, sagte Reagan viele Jahre später. »›Solidarność‹ war das Instrument, mit dessen Hilfe es geschehen konnte.«

»Der Heilige Vater kannte sein Volk«, sagte der Apostolische Nuntius in Washington, Erzbischof Pio Laghi. »Es war eine sehr komplexe Situation. Wie sollte man sich in Polen für die Menschenrechte und die religiöse Freiheit einsetzen und ›Solidarność‹ am Leben erhalten, ohne die kommunistischen Behörden zu provozieren? Doch [vor der Reise des Präsidenten] habe ich zu Vernon [Walters] gesagt: ›Hören Sie auf den Heiligen Vater. Wir verfügen in diesem Bereich über zweitausend Jahre alte Erfahrungen.‹« Zu diesem Zeitpunkt betrachtete der Papst die Lage in Polen mit großer Sorge und sagte zu Reagan, seine Absicht sei es lediglich, offen mit der Regierung zu sprechen, um auf diese Weise die Errungenschaften von »Solidarność« zu schützen und darauf hinzuwirken, daß der Kriegszustand beendet werde. In jüngster Zeit habe er Anzeichen dafür bemerkt, daß Jaruzelski eventuell bereit sei, vorsichtige vorbereitende Gespräche mit der Kirche zu führen.

Nach Überzeugung von Reagan hatten sich die Kommunisten schwer verrechnet, als sie das Kriegsrecht verhängten, und er meinte, daß die Behörden, nachdem sie »Solidarność« erlaubt hatten, sechzehn Monate lang ungestört zu wirken, noch entschiedener von der Bevölkerung abgelehnt werden würden, wenn jetzt mit Gewalt gegen sie vorgegangen werde. Reagan hatte stets gesagt, der Kommunismus werde von innen heraus zusammenbrechen. Er stellte sich vor, zuerst würden die Menschen im Sowjetreich und dann ihre Führer erkennen, daß sie den falschen Weg beschritten hatten. Er sollte recht behalten.

»Seine Stärke lag darin, daß er die kritische Lage und die Verwundbarkeit des [ganzen] Systems erkannte, das, wie alle Akademiker behaupteten, stabil, solide und bei der Bevölkerung beliebt war«, sagte Richard Pipes. »Doch davon wollte er nichts hören. Und dazu gehörte viel Mut... gegenüber den westlichen Verbündeten und dem amerikanischen Außenministerium.« Dem Papst mußte Pipes seine Auffassung nicht näher erläutern, denn Johannes Paul II. hatte mit großem Feingefühl durchaus erkannt, wer Reagan war und was er beabsichtigte. Sicher hätte sich der Papst von fast jedem anderen Präsidenten und jeder anderen amerikanischen Regierung mit größerer Skepsis distanziert, wenn er es nicht mit einem so unkonventionellen und charismatischen politischen Führer zu tun gehabt hätte wie Ronald Reagan – der ihm zudem in großzügiger Weise die Erkenntnisse des amerikanischen Geheimdienstes zur Verfügung stellte.

Wie die ehemalige Botschafterin bei den Vereinten Nationen, Jeanne Kirkpatrick, gesagt hat, sah Reagan seinerseits im Papst eine heldenhafte Persönlichkeit, »einen ungewöhnlichen Mann, gebildet und mutig, der sich durch nichts erschüttern ließ und bewiesen hatte, daß er bereit war, alles zu tun, um eine Vorherrschaft der Sowjets in Osteuropa zu verhindern«. Reagan wollte den Papst davon überzeugen, daß er die besten Absichten hegte, daß das Bild, das die Medien von ihm als einem gefährlichen Kriegstreiber zeichneten, durchaus falsch sei und er mit seiner Politik einen dauernden Frieden anstrebte. Schon zu Beginn seiner Amtszeit hatte der amerikanische Präsident Breschnew davon überzeugen wollen, daß dem Frieden und der Abrüstung absoluter Vorrang einzuräumen sei. Auch das hatte Haig mit Besorgnis registriert, denn er glaubte, daß das einzige, was zwischen der Naivität des Präsidenten und der Verschlagenheit der Sowjets stand, er selbst sei. Doch bei ihrem ersten Zusammentreffen hatte der Papst den Präsidenten dringend gebeten, sich auf der Suche nach Frieden von seinen eigenen Instinkten leiten zu lassen.

»Es ist nicht sehr oft geschehen«, erinnerte sich Haig viele Jahre später, »daß der Präsident störrisch an einer bestimmten Auffassung festhielt, aber in seiner Beurteilung der Sowjetunion vertrat er stets die gleiche Meinung: Er glaubte, daß ein begabter Verhandlungspartner jederzeit mit ihnen sprechen konnte, daß sie sich unserer Auffassung über eine erstrebenswerte Weltordnung anschlossen, in der wir auf unsere Kernwaffen verzichteten, um zu einer für beide Seiten erstrebenswerten politischen Linie zu gelangen. Und er glaubte wirklich daran. Ich habe meine ganze Zeit damit zugebracht, diese Idee zu verwirklichen, aber es war nicht meine Idee.

Den echten Ronald Reagan habe ich kennengelernt, als er mir den Entwurf eines Briefes an Breschnew zeigte. Er und Nancy [Reagan] hatten ein förmliches Gesuch formuliert. Hätte ich im Kreml gesessen, dann wäre ich vor Lachen geplatzt. Es war die denkbar naivste, flehentliche Bitte, beide Seiten sollten gemeinsam das Verbot aller selbstzerstörerischen Waffen beschließen. Reagan war von Anfang an überzeugt, er könne sich mit jedem sowjetischen Führer zusammensetzen, um sich mit ihm auszusprechen. Erst zwei Jahre später nach dem Gipfel von Reykjavík zeigte sich der wahre Ronald Reagan mit seiner Beurteilung Moskaus, auch das ein Zeugnis nicht zu übertreffender Naivität.«

Wenige Wochen nach dem Besuch Reagans beim Papst war der Brief an Breschnew abgesandt worden – und Haig hatte (aus den verschiedensten Gründen) seinen Abschied genommen. Trotz der gesicherten Erkenntnisse des amerikanischen Geheimdienstes über die Wirtschaftslage in der Sowjetunion vertraute Reagan seinen eigenen Instinkten. Wie er Johannes Paul II. sagte, war er überzeugt, sobald die Sowjets erkannten, daß sie mit der Kernwaffenpolitik der Vereinigten Staaten nicht Schritt halten könnten, besonders mit der Stationierung von Marschflugkörpern in Europa und der neuen Raketen-Abwehrtechnologie in den Vereinigten Staaten, würden sie sich um Frieden und Abrüstung bemühen.

»Ich konnte nicht glauben, daß sie angesichts ihrer Wirtschaftslage wirklich so stark waren, wie man allgemein glaubte«, erklärte Reagan nach seinem Ausscheiden aus dem Präsidentenamt. »Wie durfte man annehmen, daß dies eine solide Wirtschaft war, wenn weniger als eine von sieben Familien ein Automobil besitzt und man, falls man eines kaufen will, zehn Jahre darauf warten muß?... Wenn man im Fernsehen die Aufnahmen von den zahlreichen Automobilen auf den Straßen der Sowjetunion sieht, dann sind das alles regierungseigene Fahrzeuge, die den Bürokraten zur Verfügung gestellt werden«, sagte er zum Papst. Auch wenn einige seiner Formulierungen lächerlich simpel klangen, glaubte er doch an das, was er sagte, besonders über die Kommunisten.

»Im gegenwärtigen Augenblick der Weltgeschichte«, sagte der Papst in seiner offiziellen Stellungnahme nach seinem Gespräch mit dem Präsidenten, »sind die Vereinigten Staaten vor allem aufgerufen, ihre Mission im Dienste des Weltfriedens zu erfüllen. Die momentane Weltlage verlangt eine vorausschauende Politik, die der Gerechtigkeit und der Freiheit, der Wahrheit und der Liebe dient, und das sind die Grundlagen für einen dauernden Frieden.«

Später äußerte sich der Papst gegenüber den Kardinälen Casaroli und Silvestrini und sagte ihnen, er sei bewegt und ermutigt durch die ihm in einem Privatgespräch mit Reagan gegebene Zusicherung, der Präsident werde einem solchen Kurs folgen. Reagan hatte mehr über die Bevölkerung in der Sowjetunion als über die sowjetischen Führer gesprochen, und auch davon war Johannes Paul II. beeindruckt. Reagan hatte ihn überzeugt, sich für die Abrüstung einsetzen zu wollen, und glaubte, man müsse auf Kernwaffen verzichten und nicht nur ihre Zahl verringern.

Die öffentlichen Äußerungen des Präsidenten waren in Wirklichkeit an die Sowjets gerichtet: Er sagte, die amerikanische Regierung werde ihre Sanktionen gegen die Sowjetunion oder Polen nicht aufheben, solange das Kriegsrecht galt, die politischen Gefangenen nicht freigelassen, der Dialog zwischen der polnischen Regierung, der Kirche und »der Gewerkschaftsbewegung, ›Solidarność‹, die für eine große Mehrheit der Polen spricht«, nicht wiederaufgenommen seien.

Das Gipfeltreffen im Vatikan blieb den Journalisten vor allem deswegen im Gedächtnis, weil Reagan während der Abschlußzeremonie eingeschlafen war. Aber in den fünfzig Minuten, die der Papst und der Präsident zusammen verbrachten, hatten diese Führer zweier Supermächte mit sehr verschiedenen Aufgabenbereichen feststellen können, daß sie in wesentlichen Fragen übereinstimmten.

Mittelamerika

Der Deckname der CIA für die römisch-katholische Kirche in Mittelamerika war »Entität« (Wesen). Dieses »Wesen« spielte im Kampf der Reagan-Regierung gegen den Kommunismus und die marxistisch gefärbten Bewegungen in den amerikanischen Ländern eine große Rolle.

Die amerikanische Regierung war schon zu Beginn der Amtszeit von Reagan zur Überzeugung gelangt, daß die marxistisch orientierte Regierung der Sandinisten in Nicaragua gestürzt werden müsse. Zu diesem Zweck finanzierte die CIA unter William Casey eine viertausend Mann starke »Contra-Armee«, die zum größten Teil aus Anhängern der alten Somoza-Oligarchie bestand, einer von den Vereinigten Staaten unterstützten Diktatur, die 1979 nach fast vierzig Jahren von den Sandinistas verjagt wurde.

Im Dezember 1982 mußte Präsident Reagan auf Verlangen einer überwältigenden Mehrheit im Kongreß ein Gesetz unterzeichnen, das es der CIA und dem Verteidigungsministerium verbot, irgend jemandem militärische Ausrüstung, Ausbildung oder Unterstützung zu gewähren, der damit den Sturz der Regierung in Nicaragua bewerkstelligen wollte. Später war es der CIA gesetzlich untersagt, den Versuch zu unternehmen, Waffenlieferungen von den Sandinistas an die Rebellen im benachbarten El Salvador zu unterbinden. Doch weder Casey noch der Präsident wollten sich durch solche Gesetze in ihrer Handlungsfreiheit beschränken lassen, und die Regierung suchte nach anderen Möglichkeiten, die Contras mit Geldmitteln und Material zu unterstützen, was schließlich zu dem Iran-Contra-Skandal führte. Da die Regierung nun darauf verzichten mußte, offen in Nicaragua tätig zu werden, übernahm ihr wichtigster moralischer und politischer Verbündeter im Land – die römisch-katholische Kirche, die »Entität« – eine noch wichtigere Aufgabe.

Es gab jedoch in Nicaragua noch eine andere religiöse Bewegung, die sogenannte Kirche des Volkes, die den Sandinistas nahestand. Ebenso wie das Regime selbst wurde diese »Volkskirche« von großen Teilen der Bevölkerung unterstützt, besonders von den Armen. 1981 begann nun die CIA, die ranghöchsten Vertreter der offiziellen Kirche unterderhand mit Finanzspritzen zu versorgen. Dieses Geld nützte im besonderen der »Entität« bei der Finanzierung ihres Rundfunksenders in Nicaragua und der von ihr herausgegebenen Zeitung, die beide der Opposition gegen die sandinistische Regierung als Plattform dienten.

Als die Sandinisten den nicaraguanischen Erzbischof Niguel Obando y Bravo (der früher mit gewissen Vorbehalten ihre Rebellenbewegung unterstützt hatte, weil er glaubte, nur sie könne wirksam etwas gegen die Somoza-Oligarchie unternehmen) beschuldigten, ein bezahlter Agent der CIA zu sein, hat die Kirche das vehement bestritten. Obando war kein »Agent«, sondern die CIA betrachtete ihn als wertvollen Mitarbeiter, der nach der Wahl Wojtyłas zum Papst bereit war, sich an den Bemühungen der CIA, die Sandinisten zu diskreditieren, zu beteiligen. Der damalige stellvertretende Direktor des nationalen Sicherheitsrats, Admiral John Poindexter, erklärte: »Wir unterrichteten die Bischöfe [in Nicaragua] darüber, was die nicaraguanische Regierung nach unserer Ansicht tun würde und was die linksgerichteten Organisationen in El Salvador [wo die Bischöfe der etablierten Kirche ebenfalls finanziell unterstützt wurden] nach unserer Ansicht zu tun beabsichtigten. Das geschah direkt über die Bischöfe in Nicaragua.« Eine Karikatur in der sandinistischen Zeitung *La Barricada* zeigte den Erzbischof Obando, wie er ein christliches Kreuz in ein nationalsozialistisches Hakenkreuz verwandelte.

Als ranghöhere Mitglieder des für die Nachrichtendienste zuständigen Komitees des amerikanischen Kongresses Anfang 1983 feststellten, daß mindestens fünfundzwanzigtausend Dollar von der CIA an die Erzdiözese von Obando gezahlt worden waren, waren sie entsetzt. Da sie fürchteten, das Bekanntwerden dieser Finanzhilfe werde dem Ansehen des Vatikans und der Vereinigten Staaten schaden, forderten sie Casey auf, die Angelegenheit klarzustellen. Der Direktor der CIA verpflichtete sich nun, künftig keine katholischen Geistlichen oder Bischöfe mehr aus dem Fonds zu bezahlen, der seiner Behörde zur Verfügung stand.

Unmittelbar darauf bestellte er einen Mitarbeiter, Alan D. Fiers, in sein Büro und wies ihn an, »eine neue Möglichkeit zu finden, das zu tun«. Fiers ging darauf zu Oberstleutnant Oliver North, einem Mitglied des nationalen Sicherheitsrats, ins Weiße Haus, der ihm einige tausend Dollar gab, um auf diese Weise eine weitere Finanzierung kirchlicher Projekte zu ermöglichen. Danach veranlaßte Fiers einen Unternehmer, der mit der CIA geschäftliche Beziehungen unterhielt, für seine Arbeit überhöhte Rechnungen auszustellen. Das zuviel gezahlte Geld wurde dann von diesem Unternehmer an einen Agenten der CIA in Nicaragua überwiesen, der diese Beträge seinerseits an die »Entität« weiterleitete. Man weiß nicht, wie viele hunderttausend oder vielleicht Millionen Dollar »das Wesen« auf geheimen Wegen während der Amtszeit von Reagan erreichten, aber der etablierte Klerus wurde zum wichtigsten ideologischen Verbündeten der Kirche Wojtyłas bei deren Kampf gegen die Sandinisten.

Indessen wurde die Volkskirche auch ohne die Unterstützung durch hohe Gedbeträge, aber mit Hilfe eines großen Teils der Bevölkerung zu einem Machtfaktor. Darüber hinaus waren nicaraguanische katholische Geistliche aus ganz Lateinamerika in ihre Heimat zurückgekommen, um mit der sandinistischen Regierung zusammenzuarbeiten, nachdem sie zuvor jahrelang Repressalien des Somoza-Regimes hatten erdulden müssen. Da sie fürchteten, daß die Volkskirche eine Gefahr für die Interessen der Vereinigten Staaten in Mittelamerika werden könnten, besonders in Nicaragua und El Salvador, empfahlen Casey und William Clark dem Papst dringend, Nicaragua zu besuchen. Sie schlugen dem Nuntius des Papstes in Washington, Pio Laghi, vor, der Papst sollte deutlich zu erkennen geben, daß er mitsamt seinen Bischöfen die Volkskirche ablehnte. Zudem gaben sie Laghi zu verstehen, daß es für die Vereinigten Staaten sehr wichtig sei, wenn Johannes Paul II. die Contras, die Reagan als »Freiheitskämpfer« bezeichnete, ebensowenig verurteilte wie den geheimen Krieg Washingtons gegen die Sandinisten und seine der Regierung von El Salvador gewährten militärische Hilfe. Casey hatte auch mit Kardinal Krol über diese Frage gesprochen.

»Wir hatten das gleiche Interesse daran, die kommunistischen Brückenköpfe in dieser Hemisphäre zu entmutigen«, sagte Jeanne Kirkpatrick, die Botschafterin der Regierung Reagan bei den Vereinten Nationen. »Der Papst ist ein entschiedener Gegner der Kommunisten, und er beurteilte den Kommunismus auf der ganzen Welt ganz ähnlich wie wir als Angehörige der Reagan-Regierung.« Als sich der Papst im März 1983 auf seine Reise nach Mittelamerika vorbereitete, bezeichneten der amerikanische Vizepräsident George Bush und US-Außenminister George Shultz das als eine katholische Unterstützung der revolutionären marxistischen Bewegung in Mittelamerika. Ihre Aussagen veranlaßten die amerikanischen Bischöfe, einen Protestbrief zu schreiben, in dem sie erklärten, die Probleme in Mittelamerika seien nicht rein politischer und noch weniger militärischer Natur, sondern berührten im wesentlichen »humane und moralische Fragen«, und die Beteiligung der Kirche zeige, daß sie sich bewußt »für die Armen« einsetze.

»Das Problem der Volkskirche stand ganz im Vordergrund«, sagte Kirkpatrick. »Und der Vatikan einschließlich des Papstes und all seiner Vertreter waren sich darin einig, daß die Volkskirche die Autorität des Papstes in Zweifel zog. Das paßte weder uns noch dem Vatikan.«

In dieser höchst gespannten Atmosphäre landete das Flugzeug des Papstes am 4. März 1983 in Managua. Soweit es die Regierung Reagan betraf, war der Papst, wie Kirkpatrick sagte, »nach Nicaragua gekommen, um hier einen alternativen katholischen Stützpunkt zu schaffen, und wir haben ihn dazu ermutigt«.

Als der Papst Rom verließ, sagte Präsident Reagan, wenn die linken Rebellen in El Salvador die Oberhand behielten, würden auch andere Nationen in dieser Region folgen. Er erklärte, er werde die Zahl der Militärberater in El Salvador erhöhen und der salvadorianischen Armee zusätzliche sechzig Millionen Dollar für Waffenkäufe zur Verfügung stellen.

»Wenn sie dort Fuß fassen [während Nicaragua sich bereits in den Händen von Marxisten befindet], und wenn El Salvador dieser bewaffneten Überlegenheit der Guerillas weichen muß, werden, glaube ich, Costa Rica, Honduras, Panama und die übrigen mittelamerikanischen Länder folgen«, sagte Reagan voraus. Alle fünf Länder, die er nannte, sowie Guatemala und Haiti wollte der Papst auf seiner Reise durch Mittelamerika besuchen.

Doch die Worte des Papstes am Abend vor seinem Abflug aus Rom gaben nur wenig Anlaß zur Vermutung, daß seine Reise unter einem geopolitischen Aspekt erfolgte. Tatsächlich vergrößerten sie die Unsicherheit bei den politischen Machern der Reagan-Regierung, die damit rechneten, daß Johannes Paul jene starke Botschaft überbrachte, auf die sie hofften.

»Es ist genaugenommen die Realität, in der ihr lebt, die mich veranlaßte, diese Reise zu unternehmen«, richtete sich der Papst in seiner Ansprache an die mittelamerikanischen Völker, die er besuchen wollte. »Ich möchte euch näher sein, Kinder der Kirche und aus Ländern mit christlichen Wurzeln, die ihr Hunger leidet und von Teilung, Krieg, Haß, sozialer Ungerechtigkeit und ideologischen Auseinandersetzungen heimgesucht werdet, welche die Welt bedrängen und die Konflikte zwischen unschuldigen Völkern verursachen, die nach Frieden verlangen.«

Wie üblich standen dem Papst etliche Audienzen bevor. Seine Worte – und seine Reise – deuteten an, daß Rom nicht ausschließlich die Konfrontation mit der Volkskirche anstrebte, sondern auch die Auseinandersetzung mit fundamentalistischen Protestantensekten suchte, welche in Mittelamerika in einem Ausmaß Fuß gefaßt hatten, das die etablierte katholische Kirche in den Alarmzustand versetzte.

Der alte Mann in Jeans mit einem paramilitärischen Barett auf dem Kopf war ein Trappistenmönch. Er hatte einen Vollbart, langes, lockiges Haar und kindliche Augen. Er liebte lyrische Gedichte und träumte, wie er sagte, davon, daß die Revolution den Menschen »Brot und Rosen« bringen würde. Er wartete auf den Segen des Papstes. Er hieß Ernesto Cardenal und war der nicaraguanische Minister für Erziehung und Wissenschaft. Als Johannes Paul II. die Mitglieder der sandinistischen Regierung auf dem Flughafen von Managua begrüßte, nahm Pater Ernesto sein schwarzes Barett ab, kniete nieder, als der Papst sich ihm näherte, ergriff dessen Hand und küßte sie. Aber Johannes Paul II. entzog sie ihm sofort, sein Gesicht rötete sich, er hob seinen rechten Zeigefinger und schalt ihn: »Sie müssen sich ebenso wie die Kirche aufrichten; Sie müssen Ihre Haltung mit derjenigen der Kirche in Einklang bringen.« Um jeden weiteren direkten Kontakt mit dem Minister und Mönch zu vermeiden, legte der Papst die Hände zusammen, neigte den Kopf ein wenig und ging weiter.

Die von Daniel Ortega geführte und durch allgemeine Wahlen legitimierte sandinistische Junta hatte ein umfangreiches Programm gesellschaftlicher Reformen aufgelegt: kostenlose Gesundheitsfürsorge, eine Kampagne gegen das Analphabetentum, eine Agrarreform und Möglichkeiten für den Erwerb von Eigentumswohnungen. Die Sandinisten vermieden bewußt das sowjetische Modell der Verstaatlichung, unterstützten aber in ihrer Außenpolitik Guerilla-Organisationen in El Salvador und pflegten enge militärische und wirtschaftliche Beziehungen zu Kuba. Fünf Mitglieder der Junta, zu denen auch Pater Ernesto gehörte, waren katholische Geistliche oder Angehörige religiöser Orden. Als Voraussetzung für den Besuch des Papstes hatte der Vatikan verlangt, daß sie auf ihre Mitgliedschaft in der Regierung verzichteten. Doch als die Sandinisten sich weigerten, in diesem Punkt nachzugeben, hatte man auf die Forderung verzichtet. Aber Johannes Paul II. wünschte trotzdem, daß die Geistlichkeit entweder solche Positionen aufgab oder auf ihren religiösen Status verzichtete. So erklärte sich auch sein brüskes Verhalten gegenüber Pater Ernesto.

Von Anfang an herrschte während des Papstbesuches eine gespannte politische Atmosphäre. »Zwischen Christentum und der Revolution gibt es keinen Widerspruch«, riefen die Sandinisten Johannes Paul II. zu, nachdem er Cardenal zurechtgewiesen hatte. Diese Worte wurden bestätigt, als Ortega den Papst auf dem Flughafen begrüßte: »Unsere Erfahrung zeigt, daß man ein gläubiger Christ und gleichzeitig ein Revolutionär sein kann, und daß zwischen beidem keine unüberbrückbaren Gegensätze bestehen.«

Der Führer der Junta griff daraufhin noch einmal die Poliktik der Reagan-Regierung an und erinnerte an die tragische Geschichte der sieben militärischen Interventionen der Vereinigten Staaten in seinem Land. Er zitierte einen Brief des Bischofs von León an einen amerikanischen Bischof aus dem Jahr 1921, als Nicaragua von amerikanischen Truppen besetzt war: »Sie haben nicht vor Schmerzen geweint«, schrieb der nicaraguanische Bischof, »als sie die Flagge des Eroberers auf den Türmen unserer Kathedralen wehen sahen... Sie haben es nicht erlebt, daß Ihre Heiligtümer in Militärlager verwandelt wurden und der Altar, auf dem das Brot der Eucharistie gebrochen wird, zu einem Tisch wurde, auf dem die Essensrationen der Soldaten lagen.«

Der Papst hörte zwar zu, ließ aber nicht erkennen, ob ihn das Gesagte interessierte. Auch reagierte er nicht darauf, als Ortega auf dem Flughafen erklärte, während der drei Jahre zuvor seien dreihundertfünfundsiebzig Nicaraguaner gestorben, weil das Land »militärisch angegriffen worden war«. Zu den Gefallenen gehörten auch dreizehn junge Leute, die von den Contras getötet und erst vor zwei Tagen beerdigt worden waren.

Johannes Paul II. sagte nur, er wolle dazu beitragen, daß »das Leiden unschuldiger Menschen in diesem Teil der Welt aufhört, die blutigen Konflikte, der Haß und die sinnlosen Beschuldigungen beendet werden und Raum bleibt für einen echten Dialog«.

Aber die Sandinisten wollten keinen Dialog. Sie verlangten nur einen Waffenstillstand.

Der Konflikt zwischen der Kirche und dem Staat war bis zum Altar deutlich spürbar. Die Mitglieder der sandinistischen Junta grüßten die Menge mit geballten Fäusten, als sie ihre Sitze zu der Messe im Freien einnahmen, wo eine halbe Million Menschen auf dem riesigen »Platz des 19. Juli« warteten. Hinter dem Altar zeigte ein riesiges Wandgemälde die Porträts von Augusto César Sandino und anderen gefallenen Revolutionshelden.

Erzbischof Obando y Bravo hatte einen Text des Johannes-Evangeliums ausgewählt, den einer seiner Priester lesen sollte: »Ich bin der gute Hirte. Der gute Hirte läßt sein Leben für die Schafe. Der Mietling aber, der nicht Hirte ist, des die Schafe nicht eigen sind, sieht den Wolf kommen und verläßt die Schafe und flieht; und der Wolf erhascht und zerstreut die Schafe (Johannes 10,11–12).« Der Priester trug diese Verse in einem Ton und mit Gesten vor, die deutlich zeigten, daß das Evangelium die allerjüngsten Ereignisse kennzeichnete, daß Erzbischof Obando y Bravo der gute Hirte und die Sandinisten die bösen Wölfe waren. Militante Sandinisten und linke Katholiken fingen an, laut zu protestieren.

Die Predigt von Johannes Paul II. klang ungewöhnlich streng. Sie konzentrierte sich ganz auf die Pflicht, den Lehren des Papstes und der Bischöfe zu folgen, selbst wenn man dabei seine eigenen Ideen aufgeben mußte. Er griff die Volkskirche an und verlangte von den Gläubigen den Gehorsam gegenüber ihren Bischöfen.

»Die Einheit der Kirche wird effektiv in Frage gestellt, wenn die mächtigen Faktoren, die sie bestimmen und aufrechterhalten – der Glaube, das offenbarte Wort, die Sakramente, der Gehorsam gegenüber den Bischöfen und dem Papst, das Verständnis für die gemeinsame Berufung und Verantwortlichkeit für die Verwirklichung der uns von Christus auf der Erde gegebenen Aufgaben –, auf den Widerstand irdischer Rücksichten, nicht zu vertretender ideologischer Verpflichtungen und weltlicher Alternativen stoßen, und dazu gehören auch die Vorstellungen einer Kirche, die an die Stelle der einen wirklichen Kirche treten will.«

Es sei »absurd und gefährlich, sich vorzustellen, daß es außerhalb – um nicht zu sagen, gegen – der Kirche, die sich um die Bischöfe schart, eine zweite Kirche bestehen könnte, die nur als ›charismatisch‹ und nicht als eine Institution angesehen wird; als ›neu‹ und nicht in der Tradition verwurzelt; als alternativ, wie sie kürzlich genannt worden ist, und als Volkskirche.« Hunderttausende jubelten ihm zu, als er die Bemühungen der Regierung verurteilte, der religiösen Erziehung Grenzen zu setzen und zu versuchen, die Kirche zu spalten.

Unter dem anhaltenden Beifall einer großen Zahl von Nonnen, die rechts neben dem Altar saßen, erklärte Johannes Paul II., für die Einheit der Kirche sei es besser, »auf seine eigenen Ideen, Projekte und persönlichen Verpflichtungen zu verzichten, seien sie auch noch so gut«. Damit erregte er laute Proteste der in den vordersten Reihen sitzenden Zuhörer. »Wir wollen Frieden«, riefen sie Sandinisten und ihre Anhänger. »Alle Macht dem Volk!« Der sichtlich irritierte Papst rief mehrmals hintereinander: »Ruhe!«, hob schließlich die Hand und erklärte: »Es ist die Kirche, die sich als erste für den Frieden einsetzt.«

Er verlor kein Wort über die politische Situation im Land und erwähnte weder die Vereinigten Staaten noch die Contras. Als der Papst zum zweitenmal den Marxismus attackierte und erklärte, die Lehre der Kirche müsse frei sein »von den Verzerrungen aufgrund von Ideologien oder politischen Plattformen«, riefen die jungen Sandinisten, welche die Versammlung beherrschten: »Alle Macht dem Volk! Alle Macht dem Volk!« Andere nahmen diese Parole auf und wiederholten sie eine ganze Minute lang. In diesen sechzig Sekunden entstand in unmittelbarer Nähe des Altars ein wüstes Durcheinander. »Nur eine Kirche«, schrien die Vertreter der politischen Rechten, und »Kirche für das Volk«, brüllten die Linken. Johannes Paul II., dessen Gestalt in der Abenddämmerung von einem Scheinwerfer beleuchtet wurde, wandte sich mit lauter Stimme an die Menge. Von der Regierung angestellte Techniker veranstalteten an den Schalttafeln eine Art surrealistischer Show. Entweder schalteten sie die Stimme des Papstes aus oder verstärkten sie gleichzeitig mit den Rufen der Aktivisten. Die Menge im Hintergrund konnte nicht erkennen, was vorne geschah. Als der Papst seine Ansprache beendete, löste sich jede Ordnung auf.

Bevor der Papst nach Costa Rica abflog, erklärte Ortega auf dem Flughafen, die Menschen hätten nach Frieden gerufen, weil »unser Volk täglich gefoltert und gekreuzigt wird, und deshalb verlangen wir Solidarität und haben dabei das Recht auf unserer Seite«.

Indessen rief das Sekretariat der mittelamerikanischen Bischofskonferenz zum Gebet auf, um »der Profanisierung der Massen entgegenzuwirken«. Auch Johannes Paul II. bezeichnete die Episode als eine Profanisierung der Eucharistie und forderte alle Christen auf, für »die wahren Christen in Nicaragua« zu beten.

Präsident Reagan und seine Mitarbeiter konnten also beruhigt sein: Es stand fest, daß der Papst einen Weg beschritt, der auch den Interessen des Weißen Hauses entsprach. In El Salvador, Costa Rica, Guatemala und Haiti würde Johannes Paul II. in der darauffolgenden Woche eine antimarxistische Auffassung vertreten und jede Abweichung vermeiden, die der Regierung Reagan schaden könnte. In El Salvador, wo der Erzbischof Oscar Arnulfo Romero 1980 auf Befehl des salvadorianischen militärischen Geheimdienstes ermordet worden war, weil er sich der Brutalität des Regimes entgegengestellt hatte, lobte der Papst diesen sehr vorsichtig als einen »pflichtbewußten Priester«, nicht aber als einen Märtyrer, der gestorben war wie der heilige Stanislaus. Nun setzte sich Johannes Paul II. für die Menschenrechte ein, besonders in Guatemala, sagte aber nichts gegen die autokratischen Regierungen, die den Kommunismus bekämpften. Die amerikanische Methode für den Umgang mit solchen Regimes, die Vernon Walters Wojtyła erläutert hatte – die Förderung eines Übergangs zur Demokratie und der gleichzeitige Versuch, die linken Kräfte abzuwehren, welche die gleiche politische Linie verfolgten wie Kuba oder die Sowjetunion –, war jetzt auch die Politik des Vatikans.

Der goldene Käfig

Es war für Karol Wojtyła ein großes Vergnügen, auf seinen Reisen die Welt kennenzulernen, aber als eine ebenso große Last empfand er es, seine zweite Verpflichtung übernehmen zu müssen, und das waren die Pflichten eines Bürokraten im Vatikan. Sosehr er es genoß, auf seinen Weltreisen die Rolle des Hauptdarstellers in einem globalen Schauspiel zu übernehmen, sosehr verabscheute er es, an den Vatikan gefesselt die Aktivitäten der Kurie zu überwachen. Seine glücklichsten Zeiten waren mit Sicherheit die Augenblicke, in denen er unbemerkt den Apostolischen Palast in einer schwarzen Limousine, gefolgt von einer diskreten Polizeieskorte, verlassen konnte, um in die Berge der Abruzzen zu fahren.

Im Winter machte ihm sein Lieblingssport, das Skifahren, besondere Freude. »Er bewegte sich mit der Leichtigkeit einer Schwalbe«, schwärmte der italienische Präsident Sandro Pertini, der den Papst auf einem dieser Ausflüge begleitete. Professor Jacek Woźniakowski, ein alter Krakauer Freund, berichtet etwas nüchterner über das Skifahren von Wojtyła: »Er war immer schon etwas schwergewichtig. Er fährt im Zickzack ab, nicht besonders schnell oder elegant, aber sehr sicher.«

Johannes Paul II. brauchte viel Freiraum. Schon in Krakau war er bekannt dafür, daß er seine Verwaltungsaufgaben nicht schätzte und wann immer möglich das erzbischöfliche Palais verließ, um Waldspaziergänge zu unternehmen oder abgelegene Gemeinden zu besuchen. Im Vatikan verstärkte sich bei ihm das Gefühl des Eingesperrtseins nach dem Mordversuch. Bevor Wojtyła von den Schüssen Agcas getroffen wurde, unternahm er gelegentlich lange Spaziergänge durch die vatikanischen Gärten. Nachdem jedoch die Sicherheitsmaßnahmen infolge des Attentats wesentlich verstärkt wurden, mußte er darauf verzichten. Wo er sich zeigte, hörte jede andere Tätigkeit auf, und das war ihm außerordentlich lästig. »Es ist ein Käfig, ein goldener Käfig«, sagte er zu einem römischen Prälaten und meinte damit den Apostolischen Palast.

Sein Mentor Tyranowski hatte ihn gelehrt, keinen Tag nutzlos verstreichen zu lassen. Der bis zur letzten Minute ausgefüllte Terminkalender des Papstes bewies, wie gut er diese Lektion gelernt hatte. Wenn seine Weckeruhr um halb sechs morgens läutet, steht der Papst auf – obwohl er zugibt, daß es ihm in den letzten Jahren seines Pontifikats immer schwerer fällt. Dann rasiert er sich und zieht sich an (er trägt nur weiße Kleidungsstücke – kurze Unterhosen, ein Unterhemd, Socken, ein Hemd mit französischen Ärmelaufschlägen und das lange Obergewand). Am Schluß hängt er sich das goldene Brustkreuz um. Angelo Gugel, der Kammerdiener, den er von seinem Vorgänger übernommen hat, läßt sich vor dem Frühstück nicht sehen. Johannes Paul II. besteht darauf, daß Gugel die frühen Vormittagsstunden bei seiner Familie zubringt.

Nach Verlassen des Schlafzimmers mit dem einfachen Bett (in dem Johannes Paul I. gestorben ist) und zwei gepolsterten Lehnsesseln beginnt der siebzehn Stunden dauernde Arbeitstag des Papstes. Gewöhnlich verläuft dieser Tag wie folgt:

6.15 Uhr Gebet in der päpstlichen Kapelle

7.00 Uhr Messe mit fünfzehn bis zwanzig Gästen, Mitarbeitern und Nonnen aus dem päpstlichen Haushalt

7.30 Uhr Nachdem die anderen die Kapelle verlassen haben, bleibt der Papst allein zu einem zehn Minuten dauernden Gebet zurück

8.00 Uhr Arbeitsfrühstück im Speisezimmer mit Mitarbeitern und Gästen

9.00 Uhr Zwei Stunden im privaten Arbeitszimmer, Überprüfung des Tagesablaufs, Lesen und Schreiben

11.00 Uhr Offizielle Audienzen in der päpstlichen Bibliothek für Bischöfe, ausländische Würdenträger und Gäste

13.30 Uhr Arbeitsessen im päpstlichen Speisesaal

15.00 Uhr Fünfzehn Minuten Mittagsschlaf im Lehnsessel

15.15 Uhr Meditation auf der Terrasse des Apostolischen Palastes

16.00 Uhr Schriftliche Arbeiten im Arbeitszimmer
18.00 Uhr Empfang einzelner Mitglieder der Kurie und von Mitarbeitern im Vatikan
19.30 Uhr Abendessen – meistens ist auch das ein Arbeitsessen
21.00 Uhr Rückkehr ins Arbeitszimmer zum Schreiben und Lesen
22.30 Uhr Gebet in der Kapelle
23.30 Uhr Der Papst geht zu Bett

Jeden Mittwoch findet eine Generalaudienz entweder im Nervi-Saal des Vatikans oder, bei guten Witterungsbedingungen, auf dem Petersplatz statt. Dort spricht der Papst zu Tausenden von Gläubigen über Themen, die er für besonders wichtig hält. Anders als seine Vorgänger nimmt Johannes Paul II. seine Aufgaben als Bischof von Rom sehr ernst. Sonntags besucht er oft eine der dreihundertdreiundzwanzig römischen Pfarrkirchen. In der Woche vor einem solchen Besuch lädt er meist den Pfarrer der ausgewählten Gemeinde zum Essen ein und befragt ihn über die Probleme seiner Pfarrei und deren Mitglieder.

Die modernen Päpste hatten stets eine gewaltige Arbeitslast zu bewältigen. Die Bereitschaft der Päpste Pius XII. und Paul VI., ihre ganze Zeit am Schreibtisch zuzubringen, war geradezu legendär, aber sie waren ihrer Veranlagung nach kirchliche Administratoren und nutzten ihre umfassenden Kenntnisse zu umfangreichen Korrespondenzen. Der peripatetische und absolut persönliche Arbeitsstil von Johannes Paul II. hat die Mitglieder der römischen Kurie zutiefst beeindruckt. Er hat es für richtig gehalten, bei der Arbeit für die katholische Kirche auf der ganzen Welt vor allem die menschlichen Beziehungen zu pflegen – und dies nicht mittels bürokratischer Methoden. Die Morgenmesse bot ihm zum Beispiel die Möglichkeit, den Gläubigen überall nahe zu sein. Kein Mitglied der Kurie konnte sich daran erinnern, daß die päpstliche Kapelle früher Tag für Tag von so vielen Menschen besucht worden war. Der Papst benutzte diese Gelegenheit sogar dazu, seine Sprachkenntnisse aufzufrischen, und feierte die Messe oft in der Sprache seiner Gäste, sogar auf koreanisch und japanisch. Nach der Frühmesse lädt der Papst gewöhnlich seine Gäste zu einem reichlichen polnischen Frühstück ein. Da gibt es Schinken, Wurst, Käse, Kaffee und manchmal weiche Eier im Glas.

Wojtyła hat in der Kurie auch die Arbeitsessen eingeführt. Auf diese Weise hält er die Verbindung nicht nur zu seinen persönlichen Mitarbeitern, sondern auch zu den Bischöfen überall in der Welt, die alle fünf Jahre zu ihren traditionellen *Ad-limina*-Besuchen nach Rom kommen. Diese Mahlzeiten am Tisch des Papstes boten den meisten der viertausend Bischöfe in der katholischen Kirche die einmalige Gelegenheit, in entspannter Atmospäre mit ihrem Papst zu sprechen. Der Speisesaal ist ein äußerst schlichter Raum, ruhig und unaufdringlich. In der Mitte steht ein ausziehbarer Tisch und an der Wand ein Geschirrschrank, in dem der Papst einige seiner Souvenirs untergebracht hat. Hier befindet sich auch ein Fernsehgerät, das der Papst gelegentlich einschaltet, um ein paar Minuten die Nachrichten zu hören. Manchmal sieht er sich sogar ein Fußballspiel an.

Der Papst legt keinen besonderen Wert auf das Essen. Die Hauptmahlzeit, das Mittagessen, besteht aus einem ersten Gang (wenn die meisten Gäste Italiener sind, ist es eine Pasta, sonst eine Suppe oder eine Vorspeise). Es folgt ein Fleischgericht oder Fisch mit Käse. Zu jeder Mahlzeit wird auch Wein serviert, und der Papst trinkt nur selten mehr als ein halbes Glas oder ein Bier. Nach dem Essen wird ein Glas Whisky angeboten. Bei den Mahlzeiten geht es nicht in erster Linie um die Speisen, sondern man bespricht die bevorstehenden Reisen des Papstes oder er erkundigt sich bei dem Bischof einer Diözese, die er besuchen will, nach den dortigen Verhältnissen. Ein wichtiges Gesprächsthema ist die Situation des Klerus, eine ständige Sorge des Papstes. So fragt er seine Gäste zum Beispiel: »Wie steht es mit der Beziehung der Priester zu ihren Bischöfen? Sind sie gehorsam?«

Diese Gespräche fesseln den Papst so sehr, daß er manchmal vergißt, überhaupt etwas zu sich zu nehmen. Oft blickt er zur Seite, als müsse er sich stärker konzentrieren, oder stützt sich, augenscheinlich in Gedanken verloren, mit dem Kopf in den Händen auf den Tisch, ohne darauf zu achten, was um ihn her gesprochen wird.

Manchmal greift er bei diesen Mahlzeiten auch komplizierte dogmatische Fragen auf. Zu Zeiten, in denen er etwa eine Enzyklika oder andere wichtige Dokumente entwerfen muß, lädt er neuerdings häufig Kardinal Ratzinger und dessen Mitarbeiter von der Glaubenskongregation zum Essen ein, um die mit ihnen in seinem Arbeitszimmer begonnenen Gespräche fortzuführen. Offensichtlich freuen sich die Kardinäle, dem Papst bei solchen Gelegenheiten ihre ganz persönlichen Auffassungen vortragen zu können. »Besonders wenn sechs oder sieben Kardinäle eingeladen worden sind, sprechen wir freimütiger über bestimmte Themen, über Probleme, vor die sich die Kirche gestellt sieht«, sagt Kardinal Silvio Oddi, der viele Jahre Präfekt der Kongregation für den Klerus war. »Bei solchen Gelegenheiten bringt der Papst seine Gedanken sehr deutlich zum Ausdruck.«

Indem Johannes Paul II. die Mahlzeiten in Symposien umwandelte, setzte er eine Tradition fort, die in Krakau ihren Anfang nahm. Dort hatte er Wissenschaftler, Ökonomen, Unternehmer, Politiker, Humanisten, Schriftsteller und Künstler um sich versammelt, um mit ihnen über ihre Fachgebiete zu diskutieren. Seine Gäste unterhielten sich über die verschiedensten Themen, von der Philosophie bis zur Mathematik und Quantenphysik. In den Sommermonaten veranstaltet er in Castel Gandolfo ähnliche Zusammenkünfte. Alle zwei Jahre findet hier ein zwei Tage dauerndes zwangloses Seminar statt, bei dem sich Sozialwissenschaftler aller religiösen und philosophischen Färbungen zu Gesprächen mit dem Papst versammeln.

In den Sommerferien in Castel Gandolfo praktiziert Johannes Paul II. auch eine seiner Lieblingssportarten – das Schwimmen. Für den »Gefangenen im goldenen Käfig des Vatikans« ist das eine gute Möglichkeit, aufgestaute Energien loszuwerden. Sie läßt sich aber nicht mit der inneren Freiheit vergleichen, die er gespürt hatte, als er in den polnischen Seen schwamm und sich dann am Ufer ausstreckte, den Kopf mit einem großen roten Handtuch zudeckte, wenn die Sonne zu heiß war, und mit seinen Freunden und deren Kindern lachte und scherzte.

Was der Papst im Vatikan besonders vermißte, war der Umgang mit Kindern. Kinder und Jugendliche hatte er schon immer mit großem Zartgefühl behandelt. Professor Woźniakowski aus Krakau beschreibt, wie der junge Bischof Wojtyła ihn in seinem Haus besuchte und sich mit seinen Kindern unter übermütigem

Gelächter auf dem Teppich herumbalgte. Wenn sich Johannes Paul II. besonders einsam fühlt und unter Heimweh leidet, lädt er einen seiner alten polnischen Freunde ein, um auf andere Gedanken zu kommen. Der Direktor des Polnischen Kollegs in Rom, Pater Maczyński, kann den Papst zum Lachen bringen, wenn er kleine Anekdoten mit russischem, polnischem oder jiddischem Akzent erzählt. Der Professor für Sozialethik in Lublin, Pater Tischner, ist bekannt für seine leicht gewagten Witze. Zu Weihnachten und Neujahr singt Johannes Paul II. mit den polnischen Nonnen und anderen polnischen Gästen gern die traditionellen Weihnachtslieder und Choräle. Seine Spezialität sind mehrstimmige Kanons.

Obwohl der Papst zunächst nur sehr ungern seine bürokratischen Pflichten zu erfüllen schien, erkannten die Mitglieder der Kurie sehr bald seine enorme Arbeitskapazität. Die Ansprachen, die er auf seinen Reisen halten wollte, entwarf er meist schon zwei Monate vor der Zeit. Der Brief, den er jedes Jahr am Gründonnerstag an die Geistlichkeit schrieb, war oft schon im November fertig, um im folgenden März oder April abgeschickt zu werden. Einen großen Teil seiner Zeit bringt er damit zu, geschichtliche, anthropologische und naturwissenschaftliche Bücher oder – im Flugzeug – die Werke bedeutender Dichter oder Schriftsteller jenes Landes zu lesen, das er besuchen will.

Nach dem Frühstück beginnt der Papst seine Arbeit mit der Durchsicht von Zeitungsausschnitten, die in zwei Stapeln auf seinem Schreibtisch liegen. Sie sind von seinem Staatssekretär und Pressesprecher Joaquín Navarro-Valls zusammengestellt. Zweimal täglich schickt ihm der Staatssekretär einen schwarzledernen Briefbeutel mit Briefen, Akten, Berichtsentwürfen der verschiedenen Abteilungen des Vatikans und Dokumenten, die von ihm unterzeichnet oder genehmigt werden müssen. Alle diese Schriftstücke arbeitet er methodisch durch. Das erste Paket kommt gegen ein Uhr mittags, nachdem die Mitarbeiter des Staatssekretariats die Papiere abgeholt haben, die er am Abend zuvor oder am selben Vormittag bearbeitet hat. Ein zweiter Briefbeutel trifft gegen 17.30 Uhr ein, um noch am selben Abend durchgesehen und bearbeitet zu werden.

Das Arbeitszimmer, in dem der Papst den größten Teil seiner

schriftlichen Arbeiten erledigt – gewöhnlich handschriftlich in polnischer Sprache, aber manchmal diktiert er die Schriftsätze auch einem Sekretär –, gehört zu seiner Wohnung im dritten Stock des Apostolischen Palasts. Es ist ein schlichter Raum mit einem großen, einfachen Schreibtisch in der Mitte, an dem sich zwei mit beigefarbenem Plüsch bezogene Lehnsessel gegenüberstehen. Auf dem Schreibtisch stehen eine goldene Uhr, ein Kruzifix und eine Schreitischgarnitur: ein Tintenlöscher, eine Schale für Schreibutensilien und ein Notizblock. Das alte weiße Telefon des Papstes mit einer runden Wählscheibe steht auf einem niedrigen Tischchen rechts neben seinem Stuhl. An der Wand hängen eine Ikone und ein Bild der Madonna. Auf dem Fußboden liegt ein einfacher orientalischer Teppich. Die Sicht aus dem Fenster des Arbeitszimmers beitet einen weiten Überlick über die Stadt Rom. An diesem Fenster betet der Papst jeden Sonntag um die Mittagszeit das Angelus mit den auf dem Petersplatz versammelten Gläubigen. Wenn er jedoch an seinem Schreibtisch sitzt, kann Johannes Paul II. nur den Himmel sehen. Wenn er arbeitet, sind oft die schweren Vorhänge heruntergelassen.

In diesem Zimmer, dessen Schlichtheit alle Besucher beeindruckt (besonders im Vergleich mit der großen Loggia im zweiten Stock mit den prächtigen Deckengemälden), empfängt der Papst die Kurienkardinäle. Zu derartigen Audienzen erscheinen an bestimmten Wochentagen immer wieder dieselben Persönlichkeiten. Montags und mittwochs ist es der Kardinal-Staatssekretär (der jederzeit Zugang zum Papst hat). Unter Johannes Paul II. wurde das Staatssekreteriat zu der Institution, die für die Durchführung der päpstlichen Entscheidungen und die Koordinierung der verschiedenen Abteilungen der römischen Kurie verantwortlich ist. »Wir sind der Schatten des Papstes«, sagt Kardinal Angelo Sodano, der 1991 zum Staatssekretär ernannt wurde. »Er allein bestimmt, was in der Kurie zu geschehen hat, und wir alle folgen ihm und arbeiten für ihn.« Dienstags empfängt der Papst den Monsignore Sostituto, der in der Hierarchie der Kurie den zweiten Rang einnimmt, und mittwochs den Außenminister des Vatikans.

Jeden Freitagabend um 18.30 Uhr hat Johannes Paul II., wenn er in Rom ist, vor dem Abendessen eine Besprechung mit den Präfekten der Glaubenskongregation, die für alle Angelegenheiten zuständig ist, die sich auf die offizielle katholische Lehre und die Kirchendisziplin beziehen. Jeden Samstag spricht Johannes Paul II. mit Kardinal Bernardin Gantin, dem Präfekten der einflußreichen Kongregation der Bischöfe. Hier werden die in der Kirche erfolgten Ernennungen besprochen, und der Papst unterrichtet den Kardinal über seine Entscheidungen für die Besetzung freigewordener Positionen. Anders als seine Vorgänger hält sich Wojtyła bei der Auswahl der Kandidaten nicht an die bisher übliche bürokratische Prozedur (eine vorläufige Überprüfung durch die Nuntiaturen, der die endgültige Entscheidung auf einer Plenarsitzung der zu der Kongregation gehörenden Kardinäle folgt). Er entscheidet sich vielmehr meist für jemanden, den er persönlich kennt und dessen Ansichten seinen eigenen Überzeugungen entsprechen.

Wenn er in Rom ist, hält sich Johannes Paul II. meist im zweiten oder dritten Stockwerk des Apostolischen Palastes auf. Um elf Uhr nimmt der Papst den Aufzug zum *appartamento nobile*: seiner offiziellen Wohnung, die unvergleichlich prächtiger eingerichtet ist als seine Privaträume. Staatsoberhäupter oder hochgestellte Persönlichkeiten, die er dort empfangen hat, waren stets beeindruckt von den wunderschönen alten Fresken und Wandteppichen. Auf diesem Stockwerk befindet sich auch die päpstliche Bibliothek mit ihren wertvollen Kunstschätzen, Renaissance-Bücherschränken und -Tischen und schönen Orientteppichen auf dem Marmorfußboden. Hier gibt der Papst häufig offizielle Empfänge für hochrangige ausländische Gäste.

Nach dem Abendessen begibt sich der Papst wieder nach oben und arbeitet bis zum Zubettgehen. Um sich zu entspannen, geht er hinaus auf die Terrasse – auch im Winter. Im Lauf der Jahre ist es für ihn zur Gewohnheit geworden, hier auf der Terrasse oder in seiner Kapelle zu beten und zu meditieren. Nicht weit vom Betstuhl in der Kapelle steht ein niedriger Tisch, auf dem Briefe von Gläubigen liegen, die ihm ihre persönlichen Probleme vortragen und ihn bitten, für sie zu beten, oder Dokumente aus dem päpstlichen Amtsbereich über Fragen, zu deren Erledigung er glaubt, der besonderen göttlichen Inspiration zu bedürfen.

Polen braucht den Papst

Kein Augenblick war so heikel und kein Problem so ärgerlich wie die Situation im Jahre 1983, als Wojtyła seine zweite Reise nach Polen bevorstand. Der Winter hatte sich in Polen besonders deprimierend ausgewirkt. Es schien so, als ob das Kriegsrecht in absehbarer Zeit nicht aufgehoben würde. Entlassungen, geheime Beschuldigungen und Unterdrückung gewisser Kreise vergifteten die Atmosphäre. In ihrer Verzweiflung hatten viele Menschen ihren Arbeitsplatz aufgegeben und im Privatleben Zuflucht gesucht. Noch zu keiner Zeit nach dem Krieg waren in Polen so viele Kinder geboren worden.

Die militanten Untergrundkämpfer der Gewerkschaftsbewegung »Solidarność« hatten ihre besonderen Zweifel – ein von ihnen ausgerufener Generalstreik im vergangenen November war kläglich gescheitert. Die polnische Kirche verhielt sich außerordentlich vorsichtig. Die Primas Józef Glemp machte sich die größten Sorgen darüber, daß seine Priester in »extremistische Aktivitäten« verwickelt werden könnten. Die Regierung, von den Sowjets ihrer Entscheidungsfreiheit beraubt und unter dem Mißtrauen der Bevölkerung leidend, fürchtete den wirtschaftlichen Zusammenbruch sowie das Einfrieren der vom Westen gewährten Kredite und rechnete mit blutigen Unruhen wie in den Jahren 1956, 1970 und 1976.

In dieser Atmosphäre erwarteten die Kirche und die Regierung das Eintreffen des Papstes mit großer Spannung. Beide Seiten hatten vereinbart, daß der Papstbesuch einen rein religiösen Charakter haben sollte. Die Behörden in Warschau bestanden darauf, daß der Papst die offiziell aufgelöste Gewerkschaftsbewegung »Solidarność« nicht erwähnte. Jaruzelski selbst hatte den Besuch des Papstes in den Ostseestädten Danzig und Stettin, wo »Solidarność« entstanden war, verboten. Man hatte einer Begegnung zwischen dem Papst und Wałęsa widerwillig zugestimmt, aber nur unter der Voraussetzung, daß sie rein privater Natur blieb. Am Vorabend seiner Reise hatte der Papst gesagt, er werde »in diesem für meine Heimat so außergewöhnlichen und schwierigen Augenblick« nach Polen kommen. In einem Artikel mit der Überschrift »Warten auf den Papst« gab die wöchentlich in Warschau erscheinende Untergrundzeitung *Tygodnik Mazowsze* der Hoffnung Ausdruck, der Besuch von Johannes Paul II. werde »es den Menschen ermöglichen, die Barriere der Verzweiflung zu durchbrechen, wie auch sein Besuch von 1979 die Barriere der Furcht durchbrochen hat«. Er wußte, daß sein Verhalten auf dieser Reise entscheidend dazu beitragen würde, wie die polnische Regierung mit dem Kriegsrecht umging; er würde seinen Landsleuten zu verstehen geben, ob sie ihren Kampf fortsetzen oder sich geschlagen geben müßten; der Untergrund würde erfahren, ob er auch zukünftig vom Vatikan unterstützt werden würde; und es würde sich zeigen, ob Wałęsa noch aktiv an diesem Geschehen teilnahm oder (wie Primas Glemp hoffte) bereits der Vergangenheit Polens angehörte.

Als Johannes Paul II. am 16. Juni 1983 in Warschau eintraf, ließ er deutlich erkennen, wie sehr ihn die gegenwärtige Situation in seinem Land bedrückte. Nachdem er auf dem Flughafen die polnische Erde geküßt hatte, verlieh er seinen Gefühlen in seinen ersten Worten Ausdruck: »Ich bitte alle, die jetzt leiden, mir besonders nah zu sein. Ich bitte darum mit den Worten Christi: Ich war krank, und ihr habt mich besucht. Ich war im Gefängnis, und ihr seid zu mir gekommen. Ich kann nicht alle jene besuchen, die im Gefängnis sind [die Menge nahm diese Worte mit Staunen zur Kenntnis], alle, die heute leiden. Aber ich bitte Sie, mir im Geiste nahe zu sein und mir zu helfen, wie Sie es immer getan haben.«

Noch am selben Vormittag hatte er im Belvedere-Palast zwei Begegnungen mit Ministerpräsident Jaruzelski, mit denen endlich die lang erwarteten Verhandlungen begannen. Der Mann, der »Solidarność« zerschlagen hatte, wirkte steif, korrekt und ausdruckslos, als er den Papst begrüßte. Diesmal verbarg er seine Augen nicht hinter den üblichen dunklen Brillengläsern. Seine Uniform verlieh ihm eine gewisse patriotische Eleganz, aber Johannes Paul II. bemerkte, daß seine rechte Hand zitterte, in der er das Papier hielt, von dem er seine Erklärung verlas, und er seine Linke zur Faust geballt hatte. Jaruzelski gab später zu, daß er in diesem Augenblick außerordentlich nervös und erregt gewesen sei. Für jeden im katholischen Glauben aufgewachsenen Polen war der Papst fast eine mythische Gestalt. »Es war ein gefühlsgeladener Augenblick«, erinnerte er sich an diese erste Begegnung mit dem

Papst. »Für mich war es ein großer Moment, [aber] ich stellte fest, daß er mich sehr kühl behandelte. Er lächelte dem Professor Jabłoński zu [dem polnischen Präsidenten, den er kannte],... während ich der Mann war, der das Kriegsrecht verhängt hatte.« Vor Beginn der offiziellen Ansprachen stellte der Papst das Mikrofon zwischen sich und Jaruzelski, als wolle er sich so weit wie möglich von dem Mann distanzieren, dem Polen das Kriegsrecht zu verdanken hatte. Dann wandte er sich in einer vom Fernsehen übertragenen Rede öffentlich an Jaruzelski und Jabłoński. Er erklärte, Polen habe ein Recht auf Unabhängigkeit und »seinen angemessenen Platz unter den europäischen Nationen zwischen Ost und West«. Auf dem Wege zur echten Souveränität und Reform müßten, wie er sagte, »die gesellschaftlichen Vereinbarungen zwischen den Vertretern der staatlichen Gewalt und den Vertretern der Arbeiter« berücksichtigt werden – das heißt, das Danziger Abkommen.

Nach einigen Minuten zogen sich der Papst, der Primas, Jabłoński und Jaruzelski in ein kleines Zimmer zurück, wo der Papst sofort anfing, über das Thema Kriegsrecht zu reden.

»Er stellte kein Ultimatum«, erinnerte sich Jaruzelski. »Er versuchte uns zu überzeugen und sprach über die Menschenwürde. Er sagte, der Staat müsse an das Individuum denken, es sei notwendig, einen Dialog aufzunehmen, und alle Gewerkschaften hätten ein Existenzrecht.«

»Herr General«, sagte der Papst, »für mich ist die Auflösung der Gewerkschaftsverbände viel schmerzlicher als der Erlaß des Kriegsrechts im Dezember 1981.«

»Ich denke anders über diese Frage«, meinte der General. Er erklärte dem Papst, die Entscheidung für den Erlaß des Kriegsrechts sei auch »für mich sehr dramatisch und sehr schmerzlich gewesen; wir befanden uns in einer katastrophalen, für Polen sehr gefährlichen Situation«.

Jaruzelski hatte gehofft, angesichts der einmalig mächtigen Position der Kirche (seit der Auflösung von »Solidarność« war sie der einzige Gesprächspartner der Behörden) werde der Papst ebenso wie Primas Glemp diese Machtstellung zu festigen suchen, um bestimmte Ziele der Kirche zu verwirklichen: die Einrichtung neuer Seminare, den Zugang zu den Medien und den Bau weiterer

Kirchen, der bereits mit einem Tempo vorangetrieben wurde, das einige Kritiker für nicht vertretbar hielten. Seit Ausrufung des Kriegsrechts waren mehr als zweihundert Baugenehmigungen für neue Kirchen erteilt worden, während es mit der Wirtschaft bergab ging und die Infrastruktur sich auflöste.

»Er ließ sich auf keine Polemik ein«, sagte Jaruzelski, aber zu praktisch jedem Thema, über das er mit dem Papst sprach, traten sogleich ernste Meinungsverschiedenheiten auf. Doch allmählich kamen sich beide persönlich etwas näher, wenn auch weniger rasch in der Beurteilung konkreter Fragen. Der General wollte den Papst insbesondere dazu bewegen, »seinen Einfluß geltend zu machen, um uns zu helfen, den extremsten Flügel von ›Solidarność‹ [Wałęsa, KOR und den Untergrund] zu isolieren, damit der Westen und besonders die Amerikaner das Embargo aufhoben«.

»Mir ist viel daran gelegen, so bald wie möglich eine gewisse Normalität herbeizuführen«, erklärte der Papst und bezog sich auf die Abschaffung des Kriegsrechts. »Dann wird Polen von den anderen Ländern ganz anders beurteilt werden« – damit meinte er, der Westen müsse überzeugt werden, daß es richtig sei, das Land nicht mehr wirtschaftlich zu isolieren. Die Botschaft des Papstes an den Staat war klar und unwiderruflich: Die Rechte der Bevölkerung müßten wiederhergestellt werden; »Solidarność« müsse anerkannt und das Kriegsrecht aufgehoben werden, und schließlich müsse man die in Danzig vereinbarten Maßnahmen in die Tat umsetzen. Der Papst verzichtete aber auch darauf, das Regime in irgendeiner Weise anzugreifen. Er erkannte die aktuellen Machtverhältnisse an und wies darauf hin, daß damit auch eine schwere Verantwortung verbunden sei. Er sagte des weiteren nichts über die Zukunft der Kirchen und Gläubigen in Osteuropa oder (wie bei seinem ersten Besuch in Polen) über die Aufgabe des slawischen Papstes, das ganze christliche Europa zu vereinigen.

Moskau verfolgte das Eintreffen von Johannes Paul II. in Polen reserviert, aber ohne erkennbare Drohungen oder Hysterie. Der neue sowjetische Führer Juri Andropow hatte die sowjetischen Medien sogar angewiesen, den Papst nicht anzugreifen. Am Vorabend seiner Reise brachte die Zeitung *Sowietskaja Rossia* einen bemerkenswert wohlwollenden Artikel über den Heiligen Vater und lobte »das Bemühen des Papstes um den Verzicht auf das

Wettrüsten, seine Unterstützung der Bischöfe von El Salvador und sein Eintreten für eine gerechte Lösung des Konflikts im Mittleren Osten«, was, wie behauptet wurde, »nicht nur Amerika erheblich beunruhigt, sondern auch Tel Aviv erzürnt hatte«. Diese rücksichtsvolle Resonanz in der sowjetischen Presse war Ausdruck des Bestrebens von Moskau, den westlichen Spekulationen über seine Beteiligung an dem Mordversuch gegen den Papst entgegenzutreten.

In der folgenden Woche sagte der Papst in der vielleicht bedeutendsten Predigt seines Pontifikats in Tschenstochau: »Ihr solltet Gut und Böse beim Namen nennen.« Fast eine Million Pilger warteten dort gespannt darauf, daß er das Wort *»Solidarność«* aussprach. Aber er sagte es nicht so, wie es die Menge oder die westliche Presse erwarteten (die während des ganzen päpstlichen Besuches mitzählten, wie häufig er dieses Wort gebrauchte). »Es liegt an euch«, rief er, »der Demoralisierung Einhalt zu gebieten«, dafür zu sorgen, daß die *»fundamentale Solidarität zwischen den menschlichen Wesen«* erhalten blieb – und das war etwas ganz anderes als die Gewerkschaftsbewegung mit dem Namen »Solidarität«, die jetzt vom Staat zerschlagen worden war.

Am ersten Abend des Besuchs waren Tausende, von der Warschauer Kathedrale kommend, herausfordernd am Sitz der kommunistischen Partei vorbeimarschiert mit dem Ruf »Solidarność, Solidarność, Lech Wałęsa, Demokratie, Unabhängigkeit« und hatten damit die Behörden erheblich beunruhigt. Starke Polizeikräfte waren aufgeboten worden, hatten aber nicht eingegriffen. Nun wehten auf dem weiten Platz von Jasna Góra die Banner mit dem rotfarbigen Schriftzug der Gewerkschaft. »Unterstützt die Studenten von Danzig«, lautete eine typische Parole, und dabei war das Wort *Studenten* in der gleichen Schrift geschrieben wie *»Solidarność«*. Die meisten Teilnehmer an dieser Demonstration waren junge Menschen.

Als der Papst das Wort *»Solidarność«* aussprach, reagierte die Menge ohne laute Zurufe. Vor dem Kloster der Schwarzen Madonna von Tschenstochau hielt Johannes Paul II. unter einem großen weißgoldenen Baldachin eine Ansprache und betete: »Heilige Mutter von Jasna Góra, du, die du uns von der Vorsehung zum Schutz der polnischen Nation geschenkt worden bist, höre dieses Gebet der polnischen Jugend und des polnischen Papstes und hilf uns, an unserer Hoffnung festzuhalten.«

Seine Gedanken, die er jetzt an die ganze Nation weitergab, entsprachen seinen Erfahrungen als junger Mensch während des Krieges: Der Sieg lag im Innern eines jeden. Der spirituelle Sieg, der aus dem Leiden der Nation auf dem Weg des Märtyrertums erwuchs, war möglich. »Der Mensch ist dazu aufgerufen, sich selbst zu besiegen«, erklärte er. »Es sind die Heiligen und Seligen, die uns den Weg zum Sieg zeigen, den Gott in der Menschheitsgeschichte zur Wirklichkeit werden läßt.« Um diesen Sieg zu erringen, müssen wir »in der Wahrheit leben ... Das bedeutet die Liebe zum Nächsten; das bedeutet die fundamentale Solidarität zwischen den Menschen.« In den folgenden Tagen wiederholte er immer wieder das gleiche Thema – sehr zum Ärger des Regimes – und sagte, der Sieg bedeute, »daß wir uns darum bemühen, unserem Gewissen zu folgen, daß wir Gut und Böse beim Namen nennen und beides nicht miteinander verwechseln ... Daß sich in mir selbst das Gute entwickle und ich das Böse in mir selbst überwinde«.

»Ihr kommt zu der Mutter von Tschenstochau mit einer Wunde im Herzen, mit Sorge und vielleicht auch mit Zorn«, predigte er. »Eure Gegenwart offenbart die Kraft eines Zeugnisses, das die ganze Welt in Staunen versetzt hat: als der polnische Arbeiter seine Person zum Gegenstand einer Forderung gemacht hat mit dem Evangelium in der Hand und einem Gebet auf den Lippen. Das Bild, das er der Welt 1980 gezeigt hat, berührte die Herzen und das Gewissen der Menschen.«

»Bleibe bei uns, bleibe bei uns«, riefen die vor dem Kloster Versammelten. Wie gebannt starrten sie auf den Papst, als er der Jungfrau den von der Kugel Ali Agcas durchlöcherten Gürtel vorwies.

In seiner Predigt (auch an das kommunistische Regime gerichtet) vor einer Million anderer Zuhörer in der Industriestadt Kattowitz sprach er noch einmal von den Grundrechten der Arbeiter und ihrem Anspruch auf »eine gerechte Bezahlung, Sicherheit und einen Ruhetag. Auch die Frage der Gewerkschaften gehört in den Bereich des Arbeitsrechts«, sagte er, »des Rechts eines freien Zusammenschlusses«, nach dem alle Arbeiter berechtigt sind, Gewerkschaften zu bilden als »Institutionen, die im Kampf um soziale Gerechtigkeit für sie sprechen«. Dann zitierte er den verstorbenen Kardinal Wyszyński und fuhr fort: »Nicht der Staat verleiht uns dieses Recht, er hat nur die Verpflichtung, es zu schützen und zu bewahren. Dieses Recht wurde uns vom Schöpfer verliehen, der den Menschen als soziales Wesen geschaffen hat.« Jeden Tag wies er in seinen Reden auf diese Elemente der Danziger Vereinbarung hin.

Am letzten Tag seines Besuchs traf er sich zu einem persönlichen Gespräch mit Lech Wałęsa und mit Intellektuellen, die im geheimen Kontakt zu den im Untergrund agierenden Mitgliedern von »Solidarność« aufrechterhielten. Von ihnen erhielt er auch einige Exemplare von im Untergrund gedruckten Zeitungen.

Nachdem das Kriegsrecht achtzehn Monate lang gegolten hatte, war »Solidarność« keine Massenorganisation der Arbeiter mehr, die Mitgliedskarten ausgeben und eine Liste von Forderungen aufstellen konnte, welche die Arbeitsbedingungen verbesserten. Der Staat hatte diese Organisation vernichtet, und ihr Wiederaufleben erschien unvorstellbar. Doch mit dem zweiten Besuch des Papstes wurde »Solidarność« zu einer Idee, einem Bewußtsein, einer Werteskala, ja sogar zu einer Lebensart, die mit der Bedeutung des Wortes Solidarität nichts mehr zu tun hatte. Deshalb war sie keine geringere Herausforderung für den Staat, denn wenn Gut und Böse beim Namen genannt wurden, man nach der Wahrheit strebte und gemeinsamen Wertvorstellungen folgte, dann würde die Passivität, über die der Papst mit Geremek und anderen Intellektuellen 1981 im Vatikan gesprochen hatte, der Vergangenheit angehören.

Indessen gab es eine kleine, aber funktionsfähige Gewerkschaft im Untergrund, deren Führer sich heimlich mit dem Vertreter des Papstes, Pater Adam Boniecki, getroffen hatten, um den Papstbesuch vorzubereiten – ein deutliches Zeichen dafür, daß Wojtyła das Fortbestehen dieser Organisation wünschte. Obwohl die im Untergrund agierende Gewerkschaft »Solidarność« zunächst sehr schwach war, entwickelte sie sich allmählich mit Unterstützung der katholischen Kirche, westlicher Gewerkschaften und (ohne daß dies im Untergrund bekannt wurde) der CIA. Die Aufrechterhaltung dieses Netzes war lebenswichtig für die Internierten, die untergetauchten Mitglieder und ihre Familien. Zudem hatte der Untergrund jetzt eine Nische gefunden, in der »Solidarność« weiterexistieren, die Arbeiterschaft inspirieren und sogar gedeihen konnte, und zwar indem sie *Samizdat*-Zeitungen, Zeitschriften und Flugblätter für die Fabrikarbeiter druckte und sich mit Sendungen geheimer Rundfunkstationen an die Bevölkerung wandte. Allein in den Jahren 1982 und 1983 stellte die CIA für derartige Aktivitäten acht Millionen Dollar zur Verfügung, und zwar für Unternehmungen, welche die Regierung nicht unterbinden konnte. Im Lauf der Zeit beherrschten die Drucker immer besser die für die Herstellung geheimer Publikationen erforderlichen Techniken. Ein Reporter zählte im August 1982 im ganzen Land zweihundertfünfzig im Untergrund hergestellte Zeitungen und Zeitschriften. Hohe Geldbeträge ermöglichten es, tonnenweise schweres Gerät ins Land zu bringen (die ersten in Polen benutzten Faxgeräte, Fotokopiergeräte und dergleichen), und schon bald war die Zahl der Zeitungen und Zeitschriften auf tausendsechshundert angestiegen. William Casey hatte persönlich den sozialistischen Premierminister Schwedens, Olof Palme, davon überzeugt, daß es notwendig sei, dem Untergrund für den Schmuggel solcher Ausrüstungsgegenstände schwedische Häfen, Schiffe und Schauerleute zur Verfügung zu stellen. Als es nach Verhängung des Kriegsrechts so aussah, als ob »Solidarność« ihre Arbeit würde aufgeben müssen, lieferte die CIA den Sendern Radio Freies Europa, Stimme Amerikas, Radio Vatikan und den eigenen Untergrundstationen der Gewerkschaft die Anlagen, mit denen sich der Untergrund zur Überraschung der Behörden Gehör verschaffen konnte.* Auf diese Weise war das Überleben von »Solidarność« gesichert. Ihre Mitglieder konnten sich immer wieder zu Zeiten und an Orten Gehör verschaffen, an denen man nicht damit gerechnet hatte (und sogar die staatlichen Rundfunksendungen mit ihren eigenen Übertragungen unterbrechen).

Vor seiner Reise hatte der Papst Adam Boniecki, den Herausgeber der polnischen Ausgabe des *Osservatore Romano*, beauftragt,

* Über Radio Freies Europa und Stimme Amerikas wurden auch verschlüsselte Botschaften an den Untergrund über Materiallieferungen und ähnliches gesandt, obwohl das nach den in den Vereinigten Staaten geltenden Gesetzen verboten war.

die Verbindung mit den Gewerkschaftsführern im Untergrund aufzunehmen und ihnen seine Dankbarkeit und Anerkennung auszusprechen. »Boniecki«, so berichtet Wiktor Kulerski, ein Aktivist von »Solidarność«, »sammelte alle Informationen über das Leben im Untergrund, unsere Aktivitäten und unsere Strategie ... In diesen Gesprächen wurde auch ein besonderer Wunsch des Papstes berücksichtigt: Er wollte es auf keinen Fall zulassen, daß ›Solidarność‹ mit Gewalt vorging. Darin waren wir ganz einer Meinung, und wir sagten Boniecki, der Untergrundbewegung käme es vor allem darauf an, eine bürgerliche Gesellschaft zu schaffen, und ihre Aktivitäten richteten sich darauf, das sogenannte soziale Gewissen zu stärken, das es den Bürgern erlaubte, in gewaltlosem Ungehorsam nicht alle staatlichen Anordnungen zu befolgen und auf diese Weise schließlich eine unabhängige Kultur und Erziehung zu ermöglichen.« Auch das war eine Art, Gut und Böse beim Namen zu nennen.

Kulerski sagte, wenn Boniecki dem Papst regelmäßig alle Exemplare der wöchentlichen Untergrundzeitschrift *Tygodnik Mazowsze* bringe, dann könne der Untergrund überzeugt sein, »das Interesse, die Zustimmung und das Verständnis des Papstes zu gewinnen... Mehr als einmal betonte Boniecki, daß der Papst großen Wert auf die Nachrichten legte, die er ihm aus Polen brachte, und daß er [Boniecki] mehr über die Zustände in Polen erfahren wolle, um dem Papst darüber zu berichten.«

Es waren vier verschiedene Gruppen von Zuhörern, an die sich der Papst während seines Aufenthalts in Polen wenden wollte – das Volk, der Episkopat, die Regierung und die noch aktiven Mitglieder von »Solidarność« –, und alle, sogar die führenden Kommunisten in Polen, ließen sich von ihm inspirieren, jetzt tätig zu werden.

Am Ende seines Besuchs traf sich der Papst noch einmal mit Jaruzelski, diesmal allein unter vier Augen zu einem mehr als anderthalb Stunden dauernden Gespräch auf dem Wawel, »einem Ort mit großer symbolischer Bedeutung«, wie Jaruzelski erklärte. Um dieses zunächst nicht vorgesehene Treffen hatte der Papst am Abend zuvor gebeten.

Die Direktheit des Papstes verblüffte Jaruzelski: »Ich weiß, daß der Sozialismus als politisches System eine Realität ist«, sagte der

Papst, »aber es kommt darauf an, daß er ein menschliches Gesicht behält.«

Der Papst äußerte sich stets »im Sinne der Menschenrechte oder der Bürgerrechte«, erklärte der General. »Und wenn wir über die Rechte sprachen, dann meinten wir natürlich die Demokratie. In einer Demokratie gibt es Wahlen; wenn es Wahlen gibt, dann gibt es auch die politische Macht. Aber er hat nie in diesem Sinne davon gesprochen. Das zeigte, daß er ein hochkultivierter Mann und bedeutender Diplomat war, denn die Worte und Sätze, die er benutzte, waren so überzeugend, daß man nichts dagegen einwenden konnte. Wenn er gesagt hätte: ›Ihr müßt die Macht mit ›Solidarność‹ teilen‹, dann hätten wir natürlich etwas dagegen eingewendet. Aber wenn er nur ganz allgemein von den Menschenrechten spricht, dann entsteht ein konstruktives Gespräch, bei dem wir [das Regime] unserem Ziel näher kamen, ohne das Gesicht zu verlieren. Es ist bezeichnend, daß das Kriegsrecht sehr bald nach dem Besuch des Papstes im Jahr 1983 aufgehoben wurde.«

Primas Glemp wolle die polnische Kirche gestärkt und erneuert sehen, lehnte aber alle nutzlosen Bemühungen um die Erfüllung gewisser Forderungen und Vorrechte von »Solidarność« ab. In Krakau wurde ein Vikar mit Zustimmung des Primas angewiesen, einen Altar zu entfernen, der in seiner Kirche für »Solidarność« errichtet worden war, und keine Arbeiterversammlungen in der Sakristei abzuhalten. Viele Gemeindepfarrer im ganzen Land hatten jedoch überraschend offenherzige Kritik am Primas geäußert und den Untergrund sowie das umfassende Programm für eine »soziale Erneuerung« unterstützt, das von »Solidarność« vorgelegt worden war.

Während des Papstbesuchs hatte der Episkopat keine Begegnung zwischen dem Papst und den polnischen Intellektuellen geplant, die in Kontakt zum Untergrund standen. Erst nachdem Pater Boniecki berichtete, daß der Untergrund darüber enttäuscht sei, beeilten sich einige Beamte des Vatikans, nachträglich ein solches Zusammentreffen in den Zeitplan des Papstes einzubauen.

Eigentlich war Wojtyła als »Papst und Primas« (wie Timothy Garton Ash das nannte) nach Polen gekommen in der Absicht, der polnischen Kirche klare Anweisungen zu geben, und entschlossen, er und nicht der Primas werde die Lehrmeinung bestimmen, nach der sich die Pfarrer in Polen in dem bevorstehenden Kampf zu richten hätten. In Krakau sprach der Papst vor zwei Millionen Menschen zwei katholische Pfarrer selig, die in dem gescheiterten polnischen Aufstand von 1863 gegen die Russen gekämpft hatten: Es waren Pater Rafał Kalinowski und Frater Albert Chmielowski, über die Wojtyła ein Theaterstück geschrieben hatte. In Anerkennung ihrer Teilnahme an der gescheiterten Revolution lobte der Papst die beiden Geistlichen nicht nur für ihre »heroische Heimatliebe« in diesem vergeblichen Kampf, sondern würdigte auch ihre Leistungen, ihren Glauben und ihre später bewiesene Charakterstärke. Kalinowski wurde Karmeliter und Lehrer. Chmielowski gründete den albertinischen Zweig der Franziskaner und war ein gefeierter Künstler. Die Parallele zu den Erfahrungen der Mitglieder von »Solidarność« war offensichtlich. Während seiner ganzen Reise rief der Papst alle Katholiken und die Kirche selbst zu einem geistigen Wandel auf, einer Art »innerer Bekehrung«.

In seiner alten Erzdiözese weihte der Papst in Nowa Huta eine neue Kirche dem Andenken von Maximilian Kolbe. Nach dem Gottesdienst fand eine dreistündige Demonstration statt. »Der Papst ist mit uns, der Papst ist mit uns, die Kirche ist mit uns, Gott ist mit uns. Keine Freiheit ohne Wałęsa. Befreit Wałęsa!« riefen Tausende von Menschen, die dem Banner mit der Aufschrift »›Solidarność‹ kämpft und siegt« folgten.

Am nächsten Tag traf sich der Papst mit Wałęsa. Über den Verlauf dieser Begegnung gibt es nur widersprüchliche Berichte. Die Behörden hatten zunächst alle Begegnungen dieser Art vermeiden wollen, aber der Papst bestand aus grundsätzlichen Erwägungen darauf. Wałęsa, der gerade aus der Haft entlassen worden war, erhielt aber nicht die Erlaubnis, seine Arbeit fortzusetzen, und durfte mit Johannes Paul II. nur »als Privatperson« an einem Ort zusammentreffen, den das Regime bestimmte. Journalisten waren bei dieser Begegnung nicht zugelassen.

Wałęsa flog zusammen mit Bischof Tadeusz Gocłowski, den der Episkopat beauftragt hatte, ihn zu begleiten, ab und glaubte zunächst, er werde nach Krakau gebracht werden, um dort mit dem Papst sprechen zu können, landete aber dann irgendwo in der

Hohen Tatra. Sechstausend Soldaten und Angehörige der Miliz blockierten alle zu der Jugendherberge, die als Treffpunkt ausersehen war, führenden Straßen und Wege. Bischof Gocłowski schrieb später, das Gespräch, »bei dem es natürlich um die Situation in Polen, die Stimmung bei der arbeitenden Bevölkerung und die künftigen Aktivitäten von »Solidarność« ging«, habe etwa vierzig Minuten gedauert. Beide Gesprächspartner seien überzeugt gewesen, daß sich »Solidarność« mit seinen Ideen durchsetzen werde, denen auch die meisten Menschen in ganz Polen zustimmten. Sie waren sich darin einig, daß sich, so schwierig die Lage auch sei, an den Tatsachen nichts mehr ändern ließe.«

Der Papst und seine Sprecher haben sich seither standhaft geweigert, sich zu dieser Begegnung zu äußern. Wałęsa schreibt in seiner Autobiographie nichts über die Konsequenzen des Zusammentreffens und erinnert sich vor allem an »die Atmosphäre der Einigkeit und Einfachheit... [und] an die großen Füße des Papstes«.

Jaruzelski schreibt, der Papstbesuch habe »nur zwanzig Minuten gedauert; diese Zeit verstrich allein mit den Vorstellungen, denn auch Wałęsas zahlreiche Kinder waren zugegen«. Eigentlich war das Treffen von symbolischer Bedeutung, und es kam zu keinen konkreten Vereinbarungen. »Wałęsa gefiel das nicht, und ich kann auch verstehen, weshalb«, sagt Jaruzelski. »Aber offenbar glaubte der Papst damals, das wichtigste sei es, Frieden und Ruhe in Polen zu bewahren. Er erkannte den guten Willen der Behörden an... Und ich denke, es war eine Art von Einfrieren, man legte Wałęsa gewissermaßen auf Eis, um zunächst die weitere Entwicklung der Lage abzuwarten.«

Der Herausgeber des *Osservatore Romano*, Monsignore Virgilio Levi, schrieb am nächsten Tag in einem Artikel mit der Überschrift »Ehre dem Opfer«, daß Wałęsa vom Papst praktisch »auf die Weide« geschickt worden sei und seine Verdienste durchaus gewürdigt werden sollten, er aber nie wieder die Führung von »Solidarność« übernehmen würde. Levi erinnert sich: »Meine Gewährsleute sagten, ... Jaruzelski werde demnächst den Ausnahmezustand aufheben, doch Jaruzelski habe [als Gegenleistung] verlangt, der Papst müsse erkennen lassen, daß er auf Wałęsa keinen so großen Wert mehr lege. Das war notwendig. Der Papst wollte Wałęsa schon am ersten Tag sehen, dann am zweiten, und dann am dritten Tag; aber erst am siebten Tag traf er sich in der Hohen Tatra mit ihm.« Indessen konnten die Kollegen Levis beim *Osservatore Romano*, denen man die Texte der vorgesehenen Reden des Papstes schon ausgehändigt hatte, sehen, daß deren Tonfall, als sie denn gehalten wurden, abgemildert worden war – offenbar unter Berücksichtigung der Wünsche von Jaruzelski und der von ihm gemachten Zusagen.

Viele Angehörige des Vatikans glauben, Glemp oder seine persönlichen Mitarbeiter hätten den Bericht, der Levi vorgelegt wurde, verfaßt. Sie hätten gehofft, daß der Primas Wałęsa mit einem »autoritativen« Artikel im *Osservatore Romano* ausschalten wolle, der dann von der Weltpresse aufgenommen werden würde. Das wäre praktisch ein *fait accompli*. Doch am Tag nach Erscheinen des Artikels bat der päpstliche Unterstaatssekretär Eduardo Martinez Somalo Levi zu sich ins Büro. Ohne auf den Inhalt des Artikels einzugehen, sagte er nur, angesichts der Reaktionen der Kommentatoren in den Medien »brauchen wir eine Geste«. Levi begriff sofort, was man von ihm verlangte, und reichte gehorsam seinen Rücktritt ein. Das sollte ein Hinweis darauf sein, daß der Papst sich immer noch dafür einsetzte, Wałęsa in seiner führenden Stellung zu belassen.

Auf jeden Fall wurde Wałęsa vier Monate darauf, im Oktober 1983, mit dem Friedensnobelpreis ausgezeichnet. Später übernahm er wieder die Führung von »Solidarność« und wurde polnischer Staatspräsident.

Schließlich versuchte der Papst, die Regierung aus dieser unmöglichen Lage zu befreien und den Menschen in ihrer Verzweiflung zu helfen. Jaruzelski war der erste polnische Führer seit 1970, der polnische Soldaten auf Landsleute schießen ließ, und die Legitimität seiner Position war alles andere als gesichert.

In Jasna Góra hatte der Papst gesagt: »Der Staat ist wirklich souverän, wenn er die Gesellschaft *regiert*, dem Gemeinwohl dient und der Nation hilft, ihre eigene Identität zu finden.« Dann hatte er für die politische Führung Polens gebetet: »Königin von Polen, ich will dir auch die schwierige Aufgabe anvertrauen, denen zu helfen, welche die Macht auf polnischem Boden in Händen haben.« Er sagte sehr deutlich, daß ihnen diese Macht nicht von

Gott verliehen worden sei. »Der Staat gewinnt seine Stärke in erster Linie dadurch, daß er vom Volk unterstützt wird.«

»Der Papst wollte die Begegnung in einer positiven Atmosphäre, mit einem Kompromiß beenden«, erinnerte sich Jaruzelski im Jahr 1994. Deshalb bat er um ein zweites Zusammentreffen. »Er wußte, daß die Beendigung des Kriegszustands bevorstand – er wurde einen Monat später aufgehoben. Er wollte in diese Atmosphäre der Versöhnung nicht störend eingreifen ... Er sagte, in Polen habe sich vieles zum Besseren gewandelt.«

Der Papst verließ Polen mit dem Gefühl, daß der General ein ehrenwerter, ethischer und im Herzen religiöser Mann sei, in erster Linie ein Pole und erst dann ein Kommunist, der sich vor einem Eingreifen der Sowjetunion fürchtete. Die Bedeutung der zweiten Begegnung zwischen Jaruzelski und Wojtyła beruhte zum Teil darauf, daß sich zwischen dem General und dem Papst eine von Vertrauen getragene Beziehung gebildet hatte – trotz sachlicher Meinungsverschiedenheiten. »Es war ein sehr wichtiges Gespräch«, sagte Jaruzelski später. Der Papst sprach davon, daß er »die friedliche Atmosphäre während seines Besuchs und die Bereitschaft der Behörden zur Zusammenarbeit anerkennen« müsse.

Jaruzelski meinte, sein Dialog mit dem Papst habe »auf zwei Ebenen stattgefunden. Das eine war die Ebene eines freundschaftlichen Gefühls; hier begrüßte ich einen großen Mann, nicht nur als Gast, sondern auch als Landsmann. Aber zugleich gab es diese zweite Ebene ..., auf der wir jeweils unsere eigene Auffassung vertreten mußten, die nicht immer mit der des Gesprächspartners übereinstimmte. Gelegentlich bestanden hier scharfe Gegensätze ... Aber das führte niemals zu heftigen Auseinandersetzungen. Auch wenn es zu Kontroversen kam, die nicht sofort beigelegt werden konnten, einigten wir uns darauf, die Angelegenheit zu überdenken und bei künftigen Zusammenkünften mit dem Primas und der Regierung nach einer vernünftigen Lösung zu suchen.«

Nachdem Johannes Paul II. eine Woche in seiner Heimat zugebracht hatte, spürte er bei seiner Abreise die aufrichtige Dankbarkeit der polnischen Bevölkerung, auch wenn das Leben in Polen unter den gleichen traurigen Umständen und Entbehrungen weiterging. Die Herausgeber des Untergrundflugblatts KOS (Nummer 35) schrieben: »Der offensichtlichste und wichtigste« Aspekt seiner Wallfahrt war, »daß im Verlauf dieser historischen Begegnung des Papstes mit Millionen von Polen uns und anderen wieder bewußt geworden ist, daß wir unsere Stimme wiedergewonnen haben und aufrecht dastehen können. Anderthalb Jahre des Terrors haben nichts ausrichten können. Wir sind wieder zu Menschen geworden, die selbst über ihr Schicksal bestimmen, und das ist in einem totalitär regierten Staat etwas ganz Außerordentliches. Wir dürfen uns nicht länger für Objekte politischer Geschäfte halten, die über unsere Köpfe hinweg abgeschlossen werden.«

Genau das war es, was der Papst zu erreichen gehofft hatte.

Breschnew starb am 10. November 1982. Sein Nachfolger als Generalsekretär der kommunistischen Partei, Juri Andropow, der ehemalige Chef des KGB, schrieb nach Verleihung des Nobelpreises an Wałęsa 1983 einen wütenden Brief an Jaruzelski.

»Die Kirche läßt den Kult um Wałęsa wiederaufleben, inspiriert und ermutigt ihn. Das bedeutet, daß die Kirche es zu einer neuen Konfrontation mit der Partei kommen läßt.« Für ihn bedeutete die Kirche die gleiche Gefahr wie für seinen Vorgänger, und er analysierte die Situation in Polen nach dem Besuch des Papstes sehr scharfsichtig:

> Ich möchte hier besonders etwas über die Kirche sagen [schrieb er an Jaruzelski]. Während dieser Krise [der Geltungsdauer des Kriegsrechts] entwickelte sich die Lage besonders günstig für sie, und dabei wurden ihre politische Position und ihre finanzielle Lage wesentlich gestärkt...
>
> Heute ist die Kirche mit ihrem Widerstand gegen den Sozialismus sehr erfolgreich und hat die Rolle des Patrons und Verteidigers der Untergrundbewegung und der Idee der Solidarität übernommen... In dieser Situation kommt es nicht in erster Linie darauf an, Zugeständnisse zu machen, sondern die Aktivitäten der Kirche müssen sich auf den von der polnischen Verfassung gegebenen Rahmen und den engen Bereich beschränken, innerhalb dessen sie das gesellschaftliche Leben beeinflußt.

Achtzehn Monate später, im Februar 1984, starb Andropow und wurde von Konstantin Tschernenko abgelöst. Die alte Garde im Kreml bestand nur noch aus wenigen Mitgliedern. Auch der Chefideologe Suslow lebte nicht mehr. So hatte Jaruzelski eine größere Handlungsfreiheit. Immer deutlicher erkannte er im Papst einen Verbündeten bei der Gestaltung der Zukunft Polens, wobei die Sowjets keineswegs ausgeschaltet wurden, sondern ein wesentliches Element bei allen Bemühungen um den gesellschaftlichen und wirtschaftlichen Fortschritt im Lande darstellten. Das Komitee für die Zusammenarbeit zwischen Staat und Kirche in Polen begann, in aller Vorsicht über Möglichkeiten zu sprechen, die drakonischen Maßnahmen abzumildern, die nach den Bestimmungen des bürgerlichen Rechts ergriffen werden mußten, solange das Kriegsrecht galt.

Mitte April 1984 wurde Jaruzelski aufgefordert, in Brest-Litowsk an einer weiteren Besprechung in einem Eisenbahnwagen teilzunehmen, diesmal mit Andrei Gromyko und Dimitri Ustinow. Er wurde ausdrücklich vor den Gefahren einer solchen Zusammenarbeit gewarnt. »Jaruzelski hielt die Kirche für einen unentbehrlichen Verbündeten, ohne den es gegenwärtig nicht möglich sein werde, Fortschritte zu erzielen. Jaruzelski sagte nichts über ein entschlossenes Vorgehen gegen die Machenschaften der Kirche«, berichtete Gromyko dem sowjetischen Politbüro.

Der Vorsitzende in diesen Verhandlungen, Konstantin Tschernenko, erklärte finster: »Die konterrevolutionären Kräfte setzen ihre Aktivitäten fort, die Kirche steht an der Spitze dieser Offensive. Sie inspiriert die Feinde des Kommunismus und alle, denen das gegenwärtige System nicht gefällt, und führt sie zusammen.«

»Wenn man so sagen will, dann entspricht der Ausbau der [kommunistischen] Partei ganz und gar nicht den Vorstellungen von Jaruzelski«, stellte Gromyko fest.

»Ich möchte sagen, er ist uns gegenüber unaufrichtig gewesen«, fügte Ustinow hinzu. Indessen hatte Michail Gorbatschow den etwa hundert Seiten langen Bericht über die Besprechung im Eisenbahnwaggon sorgfältig geprüft.

»Es zeigt sich«, erklärte er, »daß Jaruzelski zweifellos die Situation günstiger darstellen wollte, als sie in Wirklichkeit war. Mir schien es, daß wir die wahren Absichten von Jaruzelski noch nicht durchschaut haben.« Er unterbrach sich kurz und fügte dann hinzu: *»Vielleicht will er in Polen ein pluralistisches Regierungssystem einrichten.«*

Elf Monate später sollte auch Tschernenko nicht mehr am Leben sein und Gorbatschow seine Nachfolge antreten. Dann würden er und Jaruzelski gemeinsam über die mögliche Einführung des Pluralismus in Polen und der Sowjetunion sprechen.

TEIL SECHS

DER WELTWEITE OBERHIRTE

Am Sonntag, dem 6. Mai 1984, feierte Johannes Paul II. in Seoul eine triumphale Messe für hundertdrei koreanische Märtyrer, welche im achtzehnten und neunzehnten Jahrhundert ermordet worden waren und nun von ihm heiliggesprochen wurden. Damit hatte erstmals seit dem Mittelalter eine Heiligsprechung außerhalb Roms stattgefunden.

Unter Johannes Paul II. entwickelte sich die katholische Kirche zu einer Heiligenfabrik. Nahezu im Wochenturnus sprach der Papst einen christlichen Helden selig oder heilig. In der fast zweitausendjährigen Kirchengeschichte hatten sich bis dahin nur dreitausend Männer und Frauen für die Heiligsprechung qualifiziert. Papst Paul VI. hatte im Lauf seiner fünfzehnjährigen Amtszeit zweiundsiebzig Personen heiliggesprochen. Bis Mitte der neunziger Jahre hatte Johannes Paul II. bereits über siebenhundert Männer und Frauen (mehr als jeder andere Papst vor ihm) selig- und über dreihundert heiliggesprochen. Bis zu Wojtyłas Pontifikat mußte die Kongregation für Angelegenheiten der Heiligsprechung zwei Wunder für jede seliggesprochene Person attestieren; Johannes Paul II. senkte diese Hürde auf ein Wunder.

Die Absicht, die der Papst mit der Schaffung so vieler neuer Heiliger verfolgte, war, die Fruchtbarkeit der Kirche zu bezeugen, ähnlich einem Vater, der voll Stolz seine Kinder vorführt. Heilige sind unter anderem Symbole eines blühenden religiösen Lebens, Rollenvorbilder für ihre Kulturen und Gemeinden – und ein Anreiz, die rückläufigen Priesterernennungen zu überwinden. Mit der Ankündigung von Heilig- und Seligsprechungen im Ausland unterstrich Johannes Paul II., daß jede Provinz des Christenreichs Helden für die Gesamtkirche beisteuern konnte.

Viele der während seines Pontifikats kanonisierten Heiligen wurden als Beispiele christlicher Zivilcourage für die moderne Welt auserwählt: Anuarite Negapeta, eine afrikanische Nonne, die von einem Simba-Soldaten in Zaire getötet wurde, weil sie ihr Keuschheitsgelübde verteidigte; Peter ToRot, ein Katechist aus Papua-Neuguinea, der im Zweiten Weltkrieg in einem japanischen Kriegsgefangenenlager sein Leben ließ, weil er sich weigerte, damit aufzuhören, die Inselbevölkerung im christlichen Glauben zu unterweisen; Pater Maximilian Kolbe und Edith Stein, die beide in Auschwitz ums Leben kamen, oder die italienische Kinderärztin Gianna Beretta Molla, die starb, weil sie eine lebensrettende Abtreibung ablehnte.*

Mitunter befürwortete Johannes Paul II. ganz offen politische Heiligsprechungen wie im Falle von Angehörigen religiöser Orden, die beispielsweise in der Französischen Revolution oder im Spanischen Bürgerkrieg umgekommen waren. In ihnen sah er symbolische Opfer des Bösen, dessen Ursprung er in Revolutionen oder antiklerikalen und marxistischen Regimen wähnte.

Die Messe, welche Johannes Paul II. in Seoul für die koreanischen Märtyrer zelebrierte, war eines jener gigantischen, vom

* Die umstrittenste aller von Johannes Paul II. seliggesprochenen Personen war Josemaría Escrivá de Balaguer, der Gründer der geheimnisumwitterten katholischen Laienorganisation Opus Dei. Escrivás Seligsprechung im Jahr 1992 erfolgte ungewöhnlich schnell – ganze siebzehn Jahre nach seinem Tod, ein neuzeitlicher Rekord. (Normalerweise dauert es mindestens ein halbes Jahrhundert bis zur Seligsprechung.) Zudem erhoben viele Kritiker den Vorwurf, man habe Escrivás Fall bevorzugt behandelt. Wichtige »feindselige Zeugen« waren von den Anhörungen ausgeschlossen (nur elf von zweiundneunzig durften aussagen), und als einer der acht Kirchenrichter gegen Escrivá stimmte, wurde das Verfahren nicht unterbrochen, wie es das Regelwerk des Vatikans verlangt.

Johannes Paul II. fühlte sich Opus Dei und seinen fünfundsiebzigtausend Mitgliedern in aller Welt ganz besonders verbunden. Sie sind fast ausnahmslos streng orthodox, dem Papst blind ergeben und in ihren Heimatländern sehr einflußreich. Aufgrund seiner strengen Geheimhaltung – und mutmaßlichen Macht – wurde Opus Dei häufig bezichtigt, eine großangelegte katholische Verschwörungsaktion zur Erlangung der Weltherrschaft zu sein. Da die Mitgliederlisten unter Verschluß gehalten wurden, gebrauchten Kritiker gern die Titulierung »heilige Mafia«. Opus Dei hatte Karol Wojtyła seit seiner Zeit als Erzbischof von Krakau unterstützt. Oft hatte man ihn eingeladen, vor den Mitgliedern der Organisation zu sprechen. In den Tagen unmittelbar vor dem Konklave, das ihn zum Papst wählte, ging Wojtyła zu Escrivás Grab in Rom, um dort zu beten.

Papst und seinen Helfern zur offensichtlichen Verblüffung der Welt geplanten Rituale. Über der päpstlichen Tribüne hatte man ein vierzig Meter hohes Kreuz aufgerichtet. Eine Million Gläubige waren dabei – in einem Land, das knapp 1,7 Millionen Katholiken zählt. Ein Chor von anderthalbtausend Kehlen sang, während achthundert Priester und zwölfhundert Diakone und Subdiakone in die Menge schritten, um ihr die Kommunion zu erteilen. Inmitten dieses imperialen Pomps trug der Papst goldfarbige Seidengewänder, bestickt mit einer weißen Wolke und einem Drachen, dem Emblem der ältesten Königsdynastie Koreas.

In seiner Predigt pries Johannes Paul die katholische Kirche Koreas, die buchstäblich durch das Märtyrertum geboren worden sei: »Sie trägt für alle Zeiten das Mal des Blutes. ... Hört auf die letzten Worte von Teresa Kwon, einer der ersten Märtyrerinnen: ›Da Gott im Himmel der Vater der gesamten menschlichen Rasse und der Herr aller Schöpfung ist, wie könnt ihr mich bitten, ihn zu verraten? Selbst in der irdischen Welt wird einem, der seine eigenen Eltern verrät, keine Verzeihung zuteil werden.‹«

Das Märtyrertum war das Zeichen der völligen Hingabe, wie sie dieser Papst von Christen forderte. Hierüber sprach er regelmäßig vor den Kardinälen und Priestern und den Gläubigen, an die er seine Enzykliken richtete. Er bezeichnete das Märtyrertum als »das höchste Zeugnis moralischer Wahrheit, zu der nur recht wenige berufen sind«. In seinen Augen war Verrat die dunkle Seite des Märtyrertums: Für Johannes Paul II. war ein Mann, der sein Priesteramt aufzugeben wünschte, kein unglücklicher Glaubensbruder mit Problemen, eine gequälte oder enttäuschte Seele, sondern ein Verräter – ein Judas, wie Paul VI. sich einst geäußert hatte. Das Märtyrertum war der Gipfel der Bereitschaft, für den Glanz der Wahrheit zu sterben. Laut Wojtyła muß jeder Christ diese Bereitschaft mitbringen. »Das Blut der Märtyrer ist die Saat der Christenheit«, rief er der Menge in Seoul mit einem Zitat Tertullians zu.

Neben Christus, der Jungfrau Maria und den Aposteln war der heilige Stanislaus das von dem polnischen Papst meistzitierte christliche Vorbild. Wenn er über das Märtyrertum redete, bestand für manche im Vatikan kein Zweifel, daß Johannes Paul II. auch an die eigene Bereitschaft zum Sterben dachte. Bis er dann den Heiligen Stuhl bestieg, hatte er durch seinen wachsenden Mystizismus fraglos die Bereitschaft erlangt, für seine Mission in den Tod zu gehen. Tatsächlich meinten viele Stimmen im päpstlichen Palast, daß er sich von der Idee des Sterbens angezogen fühle – um seinen Platz neben jenen Männern und Frauen, gleich welcher Konfession, einzunehmen, die den totalitären Systemen des zwanzigsten Jahrhunderts zum Opfer gefallen waren und die er als heilige Märtyrer pries.

»Ich spreche im Namen derer, die keine Stimme haben«, hatte der Papst 1980 in Afrika verkündet, »im Namen der Unschuldigen, die sterben, weil sie weder Brot noch Wasser haben.«

Von Anfang an waren die päpstlichen Reisen eine fortgesetzte Predigt über die Menschenwürde und die versöhnliche Kraft des Glaubens. Die Welt wurde in einer Art und Weise zu seiner Kanzel, wie sie es noch für keinen anderen Religionsführer in der Geschichte gewesen war. Dies war die Strategie, auf die er sein Pontifikat gründete und mit der er die katholische Kirche wiederzubeleben suchte: Hunderten von Millionen Menschen rings um den Erdball die Botschaft des Glaubens, von sozialer Gerechtigkeit, Disziplin und Dogma zu bringen.

In Korea sprach der Papst von der Befreiung des Arbeiters. In der Industriestadt Pusan kamen dreihunderttausend Arbeiter, Bauern und Fischer – viel mehr als die hundertsiebzigtausend in der Diözese Pusan lebenden Katholiken –, um ihn zu hören. Koreas Arbeiter schufteten unter brutalen Bedingungen: In den Fabriken waren die meisten sieben Tage pro Woche vierzehn Stunden lang auf den Beinen – bei zwei freien Sonntagen im Monat und einem Monatslohn von umgerechnet höchstens zweihundert Dollar. Sie hatten keine Gewerkschaften.

»Der Mensch wird oft als bloßes Produktionsmittel behandelt«, sprach der Papst zu ihnen, »als ein Rohmaterial, das so wenig wie möglich kosten sollte. Unter solchen Umständen wird der Arbeiter nicht als wahrer Mitarbeiter des Schöpfers geachtet.«

Johannes Paul II. wurde zu ihrer Stimme.

Sein Vorgänger Paul VI. hatte während seines fünfzehnjährigen Pontifikats ganze acht Auslandsreisen unternommen, und zwar vorwiegend zu Orten mit offensichtlich religiöser oder politischer

Symbolkraft: Jerusalem, Istanbul, Fátima, Bombay, zum Hauptsitz der Vereinten Nationen in New York.

Johannes Paul II. war ein rastloser Führer. In den ersten sechs Jahren seiner Amtszeit besuchte er Polen, Mexiko, Irland, die Vereinigten Staaten, die Türkei, Zaire, den Kongo, Kenia, Burkina Faso, die Elfenbeinküste, Frankreich, Brasilien, die Bundesrepublik Deutschland, Pakistan, die Philippinen, Guam, Nigeria, Benin, Gabun, Äquatorial-Guinea, Portugal, Großbritannien, Argentinien, Spanien, Costa Rica, Nicaragua, Panama, El Salvador, Guatemala, Honduras, Belize, Haiti, Österreich, Korea, Kanada und Südafrika.

Systematisch bereiste er die Erde und richtete persönlich das Wort an Heerscharen von Katholiken und Nichtkatholiken. Buchstäblich Milliarden Menschen hatten ihn im Fernsehen erlebt. Am Feiertag zu Ehren der Heiligen Peter und Paul, am 29. Juni 1982, sagte er zu den Kardinälen im Vatikan, daß seine Reisen eine Ausübung des »Charismas Petri auf globaler Ebene« seien. »Wenn ich im Vatikan bliebe, wie es die Kurie gerne hätte«, bemerkte er zu seinem Freund Pater Maliński, »dann säße ich in Rom und schriebe Enzykliken, welche nur von einer Handvoll Leute gelesen würden. Wenn ich reise und zu den Menschen gehe, dann werde ich viele von ihnen treffen, einfaches Volk wie auch Politiker. Und sie werden mir zuhören. Andernfalls werden sie nie zu mir kommen.«

Sehr oft besuchte er Regionen der Erde, in denen Menschen in schrecklichem Elend leben – verarmt, unterdrückt, krank und hungrig. Manchmal kritzelte er während seiner morgendlichen Meditation die ausgewählten Zielorte mit einem Kugelschreiber auf ein leeres, weißes Blatt Papier.

Ob in der Ersten oder in der Dritten Welt, er predigte: »Das Reich Gottes ist auch das Reich der Gerechtigkeit, und weltweite missionarische Aktivität muß mit der Schaffung von Bedingungen einhergehen . . ., welche den Menschen ein Leben in Würde ermöglichen.« In Nigeria erklärte er: »Die zynische Ausbeutung armer und unwissender Menschen ist ein schwerwiegendes Verbrechen gegen das Werk Gottes.« In Kolumbien ermahnte er jene, »die im Überfluß, Luxus und Reichtum leben, ihre geistige Blindheit abzuwerfen«.

»Im Lichte von Christi Wort«, sagte er vor einem kanadischen Publikum, »wird der arme Süden den reichen Norden richten. Die armen Völker... werden die Nationen richten, die ihr Eigentum fortgeschafft haben und die ein imperialistisches Monopol über ihre Güter beanspruchen sowie eine politische Vorherrschaft auf Kosten anderer Menschen.«

In Portugal argumentierte er, die Gerechtigkeit verlange es, daß die Bauern imstande sein sollten, ihr eigenes Land zu bearbeiten. In Spanien forderte er den Schutz der Arbeiter durch den Staat: »Wir können die Arbeiter nicht einfach ihrem Schicksal überlassen. Dies gilt insbesondere für jene, die – wie die Armen und die Einwanderer – zum Überleben auf ihre Hände vertrauen müssen.«

In Brasilien, dem Land mit der weltweit größten katholischen Bevölkerung, verteidigte er das Recht der Arbeiter, Gewerkschaften zu gründen. In Südafrika verurteilte er die Apartheid-Politik. In vielen, erst seit kurzem unabhängigen afrikanischen Staaten prangerte er autoritären Mißbrauch an. »Wie können wir bei willkürlichen Verhaftungen, bei Urteilen und Hinrichtungen ohne echten Prozeß, bei der Inhaftierung von Regimekritikern unter unmenschlichen Bedingungen, der Folter und den Personen, die verschwunden sind, wegsehen?«

Seine bloße Anwesenheit in den trostlosesten Gegenden der Erde bedeutete schon einen Hoffnungsfunken für die Menschen im Elend. Für die in den Barackensiedlungen und Slums der Dritten Welt gefangenen Männer und Frauen stellte die Ankunft von Johannes Paul II. mitunter die erste wichtige Bezeugung ihrer Existenz als Menschen dar; wenigstens einmal im Leben wurden ihre erbärmlichen Existenzbedingungen dem Gerichtshof der öffentlichen Meinung in ihren Heimatländern und rings um den Erdball vor Augen geführt.

Menschen weinten, wenn sie ihn sahen. Die Ankunft des Papstes ließ sie (zumindest kurzzeitig) ihre Verzweiflung und Apathie vergessen. In Bolivien stieg ein dunkelhäutiger Minenarbeiter zur Papsttribüne empor und rief mit bewegter Stimme: »Danke, Heiliger Vater, für die Annahme der Befreiungstheologie. Danke für Ihre Enzyklika über die Arbeit. Und jetzt schließen sie die Minen. Helfen Sie uns, denn wir wollen, daß sie wieder geöffnet werden.

Wir sind hungrig, wir haben kein Brot!« Daß Johannes Paul II. die Befreiungstheologie verurteilt hatte, war beinahe unerheblich, als Millionen von Fernsehzuschauern in aller Welt die Klage des *campesinos* miterleben und mitansehen konnten, wie eine Bolivianerin dem Pontifex ihren leeren Kochtopf hinhielt.

Zwangsläufig gab es Kritiker innerhalb der Kurie, die in den Reisen des Papstes würdelose Roadshows, theatralische Zurschaustellungen persönlicher Macht und Ehrsucht sowie eine Belastung für die ohnehin schon geschwächten Finanzen des Vatikans sahen. »Viele Menschen sagen, der Papst reise zuviel und in zu kurzen Abständen«, bemerkte Johannes Paul II. in einem Interview, das er 1980 dem *Osservatore Romano* und Radio Vatikan gab. »Ich denke, daß sie – menschlich gesehen – recht haben. Doch es ist die Vorsehung, die uns leitet; und diese drängt uns manchmal, Dinge *ad excessum* zu tun.« Er sprach von der Chance, das Evangelium und päpstliche Lehren auf »planetarischer Ebene« zu verkünden.

Und er meinte *planetarisch.* Er machte kein Hehl aus seinem Wunsch, ein Weltführer zu sein, ein globaler Prophet, der Überbringer der allumfassenden Heilsbotschaft. »Ich will Männer und Frauen, die guten Willens sind, für die wichtigen Herausforderungen sensibilisieren, denen sich die menschliche Familie in diesen letzten Jahren des zwanzigsten Jahrhunderts stellen muß«, verkündete er. Wenn er manchen Beobachtern als selbsternannter Messias vorkam, der sich bei seiner Erdumsegelung fortwährend auf die Führung durch die Vorsehung berief, so hatte er eine passende Antwort parat: »Wenn mich Gott mit diesen meinen Ideen berufen hat, so nur deshalb, damit sie in meiner neuen weltumschließenden Geistlichkeit Widerhall finden mögen.«

Bei der Bekräftigung seiner globalen Führerschaft hatte Johannes Paul II. einen ernstzunehmenden Verbündeten in Gestalt der Medien, die jede seiner Äußerungen und Gesten ausschmückten. Kein Staatsmann genoß diese Form enthusiastischer Berichterstattung in epischer Breite, wie sie ihm zuteil wurde. Nicht einmal dem Präsidenten der Vereinigten Staaten folgte ein solcher Troß von Journalisten aus so vielen Ländern.

Der Papst, wachsamer als seine Helfer, erkannte schon bald die schiere dramatische Macht seines Amtes. Kein anderer Weltführer feierte unter freiem Himmel Triumphe vor derart theatralischen Kulissen. Kein säkularer Herrscher konnte regelmäßig bei Massenveranstaltungen an irgendeinem Ort der Welt zu Hunderttausenden von Bürgern sprechen. Die eindrucksvolle Persönlichkeit Johannes Pauls II. erhellte den Fernsehschirm. Die Bilder, die ihn zeigen, wie er, im »Papamobil« stehend, die Arme zum Gruß ausbreitet oder wieder einmal niederkniet, um den Boden eines Landes zu küssen, flimmerten über die Mattscheiben der Welt. Ohne das Fernsehen hätte das »Wojtyła-Phänomen« der achtziger Jahre niemals entstehen können.

Mehr als seine Botschaft von der Lehre war es das enorme Charisma des Papstes, das sich für dessen Ziel, die Kirche zusammenzuhalten und sie nach seinem Ebenbild zu formen, zum wirksamsten Werkzeug entwickelte – wie ein hochrangiger Monsignore seinerzeit feststellte. Kein geringerer Experte als Sir John Gielgud bemerkte, der Papst habe das Gespür eines großen Schauspielers für perfektes Timing. Dennoch stieß seine Botschaft nicht auf ungeteilte Zustimmung. Praktisch von Anfang an waren viele Zuhörer erzürnt über seine regelmäßige Verurteilung moderner Sexualtrends, insbesondere seine starre Haltung gegenüber Abtreibung und Geburtenkontrolle. Seine Mission beschränkte sich keineswegs auf die Christenheit: Er war entschlossen, der gesamten – säkularen wie religiösen – Welt eine Agenda vorzulegen, welche auf den moralischen und lehrmäßigen Prinzipien beruhte, die er mit Gewißheit als von Gott kommend erachtete.

Unter dem Auge der Kamera erwachte seine weltweite Evangelisation zum Leben. Johannes Paul II. war der erste Papst, der die Möglichkeiten des TV-Zeitalters zu nutzen verstand, der erste, der das Medium beherrschte, der mit einem Mikrofon umgehen konnte, der zu improvisieren gewohnt war und der keine Scheu vor öffentlichen Auftritten kannte. Die Menschen sahen ihn vor dem Hintergrund exotischer Panoramen: Er befuhr Tropenflüsse, stand an den Hängen heiliger Vulkane oder ging im Schatten aufragender Wolkenkratzer spazieren – wie ein allgegenwärtiger Herr und Meister des Universums.

Zwangsläufig (und zu seinem großen Vorteil) entwickelte sich eine »Wer-hat-die-Nase-vorn«-Rivalität zwischen einem – von seinen schnell dazulernenden Medienberatern unterstützten – Papst, der sein Publikum zu beeindrucken suchte, und TV-Reportern, die entschlossen waren, jede Übertragung zu einem außergewöhnlichen Ereignis zu machen. Und so verherrlichten schließlich selbst Vertreter der skeptischsten und zynischsten Massenmedien der Welt den römischen Pontifex in einer bis dato unbekannten Weise und in einem nur für seine Person gültigen Ausmaß.

Messen, von Papst Wojtyła gefeiert, gerieten zu epischen Inszenierungen. Er predigte und betete in Stadien und an Rennstrecken, auf Flughafenrollfeldern und in Kleewiesen. Wo immer er in Städten eintraf, herrschte eine Fußballmatch-Atmosphäre. »*Juan Pablo Secundo, te quiere todo el mundo*«, sangen sie in Südamerika, »*J. P. Two, we love you*« in den Vereinigten Staaten. Der Papst als der Marathonläufer Gottes: Die örtlichen Organisatoren fühlten sich verpflichtet, immer aufwendigere Bühnenbilder für seine Open-air-Auftritte zu entwerfen, und verwandelten die Podien, auf denen Johannes Paul II. seine Messen hielt, in wahrhaft gigantische Hollywood-Szenarien. Riesige Kreuze und immer ausgeklügeltere Konstruktionen beherrschten die Altäre. Manchmal war der Baldachin über dem Tabernakel wie ein mächtiges Segel oder eine gewaltige, stilisierte Taube geformt, oder die Seitenwände bildeten eine Pyramide, die geschmückt war mit kulturellen Symbolen aus demjenigen Land, das der Papst gerade besuchte. Zu seinen Ehren spielten Kapellen, sangen Chöre und wiegten sich Tänzer.

Liturgische Handlungen gerieten zum Spektakel. Die langen Reihen der zur Offertoriumsprozession schreitenden einheimischen Bevölkerung bildeten eine strahlende Hommage an den Papst. Vor seinem Thron ließ man Brot, Früchte, Stoffe, Gegenstände des Kunsthandwerks, ja selbst Babys in Wiegen vorbeidefilieren. In Madrid 1982 notierte ein italienischer Journalist, daß Johannes Paul II. »wie ein Statthalter auf der Stadionterrasse saß«.

Doch der Papst, der sich der profanen Elemente im Umfeld seiner (in reicheren Ländern teilweise durch den Verkauf päpstlicher Souvenirs finanzierten) Auftritte vollauf bewußt war, erkannte, daß dies alles eine Gelegenheit zur Kommunikation bot. Er unterhielt sich in einem Dutzend Sprachen. Bereitwillig setzte er alle Kopfbedeckungen auf, die ihm die Menschen in unglaublicher Vielfalt überreichten: Schülermützen, mexikanische Sombreros, federbesetzten indianischen Kriegsschmuck, Tropenhelme. In Afrika hüllte er sich in Ziegenfelle und posierte mit dem Speer eines Stammeshäuptlings. Im Westen Amerikas trat er in einem fransenbesetzten Meßgewand aus einem Tipi; in Phoenix wurde er von einer Gruppe Indianer auf eine drehbare Plattform gesetzt, die ihn wie eine heilige Hochzeitstorte rotieren ließ, damit ihn jedermann im Publikum sehen und bewundern konnte.

Der päpstliche Begleittroß fand schon bald Gefallen an dieser Art Atmosphäre und Faszination der Massen. Getreu der Strategie von Joaquín Navarro-Valls, einem ehemaligen Arzt, Korrespondent für die spanische Zeitung *ABC* und Mitglied von Opus Dei, der 1984 zum Sprecher des Vatikans bestellt wurde, räumte man der Fernsehberichterstattung eine bevorzugte Behandlung ein. Auf dem TV-Schirm, darin waren sich der Papst und Navarro-Valls einig, würde die Herrlichkeit unweigerlich die Probleme überstrahlen, das Gefühl über die Einsicht siegen. Jegliche unbequemen Fragen von Zeitungsreportern würde man übertönen.

Maria

Wohin und in welches Land er auch reiste, einen Termin versäumte Johannes Paul II. nie: den Besuch eines Heiligtums der Gottesmutter. Das Bild, wie er vor Marienstatuen und -bildnissen steht und ihren Schutz für Arbeiter, Länder, die Kranken, Seminare, Universitäten und Hospitäler erbittet – vertieft in ein Friedensgebet für die Welt –, wurde zu einem Markenzeichen seines Pontifikats. Die Schwarze Madonna von Guadalupe in Mexiko war das erste Madonnenbildnis außerhalb Italiens, dem er als Papst huldigte. Unweigerlich folgten die Jungfrau der Erscheinung in Brasilien, die Jungfrau der Ewigen Hilfe auf den Philippinen, Unsere Liebe Frau von Luján in Argentinien, das Haus der Madonna im türkischen Ephesus, die Wundergrotte von Lourdes in Frankreich, das Heiligtum von Fátima in Portugal und die Basilika der Jungfrau im österreichischen Mariazell.

Ganze Kontinente weihte er dem Herzen Marias. »Du kennst

die Leiden und Hoffnungen von uns allen«, betete er. »Als Mutter weißt du um den Kampf, der in der Welt zwischen Licht und Finsternis, zwischen Gut und Böse ausgetragen wird. O Mutter der Gnade ... behüte uns vor allem Unrecht, vor jeder Trennung, vor Gewalt und Krieg. Bewahre uns vor der Versuchung und der Versklavung durch die Sünde und das Übel.«

Die mit jedem Marienheiligtum verknüpften Legenden waren für den Papst Quellen des Stolzes und der Inspiration. Er erfreute sich daran, wie sie die Kirche – und die Mutter der Kirche – den Menschen näherbrachten. In Brasilien ergötzte er sich an der Geschichte von den Fischern, die eine Marienstatue fanden, welche sich in ihren Netzen verfangen hatte. In Togo erinnerte seine Anwesenheit an die ersten Missionare, die den Mythos der »Weißen Frau« weitergaben. Für Johannes Paul II. waren fromme Legenden Poesie gewordener Glaube.

Zur Zeit des Zweiten Vatikanischen Konzils hatte es die Mehrzahl der Bischöfe aus Furcht vor der Verletzung ökumenischer Befindlichkeiten sogar abgelehnt, daß Paul VI. Maria den formalen Titel »Mutter der Kirche« verlieh. Doch als Karol Wojtyła römischer Pontifex wurde, ging er scharf gegen eine widerspenstige westliche katholische Gemeinde vor und zwang ihr eine systematische Erhöhung des Marienkults auf.

Viele Katholiken reagierten irritiert auf diese Hinwendung zur Marienverehrung, diese vermeintliche Besessenheit, die Jungfrau Maria als das höchste Sinnbild aller Frauen und Schutzpatronin ganzer Nationen darzustellen. Manche empfanden dies als einen Versuch, dem modernen Katholizismus das Joch einer mittelalterlichen Religiosität aufzuerlegen und die polnische Erfahrung auf die Weltkirche auszudehnen. Die ständigen Verweise auf die Madonna störten vornehmlich die Führer vieler protestantischer Konfessionen, die seit jeher darauf bestehen, Christus und die Bibel ins Zentrum des christlichen Glaubens zu stellen.

Im Unterschied zu Gott dem Vater, Jesus Christus oder dem Heiligen Geist gab es jedoch von Maria während der gesamten Geschichte des Christentums immer wieder sichtbare Erscheinungen zu beobachten. Und sie hat im Leben von Hunderten von Millionen Katholiken eine einzigartige Bedeutung: Viele von ihnen gehen nicht zur Kirche, lehnen den Papst oder seine Gesetze ab, doch wenden sie sich an die Mutter Maria, weil sie, eine Frau, die ein Kind gebar, in ihren Augen versteht und hilft. Johannes Paul II., der mit acht Jahren seine Mutter verlor, identifizierte sich dankbar mit diesem Bild, das in der katholischen Tradition Polens einen überaus hohen Stellenwert einnimmt.

Nach dem fehlgeschlagenen Attentat von 1981 war der Papst fest davon überzeugt, daß er unter dem Schutz der Madonna stand, und begab sich gelassen in ihre Obhut, wann immer er eine Gefahr – für sich selbst oder seine Ziele – witterte. »Wir alle erinnern uns«, so sagte er, »des Augenblicks an jenem Nachmittag, als einige Pistolenschüsse auf den Papst abgefeuert wurden in der Absicht, ihn zu töten. Die Kugel, die seinen Bauch durchschlug, befindet sich jetzt im Schrein von Fátima [wo der Papst sie in eine goldene Krone einarbeiten ließ, die er der Statue der Jungfrau aufs Haupt setzte]; seine Schärpe, die von dieser Kugel durchlöchert wurde, wird im Schrein von Jasna Góra aufbewahrt. . . . Es war die Hand einer Mutter, welche die Bahn der Kugel lenkte und die den sterbenden Papst von der Schwelle des Todes errettete.«

Gewißheit

Papst Paul VI. hatte in den letzten Jahren seines Lebens zunehmend unter dem Dilemma gelitten, wie sich die Beständigkeit der Lehre, der Konsens der Gläubigen und die Gebote seines eigenen Gewissens in Einklang bringen ließen. Ein solcher Konflikt plagte Johannes Paul II. nicht. »Die Kirche«, so erklärte er, »ist unabhängig von den Kriterien der Zahlen und Mode.« Ob im Vatikan oder auf seinen Reisen – alles, was er tat, zielte darauf ab, Unterstützung für seine Führerschaft und seine Vision von der katholischen Kirche ohne Minderwertigkeitskomplex gegenüber der modernen Gesellschaft zu sammeln. Seit jeher war er fest davon überzeugt, daß der unverwässerte Katholizismus das einzige Heilmittel für die Übel der Gegenwart sei.

Als Papst forderte er, daß zuvorderst die Mitarbeiter der Kirche – Priester, Nonnen, Bischöfe, Prälaten, Theologen – den päpstlichen Lehren zu gehorchen hätten. In jenem Land, das er besuchte, hämmerte er sein Beharren auf dem Wert des Zölibats in die

Ohren des Klerus. Dieser sollte sich aus der Politik heraushalten und das Sakrament der Buße wiederbeleben; die Seminarausbildung müsse in vollem Umfang den Regeln des Vatikans entsprechen.

»Die Kirche des Zweiten Vatikanums, des Ersten Vatikanums und des Konzils von Trient sind ein und dieselbe Kirche«, verkündete er 1980 in der Bundesrepublik. Auf einem Priesterkonvent in Frankreich sagte er: »Es ist nicht die Welt, die eure Rolle festlegt, sondern die Kirche.« – »Versprecht mir, daß ihr mir und euren Bischöfen gehorcht«, lauteten seine Worte in Spanien.

Seine Begegnungen mit dem Klerus im Ausland waren in der Regel triumphale Angelegenheiten, welche in einer hingebungsvollen und feierlichen Atmosphäre verliefen. Nur selten blieb den Priestern die Gelegenheit, dem Heiligen Vater die realen Probleme und Nöte zu schildern, die sie in ihren Gemeinden, Schulen und auch im Privatleben zu bewältigen hatten.

Bei einem Besuch in der Schweiz im Juni 1984 jedoch bekam er während eines Zusammentreffens mit örtlichen Priestern ungewohnt offene Worte zu hören. Zuerst forderte Pater Mark Fischer weiterreichende Kompetenzen für Laien in der Kirche, einschließlich Frauen. Er beantragte die Ordination von *viri probati* (»geprüften« verheirateten Laien), und er empfahl eine Lockerung jener von Johannes Paul II. erlassenen Restriktionen, mit denen er Priester vom Verzicht auf ihre Ordination abhalten wollte. Pater Giampaolo Patelli, der nach Pater Fischer sprach, äußerte Verständnis für und Solidarität mit jenen Männern, die ihr Priesteramt niedergelegt hatten, um zu heiraten. Dann stellte er die Frage nach geschiedenen und wiederverheirateten Ehepaaren, welche die Kommunion erhalten wollten, und meinte, die Zeit sei gekommen, auch diese kirchlichen Prohibitionen aufzuheben. Die Antwort des Papstes war eine klare Ablehnung in sämtlichen Punkten, obgleich er wußte, daß die Schweizer Bischofskonferenz den beiden Priestern den Rücken gestärkt hatte.

Die Pflicht eines Papstes, so erklärte Johannes Paul vor den versammelten Priestern, sei es, »die Brüder zu bekräftigen, den Weg zu weisen, den Willen Christi und der Kirche zu lehren«. Die Einheit von Glaube und Disziplin, betonte er, sei von grundlegender Wichtigkeit. Nichts könne »Zwietracht« rechtfertigen.

Die hastig vollzogene Kehrtwende hin zur doktrinären Konformität und weg von der verhältnismäßigen Toleranz und Flexibilität, welche über weite Strecken die Amtszeit von Papst Paul VI. geprägt hatten, erfolgte am nachdrücklichsten auf dem Gebiet der Sexualmoral. Johannes Paul II., der jede Abweichung von der traditionellen Lehre kategorisch ablehnte, kritisierte jene Bischöfe, Priester, Theologen und Laien, die inzwischen Zweifel an der Weisheit oder Bedeutung mancher Grundaussagen der Kirche hegten. Er versagte geschiedenen und wiederverheirateten Katholiken die Kommunion. Er weigerte sich, den kirchlichen Bann gegen Verhütungsmittel aufzuheben. Er beharrte darauf, daß die künstliche Befruchtung für Ehepaare die Lehren der Kirche verletze. Er untersagte die Benutzung von Kondomen, selbst als die Welt schon unter der raschen Ausbreitung des Aids-Virus taumelte. Wenn Theologen oder Mitarbeiter der katholischen Wohlfahrt über Gnade und die Möglichkeit, Kondome als das geringere Übel zu verwenden, sprachen, blieb er resolut. Und mit Vehemenz bekräftigte er die Verurteilung von Homosexualität durch die Kirche.

»Mir scheint«, beklagt Reverend F. X. Murphy, dessen begleitende Aufzeichnungen über das Zweite Vatikanische Konzil unter dem Pseudonym Xavier Rhynne in mehreren Büchern gesammelt wurden, »er ist von Fragen zur Sexualität besessen.«

Die feministische Kritik an der päpstlichen Sichtweise der Sexualität wurde alltäglich. »Johannes Paul II. sieht Frauen immer nur in ihrer biologischen Dimension: entweder als Mütter oder als Jungfrau, die dem Vorbild Marias folgen muß«, betont die italienische Anthropologin Ida Magli, Autorin mehrerer Bücher zum Thema Frauen und Kirche. »Es ist immer der Weg, den sie zu ihrem Körper in Bezug setzen: Entweder sie bekommen Kinder, oder sie leben enthaltsam. Wojtyła sieht Frauen nie in der gleichen Weise als Personen, wie er einen Mann als Person sieht. Ich denke, daß er tief in seinem Innern die Rebellion der Frauen fürchtet. Seine harten Verbote, insbesondere der Abtreibung ohne Rücksicht auf die persönliche Situation, lassen irgendwie einen unbewußten Haß auf die Freiheit der Frauen erkennen.«

In der Tat geißelte er Abtreibung als Ausweg mit einer Verbissenheit, die sein Temperament Lügen zu strafen schien. Kardinal

John O'Connor aus New York war einer von vielen Geistlichen, die rasch erkannten, daß »dies die Streitfrage ist, die Johannes Paul vor allen anderen in der Welt umtreibt«. Der Papst verurteilte eine »Kultur des Todes«, die seiner Ansicht nach in zunehmendem Maße zu Abtreibung, Sterbehilfe und Gentechnologie ermutige. Fast alles, was er veröffentlichte, enthielt Bezugnahmen auf die Heiligkeit des menschlichen Lebens und auf den privilegierten Status des Ungeborenen. »Ich denke, es ist dies das eine allumfassende Thema seines Pontifikats«, vermutete Kardinal O'Connor.

Während seiner Predigten in der Fastenklausur zwei Jahre vor seiner Wahl hatte Wojtyła der Kurie eine Vision von der Erde als einem riesigen Friedhof, einer durch Empfängnisverhütung und Abtreibung geschaffenen Kultur des Todes präsentiert. Nun war es eine päpstliche Vision. »Abtreibung ist nichts anderes als Mord an einer unschuldigen Kreatur«, behauptete der Papst. »Kein menschliches Gesetz kann Abtreibung moralisch rechtfertigen«, wiederholte er rings um den Erdball. Auf der Washingtoner Mall, unweit des Obersten Gerichtshofs der USA, der die Abtreibung mit einem Zivilprozeß-Urteil sanktioniert hatte, sagte er vor mehreren hunderttausend Zuhörern: »Wenn das Leben im Mutterleib bedroht ist, werde ich für das Leben aufstehen.«

Oft wandte er sich direkt an eine Statue oder ein Bildnis der Madonna, wenn er sich über den moralischen Verfall beklagen wollte. »Wie können wir«, rief er in Fátima gequält aus, »keine Bestürzung empfinden angesichts der Ausbreitung von Verweltlichung und Freizügigkeit, die in so übler Weise die grundlegenden Werte der christlichen Moralordnung unterlaufen?«

Schon nach den ersten Monaten seiner Amtszeit erkannte der Papst, daß seine strenge Moralbotschaft sowohl in kirchlichen als auch in Laienkreisen auf zunehmende Kritik stieß, doch er blieb beharrlich – und offenbar unbesorgt. Niemals konnte er aufs Spiel setzen, was er als die ewige Wahrheit der kirchlichen Lehrsätze ansah. Johannes Paul II. fühlte sich verpflichtet, die Gläubigen und die Geistlichkeit zu unterweisen – und nicht, sich von ihren Meinungen beeinflußen zu lassen.

»Wir sind so an Politiker gewöhnt, die eine Meinungsumfrage durchführen, diese Umfrage zu lesen versuchen und dann ihr

Fähnchen nach dem Wind hängen wollen, und er ist so sehr das Gegenteil davon, daß es faszinierend ist«, wie einer seiner Kritiker, Erzbischof Rembert Weakland aus Milwaukee, anmerkt. »Er kümmert sich nicht darum, was die Leute denken. Er geht voran. Für einen Führer ist das in Ordnung, doch meiner Ansicht nach braucht man ab einem bestimmten Punkt einen gewissen Kontakt zu dem, was die Menschen an der Basis denken und fühlen und ob man sie wirklich erreicht.«

Dies war die meistgeäußerte Kritik von Bischöfen und Priestern am Pontifikat Wojtyłas, als dessen Richtung klarer wurde. Sie waren besorgt, daß der Papst nicht spürte, für welch tiefe Entfremdung er durch seine kompromißlosen Standpunkte – vor allem im Westen unter weiblichen Laien, Frauen in religiösen Orden und jungen Katholiken, die es vorzogen, die Lehren der Kirche zu ignorieren – gesorgt hatte.

Diese Distanznahme war von zahlreichen Bischöfen im Westen mit Sorge registriert worden, insbesondere in den USA, wo katholische Geistliche den Papst zu überzeugen versuchten, daß abweichenden Meinungen innerhalb der Kirche mehr Aufmerksamkeit geschenkt werden müsse. Doch erkannten sie bald, daß sie auf der Stelle traten.

Erzbischof John Patrick Foley, der Vorsitzende des Rates für Soziale Kommunikation – des vatikanischen Medienbüros – macht folgenden Unterschied: »Ich denke nicht, daß irgendeine Unsicherheit hinsichtlich der Lehrinhalte der Kirche vor der Wahl Johannes Pauls II. bestand. Ich denke, es gab Unsicherheit bei vielen in bezug auf ihre *Empfindungen* über die Natur der kirchlichen Lehraussagen oder welche Grenzen existierten ... Wie gute Kunst, so beginnt gute Moral damit, daß man einen Strich zieht. Und ich finde, dieser Heilige Vater hat klargestellt, wo die Grenzen liegen. Was die Mission der Kirche angeht, so gibt es keine Grenzen. Was die Lehre der Kirche betrifft, sind die Grenzen klar umrissen.«

Erzbischof Weakland aus Milwaukee gehört zu denen, die glauben, daß Wojtyła gewählt wurde, um die ursprünglich Papst Johannes Paul I. zugedachte Rolle zu spielen. »Die Kritik ist berechtigt, daß die Kirche Orientierung brauchte. Daß dies so nicht weitergehen konnte. Paul VI. hatte große Achtung vor Menschen, vor Ideen, und es mißfiel ihm, gegen alles scharf vorzugehen. Es war kein Zuchtmeister ... Er war dreiundachtzig. Und er war von Natur aus deprimiert. Es war nicht leicht für ihn. Daher wollten [die Kardinäle] einen energischen Mann, jemanden, der Entscheidungen treffen, etwas mehr Disziplin in die Reihen bringen und die Kirche irgendwie zusammenschweißen konnte. Und ich bin mir sicher, hierin sah Johannes Paul II. seine Pflicht, und danach handelt er bis heute. Die Kirche, die er übernahm, war eine Kirche, welche, wie er meinte, Gefahr lief, infolge mangelnder Stabilität sich einfach aufzulösen, zu zerfallen.«

Der verstorbene Kardinal John J. Wright aus Pittsburgh, der höchstrangige Amerikaner in der Kurie bei den Konklaven von 1978, gehörte zu jenen Kirchenfürsten, die Wojtyłas Wahl zum Papst vermutlich unterstützt haben dürften. Wojtyła und Wright sprachen oft über die »Orientierungslosigkeit in der Kirche« und teilten die Ansicht, wie sein früherer Berater, der heutige Erzbischof Donald Wuerl, sagt, »daß die Führerschaft klar und fest sein muß«, daß es »gewiß viele stürmische Wogen, Aufruhr« gebe und ein Bedürfnis, »eine beständige, korrekte Botschaft zu hören. ... Dies war der Weg, etwas von der Unruhe in der Kirche, etwas vom Dissens in der Kirche zur Sprache zu bringen.«

Von Anfang an lag Wojtyłas Pontifikat über Kreuz mit dem Modernismus, mit dem »moralischen Relativismus«, wie er es nennt, mit dem Liberalismus und dem »weltlichen Hedonismus«. »Dieser Zusammenstoß, den manche dem Papst anlasten möchten, war ohnehin nur eine Frage der Zeit«, sagt ein hochrangiger Monsignore der Kurie. »Da führt kein Weg dran vorbei, es besteht kein Zweifel, daß gewisse Aspekte des modernen Lebens eine Herausforderung für die Kirche darstellen. Diese Konfrontation kam mit dem Wandel, der sich in der Gesellschaft vollzogen hat. Es gibt keine Möglichkeit, daß die Kirche damit bequem hätte leben können. Und irgendwie wäre der Papst – welcher aktuelle auch immer – aufgefordert gewesen, dagegen Stellung zu beziehen.«

Diese Ansicht wird von vielen Verbündeten des Papstes in der Hierarchie der Kirche geteilt – einer Hierarchie, die bei Ablauf der ersten fünf Jahre seines Pontifikats bereits den Stempel seiner Ernennungen in der Kurie und den Diözesen trug.

»Hätte ein anderer Papst die Kirche in diesem Konflikt zwischen Kirchentraditionen und Modernität angeführt«, so der Monsignore weiter, »beispielsweise ein kranker Papst, ein Papst, der sich nicht durchsetzt oder der nur die negativen Aspekte hervorhebt, dann wäre die Kirche wohl nicht imstande gewesen, sich dieser Herausforderung, diesem Zusammenprall zu stellen. ... Doch indem er ein so bejahender Papst ist, hat [Wojtyła] auch irgendwie eine Menge zur Stärkung der Kirche beigetragen, damit sie für etwas eintreten kann.

Diese Aussage läßt folgendes Gedankenspiel zu: Wie würde die Kirche dastehen, wenn wir nicht diesen Papst bekommen hätten, wenn Papst Luciani [Johannes Paul I.] hätte leben dürfen? Würde sie anders aussehen? Und dies war die Richtschnur. ... Es gibt so ein gewisses Empfinden, daß die außergewöhnlich starke Extrovertiertheit dieses Papstes, seine ständigen Reisen sowie die Tatsache, daß er die Präsenz des Papsttums mit großem Engagement auf der internationalen Bühne behauptet hat, es ihm wohl auch ermöglicht haben, andere Aspekte seiner Politik in die Tat umzusetzen, welche die Kirche sonst womöglich ganz gespalten und in den Zerfall getrieben hätten. Hätte ein alter Paul VI. oder ein anderer Papst beispielsweise versucht, die Lehre mit dergleichen Kraft auf Kurs zu halten, wie es dieser Mann auf bestimmten Gebieten tut, dann hätte das die Kirche nicht verkraftet.

Schwester Theresa Kane, eine amerikanische Nonne, die den Papst persönlich mit ihrer Befürwortung der Frauenordination konfrontierte, meint: »Ich habe stets gespürt, daß wir in seinen Augen gleichsam in eine Schlacht marschieren. Er ist der Anführer, und wir alle stehen irgendwie hinter ihm. Und die Schlacht ist die Welt und alle anderen: die Medien, die Regierung, Politik, alles. Er hat diesen Stil von ›Wir werden in die Schlacht ziehen und alles richtig machen‹.«

Erzbischof Foley vom vatikanischen Medienbüro glaubt, daß »die Missionsreisen des Papstes den Menschen in aller Welt ein erneuertes Bewußtsein von der Einheit der Kirche gaben. Wir wußten nicht, daß es so viele Katholiken gab; wir wußten nicht, daß sie so begeistert waren, wir hatten nicht dieses Gefühl eines wiedererstarkten Stolzes in der Kirche.«

Weakland und andere sind jedoch überzeugt, daß Johannes Pauls dogmatische Starrheit auch zahlreiche Katholiken aus der

Kirche getrieben hat, die ansonsten gern geblieben wären. »In den Augen vieler Menschen hätte er, statt diese harte dogmatische Position zu beziehen, sich besser um eine pastorale Haltung bemühen sollen«, sagte Pater Vincent O'Keefe, ein ehemaliger Generalvikar der Jesuiten, der seine eigenen Querelen mit Wojtyła auszufechten hatte. »In den Vereinigten Staaten haben wir viele Katholiken, die geschieden sind. Der Papst sagt, die Lehre müsse klar sein. Nun, die Lehre ist nur zu verdammt klar! Das ist nicht das Problem. Wie geht man mit diesen Menschen um? Wie hilft man ihnen? Gibt es für sie keine Hilfe? Soll man sagen: ›Nun, ihr dürft zur Kirche kommen, aber nicht am Abendmahl teilnehmen‹? Das gleiche gilt für Menschen, die Verhütungsmittel benutzen oder eine Abtreibung hinter sich haben. Wie soll man sie behandeln? Welche Art Hoffnung hält man für sie bereit?«

Wie viele amerikanische Bischöfe glaubt O'Keefe, daß der Papst kulturell voreingenommen ist, daß »er eine wirklich tiefe Abneigung gegen den Westen hat, mit Sicherheit gegen die Vereinigten Staaten. Ich denke, er hält uns für zu materialistisch; wir sind zu laut, wir reden zuviel, wir sind verdorben.« Der Jesuitenpater fragt: »Wie frei ist er für diese universale Kirche, nach der viele von uns suchen? Das war die große Sache beim Zweiten Vatikanum. Hier erlebte man zum erstenmal eine universale Kirche in Aktion.«

Doch sah, wie er klarzustellen pflegte, der Papst die Bedeutung des Zweiten Vatikanischen Konzils in einem anderen Licht.

Nur einmal auf seinen Reisen um die Welt wagte es ein Publikum, über die strengen Lehren des Papstes zum Thema Sex zu lachen. Dies geschah in Santiago de Chile. »Laßt ihr ab vom Götzen des Wohlstands?« fragte Johannes Paul II. Tausende chilenischer Jugendlicher.

»Ja«, rief die Menge.

»Gebt ihr den Götzen der Macht auf?«

»Ja.«

»Laßt ihr ab vom Götzen des Sex?«

»Neeeiinn«, grölten sie.

Der Papst liebt junge Menschen. Sie sind seine Hoffnung. Für sie rief er 1986 den Weltjugendtag ins Leben – eine alle zwei Jahre stattfindende Wallfahrt in Europa, Asien oder Amerika, an der sich Hunderttausende junger Katholiken aus der ganzen Welt beteiligen und deren Vorsitz er für mehrere Tage mit Messen, Prozessionen, Predigten und Workshops innehatte.

Bei jungen Leuten entfaltet Johannes Paul II. seinen ganzen Charme. Oft hat er sie mit Witzen und klaren Worten für sich eingenommen. Er ging auf in den Shows, die sie zu seinen Ehren inszenierten; er war sogar bereit, sich Dinge anzuhören, die er von älteren Menschen niemals toleriert hätte. Seine Einstellung faßte er auf einem der Weltjugendtage wie folgt zusammen: »Was ich euch sagen werde, ist nicht so wichtig wie das, was ihr mir sagen werdet. Ihr werdet es mir nicht unbedingt mit Worten sagen. Ihr werdet es mit eurer Anwesenheit, euren Liedern, vielleicht euren Tänzen, euren Späßen und letztlich mit eurer Begeisterung sagen.«

Später, als ihm das Alter und seine körperliche Schwäche schwer zu schaffen machten und schon die Einhaltung seines Terminplans offensichtlich eine Last war, fiel Helfern und Reportern auf, daß der Kontakt mit Jugendlichen für ihn wie ein Jungbrunnen wirkte. Bei einem erwachsenen Publikum schien der Papst im Lauf der Jahre lediglich die Punkte auf der Tagesordnung abzuhaken. Es gab Zeiten, da war sein Geist abwesend und seine Geduld knapp bemessen. Doch geschah dies nie in Gegenwart junger Leute, bei denen er eine körperliche Nähe demonstrierte, wie er sie nur wenigen Erwachsenen anbot: Er umarmte sie, streichelte sie, küßte sie auf die Stirn und hielt minutenlang ihre Hände in den seinen.

Eine ähnliche Zärtlichkeit bewies der Papst in Gegenwart leidender Menschen. Wie er von Armut geschlagene Männer an sich drückte oder vor Erschöpfung gebeugte Frauen auf die Stirn küßte, wie er Babys herzte, sich ganz auf sie konzentrierte und dabei die Kameras vergaß – das waren nicht die Gesten eines gewöhnlichen Politikers. Sie schienen ein Gefühl (und vielleicht ein Bedürfnis) aufrichtiger Vaterschaft widerzuspiegeln. In jenen Momenten machte die Kraft seiner Liebe Karol Wojtyła zu einem wahren »Heiligen Vater«. In Kalkutta, als er in Mutter Teresas Hospiz an den Betten der Leprakranken, der Siechen und Sterbenden vorüberging, packte eine Frau seine Hand und hielt sie fest an ihr Gesicht, während der Papst sie mit entrückter Verzücktheit ansah. Dann schritt er, scheinbar gedankenverloren, in jenen Raum, in dem die Toten dieses Tages aufgebahrt lagen: zwei Männer, eine Frau und ein Kind. Selbst den Leichen legte er sanft die Hand auf.

Es gab Zeiten, in denen ein schlichtes Bild die universale Mission, die der Papst aufrichtig zu vermitteln wünschte, perfekt zusammenfaßte. Im Mai 1984 besuchte er in Bangkok den Führer der Thai-Buddhisten in dessen Kloster. Johannes Paul II. zog seine Schuhe aus und ging gemessenen Schrittes auf eine Estrade zu, auf der der sechsundachtzigjährige Vasana Tara im Lotussitz verharrte. Der Papst verneigte sich, setzte sich in einen Sessel vor einer Buddhastatue und sah dem Patriarchen – wie es der Brauch verlangte – für fünf lange Minuten völligen Schweigens unverwandt in die Augen.

Etwas abseits standen die buddhistischen Mönche in ihren safrangelben Gewändern den katholischen Kardinälen mit ihren römischen Kragen und roten Käppchen gegenüber. Alle verharrten schweigend in der vergoldeten Halle mit ihren himmelblauen Wänden. In der kurzen Unterredung, die sich mit Hilfe eines Dolmetschers anschloß, lächelte der Papst glückselig. Vasana Tara, regungslos wie eine Statue, sprach ein paar kurze Sätze: »Wir können der Menschheit Glück und Frieden bringen durch unsere Lehren und unsere Ermahnungen, Böses zu meiden, Gutes zu tun und unseren Geist zu reinigen.« Dies war genau das, woran der Papst glaubte. Johannes Paul II. lud ihn zu einem Besuch nach Rom ein.

Repression

Am 7. September 1984 traf um 9.40 Uhr der schwarze Volkswagen mit dem amtlichen Kennzeichen SCV-201 bei der Generalkurie der Franziskaner ein. Zwei in Schwarz gekleidete Männer entstiegen dem Fahrzeug. Der sie bereits erwartende Franziskanermönch reckte ihnen seine überkreuzten Handgelenke entgegen und spöttelte: »Vielleicht haben Sie ja die Ketten mitgebracht.«

Der Mönch stieg ein. Als der Wagen die Via Aurelia hinab und durch einen Seiteneingang in den Vatikan fuhr, gingen die Gedanken des Mönchs zurück zur Frühmesse, die er gemeinsam mit zwei

Kardinälen gefeiert hatte. Sie hatten gebetet, der Heilige Geist möge »einen und alle erleuchten«. Ihre Gebete blieben offenbar ungehört.

Der inzwischen siebenundvierzigjährige Franziskaner Leonardo Boff aus Brasilien, einer der herausragendsten Befreiungstheologen, war vom Präfekten der Glaubenskongregation der Kurie, Kardinal Joseph Ratzinger, für eine Stellungnahme zu seinem neuesten Buch *Die Kirche – Charisma und Macht* herbeizitiert worden. Darin analysiert Boff das römische Modell der Kirche, der er vorwarf, zu selbstbezogen, zu klerikal und hierarchisch zu sein. Die Kirche, sagte er, habe einen »Kolonialpakt« mit den herrschenden Klassen geschlossen.

Unter Verwendung marxistischer Sprache hatte Boff geschrieben: »Die heilige Macht ist Gegenstand eines Enteignungsprozesses der religiösen Produktionsmittel seitens des Klerus gewesen, zum Schaden für das Christenvolk.« Im Kern beinhaltete das Buch eine wohldurchdachte Kritik am Pyramidensystem der vatikanischen Macht. Der Theologe pflegte die gegenwärtige Kirchenlehre mit einer Zeichnung anschaulich zu machen: eine Pyramide mit Gott an der Spitze, dann folgen Christus, die Apostel, Bischöfe, Priester und schließlich ganz unten die Gläubigen. Nach diesem Schema, erklärte er, ist der Klerus für alles verantwortlich, und die Gläubigen haben keinerlei Rechte außer zu nehmen, was man ihnen gibt. »Ich zweifle nicht die Autorität der Kirche an, sondern die Art und Weise, wie diese Autorität historisch ausgeübt worden ist mit dem Ziel, jegliche Gedankenfreiheit innerhalb der Kirche zu unterdrücken.«

Boff bestand darauf, daß es einen anderen Weg gebe, die Kirche zu organisieren. Er entwarf ein anderes Bild: Christus, der Heilige Geist, das Volk Gottes, die Bischöfe, die Priester und die Laienverwalter als Gemeinschaft. Einen kleinen Eindruck von diesem alternativen Modell könne man sich in jeder der hundertfünfzigtausend Basisgemeinden Brasiliens verschaffen. Dort versammelten sich die Gläubigen »um das Wort [Gottes], wobei Ausübung der Sakramente und der neuen geistlichen Aufgaben von Laien, Männern wie Frauen, übernommen werden«.

Kardinal Ratzingers Antwort war barsch und ablehnend. In einem vertraulichen Brief an Boff vom 15. Mai 1984 rügte er den

Theologen und beschuldigte ihn, einen »erbarmungslosen, radikalen Angriff« auf das institutionale Modell der katholischen Kirche zu starten und ihre Strukturen auf eine inakzeptable Karikatur zu reduzieren. »Ist die Auseinandersetzung, die sich auf diesen Seiten entfaltet«, hatte der Kardinal zu Boffs Buch gefragt, »vom Glauben geleitet oder von Grundsätzen ideologischer Natur, dem Produkt einer gewissen marxistischen Eingebung?«

In dem Disput zwischen Boff und dem Vatikan ging es um mehr als nur dieses neue Buch. Seit Boff Anfang der siebziger Jahre *Jesus Christus, der Befreier* verfaßt hatte, registrierte die Glaubenskongregation seine Ansichten mit Argwohn. Nun war der Moment für eine »Klarstellung« gekommen. Boff wurde in einen Raum in demselben Palazzo geleitet, wo dreihundertfünfzig Jahre zuvor Galileo von bischöflichen Richtern verurteilt worden war. Doch Kardinal Ratzinger begrüßte den Angeklagten höflich: »Pater, setzen Sie sich, wo es Ihnen beliebt; beginnen Sie, wie immer Sie mögen.«

Als erstes verlas Boff eine fünfzigseitige Rechtfertigung in portugiesisch, von der er dem Kardinal eine Übersetzung geschickt hatte. In seinem Aktenkoffer hatte er zudem Fotokopien einer von fünfzigtausend seiner Anhänger in Brasilien unterzeichneten Petition. Neben dem Präfekten der Glaubenskongregation saß Jorge Mejia, ein Monsignore aus Argentinien, der sich ein paar Notizen machte, jedoch kein genaues Protokoll führte. Boff fühlte sich im Stich gelassen. Als seine Begleiter hätten Kardinal Aloísio Lorscheider, der ehemalige Vorsitzende der brasilianischen Bischofskonferenz, der bei der Wahl Johannes Pauls II. eine Schlüsselrolle gespielt hatte, und Evaristo Arns, der Erzbischof von São Paolo, bei ihm sein sollen. Überzeugt von Boffs gutem Glauben und von seinem aktiven christlichen Engagement für die Ärmsten und Ausgebeutetsten Brasiliens, hatten sie persönlich um die Erlaubnis ihrer Anwesenheit nachgesucht. Doch mit Johannes Pauls Billigung hatte Ratzinger ihre Bitte abgewiesen. Der Staatssekretär im Vatikan, Kardinal Agostino Casaroli, hatte lediglich erreicht, daß die beiden brasilianischen Würdenträger am Ende der Unterredung hereinkommen durften, um bei der Formulierung der Schlußakte zu helfen.

Während Boff seine Erklärung verlas, konnte er sich des Eindrucks nicht erwehren, daß alles bereits beschlossene Sache war. Damals, als er sein Buch schrieb, fiel ihm auf, daß sich die Kirche wie die Kommunisten in der Sowjetunion benahm. Ratzinger und Wojtyła waren offenbar nicht daran interessiert, zu verstehen, wie es wirklich in den Köpfen und Herzen von Befreiungstheologen aussah. Sie schienen beide vertieft in die Strategie eines großen geopolitischen Spiels, bei dem alles, was auch nur entfernt sozialistischem Gedankengut gleichkam, ausgeschaltet werden mußte.

Auf seinen Reisen hatte Papst Wojtyła wiederholt die Befreiungstheologie angegriffen, doch 1984 sollte, so lautete der Beschluß, das Jahr sein, in dem die Kirche ihre Schlußoffensive startete. Am 3. September, praktisch am Vorabend von Boffs Vorladung, hatte Kardinal Ratzinger eine strikte Anweisung (eine Erklärung des Kirchenrechts) mit dem Titel »Bestimmte Aspekte der Befreiungstheologie« veröffentlicht. Das Traktat bezichtigte Befreiungstheologen »schwerer theologischer Verfehlungen« und in der abschließenden Bewertung des Verrats am Anliegen der Armen. Es beschuldigte sie, das Übel nur in gesellschaftlichen, politischen und wirtschaftlichen Strukturen auszumachen, den Glauben radikal zu politisieren und in gefährlicher Weise die Armen im Evangelium mit dem Marxschen Proletariat zu verwechseln.

Was Marx betraf, so erwiderten die Befreiungstheologen, könnten einige Elemente seiner Gesellschaftsanalyse im Zusammenhang mit Lateinamerika nützlich sein, »doch der Marxismus als Ideologie interessiert uns nicht«. Für Ratzinger war jedoch diese Unterscheidung nicht stichhaltig. Er befürchtete, die »Kirche des Volkes«, die »Volkskirche«, sei wirklich eine Kirche auf Klassenbasis.

In diesem Fall, behauptete der Kardinal, werde die gesamte sakramentale und hierarchische Struktur der Kirche in Frage gestellt. Und doch war die größte Sünde in Ratzingers Augen – und in den Augen des Papstes, der die Anweisung persönlich auf Herz und Nieren geprüft hatte –, daß katholische Theologen die Theorie und Praxis des Klassenkampfs womöglich akzeptieren und dabei »übersehen könnten, in welche totalitäre Gesellschaftsform dieser Prozeß mündet«.

Das Dokument der Kongregation konnte nicht umhin, die Situation in Lateinamerika mit nahezu der gleichen dramatischen Sprache der Befreiungstheologen zu beschreiben: »In manchen Gegenden Lateinamerikas finden wir die weitgehende Monopolisierung des Wohlstands durch eine Oligarchie von Eigentümern ohne ein soziales Gewissen; Militärdiktaturen, welche die grundlegendsten Menschenrechte mit Füßen treten; die Korruption einzelner Machthaber; eine praktisch nicht vorhandene oder lückenhafte Gesetzesordnung sowie die brutalen Praktiken des ausländischen Kapitals. All diese Dinge stellen erhebliche Faktoren dar, die bei denen, die sich als die Opfer eines neuen technologischen, finanziellen und monetären oder wirtschaftlichen Kolonialismus sehen, Gefühle von gewaltsamer Rebellion schüren.«

Doch beim Durchlesen des Dokuments erkannten Boff und andere Befreiungstheologen sogleich einen maßgeblichen Unterschied zwischen Johannes Paul II. und Paul VI. Das Dokument verbot die Erwägung jedweder gewaltsamen Antwort auf Ungerechtigkeit. In seiner Enzyklika *Populorum Progressio* (»Über den Fortschritt der Völker«) hatte der italienische Papst in Anlehnung an eine alte Kirchentradition gesagt, daß es zulässig sei, gegen eine »manifeste, lang anhaltende Tyrannei« zu revoltieren. Der polnische Papst hingegen war von dieser Position abgerückt. Ratzingers Anweisung beschäftigte sich mit Lateinamerika; das Ziel aber, das Wojtyła und Ratzinger treffen wollten, hieß Moskau. Das Dokument sprach im schärfsten Ton seit den Tagen von Pius XII. über das Sowjetreich:

> Die Beseitigung der unrecht schaffenden Strukturen durch revolutionäre Gewalt bedeutet nicht *IPSO FACTO* die Einsetzung einer gerechten Regierung. Alle diejenigen, die sich aufrichtig nach der Befreiung ihrer Brüder sehnen, müssen über eine für unsere Zeit überaus bedeutsame Tatsache nachdenken: Millionen unserer Zeitgenossen haben berechtigte Sehnsucht nach den grundlegenden Freiheiten, die ihnen von totalitären und atheistischen Regimes genommen wurden, welche im Namen der Volksbefreiung durch revolutionäre und gewaltsame Mittel die Macht an sich gerissen haben. Diese Schande unserer Zeit kann man nicht ignorie-

> ren: denn just unter dem Vorwand, ihnen Freiheit zu bringen, werden ganze Nationen in menschenunwürdigen Bedingungen wie Sklaven gehalten. Jene, die sich – vielleicht aus Gedankenlosigkeit – zu Komplizen dieser Form der Versklavung machen, verraten die Armen, die zu retten sie beabsichtigen.

Der Ausdruck »Schande unserer Zeit« – nichts weniger als Ronald Reagans Bezeichnung für das Reich des Bösen – war ein Schlag ins Gesicht der Regierungen der UdSSR und ihrer Satellitenstaaten. Obwohl Ratzingers Anweisung nur »gewisse Strömungen« der Befreiungstheologie zu kritisieren vorgab, war sie in Wahrheit eine Pauschalverurteilung. »Wenn sie im Vatikan über den Marxismus reden, sehen sie eine Kette von Bildern, die sich bis zum Gulag in Sibirien erstrecken«, war eine der ersten Reaktionen Boffs auf das Dokument.

Die Diskussion zwischen dem Franziskanermönch und dem Kardinal dauerte drei Stunden, in denen Ratzinger Boff darüber informierte, daß die Glaubenskongregation gerade ein Dokument zu den »positiven« Aspekten der Befreiungstheologie vorbereite. (Es erschien 1986.)

An einem bestimmten Punkt fragte der deutsche Kardinal: »Sind Sie nicht müde? Möchten Sie vielleicht einen Kaffee?«

Sie machten eine Pause, und wie eine Gastgeberin, die das elegante Kleid ihres Gastes lobt, sagte Ratzinger zu dem Mönch: »Ihr Habit steht Ihnen sehr gut, Pater. Auch so kann man ein Signal an die Welt senden.«

»Es ist jedoch sehr anstrengend, dieses Habit zu tragen, denn wo wir leben, ist es heiß.«

»Wenn Sie es tragen, erkennen die Menschen Ihre Hingabe und Geduld, und sie werden sagen: ›Er tut Buße für die Sünden der Welt.‹«

»Gewiß brauchen wir Zeichen der Transzendenz, aber sie werden nicht durch das Habit übermittelt. Es ist das Herz, das am rechten Fleck sitzen muß.«

»Herzen kann man nicht sehen, und doch muß man *etwas* sehen«, erwiderte der Kardinal.

»Dieses Habit kann auch ein Zeichen von Macht sein. Wenn ich es trage und ich besteige einen Bus, stehen die Menschen auf und sagen: ›Setzen Sie sich, Pater.‹ Wir aber müssen Diener sein.«

Später führte man die Kardinäle Arns und Lorscheider herein, während der Text eines Communiqués aufgesetzt wurde. Man bediente sich darin einer sehr behutsamen Wortwahl. Es besagte, daß eine »Unterhaltung« zwischen Leonardo Boff und Kardinal Ratzinger stattgefunden habe. Die Atmosphäre wurde als »brüderlich« geschildert, und der Mönch sei aufgefordert worden, einige der Punkte in seinem Buch *Die Kirche – Charisma und Macht* zu erläutern, die »Schwierigkeiten« verursachten. Doch die Glaubenskongregation werde schon eine Möglichkeit finden, Boffs Erklärungen zu berücksichtigen.

Boff wurde im selben Auto zur Franziskanerkurie zurückgefahren; am Steuer saß Ratzingers Sekretär, Joseph Clemens. Der Vatikan wollte den Fragen der Journalisten, die sich um den Eingang zum Palazzo der Kongregation drängten, aus dem Weg gehen.

Am 20. März veröffentlichte die Glaubenskongregation eine an Bruder Boff adressierte Mitteilung. Darin hieß es, seine Thesen zur Struktur der Kirche, zur Auffassung vom Dogma, zu geistlicher Macht und der prophetischen Rolle der Kirche seien »unhaltbar... und infolgedessen geeignet, die gesunde Lehre des Glaubens zu gefährden«.

Boff akzeptierte den Beschluß.

Trotzdem wurde er am 26. April 1985 dazu verurteilt, ein Jahr lang zu schweigen. Er durfte weder lehren noch Vorträge halten oder Bücher veröffentlichen. Boff willigte ein.

Elf Monate später hob der Vatikan den Bann auf, doch im Juni 1987 stoppte Ratzinger in Italien die Veröffentlichung eines neuen Boff-Werks, *Kleine Trinitätslehre*. 1991 zwang ihn der Vatikan, von seinem Amt als Chefredakteur der Franziskanergazette *Vozes* zurückzutreten. Im darauffolgenden Jahr erteilte ihm der Vatikan erneut Lehrverbot und verfügte eine präventive Zensur über alle seine schriftlichen Werke. Am 26. Mai 1992 trat Leonardo Boff aus dem Franziskanerorden und dem Priesterstand aus. »Die Macht der Kirche«, sagte er, »ist grausam und erbarmungslos. Sie vergißt nichts. Sie vergibt nichts. Sie fordert alles.«

Vom ersten Tag seines Pontifikats an war Johannes Paul II. entschlossen, abweichlerische Meinungen katholischer Theologen systematisch zu unterdrücken und jene Kritiker auszugrenzen, bei denen das Risiko bestand, daß sie unerwünschte Diskussionen innerhalb der Kirche vom Zaun brächen. Mit der Ernennung Joseph Ratzingers zum Präfekten der Glaubenskongregation im November 1981 wurde klar, daß dies die offizielle politische Gangart war.

Der erste, den Wojtyłas Politik traf, war der französische Theologe Jacques Pohier, Autor des Buches *Wenn ich Gott sage*. Pohier durfte ohne besondere Genehmigung nicht mehr schreiben, predigen oder Vorträge halten.

Am 15. Dezember 1979 ereilte das gleiche Schicksal den Schweizer Theologen Hans Küng, einen einflußreichen Teilnehmer am Zweiten Vatikanum und hochgeachteten Dozenten der Universität Tübingen.

Eine Akte über Küng wurde schon 1967 im Vatikan angelegt, nachdem er ein Buch über die Struktur der Kirche veröffentlicht hatte. Doch erst ein Nachfolgewerk, *Unfehlbar? Eine unerledigte Anfrage*, ließ den Vatikan in seinen Grundfesten erzittern. Das Buch stellte das von Pius IX. am 18. Juli 1870 verkündete Dogma der päpstlichen Unfehlbarkeit in Frage. Man warnte Küng, »nicht mit der Verbreitung irriger oder gefährlicher Lehren fortzufahren«. Doch der Schweizer Theologe weigerte sich beharrlich, sich in Rom einem Verhör zu unterziehen, das er mit einem mittelalterlichen Prozeß gleichsetzte. Die Glaubenskongregation entband Küng von seinen Lehrstuhlpflichten und erkannte ihm seinen Rang als katholischer Theologe ab.

Zwei Tage vor Küngs Verurteilung, am 13. Dezember 1979, traf der dogmatische Theologe Edward Schillebeeckx aus Flamen, ebenfalls ein Protagonist des Zweiten Vatikanums, zu einer Befragung in der Kongregation ein – Resultat eines Verfahrens, das unter Paul VI. aufgrund sines Buchs *Jesus: Ein Experiment in der Christologie* gegen ihn angestrengt worden war.

Am 13. und 14. Dezember wurde der Dominikanerpriester mit Billigung Johannes Pauls II. von drei Experten aus der Kongregation unter dem Vorsitz ihres Sekretärs, Monsignore Jean Jérome Hamer, befragt. Zuvor war Schillebeeckx in Radio Vatikan von

Pater Jean Galot, der zudem einer seiner Examinatoren war, scharf kritisiert worden.

Die Schillebeeckx-Akte wurde zu einem Paradebeispiel für die Haltung Johannes Pauls II. bezüglich zeitgenössischer theologischer Bildung. Die neun gegen den flämischen Theologen vorgebrachten Anklagepunkte betrafen unter anderem seine Ansichten zur jungfräulichen Geburt Christi, der er keine besondere Bedeutung beimaß, zur Auferstehung, Institution des Abendmahls und Gründung der Kirche. Laut Schillebeeckx müsse im Neuen Testament weder alles wortwörtlich genommen werden, noch sei es eine Abschrift von Worten, die historisch auf Christus zurückgehen.

Die Auferstehung, sagte Schillebeeckx, sei Realität – doch was für eine Realität? Was waren jene Erscheinungen überhaupt: Halluzinationen, Illusionen? Wichtiger als das leere Grab oder die Erscheinungen Christi nach seinem Tode, so meinte der Theologe, war die Bekehrung der Apostel nach der Kreuzigung ihres Herrn.

Bezüglich der im Gottesdienst wiederkehrenden Worte »Dies ist mein Leib ... dies ist mein Blut« argumentierte Schillebeeckx, daß sie zwar Teil der liturgischen Überlieferung seien, jedoch nicht von Jesus tatsächlich gesprochen wurden. Ebenso habe Christus nie die Gründung einer Kirche geplant, da er – ganz im Gegenteil – das Ende der Welt herannahen fühlte.

Heutzutage ist kein ernsthafter katholischer Gelehrter mehr bereit, eine buchstabengetreue Interpretation der Evangelien, geschweige denn der gesamten Bibel, zu akzeptieren. Johannes Paul II. aber hat seit jeher diesen Trend in der Auslegung der Heiligen Schrift für so bedrohlich gehalten, daß er – sofern nicht streng kontrolliert – nach seiner Auffassung zum Zerfall der Kirche führen könnte.

Besonders gefährlich fand der Papst Schillebeeckx' Annäherung an die Person Christi, den das Konzil von Chalcedon im Jahr 451 als »wahrhaftig Gott und wahrhaftig Mensch« definiert hatte. Somit war Christus, getreu der offiziellen katholischen Lehre, *eine Person der Dreieinigkeit*, die schon vor ihrer Fleischwerdung existierte. Schillebeeckx erklärte lediglich: »Ich akzeptiere den großen theologischen Symbolismus hinter dieser Bekräftigung, daß Christus als Jesus, als Mensch, der Sohn Gottes genannt wird.

Aber müssen wir deshalb sagen, daß der Sohn Gottes vor seinem Leben als Jesus in Gott war? Das sind höchst abstrakte Spekulationen.«

1980 strengte der Vatikan ein zusätzliches Verfahren gegen Schillebeeckx wegen eines Buches an, in dem er behauptete, die Christengemeinschaft könne sich im äußersten Notfall für die Durchführung des Abendmahls auch mit Laienpriestern behelfen. Am 13. Juni 1984 erließ Kardinal Ratzinger ein Ultimatum, in dem er seine These verwarf. Am 5. Juli 1984, wenige Wochen bevor Boff zurechtgewiesen wurde, ging Schillebeeckx mit dem General der Dominikaner, Damian Byrne, zu Ratzinger, um die Angelegenheit zu bereinigen. Er versprach, die Frage nach Laiengeistlichen in seinem nächsten Buch fallenzulassen. Die Botschaft der Konformität, die Johannes Paul II. und der Kardinal zu vermitteln wünschten, blieb bei den Priestern und Theologen der Kirche doch nicht ohne Wirkung.

Kardinal Ratzinger und Papst Johannes Paul II. waren ebenso entschlossen, in der nordamerikanischen Kirche Dissens zu unterdrücken wie in Europa und Lateinamerika.

1986 wurde Pater Charles Curran seines Lehrstuhls an der Katholischen Universität von Amerika in Washington D.C. enthoben. Am 8. März war auch Curran zu einer »Unterredung« mit Kardinal Ratzinger nach Rom gereist. Die Glaubenskongregation der römischen Kurie lehnte praktisch alle Ansichten Currans zur Sexualmoral ab. Curran behauptete, daß die Verwendung empfängnisverhütender Mittel und die Sterilisation nicht immer und überall falsch seien. Er empfahl der Kirche, die Scheidung anzuerkennen und feste Beziehungen zwischen Homosexuellen als »moralisch gerechtfertigt« zu akzeptieren.

Ratzinger forderte Curran auf, seine Position zu überdenken und zu widerrufen, wobei er ihm mit Lehrverbot drohte. Nach seiner Rückkehr in die Vereinigten Staaten weigerte sich Curran öffentlich, klein beizugeben. Daraufhin erhielt er im August einen Brief von der Glaubenskongregation, in dem man ihm mitteilte, daß er aufgrund seiner Abweichung von der Lehre des Vatikans als Theologieprofessor nicht länger geeignet oder tragbar sei.

Der Vatikan begann zudem die amerikanischen Bischöfe aufmerksam zu beobachten, um sicherzustellen, daß die Oberhäupter der einzelnen Diözesen keine gegenteiligen Positionen zu Themen bezögen, welche Johannes Paul II. für entscheidend hielt. Aus diesem Grund beauftragte der Vatikan im Dezember 1985 nach einer eingehenden Ermittlung gegen Erzbischof Raymond Hunthausen aus Seattle einen Hilfsbischof mit der Wahrnehmung der päpstlichen Interessen.

Hunthausen bekam Probleme mit dem Vatikan, als er es gestattete, daß der Gottesdienst von Mitgliedern der Schwulenorganisation Dignity abgehalten wurde, die im Unterschied zur kirchlich sanktionierten Organisation Courage nicht den Zölibat für katholische Homosexuelle befürwortete. Hunthausen hatte außerdem laisierte Priester zur Gestaltung der Messe eingesetzt. Er hatte beim U-Boot-Stützpunkt Bremerton am Puget Sound im US-Bundesstaat Washington an Anti-Atom-Protestaktionen teilgenommen und die Hälfte seiner Einkommensteuer mit der Begründung zurückbehalten, daß sie sonst für Kernwaffen verwendet würde.

Offiziell waren seine Anti-Atom-Aktivitäten nicht Gegenstand der Untersuchung. In der Tat war Hunthausen zu keiner Zeit darüber informiert worden, warum gegen ihn ermittelt wurde, wer ihn angeklagt hatte oder wie eigentlich die Beschuldigung lautete. Trotzdem wurde ihm nach zweijähriger Ermittlungsarbeit – mit einer dreizehnstündigen Befragung (die er als »peinliches Verhör« bezeichnete) – und Gesprächen mit siebzig Priestern, Nonnen und Laien in seiner Diözese ein Hilfsbischof mit »Sondervollmachten« für die Bereiche Liturgie, Rolle ehemaliger Priester, Ethik der Gesundheitspflege (einschließlich auf Homosexuelle bezogenen Themen), Seminarausbildung sowie Aufhebung von Ehen zur Seite gestellt.

Hunthausens Behandlung mißfiel vielen amerikanischen Bischöfen, und nach zwei Jahren wurde sein spezieller Beigeordneter in eine andere Diözese versetzt. Dennoch bestand der Vatikan darauf, der Diözese in Seattle einen Monsignore als Koadjutor zuzuordnen, und 1991 schied Hunthausen im Alter von siebzig Jahren aus dem Amt, fünf Jahre früher als üblich.

Die Politik der strengen Überwachung der Lehre gipfelte in einem schonungslosen Feldzug Johannes Pauls II. gegen den Jesuitenorden und dessen General Pedro Arrupe. Papst Wojtyła gebrauchte all seine Macht, um einen dem Gemeinwohl verpflichteten und intellektuell vortrefflichen religiösen Orden, der nicht in sein Bild von einer katholischen *reconquista* paßte, gefügig zu machen. Bevor er sich in Stillschweigen zurückzog, hatte Schillebeeckx einmal bemerkt: »Rom legt die Betonung auf die Wiederherstellung ›des Heiligen‹ und hierarchischer Strukturen. Mir scheint, daß man die Französische Revolution überspringen und gleich zum *Ancien Régime* der Sakralität zurückkehren will.«

Die Jesuiten *hatten* aber die Französische Revolution und all die anderen Umwälzungen der Neuzeit einschließlich denen von Marx, Freud und Einstein durchlaufen. Trotz Arrupes Wunsch, Johannes Paul II. gegenüber treu und loyal zu bleiben, war es unvermeidlich, daß sich zwischen dem Orden und einem Papst, der dem Neuzeitlichen mit großem Argwohn begegnete, eine tiefe geistige Kluft auftat. Wojtyła ist, wie er in seinem Buch *Die Schwelle der Hoffnung überschreiten* sagte, überzeugt, daß die Geschichte des Westens während der letzten dreihundert Jahre maßgeblich von »einem Kampf gegen Gott, von der systematischen Abschaffung alles Christlichen« geprägt wurde.

Pedro Arrupe teilte derart düstere Ansichten nicht. Er mochte nicht einmal das Wort *Krise* zur Bezugnahme auf die postkonziliare Ära gebrauchen. Ihn beunruhigte die Tatsache, daß die Zahl der Jesuiten schwand. »Ich fürchte«, sagte er, »daß wir den Problemen von morgen mit den Antworten von gestern begegnen, daß wir so reden, daß uns die Leute nicht mehr verstehen, daß wir uns einer Sprache bedienen, die Männern und Frauen nicht ins Herz geht. Wenn dies der Fall ist, dann reden wir zwar eine Menge, aber nur mit uns selbst. Tatsächlich wird uns keiner mehr zuhören, weil niemand verstehen wird, was wir zu sagen versuchen.«

Als Wojtyła Papst wurde, stand der Jesuitenorden bereits unter dem Beschuß traditionalistischer Kreise innerhalb der Kurie. Inmitten der Wirren der sechziger und siebziger Jahre tauchten die Jesuiten an allen theologischen Fronten auf: in jenen (Kirchen-)Niemandsländern, in denen die Menschen nach neuen Wegen suchten, die christliche Botschaft zu begreifen oder anzupassen. Jesuiten hatten die *Humanae Vitae* kritisiert, jene Enzyklika Pauls VI. (zu der Karol Wojtyła in entscheidendem Maße beigetragen hatte), die künstliche Methoden der Empfängnisverhütung verbot. Jesuiten, so auch der Herausgeber der französischen Zeitschrift *Études*, veröffentlichten Artikel, worin zu lesen stand, daß Abtreibung in manchen Fällen zulässig sei, da ein Embryo noch nicht als Person gelten könne. Der Jesuit Pater John McNeill gab seine homosexuelle Neigung zu und forderte, die Kirche müsse ihre Ansichten über Schwule ändern. In Lateinamerika fühlten sich Jesuiten zum Widerstand gegen alle Militärregime verpflichtet. Jesuiten wie auch Pater Arrupe selbst bestanden darauf, daß einige Elemente des Marxismus akzeptabel seien. José María Diez Alegría, ein Jesuitenprofessor an der Gregoriana, der päpstlichen Universität in Rom, bestritt die Unfehlbarkeit des Papstes und focht einige der kirchlichen Auffassungen von Sexualität an. Pater Vincent O'Keefe, einer von Arrupes Assistenten, hatte vorgeschlagen, die ablehnende Haltung der Kirche zur Geburtenregelung zu revidieren.

In den dreiunddreißig Tagen seines Pontifikats hatte Papst Johannes Paul I. die Zeit gefunden, eine deutliche Rede gegen die Jesuiten zu schreiben, worin er sie ermahnte, sich nicht mit wirtschaftlichen und politischen Problemen zu befassen, Disziplin zu üben und ein spirituelles Leben zu führen. »Jesuitische Lehren und Veröffentlichungen sollen nicht zu einer Quelle der Verwirrung und Fehlorientierung werden...«

General Arrupe ging nicht immer mit den Positionen konform, die einzelne Jesuiten bezogen. Bisweilen rügte oder bestrafte er sie, wobei er sich nach Direktiven aus dem Vatikan richtete. Er hatte jedoch große Achtung vor der Freiheit des Geistes und den Gewissensentscheidungen einzelner. Während einer Reise in die Vereinigten Staaten besuchte er den Jesuiten Daniel Berrigan im Gefängnis, wo dieser wegen der Vernichtung von Wehrdienstunterlagen im Vietnamkrieg eine Haftstrafe verbüßte. »Ich ging zu ihm, weil er nicht zu mir kommen konnte«, so die schlichte Antwort Arrupes auf die Frage nach dem Grund für diese Geste.

Ein Jahr nach seiner Wahl, am 22. September 1979, richtete Johannes Paul II. bei einer Audienz harte Worte an eine Gruppe jesuitischer Provinziale und ermahnte sie, nicht »der Versuchung des Säkularismus zu erliegen«.

Der Schwarze Papst (wie der General der Jesuiten seit jeher

bezeichnet wird) war sehr darauf bedacht, Papst Wojtyła seiner Loyalität zu versichern. (Wie der Papst, so war auch Arrupe ein Anhänger des heiligen Johannes vom Kreuz und seiner mystischen Dichtung.) Zwei Jahre später hingegen untersagte Johannes Paul II., entschlossen, diesen unbotmäßigen Orden wieder zur Räson zu bringen, Arrupe die Einberufung einer Generalkongregation – des Kongresses, auf dem der Jesuitenorden seine wichtigsten Entscheidungen fällt. Als Arrupe am 7. August 1981 einen Schlaganfall erlitt, entschloß sich Johannes Paul II. zu einem absolut beispiellosen Schritt in der vierhundertjährigen Geschichte der Gesellschaft Jesu.

Nunmehr gelähmt, hatte Arrupe den Amerikaner Vincent O'Keefe zum Vizegeneral des Ordens ernannt. In einem Brief vom 3. Oktober 1990 an die Provinziale kündigte O'Keefe eine Generalkongregation zur Wahl von Arrupes Nachfolger an. Drei Tage später traf der Staatssekretär des Vatikans, Casaroli, in der nur ein paar Schritte vom Petersdom entfernt gelegenen Jesuitenkurie ein und bat um eine private Unterredung mit Arrupe. Selbst Pater O'Keefe wurde gebeten, den Raum zu verlassen, wo der gelähmte Arrupe aufrecht auf einen Stuhl gebettet saß. Casaroli händigte ihm eine Botschaft des Papstes aus und ging nach wenigen Minuten.

Als O'Keefe das Zimmer wieder betrat, sah er einen gebrochenen Mann. Der General weinte und konnte nur auf den päpstlichen Brief deuten, der auf einem Tischchen lag. Der Papst hatte die Einberufung der Generalkongregation verboten und die Verfassung der Gesellschaft aufgehoben. Um den Jesuiten die Kandare anzulegen, ernannte Johannes Paul II. mit dem achtzigjährigen Pater Paul Dezza seinen eigenen »persönlichen Delegierten« und mit Pater Giuseppe Pittau einen Koadjutor.

Am 2. September 1983 wählte die von Dezza vorbereitete Generalkongregation der Jesuiten den Niederländer Hans Peter Kolvenbach, der nicht so sozial engagiert war wie viele seiner Vorgänger, zum General.

Pedro Arrupe starb 1991.

Als Johannes Paul II. vier Jahre später die vierunddreißigste Generalkongregation eröffnete, die in Rom tagte, um die vorrangigen Probleme des Ordens zu erörtern, ermahnte er die Jesuiten abermals, theologische Forschungsarbeit »in gelehrsamer Übereinstimmung mit den Richtlinien des Magisteriums« zu leisten. Bei seiner Ansprache vor jesuitischen Delegierten aus aller Welt hielt der Papst es für notwendig, zu betonen, daß »ihr gut aufpassen müßt, damit die Gläubigen nicht durch zweifelhafte Lehren, Veröffentlichungen oder Reden fehlgeleitet werden, die in offenem Widerspruch zu Glaube und Sittenlehre der Kirche stehen«.

Die große Synode

Am 25. Januar 1985, auf den Tag genau zwanzig Jahre nach dem Ende des Zweiten Vatikanischen Konzils, ging Papst Johannes Paul II., von sieben Kardinälen begleitet, zur alten Basilika von San Paolo fuori le mura (»Sankt Paul jenseits der Mauern«). Auf dem Terminplan für diesen Tag war als festlicher Abschluß einer Gebetswoche für die Einheit der Christen ein Gottesdienst vorgesehen. Anwesend waren Vertreter der anglikanischen, orthodoxen und lutherischen Kirche, der Episkopalkirche, der waldensischen und der methodistischen Kirche. Sie hörten den Papst sagen, daß man »Einheit nicht mit einer Gleichschaltung der individuellen Wesenszüge aller rechtmäßigen christlichen Traditionen verwechseln darf«. Dann machte Johannes Paul II. eine unerwartete Ankündigung: Zwanzig Jahre nach dem Ende des Vatikanischen Konzils habe er beschlossen, eine außerordentliche Bischofskonferenz – eine Synode – einzuberufen, um die Auswirkungen des Zweiten Vatikanums auf das Leben der katholischen Kirche zu erörtern.

Diese Synode werde vom 25. November bis zum 8. Dezember 1985 abgehalten, und Teilnehmer seien die Patriarchen der Ostkirchen sowie die Vorsitzenden aller Bischofskonferenzen aus der ganzen Welt. Der Papst machte eine persönliche Bemerkung: »Für mich als jemand, dem die besondere Gnade zuteil wurde, daran teilzunehmen und aktiv an seiner Gestaltung mitzuwirken, war und ist das Zweite Vatikanische Konzil, insbesondere in diesen Jahren meines Pontifikats, der feste Bezugspunkt für meine gesamte Tätigkeit als Oberhirte.«

Der für die Ankündigung gewählte Ort – San Paolo fuori le mura – war symbolträchtig: In jenem Kloster hatte Papst Johannes XXIII. am 25. Januar 1959 der Welt seine Absicht zur Einberufung eines ökumenischen Konzils mitgeteilt.

Der Legende zufolge soll Johannes XXIII. die Nachricht vom Konzil durch eine Art glücklicher Eingebung bekanntgegeben haben. In der Tat hatte er lange über das Vorhaben nachgedacht. Wojtyłas plötzlicher Umschwung war ähnlich gut vorbereitet. Am 21. Januar hatte Johannes Paul II. schon einen vollständigen vorläufigen Arbeitsplan aus der Hand von Bischof Jósef Tomko, dem Ständigen Generalsekretär der Synode, erhalten. Am 26. Januar veröffentlichte Tomko im *Osservatore Romano* einen langen Artikel, in dem er die Grenzen der Versammlung absteckte: »Die Synode ist weder das Konzil, noch ist sie ein Konzil im Kleinformat.«

Trotz der für gewöhnlich langsam mahlenden Mühlen der Kurienbürokratie erfolgten die Vorbereitungen für die Synode im Eiltempo. Schon am 14. März versammelten sich in Rom die Mitglieder der amtierenden Körperschaft der Synode und wurden vom Papst am folgenden Tag zu einer Audienz empfangen. Johannes Paul II. legte die ihnen zugedachte Marschroute dar. Er sprach von der Notwendigkeit, unauthentische Auslegungen des Zweiten Vatikanums zu verwerfen – sowohl jene, die auf einer falsch verstandenen Traditionsbindung beruhten, als auch jene, die das Konzil ersuchten, »die Priesterehe, die Frauenordination und dergleichen mehr« zu billigen. Die Lehren des Zweiten Vatikanums, so betonte der Papst, stünden nicht zur Diskussion.

»Die postkonziliare Ära ist es, welche es zu überdenken gilt«, sagte er.

Nun begann für Johannes Paul II. eine der dramatischsten Kraftproben seines Pontifikats. Die »irrigen« Positionen, die er zu bekämpfen suchte, waren nicht vorrangig jene der fanatischen Bewunderer der präkonziliaren Kirche wie etwa des rebellischen französischen Bischofs Marcel Lefebvre, der für die lateinische Messe eintrat und das Zweite Vatikanum als ketzerisch brandmarkte. Der Papst erkannte den wahren Feind im Trend, das Konzil als einen Ausgangspunkt für weitere Veränderungen innerhalb der Kirche zu betrachten. Die wirklichen Gegner waren die Theologen und Bischöfe, welche die Kirche durch Überlassung erweiterter Machtbefugnisse an die Bischofskonferenzen demokratisieren wollten. Die wirklichen Feinde waren Katholiken, die einem Überdenken der Sexualmoral aufgeschlossen gegenüberstanden, die einen neuen Platz für Frauen in der Kirche befürworteten und die argumentierten, daß die Kirche noch etwas von der modernen Welt lernen müsse.

Auf einer seiner Pressekonferenzen im Flugzeug hatte Johannes Paul II. vor Journalisten geäußert: »Ich denke nicht, daß die hohen Kardinäle wußten, was für eine Persönlichkeit ich bin und welches Papsttum sie deshalb bekommen sollten.« Nun endlich würde es jeder erfahren.

Die Vorbereitungen waren noch im Gange, als Kardinal Ratzinger vor Ort erschien. Der Präfekt der Glaubenskongregation sprach offensichtlich für den Papst, als er sagte:

> Die letzten zehn Jahre waren ausgesprochen ungünstig für die katholische Kirche ... was die Päpste und Konzilväter erwarteten, war eine neue katholische Einheit, und statt dessen begegnete man einem Dissens, der sich – um die Worte Pauls VI. zu gebrauchen – von Selbstkritik in Selbstzerstörung gewandelt hat. Es hatte die Erwartung einer neuen Begeisterung gegeben, doch allzuoft hat sie in Langeweile und Mutlosigkeit geendet. Man hatte erwartet, einen Schritt nach vorn zu tun, und statt dessen sah man sich einem fortschreitenden Prozeß der Dekadenz gegenüber, die sich maßgeblich unter dem Einfluß des Rufes nach einem vermeintlichen »Geist des Konzils« breitgemacht hat und dieses erst dadurch wirklich und in zunehmendem Maße diskreditiert hat.

Die endlosen Hinweise auf diesen Geist erzürnten Ratzinger. Er sah darin das Aufkeimen eines *Konzilsungeistes*, einen konziliaren Dämon oder »Antigeist«.

Dieses düstere Bild, wie Ratzinger es zeichnete, fand sich in einem Büchlein des italienischen Schriftstellers Vittorio Messori mit dem Titel *Bericht über den Glauben*, das im Mai 1985 erschien. Eilends in vielen Sprachen übersetzt, wurde es später in *Der Ratzinger-Report* umbenannt.

Mit dem Buch hatte es eine ungewöhnliche Bewandtnis. Messori, der für die religiöse Zeitschrift *Jesus* schrieb, hatte ein Interview mit dem Kardinal geplant. Im Frühjahr 1984 hatte Messoris Verleger Ratzinger über die Möglichkeit informiert, das geplante Interview in Buchform herauszugeben. Der Kardinal blieb eine Antwort schuldig. Dann erhielt Messori aus heiterem Himmel die Einladung, sich am 15. August im Südtiroler Städtchen Brixen am Fuße der Alpen einzufinden.

Dort, im bischöflichen Seminar, begegnete Messori einem ganz anderen Ratzinger als jenem harten teutonischen »Panzerkardinal«, schrieb Messori, »eine asketische, jedoch ganz menschliche Person; er konnte lächeln und Witze erzählen. Er war gekleidet wie ein einfacher Geistlicher, ohne das Brustkreuz, das alle Bischöfe tragen.«

Die drei Tage, die Messori mit Ratzinger verbrachte, lieferten eine systematische Übersicht über alle Probleme der heutigen Kirche. Das von Ratzinger entworfene Bild war schonungslos und alarmierend. Seiner Ansicht nach verloren die Gläubigen allmählich jedes echte Gefühl von der Kirche »als einer mysteriösen, übermenschlichen Realität«. Er betrauerte den Niedergang des Gehorsamkeitsprinzips sowie den Verlust einer sakramentalen und hierarchischen Vision der Kirche. Er beklagte die wachsenden Zweifel an jedem Aspekt der Lehre, insbesondere an der realen Gegenwart Christi beim Abendmahl, der ewigen Jungfräulichkeit Marias, der leiblichen Auferstehung Jesu und der Auferstehung des Leibes, wie es allen Menschen am Ende der Zeit verheißen ist.

Ratzinger war gnadenlos pessimistisch. »In der Kultur der ›entwickelten‹ Welt«, sagte er, »ist das unauflösliche Band zwischen Sexualität und Mutterschaft zerrissen worden. Abgetrennt von der Mutterschaft, ist Sex entwurzelt worden und hat seinen Bezugspunkt verloren ... Mutterschaft und Jungfräulichkeit (die zwei erhabensten Werte, in denen [die Frau] ihre tiefste Berufung erkennt) haben sich zu Werten gewandelt, die im Gegensatz zu den vorherrschenden stehen.« Und er fügte hinzu: »Auch ist eine feministische Mentalität in religiöse Frauenorden eingezogen. Dies tritt, selbst in seinen extremsten Formen, am deutlichsten auf dem nordamerikanischen Kontinent zutage.«

Ratzinger erhob den Vorwurf, daß »der Schaden, den wir in

diesen zwanzig Jahren erlitten haben, nicht dem ›wahren‹ Konzil anzulasten ist, sondern der Entfesselung latent polemischer und zentrifugaler Kräfte innerhalb der Kirche; und außerhalb der Kirche ist es die Konfrontation mit einer Kulturrevolution im Westen: der Erfolg der oberen Mittelschicht, der neuen ›tertiären Bougeoisie‹ mit ihrer liberalradikalen, von Individualismus, Rationalismus und Hedonismus geprägten Ideologie.«

Der *Ratzinger-Report* alarmierte Protestanten, die einen Dialog mit dem Vatikan begonnen hatten, und wurde innerhalb der Kirche als eine Reflexion der düstersten Gedanken des Papstes gelesen. Auf der Grundlage der folgenden Sätze des Kardinals prägten einige Beobachter den Begriff von »Wojtyłas Restauration«:

> Wenn wir unter Restauration die Suche nach einem neuen Gleichgewicht nach all den Übertreibungen einer kritiklosen Öffnung zur Welt, nach den allzu positiven Auffassungen einer agnostischen und atheistischen Welt verstehen, dann ist eine in diesem Sinn verstandene Restauration (ein neu gefundenes Gleichgewicht aus Orientierungen und Werten innerhalb der katholischen Gesamtheit) insgesamt wünschenswert und daher in der Kirche bereits in Arbeit. So gesehen läßt sich sagen, daß die erste Phase nach dem Zweiten Vatikanum nunmehr abgeschlossen ist.

Ein Mann forderte öffentlich den Präfekten der Glaubenskongregation heraus: der Erzbischof von Wien, Franz König, der Papstmacher in dem Konklave, das Johannes Paul II. wählte. Unmittelbar vor Beginn der Synode erschien ein seitenlanges Interview mit König, das der italienische Journalist Gianni Licheri geführt hatte. »Die Betonung auf das Wort *wiederherstellen* zu legen«, sagte König,

> klingt stark nach Nostalgie für die Vergangenheit. Die Kirche der Vergangenheit betrachtete alles Neue in der Geschichte mit Angst. Sie fühlte sich der Welt entrückt, die sie selbst als böse ansah. Das Konzil hat derartige Standpunkte umgekehrt und die Offenheit, wie wir sie heute zur Ge-

schichte haben, den Nichtchristen, der ökumenischen Bewegung, gebracht...

Wie könnten wir auch nur an ein Gefühl der Angst denken, welches die Kirche dazu brächte, daß sie es bedauert, sich damals geöffnet zu haben, und erneut die Waffe der Verdammnis aufzugreifen? Die Kirche muß vorwärtsgehen.

Für König war eine der größten Errungenschaften Pauls VI. die Einrichtung von drei vatikanischen Sekretariaten, die sich im Dialog mit anderen christlichen Kirchen, nichtchristlichen Religionen und Nichtgläubigen üben sollten. Sie ermöglichten es der Kirche, der Menschheit, wie sie war, zu begegnen.

Männer der Kirche reden fast unweigerlich in der Sprache der Erinnerung. Um die Probleme von heute anzugehen, machen sie kräftig Anleihen bei Zitaten von gestern: Texte aus der Bibel, Passagen von den Kirchenvätern, Zeilen früherer Päpste. Um Ratzinger und den hinter ihm stehenden Mann im Vatikan zu konfrontieren, zitierte König die berühmte Rede, mit der Johannes XXIII. das Vatikanische Konzil eröffnet hatte. Bei dieser Gelegenheit hatte Papst Johannes seine Stimme »gegen die Propheten der Düsterkeit, die uns immer ominösere Ereignisse ankündigen, als ob das Ende der Welt bevorstünde«, erhoben.

Nach dem Zweiten Vatikanum hatten die Bischofskonferenzen als Gegenkraft zur monarchischen Regierung der römischen Kurie zu agieren begonnen. Ratzinger fuhr einen harten Kurs gegen die Tendenz zur Gewaltenteilung in der Kirche. König konterte: »Vor dem Konzil galten die Bischöfe gerade mal als Funktionäre des Papstes.«

Die beiden Kardinäle waren noch in einem anderen Punkt geteilter Meinung. Nach dem Zweiten Vatikanum hatte man den alten Katechismus des Konzils von Trient ad acta gelegt und die Bischofskonferenzen dazu ermutigt, ihre eigenen Handreichungen abzufassen und die Verkündigung des katholischen Glaubens an die kulturelle Situation in ihren jeweiligen Ländern anzupassen. Papst Wojtyła zeigte sich hierdurch alarmiert, denn er sah Gefahr im Verzug, daß ketzerische Meinungen das katholische Dogma unterlaufen könnten.

»Es war ein Fehler, damit zu beginnen, und ein schwerer, den

Katechismus zu unterdrücken und für veraltet zu erklären«, meinte Ratzinger. Damit schlug er indirekt vor, man solle zu einer im Vatikan ausgearbeiteten Dienstvorschrift zurückkehren, in der die Kernpunkte des Glaubens dargelegt sein würden. König widersprach: »Diese [Art von] Katechismus diente der Vergangenheit; heute müssen wir auf die Zukunft blicken.«

Die beiden Kontrahenten hatten viele versteckte Anhänger, obgleich es, wie üblich, innerhalb der katholischen Kirche kein Bischof je zugeben würde, daß zwei Kardinäle einander so erbittert bekämpften. Die Etikette verlangte, daß es von jedem nur heißen durfte, er bringe lediglich seine Meinung zum Ausdruck. Johannes Paul II. sagte zu einem Journalisten, Ratzingers Buch gebe nur die Ansicht des Kardinals wieder. Aber das war unaufrichtig: Der Papst hatte das Manuskript schon vorab gelesen und für sehr gut befunden. Sein Sekretär Dziwisz hatte den Verfasser Messori beglückwünscht.

Vor allem im Westen waren die katholischen Bischöfe zumeist über die gleichen Vorkommnisse besorgt: die rückläufigen Besucherzahlen beim Gottesdienst, die Überalterung des Klerus, den rapiden Schwund von Priestern, Nonnen und anderen Mitgliedern religiöser Orden, die nachlassende Bekenntnistreue der Gläubigen, die tiefgreifenden Veränderungen im moralischen Denken innerhalb der Gesellschaft selbst. Viele Bischöfe waren bereit, Königs Aussage »Die Kirche muß nach vorn gehen und den Geist des Konzils erneuern« zu unterschreiben; zugleich aber teilten sie einige Befürchtungen Ratzingers. Er hatte einen wunden Punkt berührt, als er sagte, die Kirche könne weder ein Klub noch eine Partei oder ein Verein sein. Sie müsse die ›Kirche des Herrn als ein Ort der wirklichen Gegenwart Gottes in der Welt‹ bleiben. Die Menschen horchten auf, als Ratzinger sagte, daß sie niemals das Bewußtsein für einen wesentlichen Kern des Glaubens verlieren dürften, welcher in einer großen Synthese des Credos, des Vaterunsers, der Zehn Gebote und der Sakramente verankert ruht.

Bei den Vorbereitungen zur Synode hofften die Bischöfe, die Einheit der Kirche zu stärken. Dennoch kristallisierten sich rasch zwei polarisierende Themen heraus: Wie sollte die Machtbeziehung zwischen den Bischofskonferenzen und der Kurie aussehen, und wie seien die zwei Jahrzehnte Kirchengeschichte seit dem Zweiten Vatikanum zu interpretieren?

Am 1. April hatte das Sekretariat der Synode an alle Bischofskonferenzen einen Fragebogen verschickt, um ein Arbeitspapier für die Versammlung vorbereiten zu können. Die Bischöfe wurden gefragt, was in ihren Diözesen unternommen worden sei, um die Bekanntheit und Akzeptanz des Konzils zu fördern, welche positiven Auswirkungen es gehabt habe, welche Irrtümer und Mißbräuche in der Folge aufgetreten seien, welcher Abhilfen man sich bedient habe und welche künftigen Schritte bei der weiteren Anwendung seiner Lehren nützlich seien.

Kaum trafen die ersten Antworten ein, lag in der Luft ein Hauch von Schießpulver.

Die englischen Bischöfe unter ihrem Wortführer Kardinal Basil Hume eröffneten den Schlagabtausch. In ihrem offiziellen Antwortschreiben vom Juli an den Vatikan griffen sie den »Zentralismus Roms« in der Liturgie, bei der Ernennung von Bischöfen sowie bei manchen dogmatischen Interventionen an. Mit ungewöhnlicher Offenheit beschuldigten sie den Vatikan des Mißmanagements seiner Bank IOR, die von Monsignore Paul Marcinkus, einem engen Mitarbeiter Johannes Pauls II., geleitet wurde. Die Sprache des Dokuments ließ britisches Understatement erkennen: »Wir neigen zu der Auffassung, daß es an einer klaren Darlegung der Geschäfte des Heiligen Stuhls mangelt.« Schließlich forderten die englischen Bischöfe eine Revision der Arbeitsweise der alle drei Jahre stattfindenden Synode – eine elegante Methode, sich darüber zu beklagen, daß ihre Funktion unmaßgeblich sei. Das Dokument wurde veröffentlicht, was für einige Irritationen im Vatikan sorgte.

Die amerikanischen Bischöfe hieben in die gleiche Kerbe wie ihre englischen Kollegen. Bischof James Malone, der Vorsitzende der amerikanischen Bischofskonferenzen, konstatierte: »Ich teile nicht die Ansicht, daß die Bischofskonferenzen keine zu große oder aktive Rolle im kirchlichen Leben spielen sollten.« In scharfem Ton attackierte Malone Ratzinger (ohne ihn natürlich namentlich zu nennen): »Die Propheten der Düsterkeit, von denen Johannes XXIII. sprach, sind noch immer zahlreich unter uns. Sie behaupten gern, daß die letzten zwei Jahrzehnte nichts als Auflösung und Zerfall gezeigt hätten und daß die Kirche nur durch die Rückkehr zu irgendeinem früheren, fiktiven Goldenen Zeitalter gerettet werden könne. Zwar hege ich Sympathien für ihre zweifellos aufrichtige Überzeugung, dennoch glaube ich, daß wir weder ihre Diagnose noch ihre Rezepte akzeptieren können.«

Auch das Vorbereitungsdossier der amerikanischen Bischöfe wurde publik gemacht. Wenige Tage darauf gab das vatikanische Staatssekretariat eine geheime Order an die Nuntien (päpstliche Botschafter) in aller Welt heraus, den Bischöfen ihrer Länder aufzutragen, daß diese ihre Antworten auf den Fragebogen des Heiligen Stuhls nicht veröffentlichen sollen. Im Vatikan wurde man nervös.

Die kanadischen und holländischen Bischöfe beugten sich allerdings dem Druck nicht. Die Niederländer forderten den Vatikan direkt heraus: »Praktiziert der Heilige Stuhl in ausreichendem Maße die Kollegialität, die er von anderen fordert?« Als autoritäres Verhalten verurteilten die Bischöfe öffentlich die Aufbürdung der *Humanae Vitae*, jener Enzyklika Pauls VI., in der er zur Empfängnisverhütung Stellung nahm. Darüber hinaus prangerten sie die Einmischung der Nuntien in die Angelegenheiten der Landeskirchen an. Den holländischen Bischöfen zufolge stellten die Nuntiaturen keinen Ersatz für den direkten Kontakt zwischen den Bischöfen und dem Heiligen Stuhl dar.

Die Kanadier waren noch schroffer. Ihr Dokument griff in barschem Ton die zunehmende Tendenz der Kurie zu Zentralisierung und Uniformierung an. Als Gegenmaßnahme baten die kanadischen Bischöfe den Papst um die Schaffung einer ständigen Synode mit angemessenen Befugnissen und Verantwortlichkeiten für eine echte Führung. Belgien signalisierte Unterstützung des kanadischen Begehrens. Die belgischen Bischöfe hofften auf eine erweiterte Zuständigkeit der Synode. Selbst wo die Prälaten – wie in Frankreich oder Spanien – vorsichtiger waren, wurde unverhohlen Kritik an der Kurialbürokratie geübt.

Im Vatikan sorgte dieser massive Ruf nach einer Machtminderung der Kurie für reichlich Unmut. Ein dem Papst sehr nahestehender Theologe, Hans Urs von Balthasar, kommentierte: »Sie treffen Ratzinger und meinen den Papst.« Auch die päpstlichen Hardliner versäumten nicht, ihre Stimme zu erheben. Monsignore

Antonio Quarracino, der Vorsitzende der lateinischen Bischofskonferenz und ein erbitterter Gegner der Befreiungstheologie, berief sich gar auf Satan, »der seine Anstrengungen verdoppelt hat, um in der Kirche eine Atmosphäre der Ungewißheit und Unruhe zu schaffen«.

Johannes Paul II. gefielen solche Worte. Stets hatte er den Gläubigen Wachsamkeit eingeschärft gegen den »Großen Drachen, die Alte Schlange, jenen, den wir den Teufel und Satan nennen und der die gesamte Erde verführt«. Mehr als einmal hatte er erklärt, daß »die Pforten der Hölle nicht obsiegen werden, wie der Herr gesagt hat. Doch dies bedeutet nicht, daß wir von Heimsuchungen des Bösen und Kämpfen gegen das Böse ausgenommen sind.«

Papst zu sein hieß für Karol Wojtyła, Gehorsam zu fordern – und jeden Versuch, die ihm von der römisch-katholischen Tradition verliehene höchste Macht zu beschneiden, abzuschmettern. Als Johannes Paul II. kurz vor der Synode zu seinem ersten Besuch in Holland eintraf, sah er sich unmittelbar durch seine eigene Kirche herausgefordert.

Seiner Ankunft vorausgegangen war ein heftiger Streit um die Ernennung des neuen Bischofs der Diözese von Den Bosch. Der Papst hatte einen Mann bestimmt, der weit abseits der demokratischen und reformistischen Tendenzen des holländischen Katholizismus stand, was die Leute auf den Straßen zu Demonstrationen veranlaßte.

Als seine Hollandreise den Papst nach Den Bosch führte, entging ihm nicht, daß Gläubige wie Geistliche überwiegend zornig waren. In ihren Augen war der neue Bischof Jan Ter Schure viel zu konservativ, das krasse Gegenteil seines Vorgängers Wilhelmus Bekkers, der zuweilen »der Papst Johannes der Niederlande« genannt worden war. Vor allem aber fühlten sich Hollands Katholiken geprellt, daß man ihren Sinn für Fairneß verletzt hatte: Gemäß alter Tradition hatte das aus ranghohen Geistlichen zusammengesetzte Domkapitel von Den Bosch dem Papst eine Liste mit drei Kandidaten zukommen lassen, von denen er einen hätte auswählen sollen. Johannes Paul II. verwarf alle drei Namen und drängte der Diözese Jan Ter Schure auf. Damit setzte er sich über ein altes demokratisches Relikt in der katholischen Kirche hinweg. Als der Papst zu Ter Schures Investitur kam und eine Prozession zu Ehren der Jungfrau anführte, fand er die Straßen in stillem Protest nahezu menschenleer vor.

In seiner Predigt versuchte Johannes Paul II. seine Wahl zu begründen: »Ich weiß, daß Sie in den vergangenen Wochen eine schwierige Zeit durchgemacht haben. Einige Bischofsernennungen der letzten Zeit haben manche von Ihnen tief getroffen.« Die Kälte unter den Zuhörern während seiner Rede in der gotischen Kathedrale war deutlich spürbar. »Jedesmal, wenn er einen Bischof ernennt, versucht der Papst das Leben der örtlichen Kirche zu verstehen. Er sammelt Informationen und sucht Rat. Sie werden verstehen, daß Meinungen mitunter gespalten sind. In der abschließenden Bewertung muß der Papst letztlich die Entscheidung treffen.«

Vielleicht zum erstenmal war ein Papst der Neuzeit gezwungen, sich zu rechtfertigen. Johannes Paul II. räumte sogar ein, betrübt zu sein: »Brüder und Schwestern, seid versichert, daß ich aufmerksam zugehört und gebetet habe. Und ich habe die Person ernannt, die ich vor Gott am geeignetsten für dieses Amt hielt.« Die Mehrzahl der holländischen Katholiken war darüber nicht gerührt.

Am Morgen des 24. November, eines Sonntags, trat eine Prozession von über vierhundert Patriarchen, Kardinälen und Bischöfen aus dem Schatten der Bernini-Kolonnaden auf den freien Petersplatz. In Zweierreihen waren sie direkt aus dem Vatikanspalast gekommen. Sie waren die Scala Regia (Königstreppe) hinabgestiegen und schritten nun nach Passieren der Bronzetür auf den Dom zu.

In lange, weiße Bischofsgewänder gehüllt, folgten sie langsamen, gemessenen Schrittes dem Kreuzesträger, jeder in der Hand ein Büchlein mit dem eigens für die Synode verfaßten Gebet: »Herr Jesus, erleuchte Deine Kirche, auf daß sie keinen anderen Wunsch haben möge, als Deine Stimme zu hören und Dir nachzufolgen. Wache Du über die Hirten Deiner Kirche.« Auf dem fast menschenleeren Platz schienen aus einiger Entfernung die weißen Bischofsmützen und goldbestickten Gewänder, die sich leuchtend von dem dunklen Pflaster abhoben, sachte im leichten Wind zu schwanken.

In seiner Predigt beschwor Johannes Paul II. das geistliche Klima des Konzils und den Reichtum seiner Lehren: »In den kommenden zwei Wochen werden alle Synodalväter, von denen viele persönlich die außergewöhnliche Gnade des Konzils miterlebt haben, erneut mit dem Konzil gehen, um die Atmosphäre jenes großen Ereignisses wiederaufleben zu lassen.« Die spezifischen Themen der Synode sprach er nicht an, doch bei einer Gelegenheit hatte er sich bereits in scharfer Form geäußert: Am Vorabend der Eröffnungsfeier fand im Vatikan eine besondere Zusammenkunft der Kardinäle statt. Im Verlauf einer Diskussion über die Neuorganisierung der Kurie hatte er betont, daß sie als ein Instrument des Papstes durch absoluten Gehorsam an ihn gebunden sei. Er bezeichnete jene Kritiker als »irregeleitet«, welche die Kurie als eine Parallelmacht oder als eine Art Barriere zwischen dem obersten katholischen Hirten und seiner Herde ansahen.

Die eigentliche Arbeit der Synode begann am Montag mit dem Einführungsreferat von Kardinal Godfried Danneels aus Brüssel, das dieser den hundertneunundfünfzig Synodalvätern vortrug, die ihre Plätze in der Synodalhalle des Vatikans einnahmen. Im einzelnen waren dies dreizehn Patriarchen der Ostkirchen, drei Vertreter der religiösen Orden, alle Kongregationsvorsteher der Kurie sowie zwanzig Mitglieder, die der Papst kraft seiner eigenen Autorität ernannt hatte.

Die Halle stieg in halbkreisförmigen Rängen wie ein griechisches Theater der Antike an. Auf Höhe der untersten Reihe saßen die Bischöfe einem Tisch gegenüber, an dem drei Kardinäle den Vorsitz über die außerordentliche Versammlung führten. Unten saß, alles überschauend, auch Johannes Paul II.

Man stelle sich ein Parlament vor, das alle drei Jahre tagt, jedoch über keine gesetzgebende Macht verfügt, nicht seine eigene Tagesordnung aufstellen kann, kein Recht hat, ohne Erlaubnis des Regenten über eine Petition abzustimmen, und das nur eine Möglichkeit hat: seine Ansicht über die Art und Weise vorzutragen, wie seine eigene Gemeinde momentan regiert wird. Man stelle sich die Abgeordneten dieses Parlaments vor, denen nur wenige Tage Zeit bleiben, um sich vor allen anderen zu äußern, und das mit dürftigen Möglichkeiten zum zwanglosen Gedankenaustausch. Es überrascht nicht, daß die Synodalen mit Feuereifer in die Debatte einstiegen. Die fünfzehn Reden, die sodann in den ersten Stunden der Synode folgten, zeichneten ein üppiges Bild der abzuhandelnden Themen, von den Absichten der Protagonisten und von den Spannungen, die sich durch die Versammlung hinzogen.

Kardinal Juan Landazuri Rickett aus Peru gestand, daß das Konzil in seinem Land weitgehend unbekannt sei. Dessen Schriften seien entweder nicht bekannt oder hätten sich kaum auf das Alltagsleben ausgewirkt. Für reformmüde Geistliche sprechend, behauptete er: »Es gibt solche, die meinen, man müsse alles von Grund auf neu machen; sie gehen über das Konzil hinaus, legen ihm Dinge in den Mund, die nie gesagt wurden, oder benutzen das Konzil in unfairer Weise zur Rechtfertigung eigener Ideen und Initiativen.«

Der koreanische Kardinal Stefan Kim widersprach Rickett: »*Aggiornamento* in der Kirche ist eine fortwährende Arbeit. Die Reform der Kirche ist nicht in zwanzig Jahren abgehandelt.« Dann versetzte Kim der Kurie einen ersten Schlag und verwies auf die Gefahr, daß »starre, von der Sehnsucht nach Stabilität diktierte Auslegungen« die Kreativität örtlicher Kirchen ersticken könnten.

Kardinal Eugenio Araujo Sales aus Brasilien, einer der Gefolgsleute des Papstes, entgegnete: »Ohne Petrus können die Bischöfe nicht die Einheit der Kirche erhalten. Ohne gültigen Dialog mit dem Papst sind sie Uneinigkeit, Ketzerei und Abtrünnigkeit vom Glauben ausgesetzt.«

Viele Delegierte fühlten sich wie Vasallen behandelt. Der südafrikanische Bischof Denis Eugene Hurley vertrat die Auffassung, daß in Beziehungen zwischen dem Heiligen Stuhl und den örtlichen Kirchen das Subsidiaritätsprinzip gelten müsse, mit anderen Worten: Die römische Kurie sollte nicht bei Angelegenheiten intervenieren, welche die lokalen Gemeinden allein lösen könnten.

Am Schreibtisch des Präsidenten sitzend, hörte Johannes

Paul II. schweigend zu, das Kinn in die Hand gestützt. Er lenkte oder kontrollierte die Debatte nicht. Hin und wieder machte er sich Notizen, schloß die Augen, den eigenen Gedanken folgend oder in schweigendem Gebet vertieft. Nie gab er einen Kommentar ab. Nicht einmal, als der ukrainische Bischof von Winnipeg, Maxim Hermaniuk, ein bei Diskussionen in der katholischen Kirche so selten gehörtes Wort auszusprechen wagte: Macht. »Am Ende jeder Synode haben die Bischöfe festgestellt, wie völlig unangemessen ihre Situation ist, und sie haben ihren starken Wunsch bekundet, die Synode mit der Macht zur Gesetzgebung ausgestattet zu sehen«, meinte der Bischof. Doch änderte sich dadurch nichts.

Die Vorbereitungen für die Synode mußten unter enormem Zeitdruck durchgeführt werden. Rund sieben Monate waren seit der Verschickung des Fragebogens bis zur Eröffnung der Versammlung verstrichen. Dadurch blieb, wie der Papst sehr wohl wußte, den katholischen Gemeinden in aller Welt so gut wie keine Zeit, eingehend über die Auswirkungen des Konzils zu beraten oder Vorschläge auszuarbeiten. In vielen Fällen hatten die Bischöfe kaum Gelegenheit zu einer persönlichen Begegnung. Die Gläubigen und die diversen katholischen Verbände hatten bei diesem maßgebenden Vorhaben, der Bewertung einer der größten religiösen Revolutionen des zwanzigsten Jahrhunderts – des Zweiten Vatikanischen Konzils –, kein praktisches Mitspracherecht gehabt.

Entgegen früheren Anlässen hatten die Bischofskonferenzen nicht einmal bei der *lineamenta*, dem zur Vorbereitung jeder Synodalversammlung herausgegebenen Arbeitspapier, mitwirken können. Und so fanden die Bischöfe das Einführungsreferat von Kardinal Danneels erst knappe vierundzwanzig Stunden vor Eröffnung der Versammlung in ihren römischen Unterkünften vor. Schließlich hatte man die Synode auf ungewöhnlich knappe zwei Wochen terminiert.

Ein solches Eiltempo war nicht für jeden von Nachteil. Es schränkte die Bildung von Gruppen ein, wodurch das vorgeplante Ergebnis der Beratungen womöglich anders ausgesehen hätte. Andererseits machte es für die Mitarbeiter des Papstes leichter, die Synode in Richtung auf seine Wunschziele zu lenken. Die Veteranen des Zweiten Vatikanums waren sich sehr wohl darüber im klaren, daß jeder, der bestehende Strukturen reformieren oder neue Ideen einbringen will, Zeit braucht, um Allianzen unter den Bischöfen zu schmieden und um die öffentliche Meinung innerhalb wie außerhalb der Kirche zu sensibilisieren.

Die Plenardebatte dauerte vier Tage. Im Verlauf von acht Sitzungen ergriffen hundertsiebenunddreißig Bischöfe und Kardinäle das Wort. Andere Reden wurden in Schriftform unterbreitet. Es war eine ungeheure Gewissensprüfung für die Führer einer Gemeinschaft von neunhundert Millionen Gläubigen, deren überwiegende Mehrheit von der Synode jedoch kaum Notiz nahm.

Wer allerdings die Debatte im Plenum verfolgt hätte, dem wäre nicht entgangen, daß gerade die vom Papst mit leitenden Ämtern im Vatikan betrauten oder ihm langjährig verbundenen Personen oft besonders hart über die in den Jahren nach dem Konzil aufgetretenen Irrtümer und Probleme urteilten.

Der polnische Bischof Jerzy Strzoba lenkte die Aufmerksamkeit der Synode auf die Krise der europäischen Zivilisation und die »falschen Auslegungen« der Theologen, die, wie er behauptete, eine verbindliche Anwendung der Lehren des Konzils verhinderten. Der Bischof, der Johannes Paul II. sehr nahestand, verwies auf ein Schlüsselwort des Zweiten Vatikanums: »Volk Gottes«. Mit diesem Begriff hatten die Konzilsväter die Kirche als eine Gemeinschaft der Gläubigen auf dem Marsch durch, jedoch nicht über die Geschichte beschrieben: eine lebendige, weltoffene Gemeinde und nicht die perfekte Gesellschaft, wie sie das Konzil von Trient sich ausgemalt hatte. »Die Lehre der Kirche als dem Volk Gottes«, sprach Bischof Strzoba zu seinen Amtsbrüdern, »hat große Angst und Unklarheit ausgelöst.« Falsch interpretiert, könnte sie Katholiken zu der Annahme verleiten, daß sich alle priesterliche, autoritäte und pastorale Amtsgewalt der Kirche vom Laienstand her begründe.

Statt dessen zitierte Strzoba die Auffassung von der Kirche als dem mystischen Leib Christi: »Die grundlegenden Strukturen der Kirche sind von Gott persönlich so gewollt« und dürften daher nicht angetastet werden, sagte er. »Hinter der menschlichen

Fassade steht das Mysterium einer übermenschlichen Realität, an der kein Reformer, Soziologe oder Veranstalter herumdrehen darf.«

Unterdessen tat Monsignore Philip Delhaye, der Sekretär der Internationalen Theologischen Kommission und von Johannes Paul II. zum Synodalen bestellt, etwas, das niemand sonst gewagt hätte: Unter dem Schutz der Kritik an einigen seiner Versäumnisse griff er das Konzil selbst direkt an.

An seine Zuhörerschaft gewandt, sagte er zunächst: »Das Konzil hat tausendmal mit Recht von der Größe des Menschen gesprochen, von seinen Rechten und seiner Würde, von dem Wert irdischer Wahrheiten.« Dann, mitten in das erwartungsvolle Schweigen hinein, fragte Delhaye die Bischöfe: »Aber hat das Konzil auch genug über Christus, den Erlöser, über das Kreuz, über Gnade gesprochen?« Nach dieser ersten Provokation prangerte er das zweite Versäumnis an: Das Zweite Vatikanum sei beim Abfassen der Leitsätze der Moraltheologie nicht sorgfältig genug vorgegangen. Drittens habe man den Priestern gegenüber die nötige Aufmerksamkeit vermissen lassen: »Wir haben bei ebendiesen Priestern eine ungeheure Identitätskrise beobachtet, eine zunehmend verweltlichte Konzentration auf die Probleme der Priester, ihre Stellung, ihre Lebensweise. Wir haben die Mutlosigkeit, die tiefe Traurigkeit vieler Priester, die schmerzlichen Treuebrüche, die Krise bei Berufungen festgestellt.«

In der großen Versammlung gab es jedoch genug Persönlichkeiten, die solchen Ansichten entgegenzutreten bereit waren. So wandte sich etwa Bischof Ivo Lorscheiter, der Vorsitzende der brasilianischen Bischofskonferenz, an den Papst und rief: »Mit aller Ehrfurcht, Demut und Gehorsamkeit bitten wir: Laßt das Konzil ein Licht und keine Grenze sein für unseren zukünftigen Weg.«

Johannes Paul II., der die Aussprache genau verfolgte, war bekümmert über die Feststellung, daß Schlüsselfragen, die er zu lösen gemeint hatte, stets von neuem aufgeworfen wurden. In einer Rede, die im Vatikan Empörung auslöste, argumentierte der Vorsitzende der österreichischen Bischofskonferenz, Karl Berg, daß es angesichts medizinischer Fortschritte angebracht sei, das Problem der »verantwortlichen Weitergabe menschlichen Lebens« neu zu erörtern. Im Klartext bedeutete Bergs Äußerung, daß es höchste Zeit sei, den von Paul VI. in dessen Enzyklika *Humanae Vitae* ausgesprochenen Bann über Verhütung zu überdenken. Achtundvierzig Stunden später mußte der Erzbischof eine Pressemitteilung veröffentlichen, worin er erklärte, daß er in bezug auf das Thema Zeugung nicht gegen die Lehre der Kirche und den Papst protestiert habe.

Berg brachte noch ein heikles Tehma zur Sprache: die Frage, ob geschiedene und wiederverheiratete Katholiken zum Abendmahl nicht doch zugelassen werden dürfen. »Von einer heilsamen Reue ausgehend, müßte sich ein Weg finden lassen, ihnen die Sakramente zu spenden.« Bischöfe aus Afrika und Japan unterstützten ihn hierin. Bergs Rede hatte damit auch erneut die Frage nach den wahren Kräften der Synode, nach Beziehungen zwischen den Bischöfen und dem römischen Pontifex – mit einem Wort: nach Kollegialität – aufgeworfen.

Die Bischöfe aus der Dritten Welt hatten die Prioritäten anders gesetzt. Das Thema, welches sie am meisten bewegte, war die Möglichkeit, den christlichen Glauben in einer Art und Weise zu verkünden, die der Kultur und Mentalität ihrer Völker entsprach. Sie wollten verhindern, daß die Botschaft in Afrika oder Asien als etwas »Westliches« empfunden wurde. Um dieses Bedürfnis auszudrücken, gebrauchten sie den Begriff *Inkulturation.* Bischof Jean Marie Cissé aus Mali betonte, wie wichtig es für Afrikaner sei, daß die Bekehrung zum Christentum nicht mit der Aufgabe ihrer ursprünglichen Kultur und Gemeinschaft gleichzusetzen sei. Charles Vandame, der Vorsitzende der Bischofskonferenz des Tschad, schlug vor, die Tradition regionaler oder kontinentaler Synoden wiederaufleben zu lassen – ein Brauch aus den ersten Jahrhunderten des Christentums – und eine afrikanische Synode zu gründen. Der indonesische Bischof Francis Xavier Hadisumarta betonte, daß es neuer Initiativen bedürfe, um das Evangelium den Menschen in Asien, welche die Hälfte der Weltbevölkerung ausmachten und von denen die meisten anderen Religionen angehörten, näherzubringen.

Selbst beim Reden über Inkulturation kam die Synode doch irgendwie auf die grundlegende aller Fragen zurück: Welchen wirklichen Anteil haben die Bischöfe bei der Entscheidungsfindung der Weltkirche?*

Wie Hintergrundmusik begleitete dieses Thema alle Plenarsitzungen. Doch es war alles umsonst. Jegliche Reformvorschläge scheiterten am Willen des Papstes. Johannes Paul II. hörte sich alles an, merkte sich alles und sprach sich für größtmögliche Diskussionsfreiheit aus. Von Anfang an jedoch stand sein Beschluß fest, daß die päpstliche Macht nicht geschmälert werden dürfe und alle Gläubigen, Priester, Bischöfe und der Papst sich wieder auf die Vorstellung der Kirche vom mystischen Leib Christi zu besinnen hätten. Anstelle der Gottesvolk-Theologie mit ihrer zweideutigen Auffassung von Befreiung müsse die Kreuzestheologie mit ihrer Betonung auf Opfer und Erlösung in die Mitte des Glaubens gerückt werden. Auch war der Papst von der unbedingten Notwendigkeit überzeugt, daß ein neuer, in Rom entworfener und verfaßter Weltkatechismus in Angriff genommen werden müsse.

Nach der Plenardebatte setzten sich die Arbeitsgruppen für die Ausarbeitung ihrer Communiqués zusammen. Der Ruf nach einem Weltkatechismus fand im Prinzip bei jeder Gruppe Zustimmung. Alle Bitten nach einer neuen Machtverteilung zwischen den Bischöfen und dem Heiligen Stuhl wurden indes von den Anhängern des Papstes erstickt. Nicht weniger als fünfunddreißig Bischöfe, ein Viertel der im Plenum anwesenden, hatten das Thema angeschnitten; im Entwurf des Schlußdokuments fand es hingegen nur äußerst knappe Erwähnung.

Johannes Paul II. ließ durch seine engen Vertrauten bekanntgeben, daß er mit dem Verlauf der Synode zufrieden sei. Trotz mancher Ängste herrschte eine grundlegend positive Auslegung des Zweiten Vatikanums vor. Die Bischöfe waren sich einig in

* Erst im Mittelalter, mit Gregor VII. († 1085) und Innozenz III. († 1216), die beide extrem autoritäre Päpste waren, begann sich die katholische Kirche nach den Grundzügen einer absoluten Monarchie zu entwickeln. Während der ersten Jahrhunderte des Christentums wurden die Bischöfe vom Volk bestimmt. Und als Bischof von Rom wird der Papst bis heute von den Kardinälen gewählt, die symbolisch die römische Geistlichkeit repräsentieren. In den orthodoxen Kirchen, die sich auf eine ganz alte apostolische Tradition berufen, ist die höchste Autorität nicht der Patriarch, sondern die Synode, ein im wesentlichen demokratisches Gremium, da jede Landeskirche über uneingeschränke Autonomie verfügt.

ihrer Bekräftigung, daß die Hauptaufgabe der Kirche darauf beruhe, die Welt zu evangelisieren. In den Ländern mit langer christlicher Tradition bedeutete dies im Grunde die Neuevangelisation von Millionen getaufter Personen, die oft nur noch Lippenbekenntnisse zu den Lehren der Kirche ablegten. Um also dem modernen Menschen das Evangelium zu bringen, so folgerten die Bischöfe, sei ein neuer Ansatz vonnöten. Die Kirche müsse Alltagsprobleme ansprechen, oder der Platz von Gott werde mit einem daraus resultierenden Nihilismus und durch weltliche Güter besetzt.

Eingezwängt in die von Johannes Paul II. diktierten Grenzen und mit einem äußerst knapp bemessenen Arbeitszeitrahmen ausgestattet, rang die Synode dem Papst lediglich ein Zugeständnis ab: die Möglichkeit zur Abstimmung über den von Kardinal Danneels vorbereiteten Abschlußbericht. Und selbst hier gab es noch eine Einschränkung bezüglich des Abstimmungsmodus. Die Delegierten konnten nur »ja« oder »nein« sagen, obwohl es bei den Zusammenkünften der Kirche traditionell üblich ist, daß die Abgeordneten auch mit *placet juxta modum* (»Ja, aber mit Korrekturen«) stimmen dürfen.

Der Abschlußbericht von Kardinal Danneels gelangte am 7. Dezember zur Abstimmung und wurde fast einstimmig genehmigt. Er war in mehrfacher Hinsicht ein ausgewogenes Dokument, das auf die in der Versammlung diskutierten Schwerpunktthemen Bezug zu nehmen versuchte.

Johannes Paul II. hatte sein Ziel, die Kirche zu stabilisieren, erreicht. »Die Synode bestätigte den Vatikan als die Magna Charta der Kirche und als das größte Geschenk von Gottes Gnaden für das zwanzigste Jahrhundert«, bemerkte der exilierte Theologe Hans Küng. »Und das zählt zu ihren positiven Aspekten. Andererseits wurden die Wünsche der Bischöfe zu den brennendsten Themen dem Vergessen anheimgegeben. Allgemein zeigten die Bischöfe, daß sie aufgeschlossener waren als die Traditionalisten in der Kurie, doch mußten sie gegen einen Papst antreten, der nicht Johannes XXIII. war. Auf dem päpstlichen Thron saß nun ein sehr kommunikativer, aber auch sehr konservativer Mann.«

Johannes Paul II. war ganz zufrieden mit dem Bericht der Synode und ihrer Billigung durch die Bischöfe. Er hatte nie einfach die Uhr der Geschichte zurückdrehen wollen. Seine Absicht war es gewesen, eine Reform der Kirche auf den Weg zu bringen, ohne die Struktur und das theologische Kirchengut zu erschüttern, welche seit Jahrhunderten Gültigkeit besaßen. »Die Synode«, verkündete er gegenüber den Bischöfen, »hat gute Arbeit geleistet.« Sie hatte die Öffnung der Kirche zur Welt begrüßt, zugleich aber weltlicher Mentalität und säkularem Wertesystem eine Absage erteilt. Sie hatte die Bedeutung von Inkulturation und Dialog mit den anderen Religionen und Konfessionslosen gepredigt. Sie hatte die katholische Soziallehre bestätigt und in ruhiger Form ihre Hoffnungen auf Verständigung in allen kirchlichen Aspekten zum Ausdruck gebracht.

In seiner gesamten Schlußansprache nannte Johannes Paul II. die Kirche nicht einmal das »Volk Gottes«; vielmehr zitierte er erneut den »mystischen Leib Christi«, was zufällig der Titel einer der letzten Enzykliken von Pius XII. war, und zwar diejenige, auf die Wojtyła persönlich in seinem Vorbereitungspapier für das Zweite Vatikanum Bezug genommen hatte.

Als sich die Versammlung nach Absingen des Magnificats auflöste, lud der Papst alle Bischöfe und Kardinäle zu einem gemeinsamen Essen ins Hospiz von Sankt Martha in den Vatikan ein. Dort erhob er sein Glas, als wollte er einen Toast ausbringen, und fragte ironisch: »Warum ist die Synode außergewöhnlich gewesen? Sie wurde unerwartet einberufen, dauerte nur kurze Zeit und scheint viele Personen enttäuscht zu haben.«

»Wieso enttäuscht?« fuhr er fort und musterte dabei die Stoffalten der um die Tische versammelten karmesinroten und violetten Birette. »Weil sie einen fürchterlichen Kampf zwischen den Bischöfen erwartet hatten, einen Konflikt zwischen ihnen und dem Papst. Und dies geschah zu keiner Zeit!« Umringt von seinen gelehrigen Seminaristen, strahlte Johannes Paul II. wie ein glückliches Kind, als er in das Gelächter seines Publikums hinein zum Schluß kam: »Wir wollen hoffen, daß wir nicht den Heiligen Geist enttäuscht haben.«

Sieben Monate später, am 11. Juni 1986, veröffentliche *L'Osservatore Romano* die Namensliste der Mitglieder eines Sonderkomitees, das einen neuen Weltkatechismus entwerfen sollte. Sein Vorsitzender war Kardinal Joseph Ratzinger.

Während der Amtszeit Johannes Pauls II. gewannen konziliare Reformen – wenngleich in bescheidenstem Umfang – in der gesamten Kirche an Raum und wurden im Alltag vieler katholischer Gemeinden umgesetzt: eine modernisierte Liturgie, verbesserte Beziehungen zu Angehörigen des protestantischen, orthodoxen und jüdischen Glaubens, vermehrter Dialog zwischen dem Vatikan und den Bischöfen, erweiterte (jedoch weiterhin eingeschränkte) Aufgaben für Mädchen und Frauen im Gottesdienst sowie bei anderen religiösen Zeremonien und schließlich die Selbstdarstellung der Kirche als Gemeinschaft, nicht bloß als hierarchische, monarchische Gesellschaft.

Nach der Synode aber blockierte Johannes Paul II. auch Bestrebungen, zahlreiche Ideen und Impulse des Zweiten Vatikanums umzusetzen, und unterdrückte in den folgenden Jahren seines Pontifikats fast völlig die Diskussion über alle innerkirchlichen Schwierigkeiten und Spannungen.

Papst Johannes Paul II. hatte sich indes zu keiner Zeit allein auf das interne Wirken der Kirche konzentriert, sondern sie stets als einen Hauptfaktor in der Welt betrachtet – nicht nur als geistliche und diplomatische Behörde, sondern als enorme soziale und humanitäre Kraft. Schließlich bildete keine andere nichtstaatliche Einrichtung der Welt mehr Menschen aus, kümmerte sich um mehr Flüchtlinge, unterhielt mehr Krankenhäuser, entsandte mehr Missionare und besaß mehr Kulturschätze als die katholische Kirche.

1985 startete der Papst eine, wie die Kurienangehörigen es nannten, großangelegte »Dialogoffensive«, die sich an die Gläubigen Allahs richtete. Er hatte eine hohe Meinung von einigen Aspekten der muslimischen Religion: ihr starker Monotheismus, ihr erhabener Gehorsam gegenüber einem gütigen und barmherzigen Gott, ihre Verpflichtung zum regelmäßigen Gebet und, wie er mehr als einmal bemerkte, ihre Forderung nach bußfertigem Fasten – ein im Christentum des Westens rasch verblassendes Merkmal. Andererseits hegte er auch ein an Furcht grenzendes Mißtrauen gegenüber dem Islam. »Ich bin sehr beunruhigt über den Fundamentalismus, den islamischen Fundamentalismus, den Iran,

Saddam [Hussein von Irak], Nordafrika«, gestand er dem israelischen Botschafter in Italien, Avi Pazner.

Vor allem in Afrika spürte der Papst die absolute Notwendigkeit für einen Dialog mit dem Islam. Von Ägypten bis zum Maghreb warb er in Nordafrika unerläßlich für den Fortbestand der katholischen Kirche, deren Mitglieder sehr stark in der Minderzahl waren. Allerdings war das Bedürfnis nach vermehrten Kontakten auch eng mit der Situation auf der Südhalbkugel verknüpft, insbesondere in Schwarzafrika, wo die Kirche zwar rasch wuchs, ihr jedoch vom Islam der Rang streitig gemacht wurde. In diesem Kampf um Gläubige hatte der Islam gewisse Vorzüge: ein unkompliziertes Glaubensbekenntnis mit wenigen Geboten, kein klerikaler Apparat, keine hierarchischen Strukturen und ein im Umgang mit traditionellen Sitten ziemlich toleranter und der Polygamie gegenüber aufgeschlossener Glaube. Um einen verheerenden Zusammenprall zwischen den beiden Religionen zu vermeiden, sei es unbedingt notwendig, dachte der Papst, eine Atmosphäre des gemeinsamen Miteinanders zu schaffen: eine Aufgabe, der er sich denn auch mit vollem Einsatz widmete.

Leicht war es nicht. Im Rahmen einer Reise nach Nigeria hatte Johannes Paul II. 1982 einen Aufenthalt in Kaduna geplant, einer Stadt in einer moslemisch geprägten Region, rund sechshundert Kilometer nordöstlich von Lagos, um eine Abordnung islamischer Religionsführer zu treffen. Doch diese weigerten sich bei seiner Ankunft, ihn zu empfangen. Eilends wurde Johannes Paul II. in einen kleinen Raum am Flughafen geleitet, wo er seine vorbereitete Ansprache – »Durch unseren Glauben an den einen Gott dürfen wir einander Brüder und Schwestern nennen« – lediglich vor dem Gouverneur und seinem Begleiterstab hielt, bevor er nach Lagos zurückflog.

Bei seiner Rückkehr nach Afrika vollzog der Papst 1985 eine weitere Öffnung zum Islam – diesmal in Marokko, wo in Casablanca die Panarabischen Spiele stattfanden. König Hassan II. hatte versucht, ein großes Treffen für den Papst mit Vertretern der dreiundzwanzig an den Wettkämpfen teilnehmenden Nationen zu organisieren. Doch auch sie verweigerten die Begegnung mit ihm. Um den Tag zu retten, veranstaltete der König ein Meeting im Stadion der Stadt, zu dem fünfzigtausend begeisterte marokkanische Jugendliche bestellt worden waren. Die jungen Leute bereiteten Johannes Paul II. einen warmen Empfang.

»Der Dialog zwischen Christen und Moslems«, erklärte er seinen Zuhörern, »ist heute wichtiger denn je ... in einer zunehmend säkularen und bisweilen atheistischen Welt. Junge Menschen können eine bessere Zukunft schaffen, wenn sie sich verpflichten, diese neue Welt nach Gottes Plan zu bauen ... Heute müssen wir uns zu den geistigen Werten bekennen, welche die Welt braucht.«

Doch die Hoffnungen des Papstes auf eine christlich-moslemische Front gegen den Materialismus und Atheismus unserer Zeit kollidierten mit dem Aufkommen des islamischen Fundamentalismus zu Beginn der achtziger Jahre.

Als er einige Jahre später mit dem italienischen Industriellen Carlo De Benedetti das Olivetti-Werk in Ivrea besichtigte, sprach Johannes Paul II. mit ungewohnter Härte über den Islam und die Gefahren, die er in ihm erkannte. Um fundamentalistischen Einflüssen entgegenzutreten und gemäßigt-islamischen Regierungen mehr Stabilität zu vermitteln, machte er den Vorschlag, daß De Benedetti und andere westliche Kapitalisten in islamische Staaten investierten, um dadurch Fabriken und Arbeitsplätze zu schaffen.

De Benedetti war etwas verblüfft über die Unterhaltung.

»Sie sind mit unserer Religion vertraut?« fragte ihn der Papst, der offenbar wußte, daß De Benedetti Halbjude war.

»Natürlich kenne ich sie.«

»Unsere Religion stellt Frieden und Liebe obenan – und Sie brauchen mir nicht zu sagen, daß wir das nicht immer praktizieren.« Er hielt einen Moment inne. »Haben Sie je den Koran gelesen? Das empfehle ich Ihnen. Was der Koran den Menschen predigt, ist Aggression; und was wir unseren Menschen predigen, ist Frieden. Natürlich spielt hier immer die menschliche Natur mit hinein, die jegliche religiöse Botschaft verzerrt. Doch obwohl die Menschen durch Laster und schlechte Gewohnheiten fehlgeleitet werden können, erstrebt das Christentum Frieden und Liebe. Der Islam ist eine Religion, die angreift. Wer zunächst der ganzen Gemeinde Aggression predigt, der leistet schließlich den negativen Seiten in jedem von uns Vorschub. Sie wissen, wohin das führt: Solche Menschen werden uns überfallen.«*

Trotz derlei Befürchtungen war Johannes Paul II. immer darauf bedacht, in seine öffentlichen Aussagen zwischen dem eigentlichen Islam und dessen fundamentalistischer Strömung zu unterscheiden. Angesichts der Opposition seitens *katholischer* Fundamentalisten regte er den Bau der größten Moschee Westeuropas in Rom an. Er bestand jedoch darauf, daß islamische Staaten den Christen ebenso großzügig Religionsfreiheit gewähren sollten.

Wenn der Dialog mit den Muslimen eine Notwendigkeit war, dann erachtete Johannes Paul II. den Dialog mit den Juden, insbesondere wegen des Holocausts, als eine Pflicht. Zwei der Prämissen des Vatikanischen Konzils waren gewesen, daß die jüdischen Wurzeln des Christentums anerkannt werden müssen und daß Antisemitismus zu verurteilen sei. Johannes Paul II. führte diese Ideen mit einer großen Geste am 13. April 1986 zur Vollendung.

An jenem Tag überquerte Wojtyła den Tiber für einen Besuch der am Lungotevere dei Cenci gelegenen Synagoge zu Rom. Kein Papst hatte dies je vor ihm getan. Wie römische Juden wissen, ist ihre Gemeinde älter als die älteste christliche Kirche. Als der Überlieferung zufolge die Heiligen Petrus und Paulus nach Rom kamen, wurden in der Hauptstadt des Römischen Reiches bereits die Thora gelesen und der Sabbat geachtet. Als sich die Christen von Verfolgten zu Verfolgern wandelten, zählten die Juden zu ihren ersten Opfern. In der Osterwoche wurden Juden gezwungen, sich Predigten anzuhören (sie stopften sich die Ohren zu), und man verhöhnte sie für die »Ermordung Christi«. Lediglich der Einigung Italiens durch den König von Savoyen, Viktor Emanuel II. (den Pius IX. wegen der Besetzung des Kirchenstaats durch die königliche Armee exkommuniziert hatte) war es zu verdan-

* De Benedetti war ebenfalls bestürzt, als er erfuhr, daß er zuerst einen Beitrag an den päpstlichen Fiskus leisten sollte, bevor der Papst einem Besuch des Olivetti-Werks zustimmen würde. »Wieviel?« fragte einer seiner Stellvertreter den päpstlichen Finanzbeauftragten. Eine Summe von umgerechnet hunderttausend US-Dollar wurde vorgeschlagen, und De Benedetti stellte dem Papst persönlich einen Scheck über diesen Betrag aus. Während der Werksbesichtigung des Papstes übergab er Wojtyła in einem ruhigen Augenblick den Scheck.

ken, daß die italienischen Juden die völlige Freiheit und umfassende Bürgerrechte erlangten. Die eindrucksvollen Synagogen, die gegen Ende des neunzehnten Jahrhunderts in Turin, Florenz und Rom entstanden, zeugten somit vom jüdischen Glauben wie auch von der Niederlage des Papstes.

Im Juni 1963 hatte sich der oberste Rabbi von Rom zum Petersplatz begeben, um für den sterbenden Papst Johannes XXIII. zu beten. Johannes wurde als der Mann verehrt, der aus der katholischen Liturgie zum Ostersamstag den beleidigenden Verweis auf die Juden als »perfide« getilgt hatte.

Nun betrat Johannes Paul II. im April 1986 das alte römische Ghetto und suchte schmerzliche Erinnerungen zu besänftigen. Düster erklang das Largo aus Händels *Xerxes*, als er seiner Limousine entstieg. Doch als er nach drinnen ging, senkte sich ein Vorhang des Schweigens. Ein bescheidener und ehrerbietiger Johannes Paul II. umarmte den Oberrabbiner Elio Toaff. Der Papst trug ein weißes *zuccetto* (Käppchen) und seine päpstliche Robe, der Rabbi seinen achteckigen Hut und, über die Schulter drapiert, einen weiß-blau gestreiften Gebetsmantel. Gemeinsam schritten sie das assyro-babylonische Mittelschiff der Synagoge hinab und nahmen ihre Plätze auf der Teva ein – dem Podest, wo der Kantor steht und aus der Thora vorgelesen wird.

Wojtyła lauschte einer Rede des Vorsitzenden der jüdischen Gemeinde von Rom, Giacomo Saban, der daran erinnerte, wie 1553 Talmudbücher auf dem Campo dei Fiori verbrannt wurden. Der Papst schien schmerzlich berührt, als Saban auf das furchtbare Schweigen von Pius XII. anspielte, der zu keiner Zeit die Greueltaten der Nationalsozialisten an den Juden, darunter deren Deportationen aus Rom, verurteilt hatte. »Was am einen Ufer des Tiber geschah [wo die Synagoge steht]«, bemerkte Saban, »konnte jenseits des Flusses [wo der Vatikan ist] nicht ignoriert werden.«

An jenem Tag sah die Welt einen anderen Papst Wojtyła – nicht den Gebieter der Massen, sondern einen Mann, der die Last einer tragischen Geschichte trug, die der Pontifex aus Wadowice zu verändern gedachte. Rabbi Toaff bat ihn, diplomatische Beziehungen zwischen dem Vatikan und dem Staat Israel aufzunehmen. (Er tat dies 1993 gegen die Einwände seines Staatssekretariats, das zuvor eine Einigung der israelischen Regierung mit den Palästinensern verlangte.)

Während seiner Rede in der Synagoge schien die Stimme Johannes Pauls II. in manchen Augenblicken versagen zu wollen. Er bezeichnete die Wunden, welche von Juden, die in christlichen Ländern leben, jahrhundertelang ertragen wurden, als »Akte der Diskriminierung, grundlose Beschneidungen der Religionsfreiheit und grausame Unterdrückung auch der bürgerlichen Freiheit ... Ja, durch meinen Mund bedauert die Kirche mit den Worten von [dem Konzilsdokument] *Nostra Aetate* abermals den Haß, die Verfolgungen und all die Auswüchse von Antisemitismus, die sich zu irgendeinem Zeitpunkt und durch wen auch immer gegen die Juden richteten.« Der Papst verstummte, blickte sein Publikum direkt an und sagte: »Ich wiederhole, *durch wen auch immer.*« Dann nannte er die Juden die »älteren Brüder« der Christen, und indem er an die im Zweiten Weltkrieg für jüdische Opfer der Verfolgung geöffneten Kloster- und Kirchentüren erinnerte, wies er auf gemeinsame künftige Ziele hin: das Ende jeglicher Diskriminierung, die Verteidigung der Menschenwürde sowie das Festhalten an individueller und sozialer Ethik, an Frieden und Koexistenz der beiden »durch brüderliche Liebe beseelten« Religionen.

Als Bub war Karol Wojtyła mit seinem Vater in Wadowice zur Synagoge gegangen, um den gefeierten Kantor Moische Savitski zu hören. Gehüllt in seine päpstlichen Seidengewänder, saß er nun zusammengesunken in einem vergoldeten Lehnstuhl und lauschte einem Chor, der einen Hymnus sang, den auch Juden in den Konzentrationslagern auf ihrem Weg in die Gaskammern angestimmt hatten. Als der Chor im Gebetshaus zum Crescendo anschwoll, beugte sich der Papst mit gesenktem Kopf weiter vor und hielt sich die Hand vor den Mund.

Im selben Jahr, 1986, reiste Johannes Paul II. nach Indien. In Neu-Delhi betete er am Grab Gandhis, wo er mit der Hand über den schwarzen Stein strich, worauf die »sieben gesellschaftlichen Sünden« eingemeißelt sind, wie sie der Begründer des modernen Indien umrissen hatte: »Politik ohne Leitgedanke. Wohlstand ohne Arbeit. Vergnügen ohne Gewissen. Wissen ohne Charakter.

Handel ohne Moral. Wissenschaft ohne Humanität. Religion ohne Opfer.« Im Indira-Gandhi-Stadion sprach er zu einem Publikum, das die verschiedenen indischen Religionen vertrat. »Als Hindus, Moslems, Sikhs, Buddhisten, Jaina, Parsen und Christen sind wir hier in brüderlicher Liebe versammelt«, rief er. »Durch die Verkündigung der Wahrheit über den Menschen bestehen wir auf der Tatsache, daß das Streben nach irdischem und gesellschaftlichem Wohlergehen und nach voller Menschenwürde der tiefen Sehnsucht unserer geistigen Natur entspricht.«

Durch seinen Empfang in Indien ermutigt, entwickelte er die Idee zur Abhaltung eines internationalen, interreligiösen Treffens in Assisi, der Stadt des heiligen Franziskus, des friedliebendsten und fröhlichsten der christlichen Heiligen, um für den Weltfrieden zu beten – erneut eine große Geste seines Pontifikats. Der Papst war angesichts der Neuauflage des Wettrüstens sowie der gescheiterten Verhandlungen zwischen Reagan und Gorbatschow in Reykjavík mutlos. Daher schmiedete er den Plan einer außergewöhnlichen Initiative unter Beteiligung aller Religionen der Welt – ein großes gemeinsames Gebet zu Gott, der mit all seinen Namen in allen Sprachen angerufen würde, mit dem jeder religiösen Tradition eigenen Akzent, um die Welt vor der nuklearen Vernichtung zu retten, den Kalten Krieg zu beenden und den Weltfrieden herbeizuführen.

Am Morgen des 27. Oktober 1986 hielten an vielen Orten rings um den Erdball Frontsoldaten kurzfristig in ihren Kampfhandlungen inne. Einige Wochen zuvor hatte Papst Wojtyła in Lyon einen Aufruf veröffentlicht zu einem »weltweiten Waffenstillstand«, zu einer symbolischen Beendigung aller bewaffneten Konflikte, welche die Welt mit Blut befleckten. Er hatte diese Bitte den für Nationen und revolutionäre Bewegungen verantwortlichen Militärmachthabern und Politikern vorgetragen. Desgleichen hatte er sie »an jene, die ihre Ziele durch Terror und Gewalt zu erreichen suchen«, gerichtet.

Bischöfe und Nuntien hatten sämtliche kriegführenden Parteien kontaktiert, die von der katholischen Kirche erreicht werden konnten. Positive Antworten waren aus allen Ecken der Welt eingegangen: aus Irland hatte die IRA ihre Zustimmung gegeben, desgleichen aus Beirut der libanesische Präsident, Amin Gemayel, sowie die Anführer der Schiiten und Sunniten des Landes; auch Corazon Aquino, die Präsidentin der Philippinen, deren Regierung sich mit den Moros, moslemischen Guerillas, befehdete, und Prinz Sihanuk von Kambodscha hatten beide zugestimmt. Ihrem Beispiel folgten ebenso die Sahara-Guerillas der Polisario-Front, die Contras in Nicaragua, die Guerillaführer in Angola und dem Sudan, die FARC in Kolumbien, die Frente Farabundo Martí in El Salvador sowie die Regierung von Sri Lanka und ihre Gegner, die tamilischen Befreiungstiger.

In Ländern, die sich nicht im Kriegszustand befanden, organisierten zivile und religiöse Behörden eine Schweigeminute. Derweil empfing Johannes Paul II. in der Ebene unterhalb von Assisi die in langen Reihen angetretenen Religionsführer: den Erzbischof von Canterbury, den Oberrabbiner von Rom, den Dalai-Lama, den Metropoliten von Kiew (den der Patriarch aller russischen Länder entsandt hatte), den Sondergesandten des Patriarchen von Konstantinopel, Emissäre der Buddhisten, der Moslems, der Hindus, der Zoroastrier, der Sikhs, der Shintoisten sowie Vertreter afrikanischer und indianischer Stammesreligionen.

Gemeinsam repräsentierten die Teilnehmer in Assisi symbolisch vier Milliarden Gläubige fünfundsechzig verschiedener Glaubensrichtungen und Konfessionen. In der alten Kathedrale von San Rufino betete der Papst mit den christlichen Delegierten. In der Kirche von Sankt Peter stiegen Weihrauchschwaden in die Luft, während Buddhisten ihre Tempelgongs anschlugen. In der alten Halle neben der Piazza del Comune legten sich katholische Priester zusammen mit moslemischen Imamen auf den Boden. In der Kirche von Sankt Gregor rauchten zwei Indianer eine Friedenspfeife. Nicht weit davon entzündeten mit leichten Schwierigkeiten die Zoroastrier ihr heiliges Feuer.

»Die Herausforderung des Friedens«, sagte der Papst, »transzendiert religiöse Unterschiede.« Und in einem Anflug von Selbstkritik ergänzte er: »Ich bin bereit, einzugestehen, daß... [wir Katholiken] nicht immer Stifter des Friedens gewesen sind.« Aus diesem Grund, so fügte er hinzu, sei sein Gebet auch ein Akt der Buße.

In der römischen Kurie nötigte die ganze Aktion die konservativeren Kardinäle zu Mißfallensbekundungen. Der Papst sah sich gezwungen, das Thema in seiner Weihnachtsansprache vor den Angehörigen der Kurie anzuschneiden. Johannes Paul II. bestritt, daß die Gebete von Assisi die Unterschiede zwischen Religionen »versteckt oder verwässert« hätten, und definierte die Feiern als ein sichtbares Beispiel für die Bedeutung der ökumenischen Bewegung und für das Bestreben, jene Form des interreligiösen Dialogs zu erreichen, wie ihn das Zweite Vatikanum unterstützte. Der Heilige Geist, so betonte er, gewähre allen Männern und Frauen auf wundersame Weise den Zugang zu Wahrheit und Heil. Assisi habe das Manifest des »strahlenden Mysteriums« von der Einheit der gesamten Menschheit erlebt.

Johannes Paul II. glaubte später, daß das vereinte Gebet aller Religionsführer an jenem Tag der Wendepunkt im Kalten Krieg und der Anfang vom Ende des Wettrüstens gewesen sei.

TEIL SIEBEN

DER STURZ DES KOMMUNISMUS

Das wirkliche Anzeichen für einen »Sozialismus mit menschlichem Antlitz« kam für den Papst – vier Jahre und drei Monate nach Verhängung des Kriegsrechts in Polen – in der unwahrscheinlichen Gestalt eines Besuchs des damaligen sowjetischen Außenministers Andrei Gromyko im Vatikan am 27. Februar 1985. Was dem Papst nicht bekannt war: In Moskau rang Konstantin Tschernenko mit dem Tode. Zwölf Tage danach sollte Gromyko, der schon unter Stalin gedient hatte, eine entscheidende Rolle bei der Wahl Michail Gorbatschows zum Nachfolger Tschernenkos als Generalsekretär der KPdSU spielen. (»Genossen«, so würde er dem Politbüro eröffnen, »dieser Mann hat ein sympathisches Lächeln, aber eiserne Zähne.«)

Gromyko teilte nun dem Papst mit, daß die UdSSR möglicherweise an der Aufnahme diplomatischer Beziehungen zum Heiligen Stuhl interessiert sei. Als Johannes Paul II. seine Besorgnis über den Weltfrieden, insbesondere die Notwendigkeit eines Fortschritts bei den ins Stocken geratenen Genfer Abrüstungsgesprächen und die Misere der Katholiken in der Sowjetunion, äußerte, schien Gromyko ungewöhnlich aufgeschlossen. Er regte weitere Untersuchungen solcher Angelegenheiten durch Vertreter der UdSSR und des Vatikans an. Angesichts dieser Eröffnung war Wojtyła völlig überrascht.

In jenem Frühjahr, im Mai, erhielt er erste Berichte aus Polen, daß Gorbatschow vielleicht wirklich ein ganz anderer Kommunist sein könnte und daß die Ära Breschnew zweieinhalb Jahre nach dessen Tod nun womöglich ihrem Ende zuging. Ende April war Gorbatschow nach Polen gereist, um einer Sitzung des beratenden politischen Komitees des Warschauer Pakts beizuwohnen.

Als man sich vertagte, ergab es sich mehr zwangsläufig, daß Gorbatschow noch im Saal blieb, um mit Jaruzelski zu sprechen. Er habe nur eine Stunde Zeit, meinte der frischgebackene Generalsekretär, doch dann wurden aus der einen Stunde fünf, als die beiden Männer eingehend die Lage in Polen und der UdSSR erörterten – und ausgiebig über den Papst und den Vatikan diskutierten.

Aus dieser Unterredung schloß Jaruzelski, daß Gorbatschow als *Kommunist tatsächlich* anders war, und ging daran, über den Primas den Papst über das Treffen zu unterrichten. »Es war ein kritischer Moment«, enthüllte Jaruzelski fast ein Jahrzehnt später (und auch Gorbatschow bestätigte die Außergewöhnlichkeit ihrer Begegnung): »Fünf Stunden Konversation von Angesicht zu Angesicht ohne einen Dolmetscher.« Vieles drehte sich dabei um die Kirche und Wojtyła, doch zuerst »sprachen wir über die Vergangenheit, über die Ursprünge des Systems, über die Notwendigkeit eines Wandels.«

Gorbatschow war erst seit wenigen Wochen Generalsekretär und wollte möglichst viel aus erster Hand über die innenpolitische Lage in Polen und über den Heiligen Stuhl erfahren. Jaruzelski hatte den Eindruck, daß, »obwohl er aufgeschlossen« und zuvor mehrere Jahre lang Mitglied des Politbüros gewesen war, »seine Kenntnisse über Kirche und Religion oberflächlich waren«.

Jaruzelski klammerte sich an Gorbatschow wie ein Ertrinkender an einen Lebensretter: Endlich schenkte ihm jemand im Kreml freundlich Gehör – und nicht bloß irgendwer, sondern der Generalsekretär persönlich.

»Zuallererst versuchte ich zu erklären, welche andere, ja einzigartige Rolle die Kirche im Vergleich zu anderen Ländern in Polen spielt«, berichtete Jaruzelski. So straff kontrolliert, wie die Bedingungen in Polen damals waren, hatte sich das Land vor der Verhängung des Kriegsrechts auf ein kühnes Experiment mit Menschenrechten eingelassen, und beide Männer stimmten darin überein, daß sich kommunistische Gesellschaften in der Richtung jenes Experiments entwickeln müßten.

Gorbatschow mußte jetzt noch den Begriff *Perestroika* – »Umgestaltung« – gebrauchen, doch dieses Gespräch mit Jaruzelski berührte manche der Konzepte, die er später einführen sollte, unter anderem eine weitreichende Garantie religiöser Rechte für kommunistische Bürger. Er stellte Jaruzelski eine Menge Fragen zu den Fehlschlägen der polnischen Planwirtschaft und dem morbiden Zustand der kommunistischen Partei Polens. Doch immer wieder kam das Gespäch auf die Kirche zurück und schließlich auf den Papst selbst. Jaruzelski schlug vor, Gorbatschow solle doch den Vatikan als eine Macht ansehen, die einige der liberaleren Werte des Sozialismus trage, und dieser sei nicht unbedingt ein unbarmherziger Verbündeter des Kapitalismus. Später erinnerte er sich:

> Ich sagte, die Kirche sei in Polen eine starke Macht. Sie spreche sich für Opposition aus, nehme aber dennoch eine ziemlich vernunftorientierte Haltung ein. Und ich sagte, daß ich die Beziehung mit der Kirche auf drei Eckpfeilern aufbauen wolle: erstens Beilegung von Streitigkeiten auf ideologischer und politischer Ebene; zweitens Koexistenz auf politischer Ebene, was heißt, daß niemand dem anderen in die Quere kommt, sprich Cäsar geben, was des Cäsars ist – Gott geben, was Gottes ist, usw.; und drittens Kooperation auf sozialer Ebene, also die Verpflichtung zur Beseitigung bestehender gesellschaftlicher Mißstände und zur Förderung der Familienpolitik, der jüngeren Generation, der Ausbildung, kurz, der sittlich-erzieherischen Aufgaben.
>
> Für mich war es sehr wichtig, daß Gorbatschow besser als seine Vorgänger verstehen sollte, daß die Kirche in Polen ein einmaliges Phänomen ist – nicht nur im Osten, sondern auch aus westlicher Sicht. So ist sie historisch gewachsen. Und sie hat auch seelisch unsere Situation geprägt... An diesem Punkt sagte ich, daß ... der Papst trotz seiner Kritik an uns das Wesen unseres Landes verstehe. Er wisse, wie dieses Land funktioniert, und er sei interessiert an der Entwicklung seiner Ostpolitik. Polen könne unter diesem Aspekt sehr wichtig werden, eine Art Brücke bilden.

»Was für ein Mann ist er?« fragte Grobatschow. »Welche intellektuelle Bildung hat er? Ist er ein Fanatiker? Oder ist er ein Mann, der mit beiden Füßen auf dem Boden steht?«

Jaruzelski erwiderte, der Papst sei »eine herausragende Persönlichkeit, ein großer Humanist und Patriot«, vor allem aber ein dem Frieden verpflichteter Mann.

Gorbatschow begann nun leidenschaftlich über die friedliche Koexistenz zwischen Ost und West, Abrüstung, ja sogar die radikale Abschaffung aller Kriegswaffen zu reden. Jaruzelski wußte, wie wichtig dies war, weil er den Papst in ähnlicher Form zu solchen Fragen Stellung beziehen gehört hatte. Und zwar, wie Jaruzelski seinem Gesprächspartner erklärte, »nicht nur als das Oberhaupt einer großen Religion, einer Großkirche, sondern auch als der Sohn eines Landes, dessen Schicksal ausgesprochen hart gewesen war. Wenn dieser besondere Papst über Frieden sprach, klang es anders, als wenn etwa Pius XII. sich dazu äußerte.«

Nun kam Jaruzelski der Gedanke, daß er zum Mittelsmann zwischen dem Papst und Gorbatschow werden, den einen dem anderen erklären könne. Später bescheinigte ihm Gorbatschow (wie übrigens auch der Papst), just eine derartige Rolle gespielt zu haben.

Inwieweit, wollte Gorbatschow wissen, könne die Kirche »im Reformprozeß von Nutzen sein? Bis zu welchem Grad würde sie als Bremse wirken?

»Alles deutet darauf hin, daß die Kirche Reformen unterstützt und sie erwartet«, antwortete Jaruzelski. Dann fragte der polnische General den sowjetischen Generalsekretär nach der Situation der orthodoxen Kirche in Rußland.

Gorbatschow antwortete behutsam, und Jaruzelski konnte einen Widerstand spüren.

»Der Papst«, sagte Jaruzelski, »ist an einer Ausweitung der Ostpolitik der Kirche interessiert – in einer Wiederannäherung –, aber er kann das nicht tun ohne eine Geste aus Moskau, einen Schritt, der es ihm leichter machen würde.«

> Obgleich der Papst dem Kriegsrecht gegenüber kritisch eingestellt war [fuhr Jaruzelski fort], legitimierte er es in gewisser Weise einfach durch seinen Besuch in Polen 1983. Dennoch war dies nur möglich, weil wir einiges unternahmen, um der Kirche zu helfen, unter anderem durch die Erteilung von Baugenehmigungen für neue Kirchen, die Öffnung wei-

terer Seminare und verschiedene andere Privilegien. Manche Schritte wie der von der Sowjetunion sollten zur Festigung guter Beziehungen beitragen.

Jahre später präzisierte Jaruzelski:

> Ich versuchte zu erklären, weshalb wir diese Schritte in Polen unternommen hätten und was sie uns letztlich bringen würden; daß wir im Begriff waren, unsere Kontrolle über die Seelen des Volkes zu lockern und im Gegenzug manche sehr wichtige Unterstützung seitens der Kirche erhielten. Daher riet ich Gorbatschow nicht direkt: »Machen Sie das so oder so«, sondern sagte ihm vielmehr: »Wir machen es so, und unsere Zielsetzung ist die und die.« Er war so einsichtsvoll – und vollkommen imstande, jede ihm als richtig erscheinende Maßnahme zu übernehmen.

Dem Slawen Gorbatschow versuchte Jaruzelski, die slawische und polnische Mentalität des Papstes und »seine hohe Sensibilität für die Souveränität Polens zu veranschaulichen ... daß dies ein slawischer Papst sei, der besser als andere ein Gespür für die Realitäten unserer Region, unserer Geschichte, unserer Träume habe ... Ich sagte, der Papst sei ein global denkender Mann, der den Kapitalismus keineswegs unkritisch betrachte und dessen gesellschaftliche Lehren manche Idee sozialistischer und kommunistischer Ideologie ziemlich nahestünden.«

Was Jaruzelski nicht wußte, war, daß Gorbatschow schon beschlossen hatte, niemals wieder mit dem Einsatz von Truppen zu drohen, um das kommunistische Reich zu erhalten.

Gorbatschows Erscheinen auf der politischen Bühne bewirkte in Polen rapide Veränderungen in den Beziehungen zwischen Kirche und Staat und schuf eine Atmosphäre, in der sich Jaruzelski sicher genug fühlte, allmählich viele der mit der Verhängung des Kriegsrechts einhergegangenen Restriktionen zu lockern.

Jaruzelski übermittelte einen Bericht über seine Begegnungen mit dem neuen Sowjetführer an Primas Glemp, der die Informationen bei seinem Besuch in Rom an den Papst weitergab. Gorbatschow hatte Jaruzelski auch nach dem Charakter des Primas befragt. Der General sprach sehr freundlich von Glemp und dessen Verständnis für die Probleme des Regimes.

Am 2. Juni 1985 veröffentlichte dann der Papst mit *Slavorum Apostoli* (»Apostel der Slawen«) eine seiner wichtigsten Enzykliken, der sowohl eine sehr große religiöse als auch eine weltliche Bedeutung innewohnte. Sie war eine Einladung zum ökumenischen Dialog mit den Ostkirchen in der UdSSR. Seit dem Beginn der Ära Gorbatschow pflegte der Kreml solche Angebote nicht mehr automatisch als heimtückische Versuche auszulegen, die Grundfesten der kommunistischen Rechtmäßigkeit zu unterlaufen. Auf Jaruzelskis Drängen hin durfte Primas Glemp im folgenden Jahr zweimal nach Minsk und Moskau fahren, wo er neben Staatsbeamten und Gelehrten auch mit katholischen und russisch-orthodoxen Führern und Geistlichen zusammentraf. Nie zuvor hatte ein polnischer Kardinal die Sowjetunion besucht.

Die »Slawische Enzyklika« erinnerte an den elfhundertsten Jahrestag der Evangelisation durch die Heiligen Cyril und Methodius, die den meisten slawischen Völkern Osteuropas das Christentum brachten. In diesem Dokument verwendete der Papst die Metapher von Europa als einem »Körper, der mit zwei Lungen atmet«. 1980 hatte er die beiden Heiligen zu Schutzpatronen Europas (gemeinsam mit dem heiligen Benedikt) erklärt.

Gorbatschow, ein Slawe und Kommunist, und Wojtyła, ein Slawe und Christ, bewegten sich aufeinander zu, jeder im wachsenden Bewußtsein der Kraft und des Potentials des anderen, Gutes zu bewirken. Später im selben Monat legte der neue Generalsekretär die wirtschaftlichen Veränderungen dar, die als *Perestroika* bekannt werden sollten: Er sprach von einem Humanismus, der die Bestrebungen Europas nach wirtschaftlichem wie politischem Frieden und Sicherheit vereine. In ähnlicher Weise gründete sich die Ostpolitik des Papstes auf den Glauben, die Kirche müsse nicht allein für Westeuropa, sondern für eine einzige ungeteilte Gesamtheit und Kultur vom Ural bis zum Atlantik sprechen – in einer, wie es ein Historiker formulierte, paneuropäischen Tradition des Humanismus, die von Erasmus über Kopernikus den Bogen zu Dostojewski schlage.

Der Papst war bewegt und hoffnungsfroh über die Veränderungen, die Gorbatschow in die Wege leitete. Es bestand kein Zweifel, daß Polen, die kommunistischen Länder des Ostens und selbst die UdSSR sich am Rande eines großen Umbruchs befanden.

Zur größten Genugtuung des Papstes empfahl in jenem Frühjahr der Rat der UdSSR für Religiöse Angelegenheiten die Teilnahme der Sowjetunion an der interreligiösen Zusammenkunft, zu der Johannes Paul nach Assisi eingeladen hatte. Wojtyła war jedoch auch Realist; er hatte langjährige Erfahrung im Umgang mit dem Kommunismus. Zu Beginn von Gorbatschows Amtszeit führte der Papst mit Rocco Buttiglione, einem italienischen Intellektuellen, der häufig den Vatikan besuchte, ein langes Gespräch über den neuen Generalsekretär. »Nun, er ist ein guter Mann, aber er wird scheitern«, erklärte der Papst, »weil er sich etwas Unmögliches vorgenommen hat: Der Kommunismus ist nicht reformfähig.« Der Papst sollte nie von diesem Urteil abweichen, obwohl er auf Gorbatschows Erfolg hoffte und dafür betete. In der KPdSU und im Politbüro stieß Gorbatschow bereits auf Widerstand. »Die *Perestroika* ist eine Lawine, die wir losgetreten haben, und sie wird weiterrollen«, sagte der Papst zu Pater Mieczysław Maliński, seinem Seminarfreund aus Untergrundzeiten. »Die *Perestroika* ist eine Fortsetzung von ›Solidarność‹ [»Solidarität«, der polnischen Arbeiterbewegung]. Ohne ›Solidarität‹ gäbe es keine *Perestroika.*«

Die Lawine rollte durch die Tschechoslowakei. Im Frühjahr 1985, im Gedenken an den elfhundertsten Todestag des heiligen Methodius, feierten elfhundert Priester – ein Drittel der katholischen Geistlichkeit in der Tschechoslowakei – eine Messe beim mährischen Heiligtum von Velehrad. Der sechsundachtzigjährige Kardinal František Tomášek, der von den Kommunisten inhaftiert worden war, verlas einen Brief des Papstes, worin er die Priester drängte, »im Geiste des heiligen Methodius furchtlos auf dem Pfad von Evangelisation und Zeugnis fortzuschreiten, auch wenn es aufgrund der gegenwärtigen Lage anstrengend, schwierig und sogar bitter ist«.

»Wir fühlten, wie stark wir waren«, sagte Bischof František Lobkowicz, der zu jener Zeit Pastor und sechsunddreißig Jahre alt war. Bis dahin war die Kirche in der tschechischen Opposition nicht sonderlich aufgefallen, wenngleich sich einige prominente katholische Intellektuelle der Charta 77, der Dachorganisation der tschechischen Widerstandsgruppen, angeschlossen hatten. Drei Monate später, in der »normalisierten« Tschechoslowakei, strömten hundertfünfzig- bis zweihunderttausend katholische Pilger für eine weitere Gedenkfeier zu Ehren des heiligen Methodius nach Velehrad. Monatelang hatte die Regierung versucht, das Ereignis zu einem »Friedensfest« umzumünzen. Doch als die kommunistischen Führer an die Mikrofone traten, brüllen die Pilger sie nieder: »Dies ist eine Wallfahrt! Wir wollen den Papst! Wir wollen die Messe!« Es war die größte unabhängige Versammlung in der Tschechoslowakei seit dem Prager Frühling von 1968.

Der definitive Hinweis, daß die Ära des Kriegsrechts in Polen endgültig zu Ende ging, erfolgte am 11. September 1986, als das Regime eine allgemeine Amnestie verkündete und zweihundertfünfundzwanzig Häftlinge freiließ, die als besondere Staatsfeinde gegolten hatten. Die Freilassung politischer Gefangener war die vordringlichste Forderung, die seit 1981 aus dem Untergrund gestellt worden war.

Zum erstenmal in nahezu fünf Jahren konnten sich alle Führer der »Solidarität« frei treffen. Die polnischen Gefängnisse waren wieder ausschließlich Kriminellen vorbehalten.

Zu jenen, die ohne Auflagen die Freiheit wiedererlangten, gehörte Zbigniew Bujak, der erst zwei Monate zuvor verhaftet worden war, nachdem er viereinhalb Jahre lang im Untergrund die Reste der Gewerkschaft zusammengehalten hatte. Obwohl die Führer der »Solidarität« und ihre geistigen Verbündeten die Amnestie anfänglich mit Skepsis betrachteten und befürchteten, die Regierung könne sie wie früher jederzeit wieder ins Gefängnis werfen, wurde jetzt offensichtlich, daß das Regime einen großen Schritt unternommen hatte. »Solidarność«, vom Papst inspiriert und großenteils durch die CIA versorgt, hatte ihren langen Untergrundkampf überlebt.

Trotzdem wollte Jaruzelski einen Neuaufbau der »Solidarität« verhindern. Ihr fehlte nach wie vor jeder gesetzliche Status, und noch bestand die Zensur, obgleich nun *Samizdat*-Publikationen, Stimme Amerikas, Radio Freies Europa und der Vatikanische Rundfunk zu den einflußreichsten Medien im Land wurden.

Die staatliche Kirchenkommission, einst formale Schaltstelle der (größtenteils oberflächlichen) Kommunikation zwischen dem Episkopat und dem Regime zu Zeiten des Kriegsrechts, begann endlich mit der Diskussion über die reale Wiederherstellung der bürgerlichen Gesellschaft. Auf Jaruzelskis Anregung hin begann die Kommission Pläne für ein Beratergremium aus Spitzenvertretern der Wirtschaft, Intellektuellen und anderen öffentlichen Personen zu entwickeln, das die Regierung in landespolitischen Angelegenheiten beraten sollte. Das Regime bekundete zwar seine Bereitschaft, auch oppositionelle Schriftsteller, Ökonomen und andere Intellektuelle in den Rat mit aufzunehmen, doch Führern der Gewerkschaft »Solidarität« blieb die Beteiligung verwehrt.

Wie ein Kommentator bemerkte, »war ein General Jaruzelski inmitten einer Runde von Diskutanten nicht unbedingt das, was die Opposition unter politischer Reform verstand«. Die Oppositionsführer boykottierten mehrheitlich den Rat. Einige prominente Persönlichkeiten traten ihm allerdings bei, und seine Aktivitäten wurden von der gesamten Opposition und der Kirche aufmerksam verfolgt. Obwohl unbeabsichtigt, wurde das Beratergremium dennoch zum Vorläufer für die Verhandlungen am »Runden Tisch«, die letztlich Polen den Weg in die Demokratie ebneten. Durch Gorbatschow bestärkt, vollzog Jaruzelski eine weitere bedeutsame Geste, als er im Herbst 1987 das »Büro für Bürgerrechte« aus der Taufe hob und ein parteiloses Mitglied mit der Verfolgung von Mißbrauch seitens der Regierung beauftragte.

Später stellten manche revisionistischen Historiker und Biographen diese Übergangsphase gern zu vereinfacht dar, so als seien der Papst, Gorbatschow und Jaruzelski ganz friedlich im Gleichschritt auf dasselbe Ziel zumarschiert. In Wahrheit verfolgte jeder andere Interessen. Wie Adam Michnik nachdrücklich betonte, herrschte in Polen zwischen der formalen Abschaffung des Kriegsrechts im Juli 1983 und der Revolution von 1989 kein »Sozialismus mit einem menschlichen Antlitz …, [sondern] ein Kommunismus mit ein paar ausgeschlagenen Zähnen«. Diese Jahre waren nach wie vor geprägt von äußerster Härte. Jaruzelski meinte später:

Nun ja, natürlich haben wir alle gesagt, daß es so unmöglich weitergehen dürfe, daß durchgreifende Veränderungen vorzunehmen seien, aber sie müßten allmählich eingeführt werden, ohne die Menschen zu schockieren, ohne Unruhen zu provozieren. Sie müssen bedenken, daß es trotz der *Perestroika* auch noch den Warschauer Pakt gab. Wenn Sie Gorbatschows Rede vom 30. Juni 1986 anläßlich unseres zehnten Parteitags lesen, würden Sie an manchen Stellen auf eine sehr orthodoxe Sprache stoßen... oder vielleicht erinnern Sie sich an die Unterredung, die Gorbatschow mit Mitterrand hatte. Er kam 1988 zu einem Höflichkeitsbesuch nach Moskau und fragte vorsichtig: »Herr Generalsekretär, möchten Sie nicht ein paar Gedanken auf das Problem der deutschen Wiedervereinigung richten?« Gorbatschow erwiderte: »Ich denke daran – in hundert Jahren.« Im nächsten Jahr war die Mauer weg. Ich weiß, es gibt Leute, die einem erzählen: »Oh, ich wußte schon vor zehn Jahren genau...« oder: »Ich habe immer daran geglaubt...« Sie lügen.

Am 13. Januar 1987 – erstmals seit ihrer Unterredung auf dem Wawel 1983 – trafen sich Johannes Paul II. und General Jaruzelski im päpstlichen Arbeitszimmer im Vatikan. Später schilderte Jaruzelski den Besuch gern als »historisch«, weil er aus seiner Sichtweise eine entscheidende Begegnung auf geistiger Ebene darstellte. Den Begriff »historisch« haben die engsten Berater des Papstes aus anderen Gründen für dieses Treffen gebraucht. Die Unterredung dauerte achtzig Minuten, in denen Jaruzelski persönlich über seine Gespräche mit Gorbatschow berichtete und über das, was der Generalsekretär als sein »neues Denken« bezeichnete.

»Ja, ihre Begegnung war historisch«, bestätigte ein Intellektueller mit engen Beziehungen zum Vatikan. »Jaruzelski sagte ihm, daß er seine Macht ohne Blutvergießen teilen werde. Das war der Punkt. Er sagte: »Wir sind schon geschlagen. Es gibt keine Zukunft für die Partei oder das kommunistische System in Polen.« Der Zeitplan der Reform war jedoch nach wie vor alles andere als sicher, und es blieben die Fragen, wieviel Gorbatschow oder das sowjetische Politbüro denn nun wirklich tolerierten und ob die

»Solidarität« in der Zukunft Polens eine Rolle spielen würde oder nicht. Jaruzelski meinte später:

> Ich sagte dem Papst, was ich über Gorbatschow wußte und welche Rolle Gorbatschow spielte, welche Absichten er hegte, welchen Schwierigkeiten er gegenüberstand, wie wichtig es war, ihn zu unterstützen, ihn zu verstehen, und welch eine große Chance dies für Europa und die Welt war – selbst wenn nichts so reibungslos ablief, wie man es sich vielleicht gewünscht hätte.

Es besteht Grund zu der Annahme, daß der Papst und Jaruzelski während ihres Treffens im Vatikan einen künftigen Kurs für Polen absteckten, wobei sie prinzipiell Verhandlungen zustimmten, bei denen sowohl die Kirche wie auch die Opposition ein Mitspracherecht haben sollten. Jaruzelski war offenbar in einer sehr versöhnlichen Haltung gekommen. Bestimmt war er sich zu diesem Zeitpunkt völlig darüber im klaren, daß die polnischen Kommunisten keine echte Unterstützung im Volk besaßen. Es mußte irgendein neuer Weg gefunden werden, um das Land zu regieren – und die Kirche mußte ihn billigen. Ansonsten wäre wirtschaftliche Genesung unmöglich, politische Heilung und nationale Selbstachtung undenkbar.

Mittlerweile lockerte das Regime zunehmend die während des Kriegsrechts verfügten Beschränkungen der Bürgerrechte: Ein- und Ausreise wurden erleichtert, die Zensur war nicht mehr so allgegenwärtig, die Polizei agierte unauffälliger, und mehrere unabhängige Organisationen wurden wieder zugelassen.

»Wie ich feststellte, brachte [der Papst] ein umfassendes Verständnis für die Vorgänge auf, die wir durchlebten«, sagte Jaruzelski über ihre Begegnung. »Daraus schloß ich, daß der Papst in den Entwicklungen und Veränderungen, die in Polen geschahen, eine Bedeutung erkannte, die weit über den Rahmen Polens hinausging..., daß sie in erheblichem Maße ein Impuls [waren] für die Veränderungen in den übrigen Ländern, allen voran in der Sowjetunion.«

Inzwischen umwarb Jaruzelski öffentlich den Papst – und beschwor die Geschichte. Wie üblich suchte er die Zustimmung jener, die er bewunderte, ob im Kreml oder im Vatikan. In seiner (fragwürdigen) Version der Ereignisse gab er vor, nach der Verhängung der brutalen Restriktionen des Kriegsrechts aus einem alten demokratischen Impuls heraus plötzlich eine Kehrtwende vollzogen zu haben.

Die Meinung des Papstes über Jaruzelski fiel nach Aussagen des Personenkreises, der Johannes Paul II. am nächsten stand, etwas kühler aus, als es der General empfand; allerdings besteht kein Zweifel, daß Wojtyła in Jaruzelski vor allen Dingen den Patrioten sah. Doch bei seinen Treffen mit Jaruzelski war der Papst stets bemüht, dem General eine Vision anzubieten, die gegenüber jener Moskaus ihre Vorzüge hatte. Dies war eine seiner großen Leistungen.

»Der Papst war sich dessen bewußt«, sagte Kardinal Deskur, »daß Jaruzelski aus einem sehr religiösen Umfeld kam ... katholische Schule, Marienbruderschaft und dergleichen. ›Ich halte ihn für einen Mann, der tief *credente* ist – gläubig‹, sagte der Papst. ›Er hat seinen Glauben nicht verloren.‹« Und Wojtyła beabsichtigte, dies nach besten Kräften zu nutzen.

Was einst eine zehn Millionen Mitglieder starke Gewerkschaft namens »Solidarität« gewesen war, ging nun aus der Amnestie als eine weitaus kleinere, politisch zentralisierte Gruppe unter der Führung Wałęsas hervor – eine Organisation, die irgendwie einer politischen Partei des Westens glich. Aber die ehemalige »Solidarität« schwebte noch immer über dem Land als eine Art himmlischer Geist, der Elemente des Mythischen und des Mystischen in sich vereinte. Trotz der Amnestie beharrte Jaruzelski unerbittlich darauf, daß »Solidarność« nie wieder eine Gewerkschaft sein werde.

Wałęsa dagegen schwebte die Schaffung einer starken, vom Volk und der Kirche getragenen Verhandlungsmacht vor. Dafür fand Wałesa einen potenten Verbündeten in Ronald Reagan, der geschworen hatte, die amerikanischen Wirtschaftssanktionen gegen Polen nicht eher aufzuheben, als bis das Regime ernsthafte Verhandlungen mit der Opposition aufnahm. In seinem verzweifelten Wunsch nach einer Beendigung des Boykotts hatte Jaruzelski gehofft, daß die Einsetzung eines Beratenden Rates die USA zufriedenstellen würde. Dies war nicht der Fall.

Die Aufgabe, der sich Wałęsa gegenübersah, war äußerst schwierig und erforderte behutsames Taktieren. Während ihres Untergrunddaseins war die Opposition so sehr auseinandergefallen, wie ein teilnahmsvoller Historiker der Bewegung schrieb, »daß es nun einfach zu viele Gruppen gab, um irgendeine einheitliche Struktur hineinzubringen«. Ein Leben in der Intrige förderte nicht das Vertrauen. Als »Solidarität« aus dem Untergrund auftauchte, wurde sie von persönlichen und ideologischen Konflikten gebeutelt. Jene, die interniert und festgenommen worden waren, rangen mit denen, die der Verhaftung entgangen waren. (»Lech Wałęsa verdient einen zweiten Friedensnobelpreis«, bemerkte Jacek Kuroń gequält. »Für seine Bemühungen, die Splittergruppen innerhalb der ›Solidarność‹ zu versöhnen.«) Schließlich entschied sich Wałęsa gegen die Wiedereinsetzung der alten Landeskommission der Gewerkschaft (die nach der Ausrufung des Kriegsrechts getagt hatte). Statt dessen nahm er handverlesene Mitglieder eines neuen Kontrollorgans, das als der »Provisorische Rat der Solidarität« bekannt wurde.

Viele der Unstimmigkeiten innerhalb der »Solidarität« betrafen die Wirtschaftspolitik – während Wałęsas Anhänger Marktreformen befürworteten, malten seine Gegner düstere Bilder von den Problemen, die eine freie Marktwirtschaft unweigerlich mit sich bringen würde. Polens jährliche Inflationsrate näherte sich der Hundertprozentmarke, und die Reallöhne lagen fünfzehn bis zwanzig Prozent unter denen von 1980.

In Anbetracht von Jaruzelskis Eingeständnis der Fehler von Partei und Regime gegenüber dem Papst war die eigentliche Frage nicht, ob Verhandlungen stattfinden würden, sondern wann und unter welchen Umständen. Auf Drängen des Vatikans (und nach der persönlichen Zusage von Erzbischof Pio Laghi an das Weiße Haus, daß das polnische Regime nun doch mit der Opposition verhandeln werde) erklärte sich Reagan im Februar 1987 zur Aufhebung der wirtschaftlichen Sanktionen bereit.

Bei einem Besuch in Prag im April jenen Jahres schien Gorbatschow die Breschnew-Doktrin zu verwerfen und erklärte, daß »das gesamte Rahmenwerk der politischen Beziehungen zwischen den sozialistischen Staaten auf völliger Unabhängigkeit basieren muß ... Jede Nation hat das Recht, ihren eigenen Weg der Entfaltung zu wählen, ihr eigenes Schicksal zu bestimmen und über ihr Territorium, ihre menschlichen und natürlichen Ressourcen zu verfügen« – Worte, die im Grunde wiedergaben, was der Papst seit nunmehr acht Jahren forderte.

Die übrigen kommunistischen Führer Osteuropas indes teilten Gorbatschows Begeisterung nicht. Ihre Opposition reichte von Gustav Huskas passivem Widerstand – während Gorbatschows Besuch in Prag bediente sich Husak zwar seiner Rhetorik, bekämpfte ihn jedoch in der Praxis – bis zum sturen Beharren des SED-Vorsitzenden Erich Honecker und des rumänischen Staatschefs Nicolae Ceauşescu, daß ihre Länder keine wirtschaftliche »Umstrukturierung« oder politische Öffnung bräuchten. Selbst Ungarns János Kádár, der bereits weiterreichende wirtschaftliche Veränderungen eingeführt hatte als jene, die Gorbatschow nun anstrebte, schien darüber verstimmt, daß der Sowjetführer sich für die Demokratisierung aussprach.

Bei seinem Besuch in Prag gab Gorbatschow sich diplomatisch: »Momentan haben mehrere unserer Brüderländer ... individuelle Methoden und Lösungen angewendet. Keine Partei hat ein Monopol auf die Wahrheit. Es liegt uns fern, irgendwen zu bitten, uns zu kopieren. Gleichzeitig machen wir kein Hehl aus unserer Überzeugung, daß der Prozeß des Neuaufbaus, wie ihn die Sowjetunion durchführt, dem Wesen des Sozialismus entspricht.«

Husak, Honecker, Ceauşescu und Bulgariens Todor Schiwkow waren alle über siebzig und in der Ära Breschnew an die Macht gelangt. Gorbatschow war nicht bereit (oder nicht fähig), sie zu zwingen, seinem Beispiel zu folgen. Nicht ohne Grund befürchteten diese Staatschefs, das Gorbatschow-Modell und diese Form des Pluralismus, von dem Jaruzelski nun sprach, würden das Ende des Kommunismus einläuten.

In der Tschechoslowakei sprach Gorbatschow offen von »der schwierigen Periode« von 1968 und dem Prager Frühling. »Es war eine Krise für Sie wie für uns«, sagte er vor Arbeitern einer Fabrik, keinen Versuch unternehmend, den Einmarsch der Sowjetunion zu verteidigen oder zu rechtfertigen. Genau auf ein solches Zeichen hatten sowohl der Papst als auch Jaruzelski gewartet.

Doch als er Ende April 1987 für eine Stippvisite nach Moskau kam, um eine Erklärung zur sowjetisch-polnischen Zusammenarbeit – auf den Gebieten »Ideologie, Wissenschaft und Kultur« – zu unterzeichnen, erfuhr Jaruzelski von Gorbatschow, daß die *Perestroika* auf erbitterte Gegenwehr stieß. Gorbatschow schrieb später:

> Ich informierte Jaruzelski freimütig über die Schwierigkeiten hinsichtlich der *Perestroika.* Meine Hoffnungen auf Unterstützung seitens des Parteiapparats bei der Demokratisierung und bei der Revision des Stils und der Methoden der Regierung hatten sich nicht erfüllt. Zudem wuchs aus dieser Richtung der Widerstand gegen die Neuerungen. Jaruzelski hörte sich meine Überlegungen genau an und berichtete mir von seinen eigenen Versuchen: Selbst nach dem Kongreß hatte sich die PUWP [die kommunistische Partei Polens], insbesondere auf lokaler Ebene, nicht wesentlich gewandelt. Der Parteiapparat widersetzte sich den Reformen. Kurz, es war genau wie hier.

Die Diktatoren

Die Reise Johannes Pauls II. nach Chile im April 1987 war Teil seiner Strategie, die Länder Lateinamerikas in ihrem gewaltlosen Demokratisierungsprozeß zu unterstützen. Wo immer sich die Möglichkeit bot, wollte der Papst dazu beitragen, die politische Hegemonie der christlich-demokratischen Parteien oder eines Blocks aus Mitte-Rechts-Kräften zu sichern, die – Zufall oder nicht – schön in die Zukunftsplanung der Reagan-Administration paßten. Der Sieg der beiden christdemokratischen Führer José Napoléon Duarte in El Salvador und Marco Vinicio Cerezo Arévalo in Guatemala schienen wie Anfangserfolge für seine Politik.

In Chile wurde zu General Augusto Pinochet, den bürgerlichen politischen Parteien des Landes, der Kirche und Washington Kontakte geknüpft, um eine Vereinbarung auszuhandeln, in der Pinochet einer Präsidentschaftswahl oder einem Referendum zustimmte. Dieses Abkommen (auf das man sich 1989 einigte) sah unter anderem vor, daß Pinochet, der 1973 durch einen von ihm angeführten Putsch die demokratisch gewählte Regierung Salvador Allendes gestürzt hatte und für die daran anschließende brutale Unterdrückung verantwortlich gemacht wurde, Immunität für die Verbrechen seines Regimes gewährt bekam und seinen Posten als Kommandeur der Streitkräfte behielt.

Papst Wojtyła forcierte seine Strategie durch die Ernennung von Juan Francisco Fresno zum neuen Erzbischof von Santiago – eine eminent wichtige Position in einem Land, dessen Bevölkerung zu achtzig Prozent katholisch war. Fresno konnte weitaus diplomatischer und flexibler mit Pinochet umgehen als sein Vorgänger, Kardinal Raul Silva Henríquez, der zu einem furchtlosen Kritiker des Pinochet-Regimes geworden war und Partei für dessen Gegner und Opfer bezogen hatte. Er hatte das Vikariat der Solidarität gegründet, das Menschen, die von der Diktatur verfolgt wurden, materiell unterstützte und denen Rechtsbeistand gab, die man gefoltert hatte, sowie Familien der *desaparecidos* (den Tausenden von Personen, die nach »Säuberungsaktionen« der Armee und der Geheimpolizei »verschwunden« waren). Dank des Vikariats verzeichnete die Kirche einen enormen Popularitätsaufschwung. Es dokumentierte überaus effizient für die Vereinten Nationen und internationale Menschenrechtsorganisationen die vom Regime begangenen brutalen Verbrechen gegen die Menschlichkeit. In den Jahren vor dem Besuch des Papstes hatte das Vikariat hundert Fälle von Folter und unmenschlicher Behandlung für 1984 nachgewiesen; für 1985 waren es vierundachtzig, für 1986 deren hundertneun. Doch wurde Kardinal Henríquez einige Monate nach seinem fünfundsiebzigsten Geburtstag in den Ruhestand abgeschoben – ohne die Amtszeitverlängerung, wie sie der Papst besonders wichtigen Kardinälen oftmals gewährte.

Auf dem Flug im päpstlichen Jet nach Lateinamerika im April 1987 gab Johannes Paul II. eine Äußerung von sich, die Liberale im Westen schockierte. Er behauptete, man könne die Diktatur in Chile, auf deren Konto Tausende von Todesfällen gingen, als weniger bösartig ansehen als ihr polnisches Gegenstück. »In Chile herrscht derzeit ein System, das diktatorisch ist«, sagte er zu einem Journalisten, der ihn nach den Ähnlichkeiten zwischen Chile und Polen gefragt hatte. »Aber dieses System ist im wahrsten Sinn des Wortes vorübergehend.« Auf die Frage, ob sich denn in Polen ein Übergang anbahne, erwiderte der Papst: »Zumindest besteht kein Anlaß für diesbezügliche Hoffnungen; daran können Sie sehen, daß der Kampf des anderen Volkes (der Polen) viel schwieriger und anspruchsvoller ist.«

Das chilenische Volk begrüßte derweil mit spontaner Begeisterung die Ankunft des Papstes, in dem es ein Signal der Hoffnung auf einen politischen Wandel sah. In jenen Apriltagen stimmten Hunderttausende Chilenen ein in die Parolen *»Wojtyła hermano, llevate el tirano«* (»Bruder Wojtyła, befreie uns von dem Tyrannen«) und *»Wojtyła, Wojtyła, llevate el gorila«* (»Wojtyła, Wojtyła, wirf den Gorilla hinaus«).

Als Johannes Paul II. am 1. April in Santiago eintraf, brüstete sich General Pinochet damit, er habe das Land von »Terrorismus und gottloser marxistischer Gewalt« befreit. Derweil präsentierte sich der Papst als Botschafter für Frieden, Gerechtigkeit, Wahrheit, Einheit und Koexistenz. Er äußerte auch seine Hoffnung auf »den Sieg von Vergebung, Mitleid und Versöhnung«. Anders als bei seinen Reisen nach Polen vermied er es während seines gesamten Aufenthalts in Chile, irgend etwas zu sagen, was geeignet gewesen wäre, die Empörung über die Diktatur noch mehr anzuheizen.

Während eines päpstlichen Auftritts gelang es dem Chilenischen Studentenbund, ein neunzehnjähriges Mädchen namens Carmen Gloria Quintana unter das Begrüßungskomitee für den Papst zu schmuggeln. Im Verlauf einer Demonstration hatten Pinochets Soldaten sie mit Benzin übergossen und angezündet. Anstelle ihrer Ohren klafften nun zwei Löcher, ihr Gesicht war mit braunen, rosafarbenen und weißen Flecken übersät. »Ich weiß alles darüber, ich weiß alles darüber«, murmelte der Papst, als er hastig an ihr vorüberging. Bei einem Treffen mit den Leitern des Vikariats der Solidarität, die ihm ein Album mit Fotos von siebenhundertfünfzig *desaparecidos* überreichten, erklärte der Papst: »Ich berge die Häftlinge, die verschwunden sind, für immer in meinem Herzen.« Doch auf seiner sechstägigen Reise erwähnte er sie nur flüchtig. Auch das Thema Folter brachte er lediglich einmal zur Sprache, und zwar bei einem Zwischenstopp in Punta Arenas an der Magellanstraße, zweitausendzweihundert Kilometer von der Hauptstadt entfernt.

Am Tag nach seiner Ankunft in Santiago genoß Johannes Paul II. den zweifelhaften Ruhm, das zweite Staatsoberhaupt (nach dem Präsidenten von Uruguay) zu sein, das Pinochet einen Besuch in dessen offizieller Residenz abstattete, wo beim Putsch von 1973 Präsident Salvador Allende getötet beziehungsweise (laut manchen Berichten) zum Selbstmord gezwungen wurde. »Ich komme als Priester«, sagte der Papst, »um diesem Haus und seinen Bewohnern den Segen des Friedens zu geben.« Als der General den Papst einlud, auf den Balkon zu treten, um den Jubel der regimefreundlichen Volksmenge entgegenzunehmen – die man im Morgengrauen auf dem Platz versammelt hatte –, willigte Johannes Paul II. ein. Sichtlich zufrieden betete Pinochet gemeinsam mit dem Papst in der Palastkapelle.

Der General nutzte das Entgegenkommen des Papstes weidlich aus. Ohne mit der Wimper zu zucken, befahl er am 2. April die gewaltsame Niederschlagung einer Demonstration von zweihundertfünfzig Obdachlosen, die auf einem Gelände in einem Vorort von Santiago hausten, durch sechshundert Soldaten. Im Verlauf des Angriffs töteten die Soldaten einen sechsundzwanzigjährigen Mann. Am darauffolgenden Tag ließ Pinochet während einer Papstmesse in einem Park der Hauptstadt ein massives Aufgebot von Panzerwagen, Jeeps und mit Schlagstöcken, Schilden, Wasserwerfern und Tränengas bewaffneten Polizisten anrollen, um siebenhundert Demonstranten niederzuknüppeln, die Parolen gegen die Diktatur riefen und die am Rand des Parks stationierten Polizeikräfte mit Steinen bewarfen. Die Demonstranten, die zur linksextremen Mir-Partei und zu Organisationen junger Dissidenten aus der kommunistischen Partei Chiles gehörten, gingen in der Menge der siebenhunderttausend bei der Messe anwesenden Gläubigen völlig unter. Doch der General wollte ein Zeichen setzen. Die Polizei fiel über die Demonstranten her, die sich mit brennenden Autoreifen zu schützen versuchten, und preschten durch die Menge der Gläubigen. Unterhalb des Altars, wo der Papst die Messe abhielt, fuhren Soldaten in Jeeps kreisförmige Schneisen; Journalisten, Pilger und Priester, die sich ihnen in den Weg stellten, wurden überfahren und verletzt. Die Tränengasschwaden erreichten selbst den Altar, wo der Papst mit tränenden Augen und rauher Kehle ganze Abschnitte seiner Predigt über

Versöhnung wegließ, während ihm sein Leibarzt Wasser und Salz zum Schutz vor der vergifteten Luft reichte.

»Liebe ist stärker als Haß!« rief Johannes Paul II., während rings um ihn her Tausende angsterfüllter Zuschauer »Rettet den Papst!« schrien. Sechshundert Personen wurden verletzt. Alle politischen Parteien einschließlich der Sozialisten und Kommunisten verurteilten das Vorgehen der Sicherheitskräfte und sprachen von einer Provokation. Kardinal Fresno und der Vorsitzende der chilenischen Bischofskonferenz veröffentlichten dagegen ein Communiqué, in dem sie die Polizisten als die Hauptopfer bezeichneten und den Demonstranten alle Schuld zuwiesen. Darin hieß es, die Demonstranten hätten die Anwesenden an der Ausübung ihres Glaubens zu hindern versucht und den Papst beleidigt. »Wir protestieren gegen diesen unglaublichen Angriff, bei dem *carabineros*, päpstliche Leibwächter, Journalisten, Priester und Gläubige geschlagen wurden und Verletzungen davontrugen.« Kein Wort wurde über das brutale Vorgehen der Polizei verloren, das sich vor den Augen der internationalen Presse abgespielt hatte.

Der Organisator der Reise, Monsignore Francisco Cox, hieb in die gleiche Kerbe. Auf Bitten, den Tod von Patricio Juica – des am Vortag getöteten Obdachlosen – zu kommentieren, erklärte Cox: »Der Papst hat für ihn gebetet und trägt ihn in seinem Herzen. Es darf jedoch nicht vergessen werden, daß er bei einer Provokation starb, die von kleinen Protestgruppen angezettelt wurde.«

Alle großen Parteien, die das Regime ablehnten, waren für einen friedlichen Übergang zur Demokratie. Doch als sei er besessen vom Schreckgespenst einer marxistischen Revolution, versicherte der Papst bei seiner Zusammenkunft mit den Bischöfen: »Wir dürfen nicht den edlen Kampf um Gerechtigkeit, der Ausdruck für die Achtung vor und die Liebe zum Menschen ist, mit einer Bewegung verwechseln, die im Klassenkampf den einzigen Weg sieht, bestehende Klassenungerechtigkeiten in der Gesellschaft zu beseitigen.«

Getreu der päpstlichen Strategie lud der Apostolische Nuntius von Chile, Angelo Sodano, die Führer sämtlicher politischer Parteien zu einem Treffen mit dem Papst ein. Sie waren alle willkommen – sofern sie einen Brief unterschrieben, in dem sie sich verpflichteten, sich für den Schutz allen menschlichen Lebens (die allgemein übliche Ablehnungsformulierung bezüglich legalisierter Abtreibung), für nationale Aussöhnung, den friedlichen Übergang zur Demokratie und die Achtung vor den christlichen Traditionen Chiles einzusetzen. Es war das erste Mal seit dem Tod Allendes im Jahr 1973, daß alle Parteien – von den Rechten bis zu den Kommunisten – an einem Strang zogen. Und vor seiner Abreise aus Chile, so enthüllte der Papst viele Jahre später, »habe ich Pinochet geraten, zurückzutreten«.

Die Worte, welche die durch die Regierung verübte Gewalt verurteilten und die Johannes Paul II. in einem Chile unter dem Joch der Diktatur *nicht* öffentlich gesagt hatte, sprach er nun in einem Land aus, das eben erst zur Demokratie zurückgefunden hatte: Argentinien. Dort traf er am 6. April 1987 ein und redete Raul Alfonsín, dem ersten demokratisch gewählten Präsidenten nach dem Ende der Militärdiktatur, ernsthaft ins Gewissen. Die Menschenrechte, sagte der Papst, müßten garantiert sein, »selbst in äußerst angespannten Situationen, indem man nicht der Versuchung erliegt, Gewalt mit noch mehr Gewalt zu beantworten«.

Einer Meinungsumfrage zufolge reagierten die Argentinier auf den Papst mit Gleichgültigkeit oder Abneigung. Am Vorabend seiner Ankunft waren drei Kirchen das Ziel von Anschlägen gewesen. Argentinien war ein Land, in dem unter den vorangegangenen Militärdiktaturen der Kampf der Armee gegen die *Montoneros*-Guerillas oder jede andere Form von Opposition zu schweren Verlusten geführt hatte. Die Bischöfe waren tief in die Machenschaften der Militärjunta verstrickt. Im März 1976 hatte Kardinal Aramburu aus Buenos Aires General Vedela, dem Anführer eines Staatsstreichs, die Kommunion und seinen Segen erteilt. Der oberste Kaplan der Streitkräfte, Bischof José Miguel Medina, bei Ankunft Johannes Pauls II. noch im Amt, war in der Vergangenheit sogar so weit gegangen, Folter zu rechtfertigen – und er stand diesbezüglich mit seiner Meinung in der Geistlichkeit nicht allein. Insgesamt hatte sich die Bischofskonferenz mit Kritik an der Brutalität der Diktatur stark zurückgehalten. Der Klerus hatte auch geschwiegen, als der beim Regime unbeliebte Bischof Enrico Angelelli bei einem nach Ansicht vieler Leute inszenierten Autounfall ums Leben kam.

Der Träger des Friedensnobelpreises von 1980, Adolfo Pérez Esquivel, gab während des Papstbesuches eine Pressekonferenz, bei der er Bischof Medina hart angriff und erklärte: »Da gibt es jene, die schwiegen, als die Diktatur unter dem Deckmantel, die christliche ›Zivilisation‹ zu verteidigen, Menschen massakrierte.« Doch der Papst verlor nie ein Wort über die Verbindungen der Kirche zum Militär und lehnte es ab, die Mütter von der Plaza de Mayo zu treffen – Frauen, deren Angehörige verschwunden waren, entführt vom Militär, und die seit Jahren Gerechtigkeit forderten, wenn sie um den berühmten Platz in der argentinischen Hauptstadt marschierten.

In seinen Aufrufen mahnte der Papst abermals zu Frieden und Versöhnung. In seiner Rede vor den Bischöfen in Buenos Aires am 12. April schien er gar ihre einstige Handlungsweise ohne Wenn und Aber zu verteidigen. (»Ich weiß von Ihrem tiefempfundenen Einschreiten, das Menschenleben gerettet hat.«) Erst am siebten Tag seines Aufenthalts in Argentinien streute er in einer Ansprache vor Jugendlichen einen ganz knappen Hinweis auf die *desaparecidos* ein.

In der Tat schien für Johannes Paul II. der Hauptzweck seiner Argentinienreise darauf zu beruhen, die Verabschiedung eines Scheidungsgesetzes zu verhindern. In Córdoba sagte er, das Leugnen des unauflöslichen Bundes der Ehe hieße die Fundamente der Gesellschaft zu unterhöhlen.

Die Reise nach Lateinamerika 1987 bleibt eine der zwiespältigsten Episoden in der Karriere Johannes Pauls II. Die vielleicht aufrichtigsten Priesterworte, die in jenen Wochen zu hören waren, wurden von zwei Bischöfen ausgesprochen. In der chilenischen Stadt Concepción verurteilte Bischof José Manuel Santos öffentlich den »staatlichen Terrorismus« und beklagte, daß »Menschen, die entsetzliche Verbrechen begangen haben, noch immer nicht vor Gericht gestellt worden sind«. Und im argentinischen Viedma sagte Bischof Miguel Hesayne in Anwesenheit des Papstes: »Ich bitte den Papst um Vergebung, weil sich die argentinische Kirche nicht immer auf die Seite der Armen und der Verfolgten gestellt hat.«

Zwei Monate später, am 8. Juni 1987, kam Johannes Paul II. zu seiner dritten päpstlichen Wallfahrt in sein Heimatland im Triumph nach Warschau – diesmal, um die »Solidarität« zurückzufordern. Obwohl sein Besuch vor dem Hintergrund großer Not und Entbehrung stattfand, lag der erwartungsvolle Geist seiner ersten Pilgerreise – die Hoffnung, die Spannung, der Widerstand – in der Luft. Überdies befand sich Wojtyła auf dem Zenit seiner globalen Macht und Einflußnahme. So war beispielsweise auf den Philippinen ein Jahr zuvor der Diktator Ferdinand Marcos auf Drängen der Vereinigten Staaten und der katholischen Kirche zurückgetreten.

Die »Solidarität« operierte jetzt öffentlich, wenngleich nur provisorisch, und aus verständlichen Gründen waren ihre Anhänger den Behörden gegenüber noch sehr skeptisch. Im Verlauf seines einwöchigen Aufenthalts traf sich der Papst unweit der Danziger Werft privat mit Wałęsa (nachdem dieser seine Schichtarbeit als Elektriker beendet hatte); dann erteilte er ihm während einer von Hunderttausenden Menschen besuchten Messe die Kommunion. Der Papst richtete einen unvermindert emotionalen Appell an »das besondere Vermächtnis der polnischen ›Solidarität‹«, und mit jedem Tag zeichnete sich seine Herausforderung des Regimes deutlicher ab.

Bei einer der außergewöhnlichsten Messen seines Pontifikats, die er in Danzig vor siebenhunderfünfzigtausend Arbeitern und deren Familien feierte, beschwor der Papst die Abkommen von 1980, wobei er ihre Wurzeln bis zu den blutigen Ereignissen von 1970 in der Werft nachzeichnete. Die Danziger Übereinkünfte, erklärte er, »werden in die Geschichte Polens eingehen als ein Ausdruck des gestiegenen Bewußtseins für die Arbeiterschaft, das für die gesamte gesellschaftlich-moralische Ordnung auf polnischem Boden von Belang ist«. Angesichts eines Meeres von »Solidarność«-Fahnen legte der Papst seinen vorbereiteten Text zur Seite.

»Ich bete jeden Tag für Sie in Rom, ich bete für mein Heimatland und für euch Arbeiter. Ich bete für das besondere Erbe der polnischen ›Solidarität‹.« Seine Zuhörer waren außer sich: die Menschen weinten, applaudierten, beteten oder reckten die geballte Faust.

Johannes Paul II. stand auf einem Podium in der Form eines mächtigen Schiffes, dessen Bug Petrus darstellte, der in seinen Händen die Schlüssel zum Königreich und zum Evangelium hielt. Von seinem »Schiff« herab rief der Papst der Menge zu: »Ich bin froh, hier zu sein, denn ihr habt mich zum Kapitän gemacht... Kein Kampf ist wirkungsvoller als jener der ›Solidarität‹!« Sodann bekräftigte er das Recht der Arbeiter auf »Selbstbestimmung«. Nach der Rede des Papstes in Danzig sagte Wałęsa: »Ich bin sehr glücklich. Nun kann selbst ein Narr erkennen, daß die Suche nach einem Ausweg aus diesem Labyrinth... ›Solidarität‹ erfordert. Das ist der einzige Weg.«

Johannes Paul II. nutzte fast jede Unterbrechung seiner Reise, um die imaginäre Kluft zwischen seinen Vorstellungen und jenen des Regimes zu verbreitern – sehr zum wachsenden Leidwesen Jaruzelskis. Der Papst forderte ein Überdenken der »Grundvoraussetzungen« von Polens kommunistischem System. »Im Namen der Zukunft der Menschheit und der Menschlichkeit muß das Wort ›Solidarität‹ laut ausgesprochen werden«, verlangte er vor Matrosen im Hafen von Gdingen bei Danzig von einem turmhohen Altar herab, den man unweit der grauen Hafengewässer errichtet hatte. »Dieses Wort wurde genau hier ausgesprochen, auf eine neue Weise und in einem neuen Zusammenhang. Und die Welt kann das nicht vergessen. Dieses Wort ist euer Stolz, polnische Seeleute.«

Das Regime reagierte auf den Besuch mit TV-Zensur, der Entsendung Tausender Beamter von Sondereinsatzkommandos, Hunderter von Festnahmen und zuletzt mit einem bitteren Protest Jaruzelskis bei der Abschiedszeremonie für den Papst am Warschauer Flughafen. Jaruzelski war wütend und barsch; seiner Wortwahl nach zu urteilen, fühlte er sich vom Papst verraten: »Eure Heiligkeit, Sie werden Ihrem Heimatland bald Lebewohl sagen. Sein Bild werden Sie in ihrem Herzen bewahren, aber seine Probleme können Sie nicht mitnehmen.« Der Papst verzog das Gesicht und schloß die Augen, als Jaruzelski fortfuhr:

»Polen braucht Wahrheit. Notwendig ist aber auch die Wahrheit über Polen. Wie oft ist es in letzter Zeit das Opfer externer, für den gesunden Menschenverstand unseres Volkes derart beleidigender Manipulation gewesen?« In sarkastischer Form nahm er

Bezug auf die wiederholten Beschwörungen der »Solidarność« durch den Papst, sowohl als Organisation wie auch als Konzept: »Möge das Wort ›Solidarität‹, ausgehend von diesem Land, von allen Menschen vernommen werden, die noch immer unter Rassismus, Neokolonialismus, Ausbeutung, Arbeitslosigkeit, Repressalien und Intoleranz leiden.« Das Publikum war fassungslos angesichts dieser groben Unhöflichkeit.

Es war eine der aggressivsten öffentlichen Äußerungen, die Jaruzelski im Lauf seiner sechsjährigen Amtszeit von sich gab.

Bei diesem Besuch konnten die Polen spüren, daß das Ende des Regimes herannahte. Die Partei war zerrissen, der General und seine Schergen verloren offenbar den Kontakt zur Realität. Als sich Jaruzelski und der Papst zu einem privaten Gespräch trafen, schien es dem General besondere Freude zu bereiten, Wojtyła mitzuteilen, daß sich zum erstenmal im ganzen Land einige Bischöfe der Kirche und örtliche Parteisekretäre getroffen hätten, um einen Papstbesuch zu planen.

Es sollte auch das letztemal sein.

Im Anschluß an den Besuch des Papstes entwickelten sich die Ereignisse in Polen mit methodischer Schnelligkeit: Zunehmend reagierte das Regime mit Kompromissen auf den Druck seitens der »Solidarität«, des Volkes und des Papstes – und erlitt Schiffbruch. Angesichts der Erkenntnis, daß die Wirtschaftsreformen der letzten fünf Jahre gescheitert waren, wurde ein Referendum angesetzt, in welchem die Polen gebeten wurden, für oder gegen ein Programm des radikalen wirtschaftlichen Wandels, drastischer Sparmaßnahmen und beschränkter Schritte in Richtung eines Mehrparteien-Systems abzustimmen. Mit der Begründung, die Regierung werde es als Vertrauensvotum nutzen, forderte die »Solidarität« zum Boykott des Referendums auf. Und sie hatte Erfolg: Nachdem es nicht gelang, eine Mehrheit von Wahlberechtigten zu ihrem Votum zu veranlassen, gab die Regierung bekannt, daß sie das Referendum verloren habe. Es war das erstemal in der Nachkriegsgeschichte, daß ein kommunistisches Regime einräumte, eine Wahlschlappe erlitten zu haben.

In seinem Bestreben, direkte Verhandlungen mit Wałęsa oder anderen Führern der »Solidarność« zu vermeiden, griff Jaruzelski auf den Beratenden Rat zurück, zu dessen Mitgliedern Jerzy Turowicz und andere, dem Papst nahestehende katholische Intellektuelle zählten. Am allerwenigsten wollte Jaruzelski der erste kommunistische Führer im Warschauer Pakt sein, der von einem Nichtkommunisten abgelöst wurde. Es wäre zu einer Abrechnung gekommen. Doch seine Geste war zu schwach und erfolgte zu spät.

Eine Serie spontaner Streiks führte 1988 die Wende herbei. Wałęsa hatte die Arbeiter immer davor gewarnt, ihre Angelegenheiten selbst in die Hand zu nehmen. Die Streiks im April und Mai schwollen zu einer Flutwelle an. Aber zu ihnen hatte nicht die »Solidarität« aufgerufen: Die Streikenden waren fast ausnahmslos junge, verarmte Fabrikarbeiter, welche die Ereignisse von 1980 als jenen Stoff erachteten, aus dem Mythen entstehen. Sie rebellierten, weil sie über ihren stetig sinkenden Lebensstandard empört waren. Ihre ungezügelten Emotionen verhießen Chaos. Die Regierung kniff und wandte sich an Wałęsa: Dieser sollte Streikende überreden, wieder ihre Arbeit aufzunehmen. Doch sie weigerten sich – es waren Hunderttausende –, bis Jaruzelski und das Regime versprachen, Gespräche über die Zukunft des Landes anzusetzen mit einer Opposition, der auch Wałęsa angehören werde.

Jaruzelski hatte sich vorgestellt, daß es ihm angesichts einer geschwächten »Solidarität« möglich sei, eine Reformpolitik in dem von ihm gewünschten Tempo und ohne organisierte Opposition zu verwirklichen. Nun mußte er zwangsweise auf die Bedingungen der Arbeiter eingehen. Timothy Garton Ash schrieb damals:

> Acht Jahre lang haben die »Solidarität«, die Kirche und Politiker aus dem Westen erklärt, der einzige Weg zur Sicherung der öffentlichen Unterstützung für eine so schmerzliche, aber unumgängliche Wirtschaftsreform sei ein Dialog, der zu einem historischen Kompromiß zwischen den selbstorganisierten Arbeitern und einer sich selbst beschränkenden kommunistischen Macht führen werde. ... Nahezu sieben Jahre lang haben die kommunistischen Machthaber nun fast alles getan, außer mit der »Solidarität« zu reden. ... Und nach sieben Jahren stehen die Arbeiter in den größ-

> ten Industriezentren des Landes auf und sagen »Solidarität«! Daher tun die Machthaber das, von dem sie so oft gesagt haben, daß sie es nie tun würden: Sie beginnen mit Lech Wałęsa zu sprechen. Wałęsa gelingt es seinerseits, wenn auch mit Schwierigkeiten, die letzten Streiks zu beenden.

Wałęsas vierstündige Besprechung mit Regierungsvertretern am 31. August 1988 erzielte keinen spektakulären Durchbruch, doch schon die Tatsache, daß dieses Treffen überhaupt stattfand, war höchst bedeutsam. Sechs Jahre lang hatte die Regierung ihm – mit den Worten von Jaruzelskis Pressesprecher Jerzy Urban – als »den ehemaligen Führer der ehemaligen Bewegung ›Solidarność‹« herabgewürdigt.

Am 18. Januar 1989 gab Jaruzelski bekannt, die »Solidarität« werde die rechtliche Anerkennung als Gewerkschaft wiedererlangen. Er war als Ministerpräsident zurückgetreten, um das Amt des polnischen Staatspräsidenten zu übernehmen – mit voller Exekutivgewalt. Sein Nachfolger und früherer Vize, Mieczysław Rakowski, stattete protokollgemäß Primas Glemp einen offiziellen Besuch ab. Während ihrer Unterredung kamen sie auf die politische Lage zu sprechen, und nun gab Glemp dem Kommunisten Rakowski zu verstehen, wie wichtig es sei, Gorbatschows Politik in der Sowjetunion zu unterstützen. Und er ergänzte, daß der Papst sowohl in der UdSSR als auch in Polen jener Politik verpflichtet sei.

Am 6. Februar, als Demonstranten im ganzen Land gerade gegen Preiserhöhungen protestierten, nahmen Vertreter von Regierung und Opposition am »Runden Tisch« Verhandlungen über die Zukunft Polens auf. Das Ende einer Epoche stand unmittelbar bevor.

Die unter kirchlicher Ägide in einer friedlichen Atmosphäre geführten Gespräche dauerten acht Wochen. Sie berührten Themen von Wirtschaftspolitik bis Gesundheitspflege, von politischen Reformen bis zu den unveräußerlichen Rechten der polnischen Bürgerschaft. Wałęsa, General Czesław Kiszczak (der Innenminister, der ihn 1981 unter Arrest gestellt hatte), Politbüromitglied Stanisław Ciosek und eine Schar von Parteiberatern übernahmen den sensibelsten Teil der Verhandlungen selbst, in Anwesenheit Kardinals Macharski aus Krakau oder dessen Vertretern. »Wenn keine Seite nachgab«, sagte Ciosek, »wußten wir, daß wir jederzeit den Vatikan um Hilfe bitten konnten.«

Die entscheidende Vereinbarung, die am Runden Tisch getroffen wurde, sah für den Juni freie und offene Wahlen zu einem neuen Gremium vor, das die Bezeichnung Senat tragen sollte. Beschlossen wurde außerdem die vollständige Legalisierung der »Solidarität«.

Bei der Parlamentswahl am 4. Juni errang die »Solidarität« bis auf einen sämtliche zweihundertzweiundsechzig Sitze, für die sie sich bewerben konnte. Die Pfarrer in den Gemeinden hatten an jenem Sonntag die Gläubigen im Gottesdienst aufgefordert, sich für die Kandidaten der »Solidarität« und gegen die Kommunisten zu entscheiden. »Ein fürchterliches Ergebnis«, klagte Jaruzelski. »Das ist die Schuld der Kirche.«

Jaruzelski konnte mit inoffizieller Unterstützung seitens der Gewerkschaft ganz knapp das Präsidentenamt behalten. Doch eine derart wacklige Koalition zweier einstiger Gegner war zum Scheitern verurteilt. Am 19. August beauftragte Jaruzelski Tadeusz Mazowiecki, einen katholischen Intellektuellen, der bei den Danziger Streiks von 1980 als Berater Wałęsas agiert hatte, mit der Kabinettsbildung. Am 24. August wurde Mazowiecki Ministerpräsident, und die »Solidarität« gelangte offiziell an die Macht.

In einer der ersten Amtshandlungen nach Unterzeichnung der Vereinbarungen am Runden Tisch flog Wałęsa unterdessen gemeinsam mit fünf Mitarbeitern nach Rom, um Johannes Paul II. im Namend der »Solidarität« und des polnischen Volkes zu danken.

Die Schockwellen vom Fall Polens erschütterten den Ostblock für den Rest des Winters so lange, bis dieses Staatenbündnis aufgehört hatte zu existieren.

Als Ungarn im September seine Grenze zu Österreich öffnete (es hatte um die Zeit der Gespräche am Runden Tisch in Polen bereits die »Führungsrolle« der kommunistischen Partei aus seiner Verfassung getilgt), strömten Zehntausende DDR-Bürger ins Land, das zu einem Sprungbrett in den Westen wurde. Die meisten zogen in die Bundesrepublik Deutschland, die allen Deutschen die Staatsbürgerschaft per Gesetz garantierte.

Der Staatschef der DDR, Erich Honecker, der sich immer mehr in die Isolation gerückt sah, protestierte bei den Ungarn gegen die Grenzöffnung, jedoch ohne Erfolg. Auf seine Bitte, er möge intervenieren, reagierte Gorbatschow mit höflicher Ablehnung. Wenig später trafen DDR-Bürger auch auf dem Umweg über Polen und die Tschechoslowakei im Westen ein: Sie hatten in den Botschaften der Bundesrepublik in Warschau und Prag Zuflucht gesucht und durften nach kurzer Zeit ihr Asyl unbehelligt verlassen.

Im Oktober gingen dann in Leipzig und anderen Städten der DDR Tausende auf die Straßen und forderten Honeckers Absetzung. Die Polizei konnte oder wollte die Demonstrationen nicht im Zaum halten; schließlich mußte Honecker resignieren. Egon Krenz, ein jüngeres Mitglied des Politbüros, übernahm die Verantwortung und ließ am 9. November die DDR-Grenze zur Bundesrepublik öffnen. Tags darauf erfolgte die Öffnung der Berliner Mauer, mit deren Abriß Arbeiter wenig später begannen.

Die kommunistischen Dominosteine purzelten. Am 10. November endete mit einer Parteisäuberungsaktion die sechsunddreißigjährige Amtszeit des bulgarischen Staatspräsidenten Todor Schiwkow. In der Tschechoslowakei, wo gewaltige Volksmengen auf die Straße gingen, forderten die Menschen ein Mehrparteiensystem und den Rücktritt von Präsident Husak. Nachtwachen zogen auf. In der Hauptstadt mischte sich Alexander Dubček, Anführer des Prager Frühlings von 1968, unter die Demonstranten; es war sein erster öffentlicher Auftritt nach einundzwanzig Jahren. Einen Monat später trat Husak zurück, und es wurde eine Koalitionsregierung aus Kommunisten und tschechischen Oppositionellen gebildet. Nur sieben Monate nach seiner Entlassung wurde der Dramatiker und Dissident Vaclav Havel zum Präsidenten gewählt.

Rumänien mußte die einzige wirklich blutige Revolution des Jahres 1989 erleiden. Als Angehörige der rumänischen Geheimpolizei Securitate in der Stadt Timişoara das Feuer auf Demonstranten eröffneten, schlug sich die Armee auf die Seite des Volkes. Hunderte Menschen starben – darunter der verhaßte und gefürchtete Parteiführer Nicolae Ceauşescu und seine Frau, die von einem Exekutionskommando standrechtlich erschossen wurden.

Und dann gab es ja noch die Sowjetunion.

Am 1. Dezember 1989 drängten sich Zehntausende Menschen erwartungsvoll auf den Gehwegen der breiten Prachtstraße, die zum Vatikan führte. Der Generalsekretär der Kommunistischen Partei der Sowjetunion und das Oberhaupt der römisch-katholischen Kirche standen kurz vor ihrer ersten Begegnung.

Die Monsignori und Erzbischöfe der Kurie hatten fast alle ihre Arbeit unterbrochen, um entweder von einem Bürofenster aus oder am Fernseher die Ankunft Michail Gorbatschows in seiner Limousine (die mit der roten Standarte mit Hammer und Sichel geschmückt war) zu verfolgen. Mehr als sechzig Jahre lang hatten die katholische Kirche und der Kreml erbittert miteinander gerungen, und diese schwarzgewandeten Männer, die in ihren Seminaren ausgebildet wurden, die »Feinde Gottes« überall in der Welt zu verachten und zu bekämpfen, hatten an vorderster Front gestanden.

Am Tag zuvor hatte jedoch der Generalsekretär in einer Rede im italienischen Kapitol von der Notwendigkeit einer Durchgeistigung der Welt gesprochen. Er hatte eine »Revolution in den Seelen der Menschen« gefordert und gleichzeitig »die ewigen Gesetze der Menschlichkeit und Tugend, von denen Marx sprach« verherrlicht.

»Die Religion hilft der *Perestroika*«, erklärte er. »Wir behaupten nicht länger, einen Alleinanspruch auf Wahrheit zu besitzen. ... Wir gehen nicht mehr davon aus, daß jene, die nicht mit uns übereinstimmen, unsere Feinde sind.« Dies war wahrhaftig eine »neue Weltordnung«.

Quer durch Osteuropa zerfiel das kommunistische Reich. In der Sowjetunion allerdings hatte Gorbatschow nach wie vor das Ruder fest in der Hand. Er hatte die Rote Armee aus Afghanistan (nach einer totgeschwiegenen Niederlage) abgezogen und verhandelte nun ernsthaft mit den Vereinigten Staaten über einen weiteren Abbau der nuklearen und konventionellen Waffenkontingente. Am Tag nach seiner Begegnung mit dem Papst stand ein Flug nach Malta auf dem Programm, wo er mit US-Präsident

George Bush zusammentreffen wollte. Dieser hatte es den Ländern des Ostblocks überlassen, ihren eigenen Weg zu gehen, und das russische Volk hoffte nun inständig, daß die damit verbundene Ausgabenkürzung im Rüstungshaushalt die sowjetische Wirtschaft ankurbeln und ihr Leben verbessern möge. Im März hatten die ersten quasi-demokratischen Wahlen in der Geschichte der UdSSR stattgefunden, und viele Angehörige der *Nomenklatura* waren von der öffentlichen Bühne verschwunden. Gorbatschow und sein Außenminister Eduard Schewardnadse läuteten nun eine Ära des »demokratischen Sozialismus« ein.

Angesichts der Befreiung Polens und des Zerfalls des Kommunismus westlich der Ukraine sah der Papst sich und Gorbatschow als gleichartige slawische Seelen mit überraschend gemeinsamen Zielsetzungen. Gorbatschow pflichtete ihm bei. Und nicht an letzter Stelle ihrer Wunschliste stand der Zusammenhalt der UdSSR. Zunehmend gab es nationalistische Spannungen (und Blutvergießen) in Armenien, Aserbaidschan und Georgien – innerhalb der Grenzen der Sowjetunion.

Seine Vision von Europa und der Welt ließ den Papst sich in vielerlei Hinsicht Gorbatschow enger verbunden fühlen als George Bush, den Wojtyła in einem ganz anderen Licht sah als seinerzeit Ronald Reagan. Wie es für Gorbatschow noch immer galt, so hatte Johannes Paul II. auch in Reagan ein Instrument in den Händen Gottes gesehen. Der Papst jedenfalls war, aus welchem Grund auch immer, durch Reagans unverhohlene Sympathie für den westlichen Materialismus und Kapitalismus nicht beunruhigt gewesen.

Infolgedessen übten in den acht Jahren von Reagans Präsidentschaft weder der Vatikan noch der Papst jemals öffentliche Kritik am Weißen Haus, obgleich Johannes Paul II. ansonsten nicht zögerte, die globalen Auswüchse von Kapitalismus oder Materialismus mutig anzuprangern. Er brachte sogar die amerikanischen Bischöfe dazu, ihre Kritik an Reagans Wirtschaftspolitik abzuschwächen.

Der Papst hatte die antimarxistische Politik der Reagan-Administration in Lateinamerika unterstützt (selbst in Ländern, in denen Katholiken von Glaubensbrüdern ermordet wurden) und akzeptierte im großen und ganzen das Grundprinzip ihrer militärischen Aufrüstung in den achtziger Jahren – gegen die gewichtigen Einwände seiner Bischöfe in den Vereinigten Staaten. Als die Vatikanische Akademie der Wissenschaften einen überaus kritischen Bericht über Reagans Strategische Verteidigungsinitiative (das SDI-Programm »Star Wars«) vorbereitete, ordnete der Papst – nach massiver Einflußnahme durch Vernon Walters, Vizepräsident Bush, CIA-Direktor Casey und Reagan persönlich – ein Veröffentlichungsverbot dieses Dokuments an. Erst im Golfkrieg von 1991 – nach dem Sturz des Kommunismus in Ost- und Mitteleuropa – wandte sich der Papst beziehungsweise seine Kirche öffentlich gegen einen grundlegenden Wesenszug der amerikanischen Politik.

Dreimal war Johannes Paul II. mit Bush vor dessen Wahl zum Präsidenten zusammengetroffen, und er fand bei ihm nicht viel, was unkonventionell, selbstlos, weitblickend oder ausgesprochen prinzipientreu war. In der Tat beunruhigte Wojtyła, daß Bush zu einem Zeitpunkt der Geschichte dort traditionell chauvinistisch agierte, wo sich ein derartiger Führungsstil eventuell als gefährlich und kontraproduktiv erweisen könnte. Im Unterschied zu Reagan hatte Bush nach Meinung des Papstes nur den strategischen und wirtschaftlichen Vorteil für die USA im Auge. Bei seinem Treffen mit Gorbatschow äußerte sich der Papst in etwa dieser Weise. Gorbatschow war eine ganz andere Sache – ein Mann, der viele der unglaublichen Veränderungen, die damals in Europa stattfanden, ermöglicht hatte. Am 13. Juni 1988 hatte Gorbatschow Kardinal Casaroli im Kreml empfangen. »Das Wichtigste ist der Mensch«, sagte Gorbatschow zu Casaroli – und klang dabei in bemerkenswerter Weise wie der Papst. »Der Mensch muß im Mittelpunkt internationaler Beziehungen stehen. Dies ist der Ausgangspunkt für unser ›Neues Denken‹.« Gegenüber Vertrauten schilderte in Litauen der alte Kardinal Vincentas Sladkevicius, den die Kommunisten fünfundzwanzig Jahre lang interniert hatten, Gorbatschow als »ein Werkzeug Gottes«, das den Katholiken in der UdSSR die freie Religionsausübung gewährte.

Gewiß, der Papst hatte seinen engsten Mitarbeitern gesagt, daß Gorbatschow, bedingt durch die Undurchführbarkeit einer wirklichen Reform des Kommunismus, letztlich scheitern werde. Und Gorbatschow blieb dem Kommunismus und der Partei tatsächlich verbunden, obschon in grundlegend anderer Form. Gorbatschow hatte gedacht, die *Perestroika* werde Osteuropa überrollen, die Hardliner unter den Kommunistenführern zur Aufgabe zwingen und den Weg für eine neue, reformierte kommunistische Herrschaft ebnen. Doch er verrechnete sich.

In jenem Herbst und Winter wurden die Diktatoren Osteuropas blitzschnell einer nach dem anderen gestürzt – und Demokraten, nichtkommunistische Reformer, übernahmen die Kontrolle, als die Bürger, inspiriert durch den Sieg von »Solidarność«, zu Millionen friedlich auf den Straßen demonstrierten. Jahrzehntelang hatten sowjetische Truppen eine Art Schutzwall gegen eine Rebellion im Ostblock gebildet, bis Gorbatschow verkündete, was sein Sprecher im Außenministerium die »Sinatra-Doktrin« nannte: Denn er versprach, daß die UdSSR ihren Satellitenstaaten zubilligen werde, »es auf ihre Weise zu tun«, und daß hunderttausende Soldaten aus dem Warschauer Pakt abgezogen würden.

Die erste Begegnung zwischen einem Generalsekretär der UdSSR und einem Oberhaupt der römisch-katholischen Kirche war reich an Symbolkraft für eine neue Ära. Ein Mitglied der päpstlichen Begleitmannschaft äußerte sich wie folgt:

> Der Papst wußte, was den meisten Menschen im Westen unbekannt war: daß nämlich, wenn man die in Jalta abgesegnete Weltordnung zerstört hat, zu der in Versailles beschlossenen zurückkehrt. Und dies ist keine sehr gute Weltordnung, denn sie beinhaltet all die Saat des Zweiten Weltkriegs, die zu einem Dritten Weltkrieg auskeimen könnte. Der Kommunismus hatte eine Art gewaltsame Unterdrükkung zahlreicher Konflikte – Nationalitäten-, Rassen- und auch Klassenkonflikte – hervorgebracht, und wenn man keine angemessene Lösung für diese Konflikte, keine neue Ordnung für Europa parat hat, dann wird es zum großen Knall kommen.

Es gibt Beweise, daß nicht nur der Papst, sondern auch das gesamte vatikanische Staatssekretariat über die durch den Sturz des Kommunismus freigesetzten Kräfte besorgt war und daß diese

Befürchtungen – und wie wünschenswert doch der Fortbestand einer stabilen Sowjetunion wäre – schon Monate vor der Ankunft Gorbatschows im Vatikan diskutiert wurden.

Rocco Buttiglione, ein Philosoph und enger Freund Wojtyłas und der Verfasser eines Buches über seine Denkweise und Philosophie, bemerkte: »Der Heilige Vater hoffte, daß Gorbatschows Versuche, die Sowjetunion zusammenzuhalten, erfolgreich sein würden – nicht, um den Kommunismus, sondern (das Zentrum) zu bewahren. ... Als eine Förderation freier Menschen.« Unmittelbar nach dem Treffen mit Gorbatschow informierten Diplomaten des Vatikans Beamte im Weißen Haus. Sie drängten Bush, einen »klugen« Kurs einzuschlagen und Gorbatschows Bemühungen um den Zusammenhalt zu unterstützen – was der amerikanische Präsident auf Malta denn auch tat.*

Zum Zeitpunkt von Gorbatschows Besuch im Vatikan war bereits die Grundlage für eine Beziehung zwischen den beiden Männern geschaffen worden: durch Jaruzelski als Diskussionspartner, durch einen geheimen Briefwechsel zwischen dem Papst und Gorbatschow (der Papst hatte die *Perestroika* gepriesen, Gorbatschow die päpstlichen Schreiben bewundert) und durch Gorbatschows sichtbares Engagement (als Reaktion auf die vatikanische Diplomatie) für mehr Religionsfreiheit in der UdSSR und für weltweite Abrüstung.

In seine weißen Gewänder gekleidet, begrüßte Wojtyła Gorbatschow und dessen Frau Raissa enthusiastisch im Empfangssaal der päpstlichen Residenz. Danach zogen sich die beiden Männer ins Amtszimmer des Papstes zurück.

In seinem von einem polnischen Akzent gefärbten Russisch bemerkte der Papst, daß dies ein Treffen zweier Slawen sei. Das Protokoll ihrer privaten Unterredung, das von einem Dolmetscher aufgezeichnet wurde und den Autoren dieses Buches vorliegt, betont die persönliche Wertschätzung, die sich zwischen den beiden Männern entwickelt hatte. Es zeigt auch, wie der Papst sich Gorbatschows Probleme zunutze machte, um für die Gläubigen in

* Berater beider Gesprächspartner bestätigten, daß Wojtyła und der Präsident miteinander telefoniert hätten, nachdem Gorbatschow den Vatikan verlassen hatte, obschon sowohl das Weiße Haus als auch der Heilige Stuhl keine offizielle Stellungnahme hierzu verlautbaren ließen.

der Sowjetunion raschere religiöse Zugeständnisse zu erreichen, als es sonst vielleicht möglich gewesen wäre.

Nachdem nun die in Jalta skizzierte Ordnung zerbrach, erkannte der Papst in den Interessen des Vatikans und des Kreml mit einemmal eine Konformität bezüglich einer Menge internationaler Fragen. Unterstrichen wurde dies durch seine eigene Überzeugung von den Fehlern des Kommunismus und durch seine Auffassung vom gesellschaftlichen und wirtschaftlichen Grundprizip des Sozialismus. Wojtyła und Gorbatschow sprachen über den Nahen Osten und die Armut in der Dritten Welt, über ein weder nach Washington noch nach Moskau ausgerichtetes Europa, über Mittelamerika, Indochina und die Vorteile der Aufnahme diplomatischer Beziehungen zwischen dem Vatikan und dem Kreml.

»Im Grunde«, erklärte der Papst, »gibt es nicht wenige Orte auf dieser Erde, wo der Friede es schwer hat. Vielleicht könnten wir hier etwas gemeinsam bewirken.« Er dachte dabei insbesondere an Regionen mit hohem christlichem Bevölkerungsanteil und historisch gewachsenem Sowjeteinfluß.

Dann hielt Johannes Paul II. dem Generalsekretär eine Moralpredigt zum Thema Menschenrechte.

> Wir haben mit bangem Herzen und großen Hoffnungen darauf gewartet, daß in ihrem Land ein Gesetz zur Gewissensfreiheit in Kraft tritt. Wir hoffen, daß die Verabschiedung eines solchen Gesetzes für alle sowjetischen Bürger mehr Entfaltungsmöglichkeiten im religiösen Leben bringen wird. Ein Mensch bekehrt sich durch seinen eigenen freien Willen; man kann unmöglich jemanden zum Glauben zwingen.

Mit einem solchen Gesetz, sagte der Papst, könnten sich die diplomatischen Beziehungen zwischen dem Heiligen Stuhl und Moskau nach vorn bewegen – etwas, das Gorbatschow aufgrund der Notwendigkeit, seine Position im Inland stärken zu müssen, und wegen des hohen Ansehens, das der Papst international genoß, inzwischen inniger wünschte als der Vatikan. Bereitwillig kündigte Gorbatschow an, daß der Oberste Sowjet in Kürze ein Gesetz zur Gewissensfreiheit verabschieden werde.

Der Generalsekretär war sich durchaus darüber im klaren, daß Gewissensfreiheit aufrührerische Konsequenzen nach sich ziehen könnte – einschließlich des Rufs nach Unabhängigkeit im Baltikum und in der Westukraine, wo der Katholizismus starke Wurzeln hatte. »Ich werde Ihnen keine Ratschläge erteilen«, sagte Gorbatschow, »ich appelliere lediglich an Ihre Erfahrung und Weisheit..., um jegliche Politisierung dieser Frage zu vermeiden.«

Teilweise verlief ihre Unterredung auf philosophischer Ebene. In der UdSSR, sagte Gorbatschow, »wollen wir vollenden, was wir durch demokratische Mittel geplant haben. Aber meine Sichtweise der Ereignisse der letzten Jahre legt den Schluß nahe, daß Demokratie allein nicht genügt. Notwendig ist auch ein Moralkodex. Demokratie kann nicht nur Gutes bewirken, sondern auch Böses.« Dies stand im Einklang mit Wojtyłas Ansichten, wie der Generalsekretär sehr wohl wußte.

»Sie haben recht, wenn Sie sagen, daß Veränderungen nicht übers Knie gebrochen werden sollten«, bemerkte der Papst. »Und wir sind uns auch einig, daß es nicht nur Strukturen, sondern auch Denkmuster zu verändern gilt. Es kann nicht angehen, daß jemand [Bush] so tut, als würden Veränderungen in Europa und in der Welt dem westlichen Modell folgen. Dies widerspricht meinen tiefsten Überzeugungen. Europa als Beteiligter der Weltgeschichte muß mit zwei Lungen atmen.«

Nach dem Ende ihres wichtigen Gesprächs brachte Gorbatschow seine Hoffnung auf »eine neue Entwicklung in unseren Beziehungen« zum Ausdruck. »Ich erwarte, daß Ihr Weg Sie in Zukunft auch einmal in die Sowjetunion führt.«

»Ich wäre sehr glücklich, wenn mir dies gestattet würde«, entgegnete der Papst. Sodann gab er einen Einblick in sein Herz und seine persönliche Mission:

> Ich wäre sehr glücklich über eine Gelegenheit, die Sowjetunion, Rußland, besuchen zu können, um mit den Katholiken – und nicht nur mit ihnen – zusammenzukommen, ihre heiligen Stätten zu besuchen, die für uns Christen eine Quelle der Inspiration sind.... Sehen Sie, ich kenne Osteuropa nicht gut. Ich selbst bin Westslawe. Jene Städte, die vor dem Krieg in Polen lagen und heute zur Sowjetunion gehö-

ren, habe ich nie kennengelernt. Ich meine Lwow und Vilnius [Lemberg und Wilna]. Vor allem aber würde ich gern dem begegnen und das fühlen, was ich den »Geist des Ostens« nenne.

Der Zusammenbruch

Es war am 31. Dezember 1991. Auf dem Roten Platz drängte sich eine Menschenmenge in freudiger Erregung. Die Leute sangen, riefen und tanzten. Sie schüttelten Flaschen mit *sovietskoye shampanskoye*, trampelten auf Bierdosen, zertraten Gläser unter ihren Winterstiefeln. In die Umarmungen und Küsse hinein lösten sich die Gruppen im Chaos auf und strömten unter ohrenbetäubendem Lärm erneut zusammen. Derweil marschierte die Ehrenwache zur festgesetzten Zeit in Richtung Leninmausoleum. In der sternklaren Nacht mutete der rhythmische Widerhall ihres von den Preußen abgeschauten Gleichschritts wie ein unwirklicher Tanz an, ein zusammenhangloses Ballett. Nur die dünnen eisernen Absperrketten trennten die Soldaten vom verrückten Treiben der Menge auf dem Platz. Als die Uhr vom Spasskyturm Mitternacht schlug, erscholl im Glückstaumel ein Jubelschrei der Befreiung zum Himmel.

Tausende Männer und Frauen waren intuitiv zu dem Platz gepilgert, um das Ende der Sowjetunion zu feiern. Russen und Amerikaner, Italiener und Kasachen, Briten, Tataren und Deutsche, Menschen aus allen Ecken der Welt, Bürokraten und Prostituierte, Geschäftsleute und Rabauken stießen an auf eine Zukunft ohne Hammer und Sichel.

Der Platz, der unter dem kommunistischen Regime heilig gewesen war, eine Tabuzone, in der selbst Rauchen verboten war, brodelte nun vor Aktivität, und alle Augen blickten auf Lenins Grab.

Ein betrunkener Schotte hüpfte in seinem Kilt wie eine Marionette auf und nieder. Mehrere verbitterte Veteranen der kommunistischen Partei versuchten sich ihren Weg durch die Menge zu bahnen, um ihre rote Flagge neben dem Mausoleum aufzustellen. Es roch überall nach Alkohol. Gerade als Soldaten, die noch die

Uniform der ehemaligen Sowjetunion trugen, die Wachablösung vor dem Monument vollzogen, stürmte ein Mann nach vorn, in den Armen eine Statue der Jungfrau von Fátima. Über eine halbe Stunde lang ließ er die Figur in ihrem weißen Umhang und dem blauen Mantel mit ihren traurigen Augen auf die halbgeöffnete Tür des Mausoleums starren. Es war ein stiller Akt der Rache.

Vielleicht werden wir nie erfahren, wer er war, jener Unbekannte, der unterhalb der Kremlmauer eine Replik der Madonna trug, die im Jahr 1917 die Bekehrung Rußlands prophezeit hatte. Beredtsamer hätte er Wojtyłas innigste Gefühle indes nicht ausdrücken können. Der Papst erlebte den großen Aufruhr in der Sowjetunion als eine Art Mysterienspiel, in dem seiner Ansicht nach Unsere Liebe Frau von Fátima eine Hauptrolle gepielt hatte. Als im März 1984 das Schicksal der »Solidarität« besiegelt schien, befahl der Papst, die über einen Meter hohe Originalstatue von Fátima von Portugal in den Vatikan zu senden. Er ordnete an, sie in seiner Privatkapelle aufzustellen, wo bereits ein Bild der Jungfrau von Tschenstochau an der Wand hing. In der Nacht vom 24. auf den 25. März (Mariä Verkündigung) betete er viele Stunden lang vor der Statue. Am Sonntag, dem 25. März, übergab er auf dem Petersplatz Rußland und Osteuropa in die Obhut der Jungfrau von Fátima, und zwar mit Worten, die Insider sofort verstanden: »Wir weihen dir jene Männer und jene Nationen, die ein besonderes Bedürfnis danach haben, dir auf diese Weise anvertraut zu werden. Lasse dein Licht insbesondere über jenen Völkern leuchten, von denen du selbst unsere Heiligung erwartest.« Dieser letzte Satz stand nicht im Manuskript. Der Papst hatte ihn improvisiert, um einen von der Weißen Frau geäußerten Wunsch zu erfüllen, die, als sie den drei jungen portugiesischen Mädchen, die Schafe hüteten, erschien, die Heiligung Rußlands gefordert hatte, damit der Welt schreckliche Katastrophen erspart bleiben mögen. Das älteste der drei Kinder, das später als Schwester Lucia de Jesus Santos ins Kloster eintrat, hatte jahrzehntelang darauf geachtet, daß die Bitte der Madonna erfüllt werde. Aber kein Papst hatte getan, wonach die Madonna verlangte. Nach der Konsekration vom 25. März teilte Schwester Lucia Johannes Paul II. mit, daß sie sich mit diesem innigen Akt der Frömmigkeit abfinden werde.

War es bloß ein Zufall, daß das folgende Jahr den Tod Konstantin Tschernenkos, des praktisch letzten Mitglieds der alten kommunistischen Garde, und den Aufstieg Michail Gorbatschows als Generalsekretär der KPdSU erlebte? Der Papst sah dies nicht so. Da Rußland Vorbereitungen für die Feierlichkeiten zum tausendsten Jahrestag seiner Christianisierung traf, wiederholte der Papst den Akt der Hingabe: »Dir, Mutter der Christen«, verkündete er 1987, »vertrauen wir in besonderer Weise die Völker an, die ihren sechshundertsten [Lettland] beziehungsweise tausendsten Jahrestag [Urkaine und Rußland] ihrer Bindung an das Evangelium feiern.«

Bis heute glaubt Johannes Paul II. an eine ganz besondere Verbindung zwischen der Muttergottes und Rußland. Pater Werenfried van Straaten, der über Jahrzehnte Spenden im Westen für die Kirche hinter dem Eisernen Vorhang sammelte, riet, daß der Papst die wunderbare Ikone der Madonna von Kazan, die nach der Oktoberrevolution verlorengegangen war, in den Vatikan gebracht hatte. Der Patriarch von Moskau, Alexis II., ist überzeugt, daß es sich nur um eine Kopie handelt, doch diese Möglichkeit läßt den Papst offenbar ungerührt.

Van Straaten, der den Papst im Verlauf seines Pontifikats regelmäßig sah, berichtete: »Er ist fest davon überzeugt, daß jetzt, wo sich die Ikone von Kazan im Vatikan befindet, die Jungfrau ihm helfen wird, nach Rußland zu reisen.« Zur Jahresmitte 1996 allerdings bestand der Patriarch von Rußland aus Sorge, der Papst könne erfolgreich in seiner Herde Anhänger zu gewinnen suchen, auf Wojtyłas Fortbleiben.

Nie hätte sich Johannes Paul II. träumen lassen, daß die Sowjetunion so rasch zerfallen könnte, noch wünschte er es sich. Nicht einmal sein engster polnischer Freund im Vatikan, Kardinal Andrzej Deskur, hörte ihn je einen solchen Wunsch äußern. »Zu keiner Zeit sagte er etwas Derartiges, nicht mir gegenüber«, sagt Deskur.

Der Papst hatte sich als Ziel die Konsolidierung der von Osteuropa errungenen neuen Freiheiten gesetzt. In den Monaten vor Gorbatschows Sturz war es beinahe zu einer Einigung mit dem sowjetischen Präsidenten über die erste Reise eines Papstes in die UdSSR gekommen. Im Mai 1991 kündigte der vatikanische

Staatssekretär, Kardinal Angelo Sodano, gegenüber Journalisten mit der Bitte um Vertraulichkeit an, daß es höchstwahrscheinlich 1992 zu einem kurzen »symbolischen Besuch« in Moskau und Kasachstan, der Heimat der unter Stalin deportierten katholischen Gemeinden der Wolgadeutschen, kommen werde.

Im August 1991 begann jedoch der Todeskampf des roten Imperiums. Im Morgengrauen des 19. August rissen in Moskau konservative Mitglieder des Politbüros durch einen Staatsstreich die Macht an sich und setzten Gorbatschow in seiner auf der Krim gelegenen Datscha unter Hausarrest, wobei man verlauten ließ, daß er erkrankt sei. Boris Jelzin, der Präsident der Russischen Republik, stellte sich den Putschisten entgegen und machte das russische Parlamentsgebäude (wegen seiner Marmorfront das Weiße Haus genannt) zum Hauptquartier des Widerstandes.

Dank eines Radiosenders, der Pater van Straaten gehörte und eigentlich katholisch-orthodoxe Rundfunkprogramme senden sollte (und der nun in einem Gemüselaster in die Parlamentsküche geschmuggelt wurde), konnte Jelzin mit der Außenwelt in Verbindung bleiben. Seine Gegenwehr trug ihm die Unterstützung des Westens ein.

Ein aufrichtiger Freudenschrei ist aus dem Telegramm herauszuhören, das Johannes Paul II. am 23. August – dem Tag, als die Rädelsführer aufgaben – an Gorbatschow sandte: »Ich danke Gott für den glücklichen Ausgang der dramatischen Schicksalsprüfung, die Sie selbst, Ihre Familie und Ihr Land mit hineinzog. Ich bringe meinen Wunsch zum Ausdruck, daß Sie Ihre herausragende Arbeit für die materielle und geistige Erneuerung der Völker der Sowjetunion, für die ich Gottes Segen erbitte, fortsetzen können.«

Die Hoffnungen Johannes Pauls II. waren, wie die vieler anderer Führer der Welt, nur kurzlebig. Jelzins siegreicher Kampf wurde zu einem Fanal für den Willen des Volkes, das kommunistische Joch ein für allemal abzuschütteln. Am 25. Dezember schied der Mann, der die *Perestroika* erfunden hatte, aus dem Amt, und am Nachmittag wurde die rote Flagge über der grünen Kremlkuppe eingeholt.

Jahre später priesen schließlich weite Teile der Welt Wojtyła als Sieger eines Krieges, den er 1978 begonnen hatte. Der Papst selbst vertrat eine nüchterne Sichtweise. Er vermied es bewußt, sich als eine Art Supermann, der den russischen Bären zu Boden gezwungen hatte, zu präsentieren. Eindringlich bat er sein Publikum, die Dinge nicht zu einfach darzustellen, ja nicht einmal den Niedergang der UdSSR dem *Finger Gottes* zuzuschreiben. Als ihn der italienische Schriftsteller Vittorio Messori danach fragte, erwiderte Johannes Paul II.: »Es wäre simplifizierend zu sagen, göttliche Vorsehung habe den Sturz des Kommunismus verursacht. Er fiel von selbst als Folge seiner eigenen Fehler und Mißbräuche. Er fiel von ganz allein aufgrund seiner ihm eigenen Schwäche.«

Johannes Paul II. hatte die Krise des Kommunismus von innen erlebt, und vor allem hatte er als Philosoph über das Wesen der Widersprüchlichkeiten im Kommunismus nachgedacht. Besser als viele Politiker aus dem Westen verstand er, daß das sowjetische System durch Implosion zusammengebrochen war. Der Druck von außen hatte zwar die Risse im System offenbart, doch zum Kollaps war es letzten Endes durch gravierende innere Mängel gekommen.

An diesem Kollaps waren wirtschaftliche und moralische Faktoren beteiligt. Die wirtschaftlichen Ressourcen der UdSSR konnten einfach nicht jedem Bürger eine gesicherte Existenz – ganz gleich, auf wie armem Niveau – garantieren und zugleich den gesamten Militärapparat einer Supermacht aufrechterhalten, die einen kalten Krieg führte. Dies wurde noch deutlicher ersichtlich im Fall der sozialistischen DDR, die, wenngleich deutlich besser organisiert als die UdSSR, nichtsdestotrotz am Vorabend ihres Untergangs vor dem wirtschaftlichen Bankrott stand.

Vor allem aber war das System durch ethische Widersprüche ausgehöhlt worden. Unter Chruschtschow hatte das Bedürfnis nach Wahrheit einen Ansatz zur Systemreformierung zur Folge. Unter Breschnew hatte die Verleugnung der Wahrheit zu Stillstand und massivem Zynismus geführt. Bei Gorbatschow war der Wunsch nach Wahrheit, nach *Glasnost*, so stark geworden, daß sich in der Folge das System selbst aus den Angeln hob.

Dieses Thema, Wahrheit und die Unhaltbarkeit von Lügen, hat Johannes Paul II. in seiner Denkweise über Totalitarismus seit jeher fasziniert. Er las die Werke Andrei Sacharows und Alexander Solschenizyns und war gerührt über ihre moralische Gesinnung, denn er war überzeugt, daß die Weigerung zu lügen das stärkste Mittel sei, um in jedem totalitären Staat eine Krise auszulösen. Johannes Paul II. sprach ausführlich über Ethik, als er mit Solschenizyn 1994 im Vatikan zusammentraf. Der Kommunismus, hatte der Papst bei seinem ersten Besuch im postkommunistischen Prag 1990 gesagt, habe sich »als eine unerreichbare Utopie entlarvt, weil einige wesentliche Aspekte der menschlichen Natur vernachlässigt und geleugnet wurden: die unbändige Sehnsucht des Menschen nach Freiheit und Wahrheit und seine Unfähigkeit, sich glücklich zu fühlen, wenn die transzendente Beziehung zu Gott ausgeklammert wird«.

TEIL ACHT

DER ZORNIGE PAPST

Blitze zuckten nieder und erhellten den Altar. Unter dem prachtvollen päpstlichen Baldachin starrte Karol Wojtyła auf eine Masse dunkler Regenschirme. Für die auf der Lichtung des Kielcer Flugsportvereins versammelte Menge sah der Papst wie eine seltsame, aus einer fernen Welt herbeigezauberte Figur aus. Das Weiß seines Priesterrocks und die Farben der Gewänder darunter leuchteten gespenstisch im Schein der Blitze auf. Sein Gesicht war verzerrt vor Wut. Zur Faust geballt hob er die rechte Hand empor, während seine Linke die Seiten des Redemanuskripts umklammert hielt, das er nun beiseite geworfen hatte.

»Brüder und Schwestern«, rief er mit krächzender Stimme, »es muß ein Wandel stattfinden in der Art und Weise, wie ihr ein neu empfangenes Kind behandelt. Es mag wohl unerwartet gekommen sein, aber es ist niemals ein Eindringling, niemals ein Aggressor. ... Ihr dürft nicht Freiheit mit Unmoral verwechseln.«

»Ich sage dies«, übertönte er den strömenden Regen und die Windböen, welche die zweihunderttausend vor Kälte bereits klammen Zuhörer zerzausten, »weil dieses Land meine Mutter ist: dieses Land ist die Mutter meiner Brüder und Schwestern. Dieses Land ist meine Heimat, und aus diesem Grund gestatte ich mir, so zu sprechen.«

»Ihr alle müßt erkennen«, schrie er, die Faust noch immer drohend erhoben, »daß die Art und Weise, in der ihr mit diesen Fragen umgeht, rücksichtslos ist. Diese Dinge müssen mir zwangsläufig weh tun, und sie sollten auch euch Schmerzen bereiten. Niederreißen ist leichter als aufbauen. Die Vernichtung dauert schon zu lange; jetzt müssen wir wieder aufbauen. Ihr dürft nicht einfach blindlings alles zerstören.«

Unter einem von regenschweren Wolken verdunkelten Himmel hörte die Menge ihm schweigend zu. Flüchtiger Applaus würdigte die Rede Johannes Pauls II. Er merkte, daß der Funke zu seinem Publikum nicht übersprang. Dies war ihm bei seinen Landsleuten noch nie zuvor passiert.

Niemals hätte er sich träumen lassen, daß seine vierte Reise in die alte Heimat so ausfallen würde. Er wußte, es würde nicht leicht sein, Menschen in einer Gesellschaft anzusprechen, die seiner Meinung nach in egoistischen Individualismus abglitt, doch irgendwie hatte er mehr Treue von seinen Landsleuten erwartet – schließlich waren sie durch ihn vom Kommunismus befreit worden. Mit dem scharfen Blick eines Führers und dem feinen Instinkt eines Schauspielers registrierte er, daß sein Charisma schwand. Was ihm Schmerz zufügte, schien den Polen nicht weh zu tun. Was er als falsch stigmatisierte, erschien vielen in der Menge als die Essenz dessen, wonach sie sich so lange gesehnt hatten – das Recht, eigene Entscheidungen zu treffen.

Er hatte öffentlich seine Wut gezeigt, er war zornig geworden. Dies kam in seinem Leben äußerst selten vor. In der Tat hatte man so gut wie nie davon gehört. Von seinen Schulkameraden aus Wadowice, den Steinbrucharbeitern in Krakau, den Lehrern in Lublin, den Bischöfen in Polen oder den Würdenträgern im Vatikan konnte sich niemand erinnern, daß er je vor Wut explodiert wäre oder die Geduld verloren hätte. Stets war er besonnen gewesen, niemals laut werdend und immer als Schlichter auftretend.

Diesmal allerdings *hatte* er geschrien. In Kielce hatte sich die Menge ihm vorenthalten. Johannes Paul II. fühlte sich verletzt und verstört. »Dieses Volk verehrt mich mit seinen Lippen, aber nicht in der Tiefe seines Herzens«, bekannte er hinterher und verglich sich damit unbewußt mit dem Gott Jesajas.

Könnte sich so Mose gefühlt haben, als er vom Berg Sinai hinabstieg und die Israeliten um das Goldene Kalb tanzen sah?

Das Ende des Kommunismus markierte zugleich den Beginn des dritten Akts von Johannes Pauls II. Pontifikat. Der erste Akt war, nach Jahren der Ungewißheit, geprägt gewesen von stolzer Rechtfertigung seiner christlichen Botschaft: »Öffnet Christus die Türen!« Der zweite Akt in den achtziger Jahren sah die Bestätigung der universalen Rolle des Papsttums und den erfolgreichen Kampf für die Befreiung Polens vom Joch des sowjetischen Totalitarismus.

Der dritte Akt begann in den neunziger Jahren und bescherte dem Papst einen unerwarteten Vorgeschmack von Einsamkeit. Mit Blick auf die europäische Szene räumte Johannes Pauls Vikar für Rom, Kardinal Camillo Ruini, ein: »Die Fähigkeit der Kirche, eine *Kirche des Volkes* zu sein, ist offenbar in Gefahr.«

Was soll Gott ohne den Teufel machen? Anderthalb Jahrhunderte lang hatte die katholische Kirche gegen Sozialismus und Marxismus gestritten, über siebzig Jahre lang das kommunistische System als ihren Erzfeind bekämpft. Die gesamte Kultur und Soziallehre des Katholizismus des zwanzigsten Jahrhunderts war geprägt worden von diesem kolossalen Duell. Jetzt plötzlich war die Bühne leer.

1991 war ein überaus wichtiges Jahr für die Kirche. Zu dem Zeitpunkt, da die Sowjetunion zwar noch nicht zusammengebrochen war, aber bereits ihren Status als Supermacht verloren hatte, mußte Johannes Paul II. der Tatsache ins Auge sehen, daß auch die Kirche in Politik und Gesellschaft möglicherweise an Bedeutung *verlieren* könnte. Der erste Test kam mit dem Golfkrieg im Januar. Nachdem er beschlossen hatte, die Operation »Wüstensturm« anrollen zu lassen, setzte sich Präsident George Bush über die eindringlichen Appelle des Papstes hinweg, noch in letzter Minute über einen Rückzug der Iraker aus Kuweit zu verhandeln. Bush behandelte den Papst in etwa so, wie er es mit Gorbatschow tat: als einen zweitklassigen Verbündeten. Er überschüttete ihn mit Formulierungen der Wertschätzung und ignorierte ihn anschließend.

Kurze Zeit später erhielt der Heilige Stuhl einen weiteren aufrüttelnden Weckruf. Die israelische Regierung legte ihr Veto ein gegen die Teilnahme des Vatikans an einer Konferenz in Madrid, die den Weg für einen direkten Dialog zwischen Israelis und Palästinensern ebnen sollte. Als Grund wurde angeführt, daß die beiden Staaten keine diplomatischen Beziehungen unterhielten, doch eine derart schroffe Abfuhr wäre zu Zeiten des kalten Krieges niemals ausgeteilt worden.

Die bitterste Überraschung sollte Johannes Paul II. allerdings auf seiner vierten Polenreise im Juni 1991 von seinen eigenen Landsleuten bekommen.

Für Karol Wojtyła war Reisen das, was der Krieg für Napoleon war: Der Papst regierte nicht, indem er zu Hause im Vatikan blieb, sondern kreuz und quer durch die Welt reiste. Und in diesen Begegnungen mit Menschen aus immer neuen Ländern hat er seine Schlachten gewonnen oder verloren. Als er nun am 1. Juni 1991 in seine postkommunistische Heimat kam, wurde er von Präsident Lech Wałęsa und Primas Jósef Glemp als ein neuer Moses gefeiert, als der Mann, der sein Volk aus der Knechtschaft befreit hatte und dessen Mission die Polen auch weiterhin in die Zukunft führen sollte. Johannes Paul II. wollte seinen Landsleuten die Zehn Gebote predigen, das Gesetz Mose und die Grundregeln zum Aufbau eines Staates im Einklang mit Gottes Willen. Neu war jedoch diesmal, daß das Volk wenig Lust zeigte, sich führen zu lassen – am allerwenigsten von der Kirche.

Polen hatte sich verändert, und ein Großteil seiner Bevölkerung zeigte sich in zunehmendem Maße verärgert über das Begehren des Klerus, in das öffentliche Leben einzudringen, und über den autoritären Führungsstil der Geistlichkeit. Viele hatten es langsam satt, daß – gleichsam als Verhöhnung der sie umgebenden Szenerie aus kleinen, von Armut gebeutelten Dörfchen – monumentale Kirchen und Pfarrhäuser in die Landschaft gestellt wurden. Der kirchliche Bauboom stellte eine Provokation in den Augen von Millionen Polen dar, die geschockt waren von der ersten brutalen Phase ihrer Bekanntschaft mit einer freien Marktwirtschaft, wo (in einer Art, um die sie jedes frühere kommunistische Regime womöglich beneidet hätte) die Preise hochgetrieben und die Löhne gedrückt wurden. Die Menschen waren die großherrliche Art allmählich leid, mit der Gemeindepfarrer öffentlich von ihren Schäfchen eine *freiwillige Steuer* für den Bau oder die Instandsetzung von Kirchen forderten. Die Leute wollten keine Geschichten über Priester hören, die im Mercedes spazierenfuhren – oder in Begleitung halbnackter Frauen von der Polizei wegen nächtlicher Ruhestörung festgenommen wurden.

Der Klerus schien die Fernsehanstalten massiv beeinflußen zu wollen. Er bedrängte die Medien, »schriftliche Werte« zu fördern (genau wie die kommunistische Partei einst verlangt hatte, daß die Medien mit marxistisch-leninistischen Grundsätzen konform zu gehen hätten). Dank einer einfachen Verwaltungsanordnung hatten die Schulen wieder den Religionsunterricht eingeführt. Ein vorgeschlagenes Wahlgesetz wurde blockiert, weil Präsident Wałęsa auf Drängen der Kirche hin eine Bestimmung nicht akzeptieren mochte, die Propaganda von der Kanzel untersagte.

Außerdem mischte sich die Kirche ins Privatleben ein. Um die Bischöfe zufriedenzustellen, hatte man die Abteilung für In-vitro-Befruchtung am Zentrum für Kinderheilkunde geschlossen. Scheidungsprozesse waren von der Amts- auf die Landgerichtsebene verlegt worden, wodurch das Verfahren komplizierter und teurer wurde.

Nicht zuletzt hatte die Christlich-Nationale Allianz, eine kleine Gruppe von rechtskonservativen Katholiken, im Sejm, dem polnischen Parlament, die Aufhebung des seit 1956 gültigen Gesetzes zum Schwangerschaftsabbruch beantragt. Die Bischöfe unterstützten den Antrag unverzüglich. Ein neues Gesetz sollte Abtreibung, außer bei Lebensgefahr für die Mutter, verbieten. Es sah für den Arzt, der den Eingriff vornahm, und in bestimmten Fällen auch für die betreffende Frau eine zweijährige Haftstrafe vor.

Der Antrag hatte unter Polens Frauen eine Welle der Empörung ausgelöst. Jene, die Mitglieder der »Solidarität« waren, hatten sich sogar an den Westen gewandt und Frauen in italienischen Gewerkschaften ersucht, in der internationalen Arbeiterbewegung gegen den Gesetzesentwurf Front zu machen.

In passender Form versinnbildlicht wurde das neue Klima durch die Äußerungen des stellvertretenden Gesundheitsministers Kazimierz Kapera im Fernsehen einige Monate vor Ankunft des Papstes. Er forderte ein Verbot aller Verhütungsmittel einschließlich Kondomen, und mit einem Seitenhieb auf Homosexuelle bezeichnete er HIV-infizierte Personen als »typische Sonderlinge«. Ein Aufschrei des Volkes zwang den Vizeminister zum Rücktritt, aber Kardinal Glemp verteidigte ihn als ein Opfer der Intoleranz. Der Primas verglich ihn mit dem verstorbenen Kardinal Wyszyński, der seinerzeit unter Verfolgung zu leiden hatte.

All das war Johannes Paul II. während der Vorbereitung zu seiner Reise nach Polen zur Kenntnis gelangt. Im Verlauf seiner Amtszeit hatte es nur wenige Tage gegeben, an denen er nicht über die Ereignisse in seinem Heimatland unmittelbar informiert war. Durch Berichte und persönliche Kontakte mit Pilgern, Priestern, Bischöfen und Freunden, die den Vatikan besuchten, wurde er stetig mit Neuigkeiten versorgt. Man hatte ihm gesagt, daß die Kirche laut Meinungsumfragen auf den zweiten Rang hinter der Armee als der beliebtesten und meistgeachteten Einrichtung des Landes abzurutschen drohte. Siebenundsechzig Prozent aller Befragten waren sich einig, daß »die Kirche zuviel Macht hat« und »sie sich aus dem politischen Leben des Staates heraushalten sollte«.

Doch die engsten Berater des Papstes bezeichneten jegliche Kritik an der Kirche als Störmanöver ehemaliger Kommunisten oder als das Ergebnis einer antiklerikalen, atheistischen Entwicklung, der Einhalt geboten werden müsse – und der Papst glaubte ihnen. Die mit der Wochenzeitschrift *Tygodnik Powszechny* eng verbundenen Katholiken versuchten dem Papst ein ausgewogeneres Bild zu vermitteln, aber solche Gemäßigten waren in polnischen Kreisen in Rom und unter polnischen Bischöfen eine kleine und heftig attackierte Minderheit. Vergeblich hatte ein enger Freund des Papstes, der Philosoph Józef Tischner, vor einer »Republik der Kirchenprediger« gewarnt. Vergeblich hatte Czesław Miłosz, der 1980 mit dem Nobelpreis für Literatur ausgezeichnet wurde, geschrieben: »Die Menschen haben Angst vor den Priestern bekommen. Und das ist bestimmt kein gutes Zeichen.« Wenn das so weitergehe, erläuterte Miłosz, werde Polen »ein Land, das nicht christlicher als Frankreich oder England ist, jedoch mit der zusätzlichen Bürde einer Kirchenfeindlichkeit, deren Wut im proportionalen Verhältnis zur Macht des Klerus und zu dessen Programm eines Bekenntnisstaates steht«. Adam Michnik, der Dissident, der das Komitee zur Verteidigung der Arbeiter gegründet hatte und inzwischen Chefredakteur der einflußreichen Tageszeitung *Gazeta Wyborcza* war, schrieb: »Es wäre eine gute Idee, wenn alles zum Status quo ante zurückkehren und die Kirche bei politischen Disputen nicht mehr Partei ergreifen würde.«

Der Papst blieb taub für diese Signale. Obwohl er verlangte, daß der Klerus sich nicht in die Politik einmischen solle, war er überzeugt, daß seine Landsleute eine moralische Wahl zu treffen hätten. Die polnische Lebensart müsse ihre Inspiration vom Christentum beziehen – und es war die Aufgabe der Kirche, den Weg zu weisen. Der Staat müsse sich der Wahrheit fügen, wie sie sich durch die grundlegenden Werte des christlichen Glaubens ausdrückt. Wie er am 3. Juni in Kielce sagte, müßten die Polen »ihr Gewissen an der Schwelle zur Dritten Republik überprüfen«.

Die gesamte Reise (viereinhalbtausend Kilometer in acht Tagen) geriet zu einer mit verzweifelter Inbrunst gehaltenen Marathonpredigt. Der Papst stürzte sich in die Debatte über die neue polnische Verfassung und bezog Stellung gegen die Trennung von Kirche und Staat: »Das Prinzip, die Dimension des Heiligen gänzlich aus dem gesellschaftlichen oder politischen Leben herauszuhalten«, sagte er, »bedeutet die Einführung der Gottlosigkeit in Staat und Gesellschaft.« Wiederholt griff er das Thema Abtreibung auf und sorgte für Proteste seitens der kleinen jüdischen Restgemeinde in Polen, als er den Holocaust gleichsetzte mit den »großen Friedhöfen der Ungeborenen, den Friedhöfen der Schutzlosen, deren Gesichter selbst ihre eigenen Mütter niemals kannten«.

Es verging nicht ein Tag oder Ort, an dem es keine Standpauke gegeben hätte. Als er am 4. Juni in Lomza Ehebruch verteufelte, fragte er sich laut vor allen Anwesenden, ob die Saat der fundamentalen Prinzipien nicht vom Leibhaftigen entwurzelt worden sei. In Bialystok rief er, daß die von der Vergangenheit geerbte Wirtschaftskrise im Gleichschritt mit einer ethischen Krise marschiere. In Olsztyn (Allenstein) griff er die Medien an, weil sie »Lügen verbreiten, während sie die Wahrheit zu präsentieren vorgeben«. Er bestritt, daß die Kirche in irgendeiner Form die Beherrschung der Gesellschaft anstrebe, und behauptete, solche Kritik sei eine neuerliche Probe, welche die Kirche zu erdulden habe.

In Włocławek erging er sich in heftigen Beschimpfungen der säkularen Kultur Westeuropas: »Wir brauchen nicht bei Europa ›mitzumachen‹«, verkündete er, »weil wir vorrangig zu seiner Schaffung beigetragen haben; und dabei haben wir mehr Mühen auf uns genommen als jene, die jetzt ein Monopol auf das Europäische Haus anmelden.« Erneut sprach er zornig vor einer vom Regen durchnäßten Menge: »Und was sollten die Kriterien für Europäertum sein? Freiheit? Welche Art von Freiheit? Die Freiheit, einem ungeborenen Kind das Leben zu nehmen?«

Bei seinen ätzenden Ausbrüchen ließ der Papst spontane Äußerungen in seine vorbereiteten Reden einfließen. Er geißelte den Utilitarismus und die in Westeuropa vorherrschenden Ansichten zur Sexualität: »Als Bischof von Rom protestiere ich gegen die Art, wie das Konzept von Europa reduziert werden soll.« Er verurteilte die »gesamte Kultur von Wunsch und Vergnügen, die uns mittlerweile beherrscht und dabei von diversen Mitteln der Verführung profitiert. Ist das Kultur, oder ist es Gegenkultur?«

»Verzeihen Sie meine glühenden Worte«, pflegte er dann zu sagen, und seine Stimme klang wieder so sanft wie immer. »Aber ich mußte sie aussprechen.«

Letztlich zielten seine Ermahnungen ins Leere angesichts der Haltung des neuen Polen, in dem die Vorstellung von der Entscheidungsfreiheit in sexuellen Fragen schon so tief verwurzelt war, daß die meisten Menschen keinen Widerspruch darin sahen, wenn sie sich als Katholiken bezeichneten (fünfundneunzig Prozent). Selbst in ländlichen Gegenden, unter der Herrschaft von Gemeindepriestern, sprachen sich nur sechsunddreißig Prozent der Befragten für ein stark restriktives Abtreibungsgesetz aus.

Für Karol Wojtyła war die Erfahrung öffentlicher Feindseligkeit in der eigenen Heimat etwas völlig Neues. Pater Tischner, der die Einstellung des Papstes auf ganzer Linie unterstützte, würde später einräumen, daß der Besuch Johannes Pauls II. durch eine »gewisse emotionale Verstimmung zwischen ihm und seinem Publikum« geprägt gewesen sei. Bei der überwiegenden Mehrheit der Polen herrschte Irritation über seine Predigten gegen Konsumdenken in einer Zeit, da viele Familien nur mit Mühe zu überleben vermochten. Schließlich hatte das Volk vierzig Jahre lang davon geträumt, dem permanenten Mangel zu entrinnen; nun hatte es eine Last von zwei Millionen Arbeitslosen aufgebürdet bekommen. Am wütendsten waren die Frauen, insbesondere die Mütter, die täglich aufs neue erlebten, wie schwer es war, ihre schon vorhandenen hungrigen Kinder satt zu kriegen. Die Vorstellung, das Selbstbestimmungsrecht zu verlieren, ob man weitere Kinder wollte oder nicht, brachte ihren Groll zum Ausbruch.

Johannes Paul II. verließ sein Land geschockt und verbittert. Nach allem, was die Kirche getan hatte, um den Kommunismus niederzuringen, hielt er die Kritik an den Priestern und Bischöfen seitens deren Schäfchen für ungerechtfertigt. Enttäuscht erkannte er, daß einige katholische Abgeordnete im Sejm unter der Führung des früheren Ministerpräsidenten Tadeusz Mazowiecki, dem Begründer der Demokratischen Einheitspartei, die Kirche in der Abtreibungsfrage nicht unterstützten. Bei seiner Rückkehr nach Rom plagten ihn Sorgen um die Zukunft. »Früher«, so hatte er zu den polnischen Bischöfen gesagt, »wurde der Kirche Anerkennung auf breiter Ebene zuteil, selbst aus Laienkreisen. In der heutigen Situation allerdings darf man mit einer solchen Anerkennung nicht rechnen. Wir müssen vielmehr offen sein für Kritik und vielleicht etwas Schlimmeres.«

Karol Wojtyłas Bitterkeit hielt lange an. Als er über ein Jahr danach mit Schwester Zofia Zdybicka im Vatikan Weihnachten feierte und die nostalgischen alten Lieder seiner Kindheit sang, bat er sie unvermittelt: »Laden Sie mich nach Zakopane ein.« Als Schwester Zofia, seine ehemalige Schülerin, die nun selber Dozentin an der Katholischen Universität von Lublin war, ihm versicherte, daß er willkommen sei, bemerkte er nachdenklich: »Die Polen haben mich beleidigt.« Dann hielt er inne, blickte sie an und ergänzte: »Aber ich komme darüber hinweg.«

Doch die Wunde ist geblieben – und nie ganz verheilt.

Wenn er an seinem Schreibtisch im Vatikan saß und die Berichte über die schleichende Rückeroberung der osteuropäischen Länder durch die umgebildeten und umbenannten kommunistischen Parteien las, mußte Johannes Paul II. oft an seinen zerbrochenen Traum von einer großen, vom Osten ausgehenden geistigen Erneuerung zurückdenken. *Ex oriente lux* – »Aus dem Osten kommt das Licht«, hatte er 1989 mutig verkündet, als er auf dem Weg nach Südkorea erstmals die Sowjetunion überflog. Sowohl das katholische Polen als auch das orthodoxe Rußland sollten als unermeßliches Reservoir des Glaubens die Regeneration der modernen Welt vorantreiben.

Verloren war auch die Vision, die ihm von Polen als besonderem Zeichen für alle Länder vorschwebte – jener alte messianische Traum der Dichter seiner Jugendzeit, Mickiewicz und Słowacki. »Er hatte gehofft«, so erinnerte sich ein guter Freund, »daß sein Heimatland Gerechtigkeit und Freiheit für die arbeitende Bevölkerung durchsetzen werde, da es eine Gesellschaft auf dem soliden Fundament der Wahrheit geschaffen hat, der Wahrheit über den Menschen.« Wie ein Bischof es ausdrückte, »wollte er Polen zur Brücke zwischen West und Ost machen. Er vertrat die geopolitische Ansicht, daß er als Pole irgendwie daran mitwirken könne.« Für Karol Wojtyła war Polen jedoch plötzlich zu einer traumatischen Niederlage geworden. Besonders verbittert war der Papst darüber, was in seinen Augen fast einem Verrat gleichkam durch einflußreiche Katholiken – und einstige Kollegen – wie Jerzy Turowicz, dem Herausgeber der *Tygodnik Powszechny*.

Tatsache ist, daß sich diese Personen *nicht* gewandelt haben. Als der Totalitarismus fiel und mit ihm die Notwendigkeit der Einheit um jeden Preis, traten lediglich die Unterschiede in der Bewertung der modernen Gesellschaft deutlicher zutage.

Auf einer Konferenz in Rom 1994, nur wenige hundert Meter vom Petersdom entfernt, wagte Professor Turowicz, das heiligste der päpstlichen Tabus zu brechen: Er sagte, die polnische Kirche habe die Lehren des Zweiten Vatikanischen Konzils größtenteils nicht wirklich beherzigt. Turowicz ist ein alter Herr von ruhigem, klugem Wesen. Wie alle gebildeten Polen, die vor dem Zweiten Weltkrieg aufwuchsen, spricht er fließend Französisch. Er und seine Familie waren schon viele Jahre lang eng mit Kardinal Wojtyła befreundet, und er besuchte den Papst Wojtyła oft im Vatikan oder begleitete ihn auf seinen Reisen um die Welt.

Seine Loyalität steht außer Frage. Dennoch besteht kein Zweifel, daß Turowicz Polen und die polnische Kirche anders sieht als der Papst. Seiner Ansicht nach sollte die Kirche nicht ihre Glaubensinhalte einer pluralistischen Gesellschaft aufzwingen: »Die Kirche in Polen ist heutzutage stark polarisiert. Präkonziliare Einstellungen prallen auf postkonziliares Verhalten«, berichtete er. »Und leider muß ich sagen, daß sich der größte Teil der Geistlichkeit ziemlich fundamentalistisch und traditionsverhaftet verhält, wohingegen die liberaleren und aufgeschlosseneren Kräfte in der Minderzahl sind.«

»Unter dem Kommunismus«, fuhr Turowicz fort, »war die polnische Kirche in der Defensive; sie sah allerorten Gefahr. In der einen oder anderen Form hat diese Einstellung überdauert, und die Geistlichen denken immer noch, daß die Kirche in Gefahr ist, was in dem Sinn nicht stimmt, da sie völlige Freiheit genießt. Gewiß sind manche Werte in Gefahr, dabei handelt es sich jedoch sowohl um bürgerliche als auch um christliche Werte.« Turowicz räumte ein, daß »einige konservative Kräfte – in der polnischen Kirche wie in der Politik – einen Bekenntnisstaat wollen«.

Doch Polen und vor allem die polnische Jugend rebellierten. Das von der Kirche unterstützte Anti-Abtreibungsgesetz, das schließlich vom Parlament verabschiedet wurde, war einer der Hauptgründe für diese Reaktion im Volk. 1994 verhalfen die Wähler den Mitte-Links-Parteien zur Mehrheit; 1995 wählten sie den ehemaligen Kommunisten Aleksandr Kwasniewski zum Präsidenten. Lech Wałęsa unterlag – und mit ihm Primas Glemp, der noch am Vorabend der Wahlen die Gläubigen aufgerufen hatte, den früheren Gewerkschaftsführer zu unterstützen: Er hatte verkündet, die Wähler müßten sich zwischen Christentum und Neuheidentum entscheiden.

Wie um zu demonstrieren, daß überall in Europa selbst tiefreligiöse Menschen sich nicht mit der Kirchenpolitik abfinden würden, hoben im selben Jahr die Wähler in Irland das verfassungsmäßige Scheidungsverbot auf und widersetzten sich damit ihren Bischöfen und dem Papst, der gegen das Referendum protestiert hatte. Für Johannes Paul II. war dies erneut ein herber Schlag.

Sein Traum von einem Licht aus dem Osten war somit am Boden zerstört. Befreit vom Joch des Kommunismus, zeigte sich Europa vornehmlich am Streben nach materiellem Wohlstand interessiert. Seinem alten Freund Juliusz Kydryński, mit dem er gemeinsam bei seiner Rückkehr nach Krakau die ganze Nacht lang aufgeblieben war und die Totenwache für seinen Vater gehalten hatte, schüttete Johannes Paul II. abermals sein Herz aus. In einem Brief, den er 1994 kurz vor Kydryńskis Tod schrieb, teilte er ihm einige sehr persönliche Überlegungen zu den Ereignissen in Polen und den übrigen Ländern Osteuropas mit.

Er war sehr besorgt, daß nur wenige Jahre nach der Wende zur Demokratie die Menschen die Führung abwählten, die dem Kommunismus getrotzt hatte, und ihre Stimme Politikern »aus alten Tagen« gaben. Wie weise Moses war, schrieb der Papst an Kydryński und gab der Geschichte vom Exodus eine neue Wendung, und wie weitsichtig, die Israeliten nach dem Auszug aus Ägypten nicht gleich ins Gelobte Land zu führen. Statt dessen wanderte er mit ihnen vierzig Jahre lang durch die Wildnis, damit all jene, die sich an ihr Leben als Sklaven erinnerten, wegsterben konnten. Auf diese Weise betrat eine ganz neue Generation das Land Kanaan.

Mittlerweile hat in der päpstlichen Sicht der Dinge ein anderer Geist sich angeschickt, die Welt heimzusuchen: das Konsumdenken, für ihn eine Art Virus, das sich vom Westen nach dem Osten ausbreitet. Dies war seine Botschaft, als er erstmals nach dem Fall des Eisernen Vorhangs Prag besuchte: »Man sollte die Gefahr nicht unterschätzen, welche die neugewonnene Freiheit, Kontakte mit dem Westen zu knüpfen, mit sich bringen kann«, eröffnete er den Tschechen. »Leider spiegelt nicht alles, was der Westen an theoretischer Vision und praktischem Lebensstil bietet, die Werte des Evangeliums wider. Man muß daher immunisierende Schutzmaßnahmen treffen gegen bestimmte Viren wie Verweltlichung, Gleichgültigkeit, hedonistische Konsumgier, praktischen Materialismus und den formalen Atheismus, der heute so stark verbreitet ist.«

Es ist sicherlich ein Paradoxon der Geschichte, daß dieser große Streiter gegen den Kommunismus sich einer Sprache bedienen sollte, die derjenigen der kommunistischen Führer so ähnlich war, die seit Jahrzehnten nicht müde wurden, die Völker Osteuropas und der Sowjetunion vor der Verseuchung durch den »dekadenten« Westen zu warnen.

Während der Mahlzeiten mit seinen engsten Freunden im Vatikan analysierte Johannes Paul II. oft die Lage in Osteuropa. Dort sei, wie er sagt, in vielen Ländern, angefangen bei Rußland, die bürgerliche Gesellschaft nur dürftig entwickelt, die Demokratie schwach, die Jagd nach der Befriedigung privater Interessen gnadenlos. So werde einem *Lumpenkapitalismus* der Weg geebnet, einer miserablen Wildform des Kapitalismus, einem Kampf des Menschen gegen den Menschen.

Als der Papst im Herbst 1993 die freien Länder des Baltikums bereiste, verblüffte er in Riga seine Zuhörer, indem er erklärte: »Die durch den inhumanen Kapitalismus hervorgebrachte Ausbeutung war ein wirkliches Übel, und das ist der Kern der Wahrheit im Marxismus.« Einige Monate darauf, in einem Interview mit

Jas Gawronski, einem italienischen Abgeordneten des Europaparlaments polnischer Abstammung, ging Johannes Paul II. noch weiter: »Diese Saat der Wahrheit im Marxismus sollte nicht zerstört, nicht vom Wind davongeweht werden ... Die Anhänger des Kapitalismus in seinen extremen Formen übersehen gern die guten Errungenschaften des Kommunismus: sein Bestreben zur Überwindung der Arbeitslosigkeit, seine Sorge um die Armen.«

Zurück in Moskau, mußte Gorbatschow breit lächeln, als er diese Äußerung vernahm: »Sehr interessant«, sagte er zu einem italienischen Freund. »Es sieht ganz so aus, als ob der Papst langsam einsieht, daß es im Sozialismus positive Werte gibt und daß sie auch in Zukunft positiv bleiben werden.«

In den letzten Jahren hat der Papst immer energischer über den Materialismus im Westen geschimpft, und sein Zorn nahm dabei globale Dimensionen an. Er beschreibt das zwanzigste Jahrhundert als eine Ära, in der falsche Propheten und falsche Lehrer gesiegt haben. Bei einem Besuch in Denver im August 1993 behauptete er, daß in den heutigen Gesellschaften das Leben oft bestenfalls als Ware behandelt werde und daß die westliche Kultur, welche so sehr daran gewöhnt sei, Herr der Lage zu sein, der Versuchung zur Manipulation des Gewissens erliege. »Die Welt«, erklärte der Papst, »ist die Bühne für eine endlose Schlacht, auf der der apokalyptische Konflikt des Todes gegen des Leben immer wieder neu aufgeführt wird, solange eine Kultur des Todes sich unserem Wunsch, das Leben in vollen Zügen auszukosten, zu überlagern sucht.« Kann es sein, fragte der Papst, daß »das Gewissen die Fähigkeit verliert, Richtiges von Falschem zu unterscheiden? Die Wahrheit ist keine Einbildung der eigenen Phantasie.«

Als Feind sieht Karol Wojtyła indes nicht nur den westlichen Materialismus an. Bei seinem Deutschlandbesuch im Mai 1996 war die »radikale kapitalistische Ideologie« Ziel seiner Angriffe. Mit wachsender Offenheit präsentiert der Papst eine apokalyptische Vision der gesamten westlichen Kultur. Für ihn sind alle Vorreiter des modernen Denkens – von Descartes und dem Zeitalter der Aufklärung bis hin zu Nietzsche und Freud – zutiefst unchristlich. In einem Interview mit Vittorio Messori reduzierte er die Geschichte der Neuzeit auf »den Kampf gegen Gott, die systematische Ausrottung all dessen, was christlich ist«. Sein Glaube, daß ein solcher Angriff »seit dreihundert Jahren Denken und Leben im Westen maßgeblich beherrscht«, wurde von vielen Geistlichen stillschweigend verworfen und hat vielen Nichtkatholiken Probleme bereitet, die an einer Kirche interessiert waren, die sich gegenüber einem Dialog mit der Welt von heute aufgeschlossen zeigt.

»Die materialistische Gesellschaft des Westens«, erklärte der Papst einmal André Frossard, »will den Menschen überzeugen, daß er ein vollständiges, präzise an die Struktur der sichtbaren Welt angepaßtes Wesen ist.« Darin liege die große Gefahr, so fügte er hinzu, »den Menschen von seinen eigenen Tiefen abzuschneiden«.

Einsamkeit

Der päpstliche Kammerdiener öffnete das Fenster, und Seine Heiligkeit ging die wenigen Schritte bis zur Brüstung und beugte sich auf die Piazza hinaus. Unter ihm drängte sich um den Obelisken und die beiden mächtigen Springbrunnen erwartungsfroh die Menge der jubelnden Pilger. Die Rezitation des Angelusgebets an jedem Sonntagmittag ist ein Muß für Katholiken bei ihrer Romvisite und für Touristen, die neugierig sind, einmal den mächtigsten geistigen Führer der Welt zu sehen. In vielen römischen Familien ist es ebenfalls Brauch, gelegentlich mit den Kindern zum Petersplatz zu gehen, um »ihren« Papst zu hören.

Johannes Paul II. liebte die buntgemischten, begeisterten Volksmassen, wie sie freudig riefen, applaudierten und große Fahnen ihrer Heimatländer schwenkten. Sie erinnerten ihn ein wenig an die jubelnden Menschenmengen, denen er auf den ersten Reisen seines Pontifikats begegnet war. Sie riefen Erinnerungen an jenen Abend wach, als er von der Loggia des Petersdoms seine erste Rede als Papst hielt. Er hatte zuversichtlich gesprochen, wenngleich er noch nicht wußte, wie er seine Arme in korrekter päpstlicher Manier hochhalten und ausbreiten sollte: Auf die Leute wirkte er jedenfalls etwas steif und unbeholfen.

An jenem Sonntag, dem 12. Juli 1992, sprach Johannes Paul II. wieder einmal von der Gottesmutter. Für seine sonntäglichen

Zuhörer hatte er sich eine »Wallfahrt im Geist« zu Marienheiligtümern in aller Welt ausgedacht: Diesmal wurde bei der Jungfrau von El Quinche in Ecuador Station gemacht. Anschließend rief er zu Frieden und Gerechtigkeit in Bosnien-Herzegowina auf und ließ es sich nicht nehmen, eine Gruppe besonders aufgeregter polnischer Pilger zu begrüßen.

Gerade wollten die Pilger auseinandergehen, als es im Lautsprecher knackte und der Papst über das Mikrofon eine unerwartete Ankündigung machte: »Ich möchte Ihnen etwas mitteilen. Heute abend werde ich mich in die Gemelli-Klinik begeben, um mich einigen diagnostischen Tests zu unterziehen.« Die erstaunte Menge blickte zum Fenster des Apostolischen Palasts hinauf, von wo aus die kleine, weißgekleidete und nun gar nicht mehr charismatische Gestalt ihr all ihre menschlichen Sorgen anvertraute: »Ich erbitte Ihre Gebete, auf daß der Herr mir mit seiner Hilfe und Unterstützung beistehen möge.« Erneut wandte er sich an die Gottesmutter, die ihn, wie er fühlte, seit dem Tod seiner irdischen Mutter begleitet hatte. »Zur Heiligsten Jungfrau wiederholte ich: *Totus Tuus* – Ich bin ganz dein – mit vollem Vertrauen in deinen mütterlichen Schutz.«

In Begleitung seines Sekretärs, Don Stanisław, bestieg Johannes Paul II. um 19.15 Uhr sichtlich gedankenverloren den Wagen, der ihn in die Gemelli-Klinik bringen sollte. Sein Leibarzt Dr. Renato Buzzonetti hatte den Grund für den Krankenhausaufenthalt erläutert: eine möglicherweise bösartige Geschwulst. Lange Zeit hatten die Ärzte diese verdächtige Wucherung im Dickdarm nicht erkannt. Das Röntgenbild zeigte, daß die Geschwulst offenbar nicht in einem gefährlichen Stadium war; in jedem Fall aber hatte sie sich schon zu stark entwickelt, und eine Operation war unumgänglich.

Nach der Ankunft im Klinikum fuhr Johannes Paul II. sogleich in den elften Stock, wo man ein Zimmer für ihn vorbereitet hatte. Schlicht war es eingerichtet, wie alle Schlafzimmer seines Lebens (bis auf das im Vatikan, das er nicht selbst ausgewählt hatte). Der Papst warf einen Blick auf das – für ihn – wichtigste Objekt im Raum: ein Bildnis der Schwarzen Madonna, derselben Muttergottes, zu der er allmorgendlich bei seinen langen Andachten in der Kapelle betete. Dies war das Zimmer, wo er sich von den Folgen des Mordanschlags erholt hatte. Vom Flur aus konnte man die Kuppel des Petersdoms sehen. Ein Fenster öffnete sich zum Hof des Krankenhauses, wo sich bald die Gläubigen versammeln würden, um sich über den Gesundheitszustand des Papstes zu erkundigen.

Nur eine Handvoll enger Vertrauter wußte, daß ihm dieses Zimmer am Tag des Attentats nicht zufällig zugewiesen worden war. In einer plötzlichen Eingebung hatte Johannes Paul II. es zusammen mit einem zweiten Raum für seinen Sekretär am selben Tag reserviert, als er den Vatikan als neugewählter Papst verließ, um seinen Freund Andrzej Deskur im Krankenhaus zu besuchen. Johannes Paul II. ist bis heute überzeugt, daß der Schlaganfall Deskurs im Oktober 1978 am Vorabend des Konklaves auf irgendeine mysteriöse Weise mit seiner Wahl zusammenhing. Er hielt ihn für eine Art »stellvertretenden« Unfall, seinetwegen erlitten, in sein Schicksal eingewoben.

Entgegen den Befürchtungen seiner Mitarbeiter, er werde nicht schlafen können, hatte der Papst eine ganz ruhige Nacht. Die Nachtschwester, die nebenan das Notsignal im Auge behielt, wurde nicht einmal gerufen. Nachdem er am nächsten Tag ein paar geistreiche Worte mit seinen Ärzten gewechselt hatte, wurde Johannes Paul II. in den OP geschoben.

Bis heute sind die Angaben zur Operation verwirrend geblieben. »Eine relativ kleine und lokale Dysplasie« im Dickdarm, hieß es im offiziellen Bulletin. (Unter Dysplasie versteht man ein abnormales Zellwachstum, das die Frühphase einer Veränderung von einer gutartigen Geschwulst zu einem bösartigen Tumor kennzeichnet.) Aus dem Vatikan wurde verlautbar, der fast vierstündige Eingriff sei »gründlich und erfolgreich« gewesen. Die Geschwulst, ein villöses Adenom im Dickdarm, habe die Größe einer Orange gehabt. Später sickerte durch, sie sei »größer als erwartet« gewesen, und die Ärzte hätten nicht jene routinemäßigen Vorsorgeuntersuchungen durchgeführt, welche unter Umständen eine Früherkennung ermöglicht hätten.

Seit der Operation ging es mit der Gesundheit von Johannes Paul II. stetig bergab. Der athletische Papst, der in seiner Jugend durch Wälder gewandert war, Berge bestiegen und mit dem Kajak auf Seen gepaddelt hatte, der in seiner Ungeduld, im Vatikan eingesperrt zu leben, einen Swimmingpool von olympischen Ausmaßen in seiner Sommerresidenz bei Castel Gandolfo hatte einbauen lassen und der, so oft er konnte, seinen Schreibtisch im Stich ließ, um zum Skifahren in die Apenninen zu reisen, dieser Papst kehrte nun immer häufiger in sein Zimmer im elften Stock der Gemelli-Klinik zurück. Trotz wiederholter Beteuerungen aus dem Vatikan, daß Johannes Paul II. grundsätzlich bei guter Gesundheit sei, vermuteten etliche Beobachter einen neuerlichen Tumor.

Das päpstliche Apartment im Krankenhaus wurde zwischenzeitlich um zwei weitere Räume ergänzt. Seine Suite umfaßt nun ein kleines Wohnzimmer zum Empfang von Gästen und eine Küche. Die kleine Kapelle wurde von Grund auf neu gestaltet. Es hatte den Anschein, als ob Leiden für Wojtyła zu einem dauerhaften Merkmal seines Pontifikats werden sollte.

Bei einer Audienz im Vatikan mit einer Delegation der FAO, der Ernährungs- und Landwirtschaftsorganisation der Vereinten Nationen, sackte der Papst am 11. November 1993 plötzlich nach hinten weg und fiel zu Boden, wobei er sich eine kleine Fraktur an der rechten Schulter zuzog. Aus offiziellen Kreisen im Vatikan verlautete, der Papst sei lediglich auf den Stufen des kleinen Podests, auf dem sein Thron in der Halle der Segnungen steht, gestolpert. Einige Leute im Publikum hatten dagegen den Eindruck, daß er ohnmächtig geworden sei. Auf Anordnung des Staatssekretariats gelangte der Filmausschnitt mit dem Vorfall, über den das vatikanische Fernsehteam wie gewohnt berichtete, nie an die Presse. Journalisten wurde gesagt, daß der Kameramann in dem Augenblick seine Heiligkeit nicht scharf im Bild gehabt hätte. Einem freien Fotografen wurde noch am Ort des Geschehens von Mitarbeitern des Vatikans der Film beschlagnahmt.

Wochenlang hatte danach der Papst Mühe, die Hostie während der Messe hochzuhalten. Kaum war er genesen, als er Anfang April 1994 beim Skifahren in den Abruzzen stürzte. Bei dem Versuch, seinen Fall zu bremsen, stürzte auch sein Sekretär Don Stanisław und erlitt einen Armbruch.

Am 28. April fiel Johannes Paul II. abermals hin, diesmal im Badezimmer. Berichten zufolge war er nach dem Duschen beim Verlassen der Badewanne ausgerutscht. Mehrere Minuten lang lag er mit einem gebrochenen Oberschenkel hilflos auf dem Fußboden des Badezimmers. Schließlich brachte man ihn in die Gemelli-Klinik, wo er fast einen Monat stationär behandelt wurde. Seitdem muß er beim Gehen einen Stock benutzen.

Alle diese Stürze, obwohl scheinbar in keinem Zusammenhang stehend, warfen Fragen auf. Entweder war der athletische Papst unvorsichtiger geworden – was man sich nur schwer vorstellen kann –, oder es gab *etwas*, was diese Stürze verursachte. Mehrere Geistliche berichten, daß der Papst von kurzen Ohnmachtsanfällen befallen wird, kleinen Blackouts, während denen es ihm schwarz vor Augen wird.

Für beim Heiligen Stuhl akkreditierte Diplomaten und Journalisten ist der Gesundheitszustand des Papstes zu einem immer wiederkehrenden Gegenstand von Spekulationen geworden. Niemand weiß genau, was dem Papst fehlt, doch nur wenige bezweifeln, daß er nicht krank ist, vielleicht sogar ernsthaft. Die Situation erinnert daran, wie es früher mit den kommunistischen Führern geschah – offiziell verbreiteter Optimismus bis zur letzten Minute.

Die meistgeäußerten Vermutungen sind die, daß er einen langsam wachsenden Tumor haben könnte oder unter transitorischen ischämischen Attacken (TIA) leidet. Offizielle Kreise weisen die Hypothese eines Morbus Parkinson zurück, obwohl die linke Hand des Papstes häufig zittert – so stark, daß, wenn er es abzustellen versucht und dazu die linke Hand mit der rechten umfaßt, beide Hände zittern. Mittlerweile räumen einige vatikanische Quellen streng vertraulich ein, daß der Papst unter einer Erkrankung des Nervensystems leidet.

»Ich bin ein *biedaczek*« [armer Teufel], sagte der Papst, gestützt auf seinen Stock, an einem Sommertag 1994 zu einem Journalisten, der sich auf polnisch nach seinem Befinden erkundigt hatte.

Die vatikanische Propaganda versucht den Gesundheitszustand des Papstes zu verschleiern. Hier trifft auf die Funktionäre im Vatikan die passende britische Beschreibung von Diplomaten zu: »Männer, die ins Ausland geschickt werden, um für ihr Land zu lügen.« Im Vatikan erzählt man sich die Geschichte, daß *L'Osservatore Romano* Berichte zurückwies, nach denen Papst Pius X. eine Erkältung hatte – und einen Tag später war er tot.

Als sich der Papst im August 1994 zur Sommerfrische nach Combes in die italienischen Alpen begab, sprühten die offiziellen Communiqués des päpstlichen Sprechers Navarro-Valls vor Optimismus. Freitag, 19. August: »Johannes Paul II. unternahm einen Spaziergang von etwa zweieinhalb Stunden Dauer.« Samstag, 20. August: »Gestern unternahm er den längsten Spaziergang seit seiner Oberschenkeloperation. Er verließ das Haus gegen zehn Uhr vormittags und kehrte nach 17 Uhr zurück.« Sonntag, 21. August: »Langer Spaziergang.« Donnerstag, 25. August: »Er flog mit dem Helikopter nach Le Petit Chaux, 2419 Meter hoch gelegen (nach dem Mittagessen und einem Nickerchen) und begann mit dem Abstieg ins Tal.« Freitag, 26. August: »Der Spaziergang war ungewöhnlich lang.«

Doch als der Papst im darauffolgenden Monat in die kroatische Hauptstadt Zagreb reiste, wurde die ganze Welt Zeuge der Agonie eines Mannes, der mit leidverzerrtem Gesicht kaum die Gangway vom Flugzeug hinabsteigen konnte. Es war das erstemal, daß Johannes Paul II., der sich immer auf den Boden gekniet hatte, um seinem Gastland die Ehre zu erweisen, auf das Küssen der Erde verzichten mußte. Zwei Jugendliche in kroatischer Landestracht reichten ihm etwas Erde in einer Holzschale, und zärtlich küßte sie der Papst mit traurigem Blick.

Seine Gebrechlichkeit hat seine mystische Überzeugungen nur noch verstärkt. Karol Wojtyła glaubt, daß es immer einen Grund für Leiden gibt; er sieht im Schmerz eine mindere Form des Märtyrertums. »Für mich«, sprach er zu seinen Beratern nach seiner Schulterfraktur im November 1993, »ist dies einfach eine weitere Gelegenheit, mich tiefer auf das Mysterium vom Kreuz einzulassen, in enger Verbundenheit mit so vielen leidenden Brüdern und Schwestern.« Er ist sich gewiß, daß seine Leiden ein Teil seiner Mission als Papst sind und eine besondere Bedeutung haben in einer Zeit, da moralische Unordnung und Gewalt solche Auswüchse angenommen haben. »Der Papst hat eine theologische Vision von schmerzhaften Ereignissen«, wie ein Monsignore der Kurie erläutert. »In seinem Kopf existieren die zwei Möglichkeiten: Entweder haben sich die Mächte des Bösen verschworen, um ihn von seinem ursprünglichen Vorhaben abzubringen, oder der Herr bittet ihn, er möge sich – über seinen geistigen und körperlichen Einsatz hinaus – mit den Leiden anderer Menschen identifizieren.«

Der Kampf mit seinem Körper scheint seine enorme Willenskraft zu beflügeln. Die späteren Jahre seines Pontifikats sind von emsiger Aktivität geprägt gewesen: So hat er *Veritatis Splendor* (»Glanz der Wahrheit«) geschrieben, von vielen in seiner Kurie als seine tiefgründigste Enzyklika erachtet, *Evangelium Vitae* (»Evangelium des Lebens«) und *Ut Unum Sint* (»Damit sie eins werden«). Mit *Tertio Millenio* (»Drittes Jahrtausend«) hat er einen Hirtenbrief zum Jubeljahr 2000 verfaßt. Und nach wie vor unternimmt er lange, beschwerliche Reisen nach Fernost und Nordamerika. Mit Blick auf den eigenen Tod hat er sogar das Konklave umorganisiert: Die an der Wahl beteiligten Kardinäle brauchen dann nicht mehr in den unbequemen, antiquierten Zellen des Apostolischen Palasts zu hausen. Wenn sie das nächstemal zusammenkommen, um seinen Nachfolger zu wählen, werden sie in den Räumen einer modernen Residenz im Vatikan nächtigen, dem Hospiz Santa Martha.

Veritatis Splendor, im fünfzehnten Jahr seines Pontifikats veröffentlicht, ist die Enzyklika seiner menschlichen Reife. In ihr zieht er gegen die nach seiner Ansicht größte Gefahr unserer Zeit zu Felde: den moralischen Relativismus.

Rocco Buttiglione, einer jener Gelehrten, die der Papst zu Vorbesprechungen über das Dokument herbeizitiert hatte, bemerkt: »Diese Enzyklika markiert einen Neubeginn. Während der ersten fünfzehn Jahre seiner Amtszeit war das Problem für Johannes Paul II. der Kommunismus. Nun ist das Problem die Moralkrise der westlichen Demokratie. Freiheit muß in Beziehung zur Wahrheit gesetzt werden. Demokratie ohne Wahrheit ist zum Scheitern verurteilt.«

Ein Bischof, der am Entwurf der Enzyklika beteiligt war, erinnert sich an den Gemütszustand Johannes Pauls II. bei einer jener lockeren Gesprächsrunden, die er gern nach dem Abendessen in Castel Gandolfo oder im Vatikan führt, um sich Anregungen für seine Dokumente und Strategien zu holen. An diesem Abend hörte er wie üblich schweigend zu. Plötzlich unterbrach er die Konversation und rief: *»Ne Crux evacuetur!«* (»Auf daß nicht das Kreuz Christi zunichte werde« – 1. Korinther 1:17).

In den Augen des Papstes wäre eine Welt ohne das Kreuz eine Wüste, eine Welt ohne die Wahrheit die Hölle selbst. Für den Gläubigen, der Christus nachfolgen will, ist es ganz wichtig, die Wahrheit zu kennen und zu wissen, was gut ist und was böse.

Das Problem der Wahrheit in einer Welt, die er auf einen ethischen Relativismus zusteuern sieht, spricht er in *Der Glanz der Wahrheit* an. Zum Verfassen dieser Enzyklika benötigte er sechs Jahre. Ein Experte behauptet, hundert Personen hätten auf die eine oder andere Weise daran mitgewirkt. Der Papst selbst schrieb den ersten Teil auf polnisch, wobei sein besonderes Augenmerk dem Auftaktkapitel galt, das etliche Bibelzitate enthält und stärker literarisch geprägt ist als der Rest. Dann wurde von mehreren Ausschüssen ein zweiter, alternativer Entwurf vorgelegt, und auf dieser Basis lief die Arbeit über Folgeentwürfe weiter.

Wie so oft bei Johannes Paul II. reiften die Grundideen im Sommer, wenn sich der Papst mit Windjacke und Wanderstock aufmachte, gemeinsam mit dem polnischen Theologen Tadeusz Styczeń, seinem Nachfolger als Dozent für Ethik an der Katholischen Universität von Lublin, in den italienischen Alpen zu wandern.

Die Enzyklika bringt das gesamte humanistische Spektrum Johannes Pauls II. zum Ausdruck. Sie verkörpert sein Bestreben, eine moralische Summe zu skizzieren und diese an die Weltkirche weiterzugeben. Ihr Kernstück ist die menschliche Würde und Verantwortung. »*Gloria Dei homo vivens*« (»Der lebendige Mensch zum Ruhme Gottes«), betont der Papst mit einem Zitat des heiligen Irenäus. Dies hat er in seiner gesamten Amtszeit immer wieder gesagt.

Bestimmte Passagen der Enzyklika spiegeln vollendet die Identität Karol Wojtyłas als Hirte, Dichter und Philosoph wider. »Wenn der Mensch Böses tut«, behauptet er, »so hat er immer noch das gerechte Urteil seines Gewissens, um Zeugnis abzulegen von der universalen Wahrheit des Guten wie auch von der Bösartigkeit seiner speziellen Wahl. Der Urteilsspruch des Gewissens aber bleibt ihm als Unterpfand der Hoffnung und Gnade: Während er auf der einen Seite das begangene Böse bezeugt, gemahnt er andererseits auch an die Verzeihung, die er erflehen muß, an das Gute, das er tun muß, und an die Tugend, die er mit der Gnade Gottes pflegen muß.«

Die menschliche Vernunft ist autonom, sagte der Papst, doch sie schafft keine ethischen Normen, die von Gott stammen. Diese Problematik fasziniert auch Nichtgläubige: So hat sich etwa Vaclav Havel unlängst gefragt, ob die grundlegenden menschlichen Werte, allen voran die Menschenrechte, wirklich als für jedermann verbindlich betrachtet werden können, sofern man ihnen nicht eine *transzendente Grundlage* einräumt.

Es steht außer Frage, daß viele Sorgen Johannes Pauls II. auch Nichtkatholiken berühren. Dennoch löste diese Enzyklika aufgrund ihrer feindseligen Haltung gegenüber der intellektuellen Freiheit von Theologen eine Kontroverse inner- und außerhalb der katholischen Welt aus. Der zweite Teil der Enzyklika ist eine äußerst detaillierte Untersuchung bestimmter theologischer Schulen. In seinem Angriff auf diese Schulen, welche die Bedeutung der das menschliche Handeln beeinflussenden historischen, anthropologischen, kulturellen und psychologischen Umstände verteidigen, zeigt sich Johannes Paul II. unversöhnlich. Er beschuldigt sie, die Lehre vom inneren Bösen zu untergraben. Er will, daß sie schweigen.

Als die Theologen der Kurie auf Wunsch des Papstes in einen der Entwürfe von *Veritatis Splendor* eine Erklärung zur päpstlichen Unfehlbarkeit aufnahmen, rollte eine Woge des gedämpften Widerstands durch die katholische Kirche. Zwar wurde, wie Kardinal Ratzinger einräumt, in der endgültigen Version der Unfehlbarkeitsanspruch fallengelassen; doch die Tatsache, daß er überhaupt Berücksichtigung fand, veranschaulicht, mit welcher Inbrunst sich Johannes Paul II. in seinen letzten Jahren wünscht, eine definitive – und verbindliche – Antwort auf die umstrittensten Fragen bezüglich der Kirche zu geben.

In *Veritatis Splendor* gebrauchte Johannes Paul II. schließlich die gebieterischste Sprache, die überhaupt möglich war und die fast einem Manifest der Unfehlbarkeit gleichkam: »Brüder im Episkopat«, eröffnete er den Bischöfen der Welt, »ich beabsichtige, die Leitlinien festzulegen, welche für die Erkenntnis, was der *gesunden Lehre* widerspricht, notwendig sind.«

Der Papst erinnerte die Bischöfe an ihre »schwere Pflicht, persönlich darüber zu wachen«, daß in ihren Diözesen Glaube und Lehre korrekt gelehrt werden. Im Falle ernstlicher »Verfehlungen« (sprich Abweichungen von der Ratzinger-Wojtyła-Linie) sollte Schulen, Universitäten, Krankenhäusern und Familienberatungsstellen, die der Kirche angegliedert sind, die Bezeichnung »katholisch« aberkannt werden. Hierbei hatte der Papst speziell katholische Krankenhäuser und Forschungseinrichtungen im Visier, die zu In-vitro-Befruchtung und künstlicher Geburtenregelung ermutigten.

Abweichlerische Theologen sollten über ihre kontroversen Ansichten schweigen. Leisteten sie dieser Forderung Folge, so würde ihnen möglicherweise Vergebung zuteil. Andernfalls sollten sie ihrer Lehrstuhltätigkeit enthoben werden, keine Vorträge mehr halten und keine Bücher veröffentlichen dürfen. Die Enzyklika war teilweise ein Versuch, Dissens per Dekret wegzuwischen: »Dissens, der aus vorsätzlich in den Massenmedien ausgetragenen Streitigkeiten und Polemik besteht«, verkündete der Papst, »steht im Widerspruch zur Verbundenheit mit der Kirche und zum richtigen Verständnis der hierarchischen Struktur des Gottesvolks.«

Hans Küng, *Enfant terrible* der deutschsprachigen Theologie, reagierte voll Zorn: »Der Papst ist überzeugt, daß seine Lehre die Lehre von Christus und Gott selbst ist. Dies ist ein Messianismus, der der katholischen Kirche Schaden zufügt... Die Enzyklika ist vielmehr ein Eingeständnis des Versagens. Wenn der Papst begreift, daß nach fünfzehn Jahren Ansprachen, nach den Reisen, den Enzykliken und dem Katechismus die Katholiken noch immer nicht seine Worte befolgen, dann ist *Veritatis Splendor* das Bekenntnis einer Krise: die Unfähigkeit des Papstes, die Kirche zu überzeugen.«

Der achtzigjährige Redemptoristenpriester Bernhard Häring, ein führender Moraltheologe, war bestürzt: »In *Veritatis Splendor* stehen viele schöne Dinge. Doch fast aller Glanz geht verloren, sobald klar wird, daß das gesamte Dokument nur einen vorrangigen Zweck verfolgt: nämlich völlige Zustimmung zu und unbedingten Gehorsam gegenüber allen Äußerungen des Papstes zu bekräftigen.«

Noch überraschender als diese Proteste war der Kommentar des Brüsseler Kardinals Godfried Danneels, den Johannes Paul II.

dafür lobte, wie er die Bischöfe der Synode von 1988 zu einem ruhigen und harmlosen Resümee geführt hatte: »Es ist nicht die beste der päpstlichen Enzykliken.«

In der katholischen Kirche ist Understatement eine der subtileren Formen von Opposition. Eine andere besteht darin, ein Ereignis hochzuloben – und dann rasch zu begraben. In gewisser Weise wurde dies das Schicksal von *Veritatis Splendor*. Viele Bischöfe meinten im Vertrauen: »Die Enzyklika sagt die richtigen Dinge, aber wie sollen wir mit ihr umgehen? Unsere Arbeit ist es, einen Weg zu finden, wie wir die Leute wieder in die Kirchen bringen.«

Der Zeitpunkt, ab dem ein Pontifikat dem Ende zustrebt, läßt sich schwerlich genau festlegen. Oft mangelt es an spektakulären Floskeln, die den Beginn des Schlußakts einläuten. In den Kongregationen der Kurie herrscht »Business as usual«: Die Monsignori mit ihren Aktenkoffern betreten und verlasssen wie jeden Tag die Vatikanspaläste. Die gewaltige Mühle aus bürokratischen Zusammenkünften, den Versammlungen von Bischöfen und Kardinälen, mahlt weiter. Synoden werden einberufen, Konsistorien angekündigt. Der Papst geht auf Reisen, der Papst veröffentlicht Traktate, der Papst macht Auftritte – und doch...

Und doch kommt in der Welt der schwarzen Roben und purpurnen Birette einmal der Tag, an dem die Monsignori in ganz eigentümlichem Tonfall über *ihn* zu reden beginnen. Es ist eine kaum wahrnehmbare Art, wie sie sich von Seiner Heiligkeit distanzieren, ihn nur noch verteidigen oder aber zu erwähnen vergessen. Es fallen versteckte Hinweise, daß keine Politik ewig gültig sei. Wojtyła »predigt heroisch das Evangelium, wie *er* es sieht«, sagte 1996 ein wichtiger Nuntius.

Die Römer haben einen gelassen-realistischen Ausspruch: »*Morto un papa, se ne fa un altro*« (»Stirbt ein Papst, so macht man einen neuen«). Niemand, der innerhalb der vatikanischen Mauern lebt, vergißt das jemals.

In den letzten Jahren ist Johannes Paul II. einer Art schweigendem Widerstand innerhalb der katholischen Kirche begegnet. Die Menschen akzeptieren seine Führerschaft nicht mehr ohne Fragen. Obwohl er in seiner Privatkapelle oder in seinem Eßzimmer mehr Gäste empfangen hat als jeder andere Papst dieses

Jahrhunderts, verband ihn nie eine enge persönliche Freundschaft mit Angehörigen der Kurie. Er stand immer über ihr – aber allein.

Mit Ausnahme Kardinal Ratzingers sind jene Personen, die er für die höchsten Posten in der Kurie bestimmt hat, eher gewillt, Befehle auszuführen, als ihn mit abweichenden oder eigenen Meinungen zu konfrontieren. »Auf bestimmten Gebieten hat er eine bewährte Mannschaft«, äußerte sich ein Veteran der Kurie vertraulich, »doch ansonsten sind seine Berater farblos, was definitiv einer der Schwachpunkte seines Pontifikats ist.« Farblose Männer, ergänzt dieser Insider aus dem Vatikan, sind in der Regel keine großen Denker – sie sind jene Sorte von Menschen, für die Loyalität mehr zählt, als provokative Analysen zu präsentieren, die den Vorlieben des Monarchen womöglich zuwiderlaufen könnten.

Somit ist Karol Wojtyła so allein wie nie zuvor, und von seinem Thron aus muß er mit ansehen, wie ihm in der Kirche und der Kurie die Dinge langsam entgleiten. Die harten Verfügungen in *Veritatis Splendor* sind der Versuch des Papstes, eine nach seinem Ermessen unveränderliche Ordnung zu bewahren. Sein Interesse, Gottes Willen in die Realität umzusetzen, und seine Überzeugung, daß er gegen Ende des Jahrtausends gewählt wurde, um einen ganz bestimmten Plan der Vorsehung auszuführen, haben sich zu einer sonderbaren Form von Anmaßung ausgewachsen.

In den letzten Jahren hat Johannes Paul II. versucht, einen Weg – über sein Pontifikat hinaus – zu finden, die Kirche an seine Sicht des göttlichen Willens zu binden. Er hat verfügt, daß verheiratete Männer niemals Priester sein können. Er hat seinen Entschluß bekräftigt, daß die Kirche Frauen den Eintritt in den Priesterstand verwehrt. Und er hat sich geweigert, es in Erwägung zu ziehen, Geschiedene und Wiederverheiratete doch zur Kommunion zuzulassen.

Zu verhindern, daß die Frage nach der Frauenordination auch nur gestellt wird, hat sich bei ihm zur Besessenheit entwickelt. Sein Ziel ist es, jegliche Diskussion zu diesem Thema zu unterbinden. Um Nonnen zu zwingen, das Problem nicht bei einer für Herbst 1994 geplanten Synode über religiöses Leben aufzugreifen, wurde mit *Sacerdotalis Ordinatio* (»Ordination von Priestern«) eigens eine neue päpstliche Schrift als Bekräftigung des alten Verbots herausgegeben. Darin wurde ein traditionelles Argument bemüht, das die reformierten Kirchen und die Anglikaner schon lange hinter sich gelassen haben: »Jesus wählte nur Männer als seine Jünger, und die Kirche hat es Jesus gleichgetan in ihrer konstanten Praxis, nur Männer zu wählen.«

Der Ton dieses Dokuments war höchst ungewöhnlich: »Um jeden Zweifel zu beseitigen«, verkündete Johannes Paul II., »erkläre ich kraft meines Amtes, die Brüder einzusegnen, daß die Kirche keinerlei Autorität besitzt, die Priesterordination auf Frauen zu übertragen, und daß alle Gläubigen definitiv an dieses Urteil gebunden sind.« Doch die Zweifel hielten an, und ein Jahr darauf, im November 1995, sah sich Kardinal Ratzinger genötigt, eine weitere Handreichung zu veröffentlichen, worin dann zu lesen stand, daß die Äußerung des Papstes »endgültig und unfehlbar« sei und daß alle Gläubigen sich danach zu richten hätten. Im Grunde wählte der Kardinal einen reichlich verworrenen Weg, um die Unfehlbarkeit einer päpstlichen Entscheidung zu verkünden – so etwas hatte es seit dem Zweiten Vatikanum nicht mehr gegeben. Ratzingers neue Schrift dekretierte, daß sich die Worte des Papstes auf eine bereits »unfehlbare« Lehre bezogen.

»*Roma locuta, causa finita*« (»Rom hat gesprochen, der Fall ist abgeschlossen«), pflegte der heilige Augustinus zu sagen. Die Wirklichkeit sieht anders aus: Je mehr Johannes Paul II. die Kirche mit Stacheldraht umzäunt, desto deutlicher treten die Risse in der Mauer zutage. Die Opposition läßt sich nicht unterkriegen.

Bei der Afrika-Synode von 1994 konfrontierte der kongolesische Bischof Ernest Kombo den bei der Debatte anwesenden Papst, indem er die Hoffnung äußerte, daß Frauen für die höchstmöglichen Ämter in der Kirchenhierarchie vorgesehen werden können, sogar als »Laienkardinäle«. In ihrer Schlußakte brachten die an dieser Synode teilnehmenden Bischöfe ihr »Entsetzen über die Diskriminierung und Ausgrenzung, der Frauen in Kirche und Gesellschaft ausgesetzt sind«, zum Ausdruck und plädierten für eine Regelung, nach der Frauen auf den verschiedenen Ebenen der Entscheidungsfindung in der Kirche keinesfalls ausgeschlossen werden dürfen.

Da das Geschlechtsleben in der einen oder anderen Form

(Scheidung, verheiratete Priester, Frauenordination, Empfängnisverhütung) zum Schlachtfeld geworden ist, auf dem Johannes Paul II. seinen Willen als Gebieter ausübt, sieht sich der Papst wachsender Ablehnung seitens der Kirchenfürsten gegenüber, die über seine in ihren Augen kulturelle Befangenheit beunruhigt sind.

Kardinal Carlo Maria Martini aus Mailand (der oft als *papabile*, möglicher Papstnachfolger, bezeichnet wird) schlug vor, die Möglichkeit zu prüfen, daß Frauen ins Diakonat eintreten, obschon der Vatikan klargemacht hatte, daß eine solche Frage *nicht* auf der Tagesordnung der Kirche stehe. Martini definierte auch die priesterliche Ehelosigkeit als historische Entscheidung, welche sich ändern ließe. Als er bei einem Interview der BBC nach dem vatikanischen Verbot der Kommunion für Geschiedene und Wiederverheiratete befragt wurde, machte Martini aus seinem Unbehagen kein Geheimnis.

Der Mainzer Bischof Karl Lehmann, der Vorsitzende der deutschen Bischofskonferenz, reichte sogar ein formelles Gesuch im Vatikan ein, dieser möge das Verbot aufheben oder zumindest in seiner rigorosen Strenge abmildern, damit Paare auf der Grundlage ihres eigenen Gewissens selbst entscheiden können sollten. Auf Geheiß von Johannes Paul II. sorgte Kardinal Ratzinger dafür, daß die deutschen Bischöfe in dieser Frage nicht eigenmächtig entschieden. Beim Konsistorium von 1995 wurde Lehmann für einen Versuch, das Dekret des Papstes abzuändern, bestraft: Man verweigerte ihm das Kardinalsbirett.

In Großbritannien sprach Kardinal Basil Hume (ein weiterer *papabile* beim letzten Konklave) von gleichgeschlechtlicher Liebe als einer bereichernden Erfahrung – obwohl *Veritatis Splendor* Sodomie noch immer zu einer der Todsünden rechnet.

Im Januar 1995 wurde der französische Bischof Jacques Gaillot in den Vatikan bestellt und ohne Vorwarnung aus seiner Diözese entfernt, weil er sich wiederholt für verheiratete Priester, den Gebrauch von Kondomen durch HIV-infizierte Personen und die Achtung von auf Dauer angelegten homosexuellen Beziehungen ausgesprochen hatte.

Angesichts der großen Demonstrationen aus Protest über seine fristlose Amtsenthebung (Gaillot bekam zwölf Stunden, um »freiwillig« zurückzutreten, weigerte sich jedoch) erklärte der Vorsitzende der französischen Bischofskonferenz, Joseph Duval, in der Normandie öffentlich im Fernsehen: »Dies ist ein autoritärer Akt, der so von der Gesellschaft, ja selbst von der Kirche nicht hingenommen werden kann. Die Menschen wollen Verständigung und Dialog. Autoritäre Gesten treten auf seiten Roms in jüngster Zeit gehäuft auf: der Katechismus der Weltkirche, die Enzyklika zur Sittenlehre [*Veritatis Splendor*], das Verbot der Frauenordination, die Unmöglichkeit, geschiedene und wiederverheiratete Personen am Abendmahl teilnehmen zu lassen. Diese Akte lassen die Kirche wie eine starre, abgeschlossene Organisation aussehen.«

Ein Jahr darauf gaben Frankreichs Bischöfe eine Broschüre über HIV heraus, in dem es heißt, daß Kondome eine »Notwendigkeit« sein können – eine Position, die der Vatikan kategorisch ablehnt. Selbst der holländische Kardinal Adrianus Simonis aus Utrecht, ein bekannter Traditionalist, hat sich zu dieser Haltung als einem »geringeren Übel« durchgerungen.

Ins selbe Horn stieß 1996 auch der Wiener Erzbischof Christoph Schönborn, ein Schützling Wojtyłas und vom Papst dazu ausersehen, während der Fastenexerzitien im Vatikan zu predigen: »Niemand kann erwarten, daß Liebe todbringend sein muß«, sagte er.

Ein grundlegendes Problem in seiner Amtszeit ist für Johannes Paul II. nach wie vor die Demokratie im eigenen Haus. So fragten sich während der Gaillot-Affäre viele Katholiken in Frankreich: Kann ein Papst, der für demokratische Rechte in Polen und in der ganzen Welt eintrat, die Kirche weiterhin als eine absolutistische Monarchie führen? Nach Aussagen von Bischof Rembert Weakland aus Milwaukee, einem ehemaligen General der Benediktiner, hat Papst Wojtyła »diese große Angst, daß der Ruf nach Freiheit und Demokratie irgendwie in die Kirche vordringt«.

Johannes Paul II. weigert sich, das Thema aufzugreifen. In dem neuen, 1994 veröffentlichten *Handbuch für den Klerus* wird betont, daß »falsche Vorstellungen von Demokratie den von ihrem göttlichen Begründer so gewollten hierarchischen Aufbau der Kirche zerstören«. Doch das Problem wird zunehmend akuter, nicht zuletzt auch deshalb, weil die anderen christlichen Kirchen es so direkt und oftmals wirkungsvoll angegangen sind. Auch viele Katholiken verlangen inzwischen mehr Mitspracherecht.

Der Führungsstil Johannes Pauls II. hat Projekte für die Einheit mit den anderen christlichen Kirchen, in denen demokratische Prinzipien durch besondere Versammlungen in die Praxis umgesetzt werden, praktisch zum Stillstand gebracht. In seinem Pontifikat hat es viele freundliche Gesten, aber keinen echten Fortschritt gegeben. Doch gerade innerhalb der katholischen Kirche machen sich jetzt Unbehagen und Unwillen breit. Monat für Monat erhält der Papst beunruhigende Berichte vom Staatssekretariat. Die Willkürmethoden des Vatikans haben großangelegte Gegenbewegungen auf den Plan gerufen, die ihrer Unzufriedenheit mittels Unterschriftensammlungen Ausdruck verleihen. »Wir sind die Kirche«, lautet ihre Parole. »Was alle angeht, sollte von allen entschieden werden«, hört man ergänzend. Solche Proteste sind ohne Beispiel. In Österreich, wo Johannes Paul II. den Wiener Kardinal Herman Grör, einen traditionalistischen Hardliner, als Nachfolger von Kardinal König durchboxte (und 1995 entlassen mußte, nachdem man ihn pädophiler Neigungen bezichtigt hatte), legte eine Graswurzelinitiative von einer halben Million Katholiken den Bischöfen eine Petition vor: In einem sogenannten Kirchenvolksbegehren forderten sie eine Revision der Themenpunkte Zölibat für Priester, mehr Demokratie sowie mehr Mitspracherecht der Ortskirchen bei der Ernennung von Bischöfen. (Die Bischöfe beruft der Papst auf der Grundlage einer geheimen Kandidatenliste, die ihm von seinen Nuntien vorgelegt wird.) Die Protestbewegung griff auf Deutschland, Frankreich, Belgien und die Vereinigten Staaten über. In Deutschland sammelten die katholischen Reformer anderthalb Millionen Unterschriften, und die Katholische Theologische Fakultät der Universität Tübingen ersuchte den Vatikan öffentlich um eine offizielle Rehabilitierung des Theologen Hans Küng, wobei sie betonte, daß die Fakultät niemals seine Absetzung wegen vermeintlicher Abweichungen von der Lehre gefordert habe.

Amerikas Katholiken brachten ihre Einwände auf höchster Ebene vor. Im Juni 1995 stellten sich über vierzig Bischöfe hinter ein zwölfseitiges Papier, das dem Vatikan Einmischung in die politische Autonomie der amerikanischen Bischofskonferenz vorwarf. Die Unterzeichner kritisierten die Politik der Kurie, die Bedeutung aller Bischofskonferenzen zu schwächen, sowie den Brauch, daß der Vatikan Dokumente herausgibt, die ohne vorherige Rücksprache für nahezu eine Milliarde Katholiken verbindlich sind. »Viele Menschen haben das Gefühl«, sagten die amerikanischen Bischöfe, »daß Roms Dokumente mit wechselnder Autorität seit einigen Jahren systematisch die Dokumente des Zweiten Vatikanums reinterpretieren mit dem Ziel, die Minderheitenpositionen im Konzil als dessen wahre Bedeutung hinzustellen.« Der Missetäter in diesem Stück war zweifelsohne Karol Wojtyła.

»Der Papst«, kommentiert Bischof Weakland, »neigt immer mehr dazu, die Leute an die Wand zu drücken, so daß er, wenn er diese Linie beibehält, durchaus eine Kirchenspaltung herbeiführen könnte.«

Auf jeden Fall tauchen ungelöste Fragen immer wieder auf. Die Weigerung, Ehescheidungen zu gestatten, die in sämtlichen anderen christlichen Kirchen erlaubt sind, hat einen Boom bei religiösen Annullierungen ausgelöst, gegen die Johannes Paul II. Jahr für Jahr vergeblich wettert bei seinen Audienzen in der Heiligen Römischen Rota, dem Gericht, das Kirchentribunale und Annullierungsverfahren in aller Welt überwacht.

»Der Richter darf sich nicht von unannehmbaren anthropologischen Auffassungen beeinflußen lassen«, sagte er 1987. »Der Richter muß sich stets vor der Gefahr der Sentimentalität hüten, die wohl nur seelsorgerlicher Natur ist« (1990). »Es darf nicht in Frage kommen, den göttlichen Maßstab so anzupassen oder gar zu verbiegen, daß er der Laune eines Menschen genehm ist« (1992).

Doch die Quote der Annullierungen, bei denen das Gericht Ehen als von Anfang an nichtig erklärt, ist exorbitant hoch geblieben, und die Vereinigten Staaten stehen hierbei auf Platz eins. 1989 wurden 78 209 Aufhebungen von Ehen bewilligt, davon 61 416 in den USA. 1991 betrug die Zahl der Verfahren 80 712, davon 63 933 in den USA. 1992 waren es 76 829, davon 59 030 in den USA.

1995 ließ Johannes Paul II. seinen Ärger allgemein an Bischöfen aus, »die versucht sein könnten, nicht nachdrücklich genug die vom kanonischen Gesetz geschaffenen und bestätigten Verfahren durchzusetzen«. Das heißt, daß sich viele Bischöfe effektiv von Regeln distanzieren, mit denen sie nicht übereinstimmen.

Die Krise – und es ist eine Krise, selbst in den Augen vieler Kirchenmitglieder, die Johannes Paul II. bewundern und mit etlichen seiner Äußerungen konform gehen – ist auch an den kleineren Menschenmengen erkennbar, die sich in Europa einfinden, wenn Johannes Paul II. in ein Land zurückkehrt, das er schon besucht hat. Als er im Mai 1995 nach Prag reiste, ignorierte ihn die Stadt. Nur sechzigtausend Gläubige kamen zu der Messe, die er im Stadion feierte – neunhundertvierzigtausend weniger als 1990.

Als er ein paar Wochen später nach Belgien reiste, versammelten sich ganze fünfunddreißigtausend Gläubige zu einer Messe vor der Basilika von Koekelberg. Die belgischen Bischöfe organisierten nur einen Vierundzwanzigstundenaufenthalt für ihn. Als der Papst am 4. Juni in Brüssel mit einigen seiner alten Klassenkameraden vom belgischen Kolleg in Rom (wo er zwischen 1946 und 1948 gelebt hatte) zusammentraf, beklagte sich Kardinal Jan Schotte bitter bei den Anwesenden: »Der Heilige Vater wollte für drei Tage nach Belgien kommen, aber die belgischen Bischöfe wollten ihn nicht.«

Das Gefühl von Einsamkeit, das den päpstlichen Thron umweht, wird noch verstärkt durch das Verhalten der Gläubigen, vor allem in Europa. Meinungsumfragen signalisieren einen Mangel an Konsens. 1984 war Johannes Paul II. »sehr beliebt« bei vierundfünfzig Prozent der Belgier; heute sind es nur noch sechsundzwanzig Prozent. Ganze neunzehn Prozent billigen sein Verbot der Kommunion für Geschiedene und Wiederverheiratete; beim Verbot von Verhütungsmitteln sind es fünfundzwanzig Prozent. Auf hohe Quoten kann der Papst nur verweisen, wenn es um seine Auslandsreisen geht (zweiundsechzig Prozent) und um seine Rolle in Osteuropa (vierundfünzig Prozent).

Selbst in Italien, dem Land, das am direktesten dem Einfluß des Vatikans ausgesetzt ist, gehen die Gläubigen weiter ihren eigenen Weg. 1995 ergab eine Meinungsumfrage im Auftrag der italienischen Bischofskonferenz, daß nur dreiundzwanzig Prozent der Italiener regelmäßig die Messe besuchen; sechzig Prozent gehen nie zur Beichte. Mehr als die Hälfte der italienischen Katholiken befürwortet Ehescheidung und vorehelichen Geschlechtsverkehr. Rund siebzig Prozent befürworten die Pille; dreiundfünfzig Prozent äußern keine Vorbehalte gegenüber Homosexualität, und nur vierzehn Prozent meinen, Abtreibung sollte unter allen Umständen verboten sein.

Meinungsumfragen haben Johannes Paul II. jedoch noch nie beeinflußt. Nach Ansicht des Papstes ist der Kampf zur Erhaltung moralischer und kirchlicher Gesetze, wie er sie kennt, seine zwangsläufige Pflicht. All dies belastet Wojtyła schwer, doch hat ihn nie jemand über die Bürden seines Amtes klagen hören. Manchmal, wenn er erschöpft von seinen Reisen zurückkehrt, begrüßt ihn Schwester Eufrozja, sein Schutzengel im Vatikan, mit den Worten: »Ich bin um Eure Heiligkeit besorgt.« Worauf er mit schelmischem Lächeln erwidert: »Auch ich bin um meine Heiligkeit besorgt.«

Eva

Die Frau schritt durch die Flure des Palasts in Begleitung eines Herrn in dunklem Anzug. Nur gelegentlich wechselte sie ein paar Worte mit ihm. Die Statuen, Gobelins und Fresken schienen an ihr vorbeizuhuschen. In einem Raum betrachtete sie kurz eine alte Bibel auf einem kunstvoll gearbeiteten Marmortisch. Doch obwohl diese herrlichen Kunstgegenstände ihre Neugier erregten, war sie von ihnen nicht beeindruckt. Sie war an die Wunder der Welt gewöhnt. Rom und New York, London und Genf waren ihr ebenso vertraut wie die Metropolen Asiens, Afrikas oder Lateinamerikas. Davon abgesehen hatte sie an jenem Morgen des 18. März 1994 nicht vorgehabt, auf eine kulturelle Besichtigungstour zu gehen. Sie war gekommen, um über geschäftliche Dinge zu reden – über Frauen, Mütter, Familien. Einfühlsam und taktvoll, notfalls auch unverblümt, aber mit stählerner Härte, wenn es darauf ankam.

Im Vorbeigehen warf sie einen Blick auf den Marmorthron in der Sala Clementina. Auch leer sah er majestätisch aus. Doch der Herr im dunklen Anzug geleitete sie rasch einen anderen Flur hinab.

Johannes Paul II. wartete schon in seinem Arbeitszimmer. In all den Jahren seines Pontifikats waren Frauen immer ein Problem gewesen – oder zumindest behauptete das die Weltpresse mit schöner Regelmäßigkeit. Entweder sprachen die Medien über Abtreibung und seine Weigerung, den Frauen ihre Entscheidungsfreiheit zuzubilligen, oder sie sprachen über sein Verbot bezüglich Priesterinnen. In jedem Fall warf man ihm fortwährend Rückständigkeit und mangelnde Sensibilität für die Bedürfnisse und Bestrebungen moderner Frauen vor. Der Papst begegnete diesen Anschuldigungen mit Verärgerung. Fand er sie in geraffter Form als Presseberichte vor, wies er sie kurzerhand mit hochgezogenen Brauen von sich.

Das Gespür Johannes Pauls II. für seine Identifikation in bezug auf Frauen unterschied sich von seinem Negativimage in den Medien: Er kannte sich. Er dachte an Frauen mit unendlich zärtlichen Gefühlen. Hielt er sie nicht für unersetzbare, außergewöhnliche Wesen? Hatte er nicht mit *Mulieris Dignitatem* (Die Würde der Frau) einen speziellen Hirtenbrief verfaßt, worin er erklärte, daß »eine Frau ... durch die Tatsache ihrer Weiblichkeit einen besonderen Wert verkörpert«? Hatte er nicht »die eheliche Liebe mit ihrem mütterlichen Potential, das im Herzen einer Frau als jungfräuliche Braut verborgen ruht«, mit lyrischen Worten begrüßt? Er war überzeugt, daß »weiblicher Geist«, sofern Christus zugesellt, Frauen für eine »Offenheit gegenüber jedem einzelnen Menschen« empfänglich mache.

Radikaler Feminismus bekümmerte Karol Wojtyła. Als während Zofia Zdybickas Besuch im Vatikan dieses Thema zur Sprache kam, pflegte er verwirrt zu sagen: »Schwester, ich habe solchen Respekt vor Frauen, ich habe eine so hohe Meinung von ihnen.« Oft meinte er zu ihr: »Ich weiß, daß Frauen über ein enormes Potential, Gutes zu tun, verfügen ... nur daß sie eben gerade kulturellen Zwängen unterliegen.« Einmal, 1993, hatte er seine Achtung vor Frauen vor der ganzen Welt kundgetan – am Fenster seines Arbeitszimmers mit Blick auf den Petersplatz: »Maria, Jungfrau und Mutter des Erlösers, im Namen der gesamten Kirche möchte ich dem Herrn ein herzliches ›Dankeschön‹ aussprechen für die Gabe der Frau, für jede einzelne von ihnen.«

Doch im Verlauf seines Pontifikats verebbte weder innerhalb

seiner Kirche noch außerhalb die Flut der Kritik gegen ihn. Sobald es um das Thema Mutterschaft ging, trennte ihn eine tiefe Kluft von der Denkweise von Feministinnen wie auch vieler anderer Frauen, die sich nie als Feministinnen bezeichnet hätten. Für Wojtyła war die Schwangerschaft selbst ein erhabenes Symbol. Für ihn sei »das Austragen eines Kindes eine Metapher für den Zustand kontemplativer Verinnerlichung«, erläuert David Schindler, der amerikanische Herausgeber der von Ratzinger gesponserten theologischen Zeitschrift *Communio*. »Es bedeutet, etwas aufzunehmen und nachdenklich zu sein. Es wohnt in ihr, dann kommt die Reifungsphase, die Geburt. Und zeitgleich mit dem Gebären überkommt sie das Gefühl von Leiden und Schmerz.... Diese Sichtweise ist für den Papst von grundlegender Bedeutung.«

Für Feministinnen und andere, die eine überromantische oder irreführende Vision der Frau (als Engel oder Übermutter) mit Argwohn betrachteten, war es hingegen wichtig, das Recht zu bekräftigen, selber über den eigenen Körper zu bestimmen und nicht als bloße Gefäße – als Blumentöpfe, die eine kostbare Pflanze beherbergen – behandelt zu werden. Der Konflikt saß mithin tief.

Der Papst war sich sehr wohl bewußt, daß – was das Thema Frauen anging – der Geist von Kritik und Opposition in der katholischen Welt weit verbreitet war, insbesondere in den Vereinigten Staaten, woran ihn die vatikanischen Behörden nie zu erinnern versäumten. Schließlich war es eine amerikanische Nonne gewesen, eine Oberin der Barmherzigen Schwestern, die es gewagt hatte, ihm nur ein Jahr nach seiner Wahl trotzig die Stirn zu bieten. Das geschah in Washington beim Heiligtum der Unbefleckten Empfängnis am letzten Tag seines ersten USA-Aufenthalts im Oktober 1979. Rund fünftausend Ordensschwestern drängten sich in dem Gebäude. Mehr als zwei Drittel von ihnen waren ohne Schleier oder Tracht gekommen, obwohl er unmittelbar nach seiner Wahl zum Papst auf einem traditionellen Habit für Nonnen bestanden hatte – und daran hielt er auch auf seiner Amerikareise fest. Ungehorsam irritierte ihn.

Hie und da in dem neugotischen Hauptschiff und seinen Seitenschiffen fielen ihm etwa fünfzig Schwestern auf, die sich von den übrigen abhoben: Sie trugen eine sonderbare blaue Armbinde, als seien sie Freiwillige irgendeiner Organisation. Als er seine vatikanischen Berater danach fragte, erfuhr er, daß die Nonnen einer oppositionellen Gruppe angehörten, die für die Ordination von Frauen eintrat. Ihr Wahlspruch lautete: »Wenn Frauen Brot backen können, können sie auch Brot brechen.«

Die zu seiner Begrüßung ausersehene Frau war Schwester Theresa Kane, die Vorsitzende der Leitenden Konferenz Religiöser Frauen. Auch sie war in weltlicher Kleidung erschienen. Der Papst betrachtete die zierliche Frau in ihrem blauen Maßkostüm. Ihre förmlichen Worte richtete sie in weniger als zehn Minuten an ihn, und am Ende erklärte sie mit kräftiger Stimme über das Mikrofon: »Eure Heiligkeit, die Kirche sollte auf die Leiden der Frauen eingehen, indem sie die Möglichkeit in Erwägung zieht, sie für alle heiligen Ämter mit zu berücksichtigen.« Lautstarker Beifall hatte diese Äußerung begrüßt, die via TV mehrmals in den gesamten Vereinigten Staaten ausgestrahlt wurde.

Anschließend trat Schwester Kane auf den päpstlichen Stuhl zu und begrüßte den Papst in einer fast respektlosen, demokratischen Art (verglichen mit der unterwürfigen Haltung polnischer und italienischer Nonnen im Vatikan): »Guten Morgen, ich freue mich, Sie kennenzulernen.« Sie schüttelte ihm die Hand und bat um seinen Segen. Dann kniete sie nieder, küßte aber nicht seinen Ring. Johannes Paul II. merkte sich das. Als er sich dann seinerseits an die versammelten Schwestern wandte, war seine gewohnte Liebenswürdigkeit verflogen. Er lächelte nicht ein einziges Mal.

In späteren Jahren sollte sich Schwester Kane daran erinnern, wie rasch der Vatikan zurückschlug. Als sie einige Wochen nach diesem Vorfall in Rom ein Treffen der Kongregation für Religiöse Orden besuchte, erhielt sie einen Brief mit der knappen Mitteilung: »Wir würden eine Aufklärung Ihrer Begrüßung des Heiligen Vaters im Schrein zu schätzen wissen.«

Im Vatikan wurde sie von einem Priester empfangen und nicht, wie geplant, von Kardinal Eduardo Pironio, dem Präsidenten der Kongregation für Religiöse Orden. Obgleich andeutungsweise einschüchternd, wohnte der Szene eine gewisse Absurdität inne. »Nun, da wir die anderen Tagesordnungspunkte erledigt haben«, sagte der Priester, »würde ich Sie bitten, Ihre Begrüßung zu erklären.«

»Ich möchte *Sie* fragen, was Sie geklärt haben möchten«, erwiderte die Schwester Kane. In dem Raum breitete sich Totenstille aus. Der Priester wandte sich an seine Kollegen und fragte: »Was wollen wir denn geklärt haben?« Niemand gab ihm Antwort.

Offensichtlich wollten sie ihr die Aussage abnötigen, daß sie in ihrer Rede an den Papst nicht auf die Ordination von Frauen zu sprechen gekommen sei. Doch sie blieb standhaft: »Ich will, daß Sie folgendes zur Kenntnis nehmen: Ich *habe* auch die Ordination angesprochen, ... ja, die Ordination kam zur Sprache.« Ihre Strafe erhielt Schwester Kane am Ende ihrer Amtszeit als Vorsitzende der Leitenden Konferenz. Als sie um ein Treffen mit Johannes Paul II. bat, teilte ihr der Vatikan mit, daß dies »unpassend« wäre.

So hatten die Frauenproteste begonnen. Über die Jahre waren, bis auf wenige Ausnahmen, Frauen die einzigen gewesen, die Johannes Paul II. vor großem Publikum, vor der Weltpresse und vor laufenden Fernsehkameras widersprachen. Sie hatten nicht viele Worte gebraucht, in der Sache aber nie nachgegeben und beharrlich den Stab wie Staffelläufer weitergereicht.

Ein Jahr darauf, 1980, kritisierte im tief katholischen Bayern eine junge Frau names Barbara Engel die Haltung der Kirche zum priesterlichen Zölibat und zu sexuellen Problemen. Als der Papst in die Schweiz reiste, war es wiederum eine Frau, Margrit Stucky-Schaller, die ihm mutig gegenübertrat. »Wir bedauern, daß unsere Arbeit nur so geringe Bedeutung für den Glauben und die Kirche hat. Wir Frauen haben den Eindruck, daß man uns für Bürger zweiter Klasse hält«, sagte sie.

Beim Papstbesuch in Holland und Belgien 1985 war es lebhafter zugegangen. In Utrecht gingen Tausende jugendlicher Punks, Anarchisten, Schwule und Lesben in lautstarkem, flammendem Protest gegen den autoritären Führungsstil des Papstes auf die Straßen. Drei Stunden lang lieferten sie sich eine Schlacht mit der Polizei. Später am selben Tag prüfte Hedwig Wasser, die Hauptreferentin auf der Tagung der Missionarsorganisationen, den Papst: »Wie kann von uns überhaupt irgendwelche Glaubwürdigkeit ausgehen, wenn wir das Evangelium mit einem Finger in der Schuld statt mit einer zum Helfen ausgestreckten Hand verkünden? Wenn wir, anstatt ihnen Aufnahme zu gewähren, geschiedene Paare, Homosexuelle, verheiratete Priester und nicht zuletzt Frauen ausschließen?« Ungerührt vom sichtlichen Unbehagen des päpstlichen Begleittrosses, fixierte Frau Wasser Johannes Paul II. mit festem Blick, während sie ruhig fortfuhr: »Die aktuellen Entwicklungen in gewissen Teilen der Kirche haben viele von uns zum Ungehorsam gegen die kirchlichen Autoritäten gezwungen.«

In Louvain-la-Neuve, einer Abteilung der berühmten alten flämischen Universität, war die Attacke von einer jungen Frau polnischer Herkunft geführt worden: Véronique Yoruba, der Vorsitzenden der Studentenschaft. »Wir sind verstört«, sagte sie, »über die Erkenntnis, daß der Gebrauch von Verhütungsmitteln Paare an den Rand der Kirche drängen kann. Bestimmte Positionen, die Sie mit Blick auf die Länder Lateinamerikas und die Theologie der Befreiung bezogen haben, erstaunen uns. Wir glauben in der Tat, daß sowohl Nicaragua als auch Polen, El Salvador wie auch Chile Länder sind, in denen die Menschen darum ringen, die grundlegenden Prinzipien von Gerechtigkeit, Freiheit und Demokratie zu bekräftigen, denen die Kirche verpflichtet ist.«

Im Vortragssaal der Universität brach direkt vor dem Papst die Hölle los. Dem Applaus von Studenten, die Yoruba unterstützten, schallte das Geschrei von Wojtyła-Anhängern entgegen, die sie mit Rufen wie »Lang lebe der Papst!« zum Schweigen zu bringen versuchten. Dann wandte sie sich an einige der Aufgebrachtesten in der Menge und rief voller Sarkasmus: »Danke, Opus Dei.« Die Reaktion Johannes Pauls II. war milde und väterlich: Er küßte die junge Studentin auf den Kopf.

Nun, im Frühjahr 1994, ließen sich allerdings solche Konflikte im Vatikan nicht mehr mit einer kleinen theatralischen Geste beschwichtigen. Die Frau, die den Papst treffen wollte, war in seinen Augen ein Engel des Todes. Johannes Paul II. hatte das Jahr mit der Ankündigung begonnen, daß die Vereinten Nationen danach trachteten, die Familie und das Leben zu vernichten und daß der Ort, an dem dieses Verbrechen demnächst stattfinden werde, Kairo sei.

Die für September in Kairo anberaumte UN-Konferenz über Bevölkerung und Entwicklung mußte einem Maßnahmenkatalog zustimmen, der in mehreren Vorbereitungstreffen ausgearbeitet worden war. Das Programm konzentrierte sich auf zwei Eckpunkte: das Recht auf Kinder für Paare wie Einzelpersonen und Garantien für gesunde Nachkommenschaft. Es unterstrich die Verpflichtung der Regierungen zur Bereitstellung von Gesundheitsdiensten bei größtmöglicher Freiheit in der Wahl empfängnisverhütender Methoden. Dieser Passus hatte bereits Papst Wojtyłas Argwohn erregt: Er befürchtete eine Weltpolitik, die zur massiven Verbreitung von Antibabypillen und Kondomen ermutigen könnte. Was ihn jedoch am meisten beunruhigte, war die Forderung des Programms, daß Abtreibungen unter sicheren und legalen Bedingungen vorzunehmen seien.

In den für den Papst vorbereiteten Akten betonte das vatikanische Staatssekretariat, wie sehr sich die politische Lage seit der letzten Konferenz vor zehn Jahren in Mexico City verändert habe. Unter der Reagan-Administration hatten die Vereinigten Staaten eine Politik »für das Leben« vorangetrieben in der Absicht, den Papst zufriedenzustellen und die taktische Allianz mit dem Vatikan zu stärken. Inzwischen aber war in Washington das Klima umgeschlagen. Die Regierung Clinton befürwortete das Selbstbestimmungsrecht der Frau und verteidigte persönliche sexuelle Rechte einschließlich denen von Homosexuellen. Außerdem sprach sie sich für die Möglichkeit sicherer und legaler Abtreibungen aus.

Der Papst empfand dies als untragbar. Er vermutete, daß die Vereinigten Staaten und eine amerikanische feministische Lobby den Entwicklungsländern sexuelle Lebensgewohnheiten nach westlichem Muster auferlegen wollten. In einem bereits einige Wochen zuvor verfaßten Brief an die Familien der ganzen Welt hatte er die Frontlinien abgesteckt: auf der einen Seite die Zivilisation des Lebens und der Liebe, wie sie die Kirche vertrat, und auf der anderen Seite eine destruktive Antigesellschaft, durchdrungen vom Utilitarismus, mit unverantwortlicher Sexualbeziehung, Abtreibung nach Bedarf, Propaganda für freie Liebe (»die Familien ruiniert«), Zerstörung der Ehe (wodurch »Waisen übrigbleiben, deren Eltern noch leben«) und gleichgeschlechtlicher Beziehungen, was einem Trend Rechnung trägt, der »für die Zukunft von Familie und Gesellschaft gefährlich ist.«

Jetzt eben arbeitete Johannes Paul II. am Entwurf seiner neuesten Enzyklika, *Evangelium Vitae* (»Das Evangelium des Lebens«). Sie war eine vernichtende Attacke gegen solche »Bedrohungen des Lebens« wie Sterbehilfe und Abtreibung.

Die Frau, die ihn besuchen wollte, mußte erkennen, daß er mit Zähnen und Klauen gegen ein »neues Massaker, ein wahres Gemetzel an den Unschuldigen, einen neuen Holocaust« kämpfen würde. Der Holocaust war genau das Bild, das ihm jedesmal in den Sinn kam, wenn er das Wort *Abtreibung* hörte.

Die Tür ging auf.

Die Frau blickte zum Schreibtisch hinüber, der in der Mitte des Raumes stand. Dort saß Johannes Paul II. gedankenverloren, und erst als sie auf ihn zuging, stand er als Zeichen der Höflichkeit auf. Er war allein. Alles Licht in dem Zimmer schien auf seiner weißen Soutane und dem Gold seines Brustkreuzes zu ruhen.

Der Papst musterte seinen Gast. Nafis Sadik, UN-Abgeordnete für Bevölkerung und Entwicklung, trug ein Kostüm ihrer pakistanischen Heimat: eine lange, sariartige, pastellfarbene Jacke, die sanft über einer Hose von ähnlicher Farbe herabfiel. Sie war fast sechzig Jahre alt, mit braungebrannter Haut und noch immer pechschwarzem Haar. Ihr Gesicht hatte einen ruhigen und entschlossenen Ausdruck.

Johannes Paul II. tauschte einen flüchtigen Gruß und Händedruck mit Frau Sadik, und indem er auf den Stuhl deutete, wo sie sitzen sollte, begann er: »Sie wissen, wir haben das Jahr der Familie.« Er legte eine Kunstpause ein. Frau Sadik, die kaum Platz genommen hatte, fühlte sich überrumpelt. Bevor sie etwas entgegnen konnte, fuhr der Papst fort: »Für mich aber scheint es das Jahr der Familienauflösung zu sein.«

Der anklagende Tonfall in den Worten des Papstes traf die UN-Vertreterin. Sogleich versuchte sie ihm klarzumachen, daß es viele Arten von Familien in der Welt gibt: Großfamilien, Kernfamilien, Ein-Eltern-Familien, im Stich gelassene Familien. Doch der Papst hob seinen rechten Zeigefinger und ließ eine Schimpfkanone vom Stapel. »Wie, glauben Sie, sind die Bevölkerungen der Welt gewachsen? – Durch die Familie! Eine Familie, das sind ein Ehemann, seine Frau und ihre Kinder. Und die Ehe ist die einzige Basis für eine Familie. Homosexuelle und Lesbierinnen sind keine Familien.«

Der Gedanke »Sie haben keine Ahnung vom richtigen Leben« schoß Sadik durch den Kopf, doch sagte sie ihm lediglich, daß sich das Aktionsprogramm der Konferenz in erster Linie um Kinder und Mütter kümmerte, also um jene Gruppen, die von den Folgen übergroßer Familien und sexuellen Mißbrauchs am unmittelbarsten betroffen sind.

Wieder hob Wojtyła die rechte Hand und sprach: »Die UNO darf kein Blatt vor den Mund nehmen, die Vereinten Nationen müssen eine moralische und geistige Führerrolle spielen.« Frau Sadik bemerkte, daß seine Hand permanent zitterte; das ganze Gesicht des Papstes verriet emotionale Anspannung. Sie erwiderte, daß die Vereinten Nationen alle Ansichten ihrer Mitglieder zu vertreten und die Kulturen von 5,7 Milliarden Menschen zu repräsentieren hätten. Doch es fiel ihr schwer, ihren Standpunkt deutlich zu machen, weil der Papst sie immer wieder unterbrach und ständig das Thema wechselte.

»Warum gehen Sie die Dinge anders an als bei den früheren Konferenzen?« fragte er.

»Eure Heiligkeit, Sie sollten glücklich sein«, erwiderte Frau Sadik, »daß wir im Hinblick auf das Bevölkerungsproblem einen personenbezogenen Ansatz gewählt haben. Wir reden nie über Zahlen. Alles basiert auf individuellen Bedürfnissen und persönlicher Entscheidungsfreiheit.«

Dies war in der Tat die große Neuerung im Vorbereitungspapier der Kairoer Konferenz. Die Frage des Bevölkerungswachstums wurde vorrangig mit den Problemen der Entwicklung – Ausbildung, Gesundheit und der Qualifikation von Frauen – verknüpft. Anstatt zahlenmäßige Grenzwerte zu empfehlen, die (wie schon früher geschehen) Anlaß zur staatlichen Reglementierung der Familiengröße geben könnten, bestand das Dokument auf dem Recht für alle Frauen, Kinder zu haben, auf der freien Wahl jedes einzelnen bei Methoden zur Familienplanung sowie auf der Gewährleistung der Volksgesundheit. Im Fall einer Abtreibung – welche die Verfasser des Papiers nicht befürworteten, sich jedoch ihrer Ansicht nach damit auseinandersetzen mußten – verlangten sie Garantien für die sowohl sichere als auch legale Durchführung des Eingriffs.

»Wer leistet mehr für die Entwicklung als die Kirche?« fragte der Papst unvermittelt. Er beugte sich vor und blickte Frau Sadik finster an.

»Ich weiß das zu würdigen«, entgegnete sie und fügte hinzu, daß sie einst an einer Schwesternschule in Kalkutta studiert hatte, »allerdings nicht auf dem Gebiet der Familienplanung«.

Jetzt wußte sie, welchen Kurs sie steuern mußte. Der Papst sah ihr direkt in die Augen. Sie straffte sich und erwiderte seinen starren Blick. Es war ein richtiger Kampf, nicht irgendeine höfliche Meinungsverschiedenheit.

Die Stimmen redeten abwechselnd, die der Frau wärmer und leichter, die des Mannes schwerer und langsamer. Hin und wieder hob der Papst die rechte Hand wie ein Prediger bei einer wichtigen Aussage. Die UN-Gesandte saß nahezu regungslos da. Bisweilen zog sie den rutschenden Saum ihres Sari hoch.*

»Familienplanung kann nur im Einklang mit moralischen geistigen und Naturgesetzen praktiziert werden«, sagte Johannes Paul II.

»Naturgesetze stehen aber für unzuverlässige Methoden der Familienplanung«, erwiderte Frau Sadik.

Die Unterhaltung schwenkte um auf die individuelle Entscheidungsfreiheit bei der Familienplanung. »Auf diesem Gebiet«, erklärte der Papst, »kann es keine individuellen Rechte und Bedürfnisse geben, sondern nur die Rechte und Bedürfnisse des Paares.«

»Aber ›Paare‹ setzte eine gleichwertige Beziehung voraus. In vielen Gesellschaften, und nicht nur in den Entwicklungsländern, stehen die Frauen den Männern nicht gleichberechtigt gegenüber. Innerhalb der Familie kommt es oft zu sexueller Gewalt. Frauen sind durchaus zur Anwendung natürlicher Methoden und zur Enthaltsamkeit bereit, denn sie sind es, die schwanger werden, obwohl sie es nicht wollen. Ohne die Unterstützung durch ihren Partner können sie jedoch nicht enthaltsam leben.«

Sie erzählte ihm von den etwa zweihunderttausend Frauen, die jedes Jahr an selbstvorgenommenen Abtreibungen sterben – ein vordringliches Gesundheitsproblem: »Die Religionsführer – und wir alle, ganz im Ernst – müssen uns diesem so wichtigen Thema stellen.«

* Später rekonstruierte Frau Sadik die ganze Szene in einem Memorandum.

»Meinen Sie nicht«, hielt Johannes Paul II. dagegen, »daß das unverantwortliche Verhalten von Männern durch Frauen ausgelöst wird?«

Frau Sadik erstarrte. »Mir fiel die Kinnlade runter«, berichtete sie hinterher. Johannes Paul II. sah, wie der Schock seiner Gesprächspartnerin ins Gesicht geschrieben stand, und versuchte das Thema zu wechseln.

Doch die Frau im Sari bremste ihn. »Entschuldigen Sie, ich muß zu Ihrer Äußerung über das Verhalten von Frauen etwas sagen. In den meisten Entwicklungsländern betrachten Männer ehelichen Geschlechtsverkehr als ihr Recht, und die Frauen haben sich zu fügen. Männer kommen betrunken nach Hause, haben Sex mit ihren Frauen, und die werden schwanger. Oder sie stecken sich mit HIV an, ohne irgendeine Kontrolle über das Verhalten ihres Partners oder ihre eigene Situation zu haben.«

Frau Sadik war noch nicht fertig. »Gewalt in der Familie, *de facto* Vergewaltigung, ist in unserer Gesellschaft sehr verbreitet. Das Ärgerlichste an alledem ist, daß nur Frauen die Folgen ausbaden müssen. Wissen Sie, viele Frauen werden eines Tages sitzengelassen. Lateinamerika ist voll von Familien, die im Stich gelassen wurden, voll von Frauen, die als Haushaltsvorstand zurückblieben, mit Kindern, die versorgt sein wollen, während sich die Männer davonmachen und irgendwo anders eine neue Familie gründen.«

Der Blick des Papstes war unnachgiebig; in seine für gewöhnlich so freundlichen Augen hatte sich ein kaltes Funkeln geschlichen. Auf Sadik wirkte er so angespannt wie eine Spiralfeder. Nichts hatte sie auf einen derartigen Empfang vorbereitet.

»Warum ist er so hartherzig«, fragte sie sich, »so dogmatisch, so wenig liebenswürdig? Er könnte doch wenigstens sagen: ›Ich spüre wirklich das Leid dieser Menschen, doch der beste Weg ist immer noch der moralische.‹« Zu Freunden sagte sie im Anschluß an die Unterredung: »Er ist überhaupt nicht die gütige Person, für die man ihn aufgrund seiner Erscheinung hält.«

Ebensowenig empfand Johannes Paul II. Sympathie für seine Gesprächspartnerin. Für ihn waren Frau Sadiks Programme trotz ihrer pakistanischen Herkunft das Produkt des amerikanischen Feminismus, einer der übelsten Erscheinungen der Gegenwart, einer Form von destruktivem Kulturimperialismus. Ihre Unterhaltung zeigte ihm wieder einmal, daß der Westen die tiefe Bedeutung der Mission der Frau, ihres reichsten »Schatzes«, aus dem Blick verloren hatte. Was konnte größer sein, als Leben zu schenken, die Persönlichkeit eines Kindes zu formen und es zur Erwachsenenreife zu führen?

Der Papst war darüber besorgt, daß man selbst in der Kirche, sogar unter Theologen, oftmals Personen fand, die den Wert des Lebens und die einzigartige Rolle der Frauen nicht ganz verstanden.

Und nun erzählte ihm Frau Sadik, die deutschen Bischöfe hätten zwar die Zyklusmethode der Familienplanung befürwortet, aber auch eingeräumt, daß sie nicht immer geeignet sei. Deshalb empfahlen sie, man solle auch andere Methoden vorsehen, damit Frauen über Zahl und Abstand ihrer Kinder sicher entscheiden können sollten.

Voller Verdruß unterbrach der Papst sie. (Offensichtlich mißfiel es ihm, wenn man ihm widersprach, und er war es auch nicht gewöhnt.) »Ich kenne natürlich den Bericht der Bischöfe. Es war der Materialismus der deutschen Gesellschaft, der die Katholiken zu diesem Bericht nötigte.«

Frau Sadik erkannte, daß die Chancen schlecht standen, eine gemeinsame Basis zu finden.

Erneut wechselte der Papst das Thema. »Jugendliche muß man verantwortliches Verhalten lehren, und darin liegt der einzige Weg. Sie erziehen.«

»Ich denke nicht, daß ich damit irgendwelche Probleme habe.« Dennoch, betonte Frau Sadik, dürfe man nicht die Schwangerschaften bei Teenagern in der Dritten Welt vergessen.

»Wir können bei unmoralischem Verhalten keine Nachsicht walten lassen«, warf der Papst ein.

Doch als Frau wie als Gynäkologin blieb Frau Sadik standhaft: »Auch wenn man es nicht gutheißt, muß man trotzdem Patienten gegen die Folgen ihres Tuns behandeln. Vielleicht mißbilligt man es sogar, aber es steht uns nicht zu, sich einfach als Richter aufzuspielen. Wir müssen helfen, wo wir können, helfen und versorgen ...«

»Der einzige Weg ist, dem Gesetz der Sittlichkeit, des Geistes und der Natur Folge zu leisten. Und man muß erziehen, erziehen, erziehen«, giftete der Papst zurück.

Sie fühlte sich abermals an die Wand gedrückt. Später erinnerte sich Sadik: »Ich habe mich ziemlich hinreißen lassen. Wirklich, ich habe versucht, ihm irgendwie entgegenzukommen, wenigstens eine empfängliche Saite bei ihm anzuschlagen, nicht unbedingt seine Ansichten zu ändern. Doch seine Haltung war so hart.«

»Was glauben Sie, wie viele Menschen auf der Welt sind katholisch?« fragte Sadik plötzlich. Der Papst beugte sich über den Tisch zu ihr herüber. »Wie viele sind Moslems?« schnauzte er.

»Etwa 1,2 Milliarden.«

»Und es sind ebenso viele Katholiken.« (Tatsächlich lag die korrekte Zahl eher bei neunhundert Millionen.)

»Nun, das war eigentlich nicht der Punkt bei meiner Frage«, resümierte Sadik. »Ich wollte wissen, wie viele Katholiken Ihrer Meinung nach in dieser Sache wirklich die Lehren der Kirche befolgen.«

»Es sind nur die Katholiken in diesen materialistisch entwickelten Gesellschaften, die hier querschießen«, behauptete der Papst. »Alle Menschen in den ärmeren Ländern halten sich daran.«

»Entschuldigung, wenn ich Ihnen da widersprechen muß, denn in Lateinamerika zum Beispiel haben Frauen keinen Zugang zu Verhütungsmitteln«, bemerkte Frau Sadik, »und deshalb greifen sie als Ausweg zur Abtreibung. Die höchste Rate bei illegalen Abtreibungen finden wir denn auch in vielen der ärmeren katholischen Ländern der Erde.«

Der Papst entgegnete, daß sich Frauen sehr wohl zum Verzicht auf Geschlechtsverkehr entschließen könnten, wenn sie sich an die Kontrolle ihrer fruchtbaren und unfruchtbaren Tage hielten.

»Nun, ich denke, wir haben hier ganz andere Erfahrungen gemacht. Für die Millionen Frauen, mit denen ich mich befaßt habe, sehen die Dinge anders aus.«

»Die UN«, verlangte er, »darf Sterilisations- und Geburtenkontrollpflicht und Abtreibung nicht in ihr Programm aufnehmen.«

»Ich bin mir sicher, unser Programm sieht nichts Derartiges vor«, entgegnete Frau Sadik trocken. Sie spürte, daß der Papst das Vorbereitungspapier zur Kairoer Konferenz nicht gelesen hatte, sondern lediglich auf der Grundlage einiger nicht repräsentativer Auszüge argumentierte.

»Sind Sie Muslima?« fragte Johannes Paul II. Frau Sadik aus heiterem Himmel, fügte dann aber rasch hinzu: »Der Islam ist die am schnellsten wachsende Religion der Welt.« Ohne Atem zu holen, beschwor er für sie seine Vision einer jüngeren Generation in den ehemals kommunistischen Ländern und anderswo in der Welt, die sich vom Atheismus losgesagt und wieder zum Glauben zurückfindet.

»Die UN muß ethische Prinzipien fördern«, fuhr er fort, »und es spielt keine Rolle, was die Länder sagen. Diese westlichen Gesellschaften sind Orte, an denen die Familie in Auflösung begriffen ist. Ihre ethischen Werte sind dahin. Ich persönlich bin darüber sehr in Sorge, und ich mache es mir zu meiner persönlichen Mission. Ich werde im Oktober vor den Vereinten Nationen hierzu eine Rede halten.«

Das Gespräch dauerte vierzig Minuten. Sie brauchte einen Augenblick, um zu begreifen, daß es zu Ende war. Plötzlich fand Frau Sadik eine Silbermedaille in ihre Hände gelegt. Ein Monsignore kam, um den Papst daran zu erinnern, daß er sich nun um andere Dinge kümmern müsse. Die Audienz war vorüber. Im Vorzimmer fehlte seltsamerweise der Fotograf, der ansonsten immer Bilder von Papstaudienzen machte. Offensichtlich schrieb das Protokoll im Vatikan vor, daß Nafis Sadik einer Ablichtung nicht würdig sei.

Frau Sadik trat auf den Petersplatz hinaus. Der Mangel an Mitgefühl bei diesem Mann hatte sie enttäuscht. »Er mag Frauen nicht«, kommentierte sie später. »Ich habe etwas mehr Barmherzigkeit im Angesicht von Leid und Tod erwartet.«

Eine Woche nach der Audienz mit Nafis Sadik trafen sich hundertvierzig Nuntien aus aller Welt im Vatikan zu einer außerordentlichen Gipfelkonferenz. Johannes Paul II. hatte beschlossen, zu seinem eigenen Krieg gegen die Vereinten Nationen zu blasen. Er war wütend. Sein engster Freund im Vatikan, Kardinal Deskur, hatte den Papst noch nie in dieser Gemütsverfassung gesehen. Für gewöhnlich stattete Johannes Paul II. einmal pro Woche dem kränklichen Kardinal einen Besuch ab. An dem Tisch sitzend, auf dem Deskur als »Starthilfe« für den jungen Bischof Wojtyła so viele Essen arrangiert hatte, redete Johannes Paul II. Klartext: »Sie bringen das Schiff der Menschheit zum Kentern.« Seine Verurteilung galt gleichermaßen der UN wie den westlichen Demokratien.

Nachdem sein Entschluß feststand, ging Johannes Paul II. mit einer taktischen Härte vor, wie er sie nie zuvor gezeigt hatte – nicht einmal, als es um die Rettung Polens ging. Wie die westlichen Regierungen über die Familie denken, stehe samt und sonders im Widerspruch zur Vernunft und zu Gott, sprach der Papst zu dem Dominikaner Feliks Bednarski. Seinen Staatssekretär Angelo Sodano wies er an, er solle persönlich alle diplomatischen Delegationen des Heiligen Stuhls mobilisieren, um die vatikanfreundlich eingestellten Staaten unter Druck zu setzen und eine Lobby zu bilden, die in der Lage sei, das UN-Aktionsprogramm zu blockieren.

Am 25. März 1994 traten die hundertvierzig nach Rom geladenen Nuntien durch die mächtige Bronzetür des Apostolischen Palasts, um vom Staatssekretär informiert zu werden. Sie sahen sich einem regelrechten Kriegsrat gegenüber. Neben Kardinal Sodano saßen noch der Außenminister des Papstes, der französische Bischof Jean-Louis Tauran, Kardinal Roger Etchegaray, der Vorsitzende des Rates für Gerechtigkeit und Frieden, sowie Kardinal Alfonso López Trujillo, der Vorsitzende des Päpstlichen Familienrates, der engste und treueste Berater des Papstes in Fragen von Sexualmoral und Eheproblemen.

In den letzten Jahren waren Versammlungen dieser Art nur bei drei Anlässen einberufen worden: dem Golfkrieg, der Auflösung Jugoslawiens und der Anerkennung des Staates Israel durch den Vatikan. Den Nuntien wurde klargemacht, daß der Kampf für die Verteidigung des Lebens »von der Empfängnis bis zum Tod« mit allen Waffen der Diplomatie auszutragen sei. Einige Punkte des UN-Aktionsprogramms, so erfuhren sie, widersprächen »grundlegenden ethischen Prinzipien« und befürworten Abtreibung auf Verlangen, die somit als Mittel zur Geburtenregelung dienen würde. Der Papst war fest davon überzeugt, daß das Dokument von einer individualistischen Vision der Sinnlichkeit beseelt sei und die Ehe für veraltet halte.

Die Wirkung folgte auf dem Fuß. Beim nächsten Treffen der

UN-Vorbereitungskommission, die den Entwurf des Aktionsprogramms formulierte, verlangten einige lateinamerikanische Delegationen und Griechenland als Vertreter der Europäischen Union eine neuerliche Debatte über den Text. Die Abschnitte, über die Uneinigkeit bestand, wurden mit Klammern markiert: Schon nach kurzer Zeit hatten sich die Klammern über den Text ausgebreitet und fast ein Drittel davon wie mit Stacheldraht umrankt. Im Vatikan herrschte eitel Freude über die »schmerzliche Niederlage« von »Clinton und seinen feministischen Verbündeten«.

Am 28. April brach sich der Papst den Oberschenkel, doch das konnte ihn nicht aufhalten. In einer mystischen Anwandlung sagte er zu seinen Beratern: »Vielleicht war dies notwendig für das Jahr der Familie« – was soviel bedeutete, daß man seinen Schmerz als Zeichen eines besonderen Opfers für die Sache der Familienwerte ansehen sollte. Um diese mystische Atmosphäre noch zu unterstreichen, kommentierte der vatikanische Rundfunk: »Wieder einmal ist der Papst ein Pilger in der Welt des Leidens – seines eigenen, persönlichen Leidens –; er, der auf seinen Schultern bereits die Last der Sorgen aller Menschen trägt.«

Nunmehr bettlägrig, leidgeprüft und fast unbeweglich, führte Johannes Paul II. seinen Kampf gegen die UN von der Gemelli-Klinik aus fort. Er drängte seine Mitarbeiter, eine Allianz mit dem Islam anzustreben; und so begannen vatikanische Diplomaten die fundamentalistischsten und extremistischsten islamischen Länder zu umwerben. Der Außenminister des Papstes, Tauran, ging nach Libyen und in den Iran. Die Gefahr, daß der islamische Extremismus womöglich säkulare und prowestliche Moslemstaaten (die der katholischen Kirche im allgemeinen aufgeschlossener begegneten) schwächen könnte, schien bedeutungslos.

Zum erstenmal, seit Pius XII. gegen den Stalinismus gestritten hatte, wurde die gesamte Kirche in aller Welt effektiv mobilisiert, einen politischen Kampf auszufechten. An sämtliche viertausend katholischen Bischöfe erging die Aufforderung, auf ihre Regierungen und nationalen politischen Bewegungen einzuwirken. Fanatische Wojtyła-Anhänger unter den Kardinälen wie John O'Connor aus New York waren in ihrem Element: »Macht der Welt unmißverständlich klar, daß der Papst persönlich und alle Anhänger des Papstes furchtbar besorgt sind über das vorläufige [UN-]

Dokument.« O'Connor war überzeugt, daß »das Gefühl so stark ist, daß wir am Ende vielleicht etwas Dramatisches erleben, falls die Kairoer Konferenz den Entwurf als Gesprächsgrundlage hernimmt und der Westen einlenkt.« Von Rom ermutigt, dachte er an eine Sonderreise des Papstes zur UN, um die Organisation zu verurteilen.

Bischöfe und Kardinäle, die mit diesem Kreuzzug nicht einverstanden waren, hüllten sich in Schweigen oder äußerten nur Lippenbekenntnisse. Viele teilten nicht das Ungestüm des treuen Kardinals aus New York, der wichtigsten Diözese in Amerika, der verkündete: »Ich sehe zwischen der katholischen Kirche und der islamischen Welt eine Allianz gegen den Westen entstehen. Sie könnte wirklich ungeheuer viel verändern.«

Den aus Anlaß ihrer Synode in Rom versammelten afrikanischen Bischöfen präsentierte Monsignore Diarmuid Martin, ein Mitglied der vatikanischen Delegation bei der Kairoer Konferenz, eine neue Strategie: »Es ist zu hoffen, daß der Druck seitens der islamischen und afrikanischen Länder so stark wird, daß man zu einer positiven Lösung gelangen kann.«

Für den Vatikan hieß eine »positive Lösung«, daß die Kairoer Konferenz den Auftrag auf sichere und legale Abtreibung zurückweisen sollte. Die diplomatische Offensive an der islamischen Front zeitigte erste Erfolge. Am 8. Juni trafen sich in Rom Vertreter des vatikanischen Staatssekretariats diskret mit Vertretern der Organisation für die Islamkonferenz, der Moslemischen Weltliga und der Moslemischen Weltkonferenz. Nach Abfassen ihres gemeinsamen Communiqués »lehnen beide Seiden die individualistische Ausrichtung ab, die das [UN-] Dokument kennzeichnet. ... Erbitterter und aggressiver Individualismus führt letztlich zur Zerstörung der Gesellschaft, da er einen Zustand der moralischen Zerrüttung, des Libertinismus sowie die Unterdrükkung sozialer Werte herbeiführt.« Zudem maßte sich der Vatikan das Recht an, im Namen »gläubiger Christen« zu sprechen, obgleich die Positionen der reformierten Kirchen meilenweit von der fundamentalistischen Marschroute Roms entfernt lagen, und die orthodoxe Kirche hatte nie – wie Karol Wojtyła – die Abtreibungsfrage zur Bühne für eine Konfrontation mit Zivilbehörden gemacht.

Aus Kairo kam offizielle Unterstützung für die katholisch-islamische heilige Allianz. Der Großimam Haq Ali Gad el Haq, geistiges Oberhaupt der Kairoer Al-Azhar-Universität, die zu den angesehensten in der moslemischen Welt gehört, forderte, daß alles, was das islamische Recht und die »himmlischen Religionen« (Judentum und Christentum) beleidige, aus dem US-Aktionsprogramm zu streichen sei. Die vom Vatikan vorgebrachte These herunterbetend, behauptete der Großimam, das UN-Dokument befürworte Abtreibung, gleichgeschlechtliche Beziehungen und freie Liebe. Sichtlich bestürzt sah sich Ägyptens Minister für Familienangelegenheiten, Maner Mahran, gezwungen, eine Erklärung abzugeben, seine Regierung werde »keinerlei Empfehlungen übernehmen, die gegen das Gesetz des Islam verstoßen«.

Auf dem Höhepunkt der Schlacht wandte sich Johannes Paul II. in einem Brief an UNO-Generalsekretär Boutros Boutros-Ghali und Regierungschefs in aller Welt, in dem er anführte, das Aktionsprogramm könnte vielleicht den moralischen Niedergang der Menschheit herbeiführen. Er setzte sich persönlich mit Bill Clinton telefonisch in Verbindung und wies auch beharrlich auf sein Anliegen hin, als der amerikanische Präsident am 2. Juni zu einer Audienz im Vatikan eintraf. Kardinal López Trujillo gab bekannte, daß der Papst am 20. Oktober zu den Vereinten Nationen reisen werde, um »einen prophetischen Protest gegen den kriminellen Angriff vorzutragen, der derzeit auf dem Gebiet der Geburtenkontrolle gegen die Familie verübt wird«. Die Vorstellungen des Papstes wurden in einem von Trujillo herausgegebenen Heft sorgfältig dargelegt. Es behandelte, wie Johannes Paul II. angeordnet hatte, die »ethischen Dimensionen« des Bevölkerungsproblems und griff die Vereinten Nationen frontal an: »Keine internationale öffentliche Institution hat das Recht, die Staaten unter Druck zu setzen, politische Richtlinien zu erlassen, die mit der Achtung vor dem Menschen, der Familie oder der nationalen Unabhängigkeit nicht vereinbar sind.«

Katholiken in der ganzen Welt wurden eingeladen, Zeugnis abzulegen für den Wert, den jeder Mensch in den Augen Gottes hat – selbst wenn es Märtyrertum bedeutete. Die Gegner des Vatikans hielten dem entgegen, daß die wahren Märtyrer Frauen seien, die unsichere Abtreibungen auf sich nehmen müßten, während die Monsignori, die solche Pamphlete verteilen, keinerlei Risiken eingingen.

Als der Termin für die Eröffnung der Konferenz im September näher rückte, intensivierte das vatikanische Staatssekretariat auf Drängen des Papstes seine Kampagne. »Den demographischen Kolonialismus« zu bekämpfen, lautete die Parole, die speziell auf die Dritte Welt zielte. Neben seinen islamischen Verbündeten konnte Johannes Paul II. auf jedem Kontinent auf ein oder mehrere Länder zählen, die seinen Feldzug unterstützten. In Europa gab es Wałęsas Polen; in Afrika waren es der Senegal, Benin und die Elfenbeinküste; in Asien die Philippinen; praktisch alle Länder Mittelamerikas sowie in Südamerika Chile und Argentinien. Argentiniens Staatspräsident Carlos Menem schickte an alle lateinamerikanischen Regierungschefs einen Brief, in dem er anregte, sie sollten bei der Kairoer Konferenz eine gemeinsame Position auf der Grundlage des »Rechts auf Leben« beziehen.

Papst Wojtyła, eben erst aus dem Krankenhaus entlassen, nutzte sein sonntägliches Gespräch mit den Gläubigen vom Fenster seines Arbeitszimmers aus, um zu bekräftigen, daß die Ehe in Gefahr sei, um gleichgeschlechtliche Beziehungen zu verurteilen und um daran zu erinnern, welchen Bedrohungen sich die gesamte Menschheit, vor allem durch Abtreibung, gegenübersehe. Mitunter schien er sich in eine mächtige Wut hineinzusteigern, wie sie die Italiener bis dahin noch nicht erlebt hatten. Wenn es ein Thema gab, das er persönlich nahm, dann war es Frauen und Fortpflanzung. Für Deskur schien es, daß die Angst des Papstes tief in seinem eigenen Leben verwurzelt saß – und in dem von seiner Mutter Emilia, vielleicht auch in der Geschichte von Olga, seiner Schwester, die er nie kennengelernt hatte.

Am Vorabend der Kairoer Konferenz ritt der Sprecher des Papstes, Joaquín Navarro-Valls, drei öffentliche Attacken gegen US-Vizepräsident Al Gore, den designierten Leiter der amerikanischen Delegation. Dies war beispiellos – und kontraproduktiv. Des weiteren erklärte Navarro-Valls in seiner Pressemitteilung, die Konferenz übergehe die wahren Bedürfnisse der Entwicklung im Namen eines übertriebenen Individualismus. Allein die Anwesenheit des persönlichen Sprechers des Papstes als Mitglied der vatikanischen Delegation war für sich schon Kommentar genug.

Die Kairoer Konferenz über Bevölkerung und Entwicklung dauerte vom 5. bis zum 13. September 1994. Durch die Entsendung seiner Stoßtruppen – der Vertreter aus Ländern mit kongenialen Ansichten, darunter die Slowakei, Malta, Argentinien, Ecuador, Chile, Peru und Guatemala – verzögerte der Vatikan wiederholt die Arbeitssitzungen, indem er bereits ausgehandelte Kompromisse in Frage stellte. Feindselige Gefühle wurden auch bei nichtstaatlichen Frauenorganisationen wachgerufen, weil der Vatikan partout nicht einsehen mochte, daß der Frage nach dem Recht auf Fortpflanzung und gesunde Nachkommen eine Geschichte des Schreckens zugrunde lag, in deren Verlauf Hunderte Millionen Frauen gezwungen waren, Schwangerschaften im Kindesalter, Beschneidung, böswilliges Verlassen, männliche Unterdrückung, durch den Partner übertragene Ansteckungskrankheiten sowie die Verweigerung fundamentaler Bürgerrechte erdulden zu müssen.

Am Ende zerbrach die Allianz mit dem islamischen Fundamentalismus, weil nach dem islamischen Glaubensrecht Abtreibung bei Gefahr für die Mutter erlaubt war. Allmählich bröckelte selbst die Opposition der lateinamerikanischen Länder, die mit am stärksten auf Konfrontationskurs gegangen waren. Infolgedessen beschloß der Vatikan erstmals in der Geschichte, ein UN-Dokument zu Bevölkerungsfragen (wenngleich mit einigen Vorbehalten) »per Konsens« zu billigen.

Wojtyłas Strategie schaffte es jedoch immerhin, der Konferenz die Bestätigung abzutrotzen, daß Abtreibung kein akzeptables Mittel zur Empfängnisverhütung sei. Textstellen, die den weltweiten Zugang zu legaler und sicherer Abtreibung befürworteten, wurden gestrichen. Doch es war ein Pyrrhussieg. Zum erstenmal anerkannte ein UN-Dokument die Rechtmäßigkeit eines Schwangerschaftsabbruchs und billigte das Prinzip, daß Abtreibung in jenen Ländern, in denen sie nicht gegen das Gesetz verstieß (in 173 der 184 Mitgliedsstaaten), sicher gemacht werden sollte. Allein auf weiter Flur sah sich der Heilige Stuhl aber vor allem den Industrienationen gegenüber, deren Delegationen durch die Verschleppungstaktik des Vatikans stark irritiert waren.

Es war eine Niederlage für Wojtyła – nicht nur hinsichtlich der Frauenbewegung im Westen und in der Dritten Welt, sondern auch mit Blick auf sehr viele Katholikinnen einschließlich derer, die in keinerlei Verbindung zur feministischen Szene standen.

Diese moralische Isolation hatte ein stilles Überdenken der Problempunkte zur Folge. Bei der Pekinger Frauenkonferenz im folgenden Jahr betraute der Papst mit der US-amerikanischen Professorin Mary Ann Glendon erstmals eine Frau mit der Leitung der vatikanischen Delegation. Und als das Thema Abtreibung abermals debattiert wurde, sperrte sich endlich der Vatikan nicht gegen die Annahme einer Resolution, in der alle Staaten aufgefordert wurden, »die Gesetze zu überprüfen, die Strafmaßnahmen gegen Frauen vorsehen, welche eine illegale Abtreibung vornehmen ließen«.

Der Vatikan hatte weder die Absicht, die Schlacht von Kairo noch einmal durchzufechten, noch reiste Johannes Paul II. im Oktober nach New York – wie es hieß, aus gesundheitlichen Gründen. Ein Auftritt des Papstes bei den Vereinten Nationen nach dessen verhementen Attacken wurde als nicht ratsam eingeschätzt.

Der Held

Mit Bestürzung lauschten die etwa dreißig Gläubigen den Gebeten für die Seelenruhe Johannes Pauls II. Sie hatten sich zur Frühmesse an einem Altar im Petersdom eingefunden, als die Nachricht sie ereilte. Es war der 4. September 1994. Die Kunde hatte den Priester nur Minuten vor Beginn des Gottesdienstes erreicht. Die Stimme des Anrufers hatte hinreichend bestimmt und amtlich geklungen; außerdem blieb keine Zeit für eine Überprüfung. Es war kurz nach 6.30 Uhr morgens. *»Requiem aeternam dona eis, Domine* . . .«, hob der Priester mit lauter Stimme zu rezitieren an.

Doch der Papst lebte – es war alles bloß ein makabrer Scherz. Derartige Anrufe wurden immer wieder registriert, während Johannes Paul II. die letzten Urlaubstage in seinem Sommerhaus in Castel Gandolfo verbrachte. Sie gingen meist in der Nacht ein, wobei sich die Anrufer als Mitglieder des Hauspersonals in Castel

Gandolfo ausgaben. Sogar einige Kardinäle wurden aus dem Schlaf gerissen: »Eure Eminenz, wir wollten Ihnen mitteilen, daß...«

Es konnte nie ermittelt werden, wer hinter diesen Anrufen steckte. Ein Verrückter? Ein Monsignore, der die Kardinäle am Vorabend der Papstreise nach Sarajevo in Angst und Schrecken versetzen wollte? Ein Ulk?

Der Vatikan zog es vor, über den peinlichen Vorfall den Mantel des Vergessens zu breiten.

Mit zunehmender Dauer seines Pontifikats ist Johannes Paul II. mehr und mehr von seiner Gebrechlichkeit gezeichnet. Am 25. Dezember 1995 sahen die Zuschauer rings um den Erdball mit Entsetzen, wie am Fenster seines Arbeitszimmers ein aschfahler Karol Wojtyła, von einem plötzlichen Brechreiz geschüttelt, seine live im Fernsehen übertragene Weihnachtsansprache unterbrechen mußte. Wochen später wurde er von einem hartnäckigen, unerklärlichen Fieber heimgesucht. Doch wie sein alter Freund Maliński sagt, »blickt er weiter mit Freude in die Zukunft«.

»Der Papst hat großes Vertrauen in die Vorsehung«, konstatiert der vatikanische Staatssekretär, Kardinal Angelo Sodano. »Er sorgt sich nicht, solange der Herr ihm Leben schenkt. Er strahlt eine tiefe innere Ruhe aus, die er auch in den schwersten Momenten nicht verliert« – zumindest seit Kairo. »Er hat jene Unerschütterlichkeit wie in dem berühmten Gebet der heiligen Theresia: ›Nichts möge dich beunruhigen, nichts soll dir angst machen.‹«

Noch immer träumt der Papst davon, eine große Pilgerreise auf den Spuren Abrahams zu unternehmen. Wer den Weg Abrahams zurückverfolgen will, muß von Ur in Mesopotamien (dem heutigen Irak) aus aufbrechen und über Haran (Syrien), den Libanon, Jordanien, Israel und Palästina bis hinunter nach Ägypten, dem Land der Pharaonen, ziehen. Wenn Johannes Paul II. hierüber spricht, verklärt sich sein Gesicht.

Die Fußstapfen des Stammvaters bilden den Rahmen für die Geschichte eines dramatischen Konflikts, der Abrahams jüdische Söhne gegen seine arabischen Söhne, den Islam gegen das Christentum, Ost gegen West, Fundamentalismus gegen weltliche Zivilisationen ausgespielt hat. Nach wie vor verfügt der mystische

Papst über die genuine Fähigkeit, in der Sprache der Politik zu denken. Seine Kampagne zur Unterstützung des moslemischen Bosniens (und mithin gegen die christlichen Serben) betrachtet er, wie damals seine Oppostion gegen den Golfkrieg, eindeutig als Investition in die Zukunft.

Johannes Paul II. will nicht, daß auch das einundzwanzigste Jahrhundert unter dem Schatten des Hasses zwischen Moslems und Christen steht. Er ist sich der Gefahren des islamischen Fundamentalismus bewußt und hat wiederholt moslemische Länder verurteilt, die zu »Diskriminierung gegen Juden, Christen und Angehörige anderer religiöser Familien« aufrufen, die nicht umhinkönnen, sich zu heimlichen Andachten zu treffen. Gleichzeitig aber ist er überzeugt, daß er aus der Botschaft der Toleranz, die Teil von Mohammeds Vermächtnis ist, seinen Nutzen ziehen muß. Nach seiner Ansicht wäre es ein tragischer Irrtum, den Islam zum neuen Weltdämon abzustempeln. Das ist der Grund, warum er Kardinal Achille Silvestrini, den Präfekten der Kongregation für die Ostkirchen, auf eine Mission in den Irak schickte und warum er sich für eine Beendigung des gegen Bagdad verhängten internationalen Embargos einsetzt.

Der Papst möchte Kreuz, Halbmond und Davidstern versöhnt sehen. In seinen Augen sollte Religion nie mehr als Kriegsvorwand benutzt werden. Er warnt Gläubige vor der von jeglichem Fundamentalismus ausgehenden Gewalt der Worte und Taten. Diesbezüglich setzte Johannes Paul II. schon wenig später ein Zeichen. Auf einer Reise in die Slowakei hielt er am 1. Juli 1995 in der Stadt Prečov, um sich vor einem Denkmal für vierundzwanzig protestantische Märtyrer im Gebet zu verneigen. Sie waren von Katholiken während der endlosen, unmenschlichen Glaubensschlachten, die als der Dreißigjährige Krieg (1618–1648) in die Geschichte eingingen, gefoltert und ermordet worden.

Der Papst hat noch einen anderen Traum: eine Reise nach Rußland, zu den fernen Soloveckije-Inseln im Weißen Meer, wo die Sowjets einen ihrer schrecklichsten Gulags errichteten – für orthodoxe Bischöfe, Geistliche und religiöse Dissidenten. Dorthin möchte er eine Wahlfahrt zu Ehren der christlichen Märtyrer, gleich welchen Bekenntnisses, unternehmen und so an alle Opfer totalitärer Systeme des zwanzigsten Jahrhunderts erinnern, die

Christus aus dem Leben der Menschen zu entwurzeln versucht haben. »Soloveckije«, hat er gegenüber Pater Werenfried van Straaten geäußert, »ist für Rußland, was das Kolosseum für Rom ist.«

Und der Papst hat noch eine Vision: den ehemaligen Bambusvorhang zu durchschreiten, um die Vereinigung der chinesischen Katholiken mit der Kirche Roms zu ermöglichen und so dem Stuhl Petri deutlicher zu Weltgeltung zu verhelfen. Wie er sagte, will Johannes Paul II. in seinem letzten Kampf die Katholiken Chinas von den Ketten der kommunistischen Machthaber befreien. »Millionen Gläubige kann man nicht immerzu unterdrücken, verdächtigen und isolieren«, hat er gesagt.

Je mehr die Jahre Wojtyła zusetzen, desto ehrgeiziger scheinen mitunter seine Pläne zu geraten. Ihm ist, wie er Pater Maliński verriet, daran gelegen, daß die Kirche präsent ist, »wo immer sich etwas ereignet«. Selbst wenn sein Körper ein falsches Spiel mit ihm treibt, droht er keiner jener vergangenheitsfixierten alten Männer zu werden, die es gern sähen, wie die Welt mit ihnen endet. Möglich, daß er *tatsächlich* ungeduldiger und reizbarer geworden ist. Während überlanger Zeremonien hat man ihn schon *»Basta, basta«* murmeln hören.

Die Endphase von Wojtyłas Pontifikat ist nun gekennzeichnet von Schmerz und Schwäche. Plötzlich gehorcht ihm sein Körper nicht mehr. Die Menschen im Apostolischen Palast sehen ihn gebeugt über die Gänge schlurfen, älter wirkend, als er ist. Reporter, die ihn auf Reisen begleiten, haben sein Gesicht aufgedunsen gesehen von den Medikamenten, die er nehmen muß. »Manchmal bekomme ich Angst. Sein Gesicht ist so rot«, sagte Kardinal Silvio Oddi nach Verlassen einer Papstaudienz. Seine Augenlider sind oft halb geschlossen, seine Schritte schleppend, die Bewegungen unsicher. Er hat häufig Mühe beim Sprechen; seine Stimme klingt heiser. Zuweilen kann der Papst-Schauspieler, der unübertroffene Meister im Aufputschen von Menschenmengen, sich kaum ausdrücken, und sein Tonfall wird flach und leblos.

Manchmal verliert er bei einem Gespräch den Faden. Journalisten des vatikanischen Pressekorps haben beobachtet, daß der für sein Sprachtalent berühmte Johannes Paul II. sich bisweilen selbst an die einfachsten italienischen Wörter nur mit Mühe erinnern kann. Auf einen Stock angewiesen zu sein und die eigene Gebrechlichkeit erkennen zu müssen, war ein niederschmetternder Schlag für den bergsteigenden Papst. Nach seiner Wahl hatte er sich mit einer aus der Heimat verpflanzten Tanne verglichen: traurig, die heimatlichen Berge verlassen zu müssen, aber trotzdem noch ein mächtiger Baum. Nun verbirgt sich hinter jedem Podium, auf dem er eine Messe zelebriert, ein Lastenaufzug, um ihm das mühsame Treppensteigen abzunehmen – ein demütigender Hinweis auf seine Hilflosigkeit. »Sein Körper hält nicht Schritt mit seinem Geist«, sagte ein vatikanischer Würdenträger, »und das ist sein größtes Problem.«

Im Lauf der Zeit hat Karol Wojtyłas eigene Theologie des Leidens eine Weiterentwicklung erfahren. Schwester Zofia Zdybicka, die ihn seit 1958 kennt, kann das bezeugen: »Er war schon immer ein Mensch des innigen Gebets«, sagt sie, »aber wenn ich heute den Gottesdienst in seiner Privatkapelle besuche und ihn von nahem sehe, bemerke ich den Unterschied: Wenn er jetzt betet, ist sein Gesicht voll Schmerz.«

Wer diesen mystischen Zusammenhang zwischen Schmerz und Mission versteht, der kann den Ursprung von Johannes Pauls – bewußtem oder unbewußtem – Wunsch, sein Leben durch Überanstrengung oder gefährliche Vorhaben (wie die geplante Reise nach Sarajevo im Herbst 1994) aufs Spiel zu setzen, nicht begreifen. Der Papst war bereit, das Risiko einzugehen, in der vom Bürgerkrieg zerrissenen bosnischen Hauptstadt getötet zu werden. In letzter Minute, als die Katholiken von Sarajevo ihn bereits erwarteten, konnten ihn die Bürokraten im Vatikan davon abhalten, die Reise anzutreten. Er hat es ihnen nie verziehen, daß sie den Eindruck unterstützten, er sei untauglich und es ginge mit ihm unaufhaltsam bergab.

Angesichts seines sich verschlechternden Gesundheitszustands lebt Johannes Paul II. sein Leben mehr denn je im Gebet aus. »Kaum daß er mal eine Pause macht, beginnt er schon zu beten«, sagte ein alter Angehöriger der Kurie. Sein ganzer Tagesablauf ist dem Rhythmus des Gebets angepaßt. Nach dem Aufstehen um fünf Uhr morgens betet er zwei Stunden lang in der Kapelle, bevor er die Frühmesse zelebriert. Mittags und abends betet er jeweils vor und nach dem Essen. Er betet den ganzen Tag hindurch fast ohne Unterlaß. Selbst bei Fahrten im »Papamobil« nimmt er seinen Rosenkranz aus der Tasche und läßt noch beim Verlassen des Wagens die Perlen bis zur letzten Minute langsam durch die Finger gleiten. *»Domine, non sum dignus«* (»Herr, ich bin unwürdig«), flüstert er, wenn um ihn herum der Beifall aufbrandet.

Niemand, der ihn einmal gesehen hat, dürfte je vergessen, wie er sich konzentriert. Er scheint förmlich in die Tiefen seiner Seele hinabzutauchen. »Es ist eine erstaunliche Erfahrung, den Papst auf einem Betstuhl zu sehen, den Kopf über seinen Krummstab gebeugt«, sagt Bischof Mariano Magrassi aus Bari. »Seine Brauen sind zusammengezogen. In solchen Augenblicken des Schweigens kann man wirklich erkennen, wie angespannt sein Gesicht ist in dem Bemühen, Gott zu begegnen.« Im Gebet läßt sich der Papst mitreißen. »Es ist ein Streben, sich mit dem Willen Gottes gleichzusetzen«, sagt ein Monsignore, der ihn oft in seiner Privatkapelle beobachtet hat.

Obwohl es ihm zunehmend schwerfällt, die Hand zur Segnung der Gläubigen zu erheben, deutet sie doch auf einen weiteren Horizont. Die Welt spürt, daß er der letzte der Giganten auf der Weltbühne ist – daß es keine anderen großen Herolde epischer Visionen oder Grundsätze mehr gibt, welche Sache oder Ideologie sie auch vertreten mögen. Er hat selbst noch im Kampf gegen das Alter seine Zeit geprägt wie vielleicht kein anderer Führer vor ihm. Inzwischen predigt Johannes Paul II. fast allein von der Würde des Arbeiters und von Hilfe für die Arbeitslosen; er fordert Versöhnung und Solidarität innerhalb der verschiedenen Gesellschaftsschichten und ermahnt die reichen Nationen, sich der von Armut und Auslandsschulden gebeutelten Länder anzunehmen. Trotz Schmerzen und Ermüdung bricht der Papst weiterhin zu langen, kräftezehrenden Reisen auf, um der Welt seine Botschaft zu bringen wie 1995 bei seinem triumphalen Besuch in den Vereinigten Staaten, der Millionen von Katholiken wie Nichtkatholiken anzog und über den die Medien ausführlich und voller Bewunderung berichteten.

Plötzlich ragt auf einer von tiefen wirtschaftlichen, nationalen und religiösen Spaltungen beherrschten Weltbühne der Papst als der einzige internationale Sprecher für universale Werte heraus. Er bietet ein Evangelium des Heils und der Hoffnung im Angesicht der neuen Götzen – Stammesegoismus, verstärkter Nationalismus, fanatisch sektiererischer und gewaltsamer Fundamentalismus, Profitstreben ohne Rücksicht auf die menschliche Lebensqualität. »Man schuldet den Menschen etwas, weil sie Menschen sind«, schrieb er in seiner Sozialenzyklika *Centesimus Annus* (»Das hundertste Jahr«), womit er auf den Jahrestag der *Rerum Novarum* von Leo XIII. Bezug nahm. Seine katholische Kirche erkennt zwar die Funktion des Profits an, ermahnt aber jeden, daß die Gerechtigkeit die Erfüllung bestimmter Grundbedürfnisse verlange.

Als Antwort auf den nationalen Extremismus, der in den letzten Jahren zu blutigen Kriegen auf dem Balkan, in Afrika und in der ehemaligen Sowjetunion geführt hat, hielt er eine seiner flammendsten Reden, in der er die Glorifizierung der Nation verurteilte. »Es geht hierbei nicht um die rechtmäßige Liebe zu seiner Heimat oder die Achtung vor ihrer Identität«, sagte er vor dem diplomatischen Korps beim Heiligen Stuhl, »sondern darum, das *andere* in seiner Mannigfaltigkeit abzulehnen, um sich ihm dadurch aufzuzwingen. Für diese Art von Chauvinismus sind alle Mittel billig: Verherrlichung der Rasse, Überbewertung des Staates, Einführung eines einheitlichen Wirtschaftsmodells, Gleichmachung [aller] spezifischen kulturellen Unterschiede.«

Johannes Paul II. hat dem Heiligen Stuhl ein innovatives Konzept für ein internationales Recht mit Namen »humanitäre Einmischung« empfohlen. Der Papst selbst erklärte es unter Bezug auf die serbische Aggression gegen Bosnien: »Wenn ich meinen Nachbarn verfolgt sehe, muß ich ihn verteidigen. Es ist ein Akt der Nächstenliebe. Die internationale Gemeinschaft hat das gleiche Recht und die gleiche Pflicht gegenüber jeder Nation, die angegriffen worden ist – und als letztes Mittel [um die unschuldige Nation zu verteidigen] die Waffengewalt.«

Monsignori der Kurie berichten, daß in diesen letzten Jahren Johannes Paul II. jenseits der Welt zu leben und sie aus einer transzendenten Perspektive zu betrachten scheint. *Evangelium Vitae*, seine Enzyklika von 1995, kann man als Karol Wojtyłas letzten Willen und Testament lesen, eine großartige, verzweifelte Hymne auf die Heiligkeit des Lebens. In ihr finden sich Sätze voll poetischer Kraft, die an alle Männer und Frauen gerichtet sind, ob sie nun in Wolkenkratzern leben oder in Slums. »Das Primat des Menschen über Dinge ... bedeutet den Wandel von Gleichgültigkeit zum Interesse für das *andere*, von Ablehnung zum Willkommensgruß. Die *anderen* sind keine Konkurrenten, die es abzuwehren gilt, sondern Brüder und Schwestern, mit denen man Einheit anstreben soll. Sie sollen um ihrer selbst willen geliebt werden; sie bereichern unser Leben durch ihre Gegenwart.«

Das größte Vorhaben Johannes Pauls II. ist es, das neue Jahrtausend mit einem Ablaßjahr zu feiern, um die Menschheit näher zu Gott zu bringen und eine neue Evangelisation der Welt einzuläuten. Beim Ablaßjahr handelt es sich um eine alte israelitische Tradition, welche die katholische Kirche für sich übernommen hat und nun alle fünfundzwanzig Jahre (anstelle der ursprünglichen fünfzig) als ein Zeichen der geistigen Erneuerung praktiziert.

Manche Personen im Vatikan sind überzeugt, daß der Papst seine eigene Lebensspanne im Sinne dieses Zieles sieht – und daß er aufgrund einer tiefen Überzeugung durchhält, dazu ausersehen zu sein, die Kirche ins dritte Jahrtausend des Christentums zu führen. Johannes Paul II. hat die Vision empfangen, das Jubiläum für das Jahr 2000 zu einer Gelegenheit umzugestalten, die Kirche von ihren Sünden zu reinigen. Chiliasmus und Messianismus, wie ehedem in der Frömmigkeit seiner polnischen Heimat verwurzelt, waren für Wojtyła seit seiner Jugend die Quellen seines Glaubens. Im Alter geben sie ihm nun wieder die starke Inspiration für ein Projekt, das die katholische Kirche aus dem herausreißen soll, was er für Lethargie und Lügen hält.

Der Papst hat allen Gläubigen dringend ans Herz gelegt, um Vergebung für die von Katholiken in früheren Jahrhunderten begangenen Sünden – und Verbrechen – zu bitten. Als der Vorschlag im April 1994 mittels Briefen des vatikanischen Staatssekretärs an die hundertvierzig Kardinäle in aller Welt veröffentlicht wurde, machten viele der Kirchenfürsten diesbezüglich kein Hehl aus ihrer Ablehnung.

Die aufsehenerregende Einladung zu einem feierlichen *mea culpa* war in ein siebenseitiges Memorandum verpackt: »Wie können wir unser Schweigen wahren bei all den Formen von Gewalt, die im Namen des Glaubens begangen worden sind? Im

Angesicht der Religionskriege, der inquisitorischen Tribunale und anderer Methoden, die Rechte des Individuums zu verletzen? Es ist bezeichnend, daß diese Zwangsmaßnahmen, welche gegen die Menschenrechte verstoßen, in der Folge von den totalitären Ideologien des zwanzigsten Jahrhunderts angewandt wurden. ... Auch die Kirche muß sich einer unabhängigen Revision der dunkleren Seiten ihrer Geschichte unterziehen.«

Diese Vorstellung von einer globalen Gewissensüberprüfung seitens der katholischen Kirche, eine kritische Beleuchtung ihrer gesamten Geschichte, ist beispiellos. Johannes Paul II. ist überzeugt, daß dieser weitreichende Akt geistiger Erneuerung der Rückeroberung von Seelen in der heutigen Welt starke Impulse vermitteln würde.

Bei der Durchsetzung des Planes hatte der Papst erhebliche Mühe, den Widerstand innerhalb seiner Gefolgschaft zu überwinden. Als am 13. Juni 1994 das Kardinalskollegium im Vatikan zusammentrat, bereitete es dem päpstlichen Vorschlag einen frostigen Empfang. Die Kardinäle aus den ehemals kommunistischen Ländern waren der Idee jedweden öffentlichen Aktes der Reue besonders feindlich gesonnen.

Einzugestehen, wie es der Papst einige Jahre zuvor getan hatte, daß die Verurteilung Galileos ein Fehler gewesen war, mochte ja ganz schön und gut sein. Doch zu erwarten, daß die Kirche sich für zweitausend Jahre Geschichte kasteite, war schlicht zuviel. Staatssekretär Sodano, der schon die Gelegenheit genutzt und viele Kardinäle vorab befragt hatte, zog es vor, den Antrag in seinem Einführungsreferat nicht zu erwähnen. Diplomatisch notierte der päpstliche Pressesprecher die Oppostion im Kardinalskollegium: »Einige Kardinäle haben bereits entgegnet, daß eine historische Überprüfung zu kompelex sei und es vielleicht besser wäre, sich auf die Analyse unserer Gegenwart zu konzentrieren.«

In den folgenden Monaten begann der Papst ein Dokument zu verfassen, das eigens seinem Plan für einen großen Akt der Buße gewidmet war. Am 14. November veröffentlichte er dann den Hirtenbrief *Tertio Millenio Adveniente* (»Für das herannahende dritte Jahrtausend«). »Ein schmerzliches Kapitel«, schrieb er, »dem sich die Söhne der Kirche unbedingt mit einem bußfertigen Geist zuwenden müssen, ist die Art und Weise, wie [Katholiken], vor allem in manchen Jahrhunderten, im Dienste der Wahrheit Methoden der Intoleranz, ja sogar der Gewalt, stillschweigend geduldet haben.«

Und er fuhr fort: »Die Betrachtung der historischen Umstände als relativierendes Argument befreit die Kirche nicht von der Pflicht, tiefe Trauer zu zeigen über die Schwächen so vieler ihrer Söhne, die ihr Antlitz entstellt haben.« Die Zeit sei gekommen, zu bereuen, verkündete der Papst; jeder Christ solle sich an die weisen Worte des Zweiten Vatikanischen Konzils halten: »Wahrheit läßt sich nicht diktieren außer durch die Kraft der Wahrheit selbst.«

Aufgrund eines päpstlichen Erlasses von 1995 werden sich die Planungen für das Abschlußjahr auf die Buße für die Inquisition und die Sünden des Antisemitismus konzentrieren.

Kurz vor seinem Tod flüsterte Papst Johannes XXIII. seinem Sekretär Loris Capovilla auf lateinisch »*Ut unam sint*« (»Damit sie eins werden« – Johannes 17,11«) ins Ohr. Die letzten Gedanken des Papstes, der das Zweite Vatikanum einberufen hatte, galten der Einheit der Christen.

In Gedenken an die Worte seines Vorgängers hat Papst Wojtyła eine Enzyklika – vielleicht seine letzte – diesem Thema gewidmet: Das große Jubliäum für das Jahr 2000 muß die christlichen Gemeinden enger zusammenrücken sehen; das Blut christlicher Märtyrer, welche im zwanzigsten Jahrhundert ermordet wurden, sollte alle christlichen Kirchen in besonderer Weise verbinden und dem gemeinsamen Zeugnis des Glaubens einen neuen Aufschwung verleihen, so wie in der Antike die Märtyrer im Kolosseum und Stanislaus von Krakau und Thomas Becket im Mittelalter die Ausbreitung des Christentums sicherten.

Einheit und Bekehrung (letzterer Begriff taucht nicht weniger als vierzigmal in der Enzyklika auf) sind für Johannes Paul II. an der Schwelle zu einer neuen Epoche nun die Leitmotive. Er ist überzeugt, daß die christliche Religion und religiöse Gefühle im allgemeinen in der Zukunft der Menschheit noch eine große Rolle spielen werden. Intuitiv erfaßt der Verstand des alten Papstes die Schwächen unserer Zeit: ein Mangel an ethischem Empfinden, ein um sich greifender systematischer Relativismus, der selbst weltliche Werte aushöhlt, ein Gefühl der Zersplitterung und die Unfähigkeit, die Fundamente für ein sinnerfülltes Dasein zu legen. Er erkennt, daß Männer wie Frauen nach Jahrzehnten des Optimismus heute wieder Fragen nach der Wirklichkeit des Bösen stellen.

Viele seiner Aktionen und Programme der letzten Jahre hat Johannes Paul II. als Vermächtnis für seine Nachfolger gedacht. Er ist gewillt, die Schuld der katholischen Kirche zu bekennen, Männer wie den großen böhmischen Religionsführer Jan Hus (†1415), einen Vorläufer der protestantischen Reformation, oder den Florentiner Bußprediger Girolamo Savonarola (†1498), der den unchristlichen Lebensstil des Renaissance-Papstes Leo X. anprangerte, auf dem Scheiterhaufen verbrannt zu haben.

Nach der harten Konfrontation bei der UN-Konferenz in Kairo prüfte der Papst im stillen sein eigenes Gewissen. Seitdem weiß er die historische Bedeutung der Frauenbewegung (ein Begriff, den er selbst neuerdings verwendet) besser zu würdigen. Johannes Paul II. war der erste Papst, der einen Brief an Frauen in aller Welt richtete, worin er die Schuld für »nicht wenige Söhne der Kirche« auf sich nahm, welche die Emanzipation der Frau verhinderten. Nun endlich scheint der Papst einzusehen, daß Frauen »in ihrer Würde mißverstanden, in ihren Vorrechten falsch dargestellt, an den Rand gedrängt und sogar zu Sklavenarbeit gedemütigt wurden«.

Der stetige Druck von Frauen, insbesondere durch die großen Frauenorden der Kirche, hat den Papst zu der Erkenntnis gezwungen, daß sich der von Männern dominierte Katholizismus der Frage nach einer Machtteilung stellen muß. Im März 1996 gab Johannes Paul II. ein Papier heraus, in dem es hieß, es sei »vordringlich«, Frauen den Zugang zu allen Ebenen der Kirche zu gewähren, »auf denen Entscheidungen erarbeitet werden«. Die Frauen, sagte der Papst, helfen den Männern, ihre geistige Grundorientierung zu hinterfragen.

Der verblüffendste diplomatische Schritt Johannes Pauls II. galt indes den anderen christlichen Kirchen. Wojtyła sagte, daß er bereit sei, die Rolle des römischen Pontifex zu überdenken. Vielleicht öffnet er ja derzeit gar einen Spaltbreit die Tür zu der Aussicht, daß die absolutistischen Strukturen der katholischen Kirche im nächsten Jahrtausend überwunden werden. Er hat die anderen Kirchen eingeladen, gemeinsam mit ihm Grenzen und Formen der Ausübung der päpstlichen Autorität neu zu definieren. Er gestand: »Eine enorme Aufgabe…, die ich nicht bis zum Ende ganz allein tragen kann.«

Somit könnte Karol Wojtyła, der Bischof, der im Zweiten Vatikanum in die Lehre ging, der letzte Papst im absolutistischen Geist des Ersten Vatikanums sein, der letzte Souverän einer katholischen geistigen Monarchie, die Jahrhunderte überdauert hat. Seine Regierung ist, wie Bischof Weakland bemerkt, »stark zentralistisch, mit dem Papst als einem großen, charismatischen Führer«. Sie dürfte wohl die letzte ihrer Art sein.

Jeder Papst wird, unabhängig von seiner Herkunft, letzten Endes ein Römer. All die Jahrhunderte hindurch haben die Römer ihre Päpste gepriesen und verspottet, geliebt und gehaßt, im Triumphzug getragen und ihre Leichen in den Tiber geworfen.

Die Ewige Stadt hat gesehen, wie der polnische Papst im Petersdom regierte, wie er sich in Pfarrbezirken rings um die Stadt leutselig unter die Kinder mischte und im Kolosseum unter der Last des Holzkreuzes strauchelte, das er immer bei der Karfreitagsprozession trägt.

Ein Bild von Johannes Paul II. werden die Römer jedoch nicht so schnell vergessen. Am 6. Juni 1996 wälzte sich bei Anbruch der Nacht die Fronleichnamsprozession die alte Via Merulana hinab. Trotz seiner schwer angeschlagenen Gesundheit hatte der Papst beschlossen, sie anzuführen.

Unter den Bäumen, welche die Prachtstraße säumen, gingen Tausende Römer mit: die Bruderschaften mit ihren Fahnen, zahlreiche Männer und Frauen mittleren Alters, aber auch recht viele junge Leute. Die meisten von ihnen trugen brennende Kerzen. Inmitten dieses Lichterstroms fuhr im Schrittempo ein Tieflader; auf seiner Ladefläche standen ein Sessel und ein Betstuhl. Und dort kniete der alte Papst in seinen Meßgewändern, den Kopf im Gebet in die Hände gestützt – eine Geste des Überdrusses, der Selbstvergessenheit und des Vertrauens.

In den Schatten des Abends glitt Karol Wojtyła in der mystischen Prozession davon … wie Osiris auf seinem Boot, der untergehenden Sonne entgegen.

ANMERKUNGEN

ANMERKUNGEN

Die Hauptquelle zu diesem Buch sind Gespräche der Autoren mit über dreihundert Personen, die zum größten Teil in den Jahren 1993 bis 1996 stattfanden.

Die Interviews mit den in Teil fünf zitierten Mitgliedern der Regierung Reagan (einschließlich des Präsidenten) und des CIA wurden mit Ausnahme von Jeanne Kirkpatrick, Robert M. Gates, John McMahon und Herbert Meyer 1991 geführt; die mit den Kardinälen Agostino Casaroli, John Krol, Pio Laghi und Achille Silvestrini 1991 und mit Laghi und Silvestrini noch einmal 1994 bis 1996.

Prolog

9–24 Die Polenreise Johannes Pauls II.: Marco Politi, persönliche Notizen und Berichte, *Il Messagero*, 2.–11. Juli 1979. *L'Osservatore Romano; L'Attività della Santa Sede.*

10 »Ich kehre heim«: Johannes Paul II., zitiert von Giulio Andreotti, Interview mit den Autoren.

10 Johannes Paul II. im Gespräch mit Journalisten: Marco Politi, persönliche Notizen.

13 Kommentare zukünftiger Führer und Aktivisten von »Solidarność«: Zbigniew Bujak und Wiktor Kulerski, Interviews mit den Autoren.

17 Reagan, der sich die Reise im Fernsehen anschaute: Richard Allen, Interview mit den Autoren.

18–20 Reaktion der kommunistischen Führer auf den Papstbesuch: Wojciech Jaruzelski, Stanisław Kania und Kazimierz Barcikowski, Interviews mit den Autoren: Rolicki, *Edward Gierek*; Kania, *Zatrzymac konfrontacje*; Jaruzelski, *Stan wojenny dlaczego*; Jerzy Ambroziewicz, *Znam was wszystkich.*

18 Zur Situation in Litauen: *Il Messagero*, 4. Juni 1979.

19 Gromyko über Wojtyłas Einfluß in Polen: Marco Politi, persönliche Notizen.

20–22 Caseys Treffen mit Johannes Paul II.: Robert Gates, Herbert Meyer und Vernon Walters, Interviews mit den Autoren; vertrauliche CIA-Quellen; Bestätigung der Treffen durch Joaquín Navarro-Valls und Pio Laghi.

21 Beschreibung der Satellitenaufnahme: Herbert Meyer, Interview mit den Autoren.

20–22 Die religiösen Aspekte der Unterredungen Caseys mit Johannes

Paul II.: Sophia Casey, Interview mit den Autoren; einige Einzelheiten wurden durch Joaquín Navarro-Valls bestätigt.

23 Gorbatschow und die Gefahr für den Sozialismus: Politbüro-Protokolle.

23 »Man kann sagen, daß alles...«: Michail Gorbatschow, Beitrag in *La Stampa* als Antwort auf die Titelgeschichte »Holy Alliance« von Carl Bernstein im *Time*-Magazin, 24. Februar 1992.

23 »Polen aus dem Machtbereich der Sowjetunion herauszubrechen...«: Ronald Reagan, Interview mit den Autoren, 1991; William Clark und Richard Allen, Interviews mit den Autoren.

Teil eins: Lolek

27 Schilderung der Geburt Karol Wojtyłas: Andrzej Deskur, Interview mit den Autoren.

27 ff. Vorfahren, Geburt und Kindheit von Karol Wojtyła: Adam Boniecki, *Kalendarium*; George Blazynski, *John Paul II*; Maliński, *Pope John Paul II, Le radici, Il mio vecchio*; Offredo, *Jean Paul II*; Vircondelet, *Jean Paul II*; Lecomte, *La Verité*; Svidercoschi, *Lettera*; Szczypka, *Jan Pawel II.*

27 Der Sieg von Piłsudski: Szczypka, *Jan Pawel II.*

28 Beurteilungen von Karol Wojtyła senior: Boniecki, *Kalendarium.*

29 Wojtyła über seine Mutter: Andrzej Deskur, Gespräch mit den Autoren.

30 Emilias Pläne für ihren Sohn: Szczypka, *Jan Pawel II.*

30–31 Lebensgeschichte Emilias: Bergonzoni, *Emilia Kaczorowska.*

32 Wojtyłas Leistungen in der Schule: Boniecki, *Kalendarium.*

32 Zofia Bernhardt: Szczypka, *Jan Pawel II.*

32 »die Seele des Hauses«: Maliński, Interview mit den Autoren.

32 Wojtyła zu Karmeliterpriester: Władysław Kłuz, Interview mit den Autoren.

33 Seligsprechung von Molla und Mora: *Washington Post.*

32 Wojtyłas neidvolle Bemerkungen zum Familienleben: Andrzej Deskur, Interview mit den Autoren.

33 »Vorbilder christlicher Vollkommenheit«: *Mulieris Dignitatem* (»Über die Würde der Frauen«), Päpstliche Enzyklika.

32 Emilia als »ausgebrannt«: Joaquín Navarro-Valls, Interview mit den Autoren.

34–35 Die Kalwaria-Feier: Władysław Kłuz, Interview mit den Autoren, Recherche der Autoren vor Ort.

35 Wojtyła nach dem Tod seiner Mutter: Juliusz Kydryński, *Quando Karol aveva diciott'anni*; Jan Kuś, Jerzy Kluger und Halina Królikiewicz Kwiatkowska, Interviews mit den Autoren.

36 »Schatten frühen Leids«: zitiert nach Boniecki, *Kalendarium.*

37 Episode mit Helena Szczepańska: Szczypka, *Jan Pawel II.*

38 »Deine schwächer werdenden Augen...«: ibid.

38 »Der Tod meines Bruders«: Frossard, *Be Not Afraid.*

38 Stethoskop: Andrzej Deskur, Interview mit den Autoren.

39 ff. Wojtyłas Erziehung: Jan Kuś, Jerzy Kluger und Halina Królikiewicz

Kwiatkowska, Interviews mit den Autoren. Boniecki, *Kalendarium*; Blazynski, *John Paul II.*

39 Wojtyła und sein Vater beim Fußballspielen: Kydryński, *Quando Karol aveva diciott'anni.*

39 Die Erinnerungen Bohdanowicz': ibid.

40 Wadowice: Boniecki, *Kalendarium*; Szczypka, *Jan Pawel II.*

41 ff. Das Leben der Juden in Wadowice: Jerzy Kluger und Regina Beer Reisenfeld, Interviews mit den Autoren.

42 ff. Wojtyłas Freundschaft mit Kluger. Jerzy Kluger, Interview mit den Autoren; Svidercoschi, *Lettera*; Szczypka, *Jan Pawel II.*

43 »Es wird ein jüdisches Problem geben...«: Szulc, Pope *John Paul II.*

45 »Seine große Selbstbeherrschung...«: Blazynski, *John Paul II.*

45 Familiäre Wurzeln: Boniecki, *Kalendarium.*

45 Beschreibung Wojtyła senior: Jerzy Kluger, Interview mit den Autoren.

46 Karols Gesang: Blazynski, *John Paul II.*

47 »Sein Leben nahm eine andere Richtung«: Bohdanowicz, zitiert bei: Kydryński, *Quando Karol aveva diciott'anni.*

47 Beschreibung Wojtyłas: Kazimierz Figlewicz, in Boniecki, *Kalendarium.*

47 f. Kurzbiographie von Mickiewicz: Milosz, *History of Polish Literature.*

48 f. Beschreibung Beers: Jerzy Kluger, Interview mit den Autoren.

48 f. Verhältnis zwischen Jungen und Mädchen in Wadowice: Jan Kuś, Jerzy Kluger und Halina Królikiewicz Kwiatkowska, Interviews mit den Autoren; Kydryński, *Quando Karol aveva diciott'anni.*

49 »Viele geheimnisvolle Fäden«: Bober, zitiert bei Kydryński, *Quando Karol aveva diciott'anni.*

50 Aufführung von *Balladyna*: Szczypka, *Jan Pawel II.*

51 Rezitation von *Promethidion*: Kydryński, *Quando Karol aveva diciott' anni.*

47–57 Gesellschaftliche und schauspielerische Aktivitäten: Regina Beer Reisenfeld, Halina Królikiewicz Kwiatkowska, Jerzy Kluger und Jan Kuś, Interviews mit den Autoren.

52 f. Beschreibung Kotlarczyks: weitgehend nach Williams, *Mind of John Paul II.*

53 f. Wojtyła und Sapieha: Szczypka, *Jan Pawel II.*

54 f. Religiöses Leben: Jan Kuś und Władysław Kłuz, Interviews mit den Autoren; Frossard, *Be Not Afraid.*

55 »Wir beginnen unter dem Eindruck«: zitiert bei Messori, *Varcare la soglia.*

55 Die Erinnerungen Prus': Władysław Kłuz, Interview mit den Autoren.

56 Erinnerungen Beers: Regina Beer Reisenfeld, Interview mit den Autoren; Beers Interview mit der North American Newspaper Alliance (NANA), 1979, zitiert nach Szulc, *Pope John Paul II.*

57 Beers Begegnung mit Johannes Paul II: Jerzy Kluger und Regina Beer Reisenfeld, Interviews mit den Autoren; Beers Interview mit der North American Newspaper Alliance (NANA).

57 f. Wojtyła zur Keuschheit: Władysław Kłuz, Interview mit den Autoren.

58 ff. Wojtyłas erstes Jahr an der Universität Krakau: Krystyna Zbijewska und Jan Kuś, Interviews mit den Autoren; Boniecki, *Kalendarium.*

59 Wojtyłas Radikalismus: Krystyna Zbijewska, Interview mit den Autoren.

60 ff. Beginn des Zweiten Weltkriegs: Mieczysław Maliński und Jan Kuś, Interviews mit den Autoren; Boniecki, *Kalendarium*; Maliński, *Pope John Paul II*; Svidercoschi, *Lettera.*

60 »Wir müssen die Messe lesen«: Figlewicz, zitiert nach Szczypka, *Jan Pawel II.*

63 Deportation der Professoren der Universität Krakau: ibid.

64 ff. Tyranowski und der Lebendige Rosenkranz: Mieczysław Maliński und Franciszek Konieczny, Interviews mit den Autoren; Boniecki, *Kalendarium*; Clissold, *Wisdom of the Spanish Mystics*; Maliński, *Pope John Paul II.* 1949, nach dessen Tod, schrieb Wojtyła eine Erinnerung an Tyranowski (»Zum Gedenken an Johannes«), enthalten in Boniecki, *Kalendarium.*

68 ff. Solvay-Werke: Wojciech Żukrowksi, Franciszek Konieczny, Józef Krasuski und Franciszek Koscielniak, Interviews mit den Autoren.

71 f. Zur Episode mit Dąbrowska: Józef Krasuski, Interview mit den Autoren.

72 f. Kydrińskis Erinnerungen an den Tod von Wojtyłas Vater: Kydriński, *Quando Karol aveva diciott'anni.*

72 Wojtyła über den Tod seines Vaters: Szczypka, *Jan Pawel II.*

73 »In diesen Tagen muß ich oft...«: Boniecki, *Kalendarium.*

73 »Mit zwanzig Jahren hatte ich bereits...«: Frossard, *Be Not Afraid.*

73 Episode Woltersdorf: Wojciech Żukrowski, W. Żukrowski, Interview mit den Autoren.

74 Wojtyła und der bewaffnete Widerstand: ibid.

74 ff. Zum Leben Wojtyłas während des Zweiten Weltkriegs: Halina Królįkiewicz Kwiatkowska, Danuta Michalowska, Wojciech Żukrowski und Mieczysław Maliński: Interviews mit den Autoren, Boniecki, *Kalendarium*; Maliński, *Pope John Paul II.*

75 Johannes Paul II. über die Rettung von Juden während des Kriegs: Marek Halter, Interview mit den Autoren.

76 Wojtyła über den Kommunismus: Wojciech Żukrowski, Interview mit den Autoren.

77 »Diese Mittwoche und Samstage...«: Blazynski, *Pope John Paul II.*

78 »Es klingt paradox«: Halina Królįkiewicz Kwiatkowska, Interview mit den Autoren.

78 »Spiel voller Spannung...«: Danuta Michalowska und Juliusz Osterwa, zitiert nach Boniecki, *Kalendarium.*

79 Wojtyłas Berufung: Szczypka, *Jan Pawel II.*

79 Gleichnis bei Matthäus 25, Norwids Paraphrase: Kydriński, *Quando Karol aveva diciott'anni.*

81 Erinnerung Pokutas: Boniecki, *Kalendarium.*

81 Erinnerung Cieluchs: ibid.

81 Wojtyłas theologische Studien: Mieczysław Maliński, Interview mit den Autoren.

82 Wojtyła im Krankenhaus: Franciszek Konieczny, Interview mit den Autoren.

82 Der Schwarze Sonntag: Szczypka, *Jan Paweł II.*

82 »Die Deutschen...«: Mieczysław Maliński, Interview mit den Autoren.

83 ff. Wojtyła und das geheime Seminar: Mieczysław Maliński, Franciszek Konieczny und K. Suder, Interviews mit den Autoren.

86 f. Offiziere der Roten Armee im Seminar: Franciszek Konieczny, Interview mit den Autoren.

86 f. »Der Soldat klopfte«: aus dem Fastenexerzitium, das Wojtyła im März 1976 im Vatikan abhielt, zitiert nach Boniecki, *Kalendarium.*

87 Wojtyłas Noten an der Universität: ibid.

88 Wojtyła über die Zukunft Polens: Mieczysław Maliński, Interview mit den Autoren.

87 »Nach Kriegsende«: Władysław Kłuz, Interview mit den Autoren.

Teil zwei: Priester Wojtyła

91 Die katholische Kirche in Osteuropa: Daim, *Il Vaticano.*

92 Wojtyła in Niegowić: Stanisław Wyporek und Maria Trzaska, Interviews mit den Autoren; Boniecki, *Kalendarium.*

93 Wojtyła und das Fahrradfahren: Stanisław Wyporek, Interview mit den Autoren.

94 ff. Wojtyła über den Kommunismus: Stanisław Wyporek, Interview mit den Autoren.

95 f. Wojtyła als Beichtvater: Karol Tarnowski, Interview mit den Autoren.

95 f. »Was die Beichte...«: Szulc, *Pope John Paul II.*

96 f. Wojtyłas Fahrten mit Jugendlichen: Mieczysław Malecki, Teresa Miesowicz und Karol Tarnowski, Interviews mit den Autoren.

97 ff. Wojtyła über die Beziehung zwischen Mann und Frau: Karol Tarnowski, Maria Bożek und Teresa Miesowicz, Interviews mit den Autoren.

98 Über die Liebe: Wojtyła, *Der Laden des Goldschmieds.*

98 ff. Über sexuelle Beziehungen: Wojtyła, *Liebe und Verantwortung.*

99 f. Erinnerungen Zdybickas: Zofia Zdybicka, Interview mit den Autoren.

99 Zur Empfängnisverhütung: Karol Tarnowski, Interview mit den Autoren.

101 Kommentare zur KUL: Zofia Zdybicka, Interview mit den Autoren.

101 Wojtyła in Lublin: ibid.

102 Über eine katholische Universität und den Kommunismus: Stefan Świeżawski, Interview mit den Autoren.

103 Über Mindszenty: Andrzej Deskur und Stefan Świeżawski, Interviews mit den Autoren.

104 f. Begegnung mit Wyszyński: Władysław Kłuz, Interview mit den Autoren.

106 Gebet im Konvent der Ursulininnen: frühere Oberin Andrea Górska, Interview mit den Autoren.

107 ff. Vorbereitung auf das Zweite Vatikanische Konzil: Guasco et al., *La Chiesa del Vaticano II*; Poupard, *Il Concilio Vaticano II.*

108 Fragebogen: Hebblethwaite, *Synode Extraordinary*.
108ff. Wojtyła im Zweiten Vatikanischen Konzil: Stefan Świeżawski und Jerzy Turowicz, Interviews mit den Autoren; Maliński, *Pope John Paul II.*
109 Eröffnungssitzung des Konzils: Berichte in *Corriere della Sera* und *Il Tempo*, 11. Oktober 1962.
111 Über die Kritik an der Kirche: Karol Tarnowski, Interview mit den Autoren.
115 »Das Zweite Vatikanische Konzil«: Frossard, *Be Not Afraid.*
115ff. Wojtyłas Reden vor dem Konzil: Caprile, *Il Concilio Vaticano II.*
117 Wojtyłas Gewohnheit, Seiten zu markieren: Williams, *Mind of John Paul II.*
118 Kontakte zu den Bischöfen anderer Länder: Andrzej Deskur, Interview mit den Autoren; Maliński, *Pope John Paul II.*
119 Daten zu Wojtyłas Äußerungen im Konzil: Boniecki, *Kalendarium*; Szczypka, *Jan Pawel II.*
119f. Das Verhältnis zwischen Wyszyński und Wojtyła: Kazimierz Kąkol und Jerzy Turowicz, Interviews mit den Autoren.
120 Wyszyński und Wojtyłas Berufung: Andrzej Bardecki, Interview mit den Autoren.
120 Kommunistische Kommentare zu Wojtyłas Ernennung: Andrzej Bardecki, Interview mit den Autoren.
121 Wojtyłas Inaugural-Gottesdienst: Szczypka, *Jan Pawel II.*
122 Wojtyła über »Konzession und Anspruch« von *Dignitatis Humanae*: Die Beobachtung stammt von Hebblethwaite, *Extraordinary Synod.*
123 »Wir versuchten, den Dialog mit dem Marxismus zu vermeiden«: Stefan Świeżawski, Interview mit den Autoren.
124 »Die Freuden und Hoffnungen«: Dokumente zum Konzil.
127f. Beziehung zwischen Paul VI. und Wojtyła: Andrzej Deskur und Tadeusz Pieronek, Interviews mit den Autoren.
128 Wyszyńskis Entgegnung gegenüber Paul VI.: Hebblethwaite, *Extraordinary Synod.*
129 »keinen Appell...«: Halina Bortnowska, zitiert bei Hebblethwaite, *Extraordinary Synod.*
130 Die Schwarze Madonna von Tschenstochau: Marian Banaszak, *Historia kosciola katolickiego.*
131 Begegnung zwischen Zenon Kliszko und Wojtyła: Szczypka, *Jan Pawel II.*
131 Treffen mit kommunistischen Führern in Krakau: ibid.
131f. Bericht der polnischen Geheimpolizei: zitiert bei Szulc, *Pope John Paul II.*
132 Wojtyłas Loyalität gegenüber Wyszyński: Andrzej Bardecki, Interview mit den Autoren.
133 Wojtyłas Weigerung, ohne Wyszyński zu reisen: Tadeusz Pieronek, Interview mit den Autoren.
133 Zur Wahl der Nachfolger durch die Päpste: Andrzej Deskur, Interview mit den Autoren.
134 »Ich weiß, daß ich mich beweisen muß«: Boniecki, *Kalendarium.*
134f. Die Anweisung Pauls VI. zur Geburtenkontrolle: Kaiser, *Sexualpolitik und Religion.*

135 Wojtyłas Einfluß auf *Humanae Vitae*: Andrzej Bardecki, Interview mit den Autoren.

136ff. Wojtyłas Fastenexerzitien im Vatikan: Wojtyła, *Segno di contradizzione*.

138 Wojtyła über seine Familie: F. Bednarski und Andrzej Deskur, Interviews mit den Autoren.

139 Wojtyłas Verhalten gegenüber Frauen: Krystyna Zbijewska, Zofia Zdybicka, Maria Bożek und Maria Stadnicka, Interviews mit den Autoren.

140 Der Krakauer Priester über *Person und Handlung*: Tadeusz Pieronek, Interview mit den Autoren.

142 »Er ist kein Linker«. Jerzy Turowicz, Interview mit den Autoren.

143 »So oft haben...«: zitiert bei Boniecki, *Kalendarium*.

144 Deskurs Eindrücke vom Fastenexerzitium: Andrzej Deskur, Interview mit den Autoren.

145 »Durch seinen Willen...«: Wojtyła, *Person und Handlung*.

145 Wyszyńskis Pläne bezüglich Wojtyła: Romuald Kokułowicz, Interview mit den Autoren.

145 »Er wollte mit Politik...«: Jacek Woz'niakowski, Interview mit den Autoren.

146 Zu den Ereignissen in Polen 1968. Davies, *God's Playground*.

147 »Wenn Menschen verletzt sind...«: zitiert bei Boniecki, *Kalendarium*.

148 Wojtyła und die Politik: Jerzy Turowicz, Interview mit den Autoren.

150 Wojtyłas Tagesablauf: Józef Mucha, Interview mit den Autoren.

151 Wojtyła und die polnische Presse: Andrzej Bardecki, Interview mit den Autoren.

153 »Sankt Stanislaus ist...«: Hirtenbrief, 8. Mai 1977.

154 »Menschenrechte können nicht...«: Boniecki, *Kalendarium*.

155ff. Tymienieckas Zusammenarbeit mit Wojtyła: Anna-Teresa Tymieniecka, George Williams, Hendrik Houthakker und Rocco Buttiglione, Interviews mit den Autoren: Listen der Neuzugänge der Widener Library, Harvard University; Wojtyła, *Person und Handlung*; Protokolle der International Phenomenological Society.

158 »Übervorsichtig«: Joaquín Navarro-Valls, Interview mit den Autoren.

Teil drei: Konklave

179 Entdeckung des toten Johannes Paul I.: John Magee, Interview mit *Trenta Giorni*, September 1988; weitere Details, Cornwell, *A Thief in the Night*.

179f. Über die letzten Augenblicke in Johannes Pauls I. Leben: Paolo Patruno, *La Stampa*, 10. Juni 1984.

180 Über die seelische Verfassung Johannes Pauls I.: Don Mario Senigaglia (Sekretär Johannes Pauls I.), Interview mit *Gente Veneta*, Bericht in *La Repubblica*, 26. Juni 1984.

180 »Ich habe alle Vorbereitungen...«: John Magee, Interview mit *Trenta Giorni*, September 1988.

181 Johannes Paul I. über seinen Nachfolger: ibid.

182 Reaktion Wojtyłas in Krakau: Mieczysław Maliński, Józef Mucha, Interviews mit den Autoren.

182 Stimmen für Wojtyła beim Konklave im August 1978: Kazimierz Kąkol, Interview mit den Autoren.

182 Wojtyłas Kommentare zur Wahl Johannes Pauls I. Andrea Górska, Interview mit den Autoren.

182 Wojtyłas Kommentare vor seiner Abreise nach Rom: ibid.

183 ff. Wojtyła und das Konklave: Andrzej Deskur, Interview mit den Autoren; Maliński, *Pope John Paul II.*

185 f. Maliński über den zukünftigen Papst: Mieczysław Maliński, Interview mit den Autoren.

186 Clarizio über Wojtyła: Ryszard Karpinski, Interview mit den Autoren.

187 Begegnung zwischen Thiandoum und Luciani: Hyacinthe Thiandoum, Interview mit den Autoren.

187 Aussage Nasalli Roccas: Andrzej Deskur, Interview mit den Autoren.

188 Siris Kommentar zu Johannes Paul I.: Zizola, *Il conclave.*

189 Treffen im französischen Seminar: ibid.

190 Ratzinger über die Gefahr von links: Joseph Ratzinger, Interview mit der *Frankfurter Allgemeinen Zeitung*, 8. Oktober 1978.

191 f. Königs Kampagne: Franz König, Interview mit den Autoren.

193 Kommentar Henríquez': Virgilio Levi, Interview mit den Autoren.

193 f. Lorscheider über den zukünftigen Papst: Aloísio Lorscheider, Interview mit Marco Politi, *Il Messaggero.*

194 Wojtyła beim Essen mit Cody: Virgilio Levi, Interview mit den Autoren.

195 Königs Unterredung mit Wyszyński: Franz König, Interview mit den Autoren.

195 Deskurs Treffen mit Wyszyński: Andrzej Deskur, Interview mit den Autoren.

196 Villots Prophezeiung: ibid.

197 Siris Aussagen: Licheri, *Quel conclave.*

197 Kąkols Traum: Kazimierz Kąkol, Interview mit den Autoren.

198 Wojtyłas Gepäck: Maryśka Morda und Franciszek Konieczny, Interviews mit den Autoren.

198 Zeitschrift über Marxismus: vertrauliche Quellen.

198 f. Wojtyła im Konklave: Donald Wuerl, Interview mit den Autoren.

199 Stimmenabgabe im Konklave: Giulio Andreotti, Interview mit den Autoren; Zizola, *Il conclave.*

200 Die Stimmung im Konklave: Franz König und Donald Wuerl, Interviews mit den Autoren.

201 Umarmung Wojtyłas und Wyszyńskis: vertrauliche Quellen.

201 »Wenn Sie gewählt werden«: zitiert von Johannes Paul II. während eines Treffens im Vatikan mit polnischen Gläubigen, 16. Oktober 1988 in *L'Attività della Santa Sede.*

202 »Im Gehorsam«: *Redemptor Hominis*, päpstliche Enzyklika, März 1979.

202 Geschichte des Tränenzimmers: MacDowell, *Inside the Vatican.*

203 Dziwisz' Tränen: vertrauliche Quellen.

Weitere gedruckte Quellen über das Konklave: Berichte von Marco Politi, *Il Messaggero*; Maliński, *Pope John Paul II*; Blazynski, *John Paul*

II; Frossard, *Be Not Afraid*; Murphy, *Papacy Today*; Hebblethwaite, *Year of Three Popes*; Andreotti, *A ogni morte di papa*; Lai, *Il papa non eletto*; Zizola, *Il conclave*.

Teil vier: Il Papa

211 Johannes Paul II. im Konklave: Franz König, Interview mit den Autoren.
212 Inaugurationsmesse: Marco Politi, *Il Messagero*, 23. Oktober 1978.
215 f. Kanadische Bischöfe: 17. November 1978.
216 Johannes Paul II. zu einer Journalistin: Marco Politi, persönliche Notizen.
216 Johannes Paul II. zur Jugend: Audienz für Azione Cattolica, 30. Dezember 1978.
217 Reise nach Assisi: Marco Politi, *Il Messagero*, 6. November 1978.
219 Brief an die ungarischen Bischöfe: *L'Attività della Santa Sede*, 1979.
219 Wojtyłas Paß: Ambroziewicz, *Znam was Wszystkich*.
220 Ansprache zu polnischen Pilgern: *L'Attività della Santa Sede*, 1978.
221 Johannes Paul II. und der Kommunismus: vertrauliche Angaben.
222 Johannes Paul II. und Außenpolitik: Achille Silvestrini, Interview mit den Autoren.
222 Vatikan und sozialistische Länder: Kazimierz Kąkol, Interview mit den Autoren.
223 f. Bogomolow-Bericht: Institut für Sozialistische Systeme, *Bogomolov Report*.
225 Breschnew und Gierek: Rolicki, *Edward Gierek*.
226 Johannes Paul II. und Villot: Wenger, *Le Cardinal Jean Villot*.
229 f. Johannes Pauls II. Begegnung mit Gromyko: Andrei Gromyko, *Pamjatnoe*.
232 Benedettis Traum: Marco Politi, persönliche Notizen.
233 Vermittlung des Vatikans zwischen Chile und Argentinien: *L'Attività della Santa Sede*, Januar 1979.
234 f. Johannes Paul II. und Lateinamerika: Mieczysław Maliński, Interview mit den Autoren.
236 Johannes Paul II., Befreiungstheologie und Konferenz von Puebla: Libanio Christo, *Diario di Puebla*.
237 Johannes Paul II. zu Journalisten: Marco Politi, persönliche Notizen.
238 Flugbegleiter: Marco Politi, persönliche Notizen.
238 ff. Mexikoreise: Marco Politi, *Il Messagero*, 25. Januar bis 2. Februar 1979.
245 CELAM-Gruppen: Libanio Christo, *Diario di Puebla*.
246 f. Konferenz von Puebla und Lorscheiders Rede: *Puebla documenti*.
251 f. Johannes Paul II. und die Indios in Cuilapán: Marco Politi, persönliche Notizen.
254 Synoden der niederländischen und der ukrainischen Kirche: *L'Attività della Santa Sede*, 1980.
255 f. *Redemptor Hominis*: Tadeusz Styczeń, *Le encicliche*.
256 Tschechische Reaktionen: *Tribuna*, 30. Mai 1979.
258 Polnische Behörden und Jahrfeier des heiligen Stanislaus: Marco Politi, persönliche Notizen.

260 f. Kommunistische Reaktionen auf die päpstlichen Reden: Stanisław Kania, Wojciech Jaruzelski und Kazimierz Barcikowski, Interviews mit den Autoren.

262 Kanias Nachricht für Johannes Paul II.: Stanisław Kania und Kazimierz Barcikowski, Interviews mit den Autoren.

266 Reaktionen der Dissidenten auf die Papstreise: *Głos* (polnische Untergrund-Monatsschrift), Bericht von J. Vinocur, *New York Times*, 6. Juni 1979.

268 ff. Johannes Paul II. in Auschwitz: Marco Politi, persönliche Notizen und Bericht in *Il Messagero*.

271 ff. Johannes Pauls II. Predigt: *L'Osservatore Romano*.

274 ff. Johannes Paul II. in Krakau: Marco Politi, persönliche Notizen und Bericht in *Il Messagero* sowie Wojciech Jaruzelski, Kazimierz Barcikowski, Bronisław Geremek und Wiktor Kulerski in Interviews mit den Autoren. Andere schriftliche Quellen über die Polenreise: S. Viola, L. Accattoli, Bericht in *La Repubblica, New York Times*; generell für Teil vier: Del Rio und Accattoli, *Il nuovo Mosè*; Del Rio, *Un pontificato itinerante*.

Teil fünf: Die Staatsmacht wird erschüttert

281 Über die Unruhen in Polen: Ash, *Polish Revolution, Magic Lantern, Uses of Adversity*; Ascherson, *Struggles for Poland*; Davies, *God's Playground*; Berichte in *New York Times* und *Washington Post*.

282 Johannes Paul II. in Castel Gandolfo: Zofia Zdybicka, Interview mit den Autoren.

289 Johannes Pauls II. öffentliche Äußerungen: *L'Osservatore Romano* und andere öffentliche Quellen.

289 Carters Brief an Johannes Paul II.: Zbigniew Brzeziński, Interview mit den Autoren.

291 Wyszyńskis Aktivitäten während des Streiks: Ash, *Polish Revolution, Magic Lantern, Uses of Adversity*; Szaijkowski, *Next to God*.

292 »Oh, dieser alte Mann«: zitiert in Szulc, *Pope John II*, S. 347.

293 Treffen Casarolis mit dem sowjetischen Diplomaten. Robert Gates, Interview mit den Autoren; Gates, *From the Shadows*.

294 f. Zusammenkunft des Politbüros am 29. Oktober 1980: Politbüro-Dokumente, die von den Autoren in Moskau eingesehen werden konnten.

300 f. Feierlichkeiten in Danzig: Ash, *Polish Revolution, Magic Lantern, Uses of Adversity*; Szajkowski, *Next to God*.

301 f. Dokument des Zentralkomitees vom 31. Januar 1981: Politbüro-Protokolle Dezember 1980 bis März 1981.

302 ff. Wałęsas Rombesuch: Wałęsa, *Way of Hope; L'Osservatore Romano*; Lech Wałesa, Interview mit den Autoren; Interview mit Oriana Fallaci.

303 f. Reise Zimianians nach Polen: Politbüro-Protokoll, 22. Januar 1981.

304 f. Behandlung der Situation Polens durch das Politbüro: verschiedene Politbüro-Protokolle vom Dezember 1980 bis März 1981.

306 Brzezińskis Beziehungen zu Wojtyła, anhand der Ereignisse vom Dezember 1980 geschildert: Zbigniew Brzeziński, Interview mit den Autoren.

306 ff. Reagans Meinung über den Vatikan und den Katholizismus: Ronald Reagan, William Clark, Richard Allen, Jeanne Kirkpatrick, Alexander Haig, Vernon Walters, Robert McFarlane, John Poindexter, Richard Pipes, Interviews mit den Autoren.

306 ff. Reagans Meinung über Solidarność: William Clark, Richard Allen, Jeanne Kirkpatrick, Alexander Haig, Vernon Walters, Robert McFarlane, John Poindexter, Richard Pipes, Interviews mit den Autoren.

306 Verdeckte Unterstützung für Solidarność: Zbigniew Brzeziński, Robert Gates, William Clark, Interviews mit den Autoren.

308 Entsendung Zagladins nach Rom: Gates, *From the Shadows*.

309 Tägliche Besprechung mit dem Präsidenten: Richard Allen und William Clark, Interviews mit den Autoren.

312 »... haben wir beschlossen«: Caspar Weinberger, Interview mit den Autoren; ebenfalls zitiert in Schweizer, *Victory*.

312 Treffen im Weißen Haus am 30. Januar 1981: Ronald Reagan, Interview mit den Autoren, 1991; William Clark, Robert Gates und Richard Allen, Interviews mit den Autoren.

313 »Polen aus dem sowjetischen Machtbereich herauszubrechen«: Ronald Reagan, Interview mit den Autoren, 1991; William Clark, Robert Gates und Richard Allen, Interviews mit den Autoren.

313 ff. Diskussion über verdeckte Unterstützung für Solidarność: Henry Hyde, Lane Kirkland, William Clark, Robert Gates, Bobby Ray Inman, Richard Pipes und Richard Perle, Interviews mit den Autoren.

316 Casey und psychologische Aktivitäten: Richard Perle, Interview mit den Autoren.

317 f. Caseys und Clarks überragende Bedeutung für den Präsidenten: William Clark, Alexander Haig, Jeanne Kirkpatrick, Richard Allen, Mitglieder des nationalen Sicherheitsrats, Interviews mit den Autoren; Cannon, *President Reagan*.

317 Caseys und Clarks Verhandlungen mit Laghi: William Clark, Pio Laghi, John Krol, Robert McFarlane, John Poindexter, Richard Allen, Interviews mit den Autoren.

318 ff. Treffen mit Krol: John Krol, Richard Allen, William Clark, Edward Derwinski, Interviews mit den Autoren.

320 Wojtyłas Predigt in der Kirche von Krols Vater, Rede über Krol: Boniecki, *Kalendarium*.

320 Verhältnis Krols zu Wojtyła: John Krol, Pio Laghi sowie zahlreiche US-amerikanische und Kurienbischöfe und Monsignori, Interviews mit den Autoren.

320 ff. Verhältnis des Papsttums Wojtyłas zur Reagan-Administration: Richard Allen, Vernon Walters, Robert Gates, William Clark, Jeanne Kirkpatrick, Robert McFarlane, John Poindexter, Alexander Haig, Herbert Meyer, William Wilson, Zbigniew Brzeziński, Pio Laghi, John Krol, Agostino Casaroli und Achille Silvestrini, Interviews mit den Autoren; vertrauliche Mitteilungen von Mitgliedern des US-Senatsausschusses für Geheimdienste.

320 f. Walters' Treffen mit dem Papst und Diskussionen über Aktivitäten: Vernon Walters, Interview mit den Autoren; Walters-Telegramme von Rom nach Washington zwischen 1981 und 1988, teilweise aufgrund des »Freedom of Information Act« freigegeben und von den Autoren eingesehen.

322 Aufhebung des Familienplanungs-Programms durch die Reagan-Administration: William Wilson, Interview mit den Autoren; durch andere Personen bestätigt.

323 Mitgeschnittene Telefonate: vertrauliche Quelle.

323 Finanzielle Hilfe von seiten des Nordens für Priester Mittelamerikas: vertrauliche Quelle, bestätigt durch John Poindexter und Robert Gates.

323 ff. Jaruzelskis Sichtweise: Wojciech Jaruzelski und Stanisław Kania, Interview mit den Autoren.

327 f. Reagan vor seiner AFL-/CIO-Ansprache: William Clark, Richard Allen, Interviews mit den Autoren.

328 Brief des Papstes an Breschnew; Inhalt William Clark bekannt.

328 Reagan-Ansprache: Präsidential-Dokumente 1981.

329 ff. Zusammenkunft des Politbüros am 2. April 1981: Politbüro-Protokolle.

330 Margaret Thatcher: William Clark, Interview mit den Autoren; Thatcher, *Downing Street Years.*

333 ff. Reise Jaruzelskis und Kanias nach Brest-Litowsk: Wojciech Jaruzelski und Stanisław Kania, Interview mit den Autoren; Jaruzelski, *Erinnerungen*; Politbüro-Protokoll vom 9. April 1981.

334 »dem Jaruzelski eine Pistole und eine Giftgashandgranate anvertraute«. Jaruzelski, *Erinnerungen.*

335 Stärkste Kirche des Ostblocks: in Eric Hanson, *Catholic Church in World Politics.*

340 Suslows Ankunft in Warschau, Bericht der Polen-Abteilung des Politbüros: Politbüro-Dokumente.

341 Casey als »Geheimminister«: Persico, *Casey.*

341 Caseys Briefe an Reagan: Robert Gates, Interview mit den Autoren.

342 Caseys Unterredungen mit Johannes Paul II.: Robert Gates, Herbert Meyer, Interview mit den Autoren; vertrauliche CIA-Quellen.

342 ff. Einzelheiten über Caseys Treffen mit Johannes Paul II.: vertrauliche CIA-Quelle; Sophia Casey; Bestätigung einiger Details durch Robert Gates und William Clark.

345 Biographische Details Caseys: Persico, *Casey*; Woodward, *Veil.*

347 ff. Porträt von Dziwisz: Mieczysław Maliński, Rocco Buttiglione, Tadeusz Pieronek, Dominik Morawski und Donald Wuerl, Interviews mit den Autoren; Boenicki, *Kalendarium*; vertrauliche Quelle aus der vatikanischen Kurie.

349 f. Dziwisz' Darstellung des Mordversuchs: Frossard, *Be Not Afraid.*

350 De Marenches' Warnung: Ockrent und De Marenches, *Dans le secret des princes.*

352 Johannes Paul II. und die Jungfrau von Fátima: Frossard, *Be Not Afraid*; Andrzej Deskur und Mieczysław Maliński, Interviews mit den Autoren.

353 f. CIA-Nachforschungen und -Schlußfolgerungen: Robert Gates, Herbert Meyer, Claire Sterling, John McMahon, Interviews mit den Autoren; Zeitungsberichte über die Bestätigung der Anhörung Gates' als CIA-Direktor.

353 Johannes Pauls II. Ansicht über den Mordversuch: Andrzej Deskur, Giulio Andreotti und Rocco Buttiglione, Interviews mit den Autoren; vertrauliche Quellen innerhalb der Kurie.

354 Nachforschungen in Italien: Berichte in *New York Times, Time, Washington Post*; Claire Sterling, *Reader's Digest.*

354 f. Deskurs Allgemeindarstellung: Andrzej Deskur, Interview mit den Autoren.

354 ff. Verschiedene Theorien, darunter die Verdächtigung des bulgarischen Geheimdienstes und das Becket-Szenario: Gespräche der Autoren mit Angehörigen des US- und des italienischen Geheimdienstes.

354 Äußerungen Silvestrinis und Casarolis: Achille Silvestrini und Agostino Casaroli, Interviews mit den Autoren.

355 Inoffizielle Arbeitsgruppe des Vatikans: vertrauliche Quellen des Vatikans.

356 Johannes Pauls II. Ansichten über den Islam: Carlo De Benedetti, Interview mit den Autoren; vertrauliche Quellen.

356 ff. Agcas Aktivitäten vor und nach den Schüssen: Prozeßakten.

361 Stellungnahmen Scricciolos und von Juristen: *New York Times*, 23. März 1983.

361 NSA-Mitschnitte: Szulc, *Pope John Paul II*; vertrauliche Quellen.

363 Ermittlungen Sterlings. Claire Sterling, Interview mit den Autoren.

365 Geheime Quelle in Osteuropa: Robert Gates, Interview mit den Autoren.

366 Überläufer Mantarow: *New York Times*.

367 Politbüro-Papier »Entscheidung«: Politbüro-Protokoll, 13. November 1979.

368 f. Reagan in Notre Dame: *New York Times*; Präsidential-Dokumente 1981.

368 Reagan und seine Begründung, warum Johannes Paul II. und er überlebten: Ronald Reagan, William Clark und Pio Laghi, Interviews mit den Autoren.

370 Allens Brief an Wilson: gefunden in Wilsons Unterlagen in der Universität von Georgetown.

370 Johannes Pauls II. Bemerkungen gegenüber polnischen Pilgern: *L'Osservatore Romano*.

371 Wałęsas Äußerungen zum Solidarność-Kongreß: Wałęsa, *Way of Hope*.

371 Kommentare Breschnews und anderer Politbüro-Mitglieder zum Solidarność-Kongreß: Politbüro-Protokoll vom 10. September 1981.

371 Schilderung des Solidarność-Kongresses: Wałęsa, *Way of Hope*; Weschler, *Solidarity*; Ash, *Polish Revolution*.

371 f. Treffen Glemps mit Kania und Jaruzelski: Wojciech Jaruzelski, Stanisław Kania und Kazimierz Barcikowski, Interviews mit den Autoren.

372 Kulińskis Information: Zbigniew Brzeziński, Interview mit den Autoren; *Washington Post*.

372 f. *Laborem Exercens*: Marco Politi, *Il Messagero*.

374 Die Lage Polens im Oktober: Wojciech Jaruzelski, Interview mit den Autoren; Ost, *Solidarity*; Ascherson, *Struggles for Poland*; Weschler, *Passion of Poland*.

375 Kontroverse Czyreks und Gromykos: zitiert in Spasowski, *Liberation of One*.

375 Unterredung zwischen Breschnew und Jaruzelski: Politbüro-Dokumente, sichergestellt und veröffentlicht durch die polnische postkommunistische Regierung.

376 Treffen von Jaruzelski, Wałęsa und Glemp: Wojciech Jaruzelski, Interview mit den Autoren.

377 Johannes Pauls II. Treffen mit polnischen Intellektuellen: Bronisław Geremek und Jerzy Turowicz, Interview mit den Autoren.

378 Brief Breschnews an Jaruzelski: Politbüro-Protokolle.

379 f. Polen im Jahr 1981: Darstellung dieses Zeitabschnitts durch Wojciech Jaruzelski, Interview mit den Autoren; Ash, *Polish Revolution, Magic Lantern, Uses of Adversity*; Ost, *Solidarity*; Ascherson, *Struggles for Poland*; Szajkowski, *Next to God*.

380 f. Planung der Besuche Walters' beim Papst: vertrauliche Quelle aus dem US-Außenministerium (stv.); Vernon Walters, Michael Ledeen, Alexander Haig, William Clark, Jeanne Kirkpatrick und Pio Laghi, Interviews mit den Autoren.

382 ff. Porträt Walters': Vernon Walters, Interview mit den Autoren; Material aus Akten der *Time*-Bibliothek.

384 ff. Walters' Besuch bei Johannes Paul II.: Vernon Walters, Interviews mit den Autoren; Walters-Telegramme vom 30. November 1981 an das US-Außenministerium, die CIA und das Weiße Haus, aufgrund des »Freedom of Information Act« teilweise zur Veröffentlichung freigegeben und von den Autoren eingesehen.

384 Kuklińskis Flucht: vertrauliche CIA-Quelle.

392 »Wenn man ihn begrüßt, ist man betroffen«: Nikolai Lunkow, Interview mit den Autoren.

393 ff. Lebensumstände in Polen, Winter 1981: Ost, *Solidarity*; Ascherson, *Struggles for Poland*; Weschler, *Passion of Poland*; Walendowski, »Polish Church«, »Controversy«, »Pope of Poland«; *New Tork Times, Washington Post*.

394 Treffen Glemps und Wałęsas: Wojciech Jaruzelski, Interview mit den Autoren; Wałęsa, *Way of Hope*.

395 ff. Zusammenkunft des Politbüros am 10. Dezember 1981: Politbüro-Protokolle.

398 Zusammenkunft der Solidarność-Kommission: Wałęsa, *Way of Hope*; Ost, *Solidarity*; Ascherson, *Struggles for Poland*; Ash, *Polish Revolution, Magic Lantern, Uses of Adversity, We the People*.

398 Jaruzelski, in Moskau erwartet: Politbüro-Protokolle.

398 Jaruzelskis Zeitplanung: Zbigniew Bujak, Wiktor Kulerski und Wojciech Jaruzelski, Interviews mit den Autoren; Jaruzelski, *Erinnerungen*.

399 Jaruzelskis Ansprache an die Nation: Rosenberg, *Haunted Land; New York Times*.

401 Äußerungen Kanias: Stanisław Kania, Interview mit den Autoren.

401 Jaruzelskis Zielvorstellungen gegenüber der Kirche: Wojciech Jaruzelski, Interview mit den Autoren.

402 f. Benachrichtigung von Glemp und Dąbrowski: Kazimierz Barcikowski, Interview mit den Autoren.

404 f. Glemps Predigt: Ash, *Polish Revolution*; Szajkowski, *Next to God*.

406 Bujaks Äußerungen: Zbigniew Bujak, Interview mit den Autoren; Ost, *Solidarity*.

407 ff. Johannes Pauls II. erste Reaktionen: Mieczysław Maliński, Rocco Buttiglione, Andrzej Deskur, Adam Boniecki, Interviews mit den Autoren;

L'Osservatore Romano; vertrauliche Quelle aus dem Vatikan (päpstlicher Berater).

410 Lewandowskis Gespräche mit Pipes und Johannes Paul II.: Richard Pipes, Lewandowski, Interviews mit den Autoren.

411 f. Gewalt in Kattowitz und andernorts: *New York Times*.

412 f. Brief Johannes Pauls II. an Jaruzelski: Autoren sind im Besitz einer Kopie.

416 f. Wałęsas Treffen mit Orszulik und Analyse der kirchlichen Zielvorstellungen: Wałęsa, *Way of Hope*.

418 Johannes Paul II. an Weihnachten: Andrzej Deskur, Interview mit den Autoren; vertrauliche Quelle im Vatikan: *L'Osservatore Romano*.

419 f. Verhandlungen zwischen Poggi, Glemp und Dąbrowski: Andrzej Deskur, Interview mit den Autoren; vertrauliche Quelle im Vatikan.

420 »*salvare il salvabile*«: Wilton Wynn, Interview mit den Autoren.

420 f. Johannes Pauls II. Analyse hinsichtlich Jaruzelski: Mieczysław Maliński, Andrzej Deskur. Adam Boniecki und Morawski, Interviews mit den Autoren.

421 Johannes Pauls II. Glaube an die Macht des Gebets: Andrzej Deskur, Mieczysław Maliński und andere, Interviews mit den Autoren.

422 Jaruzelskis Brief an Johannes Paul II.: Einsichtnahme durch die Autoren.

424 Bujaks Versuche, Glemp zu erreichen: Zbigniew Bujak, Interview mit den Autoren.

425 Geldsendungen Johannes Pauls II. an die im Untergrund agierende Solidarność: bestätigt durch US-Geheimdienst-Quellen.

426 Reagans Treffen mit Johannes Paul II.: William Clark, Alexander Haig, Ronald Reagan, Pio Laghi, Agostino Casaroli und Achille Silvestrini, Interviews mit den Autoren.

426 Ernennung William Clarks zum nationalen Sicherheitsberater: Clark und Kirkpatrick, Interviews mit den Autoren.

426 Reagan in Westminster: Cannon, *President Reagan*.

426 »Ich habe das nicht veranlaßt«: Carlo De Benedetti zugeschrieben; Interview mit den Autoren.

427 50-Millionen-Dollar-Spende von CIA, um Solidarność am Leben zu erhalten: vertrauliche Quellen – Mitglieder und Stab von Geheimdienst-Ausschüssen des US-Kongresses sowie CIA-Beamte; bestätigt in Interviews der Autoren mit Robert Gates und William Clark.

428 ff. Reagan-Profil: William Clark. Richard Allen, John Sears, Edmund Morris, Lou Cannon, Alexander Haig. Martin Anderson, George Shultz, Jeanne Kirkpatrick, Richard Pipes, Robert McFarlane, Stuart Spencer und David Gergin, Interviews mit den Autoren; Carl Bernstein, Titelstory in *New Republic*, 20. Januar 1985.

430 Reagan in Jalta: Ronald Reagan, Interview mit den Autoren.

431 Reagans Auffassung vom Papst als heroische Gestalt: Jeanne Kirkpatrick, Interview mit den Autoren.

432 Reagans Versicherungen guter Absichten: William Wilson und Alexander Haig, Interview mit den Autoren.

432 Haig über Reagan: Alexander Haig, Interview mit den Autoren.

432 Zum Verhältnis zwischen Haig und Reagan: William Clark, Richard Allen, Jeanne Kirkpatrick, Richard Pipes und Robert McFarlane, Interviews mit den Autoren.

432 Reagan in Reykjavík: Cannon, *President Reagan*. Allgemein wurde Reagan nachgesagt, daß er sich auf die Verhandlungen mit Gorbatschow in Reykjavík nicht vorbereitet hatte. Am letzten Tag unterbreitete Gorbatschow einen kühnen Vorschlag bezüglich größerer Waffenreduzierungen, und Reagan wäre darauf eingegangen – sehr zum Ärger seiner Berater, die eine sowjetische Akzeptanz des SDI-Programms anstrebten. Diese improvisierte Wendung des Gipfels und Reagans Eifer, sich auf eine solch gravierende Rüstungsbegrenzung einzulassen, sorgten innerhalb der US-Regierung für große Nervosität.

433 Reagans Ansichten über die sowjetische Wirtschaft: Ronald Reagan, Interview mit den Autoren.

433 Reagans Instruktionen für Casey bezüglich dessen Übernahme der Koordination finanzieller Unterstützung von Solidarność: William Clark, Bobby Ray Inman und Robert Gates, Interviews mit den Autoren.

434 »Der Deckname der CIA...«: Protokolle der Gerichtsverhandlung gegen Alan Fiers; Prozeßberichte in der *New York Times*.

434 Für die Zusammenhänge zwischen Casey und der Iran-Contra-Affäre siehe Woodward, *Veil*.

435 Benutzung der Kirche als Geldschleuse durch die CIA: John Poindexter, Interview mit den Autoren.

435 Obando als CIA-»Neuerwerbung«: ibid.

435 Entdeckung von CIA-Geldern in Obandos Erzbistum: Robert Gates, Interview mit den Autoren; vertrauliche Quelle im Stab des Geheimdienst-Ausschusses.

436 Fiers' Aktivitäten: Prozeßbericht in der *New York Times*; vertrauliche Quelle im Geheimdienst-Ausschuß des US-Kongresses.

436 Ermutigung des Papstes durch Casey und Clark zu einer Reise nach Nicaragua: William Clark, Jeanne Kirkpatrick, Pio Laghi, Interviews mit den Autoren.

437 »...nach Nicaragua gekommen, um...«: ibid.

437ff. Einzelheiten der Papstreise: Marco Politi, persönliche Notizen und Berichte für *Il Messagero*.

443 »Er bewegte sich mit der Leichtigkeit einer Schwalbe«: vertrauliche Quelle aus italienischen Politikerkreisen.

443 »Er war immer schon etwas schwergewichtig«: Jacek Woźniakowski, Interview mit den Autoren.

444 »Es ist... ein goldener Käfig«: vertrauliche Quelle (Monsignore im Vatikan).

444f. Tagesablauf Johannes Pauls II.: *Time*-Magazin, private Aufzeichnungen.

445ff. Verhalten Johannes Pauls II. während der Mahlzeiten und bei Terminen: Mariano Magrassi und Oddi, Interviews mit den Autoren.

448 Lesen der Presseausschnitte durch Johannes Paul II.: John Patrick Foley, Interview mit den Autoren.

451ff. Johannes Pauls II. Polenreise 1983: Wojciech Jaruzelski, Lech Wałęsa, Adam Boniecki, Virgilio Levi, Andrzej Deskur, Rocco Buttiglione, Mieczysław Maliński und Zbigniew Bujak, Interviews mit den Autoren; *Tygodnik Mazowsze*; Weschler, *Passion of Poland*; Ash, *Polish Revolution, Magic Lantern, Uses of Adversity*; Wałęsa, *Way of Hope; L'Osservatore Romano*; Marco Politi, Berichte in *Il Messagero*, KOS.

457 f. Überleben und Untergrund-Aktivitäten von Solidarność: Robert Gates, Bobby Ray Inman, William Clark, Henry Hyde, Edward Derwinski, Wiktor Kulerski, Zbigniew Bujak und Adam Boniecki, Interviews mit den Autoren; Ash, *Polish Revolution*; Ost, *Solidarity*; Lepinski et al., *Konspira*; vertrauliche Quellen (CIA und Geheimdienst-Ausschuß des US-Kongresses).

458 Casey und das Einschmuggeln von Ausrüstung via Schweden: William Clark und Herbert Meyer, Interviews mit den Autoren.

465 Brief Andropows an Jaruzelski: Politbüro-Protokolle.

466 Treffen Jaruzelskis mit Gromyko und Ustinow: Wojciech Jaruzelski, Interview mit den Autoren; Politbüro-Protokoll vom 26. April 1984.

Teil sechs: Der weltweite Oberhirte

471 ff. Einzelheiten der Papstreisen entstammen Artikeln von Marco Politi in der Zeitung *Il Messagero*. Zitate des Papstes sind offiziellen Bulletins des Vatikans und Berichten Politis entnommen. Weitere gedruckte Quellen: Del Rio, *Un pontificato itinerante;* Del Rio und Accattoli, *Il nuovo Mosè*; Luigi Accattoli in einem Artikel der Zeitung *Corriere della Sera*; Alceste Santini in einem Artikel der Zeitung *L'Unita*; Marco Tosatti in einem Artikel der Zeitung *La Stampa*.

471 Heiligsprechungen: Woodward, *La fabbrica dei santi*.

478 Gielguds Beobachtungen: Ash, *Uses of Adversity*.

484 Äußerungen von Murphy: F. X. Murphy im Interview mit den Autoren.

484 Äußerung von Ida Magli: Magli im Interview mit den Autoren.

485 Äußerungen von O'Connor: John O'Connor im Interview mit den Autoren.

485 f. Äußerungen von Weakland: Rembert Weakland im Interview mit den Autoren.

486 Äußerungen von Foley: John Patrick Foley im Interview mit den Autoren.

487 Äußerungen von Wuerl: Donald Wuerl im Interview mit den Autoren.

487 f. Kommentar eines Monsignores der Kurie: vertrauliche Quelle.

488 Äußerungen von Kane: Theresa Kane im Interview mit den Autoren.

490 Johannes Paul II. in Mutter Teresas Hospiz: Marco Politi, *Il Messagero*; Del Rio, *Un pontificato itinerante*.

491 ff. Der Fall Boff: Marco Politi, Bericht in *Il Messagero*.

491 ff. Boffs Zusammenkunft mit Ratzinger: Bericht von Domenico Del Rio, *La Repubblica*; Luigi Accattoli, *Corriere della Sera*; Gianni Favarato, *La Repubblica*; Giovanni Gennari, *Paese Sera*; Giancarlo Zizola, *Panorama*.

498 ff. Der Fall Schillebeeckx: Bericht von Gianfranco Svidercoschi, *Il Tempo*; Giancarlo Zizola, *Europeo*; Marco Tosatti, *La Stampa*; Henry Tanner, *New York Times*.

501 ff. Der Fall Arrupe: Lamet, *Pedro Arrupe*.

505 ff. Synode: Marco Politi, Bericht in *Il Messagero*; Caprile, *Il sinodo*; Hebblethwaite, *Synod Extraordinary*; Rhynne, *John Paul's Extraordinary Synod*.

508 Messoris Zusammenkunft mit Ratzinger: Vittorio Messori, Interview mit den Autoren.

508ff. Zitate von Ratzinger: Messori, *Rapporto sulla fede.*

525 »Ich bin sehr beunruhigt über den Fundamentalismus«: Johannes Paul II., zitiert von Avi Pazner, Interview mit den Autoren.

526f. Johannes Paul II. beim Zusammentreffen mit Führern des Islam: Bericht von Marco Politi.

527f. Die Unterredung Johannes Pauls II. mit De Benedetti: Carlo De Benedetti. Interview mit den Autoren.

529f. Johannes Paul II. in der Synagoge von Rom: Bericht von Marco Politi.

530f. Die Indienreise Johannes Pauls II.: Bericht von Marco Politi.

530 Johannes Paul II. und Juden in Warschau: Jerzy Kluger und Regina Beer Reisenfeld, Interviews mit den Autoren.

531f. Friedensversammlung in Assisi: Bericht von Marco Politi.

Teil sieben: Der Sturz des Kommunismus

537 Begegnung mit Gromyko im Vatikan: aus Gromykos Memoiren.

538 Gorbatschows Treffen mit Jaruzelski: Wojciech Jaruzelski, Interview mit den Autoren; Gorbatschow, *Erinnerungen.*

546 Die Ostpolitik des Papstes: Die Beschreibung stammt von Weigel, *Final Revolution*, S. 98.

542 »*Perestroika* ist eine Lawine«: Johannes Paul II., zitiert von Mieczysław Maliński, Interview mit den Autoren.

543 »Die Lawine rollte durch die Tschechoslowakei«: Die Beobachtung stammt von Weigel, S. 174f.

543 »Wir spürten, wie stark wir waren«: František Lobkowicz, zitiert in Weigel, *Final Revolution.*

545 »... war ein General ...«: Ost, *Solidarity*, S. 173.

545 »Sozialismus mit einem menschlichem Antlitz«: Weigel, *Final Revolution*, S. 152.

546 »Nun, ja, natürlich haben wir alle ...«: Wojciech Jaruzelski, Interview mit den Autoren; vertrauliche Quelle aus dem päpstlichen Umfeld.

547 »Ich sagte dem Papst, was ich über Gorbatschow wußte«: Szulc, *Pope John Paul II*, S. 406.

547 »Wie ich feststellte ...«: ibid, S. 405.

548 »Der Papst war sich dessen bewußt«: Andrzej Deskur, Interview mit den Autoren.

549 »... daß nun einfach zu viele Gruppen«: Ost, *Solidarity*, S. 162.

549 »Lech Wałęsa verdient einen zweiten Friedensnobelpreis«: Ash, *Uses of Adversity.*

549 Laghis Zusicherungen im Weißen Haus: William Clark und Pio Laghi, Interview mit den Autoren.

550 »Momentan haben mehrere unserer Bruderländer«: *Washington Post*, 13. April 1987.

550 Gorbatschows Besuch in Prag: *Washington Post.*

551 »Ich informierte Jaruzelski«: Gorbatschow, *Erinnerungen.*

551ff. Johannes Pauls II. Reise nach Chile und Argentinien: Marco Politi, Berichte in *Il Messagero.*

558 ff. Die Polenreise Johannes Pauls II. von 1987: Marco Politi, Berichte in *Il Messagero; Washington Post.*

563 ff. Die innere Lage Polens und Verhandlungen: Wojciech Jaruzelski und Stanisław Ciosek, Interview mit den Autoren; Wałęsa, *Path of Hope*; Ost, *Solidarity*.

563 »Wenn keine Seite nachgab«: Stanisław Ciosek, Interview mit den Autoren.

565 Gorbatschows Besuch im Vatikan: Text liegt den Autoren vor.

566 Johannes Pauls II. Meinung über Gorbatschow: Achille Silvestrini, Virgilio Levi, Mieczysław Maliński, Wojciech Jaruzelski, Andrzej Deskur und Rocco Buttiglione, Interviews mit den Autoren.

566 Mangel an Kritik seitens des Vatikans gegenüber Reagan: Beamte der Reagan-Administration, von Diplomaten im Vatikan bestätigt.

566 Johannes Pauls II. Meinung über Reagan: Agostini Casaroli, Pio Laghi, Achille Silvestrini und Andrzej Deskur, Interviews mit den Autoren.

567 Johannes Pauls II. Meinung über Bush: von mehreren Bediensteten des Vatikans vertraulich bestätigt.

568 »Der Papst wußte«: eine Person aus dem Umfeld des Papstes.

569 »Der Heilige Vater hoffte«: Rocco Buttiglione, Interview mit den Autoren.

572 f. Szene auf dem Roten Platz: Bericht von Marco Politi.

573 Johannes Paul II. und die Jungfrau von Fátima: Werenfried van Straaten, Adrzej Deskur und Mieczysław Maliński, Interviews mit den Autoren.

574 f. Johannes Paul II. und der Zusammenbruch der Sowjetunion: Andrzej Deskur, Rocco Buttiglione und Mieczysław Maliński, Interviews mit den Autoren.

576 Johannes Paul II. und Gorbatschows Sturz: Werenfried van Straaten, Mieczysław Maliński, Wojciech Jaruzelski und Andrzej Deskur, Interviews mit den Autoren.

Teil acht: Der zornige Papst

581 ff. Die Polenreise Johannes Pauls II. von 1991: Berichte in *L'Osservatore Romano, Corriere della Sera, La Repubblica, Il Messagero, New York Times, International Herald Tribune, Time, Tablet: L'Attività della Santa Sede*; Del Rio, *Un pontificato itinerante*.

583 »Die Fähigkeit der Kirche«: europäische Bischofssynode, Rom, 28. November bis 14. Dezember 1991, *Bulletin des Heiligen Stuhls*.

586 »Die Menschen haben Angst«: Czesław Miłosz, zitiert in *Corriere della Sera*, 1. Juni 1991.

586 »Es wäre eine gute Idee«: Adam Michnik, zitiert in *Il Messagero*, 4. Juni 1991.

587 Äußerungen von Johannes Paul II. unterwegs: Presseberichte; *L'Attività della Santa Sede*.

588 Bemerkungen Johannes Pauls II. zu Zdybicka: Zofia Zdybicka, Interview mit den Autoren.

589 *»Ex oriente lux«: L'Attività della Santa Sede.*

590 »... wollte er Polen zur Brücke ...«: vertrauliche Quellen.

590 Turowicz in Rom: Bericht von den Autoren.

590 »Die Kirche in Polen ist heutzutage...«: Jerzy Turowicz, Interview mit den Autoren.
591 Brief Johannes Pauls II. an Kydryński: Andrzej Bardecki, Interview mit den Autoren.
592 Johannes Paul II. über Rußland: vertrauliche Quellen.
592f. Johannes Paul II. in Riga: Marco Politi, Bericht in *La Repubblica.*
593 »Diese Saat der Wahrheit«: Gawronski, *Il mondo di Giovanni Paolo II.*
593 Gorbatschows Äußerung gegenüber einem italienischen Freund: Giulietto Chiesa, Interview mit den Autoren.
593 Johannes Paul II. in Denver: Marco Politi, Bericht in *La Repubblica.*
593 »den Kampf gegen Gott«: Messori, *Varcare la soglia.*
594 »Die materialistische Gesellschaft«: Frossard. *Be Not Afraid.*
594 Ankündigung Johannes Pauls II.: *L'Attività della Santa Sede.*
596 Die Zimmerreservierung Johannes Pauls II. in der Gemelli-Klinik: Giulio Andreotti, Artikel in *Aspenia* (Rundschau des Aspen Institute); Nr. 2, 1995.
596 Kolotomie bei Johannes Paul II.: *Bulletin des Heiligen Stuhls.*
597 Schulterfraktur: Marco Politi, Bericht in *La Repubblica.*
597 Skiunfall: Stanisław Dziwisz, Bericht der Autoren.
597 Unfall im Badezimmer: Marco Politi, Bericht in *La Repubblica.*
598 Krankheitshypothesen über Johannes Paul II.: vertrauliche Quellen.
598 »Ich bin ein *biedaczek*«: Marco Politi, Bericht in *La Repubblica.*
598 Erkältung Pius' X.: Zizola, *Le Successeur.*
599 Navarro-Valls' Berichte über Johannes Paul II.: *L'Avvenire*, 19. bis 26. August 1994.
599 Johannes Paul II. in Zagreb: Marco Politi, Bericht in *La Repubblica.*
599 Johannes Paul II. über seine Leiden: Berichte der Autoren.
599 »Der Papst hat eine theologische Vision«: vertrauliche Quellen.
600 Buttiglione zu *Veritatis Splendor*: Rocco Buttiglione, Interview mit den Autoren.
603 »Der Papst ist überzeugt«: Hans Küng, zitiert von Alessio Altichieri, *Corriere della Sera*, 6. Oktober 1993.
603 »In *Veritatis Splendor* stehen viele schöne Dinge«: Bernhard Häring, Interview mit Marco Politi, *La Repubblica*, 7. Oktober 1993.
604 Danneels zu *Veritatis Splendor*: Marco Politi, Bericht in *La Repubblica.*
605 »Auf bestimmten Gebieten«: vertrauliche Quelle.
Afrika-Synode: Marco Politi, Bericht in *La Repubblica.*
605f. Martini, Lehmann und Hume zu *Veritatis Splendor*: Marco Politi, Bericht in *La Repubblica.*
608 »falsche Vorstellungen von Demokratie«: *Direttorio per il ministero e la vita dei presbiteri* (Handbuch für die Geistlichkeit), April 1994.
609 Reformbewegungen in der Kirche: Marco Politi, persönliche Notizen und Berichte.
610 Äußerungen von Weakland über Johannes Paul II.: Rembert Weakland, Interview mit den Autoren.
610 Johannes Paul II. zur Heiligen Römischen Rota: *L'Attività della Santa Sede.*
611 Die Reise Johannes Pauls II. nach Prag und Belgien: Marco Politi, Berichte in *La Repubblica.*
611f. Verhalten der Gläubigen in Italien: »*La religiosità in Italia.*

613 Äußerungen Johannes Pauls II. gegenüber Zdybicka über Frauen: Zofia Zdybicka, Interview mit den Autoren.

614 »das Austragen eines Kindes«: David Schindler, Interview mit den Autoren.

614ff. Kanes Kontroverse mit Johannes Paul II.: Theresa Kane, Interview mit den Autoren; Marco Politi, Bericht in *Il Messagero.*

616f. Kirchenkritik von Frauen in Deutschland, der Schweiz, Holland, Belgien: Marco Politi, Bericht in *Il Messagero; L'Attività della Santa Sede.*

619ff. Sadiks Treffen mit Johannes Paul II.: Nafis Sadik, Interview mit den Autoren; Marco Politi, Bericht in *La Repubblica.*

625 Vorbereitung des Vatikans auf die Kairoer Konferenz: Marco Politi, Bericht in *La Repubblica*; übrige Berichterstattung durch die Autoren.

625 Äußerungen von Deskur: Andrzej Deskur, Interview mit den Autoren.

627f. Äußerungen von O'Connor: John O'Connor, Interview mit den Autoren.

628 Diarmuid Martins Äußerungen zur Afrika-Synode: Marco Politi, Bericht in *La Repubblica.*

628f. Islam und Kairoer Konferenz: Marco Politi, Bericht in *La Repubblica.*

629 López Trujillos Ankündigung und Pamphlet: Marco Politi, in Artikeln in *La Repubblica.*

630 Navarro-Valls' Angriff gegen Gore: Marco Politi, Bericht in *La Repubblica.*

631f. Kairoer Konferenz: Marco Politi, Bericht in *La Repubblica.*

632 Pekinger Konferenz: Marco Politi, Bericht in *La Repubblica.*

632 Messe am 4. September 1994: *Il Messagero, La Repubblica.*

632f. Telefonate mit Kardinälen: vertrauliche Quellen.

633 Johannes Paul II. und Abrahams Pilgerreise: Marco Politi, Bericht in *La Repubblica.*

634f. Johannes Pauls II. Traum von einer Reise nach Rußland: Werenfried van Straaten, Interview mit den Autoren.

635 Johannes Paul II. und Chinas Katholiken: Rede vor dem diplomatischen Korps im Vatikan, 13. Januar 1996.

635 Äußerungen von Johannes Paul II. gegenüber Maliński: Mieczysław Maliński, Interview mit den Autoren.

635f. Johannes Pauls II. Gesundheitszustand: vertrauliche Quellen im Vatikan; Marco Politi, persönliche Notizen.

636 Zdybickas Äußerungen zur Gesundheit Johannes Pauls II.: Zofia Zdybicka, Interview mit den Autoren.

635f. Johannes Paul II. und seine Leiden: vertrauliche Quellen im Vatikan.

637 »Es ist eine erstaunliche Erfahrung«: Mariano Magrassi, Interview mit den Autoren.

639f. Memorandum zur öffentlichen Buße: Marco Politi, Bericht in *La Repubblica.*

642 Dokument über Frauen: Libreria Editrice Vaticana, 29. Juni 1995.

LITERATUR

Bücher

Ambroziewicz, Jerzy: *Znam was wszystkich.* Polska Oficyna Wydawnicza, Warszawa 1993.

Andreotti, Giulio: *Meine sieben Päpste. Begegnungen in bewegten Zeiten.* Herder, Freiburg 1982.

Ascherson, Neal: *Der Traum vom freien Vaterland.* vgs, Köln 1987.

L'Attività della Santa Sede, 1978–1995. Libreria Editrice Vaticana, Città del Vaticano.

Ash, Timothy Garton: *Polish Revolution. Solidarity.* Scribner's, New York 1983.

Ash, Timothy Garton: *The Magic Lantern.* Random House, New York 1990.

Ash, Timothy Garton: *Ein Jahrhundert wird abgewählt. Aus den Zentren Mitteleuropas 1980–1990.* Hanser, München 1990.

Ash, Timothy Garton: *We the People.* Granta Books, Cambridge 1990.

Arias, Juan: *Das Rätsel Wojtyła. Eine kritische Papstbiographie.* Edition Tau, Bad Sauerbrunn 1991.

Banaszak, Marian: *Historia kosciola katolickiego.* Accademia di Teologia Cattolica di Varsavia, Warszawa 1992.

Bergonzoni, Luciano: *Emilia Kaczorowska in Wojtyła.* Edizioni Carroccio, Vigodarzere/Padova 1988.

Bergonzoni, Luciano: *Edmondo Wojtyła.* Centro Editoriale Cattolico Carroccio, Padova 1992.

Berry, Jason: *Lead Us Not into Temptation.* Doubleday, New York 1992.

Blazynski, Zbigniew Jerzy: *Der Papst aus Polen.* Rowohlt TB, Reinbek 1979.

Bokenkotter, Thomas: *A Concise History of the Catholic Church.* Doubleday, New York 1990.

Boniecki, Adam: *Kalendarium zycia Karola Wojtyła.* Wydawnictwo-Znak, Kraków 1983.

Briggs, Kenneth: *Holy Siege. The Year That Shook Catholic America.* HarperSanFrancisco, San Francisco 1992.

Brumberg, Abraham: *Genesis of a Revolution.* Random House, New York 1983.

Brzeziński, Zbigniew: *Power and Principle. Memoirs of the National Security Adviser, 1977–1981.* Farrar, Straus and Giroux, New York 1982.

Cannon, Lou: *President Reagan. The Role of a Lifetime.* Simon and Schuster, New York 1991.

Caprile, Giovanni: *Il Concilio Vaticano II.* La Civiltà Cattolica, Roma 1979.

Caprile, Giovanni: *Il sinodo straordinario, 1985.* La Civiltà Cattolica, Roma 1986.

Carter, Jimmy: *Keeping Faith. Memoirs of a President.* Bantam, New York 1982.

Catechism of the Catholic Church. Ignatius Press, San Francisco 1983.

Chelini, Jean: *La vita quotidiana in Vaticana sotto Giovanni Paolo II.* Rizzoli, Milano 1986.

Clissold, Kenneth: *The Wisdom of the Spanish Mystics.* New Directions, New York 1977.

Cornwell, John: *Wie ein Dieb in der Nacht. Der Tod von Papst Johannes Paul I.* Piper, München 1991.

Daim, Wilfried: *Der Vatikan und der Osten.* Europa, Wien 1967.

D'Amato, Al: *Power, Pasta, and Politics.* Hyperion, New York 1995.

Davies, Norman: *God's Playground. A History of Poland.* Bd. 1 und Bd. 2. Columbia University Press, New York 1982.

De Montclos, Christine: *Les voyages de Jean Paul II.* Centurion, Paris 1990.

Del Rio, Domenico: *Wojtyła. Un pontificato itinerante.* Edizione Dehoniane Bologna, Bologna 1994.

Del Rio, Domenico, und Accattoli, Luigi: *Wojtyła. Il nuovo Mosè.* Mondadori, Milano 1988.

Falconi, Carlo: *Popes in the Twentieth Century.* Little, Brown, New York 1967.

Frossard, André: *Fürchtet euch nicht! André Frossard im Gespräch mit Johannes Paul II.* Verlag Neue Stadt, München 1982.

Frossard, André: *Portrait of John Paul II.* Ignatius Press, San Francisco 1988.

Gates, Robert: *From the Shadows.* Simon and Schuster, New York 1996.

Gawronski, Jas: *Il mondo di Giovanni Paolo II.* Mondadori, Milano 1994.

Ginsborg, Paul: *A History of Contemporary Italy.* Penguin, New York 1990.

Gorbatschow, Michail: *Erinnerungen.* Siedler, Berlin 1995.

Gromyko, Andrei: *Erinnerungen.* Econ, Düsseldorf 1989.

Guasco, Maurilio; Guerriero, Elio; Trainiello, Francesco: *La chiesa del Vaticano II.* San Paolo, Milano 1994.

Haig, Alexander M.: *Geisterschiff USA: Wer macht Reagans Außenpolitik?* Klett-Cotta, Stuttgart 1984.

Halter, Marek: *La force du bien.* Robert Laffont, Paris 1995.

Hanson, Eric O.: *The Catholic Church in World Politics.* Princeton University Press, Princeton 1987.

Hebblethwaite, Peter: *The Year of Three Popes.* William Collins, Cleveland 1979.

Hebblethwaite, Peter: *Synod Extraordinary.* Doubleday, New York 1986.

Hebblethwaite, Peter: *Wie regiert der Papst?* Benziger, Zürich 1987.

Herman, Edward S., und Brodhead, Frank: *The Rise and Fall of the Bulgarian Connection.* Sheridan Square Publications, New York 1986.

Institute for the World Socialist System: *Bogomolov Report.* Moscow 1978.

Jaruzelski, Wojciech: *Stan wojenny dlaczego.* Polska Oficyna Wydawnicza, Warszawa 1992.

Jaruzelski, Wojciech: *Mein Leben für Polen. Erinnerungen.* Piper, München 1993.

Johannes Paul II.: *The Acting Person.* Analecta Husserliana, Volume X. Reidel Publishing Co., Boston 1979.

Johannes Paul II.: *Der Laden des Goldschmieds. Meditationen über das Sakrament der Ehe, die sich vorübergehend zum Drama wandeln.* Herder, Freiburg 1979.

Johannes Paul II.: *Liebe und Verantwortung.* Kösel, München 1979.

Johannes Paul II.: *Pietra di luce. Poesie.* Libreria Editrice Vaticana, Città del Vaticano 1979.

Johannes Paul II.: *Zeichen des Widerspruchs. Besinnung auf Christus*. Benziger, Zürich 1979.

Johannes Paul II.: *Opere Letterarie: Poesie e Drammi*. Libreria Editrice Vaticana, Città del Vaticano 1993.

Kaiser, R. B.: *The Politics of Sex and Religion*. Leaven Press, Kansas City/Missouri 1985.

Kania, Stanisław: *Zatrzymac konfrontacje*. Polska Oficyna Wydawnicza, Warszawa 1991.

Karolek, Tadeusz: *John Paul II: The Pope from Poland*. Interpress Publishers, Warszawa 1979.

Kelly, George A.: *Keeping the Church Catholic with John Paul II*. Ignatius Press, San Francisco 1990.

Kydryński, Juliusz: *Quando Karol aveva diciott'anni*. San Paolo, Milano 1992.

Kydryński, Juliusz, u.a.: *Mlodziencze lata Karol Wojtyła*. Oficyna Cracovia, Kraków 1990.

Lai, Benni: *Il papa non eletto*. Laterza, Bari 1993.

Lamet, Pedro Miquel: *Pedro Arrupe*. Editrice Ancora, Milano 1993.

Lecomte, Bernard: *La Verité l'emportera toujours sur le mesonge*. J.-C. Lattes, Paris 1991.

Lernoux, Penny: *People of God: The Struggle for World Catholicism*. Viking Press, New York 1989.

Libanio Christo, Carlos Alberto: *Diario di Puebla*. Queriniana, Brescia 1979.

Licheri, Gianni: *Quel conclave e poi Wojtyła jet*. Queriniana, Brescia 1979.

Livingstone, E. A.: *The Concise Oxford Dictionary of the Christian Church*. Oxford University Press, New York 1990.

Lopinski, Maciej; Moskit, Marcin; Wilk, Mariusz: *Konspira: Solidarity Underground*. University of California Press, Berkeley 1990.

MacDowell, Bart: *Inside the Vatican*. National Geographic Society, Washington 1991.

MacEoin, Gary: *The Inner Elite*. Sheed, Andrews, and McMeel, Kansas City 1978.

Maliński, Mieczysław: *Johannes Paul II. Sein Leben von einem Freund erzählt*. Herder, Freiburg 1979.

Maliński, Mieczysław: *Il mio vecchio amico Karol*. Ed. Paoline, Roma 1980.

Maliński, Mieczysław: *Le radici di Papa Wojtyła*. Borla, Roma 1980.

Melady, Thomas P.: *The Ambassador's Story*. Our Sunday Visitor Publishing Co., Huntington/Indiana 1994.

Messori, Vittorio: *Zur Lage des Glaubens*. Verlag Neue Stadt, München 1986.

Messori, Vittorio: *Varcare la soglia della speranza*. Ed. Paoline, Roma 1994.

Murthy, Francis X.: *The Papacy Today*. Macmillan, New York 1981.

Nichols, Peter: *Die Divisionen des Papstes. Die katholische Kirche zwischen gestern und heute*. Kindler, München 1983.

Ockrent, Christine, und De Marenches, Alexandre: *Dans le secret des princes*. Edition Stock, Paris 1986.

Offredo, Jean: *Jean Paul II. L'aventurier de Dieu*. Carrere-Michel Lafon, Paris 1986.

Ost, David: *Solidarity and the Politics of Anti-politics. Opposition and Reform in Poland since 1968*. Temple University Press, Philadelphia 1990.

Persico, Joseph E.: *Casey*. Viking, New York 1990.

Pieronka, Tadeusza, und Zawadzienkego, Romana M.: *Karol Wojtyła. Jako Bishup Krakowski*. Papieska Akademia Teologiczna, Kraków 1988.

Pontifical Council for the Family: *Marriage and Family*. Ignatius Press, San Francisco 1987.

Poupard, Paul: *Il Concilio Vaticano II*. Edizioni Piemme, Casale Monferrato 1987.

Puebla documenti. Editrice Missionaria Italiana, Bologna 1979.

Rachwald, Arthur R.: *In Search of Poland: Solidarność*. Hoover Institution Press, Stanford/California 1990.

Reese, Thomas J.: *Archbishop*. Harper & Row, New York 1989.

Reese, Thomas J.: *A Flock of Shepherds*. Sheed and Ward, Kansas City 1992.

Rhynne, Xavier: *Letters from Vatican City*. Farrar, Straus and Company. New York 1963.

Rhynne, Xavier: *The Third Session*. Farrar, Straus and Giroux, New York 1965.

Rhynne, Xavier: *John Paul's Extraordinary Synod*. Michael Glazier, Wilmington/Delaware 1986.

Rolicki, Janusz: *Edward Gierek. Replika*. Polska Oficyna Wydawnicza, Warszawa 1990.

Rolicki, Janusz: *Edward Gierek: Przerwana dekada*. Oficyna Wydawnicza, Warszawa 1990.

Rosenberg, Tina: *The Haunied Land*. Random House, New York 1995.

Schweizer, Peter: *Victory*. Atlantic Monthly Press, New York 1994.

Spasowski, Romuald: *Abschied von Warschau*. Lübbe, Bergisch Gladbach 1987.

Sterling, Claire: *The Time of the Assassins*. Holt, Rinehart and Winston, New York 1983.

Styczeń, Tadeusz: *Le encicliche di Giovanni Paolo II*. Mondadori, Milano 1994.

Svidercoschi, Gianfranco: *Brief an einen jüdischen Freund*. Styria, Graz 1996.

Szajkowski, Bogdan: *Next to God – Poland. Politics and Religion in Contemporary Poland*. St. Martin's Press, New York 1983.

Szczypka, Josef: *Jan Pawel II.: Rodowod*. Instytut Wydaniczy Pax, Warszawa 1991.

Szostak, John: *In the Footsteps of John Paul II*. Prentice-Hall, New Jersey 1980.

Szulc, Tad: *Papst Johannes Paul II. Die Biographie*. DVA, Stuttgart 1996.

Thatcher, Margaret: *Downing Street No. 10: Die Erinnerungen*. Econ, Düsseldorf 1993.

Thomas, Gordon, and Witts, Max Morgan: *Averting Armageddon*. Doubleday, New York 1984.

Uboldi, Raffaello: *Vita di Papa Wojtyła*. Rizzoli, Milano 1983.

Vircondelet, Alain: *Jean Paul II*. Julliard, Paris 1994.

Wałęsa, Lech: *Ein Weg der Hoffnung. Autobiographie*. Zsolnay, Wien 1987.

Weigel, George: *The Final Revolution: The Resistance Church and the Collapse of Communism*. Oxford University Press, New York 1992.

Wenger, Antoine: *Le Cardinal Jean Villot*. Desclée de Brouwer, Paris 1989.

Weschler, Lawrence: *The Passion of Poland*. Pantheon Books, New York 1984.

Willey, David: *God's Politician*. St. Martin's Press, New York 1992.

Williams, George H.: *The Mind of John Paul II. Origins of His Thought and Action*. Seabury Press, New York 1981.

Wills, Garry: *Reagan's America. Innocents at Home*. Doubleday, Garden City/New York 1987.

Woodward, Bob: *Geheimcode VEIL. Reagan und die geheimen Kriege der CIA*. Droemer Knaur, München 1987.

Woodward, Kenneth L.: *Die Helfer Gottes: Wie die katholische Kirche ihre Heiligen macht*. C. Bertelsmann, München 1991.

Wynn, Wilton: *Keepers of the Keys*. Random House, New York 1988.
Yallop, David: *Im Namen Gottes? Der mysteriöse Tod des 33-Tage-Papstes Johannes Paul I. Tatsachen und Hintergründe*. Droemer Knaur, München 1994.
Zizola, Giancarlo: *La restaurazione di papa Wojtyła*. Laterza, Bari 1985.
Zizola, Giancarlo: *Il conclave*. Newton Compton, Roma 1994.
Zizola, Giancarlo: *Le successeur*. Desclée de Brouwer, Paris 1995.

Zeitschriften-Artikel

Alexiev, Alex: »The Kremlin and the Vatican.« *Orbis*, Herbst 1983, S. 554–565.
Bernstein, Carl: »Holy Alliance.« *Time*, 24. Februar 1992.
Bernstein, Carl: »Reagan at Intermission.« *New Republic*, 20. Januar 1985.
Brumberg, Abraham: »The Achievements of General Jaruzelski.« *New Leader*, 26. Dezember 1983, S. 6–8.
Brumberg, Abraham: »A New Deal in Poland.« *New York Review of Books*, 15. Januar 1987, S. 32–36.
Brumberg, Abraham: »The New Opposition.« *New York Review of Books*, 18. Februar 1988, S. 23–27.
Brumberg, Abraham: »Poland: State and/or Society – The See-Saw between Government and Solidarity.« *Dissent*, Winter 1980, S. 47–55.
Brumberg, Abraham: »Poland: The Demise of Communism.« *Foreign Affairs*, Winter 1989/90, S. 70–88.
Civic, Christopher: »Czechoslovaks Find Faith.« *Tablet*, 3. September 1983, S. 840–842.
Darnton, John: »60 Days That Shook Poland.« *New York Times Magazine*, 9. November 1980, S. 39–41, 109–118.
Epstein, Edward J.: »Did Agca Act Alone?« *New York Times*, 15. Januar 1984.
Gage, Nicholas: »The Attack on the Pope: New Link to Bulgarians.« *New York Times*, 23. März 1983.
Hebblethwaite, Peter: »Major Religious Demonstration Pits Catholic Muscle against Czech Regime.« *National Catholic Reporter*, 19. Juli 1985, S. 1, 10.
Hebblethwaite, Peter: »Hungarian Prelate Lauds Regime That Jails Catholics.« *National Catholic Reporter*, 14. Februar 1986, S. 56.
Hemphill, Clara: »Disorder in the Court.« *New Republic*, 16./23. September 1985.
Kaminski, Tadeusz: »Poland's Catholic Church and Solidarity: A Parting of the Ways.« *Poland Watch*, Sommer 1984, S. 73–91.
Latynski, Maya: »The Church: Between State and Society.« *Poland Watch*, Frühjahr 1984, S. 12–24.
Madek, Ivan: »Roman Catholic Church in Czechoslovakia: Danger of Disunity.« *Religion in Communist Lands*, Frühjahr 1980, S. 44–48.
Milewski, Jerzy; Pomian, Krzysztof; Zielonka, Jan: »Poland: Four Years After.« *Foreign Affairs*, Winter 1985/86, S. 337–359.
Stehle, Hansjakob: »The Ostpolitik of the Vatican and the Polish Pope.« *Religion in Communist Lands*, Sommer 1980, S. 13–21.
Sterling, Claire: »The Plot to Murder The Pope.« *Reader's Digest*, September 1982.
Sterling, Claire: »Bulgaria Hired Agca to Kill Pope, Report of Italian Prosecutor Says.« *New York Times*, 10. Juni 1984.
Sterling, Claire: »The Great Bulgarian Cover-Up.« *New Republic*, 27. Mai 1985.

Tomsky, Alexander: »John Paul II's Ostpolitik?« *Religion in Communist Lands*, Sommer 1980, S. 139–140.

Tymieniecka, Anna-Teresa: »Feature Study.« *Phenomenology Information Bulletin* (herausgegeben vom World Institute for Advanced Phenomenological Research and Learning), Oktober 1979.

Walendowski, Tadeusz: »The Polish Church under Martial Law.« *Poland Watch*, Herbst 1982, S. 54–62.

Walendowski, Tadeusz: »Controversy over the Church.« *Poland Watch*, Winter 1982/83, S. 39–45.

Walendowski, Tadeusz: »The Pope in Poland.« *Poland Watch*, Frühjahr/Sommer 1983, S. 1–10.

DANK

Dieses Buch hätte nicht geschrieben werden können ohne die Mitarbeit von Paul Lipkowitz. Er hat als Hauptverantwortlicher für die Recherche an sämtlichen Vorbereitungsphasen zu diesem Buch mitgewirkt. Seine Intelligenz, Hingabe, Hartnäckigkeit und sein Professionalismus sind in jeder Seite präsent. Dafür können wir ihm nicht genug danken und geben ihm, der nun seine eigene journalistische Karriere anstrebt, unsere besten Wünsche mit auf den Weg.

Unsere Agentin Lynn Nesbit war die erste, die anregte, das Manuskript Doubleday anzubieten; ihre Ratschläge und Freundschaft begleiteten uns auf jedem Schritt unseres Weges. Ab dem Zeitpunkt, da *Seine Heiligkeit* als Buchidee langsam Konturen annahm, fand sie Ermutigung und Unterstützung durch einen großartigen Kreis von Personen, mit denen wir Freundschaft schlossen. Tom Cahill, Autor und ehemaliger stellvertretender Leiter der Abteilung religiöse Publikationen, geleitete uns durch den ersten Entwurf des Manuskripts. Dabei stand ihm Trace Murphy stets zuverlässig zur Seite; sein Engagement war ein Geschenk. Steve Rubin und Bill Barry hießen uns bei Doubleday auf eine Art und Weise willkommen, die unseren besonderen Dank verdient. Arlene Friedman, die Präsidentin von Doubleday wurde und als solche für die Veröffentlichung des Projekts verantwortlich war, investierte ihre Intelligenz und ihren Überschwang genau zum richtigen Zeitpunkt. Zum Nachfolger Tom Cahills erkor sie Eric Major, dessen Führungsqualitäten und starke Persönlichkeit uns mehr als willkommen waren. Nicht unerwähnt lassen möchten wir auch die Namen der anderen Doubleday-Mitarbeiterinnen und -Mitarbeiter, die sich durch ihr Engagement für das Buch auszeichneten, als da sind: Suzanne Herz, Jennifer Daddio, Robin Swados, Jean Anne Rose, Stuart Applebaum, Ellen Sinkinson, Christian Schoenberg und Herman Gollup.

Des weiteren waren wir Nutznießer der Arbeit all der anderen, die sich an der Vorbereitung des Manuskripts beteiligt hatten: Alessandra Scanziani, die in die ehemalige Sowjetunion fuhr und uns von dort assistierte; Ewa-Joanna Kaczynska, deren Sachkenntnis bezüglich polnischer Angelegenheiten nur ein Teil ihres Beitrags war; Alessandra Todisco, Ottavia Fusco, Tamar Gargle und Jennifer Glaisek, deren freundliche Geduld wir sehr zu schätzen wußten; Irena Morecki, die das *Wojtyla Calendarium* sorgfältigst aus dem Polnischen übertrug.

Besondere Erwähnung verdient Peter Heinegg, der sowohl Texte aus dem Italienischen übersetzte als auch das Manuskript klug und einfühlsam überprüfte. Sein Anteil an diesem Buch ist enorm. Das brillante Lektorat Tom Englehardts war von unschätzbarem Wert, des gleichen die Manuskriptbearbeitung Barbara Flanigans.

Andere, die das Manuskript teilweise durchsahen und uns bereitwillig mit Rat und Tat zur Seite standen, waren Bob Woodward, Cheri Kaufman, Jacob Bernstein und Susan Cheever.

Max Bernstein fungierte, wie immer, als wunderbarer, jederzeit verfügbarer Ansprechpartner.

Weitere Freunde und Kollegen, die uns bei der Verwirklichung unseres Buches in großzügiger Weise halfen: Wilton Wynn, Faye Wattleton, Giovanni Volpi, Camilla McGrath, Tim Hayes, Richard McDermott, Adele-Marie Stan. Unser besonderer Dank gilt der Amerikanischen Akademie in Rom, hier vor allem Pina Pasquantonio, Caroline Bruzelius und Adele Chatfield-Taylor.

PERSONENREGISTER

ORTS- UND SACHREGISTER